Olaf Deinert/Andreas Hofmann/Esra Özen/Philipp Thiel

Die soziale Dimension des Unionsrechts in der Rechtsprechung des EuGH
Bedeutung und Wege zur Stärkung

HSI
Hugo Sinzheimer Institut
für Arbeits- und Sozialrecht

Das HSI ist ein Institut
der Hans-Böckler-Stiftung

Band 57
HSI-Schriftenreihe

Die soziale Dimension des Unionsrechts in der Rechtsprechung des EuGH

Bedeutung und Wege zur Stärkung

Olaf Deinert/Andreas Hofmann/Esra Özen/Philipp Thiel

BUND
VERLAG

Bibliografische Information der Deutschen Nationalbibliothek
Die Deutsche Nationalbibliothek verzeichnet diese Publikation
in der Deutschen Nationalbibliografie; detaillierte bibliografische Daten
sind im Internet über http://dnb.d-nb.de abrufbar.

Umschlaggestaltung: A&B one Kommunikationsagentur GmbH, Berlin
Satz: Reemers Publishing Services GmbH, Krefeld
Druck: Druckerei C.H. Beck, Bergerstraße 3-5, 86720 Nördlingen

ISBN 978-3-7663-7589-6

kontakt@bund-verlag.de
www.bund-verlag.de

Vorwort

Die Idee, dass solidarisches Handeln über die Grenzen der Nationalstaaten hinausweist, ist in jüngerer Zeit etwas in den Hintergrund getreten – kein Wunder angesichts aktueller Entwicklungen, in denen sowohl die Rolle des Staates als gesellschaftliche Institution als auch die des Nationalstaates als geopolitischer Akteur wieder an Gewicht gewinnt.
Die Europäische Union wird häufig mit dem Ansatz assoziiert, die Grenzen zwischen ihren Mitgliedstaaten zu überwinden: Ziel der EU war und ist es, Wohlstand und Frieden zu fördern, indem Hindernisse für den grenzüberschreitenden Verkehr von Waren, Dienstleistungen, Kapital und für die Menschen abgebaut werden. Inwiefern jedoch der europäische Integrationsprozess tatsächlich zur Stärkung der sozialen Dimension beigetragen hat, ist durchaus umstritten.
Ein Motor für die europäische Integration war und ist die Rechtsprechung des Europäischen Gerichtshofs. Daher liegt es nahe, zu fragen, inwieweit diese eine dezidiert soziale Dimension aufweist – und inwiefern nicht. Diese Fragestellung untersuchte ein von der Hans-Böckler-Stiftung gefördertes Forschungsprojekt unter der Leitung von Prof. Dr. Olaf Deinert, Georg-August-Universität Göttingen. Das auch methodisch anspruchsvolle Vorhaben unter Mitwirkung von Dr. Esra Özen und Philipp Thiel, beide ebenfalls Universität Göttingen, sowie Prof. Dr. Andreas Hofmann, Universität Leiden, liefert differenzierte Erkenntnisse und Vorschläge, die das Hugo Sinzheimer Institut mit der vorliegenden Veröffentlichung einem interessierten Kreis zugänglich machen möchte. Wir wünschen eine anregende Lektüre.

Frankfurt a.M. im September 2025 — Ernesto Klengel

Inhaltsübersicht

Inhaltsverzeichnis

Abkürzungsverzeichnis

AEUV	Vertrag über die Arbeitsweise der Europäischen Union
AG	Die Aktiengesellschaft (Zeitschrift)
APS	Link/Preis/Schmidt, Kündigungsschutzrecht (Kommentar)
ArbGG	Arbeitsgerichtsgesetz
ArbR	Arbeitsrecht Aktuell (Zeitschrift)
ArbRB	Arbeitsrechtsberater (Zeitschrift)
AuR	Arbeit und Recht (Zeitschrift)
BAG	Bundesarbeitsgericht
BB	Betriebs-Berater (Zeitschrift)
BetrVG	Betriebsverfassungsgesetz
BGB	Bürgerliches Gesetzbuch
bzw.	beziehungsweise
CELEX-Nummer	eine eindeutige Kennung, die einem Dokument auf der EuR-Lex Plattform zugewiesen wird
CEPOB	College of Europe Policy Brief (Zeitschrift)
CYELS	Cambridge Yearbook of European Legal Studies (Zeitschrift)
d.h.	das heißt
DB	Der Betrieb (Zeitschrift)
DRdA	Das Recht der Arbeit (Zeitschrift)
EEA (1987)	Einheitliche Europäische Akte
EELC	European Employment Law Cases (Zeitschrift)
EG(-V)	Vertrag zur Gründung der Europäischen Gemeinschaft
EGKS	Europäische Gemeinschaft für Kohle und Stahl
EGKSV	EGKS-Vertrag
ELLJ	European Labour Law Journal
EMRK	Konvention zum Schutze der Menschenrechte und Grundfreiheiten (Konvention Nr. 005 des Europarats)
ESSR	Europäische Säule sozialer Rechte
EU	Europäische Union
EuG	Gericht der Europäischen Union

EuGH	Europäischer Gerichtshof
EuR	Europarecht (Zeitschrift)
EUV	Vertrag über die Europäische Union
EuZA	Europäische Zeitschrift für Arbeitsrecht (Zeitschrift)
EuZW	Europäische Zeitschrift für Wirtschaftsrecht (Zeitschrift)
EWG	Europäische Wirtschaftsgemeinschaft
EWG-V	Vertrag zur Gründung der Europäischen Wirtschaftsgemeinschaft
EWiR	Entscheidungen zum Wirtschaftsrecht (Zeitschrift)
FGO	Franzen/Gallner/Oetker, Kommentar zum europäischen Arbeitsrecht
FS ArbVG	50 Jahre Arbeitsverfassungsgesetz (Festschrift)
FS BAG	50 Jahre Bundesarbeitsgericht (Festschrift)
FS DGB Rechtsschutz	Die Sicherung von Arbeitnehmerrechten: 10 Jahre DGB Rechtsschutz GmbH (Festschrift)
FS Henssler	Arbeit, Wirtschaft, Recht: Festschrift für Martin Henssler zum 70. Geburtstag
FS Löschnigg	Arbeiten in Würde, Festschrift für Günther Löschnigg
FS Pfeil	Festschrift für Walter J. Pfeil
FS Preis	Grundlagen des Arbeits- und Sozialrechts, Festschrift für Ulrich Preis zum 65. Geburtstag
FS Schmidt	Die Sicherung der kollektiven Ordnung, Festschrift für Ingrid Schmidt
FS Strack	Die Ordnung der Freiheit, Festschrift für Christian Starck zum 70. Geburtstag
FS Willemsen	Arbeitsrecht bei Änderung der Unternehmensstruktur: Festschrift für Heinz Josef Willemsen zum 65. Geburtstag
gem.	gemäß
GG	Grundgesetz
GPR	Zeitschrift für das Privatrecht der Europäischen Union
GRC	Charta der Grundrechte der Europäischen Union
GS Bleckmann	Rechtsstaatliche Ordnung Europas: Gedächtnisschrift für Albert Bleckmann
GS Rebhahn	Gedenkschrift Robert Rebhahn
GS Schockweiler	Mélanges en hommage à Fernand Schockweiler

GS Zachert	Individuelle und kollektive Freiheit im Arbeitsrecht – Gedächtnisschrift für Ulrich Zachert
GWR	Gesellschafts- und Wirtschaftsrecht (Zeitschrift)
i.V.m.	in Verbindung mit
ILO	International Labour Organisation
IWRZ	Zeitschrift für Internationales Wirtschaftsrecht
jM	juris – Die Monatszeitschrift
jurisPR-ArbR	Juris PraxisReport Arbeitsrecht (Zeitschrift)
JuS	Juristische Schulung (Zeitschrift)
JZ	Juristenzeitung
KritV	Kritische Vierteljahresschrift für Gesetzgebung und Rechtswissenschaft
KSchG	Kündigungsschutzgesetz
m.w.N.	mit weiteren Nachweisen
MAH Arbeitsrecht	Mohl (Hrsg.), Münchener Anwaltshandbuch Arbeitsrecht
NDV	Nachrichtendienst des Deutschen Vereins für öffentliche und private Fürsorge
NJW	Neue Juristische Wochenschrift
NZA	Neue Zeitschrift für Arbeitsrecht
NZA-RR	NZA-Rechtsprechungsreport
NZBau	Neue Zeitschrift für Baurecht und Vergaberecht
NZG	Neue Zeitschrift für Gesellschaftsrecht
P/N/H, Frankfurter Kommentar	Pechstein/Nowak/Häde, Frankfurter Kommentar zu EUV, GRC und AEUV
RabelsZ	Rabels Zeitschrift für ausländisches und internationales Privatrecht
RdA	Recht der Arbeit
RDT	Revue de droit du travail
(R)ESC	(revidierte) Europäische Sozialcharta
RL	Richtlinie
RL (EU) 2017/1132 (gesellschaftsrechtliche Richtlinie)	Richtlinie (EU) 2017/1132 des Europäischen Parlaments und des Rates vom 14. Juni 2017 über bestimmte Aspekte des Gesellschaftsrechts, ABl. L 169 vom 30/06/2017, S. 46–127

RL (EU) 2018/957 (Reformrichtlinie zur Entsenderichtlinie)	Richtlinie (EU) 2018/957 des Europäischen Parlaments und des Rates vom 28. Juni 2018 zur Änderung der Richtlinie 96/71/EG über die Entsendung von Arbeitnehmern im Rahmen der Erbringung von Dienstleistungen, ABl. L 173 vom 9.7.2018, S. 16–24
RL (EU) 2019/1152 (Transparenzrichtlinie)	Richtlinie (EU) 2019/1152 des Europäischen Parlaments und des Rates vom 20. Juni 2019 über transparente und vorhersehbare Arbeitsbedingungen in der Europäischen Union, ABl. L 186 vom 11.7.2019, S. 105–121
RL (EU) 2019/1158 (Vereinbarkeitsrichtlinie)	Richtlinie (EU) 2019/1158 des Europäischen Parlaments und des Rates vom 20. Juni 2019 zur Vereinbarkeit von Beruf und Privatleben für Eltern und pflegende Angehörige und zur Aufhebung der Richtlinie 2010/18/EU des Rates, ABl. L 188 vom 12.7.2019, S. 79–93
RL (EU) 2019/2121 (Änderungsrichtlinie zur RL (EU) 2017/1132)	Richtlinie (EU) 2019/2121 des Europäischen Parlaments und des Rates vom 27. November 2019 zur Änderung der Richtlinie (EU) 2017/1132 in Bezug auf grenzüberschreitende Umwandlungen, Verschmelzungen und Spaltungen, ABl. L 321 vom 12.12.2019, S. 1–44
RL (EU) 2022/2041 (Mindestlohnrichtlinie)	Richtlinie (EU) 2022/2041 des Europäischen Parlaments und des Rates vom 19. Oktober 2022 über angemessene Mindestlöhne in der Europäischen Union, ABl. L 275 vom 25.10.2022, S. 33–47
RL (EU) 2023/970 (Entgelttransparenzrichtlinie)	Richtlinie (EU) 2023/970 des Europäischen Parlaments und des Rates vom 10. Mai 2023 zur Stärkung der Anwendung des Grundsatzes des gleichen Entgelts für Männer und Frauen bei gleicher oder gleichwertiger Arbeit durch Entgelttransparenz und Durchsetzungsmechanismen, ABl. L 132 vom 17.5.2023, S. 21–44
RL 1999/70/EG (Befristungsrichtlinie)	Richtlinie 1999/70/EG des Rates vom 28. Juni 1999 zu der EGB-UNICE-CEEP-Rahmenvereinbarung über befristete Arbeitsverträge, ABl. L 175 vom 10.7.1999, S. 43–48
RL 2000/78/EG (Gleichbehandlungsrichtlinie)	Richtlinie 2000/78/EG des Rates vom 27. November 2000 zur Festlegung eines allgemeinen Rahmens für die Verwirklichung der Gleichbehandlung in Beschäftigung und Beruf, ABl. L 303 vom 02/12/2000, S. 16–22

RL 2001/23/EG (Betriebsübergangsrichtlinie)	Richtlinie 2001/23/EG des Rates vom 12. März 2001 zur Angleichung der Rechtsvorschriften der Mitgliedstaaten über die Wahrung von Ansprüchen der Arbeitnehmer beim Übergang von Unternehmen, Betrieben oder Unternehmens- oder Betriebsteilen, ABl. L 82 vom 22.3.2001, S. 16–20
RL 2001/86/EG (SE-Beteiligungsrichtlinie)	Richtlinie 2001/86/EG des Rates vom 8. Oktober 2001 zur Ergänzung des Statuts der Europäischen Gesellschaft hinsichtlich der Beteiligung der Arbeitnehmer, ABl. L 294 vom 10.11.2001, S. 22–32
RL 2003/88/EG (Arbeitszeitrichtlinie (2003))	Richtlinie 2003/88/EG des Europäischen Parlaments und des Rates vom 4. November 2003 über bestimmte Aspekte der Arbeitszeitgestaltung, ABl. L 299 vom 18.11.2003, S. 9–19
RL 2004/18/EG (Vergaberichtlinie (2004))	Richtlinie 2004/18/EG des Europäischen Parlaments und des Rates vom 31. März 2004 über die Koordinierung der Verfahren zur Vergabe öffentlicher Bauaufträge, Lieferaufträge und Dienstleistungsaufträge, ABl. L 134 vom 30.4.2004, S. 114–240
RL 2006/123/EG (Dienstleistungsrichtlinie)	Richtlinie 2006/123/EG des Europäischen Parlaments und des Rates vom 12. Dezember 2006 über Dienstleistungen im Binnenmarkt, ABl. L 376 vom 27.12.2006, S. 36–68
RL 2006/54/EG (Geschlechtergleichbehandlungsrichtlinie)	Richtlinie 2006/54/EG des Europäischen Parlaments und des Rates vom 5. Juli 2006 zur Verwirklichung des Grundsatzes der Chancengleichheit und Gleichbehandlung von Männern und Frauen in Arbeits- und Beschäftigungsfragen (Neufassung), ABl. L 204 vom 26.7.2006, S. 23–36
RL 2008/104/EG (Leiharbeitsrichtlinie)	Richtlinie 2008/104/EG des Europäischen Parlaments und des Rates vom 19. November 2008 über Leiharbeit, ABl. L 327 vom 5.12.2008, S. 9–14
RL 2011/24/EU (Patientenrichtlinie)	Richtlinie 2011/24/EU des Europäischen Parlaments und des Rates vom 9. März 2011 über die Ausübung der Patientenrechte in der grenzüberschreitenden Gesundheitsversorgung, ABl. L 88 vom 4.4.2011, S. 45–65
RL 2014/24/EU (Vergaberichtlinie (2014))	Richtlinie 2014/24/EU des Europäischen Parlaments und des Rates vom 26. Februar 2014 über die öffentliche Auftragsvergabe und zur Aufhebung der Richtlinie 2004/18/EG Text von Bedeutung für den EWR, ABl. L 94 vom 28.3.2014, S. 65–242

RL 75/129/EWG (Massenentlassungsrichtlinie (1975))	Richtlinie 75/129/EWG des Rates vom 17. Februar 1975 zur Angleichung der Rechtsvorschriften der Mitgliedstaaten über Massenentlassungen, ABl. L 48 vom 22.2.1975, S. 29–30
RL 77/187/EWG (Betriebsübergangsrichtlinie (1977))	Richtlinie 77/187/EWG des Rates vom 14. Februar 1977 zur Angleichung der Rechtsvorschriften der Mitgliedstaaten über die Wahrung von Ansprüchen der Arbeitnehmer beim Übergang von Unternehmen, Betrieben oder Betriebsteilen, ABl. L 61 vom 5.3.1977, S. 26–28
RL 92/50/EWG (Vergaberichtlinie (1992))	Richtlinie 92/50/EWG des Rates vom 18. Juni 1992 über die Koordinierung der Verfahren zur Vergabe öffentlicher Dienstleistungsaufträge, ABl. L 209 vom 24.7.1992, S. 1–24
RL 93/104/EG (Arbeitszeitrichtlinie (1993))	Richtlinie 93/104/EG des Rates vom 23. November 1993 über bestimmte Aspekte der Arbeitszeitgestaltung, ABl. L 307 vom 13.12.1993, S. 18–24
RL 96/71/EG (Entsenderichtlinie)	Richtlinie 96/71/EG des Europäischen Parlaments und des Rates vom 16. Dezember 1996 über die Entsendung von Arbeitnehmern im Rahmen der Erbringung von Dienstleistungen, ABl. L 18 vom 21/01/1997, S. 1–6
RL 98/59/EG (Massenentlassungsrichtlinie)	Richtlinie 98/59/EG des Rates vom 20. Juli 1998 zur Angleichung der Rechtsvorschriften der Mitgliedstaaten über Massenentlassungen, ABl. L 225 vom 12.8.1998, S. 16–21
RSCAS	Robert Schuman Centre for Advanced Studies
RTD Eur.	Revue trimestrielle de droit européen (Zeitschrift)
S.	Bei Normen = Satz/Sonst = Seite
s.o./u.	siehe oben/unten
SAE	Sammlung Arbeitsrechtlicher Entscheidungen
SBHS	Schwarze/Becker/Hatje/Schoo, EU-Kommentar
SEBG	Gesetz über die Beteiligung der Arbeitnehmer in einer Europäischen Gesellschaft
SGB	Sozialgesetzbuch
SGG	Sozialgerichtsgesetz
SPA	Schnellinformation für Personalmanagement und Arbeitsrecht
SR	Soziales Recht (Zeitschrift)
StGB	Strafgesetzbuch
u.a.	unter anderem

VersR	Versicherungsrecht (Zeitschrift)
vgl.	vergleiche
vgl. o. / u.	vergleiche oben/unten
VO (EG) Nr. 2157/2001 (SE-Verordnung)	Verordnung (EG) Nr. 2157/2001 des Rates vom 8. Oktober 2001 über das Statut der Europäischen Gesellschaft (SE), ABl. L 294 vom 10.11.2001, S. 1–21
VO (EU, Euratom) 2016/1192	Verordnung (EU, Euratom) 2016/1192 des Europäischen Parlaments und des Rates vom 6. Juli 2016 über die Übertragung der Zuständigkeit für die Entscheidung im ersten Rechtszug über die Rechtsstreitigkeiten zwischen der Europäischen Union und ihren Bediensteten auf das Gericht, ABl. L 200 vom 26.7.2016, S. 137–139
VO (EU) 2019/1149 (Verordnung zur Errichtung der europäischen Arbeitsbehörde)	Verordnung (EU) 2019/1149 des Europäischen Parlaments und des Rates vom 20. Juni 2019 zur Errichtung einer Europäischen Arbeitsbehörde und zur Änderung der Verordnungen (EG) Nr. 883/2004, (EU) Nr. 492/2011 und (EU) 2016/589 sowie zur Aufhebung des Beschlusses (EU) 2016/344, ABl. L 186 vom 11.7.2019, S. 21–56
VwGO	Verwaltungsgerichtsordnung
WSI	Wirtschafts- und Sozialwissenschaftliches Institut
WuG	Wirtschaft und Gesellschaft (Zeitschrift)
ZESAR	Zeitschrift für europäisches Sozial- und Arbeitsrecht
ZEuP	Zeitschrift für Europäisches Privatrecht
ZFA	Zeitschrift für Arbeitsrecht
ZGR	Zeitschrift für Unternehmens- und Gesellschaftsrecht
ZIAS	Zeitschrift für ausländisches und internationales Arbeits- und Sozialrecht
ZIP	Zeitschrift für Wirtschaftsrecht und Insolvenzpraxis
ZöR	Zeitschrift für öffentliches Recht
ZRI	Zeitschrift für Restrukturierung und Insolvenz
ZRP	Zeitschrift für Rechtspolitik
ZSE	Zeitschrift für Staats- und Europawissenschaften
ZTR	Zeitschrift für Tarif-, Arbeits- und Sozialrecht des öffentlichen Dienstes

A. Einführung

Olaf Deinert, Esra Özen und Philipp Thiel

I. Die Bedeutung und die Gefährdung der sozialen Dimension

Die Europäische Union verfolgt seit der Gründung ihrer Vorgängergemeinschaften den Zweck, einen gemeinsamen grenzenlosen Binnenmarkt zwischen den Mitgliedstaaten zu schaffen. Diese Integration wurde und wird vor allem durch die Schaffung von Marktzugangsrechten, insbesondere der europäischen Grundfreiheiten wie u.a. der Dienstleistungs- und Niederlassungsfreiheit gewährleistet. Im Rahmen dieser Entwicklung hat sich eine starke und dominante Marktdimension in der Union herausgebildet. Die Konzeption einer sozialen Dimension, die arbeitsmarkt- und sozialpolitische Maßnahmen[1] und insbesondere soziale Rechte der Beschäftigten umfasst, lässt sich in der Entwicklung der Union hingegen nur allmählich nachvollziehen. Die Stärkung sozialer Aspekte im Rahmen der europäischen Integration war anfänglich durch die Schaffung gleicher Wettbewerbsbedingungen im Rahmen einer sozialpolitischen Vereinheitlichung motiviert.[2] Die Verbesserung der sozialen Standards in der Union war hierbei, zumindest anfangs, lediglich ein willkommener Nebeneffekt. Trotz der Erkenntnis, dass die Europäische Union ohne die marktregulierenden Aspekte einer sozialen Dimension nicht denkbar

1 Der Begriff der sozialen Dimension umfasst für die Zwecke dieser Untersuchung alle Aspekte des sozialen Schutzes der Beschäftigten, lässt sich aber nicht allgemeingültig und durch eine abschließende Auflistung einzelner Aspekte definieren, sondern ist als Sammelbegriff für verschiedene sozial- und arbeitsmarktpolitische Maßnahmen im weiteren Sinne zu verstehen. Prägnante Themenfelder der sozialen Dimension sind beispielsweise: Der Schutz der kollektiven Interessen der Arbeitnehmer, die Ausübungsgarantie des Streikrechts, Schutz individueller Arbeitnehmerrechte insb. vor Diskriminierung und Kündigung, Beschäftigungspolitik, sozialer Dialog. Siehe hinsichtlich der Begriffsbestimmung und der Auflistung einzelner Aspekte der sozialen Dimension weiterführend: *Sagan*, NZA 2016, 1252, 1253; *Weiss*, ELLJ 2017, 344, 349; *Schellinger*, Wie sozial ist die EU?, 3.

2 Dies lässt sich am Beispiel der Verankerung der Entgeltgleichheit für Männer und Frauen im Art. 119 EWGV, jetzt Art. 157 AEUV erkennen. Hierbei ging es primär darum, dass eine ungleiche Vergütung von Frauen nicht zu einem Wettbewerbsvorteil im Binnenmarkt werden sollte. *Sagan*, NZA 2016, 1252, 1253.

wäre,[3] lässt sich ein asymmetrischer Druck auf die soziale Dimension im Rahmen der europäischen Integration des gemeinsamen Binnenmarktes beobachten.[4] Infolge dieser Entwicklung besteht die latente Gefahr, dass sozialpolitische Aspekte wie das Streikrecht, das Recht auf Arbeitskampf, Mitbestimmungsrechte, aber auch individuelle Arbeitnehmerrechte[5] den Marktfreiheiten untergeordnet werden.

1. Die soziale Dimension im historischen Schatten der Marktdimension

Historisch betrachtet, hat die Union bzw. ihre Vorgänger die soziale Dimension bereits früh durch sozialpolitische Zielsetzungen in ihre Verträge aufgenommen. So wurde beispielsweise die „Steigerung der Beschäftigung" und die „Hebung der Lebenshaltung in den Mitgliedstaaten" bereits in Art. 2 EGKSV als Ziel formuliert.[6] Allerdings fehlte es neben solcher übergeordneten sozialpolitischen Zielsetzung an konkreten sozialen Rechten, um diese Entwicklung zu unterstützen. Ausnahmen waren hier die Garantie der Arbeitnehmerfreizügigkeit (Art. 48 EWG-V) und die Entgeltgleichheit bei Männern und Frauen (Art. 119 EWG-V). Ziel der Arbeitnehmerfreizügigkeit war jedoch primär die Schaffung eines erleichterten Zugangs zum europäischen Arbeitsmarkt und nicht die Stärkung der Arbeitnehmerrechte.[7] Damit wurde die Freizügigkeit nicht um ihrer selbst willen gewährleistet, sondern zur Errichtung des gemeinsamen Marktes, später Binnenmarktes. Auch die Regelung zur gleichen Bezahlung für Männer und Frauen war vor allem aus wettbewerbsangleichenden Motiven in den Vertrag aufgenommen worden.[8] So war die Entgeltgleichheit in Frankreich bereits gesetzlich verankert und es wurde befürchtet, dass es zu Wettbewerbsverzerrungen führen

3 Es herrscht überwiegend Einigkeit, dass es für die europäische Marktintegration auch ausgleichender Mechanismen einer sozialen Dimension bedarf, so etwa: *Erdmann*, Wirtschaftliche und soziale Perspektiven des Europäischen Binnenmarktes, 9 ff. Unterschiedliche Ansichten existieren hingegen in Bezug auf die Möglichkeiten zur Erreichung dieses Ausgleiches. Zum einen wird eine aktive Förderung der sozialen Dimension auf europäischer Ebene gefordert, siehe: *Coen*, in: GS Bleckmann, 65; *Däubler*, in: Birk (Hrsg.), Die soziale Dimension des Europäischen Binnenmarktes, 58. Entgegengesetzte Ansichten begründeten sich im sogenannten Spaak-Bericht, in dem man von einer Eigendynamik des Binnenmarkts in Bezug auf die Entfaltung der sozialen Dimension ausging, siehe hierzu ausführlich *Seifert*, AuR 2015, G9, G 10 f.; eine Kurzdarstellung zum Bericht ist zu finden bei *Große Hüttmann/Wehling*, Das Europalexikon, Spaak Bericht.

4 *Scharpf*, Socio-Economic Review 2010, 211, 211 ff.; ähnlich in der Analyse hinsichtlich einer Ungleichgewichtung bei der europäischen Integration, siehe: *Schellinger*, Wie sozial ist die EU?, 14.

5 Die in diesem Text verwendeten Personenbezeichnungen sind, soweit nicht aus dem Kontext anders ersichtlich, nicht geschlechtsspezifisch zu verstehen. Zur Wahrung der Einheitlichkeit wird im Folgenden das generische Maskulinum verwendet.

6 *Seifert*, AuR 2015, G9, G9.

7 *Brechmann*, in: Calliess/Ruffert (Hrsg.), EUV und AEUV, AEUV Art. 45, Rn. 1.

8 Vgl. *Sagan*, NZA 2016, 1252, 1253; *Seifert*, AuR 2015, G9, G11 f.

könnte, wenn eine solche Regelung in anderen europäischen Ländern nicht greift, sodass Vorteile aus einer schlechteren Vergütung für Frauen gezogen werden könnten. Der Befund lässt sich auch an den durch die Mitgliedstaaten an die Union übertragenen Kompetenzen festmachen.[9] Als im Kern wirtschaftspolitisch gedachte internationale Organisation fehlte und fehlt es der Union bis heute in vielen Bereichen an umfangreichen sozialpolitischen Kompetenzen.[10] Die Entwicklung durch die vereinzelte Aufnahme sozialpolitischer Aspekte und Normen ins europäische Primärrecht schritt auch im Folgenden voran. Mit der Einführung des Art. 118b EG-V wurde beispielsweise der Soziale Dialog auf Gemeinschaftsebene institutionalisiert.[11] Auch die Proklamation der Gemeinschaftscharta der sozialen Grundrechte der Arbeitnehmer[12] stellte bereits zuvor einen weiteren Schritt der sozialpolitischen Integration als Ausdruck der sozialen Dimension dar, ist allerdings nie ein verbindliches Instrument geworden. Auf sie wurde im Zuge des Maastrichter Vertrags im Protokoll über die Sozialpolitik Bezug genommen, heute in Art. 153 AEUV.[13] Jedoch machte es erst die weiter fortschreitende wirtschaftliche Integration notwendig, auch im sozialpolitischen Bereich fortschreitende Harmonisierungen durch Richtlinien zu schaffen. Doch auch hier stand nicht primär der soziale Ausgleich von Marktmechanismen im Vordergrund, sondern eine wirtschaftspolitische Orientierung.[14] Eine eigenständige Aufnahme sozialer Belange in das Unionsrecht hat erst durch die Kodifizierung des Grundrechtekatalogs in der Charta der Grundrechte der Europäischen Union (GRC) stattgefunden. Im Rahmen des Vertrags von Lissabon hat Art. 6 Abs. 1 EUV die in der Charta enthaltenen sozialen Grundrechte, wie das Recht auf Kollektivverhandlungen und Kollektivmaßnahmen aus Art. 28 GRC mit dem Primärrecht der Union gleichgestellt.[15] Jedoch scheint sich trotz solcher sozialpolitischer Vorstöße im Kern weiterhin eine starke Dominanz europäischer Wirtschaftsinteressen zu zeigen, die sich bis heute weitestgehend durch die europäische Gesetzgebung zieht. Art. 3 Abs. 3 EUV setzt der Union zwar ein System der sozialen Marktwirtschaft zum Ziel, jedoch wird beklagt, dass sich im beste-

---

9 Zur Notwendigkeit der Kompetenzübertragung durch die Mitgliedsländer siehe: *Franzen*, in: FGO, Europäisches Arbeitsrecht, AEUV Art. 153, Rn. 1.

10 Der Kompetenzkatalog des Art. 153 AEUV sieht in vielen Bereichen nur eine ergänzende Zuständigkeit vor und formuliert zudem eine weitreichende Bereichsausnahme in Abs. 5, die das Arbeitsentgelt und weite Teile des kollektiven Arbeitsrechts umfasst.

11 Rechtlich im EG-V verankert durch Art. 22 EEA (1987). Siehe zusammenfassend: *Deinert*, Der europäische Kollektivvertrag, 166 f.

12 Gemeinschaftscharta der sozialen Grundrechte der Arbeitnehmer, KOM (89) 248 endg.

13 Siehe weiterführend zur Konzeption der Gemeinschaftscharta der sozialen Grundrechte der Arbeitnehmer, sowie die Entwicklung hin zum Sozialabkommen im Maastrichter Vertrag: *Arl*, Sozialpolitik nach Maastricht, 100 ff., 129 ff.

14 Vgl. *Kliemann*, Die europäische Sozialintegration nach Maastricht, 28 ff., auch hinsichtlich weiterführender Ausführungen zur Entwicklung der Sozialpolitik in den 70er und 80er Jahren.

15 Art. 1 Nr. 8 Vertrag von Lissabon zur Änderung des Vertrags über die Europäische Union und des Vertrags zur Gründung der europäischen Gemeinschaft (2007/c 306/01), ABl. EU C 306 vom 17.12.2007, S. 1.

henden europäischen Wettbewerb regelmäßig zeige, dass die gegenseitige Unterbietung dem Konzept einer transnationalen Solidarität vorgezogen werde.[16]

2. Die neue Tendenz zur Stärkung der sozialen Dimension

Als jüngster, die soziale Dimension betreffender Vorstoß in der Union lässt sich die Proklamation der Europäischen Säule sozialer Rechte (ESSR) verzeichnen. In diesem Prozess bemühte sich die Europäische Kommission gemeinsam mit dem Europäischen Parlament und dem Rat eine sozialpolitische Basis zu finden.[17] Mit dem Anstoß dieses Prozesses stellte sich eine neue Entwicklung auf europäischer Ebene ein, in der Aspekte der sozialen Dimension als politische Ziele formuliert wurden. Die Europäische Säule sozialer Rechte umfasst dabei auch Rechte, die durch die GRC nicht gewährleistet sind, sie ist jedoch auf der anderen Seite nicht unmittelbar gerichtlich durchsetzbar.[18]

Diese Entwicklung steht nicht im luftleeren Raum: Für die Akzeptanz der europäischen Idee ist es wichtig, dass die zentralen Probleme um ein soziales Europa gelöst werden. So führt eine Unwucht zu Lasten einer sozialen Regulierung zum Verlust demokratischer Legitimation und Gestaltungsmacht.[19] Offenkundig ist die Europäische Säule sozialer Rechte auch als politisches Mittel gedacht, um dieser Entwicklung entgegenzutreten. Auch hinsichtlich der Akzeptanz der Union im Nachklang der Eurokrise[20] scheint es für die Union wichtig zu sein, expliziter auch ihr sozialpolitisches Profil zu schärfen. Hieran anschließend nimmt die soziale Dimension aufgrund fortschreitender Integration immer mehr Relevanz für die europäischen Akteure ein. Aber auch für Sozialverbände und Gewerkschaften, die durch die wirtschaftspolitischen Regulierungen der Union betroffen sind, spielen die soziale Dimension und der Umgang mit dieser auf europäischer Ebene eine wichtige Rolle.

Auch wenn dieser Vorstoß für die Stärkung der sozialen Dimension begrüßenswert erscheint, bleibt unklar, wie weit dieser über eine politische Absichtserklärung hinausgehen wird. In diesem Sinne bleibt offen, inwieweit die formulierten Ziele auch verwirklicht werden.[21]

---

16 *Hoffmann/Wixforth*, AuR 2018, 4, 5.

17 Siehe zur Zielsetzung: Präambel der Europäische Säule sozialer Rechte Rn. 12 ff.

18 *Kilpatrick/De Witte*, RSCAS Policy Paper 2019, (2), 12.

19 *Hoffmann/Wixforth*, AuR 2018, 4, 4.

20 Vgl. zur Problematik der Eurokrisengesetzgebung etwa: *Beukers u.a.*, in: Constitutional Change through Euro-Crisis Law; *Kilpatrick/De Witte*, Social Rights in Times of Crisis in the Eurozone; *Dawson*, European Constitutional Law Review 2018, 191, 192 ff.; *Schellinger*, Wie sozial ist die EU?, 14.

21 *Weiss*, ELLJ 2017, 344, 352, stellt diese Vermutung aufgrund der weiterhin bestehenden Hindernisse in der Rechtssetzung auf. Ebenfalls pessimistisch ist *Heuschmid*, AuR 2017, 229, 229.

3. Die soziale Dimension in der europäischen Rechtsprechung

Neben dem Prozess der europäischen Integration durch das Primärrecht und durch die europäischen Richtlinien spielt auch die Rechtsprechung des EuGH eine integrationsgestaltende Rolle, weil der Gerichtshof im Wege von Vorabentscheidungs- und Vertragsverletzungsverfahren alleinverbindlich über die Deutung des europäischen Rechts entscheidet und dieses damit inhaltlich auch ein Stück weit ausgestaltet. Die Urteile des EuGH können mithin einen entscheidenden Einfluss darauf haben, wie Aspekte der sozialen Dimension in der europäischen Rechtspraxis etabliert und umgesetzt werden.

In der Unionsrechtsprechung finden sich zahlreiche Urteile, in denen soziale Rechte der Arbeitnehmer etabliert bzw. gestärkt wurden. Bekannt sind etwa die Entscheidungen zu den Rechtssachen *Defrenne II*[22], *Mangold*[23], *HK Danmark*[24] oder *Egenberger*[25], die den Schutz vor Diskriminierung wegen des Geschlechts, des Alters, der Behinderung oder der Religion hervorgehoben haben. Mit diesen Entscheidungen hat der EuGH dem europäischen Antidiskriminierungsrecht zur Durchsetzung verholfen und damit diesen Aspekt der sozialen Dimension in der Union gestärkt. Weiterhin nahm der EuGH das Kollektivvertragssystem eines Mitgliedstaates in der *Albany*-Entscheidung aus dem unionsrechtlichen Kartellverbot aus, sodass die kollektivvertraglichen Interessen der Arbeitnehmer keiner Einschränkung seitens des Unionsrechts unterliegen.[26] Auch in diesem Fall verhalf die Unionsrechtsprechung der sozialen Dimension zur Durchsetzung, und dies sogar entgegen dem europäischen Wettbewerbsrecht. In der Entscheidung *FNV Kunsten Informatie en Media*[27] wurde dieser Weg fortbeschritten.

Allerdings hat der EuGH auch in einigen Rechtssachen so entschieden, dass ihm im Nachgang in der rechts- und sozialwissenschaftlichen Auseinandersetzung die Missachtung oder Geringschätzung sozialer Rechte vorgeworfen wurde.[28] Einen Höhepunkt erreichte dieser Vorwurf zu den Urteilen *Viking*, *Laval*

22 EuGH, 08.04.1976 – Rs. 43/75 (ECLI:EU:C:1976:56), NJW 1976, 2068 – Defrenne II.

23 EuGH, 22.11.2005 – C-144/04 (ECLI:EU:C:2005:709), Slg. 2005, I-9981 = AP Nr. 1 zu Richtlinie 2000/78/EG – Mangold.

24 EuGH, 11.04.2013 – C-335/11 und C-337/11 (ECLI:EU:C:2013:222), AP Nr. 28 zu Richtlinie 2000/78/EG – HK Danmark u.a.

25 EuGH, 17.04.2018 – C-414/16 (ECLI:EU:C:2018:257), AP Nr. 42 zu Richtlinie 2000/78/EG – Egenberger.

26 EuGH, 21.09.1999 – C-67/96 (ECLI:EU:C:1999:430), Slg. 1999, I-05751 = AP Nr. 1 zu Art. 85 EGV – Albany.

27 EuGH, 04.12.2014 – C-413/13 (ECLI:EU:C:2014:2411), NZA 2015, 55 – FNV Kunsten Informatie en Media.

28 Siehe zusammenfassend zur Kritik u.a. *Schulz/Mayer*, Der EuGH und das soziale Europa, sowie die folgende Auswertung von *Özen* und *Thiel* in den Abschnitten B und C.

und *Rüffert*[29] aus den Jahren 2007 und 2008. Darin entschied der EuGH über das Verhältnis der nationalen sozialen Rechte zu den europäischen Grundfreiheiten. Hierbei erkannte er die betroffenen sozialen Rechte zwar auch als Grundrechte an,[30] beschränkte diese jedoch als Eingriff in die wirtschaftlichen Grundfreiheiten soweit, wie deren Ausübung nicht durch zwingende Gründe des Allgemeinwohls gerechtfertigt war.[31] Hierbei führte eine Kombination aus der Vorrangwirkung europäischen Rechts vor den nationalen sozialen Grundrechten und die Erstreckung der Grundfreiheiten im Wege einer unmittelbaren Drittwirkung zu einer bis dato unbekannten Einschränkung der sozialpolitischen Betätigungsmöglichkeiten der Mitgliedstaaten und Sozialpartner.[32] Die durch den EuGH in der *Albany*-Entscheidung[33] entwickelte Bereichsausnahme für die Kollektivvertragsautonomie wurde nicht auf das Verhältnis zwischen Grundfreiheiten und Arbeitskampf übertragen. Diesen marktfreundlichen Kurs setzte der EuGH auch in der Entscheidung *Kommission/Luxemburg*[34] fort.

Eine Schieflage hinsichtlich der sozialen Dimension erscheint auch in anderen Rechtsbereichen wie etwa im Betriebsübergangsrecht erkennbar. In der Rechtsprechung zum Fall *AGET Iraklis*[35] lässt sich eine eindeutige Dominanz der Marktdimension erkennen, weil der EuGH hier das Kündigungsrecht bzw. das Massenentlassungsrecht eines Mitgliedstaates und damit individuelles soziales Recht, an der Niederlassungsfreiheit des einschlägigen Unternehmens, also einer europäischen Grundfreiheit, gemessen hat und zudem von einer exzessiven Anwendung dieser Niederlassungsfreiheit ausging.[36] Fälle in denen die Marktdimension dominiert, lassen sich somit also in verschiedensten Bereichen finden.

Der Umstand, dass der Gerichtshof in einigen jüngeren Fällen aus unterschiedlichen Rechtsbereichen rücksichtsvoller mit sozialen Rechten zu verfahren

---

29 EuGH, 11.12.2007 – C-438/05 (ECLI:EU:C:2007:772), Slg. 2007, I-10779 = AP Nr. 3 zu Art. 43 EG – Viking; EuGH, 18.12.2007 – C-341/05 (ECLI:EU:C:2007:809), Slg. 2007 I-11767 = AP Nr. 15 zu Art. 49 EG – Laval; EuGH, 03.04.2008 – C-346/06 (ECLI:EU:C:2008:189), Slg. 2008 I-01989 = AP Nr. 16 zu Art. 49 EG – Rüffert.

30 EuGH, 11.12.2007 – C-438/05 [Fn. 29], Rn. 44 – Viking.

31 Ausführlich zu den Urteilen und der Kritik an den Entscheidungen siehe: *Thiel*, Abschnitt C, II, 1 und 2.

32 *Höpner*, WSI-Mitteilungen 2009, 407, 409 f.

33 EuGH, 21.09.1999 – C-67/96 [Fn. 26] – Albany.

34 EuGH, 19.06.2008 – C-319/06 (ECLI:EU:C:2008:350), Slg. 2008, I-4323 = NZA 2008, 865 – Kommission/Luxemburg.

35 EuGH, 21.12.2016 – C-201/15 (ECLI:EU:C:2016:972), NZA 2017, 167 – AGET Iraklis.

36 So *Klein/Leist*, ZESAR 2017, 468, 469 ff., mit ausführlicher Besprechung des Falls.

scheint,[37] bestätigt allerdings, dass sich die Rechtsprechung des EuGH zumindest nicht einseitig in Richtung einer Marktradikalisierung entwickelt, sondern in der Gewichtung zwischen Marktdimension und sozialer Dimension schwankt. Erwähnt sei insoweit etwa die Rechtsprechung in der Rechtssache *Asklepios*[38] aus dem Jahr 2017. Der EuGH wirkte dem Vorwurf, den wirtschaftlichen Interessen der Arbeitgeber sei in der Rechtsprechung *Alemo-Herron* ein besonderes Gewicht beigemessen worden,[39] dadurch entgegen, dass er das Recht der Erwerber-Arbeitgeber zur Entbindung der dynamischen Bezugnahmeklauseln im Wege der Erweiterung der Anpassungsmöglichkeiten auf individualvertragliche Instrumente relativiert hat.[40]

4. Zwischenfazit

Zusammenfassend zeigt sich somit, dass die soziale Dimension in der Europäischen Union aufgrund des als fragmentarisch zu bezeichnenden normativen Bestandes der sozialen Rechte der Arbeitnehmer im Unionsrecht, sowie deren zumindest schwankender Berücksichtigung in der Rechtsprechung des EuGH hinter den marktwirtschaftlichen Interessen häufig zurücktreten. Diese Entwicklung ist bedenklich, da die Wahrung der sozialen Dimension nicht nur für die Förderung und Entwicklung eines sozialen Europas von Bedeutung ist, sondern auch für die Akzeptanz des Unionsrechts seitens der europäischen und nationalen Akteure eine wichtige Rolle spielt.

II. Ziele und Gang der vorliegenden Untersuchung

Die vorliegende Untersuchung verfolgt das Ziel, die Beachtung der sozialen Dimension des Unionsrechts durch den EuGH systematisch zu untersuchen, um daraus Rückschlüsse zu ziehen, welche Faktoren einen Einfluss auf die

37 EuGH, 17.11.2015 – C-115/14 (ECLI:EU:C:2015:760), NZA 2016, 155 – RegioPost; EuGH, 27.04.2017 – C-680/15 und C-681/15 (ECLI:EU:C:2017:317), AP Nr. 13 zu Richtlinie 2001/23/EG – Asklepios; EuGH, 17.04.2018 – C-414/16 [Fn. 25] – Egenberger; EuGH, 18.10.2022 – C-677/20 (ECLI:EU:C:2022:800), AP Nr. 1 zu Richtlinie 2001/86/EG – SAP; auch eine neue Zurückhaltung hinsichtlich der Ausdehnung des Zuständigkeitsbereichs ist zu erkennen, wie etwa bei: EuGH, 07.07.2022 – C-257/21 und C-258/21 (ECLI:EU:C:2022:529), ABl. C 318 vom 22.8.2022, S. 15 = AP Nr. 48 zu Richtlinie 2003/88/EG – Coca-Cola.

38 EuGH, 27.04.2017 – C-680/15 und C-681/15 [Fn. 37] – Asklepios.

39 EuGH, 18.07.2013 – C-426/11 (ECLI:EU:C:2013:521), AP Nr. 10 zu Richtlinie 2001/23/EG, Rn. 31 – Alemo-Herron; *Bartl/Leone*, European Constitutional Law Review 2015, 140, 153; *Prassl*, Industrial Law Journal 2013, 434, 441; *Willemsen/Grau*, NJW 2014, 12, 14.

40 EuGH, 27.04.2017 – C-680/15 und C-681/15 [Fn. 37], Rn. 29 – Asklepios; *Willemsen/Grau*, NJW 2014, 12, 16.

Rechtsprechung haben und somit dazu beitragen können, die soziale Dimension im Unionsrecht zu stärken. In diesem Rahmen sollen nachvollziehbare Lösungsansätze entwickelt werden, um der Gefahr der Zurückdrängung sozialer Elemente im europäischen Unionsrecht entgegenzutreten.

Die Rechtsprechung des EuGH ist bereits verschiedenen sozialpolitischen und rechtswissenschaftlichen Analysen unterzogen worden. Diese liefern allerdings aufgrund ihres sachlich begrenzten Umfangs entweder nur eine erste Einschätzung über das soziale Ideal des EuGH anhand derer exponierte Entscheidungen wie *Viking* und *Laval*[41] aus dem Bereich des Entsenderechts besprochen werden, oder sie behandeln vornehmlich die materiell-rechtliche Rekonstruktion[42] bzw. die Durchsetzung vorhandener Rechte[43] und thematisieren kaum die Wege zur Stärkung der sozialen Dimension in der Rechtsprechung.

Die rechtswissenschaftlichen Untersuchungen teilen die Feststellung, dass in der Rechtsprechung des EuGH keine systematische Berücksichtigung der sozialen Dimension des Unionsrechts zu verzeichnen ist.[44] Während die sozialen Rechte der Arbeitnehmer beispielsweise in der Rechtsprechung *Mangold*[45] soweit gestärkt wurden, dass diese zu Diskussionen einer potenziellen Überschreitung der Zuständigkeiten des EuGH geführt hat,[46] sind die sozialen Rechte der Arbeitnehmer in Sachen *Viking*, *Laval* und *Rüffert*[47] unter Rechtfertigungsdruck geraten.[48] Die Unterordnung der sozialen Rechte unter das Grundfreiheitenregime hinderte auch die Mitgliedstaaten daran, markt-korrigierende Maßnahmen selbst bestimmen und ergreifen zu können.[49] Er setzte diese Praxis trotz der Erkenntnis fort, dass ein gemeinsamer Kompromiss über markt-korrigierende Maßnahmen auf europäischer Ebene wegen der Heterogenität der sozialpolitischen Ordnungen der Mitgliedstaaten nur schwer vorstellbar ist.[50]

41 EuGH, 11.12.2007 – C-438/05 [Fn. 29] – Viking; EuGH, 18.12.2007 – C-341/05 [Fn. 29] – Laval.

42 *Barnard*, in: De Búrca/Craig (Hrsg.), The Evolution of EU Law, 678 ff.; *Kilpatrick/De Witte*, RSCAS Policy Paper 2019, (2), 3 f.

43 *Garben u.a.*, CEPOB (1) 2017, 1, 5 f.

44 *Krebber*, RdA 2009, 224, 236; *Seikel/Absenger*, Industrielle Beziehungen 2015, 51, 57 ff.

45 EuGH, 22.11.2005 – C-144/04 [Fn. 23] – Mangold.

46 *Zimmer*, AuR 2012, 114, 118; *Krebber*, RdA 2009, 224, 236; *Kocher*, AuR 2009, 332, 335 ff.

47 EuGH, 11.12.2007 – C-438/05 [Fn. 29] – Viking; EuGH, 18.12.2007 – C-341/05 [Fn. 29] – Laval; EuGH, 03.04.2008 – C-346/06 [Fn. 29] – Rüffert.

48 *Wendeling-Schröder*, in: GS Zachert, 147; *Mosler*, in: GS Rebhahn, 349; *Coen*, in: GS Bleckmann, 76; *Mayer*, in: GS Zachert, 59; *Joerges/Rödl*, KJ 2008, 149, 160 f.

49 *Höpner*, WSI-Mitteilungen 2009, 407, 413.

50 *Scharpf*, Socio-Economic Review, 8 (2010), 211 ff.; siehe bzgl. des fehlenden Interesses der Mitgliedstaaten am Erlass der gemeinsamen Rechtsnormen zur europäischen Sozialpolitik, sowie der Bedeutung eines sozialen Europas „der Einheit in der Vielheit", *Erdmann*, Wirtschaftliche und soziale Perspektiven des Europäischen Binnenmarktes, 31 f.

Auf der anderen Seite ergeben sich aus der sozial- und politikwissenschaftlichen Forschung außerrechtliche Rahmenbedingungen hinsichtlich einer Analyse der Rechtsprechung des EuGH. Demnach könne es marktradikalen Kräften durch die Ausnutzung dieser Rahmenbedingungen beispielsweise gelingen, ihre liberalen Interessen über die Verfahren beim EuGH gegen nationalen politischen Widerstand durchzusetzen.[51] Mithin gibt es auch im Bereich der politikwissenschaftlichen Auswertung Ansätze, die die Rechtsprechung in Teilen zu erklären versuchen. So kann beispielsweise eine nach der soziologischen Gruppentheorie anerkannte Entwicklung einer Gruppenidentität am EuGH die Entscheidung der Richter beeinflussen, wenn sie sich der Aufgaben des Unionsrechts – vor allem der Wahrung und Festigung des Unionsrechts sowie die Erschließung von Integrationspotenzialen – bewusst sind und sie sich so wie in der Gruppe gewünscht verhalten würden.[52] Darüber hinaus finden sich bereits Empfehlungen zur Stärkung der sozialen Dimension, wie u.a. die Änderung des Unionsrechts bzw. die Erweiterung der europäischen Rechtsetzungskompetenzen.[53] Dem EuGH solle demnach nicht eine singuläre Rolle für die Schaffung bzw. Förderung eines sozialen Europas zugewiesen werden.[54] Eine solche würde die Kompetenzen des Gerichtshofs überschreiten und diesen überfordern. Im Allgemeinen setzt sich allerdings die Erkenntnis durch, dass für eine europäische Rechtssetzung nicht unwesentliche Hürden existieren wie u.a. die Schwierigkeit der Schaffung eines weitreichenden Konsenses zwischen Mitgliedstaaten mit unterschiedlichen sozialpolitischen Vorstellungen.[55] Somit drängt es sich auf, auch die Möglichkeiten im bestehenden System zu untersuchen.

Der EuGH gilt weiterhin als Hoffnungsträger für die Stärkung der sozialen Dimension. Aufgrund seiner Praxis zur Neu- bzw. Uminterpretierung des Unionsrechts kommt dem Gerichtshof eine gewisse Erwartung zur Förderung der sozialen Dimension des Unionsrechts zu.[56] Er kann durch – über den konkreten Einzelfall hinausgehende – zumindest faktisch verbindliche Leitentscheidungen über die mitgliedstaatliche Anwendung und Umsetzung des Unionsrechts die soziale Dimension des Unionsrechts weiterhin stärken. Daher hat die vorliegende Untersuchung die Rechtsprechung des EuGH im Fokus, und zwar nicht ausschließlich die zum Streikrecht der Arbeitnehmer, sondern auch zu weiteren sozialen Rechten der Arbeitnehmer aus den folgenden, nicht ab-

---

51 *Hoffmann/Wixforth*, AuR 2018, 4, 6.

52 *Höpner*, Berliner Journal für Soziologie 2011, 203, 224.

53 *Mayer*, Integration 2009, 246, 265; *Weiss*, ELLJ 2017, 344, 354; *Höpner/Schmidt*, CYELS 2020, 182, 182; *Schellinger*, Wie sozial ist die EU?, 10.

54 *Mayer*, Integration 2009, 246, 262.

55 *Fuchs*, ZESAR 2016, 7, 8 ff.

56 *Höpner*, WSI-Mitteilungen 2009, 407, 408; *Kocher*, in: GS Zachert, 37 f.; *Schubert/Jerchel*, EuZW 2010, 687, 693.

schließend aufgezählten Gebieten: Kollektivarbeitsrecht unter Einschluss der Mitbestimmung der Arbeitnehmer auf Unternehmensebene, Entsenderecht, Betriebsübergangs- und Massenentlassungsrecht, sowie Urlaubsrecht. Dabei wird nicht vornehmlich der Frage nach einer materiell stärkeren Implementierung sozialer Rechte im Unionsrecht nachgegangen, sondern untersucht, wie bereits existierende soziale Rechte in der Unionsrechtsprechung gestärkt werden können.

Im Rahmen einer rechtswissenschaftlichen Analyse der Rechtsprechung ist zu untersuchen, ob es bestimmte rechtliche Aspekte in der Rechtsprechung des EuGH gibt, die gegen oder für die Beachtung der sozialen Dimension des Unionsrechts sprechen. Als Rechtsmaterie bedient sich die vorliegende Untersuchung primär der systemprägenden Urteile des EuGH, also der Entscheidungen, die wegweisend für das Verständnis und die Auslegung der jeweiligen Rechtsakte der Union sind und die nachfolgenden Urteile somit prägen. Zudem lässt sich die soziale systemprägende Relevanz anhand der Resonanz in der Fachliteratur und in der breiteren Öffentlichkeit erkennen. Teils sind die Untersuchungen mehr auf die Prägung des gesamten Rechtsgebiets durch die Rechtsprechung des EuGH ausgerichtet (Kollektivarbeitsrecht, vgl. *Thiel*, Abschnitt C, und Urlaubsrecht, vgl. *Thiel*, Abschnitt B, V), teils handelt es sich stärker um die Auseinandersetzung mit einzelnen systemprägenden Entscheidungen, so im Betriebsübergangs- (vgl. *Özen*, Abschnitt B, II) und im Massenentlassungsrecht (vgl. *Özen*, Abschnitt B, III).

Darüber wird die Untersuchung durch einen politikwissenschaftlichen Beitrag zu den Faktoren für die Entscheidungsfindung des EuGH, etwa die Bedeutung anderer Akteure oder die Signifikanz des Rechtsgebiets, ein rechts- und möglicherweise gerichtstatsächliches Bild der sozialen Dimension in der Unionsrechtsprechung zeichnen (vgl. *Hofmann*, Abschnitt D).

Im Anschluss sollen die Wege zu einer Stärkung der sozialen Dimension in der Rechtsprechung erörtert werden. Ausgehend von der aktuell im Unionsrecht angelegten Rolle der sozialen Dimension und den in den vorausgehenden Untersuchungen analysierten Schwachpunkte bei ihrer Verteidigung sind Wege einer rechtskonstruktiven Stärkung zu suchen, etwa mit rechtsdogmatischen Mitteln wie zum Beispiel der Nutzung des Argumentationspotenzials der Europäischen Säule sozialer Rechte in der Rechtsprechung oder durch eine institutionelle Stärkung im Wege einer erhöhten sozialpolitischen Sensibilisierung des EuGH. Mit diesem Fokus soll insbesondere untersucht werden, ob und wie die soziale Dimension durch die Idee einer Europäischen Justiziellen Säule sozialer Rechte, die die interinstitutionell von Rat, Kommission und Parlament proklamierte Europäische Säule sozialer Rechte flankiert, eine effektivere Berücksichtigung bei der Entscheidungsfindung des EuGH finden kann.

In methodischer Hinsicht ist festzuhalten, dass bei der Bewertung der sozialen Dimension in der Rechtsprechung nicht der Verfahrensausgang, also die konkrete Frage entscheidend ist, ob der der EuGH zugunsten oder zum Nachteil der Arbeitnehmer in einem Verfahren entschieden hat. Es gibt nämlich Urteile des EuGH, in denen die soziale Dimension des Unionsrechts als gewahrt betrachtet werden kann, und zwar obwohl im Verfahren kein Arbeitnehmer beteiligt ist,[57] oder das Verfahren für den einzelnen betroffenen Arbeitnehmer ungünstig ausgegangen ist.[58] Auch können soziale Rechte miteinander konkurrieren. Das macht bereits deutlich, dass allein das Überwiegen sozialer Rechte bzw. dessen Ausbleiben noch kein entscheidender Indikator dafür sein kann, dass soziale Rechte wirtschaftlichen untergeordnet würden. Im Übrigen ist der Ausgang einer Entscheidung allein noch nicht aussagekräftig für die Frage einer Respektierung der sozialen Dimension des Unionsrechts. Wo das gesetzte Unionsrecht wirtschaftlichen Rechten einen Vorrang einräumt, kann von der Rechtsprechung nicht erwartet werden, dies zu korrigieren. Entscheidender Gesichtspunkt muss am Ende sein, ob soziale Rechte bei Auslegungs- und Abwägungsvorgängen eine hinreichende Beachtung gefunden haben. Dazu bedarf es aber eines Maßstabs, welches Gewicht sie haben. Dieser ergibt sich grundsätzlich aus dem Primär- und Sekundärrecht. Als zusätzlicher Indikator dafür, ob eine hinreichende Sensibilisierung der Judikatur für die soziale Dimension des Unionsrechts gegeben ist, kann aber die Europäische Säule sozialer Rechte herangezogen werden. Denn diese definiert den politischen Anspruch, den Mitgliedstaaten, Kommission und Parlament insoweit definiert haben. Die politikwissenschaftliche Untersuchung hingegen setzt in erster Linie statistische Methoden der Datenauswertung ein, damit möglichst umfassend analysiert wird, welche außerrechtlichen Einflüsse auf die Entscheidungsfindung des EuGH vorhanden sind.

---

57 So lässt sich beispielsweise das Verfahren zu der Rechtssache Erzberger ansehen, siehe: EuGH, 18.07.2017 – C-566/15 (ECLI:EU:C:2017:562), AP Nr. 1 zu Art. 45 AEUV – Erzberger.

58 Hierfür lässt sich das Urteil Ayse Süzen als Beispiel anführen, siehe: EuGH, 11.03.1997 – C-13/95 (ECLI:EU:C:1997:141), AP Nr. 14 zu EWG-Richtlinie Nr. 77/187 – Süzen.

B. Die soziale Dimension des Unionsrechts in der Rechtsprechung des EuGH zu den individualarbeitsrechtlichen Fragen

I. Einleitung

Esra Özen

1. Der Kampf um die soziale Dimension in der Rechtsprechung des EuGH

Die Europäische Union ist zu wirtschaftspolitischen Zwecken gegründet worden, die überwiegend im Wege der Ausübung der europäischen Grundfreiheiten wie u.a. Dienstleistungs- und Niederlassungsfreiheit erreicht werden können.[59] Soziale Rechte und Interessen wie beispielsweise ein gerechter Lohn für Arbeitnehmer, der Schutz vor Kündigung und der Anspruch auf bezahlten Jahresurlaub, sind allerdings auch ein Teil der Europäischen Union; diese ist nämlich ohne soziale Aspekte nicht denkbar.[60] Trotz der begrenzten Kompetenzen der europäischen Gesetzgebung gab es daher immer Versuche zur Stärkung der sozialen Dimension des Unionsrechts, damit diese nicht im Hintergrund der Binnenmarktinteressen der Union bleibt.[61] Die Legislativen Kompetenzen zur Regelung sozialer Aspekte auf europäischer Ebene sind einge-

59 Siehe ausführlich zu den nach dem Zweiten Weltkrieg entwickelten Idee zur Konstituierung eines gemeinsamen Marktes, *Fuchs u.a.*, Europäisches Arbeitsrecht, 4 ff. Die Konstituierung des gemeinsamen Markts bedarf es demnach der grenzüberschreitenden Möglichkeiten zur Arbeit. Art. 3 EWGV 1958 sah demzufolge die Beseitigung der Hemmnisse vor, um den freien Personen-, Dienstleistungs- und Kapitalverkehr zwischen den Mitgliedstaaten zu ermöglichen.

60 *Däubler*, in: Weidenfeld (Hrsg.), Europa-Handbuch, 525 f.; *Sagan*, NZA 2016, 1252, 1253; siehe zu neuen Perspektive zur sozialen Dimension des Unionsrechts wie zum Beispiel zur Verwirklichung der in der Europäischen Säule der Sozialen Rechte aufgezählten sozialpolitischen Ziele, *Weiss*, ELLJ 2017, 344, 352.

61 Siehe eine Darstellung der Einführung der Sozialpolitik im Unionsrecht: *Coen*, in: GS Bleckmann, 58 ff.; *Barnard*, in: De Búrca/Craig (Hrsg.), the Evolution of EU Law, 679 ff.; *Blanpain u.a.*, KritV 1995, 452, 453 f.

schränkt.[62] Demgegenüber ist der EuGH in der Lage, durch eine Interpretation des Unionsrechts und durch eine Rechtsfortbildung, unter Betrachtung der Prinzipien des existierenden EU-Rechts und des internationalen Rechts, Entscheidungen zu den komplexen Rechtsfragen zu treffen, die sich etwa auf wirtschaftliche und soziale Angelegenheiten beziehen.[63] Der EuGH, als „Motor der Integration",[64] spielt(e) eine wesentliche Rolle zur Wahrung der europäischen Ziele. Der Gerichtshof hat zu der sozialen Dimension des Unionsrechts einen erheblichen Beitrag geleistet. Zu nennen sind beispielsweise seine Rechtsprechungen aus dem Antidiskriminierungsrecht, wie die Rechtsprechungen *Defrenne II*[65] und *Mangold*[66], in denen der EuGH einen allgemeinen Grundsatz des Unionsrechts zum Diskriminierungsverbot entwickelt und diesen über das bestehende Primär- und Sekundärrecht hinaus für Arbeitsverhältnisse horizontal wirkend erklärt hat.[67] Das hauptsächliche Motiv für den Abbau von diskriminierenden Praktiken in Arbeitsverhältnissen war die Erhaltung der Funktionstüchtigkeit des Binnenmarkts.[68] Die durch die Rechtsprechung des EuGH herbeigeführte horizontale Wirkung des Diskriminierungsverbots trug und trägt jedoch einen wesentlichen Beitrag zur Stärkung der Schutzposition der Arbeitnehmer gegenüber ihrem Arbeitgeber bei, und stärkt somit die soziale Dimension des Unionsrechts.[69] Der unionsrechtliche Grundsatz des Diskriminierungsverbots wirkt heute weiter Diskriminierungen in zahlreichen Fallkonstellationen entgegen.[70]

Im Jahre 2008 hat der EuGH allerdings eine Reihe von Entscheidungen getroffen, die seinen Beitrag zur sozialen Dimension des Unionsrechts in Frage gestellt haben. Hierzu zählen die Entscheidungen *Viking*, *Laval* und *Rüffert* aus dem Bereich des Entsenderechts.[71] In diesen Urteilen hat die Rechtsprechung eine Tendenz zur Radikalisierung der Marktinteressen der Union und eine systematische Unterordnung der sozialen Rechte der Mitgliedstaaten unter die

62 Siehe die Fragmentierung der sozialen Rechte in den Mitgliedstaaten als Hindernis der Entwicklung einer europäischen Sozialpolitik *Schuster*, Integration 1996, 245, 248; Ebenso: *Däubler*, in: Weidenfeld (Hrsg.), Europa-Handbuch, 530 ff.; *Weiss*, ELLJ 2017, 344, 353 f.

63 *Bercusson*, European Labour Law, 384.

64 *Höpner*, Berliner Journal für Soziologie 2011, 203, 224.

65 EuGH, 08.04.1976 – Rs. 43/75 [Fn. 22] – Defrenne II.

66 EuGH, 22.11.2005 – C-144/04 [Fn. 23] – Mangold.

67 *Junker*, ZFA 2013, 91, 92; krit. *Krebber*, RdA 2009, 224, 225 f.

68 *Riesenhuber*, Europäisches Arbeitsrecht, 262 f.

69 Siehe weitere Beispiele unter dem Stichwort „Dichotomie von wirtschaftlicher Harmonisierung und sozialem Grundrechtsschutz", *Sagan*, NZA 2016, 1252, 1253.

70 EuGH, 13.09.2011 – C-447/09 (ECLI:EU:C:2011:573), Slg. 2011, I-8003 = AP Nr. 23 zu Richtlinie 2000/78/EG – Prigge; EuGH, 19.01.2010 – C-555/07 (ECLI:EU:C:2010:21), AP Nr. 14 zu Richtlinie 2000/78/EG – Kücükdeveci.

71 EuGH, 11.12.2007 – C-438/05 [Fn. 29] – Viking; EuGH, 18.12.2007 – C-341/05 [Fn. 29] – Laval; EuGH, 03.04.2008 – C-346/06 [Fn. 29] – Rüffert.

europäischen Marktfreiheiten gezeigt.[72] In seinen Urteilen hat er zwar zuerst das Streikrecht der Arbeitnehmer als Grundsatz des Unionsrechts anerkannt.[73] Der Gerichtshof hat aber danach dieses soziale Recht der Arbeitnehmer gegenüber marktwirtschaftlichen Interessen der Union gestellt, und in einer Interessenabwägung zwischen dem sozialen Rechte, insbesondere den Grundrechten der Arbeitnehmer und der Grundfreiheiten der Unternehmen letzteren einen Vorrang eingeräumt.[74] Die offenbare marktliberale Positionierung des EuGH im Spannungsverhältnis zwischen sozialen und kollektiven Rechten der Arbeitnehmer und der europäischen Grundfreiheiten bei grenzüberschreitenden Fällen veranlasst die Frage, ob der EuGH in ähnlicher Weise in individualrechtlichen Fragen des Arbeitsrechts Tendenzen zeigt, Arbeitnehmerrechte und -interessen zugunsten von binnenmarktpolitischen Vorstellungen einzuschränken. Mit anderen Worten, ob es einen Bedarf gibt, die soziale Dimension des Unionsrechts im Individualarbeitsrecht zu stärken.

2. Gegenstand der Untersuchung: Arbeitnehmerschutz bei Betriebsübergang und Massenentlassung

Die vorliegende Untersuchung hat die Rechtsprechung des EuGH zum Arbeitnehmerschutz bei Betriebsübergang und Massenentlassungen zum Gegenstand. Der Grund für die Wahl der Untersuchungsfelder liegt zuerst darin, dass der EuGH in diesen Rechtsgebieten bereits zahlreiche Entscheidungen getroffen hat, die im Blick auf die soziale Dimension des Unionsrechts äußerst umstritten sind. Hierzu zählen die Entscheidungen *Alemo-Herron* und *AGET-Iraklis*[75]. In der Literatur betrachtet man diese Urteile als „Eckpfeiler“ der Position des EuGH in Bezug auf das Gleichgewicht zwischen den Rechten der Arbeitnehmer und wirtschaftlichen Freiheiten.[76]

In den Entscheidungen zum Betriebsübergang aus den 1990er Jahren beobachtet man eine arbeitnehmerfreundliche Perspektive des EuGH zu sozialen Rechten der Arbeitnehmer. Im Einklang der dem Erlass der RL 2001/23/EG (Betriebsübergangsrichtlinie) zugrunde liegenden sozialpolitischen Gedanken wird der Arbeitnehmerschutz als Zweck der Richtlinie in Urteilen regelmäßig

---

72 *Joerges/Rödl*, KJ 2008, 149, 161 ff.; *Däubler*, in: Scholz/Becker (Hrsg.), Die Auswirkungen der Rechtsprechung des Europäischen Gerichtshofs auf das Arbeitsrecht der Mitgliedstaaten, 102; *Zwanziger*, RdA-Beil. 2009, 10, 12; *Rebhahn*, ZESAR 2008, 109, 110 ff.; *Kocher*, AuR 2009, 332, 338.

73 *Zwanziger*, DB 2008, 294, 295; *Rebhahn*, ZESAR 2008, 109, 110 f.

74 Näher dazu *Thiel*, Abschnitt C, II, 2; *Junker*, SAE 2008, 209, 217; *Schubert*, RdA 2008, 289, 299.

75 EuGH, 18.07.2013 – C-426/11 [Fn. 39] – Alemo-Herron; EuGH, 21.12.2016 – C-201/15 [Fn. 35] – AGET Iraklis.

76 *Ratti*, The metamorphosis of the European economic constitution 2019, 154, 168.

betont.[77] In den 2000er Jahren lässt sich hingegen beobachten, dass der EuGH in seinen Urteilen gegenüber dem Arbeitnehmerschutzzweck der einschlägigen Richtlinien Gegenargumente zum Schutz der Arbeitgeber- bzw. Erwerberinteressen entwickelt. Die Argumente, die beispielsweise Generalanwalt *Van Gerven* in der Rechtssache *Katsikas* aus dem Jahre 1992 zum sozialpolitischen Ziel der Richtlinie angeführt hat,[78] finden sich in den jüngeren Urteilen kaum wieder. Außerdem hat der EuGH – soweit ersichtlich – das erste Mal in der Rechtssache *Alemo-Herron* die europäische Grundrechtecharta, konkret das Grundrecht der unternehmerischen Freiheit des Erwerbers aus Art. 16 der GRC aufgegriffen, und hierdurch den Schutz des Status quo der Arbeitnehmer beim Betriebsübergang zurückgedrängt. Die in der Rechtsprechung *Alemo-Herron* angewandte Methodik wurde als „Sprengstoff für [den] gesamte[n] Arbeitnehmerschutz" bezeichnet.[79] Aufgrund seines Potenzials zur Unterdrückung der sozialen Elemente unter wirtschaftspolitischen Gedanken ähnelt das Urteil *Alemo-Herron* den Entscheidungen *Viking, Laval* und *Rüffert*[80], die als Hauptantreiber der Sorge um die soziale Dimension des Unionsrechts in der Rechtsprechung bekannt sind.[81] *Prassl* formuliert beispielsweise zum Urteil *Alemo-Herron*: „The former tension has thus far been brought out most clearly in the CJEU's decisions pitching collective action against free movement provisions (Viking; Laval). Alemo-Herron can be seen as going several steps further".[82] Zu befürchten sei schließlich, dass europäische Grundrechte zur Begrenzung des vom europäischen Gesetzgeber intendierten Schutzes der Arbeit-

77 Näher dazu unter Abschnitt B, II, 3, a), aa), (1).

78 Schlussanträge des Generalanwalts Van Gerven (ECLI:EU:C:1992:422) zu EuGH, 16.12.1992 – C-132/91 u.a. (ECLI:EU:C:1992:517), AP Nr. 97 zu § 613a BGB, Rn. 12 – Katsikas. „Das Ziel und die Systematik der Richtlinie sind vom Gerichtshof bereits wiederholt erläutert worden. Damit die Unternehmensumstrukturierungen und -konzentrationen, zu denen das Zustandekommen des Gemein samen Marktes Veranlassung gibt, nicht auf Kosten des sozialen Schutzes der Arbeitnehmer gehen, soll die Richtlinie „die Aufrechterhaltung der Rechte der Arbeitnehmer bei einem Wechsel des Unternehmensinhabers soweit wie möglich gewährleisten, indem sie den Arbeitnehmern die Möglichkeit einräumt, ihr Beschäftigungsverhältnis mit dem neuen Inhaber zu denselben Bedingungen fortzusetzen, wie sie mit dem Veräußerer vereinbart waren". Das Ziel der Richtlinie ist daher ausgesprochen sozialrechtlich: Es geht bei einem Betriebsübergang darum, im Interesse des Arbeitnehmers den Fortbestand von dessen Arbeitsverhältnis und der im Rahmen dieses Verhältnisses erworbenen sozialen Rechte sicherzustellen. Daher die Regelungen in dem oben zitierten Artikel 3 Absatz 1 und die Regelung in Artikel 4 Absatz 1 der Richtlinie, wonach der Übergang als solcher für den Veräußerer oder den Erwerber keinen Grund zur Kündigung darstellt."

79 *Eylert/Schinz*, RdA 2017, 140, 141.

80 EuGH, 11.12.2007 – C-438/05 [Fn. 29] – Viking; EuGH, 18.12.2007 – C-341/05 [Fn. 29] – Laval; EuGH, 03.04.2008 – C-346/06 [Fn. 29] – Rüffert.

81 *Prassl*, Industrial Law Journal 2013, 434, 441; *Zahn*, ELLJ 2015, 72, 83; *Weatherill*, European Review of Contract Law 2014, 167, 174 ff. „Even more so, the Court's approach must not be allowed broader application!".

82 *Prassl*, Industrial Law Journal 2013, 434, 441.

nehmer zugunsten der wirtschaftlichen Interessen der Arbeitgeber wie zur Förderung ihrer wirtschaftspolitischen Flexibilität am Markt mobilisiert werden.[83]

Auf dem Gebiet der Massenentlassungen hingegen stellt sich zuerst das Urteil *AGET-Iraklis*[84] als umstritten im Hinblick auf die sozialpolitischen Zwecke des unionsrechtlichen Massenentlassungsrechts dar.[85] Die RL 98/59/EG (Massenentlassungsrichtlinie) erwies sich als eine sozialpolitische Reaktion des europäischen Gesetzgebers auf zunehmende Restrukturierungsmaßnahmen von multinationalen Unternehmen wie etwa dem *AKZO-Konzern* und auf demzufolge ausgesprochene Kündigungen vieler Arbeitnehmer als ein Teil dieser Restrukturierungsmaßnahmen.[86] Sie verpflichtet Arbeitgeber zur Information und Konsultation der Arbeitnehmervertreter und zur Anzeige der Entlassungen bei den Arbeitsagenturen der Mitgliedstaaten, in denen Massenentlassungen beabsichtigt sind.[87] Der EuGH hat wesentliche Entscheidungen auf diesem Rechtsgebiet getroffen, die den sozialpolitischen Charakter der Richtlinie hervorheben. Zu nennen ist beispielsweise die Rechtsprechung *Junk*[88], in der der EuGH den Begriff „Entlassung" autonom und einheitlich als Zeitpunkt der Kündigungserklärung des Arbeitgebers definiert.[89] Dies dient dazu, dass die Richtlinie ihrem Zweck zur Vermeidung der Kündigungen bzw. zur Beschränkung der Zahl der Kündigungen im Wege einer effektiven Wahrnehmung der Konsultations- und Informationspflichten gerecht wird.[90] In der Rechtssache *AGET-Iraklis*[91] hat jedoch der EuGH die Verhinderung von Massenentlassungen eines Unternehmens in Griechenland durch die griechische Behörde unter der Berücksichtigung zunehmender Arbeitslosigkeit im Land als eine Beschränkung der Niederlassungsfreiheit des Unternehmens, *AGET-Iraklis*, eingeordnet.[92] Im, der Entscheidung zugrundeliegenden, Sachverhalt hatte sich

---

83 *Bercusson*, European Labour Law, 215, führt Folgendes aus: „EU Charter might be exploited to further a very different agenda' than that of ensuring a high standard of worker protection."; darauf hinweisend: *Prassl*, Industrial Law Journal 2013, 434, 443; *Weatherill*, European Review of Contract Law 2014, 167, 176.

84 EuGH, 21.12.2016 – C-201/15 [Fn. 35] – AGET Iraklis.

85 EuGH, 21.12.2016 ebd. – AGET Iraklis.

86 *Naber/Sittard*, in: Preis/Sagan (Hrsg.) Europäisches Arbeitsrecht, § 8 Massenentlassungsrecht, Rn. 8.2. Berichten davon, dass der AKZO-Konzern 1973 entschied, 5000 Arbeitsplätze abzubauen, und zwar in Belgien, wo es damals geringe Kündigungsschutzstandards gegeben hat. Aufgrund der Sorge um den Schutz der Arbeitnehmer vor ungerechten Entlassungen wurde zuerst ein sozialpolitisches Aktionsprogramm des Rates am 21.01.1974 angekündigt. Danach wurde die RL 98/59/EG (Massenentlassungsrichtlinie) erlassen.

87 Art. 2 und 3 der RL 98/59/EG (Massenentlassungsrichtlinie).

88 EuGH, 27.01.2005 – C-188/03 (ECLI:EU:C:2005:59), AP Nr. 18 zu § 17 KSchG 1969 – Junk.

89 EuGH, 27.01.2005 ebd., Rn. 29 ff, 38 f. – Junk.

90 *Nicolai*, NZA 2005, 206, 206, demnach stellt sich die Entscheidung als eine deutliche Stärkung der Schutzposition der Arbeitnehmer dar; ebenso: *Dornbusch/Wolff*, BB 2005, 885, 888.

91 EuGH, 21.12.2016 – C-201/15 [Fn. 35] – AGET Iraklis.

92 EuGH, 21.12.2016 ebd., Rn. 104 – AGET Iraklis.

die Niederlassungsfreiheit aus Art. 49 AEUV als tauglich zur Einschränkung der sozialen Rechte der Arbeitnehmer erwiesen.[93] In der Literatur wird das Urteil als sondergleichen bezeichnet, da es verdeutlicht, dass der EuGH als politischer Akteur einem bestimmten „sozial-wirtschaftlichen Modell" folgt.[94] Das Urteil *AGET-Iraklis* hat deshalb Sorgen um die Unterordnung von Arbeitnehmerschutzregelungen unter wirtschaftliche Freiheiten wiederhervorgerufen.[95]

Schließlich ist der EuGH mit seiner Entscheidung *G GmbH*[96] einen Schritt zurück von dem mit der Entscheidung *Junk*[97] statuierten Individualschutz der Arbeitnehmer[98] getreten, der sich aus einer Nichterfüllung der arbeitgeberseitigen, massenentlassungsbezogenen Pflicht zur Information und Konsultation bei Behörden ergeben würde.[99] Die Rechtsprechung *G GmbH* schildert das Spannungsverhältnis zwischen der begrenzen Einzelermächtigung einerseits und einem Eingriff in die Regelungskompetenzen der Mitgliedstaaten andererseits. Der EuGH hat zum einen Recht mit der Ablehnung eines Individualschutzes, weil es der Union an Kompetenz zur Regelung eines europäischen Kündigungsschutzes fehlt. Zum anderen greift der Gerichtshof durch die Ablehnung eines Individualschutzes in die Kompetenzen der Mitgliedstaaten ein, weil diese im Rahmen des Art. 6 der Richtlinie und eines effektiven Rechtsschutzes gem. Art. 47 GRC frei bestimmen dürfen, welche Rechtsfolgen die Fehler im Konsultations- und Anzeigeverfahren mit sich bringen sollen. Denkbar ist demzufolge eine nationale Vorschrift, wonach die Kündigung der Arbeitnehmer im Falle einer fehlenden Anzeige bei Behörden unwirksam bzw. nichtig ist. In Bezug auf die soziale Dimension des Unionsrechts ist es daher jedenfalls relevant, diese Fragestellung zu bearbeiten.

3. Methodik und Gliederung

Ausgangspunkt der Untersuchung sollen die den oben dargestellten Entscheidungen zugrunde liegenden Rechtsfragen sein. Diese sind die Fortgeltung dynamischer Bezugnahmeklauseln nach einem Betriebsübergang (Abschnitt B, II) und der Schutz der Arbeitnehmer bei Massenentlassungen (Abschnitt B, III). Der EuGH befasste sich hierbei mit äußerst komplizierten Rechtsproble-

93 Näher dazu unter Abschnitt B, III.
94 *Rainone*, The Role of the Court of Justice in EU Labour Law, 46.
95 *Rainone*, ebd., 33; *Klein/Leist*, ZESAR 2017, 468, 472.
96 EuGH, 13.07.2023 – C-134/22 (ECLI:EU:C:2023:567), AP Nr. 14 zu Richtlinie 98/59/EG – G GmbH.
97 EuGH, 27.01.2005 – C-188/03 [Fn. 88] – Junk.
98 *Jacobs/Naber*, SAE 2006, 61, 66.
99 Näher dazu unter Abschnitt B, III.

men, die politische, wirtschaftliche und soziale Angelegenheiten betreffen.[100] Zu untersuchen ist, ob der EuGH beim Umgang mit diesen Rechtsfragen einer binnenmarktorientierten Politik folgt. Die Frage, ob eine Rechtsprechung des EuGH der sozialen Dimension des Unionsrechts dient oder nicht, mit anderen Worten, ob soziale Rechte der Arbeitnehmer in einem Sachverhalt hinreichend berücksichtigt sind, ist eine der Auslegung offenstehende Frage. Sowohl in rechtswissenschaftlichen als auch in politikwissenschaftlichen Besprechungen zur Rechtsprechung des EuGH lässt sich beobachten, dass man die Frage nach der Berücksichtigung der sozialen Dimension unterschiedlich bewerten kann. Ein Beispiel dafür ist, dass es die Ansicht gibt, dass der EuGH im Falle von *AGET-Iraklis*[101] den Ermessenspielraum der Mitgliedstaaten bezüglich der sozialpolitischen Maßnahmen erheblich erweitert habe.[102] Demgegenüber beobachtet man auch, dass der EuGH der Niederlassungsfreiheit in diesem Fall einen Vorzug gegenüber dem sozialen Arbeitnehmerschutzziel des nationalen Rechts gegeben hat.[103] Die vorliegende Untersuchung setzt sich zum Ziel, die einschlägigen Fragen durch eine möglichst objektive Betrachtung zu beantworten. Das Ziel ist nicht die einseitige Förderung der Arbeitnehmerinteressen. Zu begrüßen ist vielmehr, dass der EuGH entsprechend dem Sinn und Zweck des einschlägigen Unionsrechts – Primärrecht oder Sekundärrecht – die betroffenen Interessen der Arbeitnehmer und Arbeitgeber berücksichtigt, ohne wirtschaftsliberale Vorstellungen gegenüber den sozialen Rechten der Arbeitnehmer vorzuziehen. Mit anderen Worten: Optimal wäre ein angemessener Ausgleich der sozialen und wirtschaftlichen Interessen. Zumindest ist sicherzustellen, dass soziale Elemente des Unionsrechts nicht hinter der Wirtschaftspolitik der Union zurückbleiben. Durch die Untersuchung der Rechtsprechung des EuGH lässt sich beurteilen, ob der Gerichtshof Rechte stärkt, die tendenziell den Marktfreiheiten dienen und ob er solche Rechte überhöht und somit soziale Rechte zurückdrängt und rechtsmethodisch fehlerhaft argumentiert. Im besten Fall sollten sich dann auch infrage kommende Einflussfaktoren dafür zeigen. Sofern es der Herausarbeitung der Fragestellungen der vorliegenden Untersuchung dient, sollen zudem weitere Rechtsfragen aus dem Bereich des Betriebsübergangs und der Massenentlassung, sowie Entscheidungen aus weiteren Rechtsgebieten wie dem Verbraucherschutz herangezogen werden. Im Anschluss der Forschung sollen die Ergebnisse der Untersuchung zusammengefasst werden (Abschnitt B, V).

---

100 *Weatherill*, European Review of Contract Law 2014, 167, 177; *Schwerdtfeger*, in: Meyer/Hölscheidt (Hrsg.) Charta der Grundrechte der Europäischen Union, GRC Art. 52, Rn. 43.

101 EuGH, 21.12.2016 – C-201/15 [Fn. 35] – AGET Iraklis.

102 *Franzen*, EuZW 2017, 237, 238.

103 *Klein/Leist*, ZESAR 2017, 468, 472.

II. Fortgeltung dynamischer Bezugnahmeklauseln nach Betriebsübergang

Esra Özen

1. Dynamische Bezugnahmeklausel und ihre sozialpolitische Funktion

„Dynamische Bezugnahmeklausel" ist kein europäischer Rechtsbegriff, der sich in Unionsrechtsakten, im vorliegenden Fall in der RL 2001/23/EG (Betriebsübergangsrichtlinie) finden lässt. Nationale Rechtsordnungen erkennen die Bezugnahmeklausel an, um kollektivvertraglich vereinbarte Arbeitsbedingungen in Arbeitsverträgen jenseits einer normativen Wirkung gelten zu lassen. In der deutschen Rechtsordnung sind Bezugnahmeklauseln eine Alternative zur Tarifbindung mittels Gewerkschaftsmitgliedschaft.[104] Bei einer Verbandsmitgliedschaft gelten die Tarifnormen kraft Gesetzes, also normativ. Falls ein Arbeitnehmer hingegen nicht tarifgebunden ist, nimmt sein Arbeitgeber regelmäßig, jedenfalls wenn er selbst tarifgebunden ist, im Arbeitsvertrag auf Kollektivverträge Bezug, damit die Bestimmungen dieser Kollektivverträge im Arbeitsvertrag des Arbeitnehmers so wie in den Arbeitsverträgen anderer, tarifgebundener Arbeitnehmer gelten. Der Arbeitgeber bezweckt damit eine Vereinheitlichung der Arbeitsbedingungen im Betrieb.[105] Vor allem aber vermeidet er dadurch Anreize für die noch ungebundenen Arbeitnehmer einer Gewerkschaft beizutreten. Verweist man auf einen bestimmten Kollektivvertrag in einer bestimmten Fassung, gelten die Regelungen dieses Kollektivvertrags in seiner konkret verwiesenen Fassung für den Arbeitsvertrag. D.h. im Nachhinein vorgenommene Änderungen des Tarifvertrags wie Lohnerhöhungen wirken sich auf den Inhalt des Arbeitsvertrags nicht aus, es handelt sich hierbei um eine sogenannte statische Bezugnahmeklausel.[106] Falls auf einen Tarifvertrag hingegen in seiner jeweils gültigen Fassung verwiesen wird, oder jeweils für den Veräußerer-Arbeitgeber einschlägige Tarifverträge in Bezug genommen werden, handelt es sich um eine dynamische Bezugnahmeklausel. Künftige Änderungen im Tarifvertrag werden Teil des individualvertraglich auf diese Tarifverträge verweisenden Arbeitsvertrags.[107] Für einen Konflikt zwischen den Interessen der Erwerber und der beschäftigten Arbeitnehmer sorgt vor allem die Dynamik der Bezugnahmeklausel. Dies war zum Beispiel in der

104 *Hamacher/van Laak*, in: MAH Arbeitsrecht, § 71, Rn. 1.
105 *Hamacher/van Laak*, ebd., Rn. 75.
106 *Hamacher/van Laak*, ebd., Rn. 78.
107 *Hamacher/van Laak*, ebd., Rn. 78.

Rechtssache *Alemo-Herron*[108] der Fall, in der es um den Übergang der Arbeitsverträge von Beschäftigten ging, die in einer öffentlichen Abteilung arbeiteten, die vom Londoner Bezirksrat an ein privates Unternehmen veräußert wurde.[109] Die später auf das Unternehmen *Alemo-Herron* übergehenden Arbeitsverträge enthielten dynamische Verweise auf Kollektivverträge, die periodisch für den öffentlichen Dienst ausgehandelt wurden. Nach dem Betriebsübergang wurde eine neue Tarifvereinbarung abgeschlossen, wonach u.a. die Erhöhung der Löhne vereinbart wurde. Nach ständiger Rechtsprechung in Großbritannien setzen dynamische Bezugnahmeklauseln ihre Dynamik nach dem Betriebsübergang fort, d.h., das Unternehmen *Alemo-Herron* müsste den Arbeitnehmern, die es übernommen hat, den erhöhten Lohn entrichten.[110] *Alemo-Herron* verweigerte allerdings diese Lohnzahlung mit der Begründung, dass das Unternehmen keine Möglichkeit der Einflussnahme auf die Bestimmungen der von dem öffentlichen Dienst ausgehandelten Tarifverträge hatte. Seine unternehmerische Freiheit aus Art. 16 der GRC sei durch die fortbestehende Dynamik der individualvertraglichen Verweisung verletzt.[111]

Für die britische Rechtsordnung sind Bezugnahmeklauseln von besonderer Bedeutung. Denn es gibt im britischen Tarifrechtssystem keine normative Wirkung der Tarifverträge.[112] Die Bestimmungen eines Tarifvertrags finden auf Arbeitsverträge im Wege eines individualvertraglichen Verweises auf diesen Tarifvertrag Anwendung. Danach können kollektivvertragliche Interessen der Arbeitnehmer in ihren Arbeitsverhältnissen wahrgenommen werden.[113] Die sozialpolitische Funktion dynamischer Bezugnahmeklauseln im deutschen Recht hingegen lässt sich daran ablesen, dass die deutsche Rechtsprechung individualvertraglich vereinbarte dynamische Bezugnahmeklauseln auch nach einem Übergang des Betriebs auf einen Erwerber aufrechterhält, und zwar – sofern Vertragsparteien eine statische Wirkung der Klausel nicht eindeutig vereinbart haben[114] – unter Aufrechterhaltung der Dynamik. Dem Erwerber werden die Rechten und Pflichten aus den übergehenden Arbeitsverhältnissen nach Maßgaben des Art. 3 Nr. 1 der Betriebsübergangs-RL bzw. § 613a Abs. 1 S. 1 BGB unverändert und zeitlich unbegrenzt auferlegt.[115] Diese in der Aufrechterhaltung der Dynamik verortete Sozialpolitik des deutschen Gerichts

108 EuGH, 18.07.2013 – C-426/11 [Fn. 39] – Alemo-Herron.

109 EuGH, 18.07.2013 ebd. – Alemo-Herron.

110 *Wynn-Evans*, The industrial law journal 2010, 275, 276.

111 Nähe dazu unter Abschnitt B, II, 3.

112 *Sutschet*, RdA 2013, 28, 28 ff.

113 Rechtsvergleichend: *Deinert*, ZfA 1999, 361, 361 ff.

114 Siehe zur Darstellung der Praxis der Rechtsprechung zu der Auslegung der Bezugnahmeklauseln in den Arbeitsverträgen, die vor und ab 2002 geschlossen sind: *Scharff*, DB 2016, 1315, 1316.

115 Siehe die Ausführungen unter dem Stichwort „Sozialpolitik des BAG“: *Latzel*, RdA 2014, 110, 114.

wurde mit der Entscheidung des EuGH zu dem Sachverhalt *Werhof*[116] zunächst auch nicht geändert. Der Gerichtshof hatte entschieden, dass Art. 3 Abs. 1 der RL 2001/23/EG (Betriebsübergangsrichtlinie) einer statischen Wirkung der Bezugnahmeklausel nicht entgegensteht. Das BAG hatte seine Auffassung zur Fortgeltung der Dynamik der Bezugnahmeklausel bei Betriebsübergang auf einen nicht tarifgebundenen Erwerber in einem Urteil von 2009 mit der Begründung aufrechterhalten, dass sich aus der Rechtsprechung *Werhof* nicht ergebe, dass die Richtlinie der Dynamik der Bezugnahmeklausel entgegenstehe.[117] In seiner späteren Vorlagefrage zu der Rechtsprechung *Asklepios*[118] hat das BAG[119] darauf hingewiesen, dass der Erwerber an die von einem nicht tarifgebundenen Veräußerer vereinbarte Dynamik unverändert gebunden ist. Dies entspreche nicht nur dem Zweck der Richtlinie zum Schutz der Arbeitnehmer bei Betriebsübergang, sondern sei zudem eine Rechtsfolge des Art. 3 Nr. 1 und Art. 8 der Richtlinie, wonach Mitgliedstaaten für Arbeitnehmer günstigere Schutzmaßnahmen vorsehen dürfen.[120] Den wirtschaftlichen Interessen des Erwerbers werde zudem durch die zeitliche Beschränkung der Tarifbindung des Erwerbers gem. § 613a Abs. 3 BGB – entsprechend des Art. 3 Nr. 3 der Richtlinie – hinreichend Rechnung getragen.[121] Die Erwerberinteressen seien ferner dadurch geschützt, dass das deutsche Recht den Erwerbern rechtliche Instrumente zur Verfügung stellt, wodurch sie sich unter einer angemessenen Wahrung der Arbeitnehmerinteressen von den in Bezug genommenen Arbeitsbedingungen entbinden können.[122] Die deutsche Rechtsprechung folgte auch danach ihrem sozialpolitischen Programm durch die Aufrechterhaltung der Dynamik.[123]

2. Einordnung der Dynamik ins Unionsrechtssystem

Es ist nicht zu erwarten, dass sich das Unionsrecht an die durch einzelne Mitgliedstaaten verfolgte Sozialpolitik annähern wird. Das Unionsrecht muss einheitlich in allen Mitgliedstaaten angewandt werden. Dies verlangt, dass sich die Auslegung des Unionsrechts nicht anhand der nationalen Regelungen voll-

116 EuGH, 09.03.2006 – C-499/04 (ECLI:EU:C:2006:168), AP Nr. 3 zu Richtlinie 77/187/EWG, Rn. 28 – Werhof.

117 BAG, 23.09.2009 – 4 AZR 331/08, NZA 2010, 513-518, Rn. 35 ff.

118 EuGH, 27.04.2017 – C-680/15 und C-681/15 [Fn. 37] – Asklepios.

119 BAG, 17.06.2015 – 4 AZR 61/14 (A), NZA 2016, 373-380.

120 BAG, 17.06.2015 ebd., Rn. 33 ff., 54.

121 BAG, 17.06.2015 ebd., Rn. 37 f.

122 BAG, 17.06.2015 ebd., Rn. 15, 45.

123 BAG, 30.08.2017 – 4 AZR 95/14, NZA 2018, 255-262, Rn. 48 ff.; im Anschluss an die Antwort des EuGH zu der Vorlagefrage in der Entscheidung EuGH, 27.04.2017 – C-680/15 und C-681/15 [Fn. 37] – Asklepios; vgl. bereits *Latzel*, GPR 2017, 301, 302; *Schubert*, ZESAR 2018, 8, 9.

zieht, sondern diese im Einklang mit dem Unionsrecht einheitlich und autonom ausgelegt werden.[124] Nach bisheriger Rechtsprechung des EuGH fallen individualvertragliche Verweisungen auf Kollektivverträge in den Anwendungsbereich des Art. 3 Nr. 1 der RL 2001/23/EG (Betriebsübergangsrichtlinie). Demnach gehen Rechte und Pflichten aus dem Arbeitsvertrag ohnehin auf den Erwerber über. Nennenswert ist zudem Art. 3 Nr. 3 der Richtlinie, weil der EuGH – so wie es unter Abschnitt B, II, 3. näher dargestellt wird – diesen im Zusammenhang mit Art. 3 Nr. 1 der Richtlinie auslegt. Art. 3 Nr. 3 der Richtline regelt einen begrenzten Übergang der Kollektivverträge auf den Erwerber. Demnach wird der Erwerber an die im Kollektivvertrag vereinbarten Arbeitsbedingungen aus den übergehenden Arbeitsverträgen nur zeitlich beschränkt gebunden, nämlich u.a. nur bis zum Ablauf des Kollektivvertrags oder bis zum Ersatz dessen durch einen anderen Kollektivvertrag. Einschlägig ist schließlich die Vorgabe des Art. 8 der Richtlinie, auf die der EuGH teilweise verweist. Nach Art. 8 der Richtlinie bleibt es den Mitgliedstaaten unberührt, für Arbeitnehmer günstigere Rechtsvorschriften zu erlassen, sowie für die Arbeitnehmer günstigere Kollektivverträge oder Vereinbarungen zwischen den Sozialpartnern zu fördern oder zuzulassen. Man spricht vom sogenannten Günstigkeitsprinzip, oder der Öffnungsklausel.

Da es nicht zu erwarten ist, dass sich das Unionsrecht die Dynamik der Bezugnahmeklausel zu eigen macht, müsste ein Ausfallen der Dynamik nach einem Betriebsübergang auch nicht notwendig bedeuten, dass dadurch die soziale Dimension des Unionsrechts infrage gestellt ist. Das Unionsrecht muss aber diesem Rechtskonflikt Rechnung tragen. In dem Sachverhalt zur Dynamik der Verweisungsklausel kollidieren Interessen der Arbeitnehmer an dem Schutz ihres Status quo nach einem Betriebsübergang mit den Interessen der Erwerber an der Wahrung ihrer wirtschaftlichen Ziele.

3. Umgang mit dynamischen Klauseln durch den EuGH

Der EuGH wendet bei dynamischen Bezugnahmeklauseln im Wesentlichen folgendes rechtliches Konstrukt an: Die Auslegung der RL 2001/23/EG (Betriebsübergangsrichtlinie) im Lichte des Art. 16 der GRC. Mit Hilfe der europäischen Grundrechtecharta hat der Gerichtshof in seiner Entscheidung in der Rechtssache *Alemo-Herron*[125] zu der Fortgeltung der dynamischen Bezugnahmeklausel eine „Grundkonzeption“[126] entwickelt. Der EuGH hat dem Erwer-

124 *Riesenhuber*, Europäisches Arbeitsrecht, 34 f.
125 EuGH, 18.07.2013 – C-426/11 [Fn. 39] – Alemo-Herron.
126 *Krause*, in: FS Willemsen, 259.

ber ein Recht auf Anpassung der Arbeitsbedingungen nach dem Betriebsübergang zuerkannt.[127] Die Anpassung bedeutet zudem eine Abänderung der durch die Dynamik der Verweisungsklauseln vereinbarten und meistens zugunsten der Arbeitnehmer wirkenden Arbeitsbedingungen. Der Entwicklung dieser Konzeption liegt eine Reinterpretation der Zwecksetzung der Richtlinie sowie die grundrechtskonforme Auslegung des Art. 3 in Verbindung mit Art. 8 der Richtlinie zugrunde.[128] Dass die Erwerberinteressen berücksichtigt werden, indem die Erwerber vor fremdbestimmten Arbeitsbedingungen geschützt werden, erscheint auf den ersten Blick nicht notwendigerweise problematisch. Dem EuGH wurde allerdings vorgeworfen, einen dogmatisch fragwürdigen Weg zu gehen, und somit die Frage aufgeworfen, ob er ein marktpolitisch wünschenswertes Ergebnis erreichen wollte.[129] Es wurde sogar geäußert, dass es zur gängigen Praxis des EuGH werde, seine Entscheidungen in methodisch nicht mehr tragfähiger Weise zu legitimieren –„Scheinlegitimation“–, zum Beispiel indem er zur Begründung seiner Entscheidung auf irrelevante, mit dem Sachverhalt nicht vergleichbare Vorjudikatur verweist.[130] In Bezug auf die hinreichende Berücksichtigung sozialer Elemente im Sachverhalt bestehen zudem Bedenken.[131] Daher soll untersucht werden, ob marktliberale Vorstellungen des Gerichtshofs seinen Umgang mit dynamischen Bezugnahmeklauseln beeinflusst haben könnten und damit wirtschaftliche Rechte mithin in nicht vertretbarer Weise zur Zurückdrängung sozialer Rechte herangezogen wurden. Ob dies der Fall ist oder nicht, lässt sich durch eine Analyse mit besonderem Augenmerk auf die Auswirkungen der Rechtsprechung ermitteln. Wird beispielsweise der Zweck des Arbeitnehmerschutzes einer Richtlinie zurückgedrängt, während dem Erwerber anhand der europäischen Grundrechte, wie Art. 16 der GRC, ein Recht auf Anpassung der Arbeitsbedingungen nach einem Betriebsübergang zuerkannt wird?

a) Zweckorientierte Auslegung der Betriebsübergangsrichtlinie

aa) Die Rechtsprechung *Alemo-Herron*: Auslöser für eine Reinterpretation der Zielsetzung der Richtlinie

(1) Wandel vom Arbeitnehmerschutz zu einem Interessenausgleich

Die RL 2001/23/EG (Betriebsübergangsrichtlinie) stellt sicher, dass der Übergang der Betriebe oder Unternehmen keinen Grund darstellt, um den Arbeit-

127 EuGH, 18.07.2013 – C-426/11 [Fn. 39], Rn. 25 ff. – Alemo-Herron.

128 EuGH, 18.07.2013 ebd., Rn. 33 f. – Alemo-Herron.

129 *Tiedemann*, ArbRB 2016, 83, 84.

130 *Rebhahn*, EuZA 2017, 385, 396.

131 Siehe etwa: *Rebhahn*, ebd., 385, 396; *Tiedemann*, ArbRB 2016, 83, 84.

nehmern ihre Ansprüche zu versagen, die zum Zeitpunkt des Übergangs bestanden, zum Beispiel den Schutz vom sogenannten „Kontinuitätsinteressen" der Arbeitnehmer.[132] Wortlaut und Systematik sowie Entstehungsgeschichte der Richtlinie sprechen weiterhin dafür, dass die Richtlinie in erster Linie das Ziel eines sozialen Schutzes der Arbeitnehmer hat.[133] In der Entscheidung *Alemo-Herron*[134] legt der EuGH hingegen die Zielsetzung der Richtlinie dahingehend aus, dass diese nicht nur dem Schutz der Arbeitnehmer diene. Die Richtlinie stelle vielmehr einen gerechten Ausgleich zwischen Arbeitnehmer- und Erwerberinteressen her.[135] Bei einem Vergleich zwischen der Vor- und Nachjudikatur des Gerichtshofs lässt sich beobachten, dass dieser eine andere Richtung bei der Auslegung der Zielsetzung der Richtlinie eingeschlagen hat. Dies ergab jüngst eine Studie von *Rainone*:[136] Der EuGH hat in den 1990er-Jahren bei der Auslegung der Richtlinie eindeutig den Schutz der Arbeitnehmer vor drohenden Verschlechterungen der Arbeitsbedingungen in den Vordergrund gestellt, wohingegen neuerdings Erwerberinteressen stärker berücksichtigt werden. Mit *Alemo-Herron* ist es zur ständigen Rechtsprechung des EuGH geworden, dass das Ziel der Richtlinie nicht nur der Schutz der Arbeitnehmer sei, sondern die Herstellung eines gerechten Ausgleichs der Interessen der Arbeitnehmer und Erwerber.

Diese Akzentänderung lässt sich wie folgt exemplifizieren: In den Urteilen *Spijkers* und *Christel Schmidt*[137] aus den 1980er und 1990er Jahren betont der EuGH, dass die Vorgängerrichtlinie, die RL 77/187/EWG (Betriebsübergangsrichtlinie (1977)) eine Kontinuität der Arbeitsverhältnisse unabhängig vom Inhaberwechsel gewährleisten will.[138] Der Zweck der Richtlinie ist danach – so wie es ihrem Titel zu entnehmen sei – die Wahrung der Ansprüche der Arbeit-

---

132 *Riesenhuber*, Europäisches Arbeitsrecht, 692.

133 Siehe Erwägungsgründe Nr. 2 ff. der RL 2001/23/EG (Betriebsübergangsrichtlinie), wo ausgeführt wird, dass der Bedarf des Arbeitnehmerschutzes im Falle des Betriebsübergangs auf wirtschaftliche Entwicklungen auf einzelstaatliche und europäische Ebene wie auf die Änderungen in den Unternehmensstrukturen zurückgeht, für den Übergang von Unternehmen gesorgt hat; *Thüsing*, Europäisches Arbeitsrecht, § 5 Rn. 4, berichtet ebenso davon, dass es Mitte bis Ende der1970er Jahren eine gesteigerte Rechtssetzung zur Verbesserung der sozialen Standards in den Mitgliedstaaten gab, weil der Arbeitnehmerschutz aufgrund angestiegener Umstrukturierungsmaßnahmen der Unternehmen wie Übernahmen von Betrieben beeinträchtigt war; *Winter*, in: FGO, Europäisches Arbeitsrecht, RL 2001/23/EG Art. 1, Rn. 6; *Grau/Hartmann*, in: Preis/Sagan (Hrsg.), Europäisches Arbeitsrecht, § 9 Betriebsübergang, Rn. 9.2.

134 EuGH, 18.07.2013 – C-426/11 [Fn. 39] – Alemo-Herron.

135 EuGH, 18.07.2013 ebd., Rn. 25 – Alemo-Herron.

136 Siehe die Tabellen 4 und 5: „Case study on the purpose of the directive", in: *Rainone*, The Role of the Court of Justice in EU Labour Law, 115.

137 EuGH, 18.03.1986 – Rs. 24/85 (ECLI:EU:C:1986:127), Slg. 1986, 1119 – Spijkers; EuGH, 11.08.1995 – C-98/94 (ECLI:EU:C:1995:273), – Christel Schmidt II.

138 EuGH, 18.03.1986 – Rs. 24/85 [Fn. 137], Rn. 9 – Spijkers.

nehmer.[139] In einer jüngeren Entscheidung in der Rechtssache *Scattolon*[140] wird der Arbeitnehmerschutz an verschiedenen Stellen des Urteils ebenso hervorgehoben. So müssten zum Beispiel die Ausnahmen von der Anwendung der RL 77/187/EWG (Betriebsübergangsrichtlinie (1977)) aufgrund des von ihr verfolgten Ziels des sozialen Schutzes eng ausgelegt werden.[141] Die Anwendbarkeit eines beim Erwerber geltenden Tarifvertrags auf die übergangenen Arbeitnehmer mit sofortiger Wirkung darf die Arbeitsbedingungen der Arbeitnehmern insgesamt nicht verschlechtern.[142] Das Ziel der Richtlinie liege darin, zu verhindern, dass die Lage der Arbeitnehmer, deren Arbeitsverhältnisse auf den Erwerber übergehen, allein aufgrund des Übergangs verschlechtert wird.[143] In den 2000er- Jahren änderte sich die Interpretation; in *Werhof*[144] aus dem Jahr 2006 argumentiert der EuGH gegen eine Verbesserung der Arbeitsbedingungen infolge eines Betriebsübergangs. Demnach diene die Richtlinie nicht dem Zweck, bloße Erwartungen und hypothetische Vergünstigungen von Arbeitnehmern beim Betriebsübergang zu schützen.[145] Außerdem weist der Gerichtshof darauf hin, dass Interessen der Erwerber nicht unberücksichtigt bleiben; sie müssen in der Lage sein, die für die Fortsetzung ihrer Tätigkeit erforderlichen Anpassungen vorzunehmen.[146] Für die Rechtsprechung von *Werhof* lässt sich anführen, dass das Arbeitnehmerschutzziel der Richtlinie immer noch im Vordergrund steht.[147] Dem Zweck der Richtlinie werde durch die Aufrechterhaltung des Beschäftigungsverhältnisses zu den selben Arbeitsbedingungen beim Erwerber und durch den zwingenden Charakter der Richtlinie Rechnung getragen. Es dürfe gerade keine Änderung zum Nachteil des Arbeitnehmers stattfinden.[148] Auf die Rechtsprechung *Werhof* stützt der EuGH zwar seine Entscheidung in der Rechtssache *Alemo-Herron*[149] im Jahre 2013. Der Gerichtshof bringt aber– soweit ersichtlich – das erste Mal in der Entscheidung *Alemo-Herron* zum Ausdruck, dass der Regelungszweck der Richtlinie ein Ausgleich der Interessen der Arbeitnehmer und Arbeitgeber sei.[150] In den nachfolgenden Urteilen wie in *Asklepios* und *ISS Facility* wurde diese Interpretation

139 EuGH, 11.08.1995 – C-98/94 [Fn. 137], Rn. 16 – Christel Schmidt II.
140 EuGH, 06.09.2011 – C-108/10 (ECLI:EU:C:2011:542), AP Nr. 9 zu Richtlinie 2001/23/EG – Scattolon.
141 EuGH, 06.09.2011 ebd., Rn. 58 – Scattolon.
142 EuGH, 06.09.2011 ebd., Rn. 76 – Scattolon.
143 EuGH, 06.09.2011 ebd., Rn. 75 – Scattolon.
144 EuGH, 09.03.2006 – C-499/04 [Fn. 116] – Werhof.
145 EuGH, 09.03.2006 ebd., Rn. 29 – Werhof.
146 EuGH, 09.03.2006 ebd., Rn. 31 – Werhof.
147 *Hartmann*, EuZA 2015, 203, 210; *Kainer*, EuZA 2014, 230, 236.
148 EuGH, 09.03.2006 – C-499/04 [Fn. 116], Rn. 25 f. – Werhof.
149 EuGH, 18.07.2013 – C-426/11 [Fn. 39] – Alemo-Herron.
150 *Prassl*, Industrial Law Journal 2013, 434, 439.

der Zielsetzung der Richtlinie fortgesetzt. Vermehrt wird auf die Berücksichtigung der Erwerberinteressen verwiesen.[151]

(2) Sozialpolitische Bedeutung der Interpretation der Zielsetzung der Betriebsübergangsrichtlinie

Aus der Berücksichtigung der wirtschaftlichen Interessen des Erwerbers ergibt sich noch nicht die Absicht des EuGH zur Unterordnung der sozialen Rechte der Arbeitnehmer bzw. ihrer Interessen an der Fortgeltung der für sie günstigeren Arbeitsbedingungen unter wirtschaftlichen Interessen der Erwerber. Der Schutz der Arbeitnehmer umfasst gerade nicht die Gewährleistung besserer Arbeitsbedingungen infolge des Inhaberwechsels.[152] Seit Erlass der Richtlinie besteht das Hauptziel darin, die Kontinuität der Arbeitnehmerinteressen zu gewährleisten – ohne darin gleichzeitig eine Verbesserung der Arbeitsbedingungen zu sehen.[153] Zudem ist es der Gesetzgebung fremd, einem bestimmten Interesse absoluten Schutz zu gewährleisten. Entsprechend der üblichen Gesetzgebungstechnik werden auch entgegenstehende Interessen der Erwerber berücksichtigt; so zum Beispiel Art. 3 Nr. 3 der Richtlinie, der den Erwerberinteressen Rechnung trägt, indem er den Übergang von der beim Veräußerer geltenden Tarifverträge an die Erwerber Schranken setzt.[154] Sozial- und binnenmarktpolitische Ziele können zudem gleichzeitig verfolgt werden. So verfolgt zum Beispiel die Harmonisierung der unterschiedlichen Rechtsvorschriften der Mitgliedstaaten über die Wahrung von Ansprüchen der Arbeitnehmer im Übergangsfalle zweierlei Zweckrichtungen: Einerseits wird dadurch verhindert, dass unterschiedliche Kosten der Umstrukturierungsmaßnahmen, wie etwa beim Betriebsübergang, zu Wettbewerbsverzerrungen führen, sodass ein funktionierender Binnenmarkt sichergestellt wird.[155] Andererseits wird damit das soziale Ziel zum Schutz der Arbeitnehmer gewahrt, weil die Angleichung der Kosten der Tatsache entgegenwirkt, dass Rationalisierungsmaßnahmen der Unternehmen vor allem dort verwirklicht werden, wo es deutlich geringere Arbeitnehmerschutzstandards gibt.[156] Dementsprechend hat der EuGH

151 EuGH, 27.04.2017 – C-680/15 und C-681/15 [Fn. 37], Rn. 22 – Asklepios; EuGH, 26.03.2020 – C-344/18 (ECLI:EU:C:2020:239), AP Nr. 25 zu Richtlinie 2001/23/EG, Rn. 26 – ISS Facility.

152 EuGH, 09.03.2006 – C-499/04 [Fn. 116], Rn. 29 – Werhof; EuGH, 13.06.2019 – C-317/18 (ECLI:EU:C:2019:499), AP Nr. 22 zu Richtlinie 2001/23/EG, Rn. 48 – Correia Moreira, demnach stellt die Richtlinie die Wahrung der Ansprüche der Arbeitnehmer bei einem Betriebsübergang sicher, ihr Ziel ist hingegen nicht die Erweiterung ihrer Rechte.

153 Siehe Art. 8 der Richtlinie, wonach Mitgliedstaaten befugt sind, günstigere Schutzstandards für Arbeitnehmer zu etablieren.

154 *Schubert*, ZESAR 2018, 8, 13: Fügt auch Art. 4 der Richtlinie hinzu, um diesen legislativen Ausgleich der Interessen zu begründen. Siehe auch die Erwägungsgründe Nr. 7 und 8 der RL 2001/23/EG (Betriebsübergangsrichtlinie).

155 *Grau/Hartmann*, in: Preis/Sagan (Hrsg.) Europäisches Arbeitsrecht, § 9 Betriebsübergang, Rn. 9.11; *Winter*, in: FGO, Europäisches Arbeitsrecht, RL 2001/23/EG Art. 1, Rn. 4 ff.

156 *Weatherill*, European Review of Contract Law 2014, 167, 173.

auch in seiner Rechtsprechung zu *Asklepios* verdeutlicht, dass die Richtlinie den dynamischen Bezugnahmeklauseln, deren Fortgeltung auf Erwerber sozialpolitisch erwünscht wäre, nicht entgegensteht.[157] Die RL erfordert demnach nur, dass dem Erwerber die Möglichkeiten zur Verfügung stehen, um auf die durch die Vertragsklausel vereinbarten Arbeitsbedingungen unter Betrachtung seiner wirtschaftlichen Interessen einzuwirken.[158] Nur dann könnte ein gerechter Ausgleich der Interessen der Arbeitnehmer und der Erwerber hergestellt werden.

Nicht zu leugnen ist hingegen, dass die Interpretation der Richtlinie durch den EuGH – und vor allem im Zusammenspiel mit weiteren Faktoren wie den nachfolgend erörterten – das Potenzial aufweist, die soziale Dimension des Unionsrechts zu relativieren. Dies lässt sich durch rechts- und politikwissenschaftliche Anmerkungen zu der Rechtsprechung *Alemo-Herron*[159] verdeutlichen, die für heftige Kritiken am methodischen Vorgehen des EuGH in der Literatur gesorgt hat.[160] In *Alemo-Herron* wird eine Lesart beobachtet, die sich überwiegend zum Wohle der Marktteilnehmer auswirkt. Der EuGH nimmt demnach unter dem Gesichtspunkt „Ausgleich der Interessen" eine interpretative Stellung zugunsten des Erwerbers ein.[161] Interessen des Arbeitnehmers, der gegenüber dem Erwerber geringe Verhandlungsmacht hat und daher besonders schutzwürdig sei, würden hingegen in seiner Entscheidung nicht miteinbezogen. Das Urteil könne dazu führen, dass nationale Arbeitsschutzstandards herabgesetzt werden.[162] Dem EuGH wird weiterhin vorgeworfen, „eine diffuse Billigkeitsabwägung" vorgenommen zu haben.[163] Dies bringe Rechtsunsicherheit mit sich; keiner kann mit hinreichender Sicherheit einschätzen, zu welchem Ergebnis die Interessenabwägung kommt. Außerdem könnten sich die Arbeitsbedingungen der Arbeitnehmer infolge der durch den EuGH geforderten Anpassungsmöglichkeiten der Erwerber verschlechtern – entgegen dem Willen des europäischen Gesetzgebers.[164] Der Gerichtshof wird ferner kritisiert, weil er seine Befugnisse überschreite. Er setze sich über den gesetzgeberischen Willen, dem Schutz der Arbeitnehmer hinweg; weder der Wortlaut der Richtlinie noch ihre Erwägungsgründe sprächen für einen Ausgleich der

157 EuGH, 27.04.2017 – C-680/15 und C-681/15 [Fn. 37], Rn. 20 – Asklepios.

158 EuGH, 27.04.2017 ebd., Rn. 23 – Asklepios.

159 EuGH, 18.07.2013 – C-426/11 [Fn. 39] – Alemo-Herron.

160 Die Kritikwürdigkeit des Urteils verdeutlicht man in der Literatur oftmals durch das folgende Zitat von *Weatherill*: „On occassion a decision of hte Court of Justice is so downright odd that it deserves to be locked into a secure container, plunged into the icy waters of a deep lake and forgotten about. [...]", siehe: *Weatherill*, European Review of Contract Law 2014, 167, 167.

161 *Weatherill*, ebd., 167, 172.

162 *Rainone*, The Role of the Court of Justice in EU Labour Law, 43.

163 *Forst*, EuZW 2014, 820, 822.

164 *Eylert/Schinz*, RdA 2017, 140, 145.

Interessen.[165] Das Urteil *Alemo-Herron* stelle somit einen „korrigierenden Eingriff" des EuGH in die Legislative dar.[166] Ein Ausgleich der Interessen sei nämlich bereits auf normativer Ebene hergestellt, wie zum Beispiel durch die zeitliche Begrenzung der Übernahme der kollektivvertraglichen Bestimmungen auf den Erwerber.[167] Hinter diesem Vorgehen des EuGH verberge sich ein „judikativer Aktivismus" zur Wahrung der binnenmarktpolitischen Vorstellungen, wie etwa der Förderung, bzw. der Erleichterung der Privatisierungen.[168] Beschränkungen von grenzüberschreitenden Umstrukturierungsmaßnahmen stünden der Binnenmarktperspektive der Richtlinie entgegen und das Urteil diene gerade dem Abbau dieser Beschränkungen.[169] Der EuGH habe diese Perspektive durch einen eindimensionalen Blick auf den eigenständigen Arbeitnehmerschutzzweck der Richtlinie nicht einnehmen können.[170]

bb) Zusammenschau von Art. 3 Nr. 1 mit Art. 3 Nr. 3 der Betriebsübergangsrichtlinie

(1) Tendenzen der Rechtsprechung

Die Wahrung des Ziels der Richtlinie durch den EuGH als ein Ausgleich der Arbeitnehmer- und Erwerberinteressen spiegelt sich weiterhin in der Auslegung der für dynamische Bezugnahmeklausel einschlägigen Norm, Art. 3 Nr. 1 der RL 2001/23/EG (Betriebsübergangsrichtlinie) wider, wobei es um die zeitlich unbeschränkte Geltung der individualvertraglich vereinbarten Arbeitsbedingungen für Erwerber geht. Der EuGH legt diese Norm systemwidrig mit Art. 3 Nr. 3 der Richtlinie zusammen aus, wobei es sich um die zeitlich begrenzte Geltung der kollektivvertraglich normativ wirkenden Tarifnormen für Erwerber handelt.[171] In *Alemo-Herron* stellt der EuGH pauschal auf Art. 3 ab, obwohl der Sachverhalt die Auslegung von Art. 3 Nr. 3 betrifft – wie auch der Generalanwalt *Villalón* ausführt.[172] Der Gerichtshof überträgt dabei die Wer-

165 *Eylert/Schinz*, ebd., 140, 145; *Bartl/Leone*, European Constitutional Law Review 2015, 140, 145; *Klein*, jurisPR-ArbR 20/ 2017, Anm. 1.

166 *Forst*, EuZW 2014, 820, 822.

167 *Forst*, ebd., 820, 822; *Hartmann*, EuZA 2015, 203, 2010; *Jacobs/Frieling*, EuZW 2013, 737, 738; *Klauk/Klein*, jurisPR-ArbR 40/ 2013, Anm. 1; *Prassl*, Industrial Law Journal 2013, 434, 441.

168 *Rainone*, The Role of the Court of Justice in EU Labour Law, 43; *Bartl/Leone*, European Constitutional Law Review 2015, 140, 146: „[...] the Alemo Court seems unsatisfied with the „fairness of the balance" set by the Directive in its potentially high level of employee protection in the process of privatization".

169 *Kainer*, EuZA 2014, 230, 236.

170 *Kainer*, ebd., 230, 236; *Schubert*, ZESAR 2018, 8, 13, die der Meinung ist, dass das Effektivitätsprinzip den vom europäischen Gesetzgeber intendierten Kompromiss zwischen Interessen der Arbeitnehmer und Erwerber manipulieren würde, wenn die Richtlinie einseitig auf den Schutz der Arbeitnehmer angelegt wäre.

171 *Jacobs/Frieling*, EuZW 2013, 737, 738; *Tiedemann*, ArbRB 2016, 83, 84; *Willemsen/Grau*, NJW 2014, 12, 14; diff. *Krause*, in: FS Willemsen, 262 ff.

172 Schlussanträge des Generalanwalt *Villalón* (ECLI:EU:C:2013:82) zu EuGH, 18.07.2013 – C-426/11 [Fn. 39], Rn. 18 – Alemo-Herron.

tungen aus seiner Rechtsprechung *Werhof*[173] auf den einschlägigen Sachverhalt. Er stellt zuerst fest, dass das Urteil *Werhof* in Bezug auf Art. 3 der RL 77/187/EWG (Betriebsübergangsrichtlinie (1977)) für den Sachverhalt *Alemo-Herron* sachdienliche Ausführungen beinhaltet. Demnach wären diese Ausführungen auf die Auslegung von Art. 3 der RL 2001/23/EG (Betriebsübergangsrichtlinie) übertragbar, die identisch zu Art. 3 der RL 77/187/EWG formuliert ist.[174] In *Werhof* stellt der EuGH fest, dass der Sachverhalt die Auslegung von Art. 3 Abs. 1 der RL 77/187/EWG betrifft, weil es um einen vertraglichen Verweis auf Tarifverträge geht. Die einschlägige Norm legt er allerdings mit Art. 3 Abs. 2 der RL 77/187/EWG[175] zusammen aus. Dies begründet der Gerichtshof damit, dass eine Klausel im Arbeitsvertrag, die auf einen Kollektivvertrag verweist – wie es im Sachverhalt der Fall war – keine weitergehende Bedeutung haben kann als dieser Kollektivvertrag.[176] Danach weist er auf den Zweck der Richtlinie hin. Demnach wäre es mit dem Zweck der Richtlinie nicht vereinbar, den Erwerber durch andere Kollektivverträge als die zum Zeitpunkt des Übergangs geltenden zu binden und demnach zu verpflichten, die Arbeitsbedingungen später durch die Anwendung eines neuen, nach dem Übergang geschlossenen Kollektivvertrags zu ändern.[177] Die Richtlinie wolle nicht bloße Erwartungen und somit hypothetische Vergünstigungen schützen, die sich aus künftigen Entwicklungen eines Kollektivvertrages ergeben würden.[178] Diese Wertungen der Rechtsprechung *Werhof* finden sich wörtlich in der nachfolgenden Rechtsprechung *Asklepios*,[179] wobei der Generalanwalt *Bot*[180] sich mit der Frage nach der Zusammenschau des Art. 3 Nr. 1 und Nr. 3 der Richtlinie befasst und diese schließlich in Anlehnung an eine andere Rechtsprechung, *Österreichischer Gewerkschafsbund* bejaht, in der es lediglich um Nachwirken der Tarifverträge für Erwerber gem. Art. 3 Nr. 3 der Richtlinie geht.[181] Der Generalanwalt erweckt zwar somit den Eindruck, dass beide Normen, Art. 3

173 EuGH, 09.03.2006 – C-499/04 [Fn. 116] – Werhof.

174 EuGH, 18.07.2013 – C-426/11 [Fn. 39], Rn. 21 – Alemo-Herron.

175 Gegenwärtig Art. 3 Nr. 3 der RL 2001/23/EG.

176 EuGH, 09.03.2006 – C-499/04 [Fn. 116], Rn. 28 – Werhof.

177 EuGH, 09.03.2006 ebd., Rn. 29 – Werhof.

178 EuGH, 09.03.2006 ebd., Rn. 29 – Werhof.

179 EuGH, 27.04.2017 – C-680/15 und C-681/15 [Fn. 37], Rn. 17 f. – Asklepios.

180 Schlussanträge des Generalanwalts *Bot* (ECLI:EU:C:2017:30) zu EuGH, 27.04.2017 ebd., Rn. 70, 85 – Asklepios.

181 EuGH, 11.09.2014 – C-328/13 (ECLI:EU:C:2014:2197), NZA 2014, 1092, Rn. 24 f. – Österreichischer Gewerkschaftbund. Es handelt sich um die Auslegung von Art. 3 Nr. 3 der Richtlinie. Der EuGH besagt aber, dass Art. 3 Nr. 3 der Richtlinie die Aufrechterhaltung der kollektivvertraglich vereinbarten Arbeitsbedingungen regelt, ohne dass es auf den spezifischen Ursprung ihrer Geltung ankommt. Kollektivvertraglich vereinbarten Arbeitsbedingungen fallen demnach grundsätzlich unter Art. 3 Nr. 3 der Richtlinie unabhängig davon, mit welcher Technik sie für Beteiligten gelten. Dem Generalanwalt *Bot* ist es bewusst, dass sich das Urteil nicht auf eine Bezugnahmeklausel in einem Arbeitsvertrag bezieht, siehe: Schlussanträge des Generalanwalts *Bot* (ECLI:EU:C:2017:30) zu EuGH, 27.04.2017 – C-680/15 und C-681/15 [Fn. 37], Rn. 86 – Asklepios.

Nr. 1 und Nr. 3 der Richtlinie gleichgestellt wären und die Bezugnahmeklausel den Beschränkungen des Nr. 3 der Richtlinie unterliegen würde.[182] Bei einer Gleichstellung von Art. 3 Nr. 1 und Nr. 3 müssten die durch Verweisungsklausel auf das Arbeitsverhältnis angewandten Tarifnormen den Erwerber nach Maßgaben der Nr. 3 begrenzt, wie etwa bis zur Kündigung des einschlägigen Kollektivvertrags, binden. Der EuGH stellt aber klar, dass es nicht um eine Gleichstellung der Normen geht. Er stellt ohne Weiteres auf Art. 3 der RL 2001/23/EG ab[183] und sagt, dass der Übergang der durch Verweisungsklausel begründeten Arbeitsbedingungen davon abhängig sei, dass der Erwerber Möglichkeiten zur Anpassung von Arbeitsbedingungen habe, auf deren Gestaltung er kollektivvertraglich keinen Einfluss genommen hat bzw. nehmen kann.

(2) Die gesamte Abstellung auf Art. 3 der Betriebsübergangsrichtlinie

Bei einer gesonderten Betrachtung fällt die Bezugnahmeklausel allerdings unter Anwendung von Art. 3 Nr. 1 der Richtlinie. Diese setzt ihre Dynamik fort, weil Art. 3 Nr. 1 der Richtlinie eine Aufrechterhaltung der schuldrechtlich wirkenden Arbeitsbedingungen vorsieht.[184] D.h. konkret, dass ein Arbeitnehmer, dessen Arbeitsbedingungen aufgrund einer dynamischen Verweisung auf einen Kollektivvertrag bestimmt werden, entsprechend der künftigen Verbesserungen der Arbeitsbedingungen durch diesen Kollektivvertrag, seinen Anspruch auf zum Beispiel höhere Löhne auch gegenüber dem Erwerber im Falle eines Betriebsübergangs ohne Weiteres als vertraglich vereinbarte Rechte geltend machen kann. Stellt man dagegen insgesamt auf Art. 3 der Richtlinie ab, entfaltet die Bezugnahmeklausel ihre dynamische Wirkung nicht ohne Weiteres. Ausgehend davon, dass kollektivvertraglich vereinbarte Arbeitsbedingungen – egal ob sie normativ oder schuldrechtlich wirken – den Erwerber nur bedingt binden sollen, setzt der EuGH für die Fortsetzung der Dynamik der Verweisungsklausel voraus, dass der Erwerber Möglichkeiten zur Anpassung der Arbeitsbedingungen haben soll.

(a) Keine Anhaltspunkte aus mitgliedstaatlichen Rechtsquellen

Diskussionswürdig ist die Frage, ob diese Zusammenschau der Normen, Art. 3 Nr. 1 und Nr. 3 der Richtlinie im Hinblick auf die soziale Dimension des Uni-

182 Siehe diesen Eindruck: *Buschmann*, AuR 2017, 87, 87; *Klauk/Klein*, jurisPR-ArbR 40/ 2013, Anm. 1; *Schubert*, ZESAR 2018, 8, 10. Man findet die Heranziehung des Urteils Österreichischer Gewerkschaftsbund zudem unnötig, weil es sich beim Sachverhalt lediglich um die Nachwirkung der Kollektivverträge handelt und Art. 3 Nr. 3 der Richtlinie *ipso iure* anzuwenden ist, so: *Flockenhaus*, RdA 2017, 316, 322.

183 EuGH, 27.04.2017 – C-680/15 und C-681/15 [Fn. 37], Rn. 1 ff. – Asklepios; *Wißmann/Niklas*, NZA 2017, 697, 700; diff. *Hohenstatt*, in: FS Willemsen, 190, demnach bewertet der EuGH den Sachverhalt beim Alemo-Herron doch noch nach Maßgaben des Art. 3 Nr. 1 der Richtlinie.

184 *Klein*, NZA 2016, 410, 411 f.

onsrechts fragwürdig ist. Denen dem Sachverhalt *Alemo-Herron*[185] zugrundeliegenden britischen Rechtsvorschriften und der Rechtsprechung lassen sich diesbezüglich keine Anhaltspunkte entnehmen. Die Bezugnahmeklausel ist im britischen Recht ein Mittel, um den kollektivvertraglich festgelegten Arbeitsbedingungen im konkreten Arbeitsverhältnis Geltung zu verleihen. Da es – anders als im deutschen Recht – keine normative Wirkung kraft Gesetzes gibt, wird sich nicht damit auseinandergesetzt, ob Art. 3 Nr. 1 und Art. 3 Nr. 3 der Richtlinie überhaupt differenziert betrachtet werden sollen. Die britische Literatur berichtet sogar, dass man sich über die Rechtsprechung des EuGH zu *Alemo-Herron* freue, weil der Gerichtshof Klarheit zu der Frage geschaffen hat, inwieweit Erwerber-Unternehmen an die kollektivvertraglich vereinbarten Verpflichtungen gebunden werden.[186] Nur aus Sicht von Arbeitnehmern und Gewerkschaften stellt sich die Rechtsprechung als problematisch dar, weil diese einen Verlust der Verhandlungsmacht gegenüber Arbeitgebern mit sich bringen würde. Das politikwissenschaftliche Schrifttum befasst sich auch nicht mit der fehlenden Differenzierung zwischen Art. 3 Nr. 1 und Nr. 3 der Richtlinie. Diese hat ebenso die Auswirkungen der Rechtsprechung *Alemo-Herron* im Fokus, wie beispielsweise die mögliche Herabsetzung der Arbeitnehmerschutzstandards infolge der Auslegung des Grundrechts der unternehmerischen Freiheit aus Art. 16 GRC, sowie infolge der fehlenden Berücksichtigung der Befugnisse der Mitgliedstaaten zu den sozialpolitischen Maßnahmen.[187]

Zu der einschlägigen Frage äußert sich die deutsche Rechtsprechung und Rechtsliteratur. Die Anmerkungen zu der Rechtsprechung des EuGH beziehen sich eher auf die methodische Haltbarkeit der allgemeinen Heranziehung von Art. 3 der Richtlinie. Nach einem erheblichen Anteil des Rechtsschrifttums gibt es keinen Grund für eine unterschiedliche Behandlung der kollektivvertraglich vereinbarten Arbeitsbedingungen, die schuldrechtlich und normativ wirken.[188] Denn die Bezugnahmeklauseln haben – auch wenn diese individualvertraglich ausgestaltet sind – die gleiche Auswirkung wie die Kollektivverträge auf das Arbeitsverhältnis, nämlich die Geltung der kollektivvertraglichen Bestimmungen im Arbeitsvertrag.[189] Eine strenge Abgrenzung zwischen normativ wirkenden Tarifnormen und solchen Tarifbedingungen, die im Wege einer vertraglichen Verweisung auf Kollektivverträge gelten, führt zum Widerspruch; warum sollte ein Erwerber durch die Tarifnormen im Falle einer individualrechtlichen Geltung unbegrenzt gebunden sein, bei kollektivrechtlicher Geltung jedoch nach

185 EuGH, 18.07.2013 – C-426/11 [Fn. 39] – Alemo-Herron.

186 *Zahn*, ELLJ 2015, 72, 85.

187 *Prassl*, Industrial Law Journal 2013, 434, 439 ff. Näher dazu unter Abschnitt B, II, 3, b) und c).

188 *Commandeur/Kleinebrink*, BB 2014, 181, 183; *Hartmann*, EuZA 2015, 203, 211 f.

189 Schlussanträge des Generalanwalts *Bot* (ECLI:EU:C:2017:30) zu EuGH, 27.04.2017 – C-680/15 und C-681/15 [Fn. 37], Rn. 87 – Asklepios; *Krause*, in: FS Willemsen, 268.

Maßgaben des Art. 3 Nr. 3 der Richtlinie nur begrenzt?[190] Der EuGH sorge zudem dafür, dass die Arbeitnehmer, deren Arbeitsverhältnis auf einen Erwerber übergangenen sind, nicht besser als eigene Arbeitnehmer des Erwerbers gestellt werden. Für deren Besserstellung gäbe es keinen zwingenden Grund.[191] Dagegen sieht der andere Teil der Literatur bei der fehlenden Abgrenzung einen „fatalen" Fehler.[192] Eine methodengerechte Auslegung des Wortlauts des Art. 3 Nr. 1 der Richtlinie sowie der Sinn und Zweck der Richtlinie sprächen dafür, dass die durch eine individualvertragliche Vereinbarung erfolgte Dynamik der Verweisung auf Kollektivverträge ihre Dynamik auch nach dem Betriebsübergang aufrechterhält.[193] Dreh- und Angelpunkt der europäischen Vorgaben der Richtlinie sei die grundlegende Unterscheidung zwischen der Fortgeltung von privatautonom vereinbarten Arbeitsbedingungen nach Art. 3 Nr. 1 der Richtlinie und einer Fortgeltung von kollektiv geltenden Tarifverträgen nach Art. 3 Nr. 3 der Richtlinie.[194] Es ist nicht mit dem Ziel der Richtlinie vereinbar, dass der Erwerber von den Verpflichtungen befreit wird, die sich aus einer dynamischen Verweisung auf Kollektivverträge ergeben und er somit besser als Veräußerer gestellt wird. Im Gegensatz dazu steht der Arbeitnehmer schlechter dar, obwohl seine Arbeitsbedingungen allein aufgrund eines Betriebsübergangs nicht verschlechtert werden sollten.[195]

Entsprechend des Wortlauts der Richtlinie unterscheidet das deutsche Recht auch zwischen Kollektivverträgen und individualer Vereinbarung. § 613a Abs. 1 S. 1 BGB regelt die Geltung der individualvertraglich vereinbarten Arbeitsbedingungen und § 613a Abs. 1 S. 2 bis 4 BGB betrifft die Geltung der Kollektivverträge für Erwerber. Die deutsche Rechtsprechung ordnet zudem die Bezugnahmeklausel in die erste Kategorie ein, was für eine unbegrenzte Geltung der Bestimmungen eines Kollektivvertrags, auf den individualvertraglich in Bezug genommen wird, spricht.[196] Auf diese Weise wird die Bedeutung der dynamischen Bezugnahmeklausel im Falle eines Betriebsinhaberwechsels aufrechterhalten. Die statische Wirkung der kollektivvertraglichen Bestimmungen schützt die Tarifautonomie, weil dem Erwerber ermöglicht wird, die Arbeitsbedingungen durch bei ihm geltende Tarifverträge zu gestalten. Durch die Fortgeltung der individualvertraglichen Vereinbarungen hingegen bleibt die Vertragsfreiheit der Parteien, Arbeitnehmer und Arbeitgeber-Veräußerer gewahrt. Die Gleichstellung dieser Normen missachtet die Vertragsfreiheit des

190 *Hartmann*, EuZA 2015, 203, 529.

191 Siehe: *Kainer*, EuZA 2014, 230, 238 f.

192 *Eylert/Schinz*, RdA 2017, 140, 144.

193 *Klein*, jurisPR-ArbR 20/ 2017, Anm. 1.

194 *Eylert/Schinz*, RdA 2017, 140, 144; ebenso unterstützend: *Flockenhaus*, RdA 2017, 316, 322.

195 *Flockenhaus*, BB 2016, 570, 576.

196 *Jacobs/Frieling*, EuZW 2013, 737, 740.

Arbeitnehmers.[197] Sie stellt die Vereinbarung im Nachhinein infrage. Dies steht zudem dem sogenannten Vorher-Nachher Prinzip entgegen, wonach die Arbeitsbedingungen der Arbeitnehmer nach Betriebsübergang weder verschlechtert noch verbessert werden sollen. Zu befürchten ist die Verschlechterung der Arbeitsbedingen bzw. ein Ausfall der Ansprüche der Arbeitnehmer.[198] Dies zu verhindern, war aber eine Zielsetzung der Richtlinie.

(b) Binnenmarktfreundliche Argumentationen in der Rechtsprechung des EuGH

Es bedarf einer einheitlichen Anwendung des Unionsrechts in den Mitgliedstaaten und dafür soll die Auslegung des Art. 3 der RL 2001/23/EG (Betriebsübergangsrichtlinie) durch den EuGH sorgen. Daher scheint es angebracht, sich auf die Auslegung des Art. 3 der Richtlinie durch den EuGH zu konzentrieren. Es kann zwar nicht mit hinreichender Sicherheit behauptet werden, dass die Zusammenschau des Art. 3 Nr. 1 und Nr. 3 der Richtlinie Folgen hat, die den Schutz der Richtlinie ins Gegenteil verkehren würden, wie zum Beispiel die Herabsetzung der Arbeitnehmerschutzstandards in den Mitgliedstaaten. Dies wäre der Fall, wenn sich der Betriebsübergang als ein Ausweg für Arbeitgeber erweist, die unter wirtschaftlich belastenden Arbeitsbedingungen leiden, und gleichzeitig als Chance für Erwerber, um immer mehr günstige Arbeitskräfte einzusetzen. Einiges spricht aber dafür, dass der EuGH bei der Auslegung des Art. 3 Nr. 1 in einer Zusammenschau mit Art. 3 Nr. 3 der Richtlinie die wirtschaftlichen Rechte der Arbeitgeber unter Verkennung der gesetzlichen Abwägung der beiderseitigen Rechte in der Richtlinie über die sozialen Rechte der Arbeitnehmer gestellt hat. Dies lässt sich zuerst damit begründen, dass die gesamte Heranziehung von Art. 3 der Richtlinie dazu dient, unterschiedliche Arbeitsbedingungen zugunsten eines funktionierenden Markts zu harmonisieren. Aus binnenmarktpolitischer Sicht ist es ein Anliegen, zu verhindern, dass unterschiedliche nationale Regelungen durch unterschiedlich hohe Sozialkosten zu Wettbewerbsverzerrungen führen. Daher müssen die Geltung der normativ wirkenden Kollektivverträge und die Fortwirkung der dynamischen, kollektivvertraglichen Bestimmungen, auf die eine vertragliche Klausel Bezug nimmt, gleichbehandelt werden.[199] Der EuGH prüft dementsprechend, ob Arbeitsbedingungen, die sich nach dem Betriebsübergang ändern, für den Erwerber bindend sein sollen, ohne Rücksicht auf die unterschiedliche Geltungsweise der tariflichen Bestimmungen zu Arbeitsbedingungen in den Mitgliedstaaten. Aus marktwirtschaftlicher Perspektive ist es irrelevant, ob diese Änderung auf Kollektivverhandlungen oder auf einer

---

197 *Forst*, DB 2013, 1847, 1849.

198 *Forst*, ebd., 1847, 1849.

199 *Kainer*, EuZA 2014, 230, 234.

individualvertraglichen Vereinbarung beruht.[200] Der Umstand, dass der EuGH den Inhalt des Arbeitsvertrags entgegen dem Willen der Vertragsparteien auslegt, konkret der im Vertrag vereinbarten dynamischen Bezugnahmeklausel eine Absage erteilt, spricht für judikativen „Übereifer". Der EuGH überschreitet damit auch seine Zuständigkeiten. Er hat keine Befugnis, den privatautonom gestalteten Inhalt eines Arbeitsvertrags auszulegen.[201]

Eine binnenmarktzentrierte Politik des EuGH lässt sich weiterhin dort beobachten, wo er den Eindruck erweckt wird, dass die Richtlinie der Dynamik generell entgegenstehen würde. Dies macht der Gerichtshof im Fall *Asklepios*, in dem er zur Begründung seiner Auslegung von Art. 3 der Richtlinie auf folgende Passage aus der Rechtsprechung *Werhof*[202] verweist: „Bloße Erwartungen und hypothetische Vergünstigungen sind nicht schutzwürdig."[203] Bei *Werhof* geht es um den Anspruch eines Arbeitnehmers aus der dynamischen Bezugnahmeklausel, die im Arbeitsvertrag als Gleichstellungsabrede, also statisch auszulegen war. Der EuGH entschied lediglich, dass die nach dem nationalen Recht als statisch auszulegende Bezugnahmeklausel der Richtlinie nicht entgegensteht, da die RL 2001/23/EG nicht dem Zweck dient, den Arbeitnehmern nach dem Betriebsübergang bessere Arbeitsbedingungen zu gewährleisten. Durch den Verweis auf diese Passage aus der Rechtsprechung *Werhof* im Fall *Asklepios*, bei dem es hingegen um die Fortsetzung der nach dem nationalen Recht „dynamisch" wirkenden Bezugnahmeklausel geht,[204] erweckt der EuGH den Eindruck, dass die Richtlinie einer Verbesserung der Arbeitsbedingungen nach dem Betriebsübergang im Allgemeinen und im Wege der Fortsetzung der Dynamik im Besonderen[205] entgegenstehe.[206] Der Ausschluss der Verbesserung der Arbeitsbedingungen ist freilich anders, als der Ansatz, dass sich die Richtlinie nicht zum Ziel gesetzt habe, Arbeitnehmern bessere Arbeitsbedin-

---

200 *Commandeur/Kleinebrink*, BB 2014, 181, 183; *Hartmann*, EuZA 2015, 203, 212; a.A.: *Klauk/Klein*, juris-PR-ArbR 40/ 2013, Anm. 1; *Jacobs/Frieling*, EuZW 2013, 737, 740.

201 *Buschmann*, AuR 2017, 87, 87.

202 EuGH, 09.03.2006 – C-499/04 [Fn. 116] – Werhof.

203 EuGH, 27.04.2017 – C-680/15 und C-681/15 [Fn. 37], Rn. 18 – Asklepios.

204 EuGH, 27.04.2017 ebd., Rn. 18 – Asklepios.

205 Generalanwalt *Villalón* macht in seinem Schlussantrag in der Rs. *Alemo-Herron* auf die tatbestandlichen Unterschiede zwischen *Alemo Herron* und *Werhof* aufmerksam, und er betont ebenso, dass es sich aus der Zurückweisung des Anspruchs von Herrn *Werhof* wegen einer Dynamik, welche in seinem Arbeitsvertrag nicht vorgesehen ist, keine allgemeine Stellung des Unionsgesetzgebers gegenüber der Geltung der dynamischen Bezugnahmeklausel, die in Arbeitsverträgen privatautonom verabredet sind, ergibt, siehe Schlussanträge des Generalanwalts *Villalón* (ECLI:EU:C:2013:82) zu EuGH, 27.04.2017 ebd., Rn. 18, 19, 28, 31 – Asklepios.

206 Siehe zum folgenden Ansatz, der nachweist, dass der EuGH diesen Eindruck zumindest in der Literatur gemacht hat: „In der Zukunft werden daher sowohl privatautonom in Bezug genommene als auch normativ geltende Tarifverträge nur mehr statisch weiterwirken, wenn nicht der Erwerber seinerseits die Geltung des Tarifvertrags durch seine Mitgliedschaft im entsprechenden Arbeitgeberverband legitimiert." *Kainer*, EuZA 2014, 230, 238 f.

gungen einzuräumen.[207] Art. 8 der Richtlinie, wonach Mitgliedstaaten dazu befugt sind, für Arbeitnehmer günstigere Schutzmaßnahmen vorzusehen, ist ein Beleg dafür, dass die Richtlinie der Verbesserung der Arbeitsbedingungen wie beispielsweise durch die Fortsetzung der Dynamik gerade nicht entgegensteht. Diesen falschen Eindruck hat der Gerichtshof später erkannt; er sieht sich in Rs. *Asklepios* veranlasst, weiter auszuführen, dass die Richtlinie und vor allem Art. 3 der Richtlinie nicht so verstanden werden dürfen, als würden sie darauf abzielen, in jedem Fall verhindern zu wollen, dass eine „dynamische" Vertragsklausel ihre Wirkungen entfaltet.[208]

Schließlich greift der EuGH zur Unterstützung der Auslegung des Art. 3 der Richtlinie einen Grundsatz aus der Rechtsprechung *Werhof* auf, den er zur Auslegung der Zwecksetzung der Richtlinie herangezogen hatte. Diesen Grundsatz interpretiert der EuGH in *Asklepios* hingegen anders als in der Entscheidung *Werhof*. Es geht um den Grundsatz der Privatautonomie. Anders als in *Werhof* wird die Privatautonomie in *Asklepios* nicht zum Schutz der Arbeitnehmerinteressen ins Feld geführt, sondern zur Stärkung der Schutzposition der Erwerber. Der Grundsatz der Privatautonomie wird in *Werhof* zuerst zur Begründung der Entbindung der Erwerber von einer Fremdbestimmung der Arbeitsbedingungen aufgegriffen.[209] Nach dem EuGH werden diesem Grundsatz Grenzen gesetzt. Dem Unionsgesetzgeber war bewusst, dass sich eine schrankenlose Anwendung des Grundsatzes der Privatautonomie nachteilig auf die Ansprüche auswirken kann, die dem Arbeitnehmer aufgrund seines Arbeitsvertrags und des Kollektivvertrags zustehen.[210] Aus diesem Grund wollte der Gesetzgeber den Arbeitnehmern beim Übergang der Unternehmen bzw. Betriebe einen besonderen Schutz garantieren, der die nachteilhaften Auswirkungen des Grundsatzes der Privatautonomie verhindern soll.[211] Das Urteil fußt demnach auf der Grundlage dieser Zielsetzung der Richtlinie. In *Asklepios* hingegen setzt der EuGH diesen Grundsatz ein, um die Schutzposition des Erwerbers zu stärken.[212] Unter Verweis auf das Urteil *Werhof*[213] betont er, dass die Parteien infolge des Grundsatzes der Privatautonomie frei darin sind, gegenseitige Verpflichtungen einzugehen.[214] Die Richtlinie und vor allem Art. 3

207 *Jacobs/Frieling*, EuZW 2013, 737, 739.
208 EuGH, 27.04.2017 – C-680/15 und C-681/15 [Fn. 37], Rn. 20 – Asklepios.
209 EuGH, 09.03.2006 – C-499/04 [Fn. 116], Rn. 23 – Werhof.
210 EuGH, 09.03.2006 ebd., Rn. 24 – Werhof.
211 EuGH, 09.03.2006 ebd., Rn. 24 – Werhof.
212 *Krause*, in: FS Willemsen, 261 f.: Demnach geht es dem EuGH nicht darum, die Fremdbestimmung der Arbeitsbedingungen zugunsten der Erwerber und unter Betrachtung von zivilrechtlichen dogmatischen Grundsätzen, wie der Privatautonomie, abzuwenden, sondern um die Verfolgung eines den Marktinteressen dienenden pragmatischen Ansatzes, nämlich um die Anpassung des Arbeitsrechts an die Bedürfnisse des Binnenmarkts bzw. der Marktteilnehmer.
213 EuGH, 09.03.2006 – C-499/04 [Fn. 116], Rn. 23 – Werhof.
214 EuGH, 27.04.2017 – C-680/15 und C-681/15 [Fn. 37], Rn. 19 – Asklepios.

der Richtlinie weiche von diesem Grundsatz nicht ab, sodass diese nicht so zu verstehen seien, als ob sie dynamischen Vertragsklauseln entgegenstehen.[215] Demzufolge seien die Richtlinie sowie Art. 3 der Richtlinie so auszulegen, dass die Rechte und Pflichten, die sich auf einer frei vereinbarten dynamischen Vertragsklausel ergeben, auf den Erwerber übergehen.[216] Diesem Übergang zieht der EuGH Grenzen, indem er ausführt, dass die Richtlinie nicht nur den Schutz der Arbeitnehmer zum Ziel hat, sondern einen gerechten Ausgleich zwischen Arbeitnehmer- und Erwerberinteressen.[217] Die Reinterpretation der Zwecksetzung der Richtlinie durch den EuGH spielt folglich bei der Gleichstellung von Nr. 1 und Nr. 3 auch eine Rolle. Sie stellt sich als Wendepunkt dar, wonach Erwerberinteressen im Wege der Auslegung des Ziels der Richtlinie sowie Art. 3 der Richtlinie ein besonderes Gewicht gegenüber Arbeitnehmerinteressen beigemessen wird.

b) Ableitung eines Rechts auf Anpassung der Arbeitsbedingungen aus Art. 16 GRC

Begrüßenswert ist es zuerst, dass sich der EuGH mit einer möglichen Beeinträchtigung der Grundrechte der Erwerber durch die Vorgaben der RL 2001/23/EG (Betriebsübergangsrichtlinie) auseinandersetzt. Der EuGH legt die Richtlinie aufgrund des Gebots der Einhaltung der Gemeinschaftsordnung im Lichte der Grundsätze des Unionsrechts aus; dies betreffe im Falle von *Werhof* vor allem die Vereinigungsfreiheit gem. Art. 11 der EMRK, zu der auch das Recht gehören soll, einer Gewerkschaft nicht beizutreten.[218] In *Alemo-Herron* und *Asklepios* erfolgt die Auslegung der Richtlinie weiterhin im Lichte der unternehmerischen Freiheit gem. Art. 16 der GRC, – das Recht der negativen Vereinigungsfreiheit sei nicht Gegenstand des Ausgangsverfahrens.[219] Unter Betrachtung der unternehmerischen Freiheit muss es dem Erwerber möglich sein, während eines Vertragsabschlussverfahrens seine Interessen wirksam geltend machen zu können und die für die Entwicklung der Arbeitsbedingungen seiner Arbeitnehmer bestimmenden Faktoren im Hinblick auf künftige wirtschaftliche Entwicklungen auszuhandeln.[220] Auf diese Weise wurde dem Er-

---

215 EuGH, 27.04.2017 ebd., Rn. 20 – Asklepios.

216 EuGH, 27.04.2017 ebd., Rn. 21 – Asklepios.

217 EuGH, 27.04.2017 ebd., Rn. 22 – Asklepios.

218 EuGH, 09.03.2006 – C-499/04 [Fn. 116], Rn. 33 – Werhof.

219 EuGH, 18.07.2013 – C-426/11 [Fn. 39], Rn. 31 f. – Alemo-Herron; EuGH, 27.04.2017 – C-680/15 und C-681/15 [Fn. 37], Rn. 23 – Asklepios. Ebenso war der Generalanwalt der Meinung, dass nicht die Vereinigungsfreiheit einschlägig ist, sondern die unternehmerische Freiheit gem. Art. 16 GRC, siehe: Schlussanträge des Generalanwalts *Villalón* (ECLI:EU:C:2013:82) zu EuGH, 27.04.2017 – C-680/15 und C-681/15 [Fn. 37] – Asklepios; auf den Einfluss des Generalanwalts auf die Entscheidung weist ebenfalls hin: *Krause*, in: FS Willemsen, 259.

220 EuGH, 18.07.2013 – C-426/11 [Fn. 39], Rn. 33 – Alemo-Herron.

werber ein Recht auf Anpassung der Arbeitsbedingungen nach einem Betriebsübergang eingeräumt.

Es ist zwar nicht zu beanstanden, dass das Unionsrecht sowie das nationale Recht grundrechtskonform auszulegen sind. Die europäischen Grundrechte sind zu beachten. Die GRC steht gem. Art. 6 Abs. 1 EUV auf dem gleichen Niveau, wie das Primärrecht. Die RL 2001/23/EG muss daher grundrechtskonform ausgelegt werden. Nach Maßgaben des Art. 52 Abs. 1 der GRC ist ferner eine Einschränkung von Grundfreiheiten nur dann gerechtfertigt, wenn die Einschränkung gesetzlich vorgesehen ist, den Wesensgehalt des Rechts bzw. der Freiheit achtet und unter Wahrung des Grundsatzes der Verhältnismäßigkeit geboten ist.[221] Dies wirkt sich wie folgt aus: Angenommen britisches, deutsches oder ein anderes nationales Recht sähe vor, dass kollektivvertraglich vereinbarte Arbeitsbedingungen im Wege der individualvertraglichen dynamischen Bezugnahmeklausel Auswirkungen auf Arbeitsverhältnis hätten. Dieses Recht könnte – auch wenn es nicht notwendig den Kern des Grundrechts beeinträchtigt – das Grundrecht der unternehmerischen Freiheit des Erwerbers gem. Art. 16 GRC einschränken. Diese Einschränkung ist zulässig, wenn sie verhältnismäßig ist. Die Verhältnismäßigkeitsprüfung fordert weiterhin eine Abwägung der betroffenen Interessen bzw. Grundrechtspositionen.[222] In Bezug auf die Wahrung der sozialen Dimension des Unionsrechts ist es aber zu befürchten, dass der EuGH die grundrechtskonforme Auslegung der RL 2001/23/EG zur Überdehnung wirtschaftlicher Rechte im Sinne eines funktionierenden Binnenmarkts vornimmt. Mit anderen Worten, es ist zu besorgen, dass er die sozialpolitische Zielsetzung der Richtlinie aushöhlt.[223] Dass dies der Fall ist, lässt sich prüfen, indem gefragt wird, ob der EuGH im Widerspruch zu seiner ständigen Rechtsprechung

a) den Inhalt der unternehmerischen Freiheit zu weit auslegt,
b) eine Beeinträchtigung des Kerns dieser Freiheit im Einzelfall pauschal bejaht,
c) Rechte und Interessen der Arbeitnehmer demgegenüber nicht hinreichend berücksichtigt und
d) einen Maßstab für die Rechtfertigung der Beeinträchtigung der unternehmerischen Freiheit aufstellt, der weit entfernt von dem durch den EuGH erklärten Zweck der Richtlinie zum Ausgleich der Interessen der Arbeitnehmer und der Erwerber-Arbeitgeber ist.

221 *Kingreen*, in: Calliess/Ruffert (Hrsg.), EUV und AEUV, GRC Art. 52, Rn. 67 ff.; *Schwerdtfeger*, in: Meyer/Hölscheidt (Hrsg.), Charta der Grundrechte der Europäischen Union, GRC Art. 52, Rn. 37 ff.

222 *Schubert*, in: FGO, europäisches Arbeitsrecht, GRC Art. 16, Rn. 16 f.; *Schwerdtfeger*, in: Meyer/Hölscheidt (Hrsg.) Charta der Grundrechte der Europäischen Union, GRC Art. 52, Rn. 37 f.

223 *Weatherill*, European Review of Contract Law 2014, 167, 176; *Eylert/Schinz*, RdA 2017, 140, 140.

aa) Reichweite des Grundrechts der unternehmerischen Freiheit

Die Auslegung des Inhalts und die Reichweite der GRC hat erheblichen Einfluss auf die Gestaltung des europäischen Arbeitsrechts.[224] Trotzdem hat die bisherige Rechtsprechung des EuGH zu dem Umfang des Grundrechts der unternehmerischen Freiheit keine Klarheit geschaffen.[225] In *Alemo-Herron* interpretiert der EuGH dieses Grundrecht so weit, dass dieses ausreicht, um daraus ein Recht für Erwerber auf Anpassung der Arbeitsbedingungen abzuleiten. Er sagt zuerst, dass der Art. 3 der RL 2001/23/EG (Betriebsübergangsrichtlinie) im Einklang mit der unternehmerischen Freiheit des Art. 16 GRC auszulegen sei.[226] Nach dem EuGH umfasst das Grundrecht der unternehmerischen Freiheit u.a. die Vertragsfreiheit. Dies gilt auch, wenn diese in Art. 16 der GRC nicht ausdrücklich als ein Recht der Charta vorgesehen wird. Die Vertragsfreiheit des Erwerbers, die u.a. die (Neu-)Regelung des Vertragsinhalts umfasst,[227] ist nach Auffassung des EuGH weiterhin beeinträchtigt. Denn eine dynamische Verweisung auf Kollektivverträge, die im vorliegenden Fall die Arbeitsbedingungen im öffentlichen Sektor regeln, übergeht die Tatsache, dass der Übergang auf einen Inhaber aus dem privaten Sektor erfolgt. Die Fortsetzung der Tätigkeit des Erwerbers erfordert aufgrund der sektoralen Unterschiede zu den Arbeitsbedingungen beträchtliche Anpassungen.[228] In *Asklepios* bleibt die Vertragsfreiheit des Erwerbers weiterhin ein prüfungsrelevanter Maßstab. Der EuGH hält eine Begründung, dass die Vertragsfreiheit ein Bestandteil des Art. 16 GRC ist, nicht für notwendig. Denn dieser sei bereits in seiner Rechtsprechung *Alemo-Herron* berücksichtigt worden.[229] Auch der Bedarf zur Anpassung der Arbeitsbedingungen aufgrund des Sektorwechsels wird nicht erwähnt.[230] Der Gerichtshof trifft seine Entscheidung auf Grundlage der Rechtsprechung *Alemo-Herron* und wiederholt die grundrechtskonforme Auslegung des Art. 3 der Richtlinie. Es müsse dem Erwerber möglich sein, seine Interessen im Rahmen eines zum Vertragsabschluss führenden Verfahrens, an dem er beteiligt ist, wirksam geltend zu machen, und die für die Entwicklung der Arbeitsbedingungen seiner Arbeitnehmer bestimmenden Faktoren mit Blick auf

---

224 *Fuchs*, ZESAR 2016, 7, 12.

225 *Ritgen*, ZRP 2000, 371, 374.

226 EuGH, 18.07.2013 – C-426/11 [Fn. 39], Rn. 31 – Alemo-Herron.

227 *Schubert*, in: FGO, Europäisches Arbeitsrecht, GRC Art. 16, Rn. 10.

228 EuGH, 18.07.2013 – C-426/11 [Fn. 39], Rn. 26 f. – Alemo-Herron.

229 Man kann behaupten, dass der Generalanwalt *Bot* auf diese oberflächliche Berücksichtigung des Art. 16 GRC in der Rechtsprechung des EuGH zu *Asklepios* einen Einfluss gehabt hat. *Bot* ist nämlich der Meinung, dass sich das Recht des Erwerbers auf die Anpassung der Arbeitsbedingungen nach einem Betriebsübergang bereits aus dem Art. 3 der Richtlinie ergibt. Zum Ausgleich der Interessen der Arbeitnehmer und der Erwerber bedarf es nicht der Erwähnung des Art. 16 GRC, um somit die Grundrechtsposition des Erwerbers zu begründen, siehe: Schlussanträge des Generalanwalts Bot (ECLI:EU:C:2017:30) zu EuGH, 27.04.2017 – C-680/15 und C-681/15 [Fn. 37], Rn. 113 – Asklepios.

230 Siehe die Kritiken, dass der Sektorenwechsel nicht hinreichend einen Anpassungsbedarf begründet: *Eylert/Schinz*, RdA 2017, 140, 145.

die künftigen wirtschaftlichen Tätigkeiten auszuhandeln.[231] Folglich schafft der EuGH ein Recht des Erwerbers auf die Anpassung der Arbeitsbedingungen nach einem Betriebsübergang mit Blick auf die zukünftigen Voraussetzungen des Markts.

(1) Betroffenheit des Grundrechts der unternehmerischen Freiheit gem. Art. 16 GRC

Die Beeinträchtigung der Vertragsfreiheit des Erwerbers im Rahmen des Übergangs der Rechte und Pflichten aus dem Vertrag gem. Art. 3 der RL 2001/23/EG (Betriebsübergangsrichtlinie) ist grundsätzlich nicht zu beanstanden.[232] Sie kann nicht mit dem Argument verneint werden, dass der Übergang der Ansprüche eines Arbeitnehmers, die durch dynamisch in Bezug genommene Kollektivverträge begründet werden, eine Rechtsfolge des Art. 3 Nr. 1 der Richtlinie sei.[233] Denn die Vorgaben einer Richtlinie kann auch gegen Grundrechte verstoßen. Diese müssen ihrerseits grundrechtskonform ausgelegt werden. Von einem Erwerber ist nicht zu erwarten, dass er an Vertragsbedingungen ewig gebunden bleibt, auf deren Gestaltung er nicht mitgewirkt hat bzw. nicht mehr einwirken kann.[234] Dagegen spricht auch nicht, dass sich der Erwerber im Rahmen einer Kosten-Nutzen-Kalkulation – sogenannter „Due-Dilligence-Prüfung" – privatautonom für oder gegen den Erwerb des Betriebs entscheidet. Er übe dadurch seine Vertragsfreiheit aus, d.h. es darf nicht in die Vertragsfreiheit des Erwerbers eingegriffen werden.[235] Der Erwerber entscheidet sich zwar für den Übergang des Betriebs, nicht notwendigerweise hingegen für die Dynamik der Bezugnahmeklausel.[236] Der Übergang der vertraglichen Verpflichtungen auf den Erwerber ist eine vom europäischen Gesetzgeber vorgesehene Rechtsfolge. Darüber hinaus lässt sich nicht einschätzen, wie sich die Arbeitsbedingungen durch künftige Kollektivverträge entwickeln würden, worauf die auf den Erwerber übergehenden Arbeitsverträge Bezug nehmen.[237] Aus diesem Grund lässt sich überwiegend annehmen, dass die Entscheidungsfreiheit des Erwerbers bezüglich des Übergangs der Dynamik der Verweisungsklausel beeinträchtigt ist und die Fortsetzung der Dynamik demzufolge auch unternehmerische Freiheit tangiert.

---

231 EuGH, 27.04.2017 – C-680/15 und C-681/15 [Fn. 37], 23 – Asklepios.

232 *Hartmann*, EuZA 2017, 521, 527; *Krause*, in: FS Willemsen, 264 f.

233 BAG, 17.06.2015 – 4 AZR 61/14 (A) [Fn. 119], Rn. 33; *Jacobs/Frieling*, EuZW 2013, 737, 739; siehe auch: *Klein*, NZA 2016, 410, 413.

234 *Latzel*, RdA 2014, 110, 115.

235 *Busch/Gerlach*, BB 2017, 2356, 2359; *Hartmann*, EuZA 2017, 521, 528; *Krause*, in: FS Willemsen, 264; a.A.: *Flockenhaus*, RdA 2017, 316, 323; *Eylert/Schinz*, RdA 2017, 140, 145; *Forst*, DB 2013, 1847, 1850.

236 *Hartmann*, EuZA 2017, 521, 528; *Sutschet*, RdA 2013, 28, 34.

237 *Latzel*, RdA 2014, 110, 111; *Zahn*, ELLJ 2015, 72, 80 f.

(2) Übertragung einer „Schlüsselposition" auf die unternehmerische Freiheit

In Bezug auf eine ausgewogene Berücksichtigung der wirtschaftlichen und sozialen Elemente in der Rechtsprechung des EuGH wirkt allerdings die zu weit gehende Auslegung der unternehmerischen Freiheit fraglich. Der EuGH betrachtet die Vertragsfreiheit als ein Kernelement des Grundrechts der unternehmerischen Freiheit gem. Art. 16 GRC und misst ihr so ein Gewicht bei, dass es zu einer erheblichen Herabsetzung des von der RL 2001/23/EG (Betriebsübergangsrichtlinie) intendierten Arbeitnehmerschutzes führen würde.[238] In diesem Zusammenhang wurde eine Parallele gezogen zur Rechtsprechung in den Sachen *Viking* und *Laval*[239], in denen das Streikrecht der Arbeitnehmer durch europäische Grundfreiheiten eine erhebliche Begrenzung erfahren musste.[240] In *Alemo-Herron* wurden Grundrechte als Instrument für die Einschränkung der sozialpolitischen Maßnahmen eingesetzt.[241] Hier sieht man einen Versuch, das einschlägige Grundrecht als ein fundamentaler Grundsatz des Unionsrechts anzunehmen, und der Charta eine Funktion wie die der Grundfreiheiten zu verleihen, welche dann die Zurückdrängung des sozialen Elements des Unionsrechts zur Folge hätte.[242] Einen judikativen Aktivismus, der eine Mobilisierung der verfassungsrechtlichen Befugnisse des EuGH zum Wohle der Wahrung bestimmter politischen Ziele darstellt, erkennt man dort, wo der EuGH der Vertragsfreiheit eine „Schlüsselposition" innerhalb des Art. 16 der GRC verleiht.[243] Dies lässt sich damit begründen, dass es sich aus der Erläuterung zu Art. 16 der GRC sowie aus der dort zitierten Rechtsprechung, wie der der *Sukkerfabriken*,[244] nicht notwendig ergebe, dass die Vertragsfreiheit ein fundamentaler Grundsatz des Unionsrechts ist.[245] In Bezug auf die Vertragsfreiheit wird im Urteil *Sukkerfabriken* nur am Rande erwähnt, dass die Vertragsfreiheit in der im Sachverhalt einschlägigen Verordnung sorgfältig respektiert worden ist.[246] Das Urteil befasst sich weiterhin überwiegend damit, diesem Grundrecht aus sozialpolitischen Gründen Grenzen zu setzen.[247] Dem

---

238 *Prassl*, Industrial Law Journal 2013, 434, 441, beschreibt die Auslegung der GRC durch den EuGH als "aggressive interpretation".

239 EuGH, 11.12.2007 – C-438/05 [Fn. 29] – Viking; EuGH, 18.12.2007 – C-341/05 [Fn. 29] – Laval.

240 *Prassl*, Industrial Law Journal 2013, 434, 441.

241 *Prassl*, ebd., 434, 441: „the application of labour law norms is limited by explicit reference to the EU's fundamental rights instrument".

242 *Prassl*, ebd., 434, 441.

243 *Prassl*, ebd., 434, 442; *Bartl/Leone*, European Constitutional Law Review 2015, 140, 153; *Rainone*, The Role of the Court of Justice in EU Labour Law, 43; *Heuschmid*, in: Däubler (Hrsg.) Arbeitskampfrecht, § 11 Der Arbeitskampf im EU-Recht, Rn. 171: der EuGH baue das Recht auf unternehmerische Freiheit zu einem „Supergrundrecht" aus.

244 EuGH, 16.01.1979 – Rs. 151/78 (ECLI:EU:C:1979:4), Slg. 1979, 1 – Sukkerfabriken.

245 *Eylert/Schinz*, RdA 2017, 140, 147; *Prassl*, Industrial Law Journal 2013, 434, 442.

246 EuGH, 16.01.1979 – Rs. 151/78 [Fn. 244], Rn. 19 – Sukkerfabriken.

247 So auch: *Eylert/Schinz*, RdA 2017, 140, 147.

Grundrecht der unternehmerischen Freiheit misst der EuGH jedoch im Falle von *Alemo-Herron* so viel Wert bei, dass Erwerbern eine deutlich stärkere Schutzposition gegenüber Arbeitnehmern eingeräumt wird. Der EuGH führt in dem Fall das Grundrecht der unternehmerischen Freiheit als gewichtig und entscheidungserheblich an. Dies spricht dafür, dass so zur Erreichung des eigentlich gewünschten Ergebnisses, wie etwa der Anpassung des europäischen Arbeitsrechts an die marktwirtschaftlichen Bedingungen, vorgegangen wurde.[248] Ferner betont der EuGH die unterschiedlichen Anforderungen von öffentlichem und privatem Sektor zur Begründung eines Anpassungsbedarfs der Arbeitsbedingungen bei einem privaten Erwerber. Das unterstützt schließlich die Vermutung, dass Anforderungen an Privatisierungen zugunsten der privaten Unternehmen gestaltet werden sollen und ein Beitrag zu den wirtschaftlichen Interessen der Unternehmen geleistet wird.[249] Nach der Rechtsprechung des EuGH wäre eine Absenkung der Schutzstandards abhängig von der Differenz zwischen Arbeitsbedingungen beim Inhaberwechsel ohnehin zu rechtfertigen; je größer die Differenz zwischen Arbeitsbedingungen ist, desto weniger Schutz verdienen Arbeitnehmer beim Betriebsübergang.[250] Es ist nicht ausgeschlossen, dass die Privatisierung öffentlicher Dienste daher attraktiver wird.[251]

bb) Feststellung einer Beeinträchtigung des „Kerns" der unternehmerischen Freiheit

Der EuGH geht im Fall von *Alemo-Herron* weiterhin davon aus, dass die Dynamik geeignet ist, den „Kern“ dieses Grundrechts zu beeinträchtigen.[252] Diese Vorgehensweise des Gerichtshofs steht im Widerspruch zu seinen bisherigen Entscheidungen, wie *etwa Sky Österreich*[253], die der EuGH zur Begründung seiner Auffassung in der Rechtssache *Alemo-Herron* heranzieht (Abschnitt B, II, 3., b, bb, (1)). Eine eindeutige Korrektur zur Auffassung des Kerngehalts des Grundrechts der unternehmerischen Freiheit ist zudem in der Rechtsprechung des EuGH bisher nicht erfolgt (Abschnitt B, II, 3., b, bb, (2)). Aus diesem Grund liegt es nahe, dass der EuGH hier die Praxis einer Scheinlegitimation anwendet, um zu einem erwünschten Ergebnis zu kommen.[254]

---

248 *Bartl/Leone*, European Constitutional Law Review 2015, 140, 153; *Willemsen/Grau*, NJW 2014, 12, 14: Sprechen von der Reduzierung von potenziell binnenmarktrelevanten Hemmnissen für Betriebsübernahmen durch die Entbindung der Erwerber von Fremdbestimmung der Arbeitsbedingungen; ebenso: *Latzel*, RdA 2014, 110, 110, ordnet die Entscheidung die „Wirtschaftspolitik des EuGH“ ein.

249 *Krause*, in: FS Willemsen, 262.

250 *Prassl*, Industrial Law Journal 2013, 434, 440.

251 *Bartl/Leone*, European Constitutional Law Review 2015, 140, 146: “[...] the Alemo Court seems unsatisfied with the “fairness of the balance” set by the Directive in its potentially high level of employee protection in the process of privatization”.

252 EuGH, 18.07.2013 – C-426/11 [Fn. 39], Rn. 35 – Alemo-Herron.

253 EuGH, 22.01.2013 – C-283/11 (ECLI:EU:C:2013:28), EuZW 2013, 347 – Sky Österreich.

254 *Bartl/Leone*, European Constitutional Law Review 2015, 140, 151.

(1) Rechtsprechung zum Kerngehalt der unternehmerischen Freiheit

In Bezug auf die Feststellung des Kerns eines Grundrechts fehlt es an einem klaren Verständnis und an einer einheitlichen Anwendung in der Rechtssprechung des EuGH.[255] Dies mag darauf zurückgehen, dass die Prüfung der Beeinträchtigung des Kerns eines Grundrechts teilweise im Rahmen einer Verhältnismäßigkeitsprüfung – das sogenanterelative Verständnis vom Kerngehalt des Grundrechts – stattfindet, wie es beispielsweise in *Alemo-Herron* der Fall ist,[256] wobei die Umstände des Einzelfalls einbezogen werden. Dadurch ist es nur erschwert möglich, einen klaren Ansatz zum Kern der Grundrechte zu bilden. Es gibt allerdings einige Entscheidungen des EuGH, in denen er zur Beeinträchtigung des Kerns der unternehmerischen Freiheit Stellung genommen hat. Hierzu zählen etwa die Rechtsprechung *Sky Österreich* und die Rechtsprechung *Deutsches Weintor*. In *Sky Österreich* geht es um den Eingriff in die unternehmerische Freiheit von *Sky Österreich* als Inhaber exklusiver Fernsehübertragungsrechte. Diesem Unternehmen wurde durch die einschlägige Richtlinie verwehrt, u.a. den Preis, zu dem er den Zugang zur Kurzberichterstattung gewährt, frei zu bestimmen.[257] Der EuGH hat die Beeinträchtigung des Kerngehalts des Art. 16 der GRC in diesem Fall verneint, weil die Richtlinie die Ausübung der unternehmerischen Tätigkeit als solche nicht verhindert.[258] Das betroffene Unternehmen kann sein Recht nämlich dadurch verwerten, dass es selbst das im vorliegenden Fall einschlägige Ereignis entgeltlich überträgt oder dieses Recht an einen anderen Fernsehveranstalter oder einen beliebigen Wirtschaftsteilnehmer veräußert.[259] Ebenso wird in einem anderen vom EuGH zitierten Urteil, *Deutsches Weintor*, in dem es um eine Regelung der Etikettierung und Werbung für alkoholische Getränke in bestimmten Bereichen ging, die Beeinträchtigung der unternehmerischen Freiheit der betroffenen Wirtschaftsteilnehmer abgelehnt, weil die Herstellung oder der Vertrieb dieser Getränke durch das einschlägige Recht nicht verboten war.[260] Bei der Grundrechtsprüfung in *Alemo-Herron* hingegen wird ein *„aggressive approach"* des EuGH

---

255 *Kingreen*, in: Calliess/Ruffert (Hrsg.), EUV und AEUV, GRC Art. 52, Rn. 64; *Schubert*, in: FGO, Europäisches Arbeitsrecht, GRC Art. 52, Rn. 44.

256 EuGH, 18.07.2013 – C-426/11 [Fn. 39], Rn. 35 f. – Alemo-Herron; *Kingreen*, in: Calliess/Ruffert (Hrsg.), EUV und AEUV, GRC Art. 52, Rn. 64: Differenziert nach alten und neuen Rechtsprechungen, und die neuen Rechtsprechungen sollen die Tendenz aufzeigen, dass die Beurteilung des Kerngehalts außerhalb der Verhältnismäßigkeitsprüfung stattfindet, und dies spricht für einen unantastbaren Kerngehalt der Grundrechte.

257 EuGH, 22.01.2013 – C-283/11 [Fn. 253], Rn. 44 – Sky Österreich.

258 EuGH, 22.01.2013 ebd., Rn. 49 – Sky Österreich; *Weatherill*, European Review of Contract Law 2014, 167, 171 f.

259 EuGH, 22.01.2013 – C-283/11 [Fn. 253], Rn. 49 – Sky Österreich.

260 EuGH, 06.09.2012 – C-544/10 (ECLI:EU:C:2012:526), EuZW 2012, 828-830, Rn. 56 ff. – Deutsches Weintor.

beobachtet,[261] und zwar vor allem dort, wo er eine Beeinträchtigung des „Kerns" der Vertragsfreiheit nur deshalb bejaht, weil es dem Erwerber nicht durch die Teilnahme an Tarifverhandlungen möglich ist, seine wirtschaftlichen Interessen wahrzunehmen.[262] Der Gerichtshof setzt sich hier nicht mit der Frage auseinander, ob die Ausübung des Grundrechts der unternehmerischen Freiheit als solche gehindert wird. Der EuGH hätte demgegenüber ein enges Verständnis vom Begriff des Kerngehalts im Einklang mit seiner Rechtsprechung in der Entscheidung *Deutsches Weintor* auf den Sachverhalt von *Alemo-Herron* übertragen können, wobei es um ein Grundrecht, die unternehmerische Freiheit geht. D.h. konkret, dass der EuGH im Falle *Alemo-Herron* unter Berücksichtigung weiterer Möglichkeiten zur Ausübung der Vertragsfreiheit hätte entscheiden können, dass der Kern des Grundrechts der unternehmerischen Freiheit nicht angetastet ist, weil dieses Grundrecht als solches seiner Substanz nicht beraubt wird.

Außerdem wäre es dem EuGH in *Alemo-Herron* (und in *Asklepios*[263]) möglich gewesen, anhand der Umstände des Einzelfalls Argumente gegen die Beeinträchtigung des Kerngehalts der unternehmerischen Freiheit zu entwickeln. Bei einer gesonderten Prüfung des Kerngehalts des Grundrechts führt nämlich die Feststellung, dass das Grundrecht seines Kerns beraubt ist, zugleich zu einer unverhältnismäßigen Einschränkung des Grundrechts.[264] Bei einer im Rahmen der Verhältnismäßigkeit der Einschränkung erfolgten Prüfung des Kerngehalts muss das prüfende Gericht ein weites Spektrum von Argumenten vorweisen, die es sowohl gegen als auch für die Beeinträchtigung des Kerngehalts anführen kann. In *Alemo-Herron* hat aber die Kerngehaltsprüfung die Grundrechtsposition des Erwerbers verstärkt. Während bei *Sky Österreich* eine gesonderte Prüfung des Kerngehalts der Grundrechte erfolgt und somit von einem absoluten Verständnis des Kerngehalts des Grundrechts die Rede ist,[265] dürfte man in *Alemo-Herron* nicht von einem eigenständigen Gehalt des Grundrechts in einem besonders schützenswerten festen Kernbereich ausgehen können. Aus diesem Grund fehlt es dem Ansatz des EuGH an einer fundierten Begründung, um annehmen zu können, dass durch die Dynamik der Bezugnahmeklausel das Grundrecht der unternehmerischen Freiheit in seinem Kern beein-

---

261 *Prassl*, Industrial Law Journal 2013, 434, 443; *Weatherill*, European Review of Contract Law 2014, 167, 172: Spricht ebenso von einem „aggressive protection" von Erwerberinteressen durch den EuGH.

262 EuGH, 18.07.2013 – C-426/11 [Fn. 39], Rn. 36 – Alemo-Herron.

263 EuGH, 27.04.2017 – C-680/15 und C-681/15 [Fn. 37] – Asklepios.

264 *Schwerdtfeger*, in: Meyer/Hölscheidt (Hrsg.) Charta der Grundrechte der Europäischen Union, GRC Art. 52, Rn. 34.

265 *Jarass*, in: Jarass (Hrsg.) Charta der Grundrechte der Europäischen Union, GRC Art. 52, Rn. 28: Wonach zum Beispiel die Rechtsprechung *Sky Österreich* als neue Rechtsprechung eingeordnet wird, in dem die Prüfung der Wesensgehaltsgarantie und der Verhältnismäßigkeit nacheinander und unabhängig voneinander erfolgt – sogenanntes absolutes Verständnis vom Kerngehalt der Grundrechte.

trächtigt wäre. All dies legt nahe, dass der EuGH wirtschaftliche Rechte überhöht. Ihm wurde insoweit bereits vorgeworfen, er agiere politisch, um ein bestimmtes Ergebnis zu erzielen.[266]

(2) Keine Korrektur durch die Rechtsprechung *AGET-Iraklis*

Es wird zwar behauptet, dass der EuGH seine Entscheidung bzgl. der Beeinträchtigung des Kerns des Grundrechts der unternehmerischen Freiheit durch die Rechtsprechung *AGET-Iraklis*[267] korrigiert habe.[268] Im Fall *AGET-Iraklis* werde angeblich ein enges Verständnis des Kerns des Grundrechts der unternehmerischen Freiheit angewandt.[269] Der EuGH hatte die Beeinträchtigung des Kerns dieses Grundrechts mit der Begründung verneint, dass die einschlägige nationale Regelung den Unternehmen nicht jede Möglichkeit zur Vornahme einer Massenentlassung nimmt.[270] Einiges spricht jedoch gegen eine bewusste Korrektur durch den EuGH. Erstens ging es beim Sachverhalt *AGET-Iraklis* um die Beschränkung einer „Grundfreiheit" aufgrund der Ablehnung eines Massenentlassungsprogramms durch eine nationale Behörde.[271] Der EuGH hat ein besseres Instrument als das europäische Grundrecht der unternehmerischen Freiheit, um eine sozialpolitische Maßnahme eines Mitgliedstaats zu begrenzen, nämlich die Niederlassungsfreiheit gem. Art. 49 AEUV. Die Grundrechte, wie auch die unternehmerische Freiheit erfahren in grenzüberschreitenden Sachverhalten, wie *AGET-Iraklis*, wo die Grundfreiheiten wie die Niederlassungsfreiheit im Vordergrund stehen, eine geringere Kontrollintensität.[272] Es liegt daher nahe, dass die Beeinträchtigung des Kerngehalts des Grundrechts der unternehmerischen Freiheit in *AGET-Iraklis* aufgrund der Entscheidungserheblichkeit der Niederlassungsfreiheit von nachrangiger Bedeutung war und diese daher abgelehnt wurde. Zweitens wurde die vermeintliche Korrektur durch *AGET-Iraklis* in der nachfolgenden Entscheidung *Asklepios*[273] nicht übernommen. In der Rechtssache *Asklepios* setzte sich der EuGH erneut weder mit der Beeinträchtigung des Kerns des Grundrechts der unternehmerischen Freiheit auseinander, noch wies er auf die Rechtsprechung *AGET-Iraklis* hin, in der er den Kerngehalt des Grundrechts der unternehmerischen Freiheit angeblich rekonstruiert hat. Der Gerichtshof verweist stattdessen auf sein Urteil *Alemo-Herron*, und betont, dass zum Grundrecht der unternehmerischen Freiheit bereits in der Rechtsprechung *Alemo-Heron* genügend

---

266 *Rainone*, The Role of the Court of Justice in EU Labour Law, 43.

267 EuGH, 21.12.2016 – C-201/15 [Fn. 35] – AGET Iraklis.

268 *Klein*, jurisPR-ArbR 20/ 2017, Anm. 1.

269 *Klein*, ebd., Anm. 1; *Krause*, in: FS Willemsen, 265.

270 EuGH, 21.12.2016 – C-201/15 [Fn. 35], Rn. 88 – AGET Iraklis.

271 Näher dazu unter Abschnitt B, III.

272 *Schubert*, in: FGO, Europäisches Arbeitsrecht, GRC Art. 16, Rn. 17 ff.

273 EuGH, 27.04.2017 – C-680/15 und C-681/15 [Fn. 37] – Asklepios.

ausgeführt wurde.[274] Falls der in *AGET-Iraklis* aufgestellte Maßstab bezüglich der Feststellung der Beeinträchtigung des Kerngehalts der unternehmerischen Freiheit fortgesetzt worden wäre, könnte man eine Beeinträchtigung der unternehmerischen Freiheit bei einer dynamischen Bezugnahmeklausel nur dann bejahen, wenn dem Erwerber jede Möglichkeit zur Anpassung der Arbeitsbedingungen genommen worden wäre.[275] Die unterhalb der Beeinträchtigung des Kerngehalts der unternehmerischen Freiheit liegende Verletzung der unternehmerischen Freiheit hätte schließlich durch den Hauptzweck der Richtlinie, nämlich durch den Arbeitnehmerschutzzweck gerechtfertigt werden können.[276] Von allem, was im Falle einer Korrektur der Grundrechtsprüfung durch *AGET-Iraklis* zu erwarten gewesen wäre, wurde in der nachfolgenden Entscheidung *Asklepios* nichts berücksichtigt. Der EuGH hat seine Aussagen in der Rechtsprechung *Alemo-Herron* übernommen, ohne eine grundlegende Änderung seiner Rechtsprechung erkennen zu lassen.[277] Den nationalen Gerichten wurde nur überlassen, zu prüfen, ob Erwerber im nationalen Recht für die Fortsetzung ihrer Tätigkeiten erforderliche Anpassungen vornehmen können.

cc) Gewichtung der Interessen der Arbeitnehmer

Der EuGH beruft sich auf die Herstellung eines Ausgleichs zwischen den Interessen der Arbeitnehmer und der Erwerber als gesetzgeberisches Ziel der RL 2001/23/EG (Betriebsübergangsrichtlinie). In der Literatur ist jedoch zu beobachten, dass der EuGH versäumt, die Interessen der Arbeitnehmer hinreichend zu berücksichtigen.[278]

(1) Vertragsfreiheit der Arbeitnehmer

Zuerst ist die Vertragsfreiheit der Arbeitnehmer zu berücksichtigen. Die Feststellung, dass eine privatautonom zwischen Arbeitnehmer und Arbeitgeber vereinbarte Dynamik aufgrund des Übergangs des Betriebs – und trotz des Wortlauts des Art. 3 Nr. 1 der RL 2001/23/EG (Betriebsübergangsrichtlinie) – nicht mehr fortwirken soll, greift in die Vertragsfreiheit der Arbeitnehmer ein.[279] Dieser Eingriff wird in der Rechtsprechung des EuGH nicht berücksichtigt, während die Vertragsfreiheit des Erwerbers, in Form seiner unternehmerischen Freiheit hinsichtlich der Bestimmung der Arbeitsbedingungen, Berück-

---

274 EuGH, 27.04.2017 ebd., Rn. 26 – Asklepios.

275 Vgl. *Klein*, jurisPR-ArbR 20/ 2017, Anm. 1.

276 *Klein*, ebd., Anm. 1.

277 *Schubert*, ZESAR 2018, 8, 9: Spricht davon, dass der EuGH diejenigen enttäuscht hat, die sich eine Änderung der Rechtsprechung Alemo-Herron durch die Vorlagefrage des BAG in der Rechtssache Asklepios erhofft haben; *Willemsen u.a.*, RdA 2018, 151, 153 f.: Bestätigt ebenso, dass der EuGH grundsätzlich keine Rechtsänderung vorgenommen hat.

278 *Weatherill*, European Review of Contract Law 2014, 167, 174.

279 *Forst*, DB 2013, 1847, 1849; *Jacobs/Frieling*, EuZW 2013, 737, 739; *Krause*, in: FS Willemsen, 265.

sichtigung findet. Darüber hinaus hat der Gerichtshof angenommen, dass die individualvertraglich vereinbarte Dynamik die Vertragsfreiheit des Erwerbers beeinträchtigt. Daher stellt sich die Frage, warum die Vertragsfreiheit des Erwerbers schützenswerter sein soll als die des Arbeitnehmers, dessen Arbeitsverhältnis nach dem Entstehungszweck der RL 2001/23/EG ohne Verschlechterung der Arbeitsbedingungen auf den Erwerber übergehen soll.[280] Die Gemeinschaftsordnung, die der EuGH im Fall *Alemo-Herron* zur Begründung der Berücksichtigung des Grundrechts der unternehmerischen Freiheit des Erwerbers heranzieht, bildet auch die Grundlage für die Berücksichtigung der Vertragsfreiheit des Arbeitnehmers.[281] Dennoch findet eine entsprechende Auseinandersetzung mit der Vertragsfreiheit der Arbeitnehmer in der Rechtsprechung des EuGH nicht statt.[282] Der Eingriff in die Vertragsfreiheit der Arbeitnehmer lässt sich nicht mit dem Einwand rechtfertigen, dass es bei der Ablehnung der Dynamik darum gehe, den Arbeitnehmern die Verbesserung der Arbeitsbedingungen nicht zu gewährleisten, was im Einklang mit der Zielsetzung der Richtlinie stehe.[283] Denn auch in diesem Fall ändert sich nichts daran, dass den Arbeitnehmern die vertraglich eingeräumte Vergünstigung durch den Übergang der Dynamik auf den Erwerber ohne dessen Mitwirken versagt wird und ihre Vertragsfreiheit aus Art. 16 der GRC somit beeinträchtigt wird.[284] Es bedürfte der Herstellung einer praktischen Konkordanz, in der die Interessen der Arbeitnehmer und der Erwerber ausgeglichen werden.[285]

(2) Einschränkbarkeit der unternehmerischen Freiheit durch ihre soziale Funktion

Die unternehmerische Freiheit wird bisher in der Rechtsprechung des EuGH als ein Grundrecht betrachtet, das auf Seite der Arbeitgeber wirkt. Diese Freiheit hat jedoch auch andere soziale Funktionen. Diese lassen sich in den Ansätzen von *Garben* in der Literatur wie folgt ausdrücken: *„Die unternehmerische Freiheit hat eine Rolle bei der Gewährleistung einer robusten Demokratie zu spielen, insofern sie dazu beiträgt, den Einzelnen – insbesondere die Benachteiligten – durch wirtschaftliche Tätigkeit zu stärken, (wirtschaftliche) Machtkonzentrationen zu verhindern und gesellschaftliche Asymmetrien auszugleichen. Als Menschenrecht sollte es nach einer solchen verfassungsrechtlich-demokratischen Lesart kein ‚Schwert‘ für Unternehmen bei der Ausübung ihrer Tätigkeit gegen Arbeitnehmer, Bürger und Ge-*

---

280 *Commandeur/Kleinebrink*, BB 2014, 181, 183; *Forst*, DB 2013, 1847, 1850; *Schiefer/Hartmann*, BB 2013, 2613, 2614.

281 *Commandeur/Kleinebrink*, BB 2014, 181, 183.

282 *Eylert/Schinz*, RdA 2017, 140, 145.

283 *Krause*, in: FS Willemsen, 265.

284 *Krause*, ebd., 265.

285 *Forst*, DB 2013, 1847, 1849.

meinwohlnormen darstellen; das wäre kontraproduktiv.“[286] Darüber hinaus ist dem EuGH die soziale Funktion der unternehmerischen Freiheit auch durch seine vorherige Rechtsprechung bekannt.[287] In *Alemo-Herron* findet diese hingegen keine Berücksichtigung. Bei der Grundrechtsprüfung in *Alemo-Herron* verhält sich der EuGH widersprüchlich. Der Gerichtshof versäumt es zu berücksichtigen, dass die unternehmerische Freiheit des Erwerbers durch ihre soziale Funktion, wie dem Arbeitnehmerschutz, doch rechtmäßig eingeschränkt werden kann. Der EuGH zitiert weiterhin Urteile, in denen der Gerichtshof diese Einschränkbarkeit der unternehmerischen Freiheit durch ihre soziale Funktion betont. Diese Urteile werden in *Alemo-Herron* hingegen als Argument für einen umfassenden Schutz der unternehmerischen Freiheit herangezogen. Nach Auffassung des EuGH ist der „Kern“ des Grundrechts der unternehmerischen Freiheit beeinträchtigt. Daher sei es nicht mehr relevant, ob die Beeinträchtigung dieses Grundrechts durch seine soziale Funktion oder durch den Ermessensspielraum des europäischen Gesetzgebers als gerechtfertigt angesehen werden kann.[288]

Bei der Begründung der Vertragsfreiheit des Erwerbers in *Alemo-Herron* zitiert der EuGH unter anderem die Entscheidung *Sky Österreich* aus dem Verbraucherrecht.[289] In diesem Urteil erkennt der EuGH keine absolute Wirkung der unternehmerischen Freiheit an und stellt fest, dass diese Freiheit den Einschränkungen des Art. 52 Abs. 1 der GRC unterliegt. Die Rechtsprechung *Sky Österreich*, die die Rechtfertigung der Einschränkung der Vertragsfreiheit der Unternehmen durch Schutzbedürfnisse von Verbrauchern exemplifiziert, zitiert der EuGH in *Alemo-Herron*, um die Einschränkung der Vertragsinteressen der Arbeitnehmer zum Wohl der wirtschaftlichen Interessen der Unternehmen zu rechtfertigen. Der EuGH berücksichtigt die Wertungen der vom EuGH in *Alemo-Herron* angeführten Urteile bezüglich der legitimen Einschränkung der unternehmerischen Freiheit zum Wohle der sozialpolitischen Ziele nicht ausreichend.[290] In *Sky Österreich* betont der EuGH beispielsweise, dass die unternehmerische Freiheit nicht absolut ist, sondern vielmehr im Zusammenhang mit ihrer gesellschaftlichen Funktion (*in relation to its social function*) zu

286 *Garben*, in: Vanhercke/Ghailani/Spasova/Pochet (Hrsg.), Social policy in the European Union 1999-2019: the long and winding road, 66.

287 EuGH, 22.01.2013 – C-283/11 [Fn. 253], Rn. 46 – Sky Österreich.

288 *Bartl/Leone*, European Constitutional Law Review 2015, 140, 153.

289 EuGH, 18.07.2013 – C-426/11 [Fn. 39], Rn. 32 – Alemo-Herron: Demnach ergibt sich die Annahme der Vertragsfreiheit als Teil des Grundrechts der unternehmerischen Freiheit aus den Erläuterungen, die als Anleitung für die Auslegung der GRC erfasst wurden (ABl. 2007, C-303, S. 17) und gem. Art. 6 Abs. 1 EUV und Art. 52 Abs. 7 der GRC für die Auslegung zu berücksichtigen sind. Vgl. EuGH, 22.01.2013 – C-283/11 [Fn. 253], Rn. 42 – Sky Österreich.

290 *Prassl*, Industrial Law Journal 2013, 434, 443; *Weatherill*, European Review of Contract Law 2014, 167, 171.

sehen sei.[291] Die Freiheit zur Ausübung der wirtschaftlichen Tätigkeit kann daher im Interesse der Allgemeinheit beschränkt werden.[292] Diese Ansätze finden sich auch im vom EuGH zitierten Urteil, *Deutsches Weintor* wieder.[293] Der EuGH hat anerkannt, dass die Anliegen des Gesundheitsschutzes und der Meinungsfreiheit unbestreitbar im Allgemeininteresse liegen und diese geeignet sind, die unternehmerische Freiheit einzuschränken.[294] Der Arbeitnehmerschutz stellt ein dem Gerichtshof bekanntes legitimes Ziel dar, das auch einen Eingriff in die unternehmerische Freiheit rechtfertigen kann.[295] Im Fall von *Alemo-Herron* sowie von *Asklepios* hingegen setzt sich der EuGH nicht damit auseinander, dass der Arbeitnehmerschutz, den die RL 2001/23/EG (Betriebsübergangsrichtlinie) zum Zweck hat, ein legitimes Ziel darstellt und die Vertragsfreiheit einschränken kann.[296] Der Gerichtshof versäume offenbar, die Methode der praktischen Konkordanz zum Ausgleich der kollidierenden Interessen anzuwenden.[297] All dies führt folgerichtig zu der Kritik, dass der EuGH das Schutzbedürfnis der Arbeitnehmer, das die Richtlinie im Falle eines Betriebsübergangs verfolgt, nicht hinreichend berücksichtigt, während er in einer anderen Konstellation wie im Verbraucherrecht, das Schutzbedürfnis der Verbraucher gegenüber den wirtschaftlichen Interessen der Unternehmen anerkannt hat.[298] Auch die Befürworter des Urteils *Alemo-Herron* in der Literatur befürchten, dass aufgrund des misslungenen Ausgleichs der Interessen das soziale Element des europäischen Arbeitsrechts, welches im Urteil keine Erwähnung findet, zurückgedrängt wird.[299]

dd) Anpassungsinstrument: Möglichkeit zur Teilnahme an Kollektivverhandlungen

Die fehlende Möglichkeit zur Teilnahme an Kollektivverhandlungen veranlasste den EuGH im Fall *Alemo-Herron*, den Kern des Grundrechts der unternehmerischen Freiheit als beeinträchtigt anzusehen. Auf diese Weise hat der EuGH die Möglichkeit eines Erwerbers zur Teilnahme an Tarifverhandlungen als ein notwendiges Kriterium eingestuft, das dem Zweck der RL 2001/23/EG (Betriebsübergangsrichtlinie) zum Ausgleich der Interessen der Arbeitnehmer

---

291 EuGH, 22.01.2013 – C-283/11 [Fn. 253], Rn. 45 – Sky Österreich; darauf hinweisend auch der Vorabentscheidungsbeschluss des BAG in der Rechtssache Asklepios: BAG, 17.06.2015 – 4 AZR 61/14 (A) [Fn. 119], Rn. 56.

292 EuGH, 22.01.2013 – C-283/11 [Fn. 253], Rn. 46 – Sky Österreich.

293 EuGH, 06.09.2012 – C-544/10 [Fn. 260], Rn. 54 – Deutsches Weintor.

294 EuGH, 06.09.2012 ebd., Rn. 55 – Deutsches Weintor; EuGH, 22.01.2013 – C-283/11 [Fn. 253], Rn. 52 – Sky Österreich.

295 *Schubert*, in: FGO, Europäisches Arbeitsrecht, GRC Art. 16, Rn. 20.

296 BAG, 17.06.2015 – 4 AZR 61/14 (A) [Fn. 119], Rn. 59 ff.; *Flockenhaus*, RdA 2017, 316, 323.

297 *Eylert/Schinz*, RdA 2017, 140, 147.

298 *Prassl*, Industrial Law Journal 2013, 434, 442; *Weatherill*, European Review of Contract Law 2014, 167, 172.

299 *Kainer*, EuZA 2014, 230, 240.

und der Erwerber dienen sollte. Im Sachverhalt *Alemo-Herron* ging es um den Übergang eines Betriebs aus dem öffentlichen Sektor auf einen Unternehmer im privaten Sektor, und private Unternehmen durften keine Tarifverhandlungen durchführen, an denen nur Arbeitgeber aus dem öffentlichen Sektor beteiligt werden. Danach ist der EuGH zum Ergebnis gekommen, dass die dynamische Auslegung einer individualvertraglichen Verweisung auf einen Kollektivvertrag, der durch Arbeitgeber des öffentlichen Sektors verhandelt wird, die unternehmerische Freiheit eines Erwerbers im privaten Sektor in ihrem Kern beeinträchtigt, was auch eine unverhältnismäßige Maßnahme zur Einschränkung des Grundrechts der unternehmerischen Freiheit darstelle.

Kritikwürdig ist, dass sich der EuGH vor der Feststellung der Beeinträchtigung des Kerngehalts der unternehmerischen Freiheit nicht einmal damit auseinandersetzt, ob es weitere Möglichkeiten zur Wahrnehmung der wirtschaftlichen Interessen des Erwerbers gibt.[300] Dies geschah sogar, obwohl der Generalanwalt *Villalòn* in seinen Schlussanträgen zu der Rechtssache *Alemo-Herron* darauf hingewiesen hatte, dass der Erwerber nicht daran gehindert sei, auf individualvertraglicher Ebene erforderliche Anpassungen vorzunehmen.[301] Ebenso wenig hat er darauf hingewiesen, dass es die nationalen Gerichte sind, die überprüfen müssten, ob tatsächlich eine Beeinträchtigung des Kerns des Grundrechts vorliegt.[302] Dies hat den Eindruck erweckt, dass eine dynamische Bezugnahmeklausel ohne Weiteres den Kern dieser Freiheit beeinträchtigt. Im späteren Vorabentscheidungsverfahren in der Rechtssache *Asklepios* musste sich der EuGH daher mit der Frage des BAG befassen, ob Art. 3 der Richtlinie der dynamischen Bezugnahmeklausel entgegenstünde, wenn das einschlägige nationale Recht dem Erwerber einvernehmliche und einseitige Möglichkeiten zur Anpassung der Vertragsbedingungen zur Verfügung stellt.[303] Der EuGH hat diese Frage verneint. Demnach steht die RL 2001/23/EG, vor allem Art. 3 der Richtlinie, einer Dynamik der Bezugnahmeklausel nicht entgegen, wenn dem Erwerber sowohl einvernehmliche als auch einseitige Anpassungsmöglichkeiten zur Verfügung stehen. Der Gerichtshof hat somit das Anpassungsinstrument über eine Teilnahme an Kollektivverhandlungen auf individualvertragliche Instrumente, wie die Abänderung der Dynamik der Bezugnahmeklausel, ausgeweitet. Die Einbeziehung von individualvertraglichen Instrumenten zur Anpassung der Arbeitsbe-

300 Dem EuGH wird auch damit vorgeworfen, dass er sich mit tatsächlichen Auswirkungen der angeblichen Beschränkung des Grundrechts der unternehmerischen Freiheit nicht auseinandersetzt, und er bejaht pauschal die Beeinträchtigung der unternehmerischen Freiheit, siehe: *Rainone*, The Role of the Court of Justice in EU Labour Law, 30.

301 Schlussanträge des Generalanwalts *Villalón* (ECLI:EU:C:2013:82) zu EuGH, 18.07.2013 – C-426/11 [Fn. 39], Rn. 56 – Alemo-Herron; darauf hinweisend ebenfalls: *Busch/Gerlach*, BB 2017, 2356, 2357; *Prassl*, Industrial Law Journal 2013, 434, 440.

302 *Rainone*, The Role of the Court of Justice in EU Labour Law, 30.

303 BAG, 17.06.2015 – 4 AZR 61/14 (A) [Fn. 119], NZA 2016, 373.

dingungen in der Rechtsprechung *Asklepios* ist zwar begrüßenswert. Dies wirkt insbesondere dem Umstand entgegen, dass die Dynamik der Bezugnahmeklausel allein deshalb versagt wird, weil es dem Erwerber – insbesondere aus dem privaten Sektor – nicht möglich ist, an einer Tarifverhandlung im öffentlichen Sektor teilzunehmen.[304] Die Rechtsprechung *Alemo-Herron* wurde allerdings durch die Rechtsprechung *Asklepios* nur teilweise korrigiert (vgl. u. Abschnitt B, II, 4., a)). Aus diesem Grund bleiben einige Bedenken infolge des durch die Rechtsprechung *Alemo-Herron* aufgestellten Instruments der Teilnahme an Kollektivverhandlungen weiterhin bestehen. Zu befürchten ist beispielsweise, dass die Anforderungen an die Möglichkeit des Erwerbers zur Teilnahme an Tarifvertragsverhandlungen zu hoch sein könnten; diese seien zum Schutz der Vertragsfreiheit des Erwerbers nicht erforderlich.[305] Ferner würde das Ziel der Richtlinie zum Schutz von Arbeitnehmern vor Verschlechterungen ihrer Arbeitsbedingungen im Falle eines Betriebsübergangs verfehlen, wenn die Dynamik der Verweisungsklauseln durch Betriebsübergänge regelmäßig entfallen würde.[306] Eine Entdynamisierung von Tarifklauseln würde zudem dazu führen, dass Arbeitgeber in der Praxis Verweisungsklauseln vermeiden würden oder sie nur befristet bzw. zeitlich auflösend bedingt vorsehen könnten.[307] Dies hätte zur Folge, dass sich Arbeitsbedingungen der Arbeitnehmer nicht entsprechend den künftigen Entwicklungen auf dem Arbeitsmarkt verbessern würden. Darüber hinaus stellt das vom EuGH in *Alemo-Herron* aufgestellte Kriterium der Teilnahme an Kollektivverhandlungen eine Bedrohung für einige Tarifsysteme dar. So beschreibt etwa die britische Literatur die Rechtsprechung *Alemo-Herron* als “einen Eingriff in das Recht auf Kollektivverhandlungen”.[308] Die Rechtsprechung des EuGH greift demnach so stark in das Tarifsystem in Großbritannien ein, dass sich weder Gewerkschaften noch Arbeitnehmer auf Bestimmungen der Kollektivverträge im Falle eines Betriebsübergangs verlassen können.[309] In der britischen Literatur wird schließlich berichtet, dass die Rechtsprechung des EuGH in der Rechtssache *Alemo-Herron* die britische Rechtsordnung dazu veranlasst hat, den kollektivvertraglich vereinbarten Arbeitsbedingungen der Arbeitnehmer zugunsten der wirtschaftlichen Interessen der Erwerber die Geltung zu entziehen.[310]

304 Ein weiterer Nutzen der Ausweitung der Anpassungsinstrumente auf individualvertragliche Elemente soll der Schutz der negativen Koalitionsfreiheit sein, weil der Erwerber nicht dazu gezwungen ist, in einen Verband einzutreten, um Arbeitsbedingungen zu bestimmen, siehe etwa: *Latzel*, RdA 2014, 110, 116; ebenso: *Kainer*, EuZA 2014, 230, 238; gegen eine Betroffenheit der negativen Koalitionsfreiheit, siehe: *Schiefer/Hartmann*, BB 2013, 2613, 2614.

305 *Hartmann*, EuZA 2015, 203, 209.

306 *Commandeur/Kleinebrink*, BB 2014, 181, 184.

307 *Commandeur/Kleinebrink*, ebd., 181, 184.

308 *Zahn*, ELLJ 2015, 72, 80.

309 *Zahn*, ebd., 72, 80.

310 *Zahn*, ebd., 72, 82 f.

c) Unternehmerische Freiheit als Grenze für sozialpolitische Maßnahmen

Art. 8 der RL 2001/23/EG (Betriebsübergangsrichtlinie) lässt das Recht der Mitgliedstaaten unberührt, für die Arbeitnehmer günstigere Rechts- und Verwaltungsvorschriften anzuwenden oder einzuführen oder für die Arbeitnehmer günstigere Tarifverträge oder Vereinbarungen zwischen den Sozialpartnern zu fördern oder zuzulassen. Der EuGH begrenzt die Ermächtigung der Mitgliedstaaten hinsichtlich sozialpolitisch günstigerer Arbeitnehmerschutzvorschriften dadurch, dass er diese Vorschriften auf ihre europarechtliche Zulässigkeit nach Maßgabe des europäischen Grundrechts der unternehmerischen Freiheit aus Art. 16 der GRC überprüft. Der EuGH weitet die Grundrechtskontrolle im Widerspruch zu Art. 51 Abs. 1 der GRC aus, welcher den Prüfungsmaßstab lediglich auf die Durchführung von Unionsrecht beschränkt. Er dehnt die Kontrolle auf die nationalstaatlichen Maßnahmen zum Schutz der Arbeitnehmer aus, die rechtmäßig gem. Art. 8 der Richtline zugunsten der Arbeitnehmer ergriffen wurden. Der Gerichtshof missachtet somit die von dem europäischen Gesetzgeber in Art. 8 der Richtlinie ausdrücklich vorgegebenen Befugnisse der Mitgliedstaaten, für Arbeitnehmer günstigere Vorschriften zu erlassen. Er umgeht seine begrenzte Ermächtigung zur Grundrechtskontrolle dadurch, dass

a) er Art. 8 der Richtlinie in Verbindung mit Art. 3 der Richtlinie auslegt,
b) und er eine Prüfung durchführt, die über eine Durchführung des Unionsrechts hinausgeht.

Die Umsetzung des Art. 3 der Richtlinie durch Mitgliedstaaten wird als Durchführung des Unionsrechts betrachtet, weshalb die nationale Umsetzungsnorm einer europarechtlichen Grundrechtskontrolle unterliegt. Die Zusammenschau von Art. 3 und Art. 8 der RL 2001/23/EG ermöglicht dem EuGH, sozialpolitisch für Arbeitnehmer günstigere Maßnahmen der Mitgliedstaaten im Sinne des Art. 8 der Richtlinie auch einer europarechtlichen Grundrechtsprüfung zu unterziehen und den nationalen Arbeitnehmerschutzrechten somit europäische Grenzen zu ziehen.

aa) Zusammenschau von Art. 3 mit Art. 8 der Betriebsübergangsrichtlinie

Der bisherigen Rechtsprechung des EuGH zum Betriebsübergang ist es zu entnehmen, dass Art. 8 der RL 2001/23/EG (Betriebsübergangsrichtlinie) nicht gesondert behandelt wird, sondern im Zusammenhang mit Art. 3 der Richtlinie. Das Verhältnis zwischen Art. 3 und Art. 8 der Richtlinie bleibt zudem weitestgehend unklar.[311] In der Rechtssache *Alemo-Herron* stellt der EuGH zunächst fest, dass eine Dynamik, durch die sich die Arbeitsbedingungen verbessern würden, als für die Arbeitnehmer günstigere Maßnahme im Sinne des Art. 8 der Richtlinie zu betrachten ist. Danach legt er den Art. 3 der Richtlinie in der Zusammenschau mit Art. 8 der Richtlinie aus. Demnach ist Art. 3 in Verbindung mit Art. 8 der Richtlinie nicht dahin auszulegen, dass Mitgliedstaaten Maßnahmen ergreifen können, die zwar für die Arbeitnehmer günstiger sind, aber den Wesensgehalt des Grundrechts des Erwerbers auf unternehmerische Freiheit beeinträchtigen.[312] Für Arbeitnehmer günstigere Schutzmaßnahmen der Mitgliedstaaten sind demzufolge nur dann zulässig, wenn sie nicht gegen das Grundrecht der unternehmerischen Freiheit aus Art. 16 der GRC verstoßen.

In *Asklepios* wird Art. 8 der Richtlinie hingegen nicht zur Sprache gebracht. Dies könnte unter anderem auf die Schlussanträge der Generalanwälte zurückzuführen sein. Denn der Generalanwalt *Bot* in der Rechtsssache *Asklepios* ist beispielsweise der Meinung, dass nationale Rechte durch eine Regelung nach Maßgaben des Art. 8 der Richtlinie die Vorgaben des Art. 3 der Richtlinie nicht umgehen dürfen.[313] Der Generalanwalt *Villalón* in der Rechtssache *Alemo-Herron* greift zudem den Sachverhalt *Katsikas* auf, in dem das nationale Gericht § 613a BGB dahingehend auslegt, dass Arbeitnehmer ein Widerspruchsrecht gegen den Übergang ihres Arbeitsverhältnisses haben. Das Gericht stellt die Frage, ob diese Auslegung als eine für Arbeitnehmer günstige Maßnahme im Sinne des Art. 7 der RL 77/187/EWG (Betriebsübergangsrichtlinie (1977))[314] zu betrachten ist, und ob die Richtlinie einem Widerspruchsrecht der Arbeitnehmer bei Betriebsübergang entgegensteht. Auch in der Rechtsprechung *Katsikas* wird die Günstigkeitsklausel der Richtlinie nicht gesondert behandelt; diese tritt sogar in den Hintergrund. Der EuGH formuliert die Frage des nationalen Gerichts um und stellt fest, dass es dem nationalen Gericht eher um die Frage geht, ob die Richtlinie einem Widerspruchsrecht der Arbeitnehmer entgegensteht. Der Gerichtshof kommt schließlich zu dem Schluss, dass sich die Richtlinie nicht darauf abzielt, Arbeitsverhältnisse der Arbeitnehmer gegen deren Willen beim Erwerber fortzusetzen. Art. 3 der Richtlinie verwehrt den Arbeitnehmern nicht, gegen den Übergang ihrer Arbeitsverhältnisse zu widersprechen.[315] Folglich wird Art. 8 der Richtlinie, wonach der Ermessensspielraum der Mitgliedstaaten vorgesehen ist, vom EuGH in der Rechtsprechung zur Rechtssache *Asklepios* nicht berücksichtigt.

---

311 Generalanwalt *Bot* in der Rechtssache *Asklepios* weist darauf hin, dass das Verhältnis zwischen Art. 3 und Art. 8 der Richtlinie klargestellt werden soll, siehe ECLI:EU:C:2017:30, Rn. 63. Schlussanträge des Generalanwalts *Bot* (ECLI:EU:C:2017:30) zu EuGH, 27.04.2017 – C-680/15 und C-681/15 [Fn. 37], Rn. 63 – Asklepios.

312 EuGH, 18.07.2013 – C-426/11 [Fn. 39], Rn. 36 – Alemo-Herron.

313 Dazu näher unter Abschnitt B, II, 3, c), bb), (1), (b).

314 Heute Art. 8 der RL 2001/23/EG.

315 EuGH, 16.12.1992 – C-132/91 u.a. [Fn. 78], Rn. 41 f. – Katsikas.

bb) Ausweitung der Grundrechtsprüfung auf dynamische Bezugnahmeklauseln

Gem. Art. 51 Abs. 1, S. 1 der GRC gilt die Charta für Mitgliedstaaten ausschließlich bei der Durchführung des Rechts der Union. Nach Art. 51 Abs. 2 der GRC dehnt die Charta den Anwendungsbereich des Unionsrechts nicht über die Zuständigkeiten der Union hinaus und begründet weder neue, noch ändert sie die in den Verträgen festgelegten Zuständigkeiten und Aufgaben. Damit das Unionsrecht auf eine nationale Maßnahme Anwendung findet, muss diese Maßnahme eine Durchführung des Unionsrechts darstellen. Daher wird der Anwendungsbereich des Unionsrechts durch Aufgreifen der Charta auch nicht ausgeweitet. Der EuGH hat zudem Kriterien entwickelt, um die Frage zu beantworten, wann eine nationale Norm als Durchführung des Unionsrechts betrachtet werden kann. Die Grundrechtskontrolle einer nationalen Regelung ist demnach eröffnet, wenn beispielsweise die unionsrechtliche Vorgabe den betroffenen Mitgliedstaat zur Handlung verpflichtet, wenn es einen engen Zusammenhang zwischen der unionsrechtlichen Bestimmung und dem nationalen Recht gibt, oder wenn die nationale Norm die Durchführung der einschlägigen unionsrechtlichen Bestimmung bezweckt.[316]

Vor diesem Hintergrund erscheint der Umgang des EuGH mit der Dynamik einer Bezugnahmeklausel bedenklich. Entgegen den normativen Vorgaben des Unionsrechts und im Widerspruch seiner Rechtsprechung zur Eröffnung der Grundrechtskontrolle beurteilt er nationale Arbeitsrechtsordnungen nach Maßgaben des europäischen Grundrechts der unternehmerischen Freiheit aus Art. 16 der GRC. Der Gerichtshof stellt demnach die Dynamik der Tarifklauseln, die sich als günstig für Arbeitnehmer erwiesen, zum Wohle der Wahrung wirtschaftlicher Interessen der Erwerber in Frage. Beim Umgang mit der Dynamik der Tarifklauseln weist seine Rechtsprechung schwerwiegende rechtsmethodische Fehler auf.

Der EuGH berücksichtigt zunächst nicht die Befugnis der Mitgliedstaaten, für Arbeitnehmer günstigere Vorgaben vorzusehen (Abschnitt B, II, 3., c), bb), (1)). Er missachtet zudem die Funktion der RL 2001/23/EG (Betriebsübergangsrichtlinie) als eine Richtlinie, die Mindeststandards des Arbeitnehmerschutzes festlegt und Mitgliedstaaten darüber hinausgehende Regelungen offenlässt (Abschnitt B, II, 3., c), bb), (2)). Seine Rechtsprechung löst schließlich Fragen zur Kompetenzüberschreitung aus (Abschnitt B, II, 3., c), bb), (3)).

316 EuGH, 13.06.1996 – C-144/95 (ECLI:EU:C:1996:235), Slg. 1996, I-2909, Rn. 11 – Maurin; EuGH, 06.03.2014 – C-206/13 (ECLI:EU:C:2014:126), NVwZ 2014, 575, Rn. 24 ff. – Siragusa; EuGH, 10.07.2014 – C-198/13 (ECLI:EU:C:2014:2055), NZA 2014, 1325, Rn. 37 f. – Hernández.

(1) Berücksichtigung von im Rahmen des Art. 8 der Betriebsübergangsrichtlinie ergriffenen Maßnahmen

(a) Vergleichbare Entscheidungen des EuGH

Auch wenn diese selten sind, findet man Entscheidungen, in denen der EuGH die Befugnis der Mitgliedstaaten zum Erlass sozialpolitisch günstigerer Maßnahmen anerkennt, und die Kontrolle anhand von europäischen Grundrechten unterlässt. Bekannt ist beispielsweise die Entscheidung *Hernández* aus dem Insolvenzrecht. Hier hat der europäische Gesetzgeber, ähnlich wie im Betriebsübergangsrecht, sozialpolitisch zum Schutz der Arbeitnehmer gehandelt. In dem Fall war die RL 2008/94/EG über den Schutz der Arbeitnehmer bei Zahlungsunfähigkeit der Arbeitgeber einschlägig. Es ging um die Prüfung der europarechtlichen Zulässigkeit einer nationalen Regelung, wonach Schäden, die aufgrund von überlangen Gerichtsverfahren (mehr als 60 Werktage) bei Insolvenz entstanden sind, ersetzt werden sollen.[317] Der EuGH hat entschieden, dass die einschlägige Regelung des Mitgliedstaates nicht als eine Durchführung des Unionsrechts im Sinne des Art. 51 Abs. 1 der GRC angesehen werden kann, weshalb diese Regelung nicht nach Maßgabe des Art. 20 der GRC überprüft werden darf.[318] Bei der Feststellung, dass die nationale Norm nicht als Durchführung des Unionsrechts betrachtet wird, wendet der EuGH die in seiner bisherigen Rechtsprechung entwickelten Kriterien zum Anwendungsbereich des Unionsrechts an. Im vorliegenden Fall war ausschlaggebend, dass die Regelung des nationalen Gesetzgebers ein anderes Ziel verfolgte als der Zweck der Richtlinie zur Schaffung eines Mindestschutzes der Arbeitnehmer; er möchte Schäden der Arbeitnehmer im Falle von außergewöhnlich langen Gerichtsverfahren ersetzen.[319] Der EuGH weist darüber hinaus auf die Befugnis der Mitgliedstaaten hin, gem. Art. 11 der Richtlinie für die Arbeitnehmer günstigere Rechts- oder Verwaltungsvorschriften anzuwenden oder zu erlassen.[320] Nach seiner Auffassung erfordert diese Bestimmung der Richtlinie, dass die nach nationalem Recht bestehende Befugnisse der Mitgliedstaaten anerkannt werden und solche günstigeren Bestimmungen außerhalb des Rahmens der in der Richtlinie festgelegten Regelungen vorgesehen werden. Folglich kann bei einer Vorschrift des nationalen Rechts, wie der im Ausgangsverfahren in Rede stehenden, nicht davon ausgegangen werden, dass sie in den Geltungsbereich dieser Richtlinie fällt, da diese sich darauf beschränkt, den Arbeitnehmern – in Ausübung der in Art. 11 Abs. 1 der RL 2008/94/EG bestätigten alleinigen Zuständigkeit der Mitgliedstaaten – einen günstigeren Schutz zu gewähren.[321]

---

317 EuGH, 10.07.2014 – C-198/13 [Fn. 316], Rn. 41 – Hernández.
318 EuGH, 10.07.2014 ebd., Rn. 48 – Hernández.
319 EuGH, 10.07.2014 ebd., Rn. 41 – Hernández.
320 EuGH, 10.07.2014 ebd., Rn. 44 – Hernández.
321 EuGH, 10.07.2014 ebd., Rn. 45 – Hernández.

(b) Vorgehensweise bei *Alemo-Herron* und *Asklepios*

In den Fällen von *Alemo-Herron* und *Asklepios* setzt sich der EuGH jedoch nicht mit der Frage auseinander, warum er die Grundrechtecharta auf die nationalen Maßnahmen der Mitgliedstaaten zur Auslegung der dynamischen Bezugnahmeklausel anwendet.[322] Der Gerichtshof umgeht die auf die Durchführung des Unionsrechts eingeschränkte Ermächtigung zur Grundrechtskontrolle beim Sachverhalt *Alemo-Herron*, indem er Art. 3 in Verbindung mit Art. 8 der RL 2001/23/EG (Betriebsübergangsrichtlinie) auslegt.[323] Der EuGH stellt klar, dass den Mitgliedstaaten nicht gestattet ist, für Arbeitnehmer günstigere Vorschriften zu erlassen, die gegen das europäische Grundrecht der unternehmerischen Freiheit aus Art. 16 der GRC verstoßen. Durch den Hinweis auf Art. 8 der Richtlinie und die Günstigkeit der Dynamik für Arbeitnehmer erweckt der Gerichtshof den Eindruck, als ob er die Befugnis des Mitgliedstaates zu den sozialpolitisch günstigeren Vorschriften anerkannt hätte. Dieser Befugnis setzt er zugleich durch europäische Grundrechte Grenzen. In *Asklepios* sieht er sich weiterhin nicht dazu veranlasst, auf den Art. 8 der Richtlinie und auf die Günstigkeit der Dynamik hinzuweisen. Dies ist der Fall, obwohl das BAG als vorlegendes Gericht die nationale Zuständigkeit für die Anordnung einer für Arbeitnehmer günstigen Maßnahme zum Schutz der Arbeitnehmer im Einklang mit Art. 8 der Richtlinie betont. Das BAG argumentiert zudem, dass eine solche Maßnahme außerhalb der Durchsetzung des Unionsrechts liegt und somit einer Grundrechtsprüfung nach Maßgaben der Charta gerade nicht standhalten muss.[324]

Beim Umgang des EuGH mit der grundrechtskonformen Auslegung des Art. 3 in Verbindung mit Art. 8 der Richtlinie haben möglicherweise die Schlussanträge von Generalanwalt *Villalón* in der Rechtssache *Alemo-Herron* und *Bot* in der Rechtssache *Asklepios* eine Rolle gespielt.[325] *Villalón* und *Bot* führten zunächst aus, dass die Auslegung der Dynamik der Bezugnahmeklausel durch die deutsche Rechtsprechung als eine für Arbeitnehmer günstigere Maßnahme im

---

322 Hiermit wird nicht gemeint, dass der EuGH seine Rechtsprechung *Hernandez* auf den Sachverhalt *Alemo-Herron* oder *Asklepios* überträgt. Hier wird nur darauf hingewiesen, dass sich der EuGH damit befassen müsste, warum die GRC auf eine Maßnahme des Mitgliedstaates, die für Arbeitnehmer günstiger im Sinne des Art. 8 der Richtlinie sind, anwendbar sind. Denn die Anwendung der Charta auf eine nationale Regelung löst erhebliche Rechtsprobleme aus, wie Überschreitung der Zuständigkeiten der Union beziehungsweise Eingriffe in die Regelungskompetenzen der Mitgliedstaaten, näher dazu unter Abschnitt B, II, 3, c), bb), (3).

323 *Krause*, in: FS Willemsen, 266: weist auf das Umgehen des Art. 51 Abs. 1 der GRC im Wege der Auslegung des „Art. 3 in Verbindung mit Art. 8 der Richtlinie" hin; a.A.: *Willemsen u.a.*, RdA 2018, 151, 156: Demnach steht die Fortgeltung der kollektivvertraglichen Bestimmungen im Wege der individualvertraglichen Bezugnahmeklausel in einem spezifischen Zusammenhang zu dem Art. 3 der Richtlinie, sodass diese unter den Anwendungsbereich der Grundrechtecharta fallen.

324 BAG, 17.06.2015 – 4 AZR 61/14 (A) [Fn. 119], Rn. 54.

325 *Solanke*, European Law Journal 2011, 764, 775 ff.: Führt eine Umfrage unter Generalanwälten, um herauszufinden, ob in den Schlussanträgen der Generalanwälte ein politischer Aktivismus zu finden ist. Auf Grundlage der Angaben der Generalanwälte kommt man zum Ergebnis, dass dies nicht der Fall ist.

Sinne des Art. 8 der Richtlinie betrachtet werden kann. Die Dynamik könnte sich demnach zugunsten der Arbeitnehmer auswirken, wenn sich die Arbeitsbedingungen durch künftige Kollektivverträge verbessern würden.[326] Generalanwalt *Villalón* stellte fest, dass unter günstigeren Vorschriften im Sinne des Art. 8 der RL auch die Auslegung, insbesondere der Dynamik der Bezugnahmeklausel, durch die nationalen Gerichte zu verstehen ist.[327] Er wies dabei auf die Rechtsprechung *Katsikas* hin,[328] in der der EuGH in Bezug auf die Günstigkeitsklausel der Richtlinie ebenso bejaht hat, dass nationale Rechtsprechung unter den Begriff von „Rechts- und Verwaltungsvorschriften" im Sinne des Art. 7 der Richtlinie fällt.[329] Generalanwalt *Bot* in der Rechtssache *Asklepios* vertrat hingegen eine differenzierte Meinung gegenüber der Befugnis der Mitgliedstaaten, für Arbeitnehmer günstigere Vorschriften zu erlassen. Demnach ermächtige Art. 8 der Richtlinie das nationale Gericht nicht dazu, durch die dynamische Auslegung von Bezugnahmeklauseln eine für Arbeitnehmer günstigere Entscheidung zu treffen.[330] Der deutsche Gesetzgeber habe nämlich den ihm durch Art. 3 Nr. 3 S. 2 eröffneten Handlungsspielraum genutzt, um die Aufrechterhaltung der zum Zeitpunkt des Übergangs geltenden Kollektivverträge bis zu einem Jahr zu begrenzen.[331] Nach der Ansicht des Generalanwalts *Bot* dürften nationale Gerichte durch die dynamische Auslegung der Bezugnahmeklausel die Bestimmungen von Art. 3 der Richtlinie nicht umgehen können.[332]

In Bezug auf die Grundrechtskontrolle der Dynamik sind die Generalanwälte im Ergebnis derselben Meinung. Nach *Villalón* dürften die Mitgliedstaaten von ihrem Handlungsspielraum nur nach Maßgaben des Unionsrechts, u.a.

---

326 Schlussanträge des Generalanwalts *Bot* (ECLI:EU:C:2017:30) zu EuGH, 27.04.2017 – C-680/15 und C-681/15 [Fn. 37], Rn. 109 – Asklepios.

327 Der durch Art. 3 Nr. 3, S. 2 der Richtlinie eröffnete Spielraum der Mitgliedstaaten kommt in den Schlussanträgen von Generalanwalt *Villalón* in Bezug auf die dynamischen Bezugnahmeklausel in Betracht. Infolge der Auslegung von Art. 3 kommt der Generalanwalt zum Ergebnis, dass der Übergang der im Vertrag vereinbarten Dynamik der Verweisungsklauseln grds. zulässig ist. Um seine Ansicht zu unterstützen, greift er zusätzlich Art. 8 auf, wonach Mitgliedstaaten für die Arbeitnehmer [...] günstigere Kollektivverträge [...] fördern oder zulassen dürfen. In *Alemo-Herron* geht es dem nationalen Gericht darum, die Aufrechterhaltung von für Arbeitnehmer günstigeren Bedingungen im Wege der Anwendung eines Kollektivvertrags durch Verweisung zu fördern, siehe die Schlussanträge des Generalanwalts *Villalón* (ECLI:EU:C:2013:82) zu EuGH, 18.07.2013 – C-426/11 [Fn. 39], Rn. 25, 39 – Alemo-Herron.

328 EuGH, 16.12.1992 – C-132/91 u.a. [Fn. 78] – Katsikas.

329 EuGH, 16.12.1992 ebd., Rn. 40 – Katsikas.

330 Schlussanträge des Generalanwalts *Bot* (ECLI:EU:C:2017:30) zu EuGH, 27.04.2017 – C-680/15 und C-681/15 [Fn. 37], Rn. 111 – Asklepios; kritisch: *Buschmann*, AuR 2017, 87, 87 ff.

331 §613a Abs. 1 S. 2 BGB, demnach dürfen die Arbeitsbedingungen der Arbeitnehmer bis zu einem Jahr nach dem Zeitpunkt des Übergangs nicht zu ihrem Nachteil geändert werden.

332 Schlussanträge des Generalanwalts *Bot* (ECLI:EU:C:2017:30) zu EuGH, 27.04.2017 – C-680/15 und C-681/15 [Fn. 37], Rn. 110 – Asklepios.

unter der Beachtung der Grundrechte, Gebrauch machen.[333] Zu prüfen ist im jeweiligen Fall, ob die Fortsetzung der Dynamik die unternehmerische Freiheit des Erwerbers beeinträchtigt.[334] Weder in diesen noch in den nachfolgenden Ausführungen des Generalanwalts wird die Befugnis der Mitgliedstaaten, gem. Art. 8 der Richtlinie sozialpolitisch günstigeren Vorschriften zu erlassen, thematisiert. *Bot* äußert sich hingegen eindeutig, dass die GRC auch bei der Umsetzung von Art. 8 der Richtlinie beachtet werden muss.[335] Nach seiner Auffassung ergibt sich bereits aus der grundrechtskonformen Auslegung von Art. 3 der Richtlinie, dass der Erwerber – wie in *Alemo-Herron* festgestellt wurde – nicht unbegrenzt und ungewiss durch künftige kollektivrechtliche Fremdbestimmung von Arbeitsbedingungen belastet werden dürfe.[336]

In *Alemo-Herron* hingegen wird nicht auf die Frage eingegangen, ob die GRC auf eine nationale Maßnahme anwendbar ist, die den Arbeitnehmern – in Ausübung der in Art. 8 der RL 2001/23/EG eingeräumten Zuständigkeit der Mitgliedstaaten – einen günstigeren Schutz gewährt. Der EuGH begründet die Anwendung der GRC pauschal damit, dass nach ständiger Rechtsprechung die RL 2001/23/EG im Einklang mit den Grundrechten auszulegen ist.[337] In der Literatur beschreibt man dieses Vorgehen des EuGH als „eine heimliche („*surreptitiously*") Machtübernahme" zur Überprüfung der sozialpolitischen Maßnahmen der Mitgliedstaaten anhand der Anforderungen von europäischen Grundrechten.[338] Anhand des Falles *Alemo-Herron* lässt sich beobachten, dass der EuGH den Handlungsspielraum der Mitgliedstaaten begrenzt, der auf einem klaren Willen des europäischen Gesetzgebers beruht.[339] Dies tut er im Wege der grundrechtskonformen Auslegung der Maßnahmen der Mitgliedstaaten, die über den von der Richtlinie geforderten Schutzstandard hinausgehen. Dies

333 Schlussanträge des Generalanwalts *Villalón* (ECLI:EU:C:2013:82) zu EuGH, 18.07.2013 – C-426/11 [Fn. 39], Rn. 47 – Alemo-Herron.

334 Schlussanträge des Generalanwalts *Villalón* (ECLI:EU:C:2013:82) zu EuGH, 18.07.2013 ebd., Rn. 48 ff. – Alemo-Herron.

335 Schlussanträge des Generalanwalts *Bot* (ECLI:EU:C:2017:30) zu EuGH, 27.04.2017 – C-680/15 und C-681/15 [Fn. 37], Rn. 112 – Asklepios: „[...] wie aus dem Urteil Alemo-Herron u.a. hervorgeht, die Umsetzung von Art. 8 der Richtlinie 2001/23 durch die Mitgliedstaaten die durch die Charta geschützten Grundrechte beachten."

336 Schlussanträge des Generalanwalts *Bot* (ECLI:EU:C:2017:30) zu EuGH, 27.04.2017 ebd., Rn. 113 – Asklepios.

337 EuGH, 18.07.2013 – C-426/11 [Fn. 39], Rn. 30 – Alemo-Herron. Generalanwalt *Villalòn* geht auf diese Frage auch nicht ein, sondern verweist auf die Rn. 32 ff. des Urteils EuGH, 09.03.2006 – C-499/04 [Fn. 116] – Werhof, in denen die Richtlinie grundrechtskonform ausgelegt wird. Rn. 32 des Urteils *Werhof* lautet: „Hierzu ist daran zu erinnern, dass nach ständiger Rechtsprechung des Gerichtshofes bei der Auslegung der Bestimmungen einer Richtlinie dem Grundsatz der Einheit der Gemeinschaftsrechtsordnung Rechnung zu tragen ist, der verlangt, dass das abgeleitete Gemeinschaftsrecht gemäß den allgemeinen Grundsätzen des Gemeinschaftsrechts ausgelegt wird (vgl. in diesem Sinne Urteil vom 1. April 2004 in der Rechtssache C-1/02, Borgmann, Slg. 2004, I-3219, Randnr. 30)."

338 *Bartl/Leone*, European Constitutional Law Review 2015, 140, 151.

339 *Weatherill*, European Review of Contract Law 2014, 167, 169.

wird auch anhand der Rechtsprechung *Asklepios* deutlich, da der EuGH zu der Anwendung der GRC auf die günstigeren nationalen Maßnahmen auch in der Rechtssache *Asklepios* keine Stellung bezogen hat.[340] Die Ausführungen des vorlegenden Gerichts BAG zur Nichtanwendbarkeit der GRC auf die Dynamik der Tarifklausel mit der Begründung, dass es sich nicht mehr um die Durchführung des Unionsrechts handele, haben den EuGH nicht an der Prüfung der Dynamik nach Maßgaben des Art. 16 der GRC gehindert. Positiv ist in der Rechtssache *Asklepios* nur anzumerken, dass der EuGH den nationalen Gerichten die Beurteilung überlassen hat, ob dem Erwerber rechtliche Instrumente zur Verfügung stehen, um seine wirtschaftlichen Interessen hinsichtlich der Gestaltung der Arbeitsbedingungen wahrzunehmen.[341] Dies ermöglicht den nationalen Gerichten, unter Berücksichtigung der Umstände des Einzelfalls, die Dynamik der Bezugnahmeklausel fortzusetzen. Darüber hinaus ist Art. 16 der GRC auch in der Rechtsprechung *Asklepios* als ein einschlägiges Argumentationsmittel zu betrachten. Diese ist für die Auslegung der europarechtlichen Zulässigkeit der dynamischen Bezugnahmeklausel entscheidend. Die Auslegung des Sekundärrechts im Lichte der europäischen Grundrechte wirkt sich schließlich auf das nationale Recht aus, da die grundrechtskonforme Auslegung der Richtlinie die Mitgliedstaaten bindet.[342] Falls die Grundrechtecharta keine Anwendung auf nationales Recht findet, dürfte man auch nicht zulassen, dass diese das nationale Recht mittelbar beeinflusst. Konkret dürfte eine Anwendung bzw. ein Einfluss auf das nationale Recht auch nicht dadurch erreicht werden, dass die Richtlinie im Einklang mit den europäischen Grundrechten ausgelegt wird.[343]

Wenn eine nationale Regelung, die individualvertraglich vereinbarte dynamische Klauseln aufrechterhält, nicht der Durchführung des Unionsrechts dient, darf der EuGH diese Klauseln auch nicht durch eine Auslegung der RL 2001/23/EG im Lichte der unternehmerischen Freiheit aus Art. 16 der GRC in Abrede stellen.[344]

(2) Funktionswandel der Richtlinie: Vom „Sockel" zum „Deckel"

Die RL 2001/23/EG (Betriebsübergangsrichtlinie) zeigt mit ihrem Inhalt sowie ihrem Entstehungszweck eine „*Sockelfunktion*" auf;[345] d.h. die Richtlinie legt nur Mindeststandards des Arbeitnehmerschutzes beim Betriebsübergang fest.

340 *Grau/Hartmann*, in: Preis/Sagan (Hrsg.) Europäisches Arbeitsrecht, § 9 Betriebsübergang, Rn. 9.15, 9.13a.
341 EuGH, 27.04.2017 – C-680/15 und C-681/15 [Fn. 37], Rn. 27 – Asklepios.
342 *Willemsen u.a.*, RdA 2018, 151, 153.
343 *Wißmann*, RdA 2015, 301, 303.
344 *Eylert/Schinz*, RdA 2017, 140, 148.
345 *Wißmann*, RdA 2015, 301, 302 f.

Mitgliedstaaten können darüber hinaus bessere Schutzmaßnahmen vorsehen. Diese Konzeption der Richtlinie lässt sich neben ihrer klaren Vorgabe in Art. 8, wonach das Recht der Mitgliedstaaten, für Arbeitnehmer günstigere Maßnahmen zu ergreifen, unberührt bleibt, anhand ihres Entstehungszwecks begründen.[346] Der europäische Gesetzgeber hat beim Erlass der RL 2001/23/EG keine Vollharmonisierung angestrebt, die der Schaffung eines einheitlichen Schutzniveaus innerhalb der Europäischen Union dienen würde und den Mitgliedstaaten deshalb kaum Handlungsspielräume überließe. Der Richtlinie geht es nur um eine Teilharmonisierung auf diesem Gebiet, so wie es der EuGH bereits in anderen Urteilen wie *Daddy´s Dance Hall*, *Amatori* und *Martin u.a.*, bestätigt hat.[347] Der teilharmonisierende Charakter der Richtlinie lässt sich auch nicht widerlegen, dass die Richtlinie nicht auf eine arbeitsrechtlichen Ermächtigungsgrundlage, wie Art. 137 EG-V a.F. (nunmehr Art. 153 AEUV) beruht, sondern auf einer binnenmarktrechtlichen gem. Art. 94 EG-V a.F. (nunmehr Art. 115 AEUV).[348] Denn die Auswahl der binnenmarktrechtlichen Kompetenznorm geht auf die damaligen Rahmenbedingungen der Gesetzgebung zurück: Als die RL 77/187/EWG (Betriebsübergangsrichtlinie (1977)) erlassen wurde, gab es keine besondere Ermächtigungsgrundlage für das Arbeitsrecht, weshalb die Richtlinie zuerst auf die ihrer Zeit vorhandene Kompetenz des Art. 100 EWGV (später des Art. 94 EGV) zurück ging.[349] Daran hat der Richtliniengeber trotz der inzwischen erfolgten Einführung einer arbeitsrechtsspezifischen Kompetenznorm, Art. 137 EG-V a.F. (nunmehr Art. 153 AEUV) nichts geändert, als die Richtlinie später durch die heutige RL 2001/23/EG kodifiziert worden ist.[350] Dass diese Richtlinie auf der Ermächtigungsgrundlage Art. 94 EG-V a.F. fußt, spricht aber nicht notwendigerweise dafür, dass den günstigeren Vorschriften der Mitgliedstaaten durch europäische Grundrechte Grenzen gezogen werden müssen.

Weder der nur teilharmonisierende Charakter der Richtlinie noch die ausdrückliche Ermächtigung durch Art. 8 der Richtlinie konnten den EuGH aller-

---

346 *Eylert/Schinz*, RdA 2017, 140, 148.

347 EuGH, 10.02.1988 – C-324/86 (ECLI:EU:C:1988:72), Slg. 1988, 739, Rn. 16 – Daddy's Dance Hall; EuGH, 06.11.2003 – C-4/01 (ECLI:EU:C:2003:594), AP Nr. 35 zu EWG-Richtlinie Nr. 77/187, Rn. 41 – Martin u.a.; EuGH, 27.11.2008 – C-396/07 (ECLI:EU:C:2008:656), AP Nr. 3 zu Richtlinie 2001/23/EG, Rn. 23 – Juuri; EuGH, 06.03.2014 – Rechtssache C-458/12 (ECLI:EU:C:2014:124), ABl. EU 2014, Nr. C 175, 8, Rn. 41 – Amatori; EuGH, 09.09.2020 – C-674/18 u.a. (ECLI:EU:C:2020:682), AP Nr. 26 zu Richtlinie 2001/23/EG, Rn. 49 – TMD Friction.

348 *Buschmann*, AuR 2017, 87, 88; *Krause*, in: FS Willemsen, 267; *Wißmann*, RdA 2015, 301, 303; *Willemsen u.a.*, RdA 2018, 151, 155: Demnach ändert der Umstand, dass die Richtlinie eine Öffnungsklausel enthält wie Art. 8, und somit den Mitgliedstaaten einen Handlungsspielraum einräumt, nichts an dem harmonisierenden Charakter der Richtlinie. Dieser Handlungsspielraum muss im Einklang der europäischen Grundrechte ausgeübt werden.

349 *Wißmann*, RdA 2015, 301, 302 f.

350 *Krause*, in: FS Willemsen, 267.

dings daran hindern, diese Vorschriften einer Grundrechtskontrolle zu unterwerfen.[351] Der EuGH setzt somit den sozialpolitischen Maßnahmen der nationalen Rechtsordnungen einen „Deckel“[352] auf.[353] Demnach wäre eine nationale Regelung, die über Mindeststandards der Betriebsübergangsrichtlinie hinausgeht, nur in bestimmten Fällen europarechtlich zulässig. Der nationale Gesetzgeber müsste innerhalb des Handlungsspielraums agieren, der von dem durch die RL vorgesehenen Mindestschutz bis zu einer nicht mehr zulässigen Einschränkung der Grundrechte der Erwerber reicht.[354] An dieser Stelle ähnelt die Rechtsprechung des EuGH dem Urteil *Rüffert*[355], in dem die nationalen Maßnahmen durch Grundfreiheiten begrenzt worden sind.[356] Die Grundfreiheiten stellen die Obergrenze für mitgliedstaatliche Vorschriften dar, auch wenn sie lediglich den Spielraum nutzen, den die Richtlinie ihnen einräumt; sie dürfen europäische Grundfreiheiten nicht verletzen.[357] Europäische Grundfreiheiten sind beispielsweise im Fall *Alemo-Herron* nicht einschlägig. Stattdessen werden die Grundrechte herangezogen, konkret die Vertragsfreiheit des Erwerbers aus Art. 16 der GRC. Infolge der Grundrechtsprüfung werden die sozialpolitischen Maßnahmen der Staaten anfällig für die Durchsetzung einer wirtschaftsliberalen Auffassung, wie zum Beispiel für die Wahrung der Interessen der Erwerber an der marktbedingten Anpassung der Arbeitsbedingungen.[358] Demzufolge ist es möglich, die über die Mindeststandards der Richtlinie hinausgehenden Schutzmaßnahmen der Mitgliedstaaten für unverhältnismäßig zu erklären. Die im Sinne eines besseren Arbeitnehmerschutzes aufgebauten Hindernisse vor Wirtschaftsfreiheiten werden folglich beseitigt.

(3) Kompetenzfragen: Ein Zeichen für politisches Agieren des EuGH

Der rechtsmethodisch fragwürdige Umgang des EuGH mit den nationalen Vorschriften zur dynamischen Auslegung von individualvertraglichen Verwei-

---

351 Generalanwalt *Villalòn* weist in der Rechtssache *Alemo-Herron* auch auf die in der Richtlinie bezweckten Teilharmonisierung hin. Er führt zudem aus, dass der den Mitgliedstaaten bereits infolge der durch die Richtlinie bezweckten Teilharmonisierung der Rechtsvorschriften der Mitgliedstaaten zustehende Handlungsspielraum durch Art. 8 der Richtlinie gestärkt wird, siehe: Schlussanträge des Generalanwalts *Villalón* (ECLI:EU:C:2013:82) zu EuGH, 18.07.2013 – C-426/11 [Fn. 39], Rn. 23 f. – Alemo-Herron. Der Generalanwalt *Villalón* begründet aber auch nicht nachvollziehbar, warum die günstigere Vorschrift eines Mitgliedstaates der Grundrechtsprüfung unterliegen soll, siehe in diese Richtung auch: *Bartl/Leone*, European Constitutional Law Review 2015, 140, 148.

352 *Wißmann*, RdA 2015, 301, 302.

353 *Krause*, in: FS Willemsen, 266 f.; ebenso: *Prassl*, Industrial Law Journal 2013, 434, 444: Beschreibt die trotz des teilharmonisierenden Charakters der Richtlinie vom EuGH vorgenommene Grundrechtsprüfung als „from floor to ceiling“.

354 *Naber/Krois*, ZESAR 2014, 121, 122; *Willemsen u.a.*, RdA 2018, 151, 155.

355 EuGH, 03.04.2008 – C-346/06 [Fn. 29] – Rüffert.

356 *Prassl*, Industrial Law Journal 2013, 434, 445.

357 *Weatherill*, European Review of Contract Law 2014, 167, 169.

358 *Bartl/Leone*, European Constitutional Law Review 2015, 140, 151.

sen auf Kollektivverträge wirft Fragen nach den Kompetenzen des Gerichtshofs auf. Befürchtet wird konkret, dass der EuGH politisch agiert, um zu einem bestimmten Ergebnis zu kommen, wie etwa der Wahrung wirtschaftsliberaler Interessen bei gleichzeitiger Kompetenzüberschreitung.[359]

Wie zu Beginn des vorliegenden Abschnitts erläutert, bindet die Grundrechtecharta die Mitgliedstaaten gem. Art. 51 Abs. 1 GRC nur dann, wenn diese das Unionsrecht umsetzen. Die Grenzen der Anwendung der GRC auf nationales Recht schützen den Zuständigkeitsbereich der Mitgliedstaaten vor einem unionsrechtlichen Eingriff.[360] Der EuGH greift hingegen nicht nur in die Zuständigkeiten des europäischen Gesetzgebers ein, sondern auch in die Zuständigkeiten der Mitgliedstaaten.[361] Denn der Gerichtshof überprüft die mitgliedstaatlichen Maßnahmen zum Schutz der Arbeitnehmer beim Betriebsübergang nach Maßgabe der europäischen Grundrechte auf ihre europarechtliche Zulässigkeit, obwohl die RL 2001/23/EG (Betriebsübergangsrichtlinie) eine Teilharmonisierung bezweckt und Mitgliedstaaten gem. Art. 8 der RL befugt sind, für Arbeitnehmer günstigere Schutzstandards zu etablieren. Mit einer europarechtlichen Grundrechtskontrolle der nationalen Arbeitsrechtsordnung wird die Sozialpolitik der Mitgliedstaaten durch europäische, binnenmarktorientierte Interessen begrenzt. Indem sich der EuGH dabei auf die unternehmerische Freiheit des Erwerbers beruft, stellt er letztlich eine wirtschaftspolitische Position auf, die eventuell vom wirtschaftspolitischen Kompromiss zwischen der Union und den Mitgliedstaaten abweicht.[362] Das Prinzip der begrenzten Einzelermächtigung setzt der zulässigen Rechtsfortbildung durch den EuGH Grenzen.[363] Eine Rechtsfortbildung darf nicht auf politischen Erwägungen beruhen, die die politischen Entscheidungen der dazu berufenen Akteure korrigieren, sondern muss stattdessen normativ fundiert sein. Die Grenzen der zulässigen Rechtsfortbildung sind dort überschritten, wo gesetzgeberische Entscheidungen korrigiert werden oder die Rechtsprechung neue Rechtsansätze ohne hinreichenden Bezug zum existierenden Recht schafft.[364] Um eine unzulässige Rechtsfortbildung handelt es sich vor allem dann, wenn der Gerichtshof über den Einzelfall hinaus politische Grundentscheidungen trifft, oder seine Rechtsprechung zu einer strukturellen Verschiebung konstitutioneller Macht im System der Einflussverteilung führt.[365]

359 *Bartl/Leone*, ebd., 140, 149 ff.

360 *Wißmann*, RdA 2015, 301, 303.

361 *Weatherill*, European Review of Contract Law 2014, 167, 169.

362 *Bartl/Leone*, European Constitutional Law Review 2015, 140, 154.

363 Siehe: Art. 5 Abs. 1, S. 1, Abs. 2, S. 1 EUV.

364 BVerfG, 07.07.2010 – 2 BvR 2661/06 (ECLI:DE:BVerfG:2010:rs20100706.2bvr266106), BVerfGE 126, 286, 306 – ultra-vires-Kontrolle (Mangold).

365 BVerfG, 07.07.2010 ebd., 306 – ultra-vires-Kontrolle (Mangold).

Eine fragwürdige Rechtsfortbildung lässt sich insoweit in der durch die Rechtsprechung des EuGH anvisierten Vollharmonisierung der Richtlinie beobachten.[366] Der EuGH verleiht der nur teilharmonisierenden RL 2001/23/EG über den Einzelfall hinaus eine vollharmonisierende Wirkung, die von dem europäischen Gesetzgeber nicht gewollt bzw. nicht bezweckt ist.[367] Wie bereits oben dargestellt, gilt die der Richtlinie zugrunde liegende Ermächtigungsgrundlage nicht für Arbeitnehmerrechte und -Interessen, sondern die Norm des Art. 153 AEUV. Die auf Grundlage des Art. 94 EG erlassenen Vorschriften, u.a. die Bestimmungen der Richtlinie, berühren die Rechte der Mitgliedstaaten zum Erlass besserer Arbeitnehmerschutzvorschriften nicht, was auch in Art. 8 der Richtlinie entsprechenden Ausdruck gefunden hat.

Die Rechtsprechung zur Dynamik der Bezugnahmeklausel führte sogar zur Sorge, dass diese als ein *ultra vires*-Akt betrachtet werden könnte.[368] Dabei handelt es sich um einen vom deutschen BVerfG entwickelten Rechtsbegriff, der ausdrückt, dass der EuGH die Anwendung von Unionsrecht zu weit auslegt und seine Kompetenzen überschreitet.[369] Ein *ultra vires*-Akt des EuGH stößt auf Widerstand der nationalen Gerichte, weil diese die Regelungskompetenzen der nationalen Gesetzgeber vor einem Eingriff des EuGH schützen müssen. Eine extensive Auslegung des Anwendungsbereichs des Unionsrechts kommt vor allem in Bezug auf die Anwendung der europäischen Grundfreiheiten in Betracht.[370] Die extensive Anwendung der Grundfreiheiten führt dazu, dass soziale Rechte der Arbeitnehmer wie beispielsweise das Streikrecht, durch europäische Grundfreiheiten unverhältnismäßig eingeschränkt werden. Aufgrund der Rechtsprechung des EuGH zur Anwendung der Grundrechtecharta auf dynamische Bezugnahmeklauseln befürchtet man, dass sozialpolitische Regelungen der Mitgliedstaaten zum Schutz der Arbeitnehmer beim Betriebsübergang nun Einschränkungen nach Maßgaben der europäischen Grundrechte, wie der unternehmerischen Freiheit des Erwerbers aus Art. 16 der GRC, unterliegen.

366 *Wißmann*, RdA 2015, 301, 304.

367 *Bayreuther*, NJW 2017, 2158, 2160.

368 *Buschmann*, AuR 2017, 87, 88.

369 BVerfG, 18.07.2017 – 2 BvR 859/15 u.a. (ECLI:DE:BVerfG:2020:rs20200505.2bvr085915), BVerfGE 146, 216, 252 – PSPP-Programm; *Vedder*, in: Vedder/Heintschel von Heinegg (Hrsg.) Europäisches Unionsrecht, AEUV Art. 288, Rn. 93 f.

370 *Heuschmid*, in: Däubler (Hrsg.) Arbeitskampfrecht, § 11 Der Arbeitskampf im EU-Recht, Rn. 166.

4. Teilweise Korrektur durch die Rechtsprechung *Asklepios*

a) Erweiterung der Anpassungsmöglichkeiten auf individualvertragliche Instrumente

Zur Erfüllung der in der Rechtsprechung *Alemo-Herron* aufgestellten Anforderung, dass es dem Erwerber möglich sein soll, die für die Fortsetzung seiner Tätigkeit erforderlichen Anpassungen vorzunehmen, hat der EuGH in *Asklepios* nicht mehr auf die Möglichkeit des Erwerbers auf die Teilnahme an kollektivvertragliche Verhandlung der Arbeitsbedingungen abgestellt. Die individualvertraglich vereinbarte Dynamik ist danach grundrechtskonform, wenn der Erwerber nach dem Betriebsübergang auf Verweisungsklauseln einvernehmlich und einseitig Einfluss nehmen kann.[371] In *Alemo-Herron* waren der Gegenstand der Einflussnahme die individualvertraglich in Bezug genommenen Tarifverträge. Erwerber müssen diese nach der Rechtsprechung *Asklepios* nicht mehr notwendig beeinflussen. Eine Anpassung auf vertraglicher Ebene wäre ebenfalls ausreichend, und zwar im Wege der Änderung der vertraglichen Klausel, die sich auf Tarifverträge bezieht.[372] Diese durch *Asklepios* veränderte Position des EuGH ist begrüßenswert, zumal er die in *Alemo-Herron* aufgestellten erhöhten Anforderungen an die Einflussnahme durch vertragliche Anpassungsinstrumente herabgesetzt hat. Dies schützt zum einen die negative Koalitionsfreiheit gem. Art. 11 EMRK und wirkt der Sorge entgegen, dass das Kriterium „Teilnahme an Kollektivverhandlungen" durch den Erwerber Druck zum Verbandseintritt ausüben könnte.[373] Zum anderen wird durch die Erweiterung auf individualvertragliche Instrumente verhindert, dass die Tarifklausel aufgrund einer theoretischen Unmöglichkeit zur Teilnahme an Kollektivverhandlungen pauschal entdynamisiert wird.[374] Auf diese Weise dient die Rechtsprechung *Asklepios* zu der Erreichung des vom EuGH propagierten Zwecks der RL 2001/23/EG (Betriebsübergangsrichtlinie) zum Ausgleich der Arbeitnehmer- und der Erwerberinteressen. Schließlich könnten die mit der Rechtsprechung *Alemo-Herron* einhergehenden Bedenken beseitigt werden, dass Veräußerer-Arbeitgeber zur Vermeidung einer Abschreckung von potenziellen Erwerbern auf dynamische Bezugnahmeklausel

371 EuGH, 27.04.2017 – C-680/15 und C-681/15 [Fn. 37], Rn. 29 – Asklepios.

372 *Krause*, in: FS Willemsen, 260; *Klein*, jurisPR-ArbR 20/ 2017, Anm. 1; weitere Kritiken zum Maßstab von „Möglichkeit zur Teilnahme an Kollektivverhandlungen", siehe: *Jacobs/Frieling*, EuZW 2013, 737, 739.

373 *Kainer*, EuZA 2014, 230, 238; *Lobinger*, NZA 2013, 945, 947; a.A.: *Schiefer/Hartmann*, BB 2013, 2613: demnach besteht aufgrund der Dynamik der Bezugnahmeklausel kein Druck zum Verbandsbeitritt, weil dem Erwerber im privaten Sektor, wie im Falle von Alemo-Herron, von vornherein unmöglich ist, der zuständigen Koalition beizutreten, deren Mitglieder nur aus dem öffentlichen Sektor sind. Daher war die Einbeziehung der Anpassungsinstrumente auf individualvertragliche Elemente bereits im Falle von Alemo-Herron notwendig. Der EuGH hat dies aber erst im Falle von Asklepios gemacht. Siehe zudem ausführliche Anmerkung zur Einbeziehung auf negative Koalitionsfreiheit in der Rechtsprechung *Werhof*: *Sutschet*, RdA 2013, 28, 34.

374 *Willemsen/Grau*, NJW 2014, 12, 16.

in den Arbeitsverträgen verzichten.[375] Denn sowohl einseitige als auch einvernehmliche Anpassungsmöglichkeiten sind nunmehr die vom EuGH für europarechtlich zulässig erklärten Mittel, wodurch Erwerber erforderliche Anpassungen an Bezugnahmeklauseln vornehmen können.

b) Offengebliebene Fragen und sozialpolitische Bedenken

Die Verfügung über rechtliche Instrumente zur Anpassung der Arbeitsbedingungen zugunsten des Erwerbers nach einem Betriebsübergang stellt sich nach der Rechtsprechung des EuGH als ein wesentliches Mittel zum Ausgleich der Interessen der Arbeitnehmer und der Erwerber sowie zur Wahrung des Ziels der RL 2001/23/EG (Betriebsübergangsrichtlinie) dar. Es ist allerdings nicht hinreichend klar, welche Anforderungen an die Anpassungsinstrumente zu stellen sind. In *Asklepios* stellte der EuGH darauf ab, ob dem Erwerber einvernehmliche und einseitige Anpassungsinstrumente zur Verfügung stehen, während in der Rechtsprechung *Alemo-Herron* höhere Anforderungen gestellt wurden, nämlich die Möglichkeit des Erwerbers (aus dem privaten Sektor) zur Teilnahme an Kollektivverhandlungen (im öffentlichen Sektor).

Die Herabsetzung dieser Anforderung in *Asklepios* scheint jedoch keiner Eigeninitiative des EuGH zugrunde zu liegen. Dafür spricht zunächst sein Urteil *Daddy´s Dance Hall*, in dem der EuGH einer einvernehmlichen Änderung der Arbeitsbedingungen zuungunsten der Arbeitnehmer eine klare Absage erteilt hat.[376] Dass er in *Asklepios* die einvernehmliche Änderung für zulässig hält, verstärkt den Eindruck, dass der EuGH damit die durch die Rechtsprechung *Alemo-Herron* ausgelöste Verspannung lösen wollte.[377] Für die Herabsetzung der Anforderungen an Anpassungsmöglichkeiten scheint die Vorlagefrage des BAG zu der Rechtssache *Asklepios* ursächlich zu sein.[378] Das BAG stellte die Frage, ob die Betriebsübergangsrichtlinie einer Vorschrift des nationalen Rechts zur Dynamik der Bezugnahmeklausel entgegenstünde, wenn jene dem Erwerber sowohl einvernehmliche als auch einseitige Anpassungsmöglichkeiten eröffnete. Der EuGH ging weiterhin in Anlehnung an die Vorgaben des BAG davon aus, dass das nationale Recht die Anforderungen an die Anpassung der Vertragsbedingungen erfüllt.[379] Der Gerichtshof setzte sich nicht damit auseinander, welche Instrumente dem Erwerber ausreichende Möglichkeiten zur An-

375 *Commandeur/Kleinebrink*, BB 2014, 181, 184.

376 EuGH, 10.02.1988 - C-324/86 [Fn. 347], Rn. 15 - Daddy's Dance Hall.

377 Man erwartete nämlich eine dringende Lösung dieser Verspannung durch die Vorlagefrage des BAG zu der Rechtsprechung *Asklepios*, siehe nur: *Sagan*, ZESAR 2016, 116, 122.

378 Zu finden sind zudem zahlreiche rechtswissenschaftliche Beiträge, die dafür plädieren, dass der EuGH durch erneute Vorlagefragen dazu veranlasst wird, seine Rechtsprechung im Sachverhalt *Alemo-Herron* zu korrigieren, siehe etwa: *Eylert/Schinz*, RdA 2017, 140, 149.

379 EuGH, 27.04.2017 - C-680/15 und C-681/15 [Fn. 37], Rn. 24 f. - Asklepios; *Busch/Gerlach*, BB 2017, 2356, 2358; *Wißmann/Niklas*, NZA 2017, 697, 701 f.

passung der Arbeitsbedingungen bieten.[380] Im deutschen Recht kommt etwa die Änderungskündigung als ein Anpassungsinstrument in Betracht. Die Änderungskündigung ist jedoch häufig nur bedingt durchsetzbar,[381] weil diese nach ständiger Rechtsprechung des BAG voraussetzt, dass es dem Erwerber bei der betriebsbedingten Änderungskündigung nicht ausschließlich um die Reduzierung von Personalkosten geht.[382] Die Änderungskündigung stellt sich daher nur dann als ein taugliches Instrument zur Anpassung dar, wenn die Voraussetzungen der Änderungskündigung an die Anforderungen des EuGH angepasst werden.[383] Die Unklarheit über die entsprechenden Anpassungsinstrumente kann aber dazu führen, dass die bisherige Positionierung des EuGH zur Dynamik der Bezugnahmeklausel wiederholt wird. Die umstrittene Rechtsprechung *Alemo-Herron* könnte in einem anderen Vorabentscheidungsverfahren, in dem der Erwerber über keine einseitige und einvernehmliche Anpassungsmöglichkeiten verfügt, fortgesetzt werden.[384] Ob der EuGH seine Rechtsprechung zur Verfolgung marktliberaler Vorstellungen fortführen wird, wie beispielsweise durch die Qualifizierung der nationalen Regelungen als Einschränkung der Niederlassungsfreiheit aus Art. 49 AEUV, wenn diese aufgrund der Fortgeltung der Dynamik einen Erwerb der Unternehmen weniger attraktiv machen würden, bleibt abzuwarten.[385]

Offengeblieben ist schließlich die Frage, ob eine theoretische Handhabbarkeit der Anpassungsmöglichkeiten ausreichend ist, um die Anforderungen der Rechtsprechung *Asklepios* zu erfüllen. Fraglich ist nämlich, ob die bloß rechtliche Möglichkeit der Änderungskündigung ausreicht; dies könnte dazu führen, dass die Vertragsfreiheit des Erwerbers nicht hinreichend geschützt wird, weil dieser in der Praxis aufgrund der hohen Anforderungen an die Durchsetzung einer Änderungskündigung keine Anpassung durch Änderungskündigungen

---

380 Eine Präzisierung dieser Anforderungen durch den EuGH sollte durch weitere Vorlagefragen veranlasst werden: *Busch/Gerlach*, BB 2017, 2356, 2363; *Hartmann*, EuZA 2017, 521, 530 f.; *Wißmann/Niklas*, NZA 2017, 697, 701.

381 *Busch/Gerlach*, BB 2017, 2356, 2361; *Jacobs/Frieling*, EuZW 2013, 737, 739 f.; *Krause*, in: FS Willemsen, 266; *Tiedemann*, ArbRB 2016, 83, 85; *Wißmann/Niklas*, NZA 2017, 697, 701; a.A.: *Klein*, jurisPR-ArbR 20/ 2017, Anm. 1: Findet sowohl einseitige als auch einvernehmliche Anpassungsinstrumente im deutschen Recht handhabbar bzw. praktisch durchsetzbar; ebenso: *Eylert/Schinz*, RdA 2017, 140, 147.

382 BAG, 20.03.1986 – 2 AZR 294/85, NZA 1986, 824-826, 825; BAG, 11.10.1989 – 2 AZR 61/89, NZA 1990, 607-609, 608. Es sei denn, die Änderung würde Betriebsstilllegung verhindern; ausführlich zu hohen Anforderungen an die Zulässigkeit einer Änderungskündigung: *Tiedemann*, EuZW 2017, 512, 514.

383 Eine Tendenz zur Anpassung der deutschen Rechtsmittel ist aber zumindest in dem Urteil des BAG zu der Rechtssache Asklepios nicht ersichtlich, siehe *Asklepios*, BAG, 30.08.2017 – 4 AZR 95/14 [Fn. 123], Rn. 50 ff.

384 *Tiedemann*, EuZW 2017, 512, 514.

385 *Seikel/Absenger*, Industrielle Beziehungen 2015, 51, 65: Finden dieses Szenario nicht realistisch.

vornehmen kann.[386] Demgegenüber würde der Arbeitnehmerschutzzweck der RL 2001/23/EG ausgehöhlt, wenn dem Erwerber zwar die Anpassungsmöglichkeiten zur Verfügung stehen, es dem Erwerber hingegen offen steht, ob er von diesen Möglichkeiten Gebrauch machen will oder nicht.[387] Er kann in diesem Falle willkürlich gegen die Durchsetzung der Anpassung entscheiden, um Tarifklauseln zu entdynamisieren. Arbeitsbedingungen würden sich folglich entgegen dem Hauptzweck der Richtlinie zum Schutz des Status quo der Arbeitnehmer bei Betriebsübergang systematisch verschlechtern. Ein gerechter Ausgleich zwischen den Interessen der Arbeitnehmer und des Erwerbers könnte dadurch erreicht werden, dass es ausreichend ist, dem Erwerber Anpassungsmöglichkeiten zur Verfügung zu stellen, auch wenn diese nur mit Aufwand erreichbar sind.[388] Auf diese Weise würde einerseits vermieden werden, dass der Erwerber willkürlich von Anpassungsinstrumenten absieht, wodurch die Dynamik der Bezugnahmeklausel entkräftet wird. Andererseits wäre der Vertragsfreiheit des Erwerbers hinreichend Rechnung getragen. Durch eine Vorlagefrage könnte ein Anstoß zu einer entsprechenden Präzisierung der Anforderungen an Anpassungsinstrumente gegeben werden.

5. Zwischenergebnis

In der bisherigen Rechtsprechung des EuGH zur Dynamik der Bezugnahmeklausel lässt sich erkennen, dass der gesetzgeberisch intendierte Schutz der Arbeitnehmer beim Betriebsübergang zugunsten wirtschaftspolitischer Vorstellungen relativiert wird. Im Hinblick auf die soziale Dimension des Unionsrechts ist nicht zu beanstanden, dass der EuGH den Zweck der RL 2001/23/EG (Betriebsübergangsrichtlinie) neben einem Arbeitnehmerschutz auch in einem gerechten Ausgleich der Arbeitnehmer- und Erwerberinteressen sieht. Zu befürchten ist, dass hinter dieser (Re-)Interpretation der Zwecksetzung der Richtlinie durch den EuGH ein Ausdruck einer marktdominanten Schlagseite steckt, die der Balance wirtschaftlicher und sozialer Rechte im Unionsrecht nicht gerecht wird. Dadurch könnten Arbeitnehmerrechte als mögliche Hindernisse einer Betriebsübernahme zugunsten der Interessierten auf dem Markt

386 So befürchtet man zum Beispiel in der Literatur, dass die Vertragsfreiheit des Erwerbers nicht hinreichend geschützt ist, wenn die einvernehmlichen und einseitigen Anpassungsmöglichkeiten nur „theoretisch" vorhanden sind, d.h. sie können in der Praxis dem Erwerber nicht helfen, um die Arbeitsbedingungen anzupassen, siehe etwa: *Hartmann*, EuZA 2017, 521, 530; ebenso: *Busch/Gerlach*, BB 2017, 2356, 2362.

387 Zum Wohle der Wahrung des Arbeitnehmerschutzzwecks der Richtlinie spricht man sich gegen die Schaffung der Möglichkeiten aus, wodurch der Erwerber willkürlich Arbeitsbedingungen abändern kann, siehe etwa *Klein*, jurisPR-ArbR 20/ 2017, Anm. 1; *Eylert/Schinz*, RdA 2017, 140, 145; siehe den Hinweis auf den Bedarf eines entsprechenden Vorabentscheidungsersuchens beim EuGH: *Commandeur/Kleinebrink*, BB 2014, 181, 183, 185.

388 *Bayreuther*, NJW 2017, 2158, 2159.

beiseitegeschoben werden. Dazu trägt bei, dass der EuGH die Fortgeltung der Dynamik der Bezugnahmeklausel, durch die sich die Arbeitsbedingungen der übergehenden Arbeitnehmer entsprechend den sozialpolitischen Bedürfnissen entwickeln bzw. verbessern würden, davon abhängig macht, ob es dem Erwerber möglich ist, Anpassungen der Arbeitsbedingungen vorzunehmen. Die Erweiterung der Anpassungsmöglichkeiten über eine Teilnahme an Kollektivverhandlungen auf individualvertragliche Elemente, wie einseitige und einvernehmliche Anpassungsinstrumente, ist begrüßenswert. Insbesondere wird so ein gerechter Ausgleich der Schutzinteressen der Arbeitnehmer mit den wirtschaftlichen Interessen der Erwerber hergestellt. Der tatsächliche Nutzen für den Interessenausgleich ist allerdings zweifelhaft, da bisher nicht geklärt ist, welche Anforderungen an Anpassungsinstrumente zu stellen sind. Solche Unklarheiten könnten zur Wiederholung des Ungleichgewichts zwischen sozialen und wirtschaftlichen Elementen in der Rechtsprechung führen. Für eine Positionierung des EuGH zugunsten wirtschaftlicher Interessen im eingangs dargestellten Spannungsverhältnis zwischen dem Schutzinteresse der Arbeitnehmer und wirtschaftlicher Flexibilitätsinteressen der Erwerber sprechen zumindest folgende zwei Anhaltspunkte: Zum einen die Tatsache, dass der EuGH die GRC auf eine nationale dynamische Bezugnahmeklausel angewendet hat und zum anderen, dass die Anwendbarkeit der Charta nicht hinterfragt wurde.

III. Schutz der Arbeitnehmer bei Massenentlassungen

Esra Özen

Als ein Teil des sozialpolitischen Aktionsprogramms der Union dient die RL 98/59/EG (Massenentlassungsrichtlinie) dem Schutz der Arbeitnehmer bei Massenentlassungen.[389] Der Unionsgesetzgeber hat die Richtlinie auf der Grundlage des Art. 100 EWG (heute Art. 115 AEUV) im Hinblick auf die Errichtung des Binnenmarkts erlassen. Dabei verfolgte er neben dem Schutz der Arbeitnehmer auch einen wettbewerbspolitischen Zweck, und zwar die Angleichung der Belastungen für Unternehmen, die sich aus den unterschiedlichen Rechtsvorschriften zur Kündigung in den Mitgliedstaaten ergeben.[390] In diesem Rahmen legt die Richtlinie Mindestschutzmaßnahmen bei Massenentlassungen fest, indem sie das vom Arbeitgeber einzuhaltende Verfahren bei ei-

389 Erwägungsgrund Nr. 5 RL 98/59/EG; *Naber/Sittard*, in: Preis/Sagan (Hrsg.) Europäisches Arbeitsrecht, § 8 Massenentlassungsrecht, Rn. 8.3.
390 Erwägungsgrund Nr. 3 RL 98/59/EG; *Naber/Sittard*, ebd., Rn. 14.5.

ner Massenentlassung regelt.[391] Demnach treffen den Arbeitgeber, der eine Massenentlassung beabsichtigt, einige Pflichten wie die Pflicht zur Konsultation der Arbeitnehmervertreter und die Pflicht zur Anzeige der Entlassung bei der zuständigen Behörde. Da die Richtlinie keine Vollharmonisierung bezweckt, dürfen die Mitgliedstaaten gem. Art. 5 der Richtlinie bessere Schutzmaßnahmen als die in der Richtlinie vorgesehenen erlassen. Die später erlassene RL 98/59/EG (Massenentlassungsrichtlinie) stützte sich zwar auf die sozialpolitische Kompetenzgrundlage, nämlich auf Art. 153 Abs. 1 lit. b AEUV, die wettbewerbsregulierende Komponente der Richtlinie wurde damit aber nicht gestrichen.[392]

In diesem Zusammenhang spielt der EuGH eine wesentliche Rolle bei der Wahrung der arbeitsrechtlichen und wirtschaftspolitischen Komponenten des unionsrechtlichen Massenentlassungsrechts. Durch zahlreiche Entscheidungen hat der Gerichtshof gezeigt, dass der Schutz der Arbeitnehmer bei einer Massenentlassung nicht hinter den wirtschaftsbezogenen Interessen zurückbleiben darf. Die einheitliche und weite Auslegung des Begriffs „Entlassung" sowie des „Betriebs" sind nur Schlaglichter dieser Rechtsprechung.[393] In den letzten Jahren erweckt die Rechtsprechung des EuGH allerdings den Eindruck, dass ein gerechter Ausgleich zwischen sozialen Rechten der Arbeitnehmer und den wirtschaftlichen Interessen der Arbeitgeber nicht mehr gelingt. Für diesen Eindruck sorgen vor allem die Entscheidungen in den Rechtssachen *AGET-Iraklis* und *G GmbH*.[394]

1. Ablehnung von Massenentlassungsprogrammen durch nationale Behörden

Wenn ein Arbeitgeber eine bestimmte Anzahl von Arbeitnehmern entlassen will, muss er bestimmten Anzeige- und Informationspflichten zum Verfahren einer Massenentlassung nachkommen, die in der unionsrechtlichen RL 98/59/EG (Massenentlassungsrichtlinie) und deren Umsetzung durch das einschlägige nationale Recht festgelegt sind.[395] Eine dieser Pflichten ist die Pflicht des Arbeitgebers, die geplanten Entlassungen bei der zuständigen nationalen Behörde anzuzeigen, gem. Art. 2 und 3 der Richtlinie. Das nationale Recht – anders

391 Erwägungsgrund Nr. 6 RL 98/59/EG; *Riesenhuber*, Europäisches Arbeitsrecht, 662 f.

392 Erwägungsgrund Nr. 4, 7 der RL 98/59/EG (Massenentlassungsrichtlinie).

393 EuGH, 27.01.2005 – C-188/03 [Fn. 88], Rn. 29 ff. – Junk; EuGH, 13.05.2015 – C-392/13 (ECLI:EU:C:2015:318), NZA 2015, 669, Rn. 42 – Rabal Cañas; *Jacobs/Naber*, SAE 2006, 61, 66; *Bezani*, in: FS Willemsen, 55 ff.

394 EuGH, 21.12.2016 – C-201/15 [Fn. 35] – AGET Iraklis; EuGH, 13.07.2023 – C-134/22 [Fn. 96] – G GmbH.

395 Art. 2 ff. der RL 98/59/EG (Massenentlassungsrichtlinie) und § 17 KSchG.

als unionsrechtliche Bestimmungen der Richtlinie – darf nicht nur verfahrensrechtliche, sondern auch materiell-rechtliche Voraussetzungen für eine Kündigung regeln. In diesem Rahmen kann beispielsweise festgelegt werden, dass die Durchführung einer Massenentlassung davon abhängig ist, dass das Massenentlassungsvorhaben des Arbeitgebers von der Behörde genehmigt wird – so wie es im griechischen Kündigungsschutzgesetz der Fall war.[396] Bei einer Ablehnung des Massenentlassungsprogramms durch die nationale Behörde stellt sich die Frage, ob das dieser Ablehnung zugrunde liegende nationale Recht unionsrechtskonform ist.

Das nationale Recht verfolgt das Ziel, die Arbeitnehmer vor ungerechtfertigter Kündigung zu schützen. Das Unionsrecht hat zwar das gleiche Ziel, erreicht es jedoch nicht durch die Regelung der materiell-rechtlichen Voraussetzungen der Kündigung, sondern durch verfahrensrechtliche Bestimmungen. Zudem bezweckt das Europarecht die Wahrung der marktwirtschaftlichen Vorstellungen der Union. In diesem Fall kommt es zu einem Spannungsverhältnis zwischen sozialpolitischen Zwecken und wirtschaftlichen Interessen.

Der EuGH war im Falle von *AGET-Iraklis* dem Vorwurf ausgesetzt, dass er wirtschaftliche Interessen vorrangig behandele, mit anderen Worten, wirtschaftsbezogene Vorstellungen in der Rechtsprechung mehr Gewicht erhalten als die soziale Vorstellung. Oftmals anzutreffen ist beispielsweise die Anmerkung, der EuGH führe die Rechtsprechungslinie des misslungenen Ausgleichs der wirtschaftlichen und sozialen Rechte aus den heftig kritisierten Urteilen *Viking*, *Laval* und *Alemo-Herron*[397] im Fall *AGET-Iraklis* fort.[398] Obwohl die Rechtsprechung *AGET-Iraklis* doch sozialpolitisch freundlicher als *Viking* und *Laval* wirkt, wird *AGET-Iraklis* auch in das Ensemble von Entscheidungen eingeordnet, in denen wirtschaftliche Interessen als den sozialen vorrangig berücksichtigt worden sind.[399]

Gemeinsam ist es diesen Entscheidungen, dass der EuGH zwar dafür plädiert, dass soziale Rechte der Arbeitnehmer und wirtschaftliche Interessen gleichgestellt sind und in einen angemessenen Ausgleich gebracht werden müssen. Seiner Rechtsprechung lässt sich jedoch eher entnehmen, dass die Wahrung der wirtschaftlichen Interessen ein höherrangiges Schutzgut ist, und deren Verlet-

396 EuGH, 21.12.2016 – C-201/15 [Fn. 35] – AGET Iraklis.

397 EuGH, 11.12.2007 – C-438/05 [Fn. 29] – Viking; EuGH, 18.12.2007 – C-341/05 [Fn. 29] – Laval; EuGH, 18.07.2013 – C-426/11 [Fn. 39] – Alemo-Herron.

398 *Thüsing*, IWRZ 2017, 76, 77; *Gundel*, NJW 2016, 1723, 1731; *Davies*, European Constitutional Law Review (14) 2018, 154, 170; *Rainone*, The Role of the Court of Justice in EU Labour Law, 45.

399 *Garben*, in: Vanhercke/Ghailani/Spasova/Pochet (Hrsg.), Social policy in the European Union 1999-2019: the long and winding road, 64.

zung durch Arbeitnehmerschutzmaßnahmen der Mitgliedstaaten nur gerechtfertigt werden kann, wenn das nationale Recht den vom EuGH formulierten europarechtlichen Anforderungen entspricht. Der Gerichtshof setzt demnach unionsrechtliche Instrumente ein, die einseitig den wirtschaftlichen Interessen der Arbeitgeber dienen.

Die Rechtsprechung des EuGH zeichnet sich daher durch methodisch fragwürdige Begründungen aus, wie beispielsweise der mangelhaften Anwendung des Grundrechts der unternehmerischen Freiheit aus Art. 16 GRC auf das nationale Recht.[400] Im Falle des *AGET-Iraklis* setzt der EuGH seine Praxis dadurch fort, dass er zuerst die RL 98/59/EG auf das griechische Recht anwendet, obwohl dies –anders als die Richtlinie– materiell-rechtliche Voraussetzungen der Entlassung regelt, sodass die Richtlinie grundsätzlich nicht auf das nationale Recht anwendbar ist.[401] Zudem erweitert der EuGH den Anwendungsbereich der marktwirtschaftlichen Niederlassungsfreiheit aus Art. 49 AEUV sachfremd. Die methodisch fragwürdige Begründung des EuGH und das dem Binnenmarkt dienende Ergebnis des Urteils lassen befürchten, dass wirtschaftliche Grundrechte und -freiheiten zur Wahrung der marktwirtschaftlichen Interessen gegenüber sozialen Rechten der Arbeitnehmer eingesetzt werden. Zu stellen ist die Frage, ob die These zutrifft, dass der Schutz vor ungerechtfertigter Kündigung relativiert würde, wenn hinter der Kündigung die Wahrung wirtschaftlicher Interessen stehe.[402] Ob die Kritik gerechtfertigt ist, die Rechtsprechung des EuGH also eine Tendenz zur Unterordnung der sozialen Rechte der Arbeitnehmer unter wirtschaftliche Interessen der Unternehmen im Bereich des Massenentlassungsrechts zeigt, ist im Folgenden zu untersuchen.

a) Das Urteil *AGET-Iraklis*

Im Urteil *AGET-Iraklis* geht es um die Ablehnung des Massenentlassungsvorhabens eines griechischen Unternehmens durch die nationale Behörde.[403] Das Unternehmen *AGET-Iraklis*, dessen Hauptaktionär der französische Konzern Lafarge ist, stellte Zement in insgesamt drei Fabriken in Griechenland her. *AGET-Iraklis* entwickelte 2011 aufgrund von u.a. dem Rückgang der Bautätigkeit in Griechenland einen Umstrukturierungsplan, nachdem eine der drei Zementfabriken geschlossen werden sollte, in der 236 Arbeitnehmer beschäftigt waren. Daraufhin lud das Unternehmen entsprechend des griechischen Rechts die Arbeitnehmervertretung ein, um diese über die Gründe der Massenentlassung zu informieren und die Möglichkeiten zur Vermeidung bzw. zur Beschränkung der Entlassung und deren negativen Folgen zu besprechen. Nach-

400 Bereits oben erörtert, siehe Abschnitt B, II, 3, c), bb).

401 *Klein/Leist*, ZESAR 2017, 468, 476.

402 *López López*, Inscribing Solidarity, 11; *Fuchs*, ZESAR 2016, 7, 14.

403 EuGH, 21.12.2016 – C-201/15 [Fn. 35] – AGET Iraklis; *Klein/Leist*, ZESAR 2017, 468, 476.

dem die Arbeitnehmervertretung dieser Einladung des Unternehmens nicht folgte, wendete sich *AGET-Iraklis* 2013 im nächsten Schritt des Massenentlassungsverfahrens an das griechische Ministerium für Arbeit, und beantragte eine Genehmigung der beabsichtigten Massenentlassungen. Das Ministerium bewertete das Massenentlassungsvorhaben unter Berücksichtigung von drei gesetzlich festgelegten Kriterien, nämlich der Bedingungen auf dem Arbeitsmarkt, der wirtschaftlichen Verhältnisse des Unternehmens und der Belange der nationalen Wirtschaft. Nach dieser Bewertung verweigerte das Ministerium die Genehmigung des Massenentlassungsprogramms aufgrund der schweren Wirtschaftskrise und der äußerst hohen Arbeitslosenquote. Dem Unternehmen gelang es daher nicht, Massenentlassungen vorzunehmen. Nach dem griechischen Recht sind nämlich die Entlassungen unwirksam, wenn die zuständige Behörde diese nicht genehmigt.[404] Das Unternehmen erhob daraufhin eine Klage beim nationalen Gericht, und zwar mit der Rüge, dass das dem Beschluss des Ministeriums zugrunde liegende nationale Recht gegen die RL 98/59/EG (Massenentlassungsrichtlinie) und gegen Art. 49 und 63 AEUV i.V.m. Art. 16 GRC verstoße. Das Gericht setzte das Verfahren aus und legte dem EuGH folgende Fragen vor: Stehen die Bestimmungen der einschlägigen Richtlinie und/oder die Art. 49 und 63 AEUV einer nationalen Regelung entgegen, wonach ein Arbeitgeber eine Massenentlassung – im Falle der fehlenden Einigung mit den Arbeitnehmervertretern über die geplante Massenentlassung – nur dann vornehmen darf, wenn die zuständige nationale Behörde das Massenentlassungsvorhaben des Arbeitgebers unter Berücksichtigung der Bedingungen auf dem Arbeitsmarkt, der wirtschaftlichen Verhältnisse des Unternehmens und der Belange der nationalen Wirtschaft, keine mit Gründen versehene Entscheidung erlässt, alle oder einen Teil der beabsichtigten Entlassungen zu genehmigen? Falls diese Frage zu bejahen ist, könnte die nationale Regelung aus ernsten gesellschaftlichen Gründen wie aus einer schweren Wirtschaftskrise und einer besonders hohen Arbeitslosenquote mit dem Unionsrecht vereinbar sein?

Der EuGH stellte zunächst fest, dass die RL 98/59/EG der in Rede stehenden nationalen Regelung grundsätzlich nicht entgegensteht. Die Mitgliedstaaten sind befugt, materiell-rechtliche Voraussetzungen einer Kündigung festzulegen. Anderes gelte aber, wenn die nationale Regelung und deren Anwendung durch die Behörde der Richtlinie ihre praktische Wirksamkeit nimmt. Dies sei der Fall, wenn die nationale Regelung den Unternehmen jede tatsächliche Möglichkeit zur Vornahme der Massenentlassungen in der Praxis verwehrt.[405] Die Frage, ob dies im vorliegenden Fall zutrifft, ist zwar Aufgabe des nationa-

404 *Kaufmann*, ZESAR 2017, 289, 300 f.
405 EuGH, 21.12.2016 – C-201/15 [Fn. 35], Rn. 38 – AGET Iraklis.

len Gerichts. Der EuGH bejaht diese Frage jedoch, weil er weiterhin feststellt, dass die nationale Regelung zu allgemein und ungenau sei, sodass Unternehmen nicht voraussehen könnten, unter welchen Umständen eine Massenentlassung durch die Behörde genehmigt wird. Dies führe zudem dazu, dass die Niederlassung für ausländische Unternehmen in Griechenland weniger attraktiv werde. Deshalb sei die Regelung geeignet, die Niederlassungsfreiheit aus Art. 49 AEUV zu beschränken.[406] Der Schutz der Arbeitnehmer, der dem nationalen Recht zugrunde liege, rechtfertige schließlich die Beschränkung der Niederlassungsfreiheit im vorliegenden Fall nicht. Eine so ungenaue und zu allgemein gefasste Regel wie im vorliegenden Fall, wonach Massenentlassungsvorhaben zu bewerten sind, gehen nach dem EuGH über die Erforderlichkeit und Geeignetheit einer Einschränkung unverhältnismäßig hinaus. Dies gelte auch dann, wenn der betreffende Mitgliedsstaat unter einer schweren Wirtschaftskrise und einer besonders hohen Arbeitslosenquote leidet.

b) Ausgleich von Marktfreiheiten und der sozialpolitischen Interessen der Union

In Bezug auf die Berücksichtigung der sozialen Dimension des Unionsrechts ist es zunächst positiv anzumerken, dass der EuGH im Urteil *AGET-Iraklis* den Charakter der Union als eine soziale Marktwirtschaft betont.[407] Demnach ist die Union sowohl wirtschafts- als auch sozialpolitisch orientiert.[408] Die den Binnenmarkt gewährleistenden Wirtschaftsfreiheiten wie die Niederlassungsfreiheit eines Unternehmens müssen mit den sozialen Rechten der Arbeitnehmer in einen angemessenen Ausgleich gebracht werden.[409] Nach Art. 52 GRC müsse zudem die Einschränkung eines in der Charta verankerten Rechts u.a. verhältnismäßig sein, d.h. die Einschränkung dürfe etwa nicht über das, was zur Erreichung des durch die Einschränkung erstrebten Ziels erforderlich ist, hinausgehen.

Betrachtet man hingegen den Gesamtverlauf des Abwägungsprozesses in der Rechtsprechung, lässt sich feststellen, dass die soziale Dimension des Unionsrechts nur am Rande erwähnt bleibt, die wirtschaftspolitische Komponente der Union hingegen bei der Entscheidung des EuGH ausschlaggebend berücksichtigt wurde. Konkret: Die Niederlassungsfreiheit aus Art. 49 AEUV gewinnt besonderes Gewicht in der Verhältnismäßigkeitsprüfung des EuGH. Dies führt dazu, dass soziale Rechte in der Abwägung nicht hinreichend berücksichtigt werden.

406 EuGH, 21.12.2016 ebd., Rn. 104 – AGET Iraklis.

407 EuGH, 21.12.2016 ebd., Rn. 76 – AGET Iraklis; *Pennings*, Utrecht law review 2019, 1, 10; *Polomarkakis*, Maastricht Journal of European and Comparative Law 2017, 424, 428; *Rainone*, The Role of the Court of Justice in EU Labour Law, 46.

408 EuGH, 21.12.2016 – C-201/15 [Fn. 35], Rn. 77 – AGET Iraklis.

409 EuGH, 21.12.2016 ebd., Rn. 90 – AGET Iraklis.

aa) Erwähnung der Förderung der Sozialpolitik der Union

Unter Verweis auf seine Rechtsprechung *Viking*[410] betont der EuGH, dass die Union nicht nur rein wirtschaftliche Zwecke verfolge, sondern auch eine soziale Zielrichtung habe.[411] Es gehe also nicht nur um die Errichtung eines gemeinsamen Binnenmarkts, sondern auch um die nachhaltige Entwicklung Europas in Bezug auf die Schaffung einer in einem hohen Maße wettbewerbsfähigen sozialen Marktwirtschaft, die Vollbeschäftigung und sozialen Fortschritt sowie sozialen Schutz zum Ziel hat.[412] Die Betonung der Konzeption der sozialen Marktwirtschaft ist besonders merkwürdig, weil der EuGH nicht von den Ausführungen des Generalanwalts *Wahl* zu der Sache beeinflusst erscheint. Der Generalanwalt *Wahl* äußerte sich nämlich in seinen Schlussanträgen zu dem Zweck der Union liberal. Demnach ist die Europäische Union auf der Basis eines freien Markts gegründet, in dem den Unternehmen eine freie Ausübung ihrer unternehmerischen Rechte und Freiheiten gewährleistet werden muss.[413]

Der Gerichtshof weist demgegenüber weiterhin darauf hin, dass die Union gem. Art. 147 Abs. 1 AEUV zu einem hohen Beschäftigungsniveau beiträgt, indem sie die Zusammenarbeit zwischen den Mitgliedstaaten fördert und deren Maßnahmen in diesem Bereich unterstützt.[414] Die Förderung eines hohen Beschäftigungsniveaus sowie die Gewährleistung eines angemessenen sozialen Schutzes gehören danach zu den sozialpolitischen Zielen der Union. Eine wirtschafts- und sozialpolitisch orientierte Union fordert es auch, dass die Rechte und Freiheiten, die der Wahrung des Binnenmarkts dienen, wie Dienstleistungs- und Niederlassungsfreiheit, mit den sozialpolitischen Rechten und Interessen, wie der Förderung der Beschäftigung, dem angemessenen sozialen Schutz und der Entwicklung des Arbeitskräftepotenziales in Hinblick auf ein dauerhaft hohes Beschäftigungsniveau, in einen angemessenen Ausgleich gebracht werden müssen.[415] Dies gilt insbesondere dann, wenn soziale Interessen mit wirtschaftlichen Interessen kollidieren, wie es im vorliegenden Fall *AGET-Iraklis* der Fall ist.[416] Der Schutz der Arbeitnehmer vor Entlassung ist ein legitimes sozialpolitisches Ziel. Aus Sicht der Union, muss dieses Ziel berücksichtigt werden.

---

410 EuGH, 11.12.2007 – C-438/05 [Fn. 29] – Viking.

411 EuGH, 21.12.2016 – C-201/15 [Fn. 35], Rn. 77 f. – AGET Iraklis.

412 EuGH, 21.12.2016 ebd., Rn. 76 – AGET Iraklis.

413 *Koukiadaki/Countouris*, Greek Glass Half-Full: The CJEU And Europe's 'Highly Competitive Social Market' Economy (Website); *O'Connor*, ELLJ 2017, 193, 214.

414 EuGH, 21.12.2016 – C-201/15 [Fn. 35], Rn. 77 – AGET Iraklis.

415 EuGH, 21.12.2016 ebd., Rn. 77 – AGET Iraklis.

416 EuGH, 21.12.2016 ebd., Rn. 73 f. – AGET Iraklis.

Mit der Betonung der sozialen Elemente des Unionsrechts zeigt die Rechtsprechung *AGET-Iraklis* ein Potenzial auf, die soziale Dimension des Unionsrechts zu stärken.[417] Im konkreten Fall führt der Gerichtshof diese sozialpolitischfreundliche Perspektive jedoch nicht weiter aus. Trotz einer begrüßenswerten Ausführung zu den nationalen Maßnahmen zum Massenentlassungsverfahren findet im Urteil *AGET-Iraklis* eine besondere Betonung des für den vorliegenden Fall relevanten Grundrechts der Arbeitnehmer, nämlich des Rechts zum Schutz vor ungerechtfertigter Kündigung aus Art. 30 GRC, nicht statt.[418] Das Grundrecht der Arbeitnehmer auf Schutz vor ungerechtfertigter Entlassung aus Art. 30 GRC wird nur am Rande erwähnt,[419] und zwar ohne dieses tatsächlich gegen die kollidierenden Interessen des Arbeitgebers abzuwägen.[420] Obwohl es vorstellbar ist, sich mit dem Grundrechtsgehalt des Grundrechts der Arbeitnehmer zum Schutz vor ungerechtfertigter Kündigung aus Art. 30 GRC zu befassen, und dieses mit der Rechtsposition des Arbeitgebers abzuwägen, wiederholt der EuGH lediglich die allgemein anerkannten sozialpolitischen Ziele der Union wie die Förderung der Beschäftigung und den angemessenen sozialen Schutz für Arbeitnehmer. Diese Ziele haben im konkreten Fall keinen merkbaren Einfluss auf den Schutz der Rechtsposition des Arbeitgebers. So wie es im Urteil *Viking* der Fall war, bleiben folglich die Ausführungen zur Sozialpolitik der Union nur als bloße Hinweise auf die soziale Dimension des Unionsrechts bestehen.

bb) Hinweis auf das Grundrecht der unternehmerischen Freiheit aus Art. 16 GRC

Im Rahmen der Verhältnismäßigkeitsprüfung greift der EuGH auf Seiten der Arbeitgeberinteressen das Grundrecht der unternehmerischen Freiheit aus Art. 16 GRC auf, und zwar unter dem Hinweis auf seine Rechtsprechung *Alemo-Herron*.[421] Demnach wäre die Vertragsfreiheit des Unternehmens erheblich reduziert, wenn ihm die Möglichkeit entzogen würde, seine Interessen bei einem Vertragsschluss geltend zu machen. Es bleibt auch im Urteil *AGET-Iraklis* weitgehend unklar, wie weit der Inhalt des Grundrechtes der unternehmerischen Freiheit weicht.[422] Keine Berücksichtigung finden soziale Korrekturen des Grundrechts der unternehmerischen Freiheit, wie die Dezentralisierung der Macht im Arbeitsverhältnis und der Ausgleich der gesellschaftlichen Asym-

---

417 *Polomarkakis*, Maastricht Journal of European and Comparative Law 2017, 424, 431.

418 *Hüpers/Reese*, in: Meyer/Hölscheidt (Hrsg.) Charta der Grundrechte der Europäischen Union, GRC Art. 30, Rn. 21; *Rebhahn*, EuZA 2017, 385, 392.

419 EuGH, 21.12.2016 – C-201/15 [Fn. 35], Rn. 89 – AGET Iraklis.

420 EuGH, 21.12.2016 ebd., Rn. 90 – AGET Iraklis: Hier befindet sich der Ansatz des EuGH, dass diese Interessen abgewogen werden. Danach taucht aber das Grundrecht der Arbeitnehmer zum Schutz vor ungerechtfertigter Kündigung in dem Urteil nicht mehr auf.

421 EuGH, 21.12.2016 ebd., Rn. 87 – AGET Iraklis.

422 *Rebhahn*, EuZA 2017, 385, 388; *Markakis*, European Constitutional Law Review 2017, 724, 741.

metrien.[423] In Bezug auf den Beitrag zur „sozialen Marktwirtschaft" wirkt sich aber die Rechtsprechung *AGET-Iraklis* durch seinen Umgang mit dem Grundrecht der unternehmerischen Freiheit aus Art. 16 GRC günstiger aus.[424] Der EuGH setzt nämlich seine zu weite Interpretation des Wesensgehalts dieses Grundrechts in der Rechtsprechung *Alemo-Herron* im Fall von *AGET-Iraklis* nicht fort. Er findet im Fall keine Beeinträchtigung des Kerns der unternehmerischen Freiheit.[425] Es genügte der Hinweis, dass die Regelung an sich nicht dazu führt, dass jede Möglichkeit der Unternehmen, Massenentlassungen vorzunehmen, ausgeschlossen wird, da sie lediglich einen Rahmen für eine solche Möglichkeit schaffen soll.[426] Im Falle von *AGET-Iraklis* kommt der Gerichtshof zudem auf die Idee, die Schranken der unternehmerischen Freiheit zu berücksichtigen, wie die Einschränkung durch die gesellschaftliche bzw. soziale Funktion der unternehmerischen Freiheit,[427] deren Berücksichtigung der Gerichtshof hingegen in der Rechtssache *Alemo-Herron* verweigert hatte.[428] Eine eigenständige Prüfung der unternehmerischen Freiheit im Sachverhalt findet insoweit nicht statt.[429] Der EuGH stellt stattdessen auf die Niederlassungsfreiheit aus Art. 49 AEUV ab. Es geht allerdings gar nicht um einen typischen grenzüberschreitenden Sachverhalt; das griechische Unternehmen *AGET-Iraklis* wehrt sich gegen die Entscheidung der griechischen Behörde zur Ablehnung des Massenentlassungsvorhabens des Unternehmens. Die Entscheidung der Behörde greift in die unternehmerische Freiheit des Unternehmens ein, und zwar in Bezug auf die Frage, wie viele Arbeitnehmer das Unternehmen weiter beschäftigen soll.[430] Dies muss doch in den Anwendungsbereich des Grundrechts der unternehmerischen Freiheit aus Art. 16 GRC fallen können.

Ein Grund für die Anwendung der Niederlassungsfreiheit, könnte darin liegen, dass zum einen die wirtschaftlichen Grundfreiheiten – falls die eingangs vorgestellten Vorwürfe marktliberaler Vorstellungen zutreffen – zur Einschränkung der sozialpolitischen Maßnahmen der Mitgliedstaaten günstigere Instrumente sind als die Grundrechte. Jede nationale Maßnahme weist nämlich das Potenzial auf, wirtschaftsbezogene Interessen der Unternehmen einzuschränken. Zum anderen wäre denkbar, dass der Gerichtshof der Kritik an einer zu weiten Auslegung des Kerngehalts des Grundrechts der unternehmerischen Freiheit aus Art. 16 GRC in der Rechtsprechung *Alemo-Herron* Rech-

423 *Garben*, in: Vanhercke/Ghailani/Spasova/Pochet (Hrsg.), Social policy in the European Union 1999-2019: the long and winding road, 66; *Markakis*, European Constitutional Law Review 2017, 724, 741.

424 Vgl. *Garben*, ELLJ 2020, 364, 381.

425 EuGH, 21.12.2016 – C-201/15 [Fn. 35], Rn. 84 – AGET Iraklis.

426 EuGH, 21.12.2016 ebd., Rn. 88 – AGET Iraklis.

427 EuGH, 21.12.2016 ebd., Rn. 85 f. – AGET Iraklis.

428 S.o., Abschnitt B, II, 3, b), cc).

429 *Gundel*, NJW 2016, 1723, 1731; *Rebhahn*, EuZA 2017, 385, 392.

430 *Rebhahn*, EuZA 2017, 385, 392.

nung tragen wollte, indem er im Falle *AGET-Iraklis* die unternehmerische Freiheit (nur zum Anschein) anwendet und die Verletzung ihres Kerns danach ablehnt. Das wäre jedenfalls erreicht, weil seine Interpretation zum Grundrecht der unternehmerischen Freiheit in der Lehre als eine „Korrektur" der Rechtsprechung *Alemo-Herron* betrachtet wird.[431]

cc) Prüfungsmaßstab der Niederlassungsfreiheit aus Art. 49 AEUV

(1) Eröffnung des Anwendungsbereichs der Niederlassungsfreiheit

Kritisiert wurde, dass der EuGH im Falle von *AGET-Iraklis* den Anwendungsbereich der Niederlassungsfreiheit unsachlich eröffnet habe.[432] *AGET-Iraklis* ist ein in Griechenland ansässiges Unternehmen. Der französische Konzern *Lafarge* hingegen ist der Hauptaktionär von *AGET-Iraklis* und dieser hat einen wesentlichen Einfluss auf unternehmerische Entscheidungen, u.a. auf die Frage, wie viele Arbeitnehmer noch beschäftigt werden müssen. Der EuGH bejaht daher, dass sich das Unternehmen *AGET-Iraklis* auf die Niederlassungsfreiheit aus Art. 49 AEUV berufen kann, weil die Niederlassungsfreiheit einem ausländischen Unternehmen nicht nur das Recht auf einen Zugang zu dem Markt im Aufnahmemitgliedstaat durch die Niederlassung oder Gründung eines Tochterunternehmens einräumt.[433] Es sei auch von der Niederlassungsfreiheit umfasst, dass sich dieses Unternehmen am Kapital eines in diesem Mitgliedstaat ansässigen Unternehmen beteiligt und es somit einen bestimmenden Einfluss auf die Entscheidungen dieses Unternehmens hat sowie dessen Tätigkeiten bestimmt.[434] Demnach ist es dem französischen Konzern, der am Kapital des Unternehmens *AGET-Iraklis* eine Beteiligung hat, eingeräumt, mit über die Größe der Einrichtungen und die Anzahl der Beschäftigten zu bestimmen, und den Umfang der Tätigkeit zu verringern oder gegebenenfalls sogar diese und die Niederlassung aufzugeben.

Das verdient Kritik, weil sich zum einen nicht der französische Konzern auf die Niederlassungsfreiheit beruft, sondern das inländische Unternehmen *AGET-Iraklis*. Zum anderen findet die Niederlassungsfreiheit typischerweise nicht beim Zugang auf den Markt des Aufnahmemitgliedstaats Anwendung, sondern beim Rückzug aus dem Markt. Die Gleichstellung eines freien Zugangs zum Markt des Mitgliedstaats mit einem Rückzug aus diesem Markt lässt sich nachvollziehen. Denn ein mitgliedstaatliches Recht, das es einem aus-

431 *Buschmann*, AuR 2017, 87, 87 f.; *Krause*, in: FS Willemsen, 265.
432 *Heuschmid/Hlava*, NZA 2017, 429, 436.
433 EuGH, 21.12.2016 – C-201/15 [Fn. 35], Rn. 45 f. – AGET Iraklis.
434 EuGH, 21.12.2016 ebd., Rn. 46 – AGET Iraklis.

ländischen Unternehmen erschwert, sich aus dem Markt dieses Mitgliedstaats zurückzuziehen, würde den potenziellen ausländischen Unternehmen einen Zugang zu diesem Markt weniger attraktiv machen, d.h. die Niederlassungsfreiheit der Unternehmen wäre betroffen.[435] Die Ausübung der Niederlassungsfreiheit nicht durch den französischen Konzern, sondern durch das griechische Unternehmen bedürfte es hingegen einer weiteren Begründung. Zu einer Begründung äußert sich der EuGH allerdings nicht. Zur Begründung der Berufung auf die Niederlassungsfreiheit durch Unternehmen, die sich am Kapital eines ausländischen Unternehmens beteiligen, zitiert er einige Urteile, in denen der EuGH ständig bejaht, dass die Niederlassungsfreiheit anzuwenden ist, wenn ein Angehöriger eines Mitgliedstaats am Kapital einer Gesellschaft mit Sitz in einem anderen Mitgliedstaat eine Beteiligung hält, die es ihm ermöglicht, einen sicheren Einfluss auf die Entscheidungen dieser Gesellschaft auszuüben und deren Tätigkeiten zu bestimmen.[436] Zur Begründung der Ausweitung der Niederlassungsfreiheit auf einen Ausgang aus dem Markt des Mitgliedsstaats hingegen findet sich nur ein Hinweis auf die Auffassung des Generalanwalts *Wahl*, dass zur Entfaltung der realen Wirkung der Niederlassungsfreiheit den grenzüberschreitend tätigen Konzernen möglich sein muss, eine in einem Mitgliedstaat bestehende Niederlassung zu verkleinern und letztendlich aufzulösen.[437]

Zudem ist ein Widerspruch in der Rechtsprechung des EuGH zur Anwendung der europäischen Grundfreiheiten zu erkennen.[438] Der Gerichtshof hat nämlich in einem vergleichbaren Fall den Bezugspunkt des Sachverhalts zu der unionsrechtlichen Grundfreiheit sachlich fundiert abgelehnt.[439] Es geht um die Rüge, dass das deutsche Mitbestimmungsrecht, wonach die Arbeitnehmer, die bei den inländischen Betrieben eines Konzerns in Deutschland arbeiten, ihre aktiven und passiven Wahlrechte bei den Wahlen der Arbeitnehmervertreter im Aufsichtsrat der in Deutschland ansässigen Muttergesellschaft des Konzerns sowie gegebenenfalls das Recht auf Ausübung oder weitere Ausübung eines Aufsichtsratsmandats nicht mehr ausüben können, wenn sie ihre Stelle in einem solchen Betrieb aufgeben und eine Stelle bei einer in einem an-

435 EuGH, 21.12.2016 ebd., Rn. 56 ff. – AGET Iraklis; *Kaufmann*, ZESAR 2017, 289, 302; *Rebhahn*, EuZA 2017, 385, 390.

436 EuGH, 21.12.2016 – C-201/15 [Fn. 35], Rn. 55 – AGET Iraklis.

437 Schlussanträge des Generalanwalts *Wahl* (ECLI:EU:C:2016 :429) zu EuGH, 21.12.2016 ebd., Rn. 65 – AGET Iraklis.

438 *Klein/Leist*, ZESAR 2017, 468, 476.

439 EuGH, 18.07.2017 – C-566/15 [Fn. 57] – Erzberger. Siehe ebenfalls zur Entscheidung: *Thiel* in Abschnitt C, II, 5, a).

deren Mitgliedstaat ansässigen Tochtergesellschaft dieses Konzerns antreten, gegen die Arbeitnehmerfreizügigkeit gem. Art. 45 AEUV verstoße.[440]

Der EuGH prüft die Konstellation, dass das deutsche Mitbestimmungsrecht den Arbeitnehmern, die bei einer in einem anderen Mitgliedstaat als Deutschland ansässigen Tochtergesellschaft beschäftigt sind, das aktive und passive Wahlrecht bei den Wahlen der Arbeitnehmervertreter im Aufsichtsrat der Muttergesellschaft dieses Konzerns verwehrt. In dieser Konstellation stellt der Gerichtshof keinen Bezug zum Unionsrecht her. Denn es gibt keine Arbeitnehmer, die ihr Recht zur Freizügigkeit innerhalb der Union ausgeübt haben oder ausüben wollen.[441] Ein hinreichender Bezugspunkt lässt sich auch nicht dadurch schaffen, dass die Tochtergesellschaft von einer Muttergesellschaft mit Sitz in einem anderen Mitgliedstaat als dem Sitzstaat der Tochtergesellschaft kontrolliert wird.[442] Art. 45 AEUV findet daher auf diese Arbeitnehmer keine Anwendung. Im Fall *AGET-Iraklis* übt der französische Konzern auch nicht sein Recht zur Niederlassungsfreiheit aus, das ihm ermöglichen soll, sich aus dem griechischen Markt durch die Schließung eines Betriebs zurückzuziehen. Dennoch bejaht der EuGH einen Bezug des Sachverhalts zur unionsrechtlichen Grundfreiheit der Niederlassung. Um einen Bezugspunkt zum Unionsrecht zu schaffen, reicht es aus, dass ein ausländischer Konzern über einen wesentlichen Anteil am Kapital des griechischen Unternehmens *AGET-Iraklis* verfügt.[443] Dies stellt eine weitreichende Ausweitung der Anwendung der Niederlassungsfreiheit auf eigentlich rein innerstaatliche Sachverhalte dar.[444] Auf diese Weise können Unternehmen, an deren Kapital sich ausländische Unternehmen beteiligen, nationale Rechte abschaffen lassen, indem sie sich auf unionsrechtliche Grundfreiheiten berufen.[445] Die Entscheidung *Erzberger* wurde später als *AGET-Iraklis* getroffen. Ob der EuGH durch die Rechtsprechung in der Entscheidung *Erzberger* eine Korrektur von *AGET-Iraklis* vorgenommen hat, wird sich durch zukünftige Urteile des EuGH klären lassen. Bisher ist kein Urteil ersichtlich, in dem der EuGH seine Auffassung der Nichtanwendbarkeit der Arbeitnehmerfreizügigkeit im Falle *Erzberger* auf einen Fall wie im *AGET-Iraklis* übertragen hat, in dem es um die Anwendung der Niederlassungsfreiheit geht.

440 EuGH, 18.07.2017 ebd., Rn. 15 – Erzberger. Herr *Erzberger*, ein Anteilseigner der Unternehmensgruppe *TUI*, führt aus, dass der Umstand, dass lediglich Arbeitnehmer, die bei einer Tochtergesellschaft der *TUI-Gruppe* in Deutschland beschäftigt sind, ihre Wahlrechte bei den Wahlen zum Aufsichtsrat ausüben können, u.a. gegen die Arbeitnehmerfreizügigkeit gem. Art. 45 AEUV verstoße. Das vorlegende Gericht hielt einen Verstoß für möglich, zumal der Verlust der Wahlrechte dafür geeignet sei, Arbeitnehmer davon abzuhalten, sich tatsächlich für ausgeschriebene Stellen in einem anderen Mitgliedstaat als Deutschland zu bewerben und sich zu diesem Zweck frei im Unionsgebiet zu bewegen, siehe Rn. 20 im Urteil.

441 EuGH, 18.07.2017 ebd., Rn. 28 – Erzberger.

442 EuGH, 18.07.2017 ebd., Rn. 29 – Erzberger.

443 *Klein/Leist*, ZESAR 2017, 468, 476.

444 *Buschmann*, AuR 2017, 87, 87 ff.

445 *Klein/Leist*, ZESAR 2017, 468, 472; *Heuschmid/Hlava*, NZA 2017, 429, 436.

(2) Gewichtung der Niederlassungsfreiheit im Sachverhalt

In der Rechtsprechung *AGET-Iraklis* lässt sich weiterhin beobachten, dass die Niederlassungsfreiheit ein besonderes Gewicht gegenüber dem durch das nationale Recht geschützten Interesse bekommt. Gegenüber der Niederlassungsfreiheit steht die sozialpolitische Regelung des Mitgliedstaates unter einem Rechtfertigungszwang. Das Urteil erweckt den Eindruck, dass die Niederlassungsfreiheit im Zentrum des Sachverhalts steht, während das nationale Recht, das diese Freiheit angeblich einschränkt, diese Einschränkung rechtfertigen muss. Dies steht dem Prinzip der praktischen Konkordanz entgegen, wonach zwei Rechtspositionen, die gleichwertig sind, abgewogen werden sollen. Die Niederlassungsfreiheit erweist sich in der Rechtsprechung *AGET-Iraklis* als ein höherrangiges Rechtsgut, und das durch das nationale Recht geschützte Interesse muss mit diesem Rechtsgut vereinbar sein.

Zu diesem Ungleichgewicht führt u.a. die großzügige Behandlung des Beschränkungsverbots durch den EuGH im Fall von *AGET-Iraklis*.[446] Die Rechtsprechung *Erzberger* stellt weiterhin einen vergleichbaren Fall dar, um zu veranschaulichen, dass es dem EuGH doch möglich ist, das Beschränkungsverbot restriktiv auszulegen. Für Arbeitnehmer, die im Inland beschäftigt sind, die aber in eine im Ausland ansässige Tochtergesellschaft des Konzerns versetzt werden wollen, und daher ihre Wahlrechte nach dem deutschen Mitbestimmungsrecht verlieren sollen, verneint der EuGH im Fall von *Erzberger* eine Beschränkung der Arbeitnehmerfreizügigkeit. Denn die Arbeitnehmerfreizügigkeit gem. Art. 45 AEUV stelle es nicht sicher, dass den Arbeitnehmern, die sich in einen anderen Mitgliedstaat als den Heimatstaat begeben, im Aufnahmemitgliedstaat die gleichen Arbeitsbedingungen wie die im Heimatstaat genießen.[447] So wie man sich durch einen Umzug ins Ausland, dessen Rechtsvorschriften günstiger als die des Heimatstaats sind, Vorteile verschaffen könne, müsse man auch die Nachteile hinnehmen, die sich aus den Unterschieden zwischen den Rechtssystemen der Mitgliedstaaten ergeben würden.[448] Daher stelle es keine Beschränkung der Arbeitnehmerfreizügigkeit aus Art. 45 AEUV dar, wenn ein Arbeitnehmer infolge einer Versetzung in ein im Ausland ansässiges Tochterunternehmen des Konzerns sein Wahlrecht zum Aufsichtsrat verliert.[449] In *AGET-Iraklis* hingegen legt der EuGH das Beschränkungsverbot ungewöhnlich weit aus und bejaht eine Beschränkung der Niederlassungsfreiheit durch das griechische Recht. Der EuGH schafft einen Bezug des nationalen Rechts zu der unionsrechtlichen Niederlassungsfreiheit und setzt diesem Recht eine Grenze durch die unionsrechtliche Grundfreiheit. Auch insoweit

---

446 *Klein/Leist*, ZESAR 2017, 468, 472.

447 EuGH, 18.07.2017 – C-566/15 [Fn. 57], Rn. 35 – Erzberger.

448 EuGH, 18.07.2017 ebd., Rn. 34 – Erzberger; *Klein/Leist*, ZESAR 2017, 468, 476.

449 EuGH, 18.07.2017 – C-566/15 [Fn. 57], Rn. 39 ff. – Erzberger.

bleibt die bislang ungeklärte Frage einer Korrektur der Rechtsprechung *AGET-Iraklis* durch *Erzberger*. Bestünde keine Korrektur, ist zu befürchten, dass die Unterdrückung der sozialen Dimension des Unionsrechts, die ihren Ursprung in den heftig kritisierten Urteilen des EuGH *Viking* und *Laval* hat, im Bereich der Massenentlassungen fortgeführt wurde und wird.[450] Bei einer großzügigen Auslegung des Beschränkungsverbots könnte jede nationale Regelung, die Unternehmen belastet, als geeignet angesehen werden, die Niederlassungsfreiheit weniger attraktiv zu machen, wodurch diese eingeschränkt würde.[451] Die nationalen Regelungen würden mithin einem Rechtfertigungszwang unterworfen.

c) Eingriff in den Ermessensspielraum für mitgliedstaatliche Schutzmaßnahmen

Der EuGH bekennt sich in *AGET-Iraklis* zur sozialen Dimension des Unionsrechts. Der Gerichtshof erkennt zudem einen weiten Ermessensspielraum der Mitgliedstaaten in Bezug auf sozialpolitische Regelungen an und betont die Pflicht der Union zur Unterstützung der nationalen sozialpolitischen Maßnahmen. Dies hat in der Literatur teilweise auch ein positives Echo gefunden, da der EuGH in *AGET-Iraklis* den mitgliedstaatlichen Gestaltungsspielraum berücksichtigt bzw. gar erweitert hat.[452] Allerdings setzte der Gerichtshof auch wesentliche Grenzen, so dürfen die Maßnahmen wirtschaftliche Grundfreiheiten nicht verletzen.[453]

Beim Massenentlassungsrecht setzt der EuGH zudem ein zusätzliches Instrument zur Einschränkung der Sozialpolitik der Mitgliedstaaten ein, und zwar den "*effet utile*" des Sekundärrechts.

a) In der Rechtsprechung *AGET-Iraklis* prüft der Gerichtshof die Vereinbarkeit des griechischen Rechts mit der RL 98/59/EG (Massenentlassungsrichtlinie).
b) Zudem prüft er die Geeignetheit des nationalen Rechts zur Wahrung des vom nationalen Gesetzgeber bestrebten sozialpolitischen Ziels, obwohl er diese Prüfung den nationalen Gerichten überlassen sollte.
c) Darüber hinaus wird erörtert, ob die Sozialpolitik Griechenlands der Arbeitslosigkeit entgegenwirken kann oder nicht, was indes innerstaatlich zu klären wäre.

---

450 *Davies*, European Constitutional Law Review (14) 2018, 154, 170; *Rainone*, The Role of the Court of Justice in EU Labour Law, 45.

451 *Klein/Leist*, ZESAR 2017, 468, 472; *Polomarkakis*, Maastricht Journal of European and Comparative Law 2017, 424, 429.

452 *Franzen*, EuZW 2017, 237, 238.

453 EuGH, 21.12.2016 – C-201/15 [Fn. 35], Rn. 81 – AGET Iraklis.

Die Bewertungen des nationalen Rechts durch den EuGH könnten einen Einfluss auf die Gestaltung des materiellen Kündigungsschutzes gehabt haben. Es wird nämlich berichtet, dass der griechische Gesetzgeber das Erfordernis einer Genehmigung der geplanten Entlassung durch die Behörde gekippt habe.[454] Die griechische Regelung, die sich als günstiger als die Richtlinie erwiesen hat, weil diese die Vornahme der geplanten Massenentlassungen einer Genehmigung durch die Behörde unterwirft, wurde somit durch unionsrechtliche Schranken begrenzt, und zwar entgegen der Öffnungsklausel aus Art. 5 der Richtlinie.[455]

aa) Wahrung der praktischen Wirksamkeit der Richtlinie

Der EuGH führt zuerst aus, dass die in Rede stehende nationale Regelung nicht in den Anwendungsbereich der RL 98/59/EG (Massenentlassungsrichtlinie) falle.[456] Denn der Richtlinie geht es anders als der nationalen Regelung nicht um die Bestimmung der materiell-rechtlichen Voraussetzungen der Kündigungen, sondern lediglich um die Festlegung der verfahrensrechtlichen Bestimmungen einer Massenentlassung.[457] Die Frage, unter welchen Voraussetzungen ein Arbeitgeber Massenentlassungen vornehmen kann, regelt das nationale Recht. Aus diesem Grund findet die Richtlinie, die verfahrensrechtliche Bestimmungen zur Massenentlassung enthält, nach dem Verständnis des EuGH auf das griechische Recht keine Anwendung.[458]

Dennoch prüft der Gerichtshof die nationale Regelung auf die Vereinbarkeit mit der Richtlinie. Eine solche darf, auch wenn allein die Mitgliedstaaten zuständig für die Regelung der materiellen Voraussetzungen einer Entlassung sind, die praktische Wirksamkeit der RL 98/59/EG nicht infrage stellen.[459] Das sei der Fall, wenn die nationale Behörde die Kriterien, die zur Bewertung des Massenentlassungsvorhabens gesetzlich festgelegt sind, im konkreten Fall so anwendet, dass Arbeitgebern jede tatsächliche Möglichkeit zur Vornahme von Massenentlassungen genommen wird.[460] Die Prüfung einer derartigen praktischen Handhabung ist allerdings Sache des mitgliedstaatlichen Gerichts.[461]

Es wird behauptet, der EuGH überlasse mit dieser Rechtsprechung den Mitgliedstaaten einen weiten Gestaltungsspielraum bei der Regelung des Massen-

454 *Rainone*, The Role of the Court of Justice in EU Labour Law, 43.
455 *Rainone*, ebd., 44.
456 EuGH, 21.12.2016 – C-201/15 [Fn. 35], Rn. 33 – AGET Iraklis.
457 *Spelge*, NZA-Beilage 2021, 34, 35.
458 EuGH, 21.12.2016 – C-201/15 [Fn. 35], Rn. 34 – AGET Iraklis; *Kaufmann*, ZESAR 2017, 289, 302.
459 EuGH, 21.12.2016 – C-201/15 [Fn. 35], Rn. 35 – AGET Iraklis.
460 EuGH, 21.12.2016 ebd., Rn. 43 – AGET Iraklis.
461 EuGH, 21.12.2016 ebd., Rn. 43 – AGET Iraklis.

entlassungsrechts.[462] Der Grund dafür ist, dass der Gerichtshof zunächst annimmt, dass die Richtlinie lediglich verfahrensrechtliche Materien zum Gegenstand hat. Das griechische Recht, das materiell-rechtliche Voraussetzungen der Kündigung regelt, falle demzufolge nicht in den Anwendungsbereich der Richtlinie.[463] Darüber hinaus blieben die unionsrechtlichen Grundrechte und -freiheiten als Prüfungsmaßstab für sachliche Kündigungsschutzvoraussetzungen anwendbar. Schließlich habe der EuGH eine klare Grenze gezogen, wo die praktische Wirksamkeit des Sekundärrechts eingeschränkt werde.[464]

Der Ansicht, der EuGH überlasse bzw. erweitere den Ermessensspielraum der Mitgliedstaaten, lässt sich nur schwer anschließen, wenn man in der Rechtsprechung *AGET-Iraklis* beobachtet, dass der Begriff „praktische Wirksamkeit einer Richtlinie“ auslegungsbedürftig ist, und dieser Begriff ebenso wie das Beschränkungsverbot geeignet ist, durch den EuGH exzessiv ausgelegt zu werden. Die arbeits- und sozialrechtlichen Gesetze der Mitgliedstaaten, auf die das Sekundärrecht eigentlich nicht anwendbar ist, werden mithilfe des *effet utile* auf Vereinbarkeit geprüft. Insoweit ist zu bezweifeln, dass der Gestaltungsspielraum der Mitgliedstaaten in Bezug auf die Regulierung der arbeits- und sozialrechtlichen Fragen durch die Rechtsprechung des EuGH erweitert worden ist. Unter Betrachtung des Rechtfertigungsdrucks, dem das nationale Recht unterstellt wird, kann man sogar eine unzulässige Überschreitung der Kompetenzen der Union infolge der Überprüfung der unionsrechtlichen Vereinbarkeit der materiell-rechtlichen Voraussetzungen einer Kündigung in Griechenland argumentieren.[465]

Durch die Rechtsprechung *Erzberger* kann eine Korrektur der Rechtsprechung *AGET-Iraklis* erwartet werden. Im Falle von *Erzberger* hatte der Gerichtshof die Anwendbarkeit der Arbeitnehmerfreizügigkeit aus Art. 45 AEUV abgelehnt, da das deutsche Recht einen Regelungsgegenstand hat, dessen Regulierung nicht in die Zuständigkeiten des Unionsrechts fällt. Im Bereich der kollektiven Vertretung und Verteidigung der Arbeitnehmerinteressen in den Leitungs- und Aufsichtsorganen einer Gesellschaft ist es demnach den Mitgliedstaaten unbenommen, objektive und nichtdiskriminierende Voraussetzungen der Anwendung der nationalen Rechtsvorschriften, wie eine Beschränkung der Anwendung des deutschen Mitbestimmungsrechts auf im Inland beschäftigte Arbeitnehmer, festzulegen.[466] Die griechische Regelung hat die Festlegung der materiell-rechtlichen Voraussetzungen einer Kündigung zum Gegenstand, die

462 *Franzen*, EuZW 2017, 237, 238.
463 *Kaufmann*, ZESAR 2017, 289, 303.
464 *Kaufmann*, ebd., 289, 303.
465 *Klein/Leist*, ZESAR 2017, 468, 473.
466 EuGH, 18.07.2017 – C-566/15 [Fn. 57], Rn. 36 ff. – Erzberger.

ebenso wenig in die Regelungszuständigkeit des Unionsrechts fällt. Ob die Entscheidung *Erzberger* aber tatsächlich eine Korrektur der Rechtsprechung *AGET-Iraklis* bedeutet, bleibt abzuwarten. Sollte dies nicht der Fall sein, wäre zu befürchten, dass die praktische Wirksamkeit der Richtlinien neben den Grundfreiheiten ein wesentliches Instrument wird, um sozialpolitische Maßnahmen der Mitgliedstaaten auf den Prüfstand zu stellen.

bb) Kritik an der inhaltlichen Gestaltung der nationalen Voraussetzungen einer Entlassung

Nach ständiger Rechtsprechung des EuGH können zwingende Gründe des Allgemeininteresses eine Einschränkung der wirtschaftlichen Grundfreiheiten rechtfertigen. Entsprechend prüft er, ob die griechische Regelung durch solche zwingenden Gründe gerechtfertigt ist.[467] Darüber hinaus überprüft der Gerichtshof die Geeignetheit der Einschränkung zur Erreichung des vom nationalen Gesetzgeber angestrebten Ziels. Auch wenn die Mitgliedstaaten die zur Wahrung der sozialpolitischen Ziele erforderlichen Maßnahmen frei auswählen, dürfen diese Maßnahmen die vom Unionsrecht garantierten Grundrechte und -freiheiten nicht unverhältnismäßig einschränken.[468] Die nationale Regelung gibt drei Kriterien vor, unter deren Berücksichtigung die zuständige Behörde eine Genehmigung für die geplanten Massenentlassungen gegebenenfalls verweigern kann. Diese sind die Bedingungen auf dem Arbeitsmarkt, die wirtschaftlichen Verhältnisse des Unternehmens und die Belange der nationalen Wirtschaft. Der griechische Gesetzgeber will also Arbeitnehmer schützen, Arbeitslosigkeit bekämpfen und wirtschaftliche Interessen des Landes wahren. Rein wirtschaftliche Interessen eines Mitgliedstaats sind aber nach ständiger Rechtsprechung des EuGH nicht geeignet, um die Einschränkung von Grundfreiheiten zu rechtfertigen.[469] Der Schutz der Arbeitnehmer und die Förderung der Beschäftigungen zur Verringerung der Arbeitslosigkeit hingegen sind legitime Ziele, um die Einschränkung der Niederlassungsfreiheit zu rechtfertigen.[470] Betrachtet man die negativen Auswirkungen der Entlassungen auf die Beschäftigten lässt sich annehmen, dass das griechische Recht durch die materielle Regelung der Vornahme von Massenentlassungen ein hohes Maß an tatsächlichem Schutz der Arbeitnehmer erreicht.[471] Außerdem sollte es grundsätzlich als erforderlich betrachtet werden, wenn man die Zuständigkeit des Mitgliedstaats zur Wahrnehmung seiner Sozialpolitik berücksichtigt.[472]

467 EuGH, 21.12.2016 – C-201/15 [Fn. 35], Rn. 61 – AGET Iraklis.
468 EuGH, 21.12.2016 ebd., Rn. 81 – AGET Iraklis und die dort angeführte Rechtsprechung.
469 EuGH, 21.12.2016 ebd., Rn. 97 – AGET Iraklis und die dort angeführte Rechtsprechung.
470 EuGH, 21.12.2016 ebd., Rn. 73 f. – AGET Iraklis.
471 EuGH, 21.12.2016 ebd., Rn. 92 – AGET Iraklis.
472 EuGH, 21.12.2016 ebd., Rn. 93 – AGET Iraklis.

Der EuGH vertieft allerdings seine Untersuchung und überprüft, ob die konkrete Ausgestaltung des griechischen Rechts den Anforderungen der Geeignetheit und Erforderlichkeit tatsächlich entspricht.[473] Während das Kriterium der „Belange der nationalen Wirtschaft" wie ausgeführt nicht zur Rechtfertigung herangezogen werden kann, sind die beiden anderen Kriterien in der Sichtweise des EuGH „sehr allgemein und ungenau gefasst".[474] Es ist demnach für Unternehmen kaum einschätzbar, unter welchen Umständen die Behörde ein Massenentlassungsvorhaben billigen oder zurückweisen würde. Dies könne zu einer schwerwiegenden Beeinträchtigung der Grundrechte und -freiheiten der Unternehmen oder sogar zum Ausschluss dieser Rechte und Freiheiten führen.[475] Ebenso sei es für die betroffenen Arbeitnehmer kaum vorhersehbar, unter welchen konkreten Umständen die Behörde Massenentlassungen ablehnen werde. Die Umstände seien potenziell zu zahlreich und unbestimmt und dies räume der Behörde einen nur schwer kontrollierbaren weiten Ermessensspielraum ein. Die Kriterien gingen über das Erforderliche hinaus und seien unverhältnismäßig.[476] Das Unionsrecht sehe keine Abweichung von den Harmonisierungsvorschriften und von den Grundfreiheiten für solche nationalen Maßnahmen vor.[477]

Die Ablehnung der Geeignetheit einer nationalen Regelung zum Schutz der Arbeitnehmer scheint zwar nachvollziehbar, wenn man die allgemeine Stellung des EuGH zu den unklaren, ungenauen Modalitäten betrachtet, deren Anwendung durch nationale Behörden den Unternehmen in ihren wirtschaftlichen Grundfreiheiten schwer verletzen würden.[478] Es bleibt indes die Frage, ob das griechische Recht den Verhältnismäßigkeitstest des EuGH überhaupt hätte bestehen können, wenn es doch klare und genaue Kriterien für die Ablehnung der Massenentlassungen vorgegeben hätte. Diese Frage könnte man nicht mit hinreichender Sicherheit bejahen, wenn man die bisher als zu weit erwiesene Auslegung des Beschränkungsverbots durch den EuGH berücksichtigt.[479] Mit anderen Worten, der EuGH hätte doch die Einschränkung der Niederlassungsfreiheit durch die griechische Regelung annehmen können, auch wenn diese durch klare Rechtsrahmen die Behörden ermächtigt hätte, Massenentlassungen zum Schutz der Allgemeininteressen abzulehnen. So wie es den

473 EuGH, 21.12.2016 ebd., Rn. 95 – AGET Iraklis.

474 EuGH, 21.12.2016 ebd., Rn. 100 – AGET Iraklis.

475 EuGH, 21.12.2016 ebd., Rn. 93 – AGET Iraklis.

476 EuGH, 21.12.2016 ebd., Rn. 100 – AGET Iraklis.

477 *Kaufmann*, ZESAR 2017, 289, 302.

478 So werden derartige Rechte der Mitgliedstaaten in Bezug auf ihre Vereinbarkeit mit den Grundfreiheiten, wie etwa die Kapitalverkehrsfreiheit, ähnlich bewertet und finden keine Anerkennung im Unionsrecht. Siehe zum Beispiel: EuGH, 14.03.2000 – C-54/99 (ECLI:EU:C:2000:124), Slg. 2000, I-1335, Rn. 21 ff. – Eglise de scientologie.

479 *Rebhahn*, EuZA 2017, 385, 396.

Gewerkschaften im Falle von *Viking* durch nationales Recht eingeräumt war, zum Schutz der Arbeitnehmer die ihnen gesetzlich anerkannten kollektiven Rechte auszuüben, und der EuGH entschieden hat, dass die Dienstleistungsfreiheit des betroffenen ausländischen Unternehmens unverhältnismäßig eingeschränkt werde.[480] Danach bleibt für das nationale Recht ungewiss, wie weit der mitgliedstaatliche Gestaltungsspielraum ist.[481] Der Generalanwalt *Wahl* schlägt insoweit vor, dass man die Kategorien von Entlassungen aufzählt, die als ungerechtfertigt angesehen werden sollen. Dabei verweist er auf die Liste in Nr. 3 des Anhangs der Europäischen Sozialcharta zu ihrem Art. 24.[482] Die Durchsetzung eines solchen Vorschlags hingegen scheint mit dem Risiko einer Herabsetzung der sozialen Schutzstandards in den Mitgliedstaaten verbunden zu sein. Die Beschränkung der materiell-rechtlichen Voraussetzungen von Massenentlassungen auf bestimmte Gründe, wie sie in der Sozialcharta aufgezählt sind, könnte den Schutz der Arbeitnehmer bei Massenentlassung auf Mindeststandards absenken, die in der Charta festgelegt sind.[483]

cc) Auseinandersetzung mit der Frage nach wirtschaftlichem Erfolg des Mitgliedstaates

Die Festlegung der sozialpolitischen Maßnahmen, die der Arbeitslosigkeit in einem Mitgliedstaat entgegenwirken und der Förderung der Einstellungen helfen sollen, ist die Sache des Mitgliedstaats. Die Union soll gem. Art. 147 AEUV diese Maßnahmen unterstützen. Auch wenn sich der EuGH nicht direkt auf die Schlussanträge des Generalanwalts *Wahl* bezieht, findet sich in seinem Urteil der Einfluss des Generalanwalts auf die Frage, was den wirtschaftlichen Erfolg eines Mitgliedstaats und somit sein Erfolg beim Kampf gegen die Arbeitslosigkeit bestimmt. Dies steht nicht mit den Zuständigkeiten des Unionsrechts im Einklang. Nach Generalanwalt *Wahl* ist das Konzept, Arbeitsverhältnisse trotz schlechter allgemeiner Wirtschaftsgrundlagen künstlich zu erhalten, in bestimmten politischen Systemen in der Vergangenheit erprobt worden und völlig gescheitert.[484] Unterstützt wird diese Auffassung in der Literatur ferner durch die Überlegung, dass die durch die Behörden erzwungene Erhaltung der Arbeitsplätze noch schwerwiegendere Konsequenzen haben könne, namentlich Insolvenz und Kündigung von noch mehr Arbeitneh-

480 Siehe die Ausführungen von *Thiel*, Abschnitt C, II, 2., d).

481 Hinweis auf die fehlenden Angaben des EuGH zu Kriterien, die nicht mehr als ungenau und sehr allgemein betrachtet würden: *Markakis*, European Constitutional Law Review 2017, 724, 741.

482 Schlussanträge des Generalanwalts *Wahl* (ECLI:EU:C:2016 :429) zu EuGH, 21.12.2016 – C-201/15 [Fn. 35], Rn. 71 – AGET Iraklis.

483 *Garben*, ELLJ 2020, 364, 383.

484 Schlussanträge des Generalanwalts *Wahl* (ECLI:EU:C:2016:429) zu EuGH, 21.12.2016 – C-201/15 [Fn. 35], Rn. 73 – AGET Iraklis.

mern.[485] Das mag marktwirtschaftspolitisch zutreffend sein;[486] zu prüfen, ob dem tatsächlich so ist, ist jedoch nicht die Aufgabe der vorliegenden rechtswissenschaftlichen Untersuchung. Insoweit bleibt die Frage, ob der EuGH mit seinem Urteil die sozialpolitischen Maßnahmen der Mitgliedstaaten berücksichtigt, mit anderen Worten, ob er sie im Einklang mit dem Ziel einer sozialen Union unterstützt. Betrachtet man die Zuständigkeitsverteilung zwischen der Union und den Mitgliedstaaten in Bezug auf die Frage, was sozialpolitisch sinnvoll wäre, ist es Sache des nationalen Gesetzgebers, die sozialpolitischen Interessen des Landes zu bestimmen und erforderliche Maßnahmen zu ergreifen.[487] Der Gerichtshof darf hingegen nur entscheiden, was die Auslegung der einschlägigen unionsrechtlichen Norm ergibt. Die Entscheidung über den Ausgang des Sachverhalts mit Hilfe der Auslegung der unionsrechtlichen Norm ist die Sache des nationalen Gerichts. Genau so dürfte man vom EuGH erwarten, dass er sich von einer Auswertung der Maßnahmen für einen wirtschafts- und sozialpolitischen Erfolg der Mitgliedstaaten distanziert, sofern diese Maßnahmen in die Zuständigkeiten der Mitgliedstaaten fallen. Die Folge einer solchen weitreichenden unionsrechtlichen Bewertung wirtschaftlicher Maßnahmen eines Mitgliedstaates wäre nämlich, dass das sozialpolitische Schutzniveau in dem Mitgliedstaat entgegen dem europarechtlich intendierten Schutz herabgesetzt wird. Insoweit überrascht es nicht, dass der griechische Gesetzgeber die Befugnis der Behörde zur Ablehnung der Massenentlassungen abgeschafft hat.[488]

2. Individualschutz bei Massenentlassungen

In dem Urteil *G GmbH* hat der EuGH 2023 entschieden, dass der Art. 2 der RL 98/59/EG (Massenentlassungsrichtlinie) nicht dazu führt, dass die Verletzung der Pflicht zur Übermittlung einer Abschrift der Mitteilungen an die Arbeitnehmervertreter im Konsultationsverfahren mit einer Unwirksamkeit der ausgesprochenen Kündigungen zu sanktionieren ist.[489] Die einschlägigen Vorschriften der Richtlinie begründen demnach keinen Individualschutz, d.h. die Vorschriften gewähren dem einzelnen Arbeitnehmer keinen Anspruch auf Schutz vor Kündigung im Falle eines Verstoßes gegen diese Vorschriften.[490]

---

485 *Franzen*, EuZW 2017, 237, 238.

486 Siehe die Meinungen dazu im Rechtsschrifttum: *Franzen*, ebd., 237, 238; *Rebhahn*, EuZA 2017, 385, 395.

487 *Klein/Leist*, ZESAR 2017, 468, 473.

488 *Rainone*, The Role of the Court of Justice in EU Labour Law, 45.

489 EuGH, 13.07.2023 – C-134/22 [Fn. 96] – G GmbH.

490 *Fuhlrott*, NZA-RR 2023, 502, 502 f.

In Bezug auf die soziale Dimension des Unionsrechts wäre es von untergeordneter Bedeutung, ob Arbeitnehmer durch die Gewährung eines Individualschutzes geschützt werden oder durch die kollektivrechtlichen Maßnahmen. Denn das Ziel der RL 98/59/EG ist prinzipiell auch der Schutz der Arbeitnehmer bei Massenentlassungen. Der europäische Gesetzgeber versucht dieses Ziel lediglich dadurch zu erreichen, dass er im Rahmen seiner Regelungszuständigkeiten verfahrensrechtliche Vorschriften erlässt, die Arbeitgeber im Falle einer Massenentlassung im Sinne der Art. 2 und 3 der Richtlinie einhalten sollen. Auf diese Weise werden einheitliche Mindestschutzstandards in den Mitgliedstaaten etabliert und ein Ausnutzen der unterschiedlichen Schutzstandards in den Mitgliedstaaten durch Unternehmen wird zugunsten der Arbeitnehmer abgewendet.[491] Der europäische Gesetzgeber schreibt allerdings nicht vor, welche Rechtsfolgen sich aus dem Verstoß gegen diese Vorschriften ergeben sollen. Die Gewährung eines Individualschutzes durch die Unwirksamkeitserklärung der Entlassungen infolge von Verstößen gegen massenentlassungsbezogene Pflichten des Arbeitgebers ist dem nationalen Recht zu entnehmen, wie im vorliegenden Fall dem deutschen Kündigungsschutzrecht. Den Individualschutz im deutschen Massenentlassungsrecht soll auch der EuGH durch die Rechtsprechung *Junk* angelegt haben.[492] Nun wirkt der Gerichtshof hingegen mit seinem Urteil *G GmbH* dem Individualschutz bei Massenentlassungen entgegen. Dies muss nicht bedeuten, dass der soziale Arbeitnehmerschutzzweck der Richtlinie unterschätzt wird. Die Einhaltung der verfahrensrechtlichen Maßnahmen, die von kollektiver Natur sind, dient auch dem Schutz der Arbeitnehmer bei Massenentlassungen. Zudem gibt es keinen zwingenden Grund, um anzunehmen, dass Individualschutz günstiger als Kollektivschutz ist.[493] Daher sollte nur – wie es auch der vorliegenden Untersuchung entspricht – untersucht werden, ob der EuGH den sozialpolitischen Zweck durch den Individualschutz, der überwiegend dem nationalen Recht geschuldet ist, hinreichend berücksichtigt, als er die Zielrichtung und Natur der unionsrechtlichen Bestimmungen der Richtlinie im Wege der Auslegung bestimmt. Konkret zu erörtern ist etwa die Frage, wie sich rechtliche Instrumente, die vom EuGH eingesetzt werden – wie die Verhältnismäßigkeit der nationalrechtlich vorgesehenen Rechtsfolgen und die praktische Wirksamkeit der RL 98/59/EG – bezüglich des sozialen Arbeitnehmerschutzzwecks der Richtlinie auswirken. Um für diese Frage eine nachvollziehbare Antwort zu finden, soll zuerst die Entstehung des Individualschutzes bei Massenentlassung bzw. dessen uni-

491 Erwägungsgrund Nr. 3 der RL 98/59/EG (Massenentlassungsrichtlinie); *Naber/Sittard*, in: Preis/Sagan (Hrsg.) Europäisches Arbeitsrecht, § 8 Massenentlassungsrecht, Rn. 8.5 f.; *Riesenhuber*, Europäisches Arbeitsrecht, 661 f.

492 BAG, 22.11.2012 – 2 AZR 371/11, NZA 2013, 845-849, Rn. 37.

493 EuGH, 16.07.2009 – C-12/08 (ECLI:EU:C:2009:466), AP Nr. 5 zu Richtlinie 98/59/EG, Rn. 42 – Mono Car Styling.

ons- und nationalrechtliche Grundlage skizziert werden. Danach geht die Untersuchung auf die Abkehr vom Individualschutz durch die Rechtsprechung des EuGH und ihre mögliche Auswirkung auf die soziale Dimension des Unionsrechts ein.

a) Ursprüngliche Anerkennung des Individualschutzes bei Massenentlassungen

aa) Unionsrechtliche Vorgaben zum (Individual-)Schutz bei Massenentlassungen

Die RL 98/59/EG (Massenentlassungsrichtlinie) setzt sich zum Ziel, einerseits mittels der Harmonisierung der Rechtsvorschriften über Massenentlassungen Arbeitnehmern in den Mitgliedstaaten einen vergleichbaren Schutz zu gewähren und andererseits die den Unternehmen aufgrund des unterschiedlichen Schutzniveaus entstandenen Belastungen anzugleichen.[494] In diesem Rahmen sieht die Richtlinie eine Reihe von verfahrensrechtlichen Pflichten vor, denen man bei einer Massenentlassung nachkommen muss. Hierzu zählt etwa die Pflicht des Arbeitgebers zur Konsultation der Arbeitnehmervertreter gem. Art. 2 Abs. 1 der Richtlinie. Ziel ist, durch die Konsultation Möglichkeiten zur Vermeidung bzw. Beschränkung der Massenentlassungen und zur Milderung ihrer Folgen durch soziale Begleitmaßnahmen beizutragen, die insbesondere Hilfen für eine anderweitige Verwendung oder Umschulung der entlassenen Arbeitnehmer zum Ziel haben.[495] Der Arbeitgeber hat ferner die beabsichtigten Massenentlassungen schriftlich bei der zuständigen Behörde gem. Art. 3 Abs. 1 Unterabs. 1 der Richtlinie anzuzeigen. Den Inhalt der Anzeigepflicht des Arbeitgebers bilden vor allem die Informationen über die Gründe der Entlassung, die Zahl der zu entlassenden Arbeitnehmer sowie die Zahl der in der Regel beschäftigten Arbeitnehmer. Art. 4 der Richtlinie schreibt schließlich eine Entlassungssperre vor. Demnach werden die angezeigten Entlassungen frühestens 30 Tage nach Eingang der Anzeige wirksam. Aus Art. 4 Abs. 1 der Richtlinie ergibt sich allerdings keine Unwirksamkeitsrechtsfolge. Der Unionsgesetzgeber stellt mit dieser Regelung die Wirksamkeit der Anzeigepflicht sicher. Denn es wird dem Arbeitgeber einerseits verwehrt, im Vorfeld einer Anzeige Kündigungen auszusprechen, und andererseits wird der Behörde hinreichend Zeit verschafft, entsprechend dem Zweck des Anzeigeverfahrens tätig zu werden. Nach Art. 4 Abs. 2 der Richtlinie soll die zuständige Behörde diese Frist für die Suche nach Lösungen für die durch die beabsichtigten Massenentlassungen aufgeworfenen Arbeitsmarktprobleme nutzen. Durch die Konsultations- und Anzeigepflichten wird

---

494 Erwägungsgrund Nr. 3, 7 der RL 98/59/EG (Massenentlassungsrichtlinie); *Hilbrandt*, DB 2024, 1138, 1139 ff.

495 Art. 2 Abs. 2 RL 98/59/EG (Massenentlassungsrichtlinie).

ein dreieckiger Dialog zwischen Arbeitgeber, Arbeitnehmervertreter und Behörde aufgebaut. Dies dient dazu, dass die „sozio-ökonomischen Auswirkungen" der Massenentlassungen abgemildert werden.[496]

Zu einem Individualschutz äußert sich die Richtlinie hingegen nicht. Die Richtlinie schreibt nicht implizit vor, welche Sanktionen dem Arbeitgeber drohen sollen, wenn er seinen verfahrensrechtlichen Pflichten bei Massenentlassung nicht nachkommt.[497] Ein Vorschlag der Kommission zur Einführung einer Regelung in die Richtlinie, wonach Mitgliedstaaten verpflichtet wären, bei Verstößen gegen die Vorgaben der Richtlinie die vorgenommenen Entlassungen für null und nichtig zu erklären, wurde vom europäischen Gesetzgeber nicht übernommen.[498] Nach Art. 6 der Richtlinie müssen die Mitgliedstaaten nur dafür sorgen, dass den Arbeitnehmervertretern administrative oder gerichtliche Verfahren zur Durchsetzung der Verpflichtungen nach dieser Richtlinie zur Verfügung stehen.[499] Nach der bisherigen Rechtsprechung des EuGH müssen die Mitgliedstaaten unter Einhaltung des Effektivitäts- und Verhältnismäßigkeitsgrundsatzes angemessene Rechtsfolgen für Verstöße gegen die massenentlassungsbezogenen Pflichten vorsehen.[500] Die Rechtsfolgen müssen demnach wirksam, abschreckend und verhältnismäßig sein. Im Rahmen ihrer Handlungsspielräume haben Mitgliedstaaten unterschiedliche Sanktionen für Fehler beim Massenentlassungsverfahren vorgesehen. Nach einem Bericht des Internationalen Arbeitsbüros (International Labour Office) im Jahr 2016 führten die Fehler beim Konsultations- und Anzeigeverfahren in den meisten Mitgliedstaaten (mit Ausnahme von Schweden und Großbritannien) zur Unwirksamkeit der Entlassungen.[501] Außerdem sind andere zivilrechtliche, öffentlich-rechtliche und strafrechtliche Folgen vorgesehen, wie beispielsweise Schadensersatz aufgrund von Fehlern beim Konsultationsverfahren und Strafverfolgung in Frankreich, Geldstrafen in Belgien und eine Verwaltungsgebühr und Geld- oder Haftstrafe bei schwerwiegenden Fehlern in Schweden.[502] Zu den Ländern, in denen ein Bestandschutz vorgesehen ist, gehörte u.a. Deutschland. Die Fehler beim Konsultations- und Anzeigeverfahren führen nach derzeitiger Rechtslage in Deutschland grundsätzlich zur Nichtigkeit der ausgesprochenen Kündigung.

---

496 *Countouris u.a.*, Report on collective dismissals a comparative and contextual analysis of the law on collective redundancies in 13 European countries, 29 f.; *Spelge*, NZA-Beilage 2021, 34, 35.

497 *Sittard/Pant*, jM 2024, 185, 189.

498 Vorschlag für eine Richtlinie des Rates zur Änderung der RL 75/129/EWG zur Angleichung der Rechtsvorschriften der Mitgliedstaaten über Massenentlassungen vom 13.11.1991, Kom(91) 292 endg., ABl. EU C 310 vom 30.11.1991, S. 5.

499 BAG, 14.12.2023 – 6 AZR 157/22 (B), NZA 2024, 119-124.

500 EuGH, 08.06.1994 – C-383/92 (ECLI:EU:C:1994:234), Slg. 1994, I-2479, Rn. 40 – Kommission/ UK.

501 *Winkel*, NZA 2024, 728, 728 ff.; *Schubert/Schmitt*, Jahrbuch des Arbeitsrechts 2022, 81, 86.

502 *Countouris u.a.*, Report on collective dismissals a comparative and contextual analysis of the law on collective redundancies in 13 European countries, 84 ff.

Das Vorliegen von unterschiedlichen Sanktionssystemen in den Mitgliedstaaten ist richtig und wichtig, da die RL 98/59/EG nicht die Rechtsfolgen von Fehlern bei Massenentlassungsverfahren angleicht, sondern das Verfahren selbst.[503] Der europäische Gesetzgeber bezweckt keine Vollharmonisierung mit der Richtlinie, sodass es den Mitgliedstaaten überlassen ist, vorzusehen, welche Rechtsfolgen die Fehler nach sich ziehen sollen.[504] Primärrechtlich ist es nicht geboten auch die Rechtsfolgen anzugleichen. Der EuGH stellte bereits fest, dass eine bestimmte Sanktion wie die Unwirksamkeit der Kündigung europarechtlich nicht geboten ist. Auch eine finanzielle Sanktion, wie die Geldstrafe, wäre angemessen, um die Verstöße gegen die Verfahrenspflichten effektiv und angemessen zu sanktionieren.[505]

bb) Impulse des Urteils *Junk* für einen Individualschutz bei der Massenentlassung

Das Urteil des EuGH zu der Rechtssache *Junk* soll der deutschen Rechtsprechung Anlass gegeben haben, Individualschutz beim deutschen Massenentlassungsrecht zu entwickeln.[506] Vor der Rechtsprechung *Junk* waren die Fehler beim Massenentlassungsverfahren im deutschen Recht nicht mit der Unwirksamkeit der ausgesprochenen Kündigungen sanktioniert.[507] In der Rechtssache *Junk* 2005 hat das ArbG Berlin dem EuGH die Frage gestellt, was unter einer Entlassung im Sinne des Art. 1 Abs. 1 lit. a der Richtlinie zu verstehen ist. Nach dem deutschen Verständnis galt eine Entlassung im Sinne des § 17 Abs. 1 KSchG als tatsächliche Beendigung des Arbeitsverhältnisses. Dementsprechend durfte der Arbeitgeber bis zum Ende des Arbeitsverhältnisses mit dem Ablauf der Kündigungsfrist das Konsultationsverfahren einleiten. Mit dem Urteil *Junk* entschied der EuGH aber, dass eine Entlassung im Sinne des Art. 1 Abs. 1 der Richtlinie nicht als das Ende des Arbeitsverhältnisses zu verstehen ist, sondern als arbeitgeberseitige Willenserklärung zur Kündigung.[508] Das Ziel des Konsultationsverfahrens im Sinne des Art. 2 der Richtlinie ist weiterhin, Kündigungen zu vermeiden oder ihre Zahl zu beschränken.[509] Die praktische Wirksamkeit der Konsultationspflicht fordert auf, dass das Konsultationsverfahren abgeschlossen ist, bevor der Arbeitgeber Kündigungen ausspricht; für die Arbeitnehmervertreter wäre es nämlich erheblich schwieriger, die vom Ar-

503 *Winkel*, NZA 2024, 728, 730.

504 *Winkel*, ebd., 728, 730.

505 EuGH, 08.06.1994 – C-383/92 [Fn. 500], Rn. 38 – Kommission/ UK; EuGH, 27.02.2014 – C-588/12 (ECLI:EU:C:2014:99), NZA 2014, 359, Rn. 37 ff. – Lyreco Belgium NV/Sophie Rogiers; *Moll*, in: APS, Kündigungsrecht, KSchG § 17, Rn. 122, 124.

506 BAG, 22.11.2012 – 2 AZR 371/11 [Fn. 492], Rn. 37.

507 *Spelge*, NZA-Beilage 2021, 34, 35.

508 EuGH, 27.01.2005 – C-188/03 [Fn. 88], Rn. 26 – Junk.

509 EuGH, 27.01.2005 ebd., Rn. 38 – Junk.

beitgeber getroffene Entscheidung zur Kündigung zurücknehmen zu lassen.[510] Daher darf ein Arbeitgeber, im Sinne der Effektivität dieser Pflichten, Kündigungen erst nach dem Abschluss des Konsultationsverfahrens gem. Art. 2 der Richtlinie und erst nach einer Anzeige bei der Behörde gem. Art. 3 und 4 der Richtlinie aussprechen.[511]

In Anlehnung an das Urteil *Junk* hat der 2. Senat des BAG 2012 die Rechtsprechung entwickelt, dass eine Kündigung vor Abschluss des Konsultationsverfahrens unwirksam ist.[512] Die Konsultationspflicht gem. § 17 Abs. 2 KSchG setzt Art. 2 der Richtlinie um, die einen Schutz der Arbeitnehmer bei Massenentlassung bezweckt. Diese Zielsetzung fordere, dass § 17 Abs. 2 KSchG als gesetzliches Verbot im Sinne des § 134 BGB qualifiziert wird, das zur Nichtigkeit der Willenserklärung des Arbeitgebers zur Kündigung beim Fehlen der Konsultation führt.[513] Diese Sanktion sei notwendig, weil nur dann die praktische Wirksamkeit der Richtlinie bezüglich der Konsultationspflicht gewahrt werden könnte, die der Verhinderung bzw. Beschränkung der Entlassungen dient.[514] Das BAG hat diese Unwirksamkeitsfolge danach auch auf die Fehler beim Anzeigeverfahren erweitert. Fehlende oder fehlerhafte Konsultation und Anzeige führen demnach grundsätzlich zur Unwirksamkeit der ausgesprochenen Kündigung. Fehlt es an einer ordnungsgemäßen Anzeige, kann die ausgesprochene Kündigung die Beendigung des Arbeitsverhältnisses gem. Art. 4 der Richtlinie nicht herbeiführen.[515] Der Ertrag des Urteils *Junk* war, dass dieses dem deutschen Recht den Arbeitnehmerschutzzweck der Richtlinie verstärkt ins Bewusstsein gebracht habe.[516]

Betrachtet man die Ansätze in der Rechtsprechung *Junk*, lässt sich behaupten, dass sich aus dem Urteil kein unionsrechtliches Gebot zur Unwirksamkeitsfolge ergibt.[517] Der EuGH legt nur den Begriff „Entlassung" unter Betrachtung des Zwecks des Konsultationsverfahrens und der praktischen Wirksamkeit dieses Verfahrens aus. Er setzt sich nicht damit auseinander, ob das Fehlen einer Unwirksamkeitsfolge im deutschen Massenentlassungsrecht der Richtlinie ihre praktische Wirksamkeit nimmt. Ein Unwirksamkeitsverdikt lässt sich insbesondere für Fehler im Anzeigeverfahren absprechen, weil dieses einen ande-

---

510 EuGH, 27.01.2005 ebd., Rn. 44 – Junk.
511 EuGH, 27.01.2005 ebd., Rn. 53 – Junk.
512 BAG, 28.06.2012 – 6 AZR 780/10, NZA 2012, 1029-1038, Rn. 50; BAG, 22.11.2012 – 2 AZR 371/11 [Fn. 492], Rn. 37 ff.
513 BAG, 22.11.2012 – 2 AZR 371/11 [Fn. 492], Rn. 38; BAG, 21.03.2013 – 2 AZR 60/12, NZA 2013, 966-970, Rn. 21.
514 BAG, 22.11.2012 – 2 AZR 371/11 [Fn. 492], Rn. 37.
515 BAG, 22.11.2012 ebd., Rn. 42; BAG, 21.03.2013 – 2 AZR 60/12 [Fn. 513], Rn. 31; *Moll*, RdA 2021, 49, 50.
516 *Boemke*, jurisPR-ArbR 25/ 2013, Anm. 2.
517 *Schubert/Schmitt*, Jahrbuch des Arbeitsrechts 2022, 81, 86; *Winkel*, NZA 2024, 728, 732.

ren Zweck als das Konsultationsverfahren hat. Das Anzeigeverfahren hat vielmehr einen arbeitsmarktpolitischen Zweck; anders als Arbeitnehmervertreter im Konsultationsverfahren richtet sich die Tätigkeit der Arbeitsbehörde nicht auf die Verhinderung von Kündigungen, sondern auf eine effektive Verwaltung der Arbeit für die Gekündigten durch eine rechtzeitige Vorbereitung und Organisation der Vermittlungsmaßnahmen.[518] Auf diese Weise dient die Anzeige der geplanten Entlassungen bei der Behörde dem Arbeitnehmerschutz nur reflexiv.[519] Eine Unwirksamkeit der Entlassungen infolge der fehlenden oder fehlerhaften Anzeige ist nicht notwendig. Ebenso wenig ergibt sich diese Rechtsfolge aus dem Urteil *Junk*.[520] Diese Einwände gegen einen grundsätzlichen Individualschutz im Konsultations- und Anzeigeverfahren haben jedoch lange Zeit keine Anerkennung gefunden. Sowohl die herrschende Meinung in der Literatur als auch der 6. Senat des BAG selbst haben sich der Ansicht des 2. Senats des BAG zu dem Individualschutz angeschlossen.[521]

cc) Sanktionssystem in der deutschen Rechtsprechung zur Massenentlassung

(1) Grundsätzlicher Individualschutz im Konsultations- und Anzeigeverfahren

Die deutsche Rechtsprechung liefert ein uneinheitliches Bild über die Rechtsfolgen für Fehler im Konsultations- und Anzeigeverfahren. Mit der Einbindung der Arbeitnehmervertreter (des Betriebsrats) in das Massenentlassungsverfahren wird sichergestellt, dass Interessen der von der Entlassung bedrohten Arbeitnehmer hinreichend wahrgenommen werden. Dazu dient u.a. die Pflicht des Arbeitgebers, gem. § 17 Abs. 2 KSchG vor der Kündigung der Arbeitnehmer den Betriebsrat über geplante Massenentlassungen zu unterrichten. Der Verstoß gegen die Pflicht zur Konsultation des Betriebsrats führt zur Unwirksamkeit der Kündigungen; das bedeutet, diese Pflicht löst einen Individualschutz aus.[522] Einigen weiteren Vorgaben des § 17 KSchG werden im deutschen Recht weiterhin individualschützende Funktionen beigemessen. Zu nennen ist beispielsweise, dass das Fehlen einer Massenentlassungsanzeige die Nichtigkeit einer Kündigung zur Folge hat.[523] Unterlässt es der Arbeitgeber,

---

518 *Moll*, in: APS, Kündigungsrecht, KSchG § 17, Rn. 117.

519 *Boemke*, jurisPR-ArbR 25/ 2013, Anm. 2; *Holler*, NZA 2019, 291, 292; *Moll*, in: APS, Kündigungsrecht, KSchG § 17, Rn. 117.

520 *Holler*, NZA 2019, 291, 292.

521 BAG, 13.12.2012 – 6 AZR 752/11, AP Nr. 44 zu KSchG 1969 § 17, Rn. 72; BAG, 13.02.2020 – 6 AZR 146/19, NZA 2020, 1006-1022, Rn. 97; *Bayreuther*, NZA 2024, 813, 814; *Krause/Fischer*, DB 2023, 2243, 2247; *Moll*, RdA 2021, 49, 55 f.

522 BAG, 12.02.2019 – 1 AZR 279/17, NZA 2019, 719-722, Rn. 20 f.; BAG, 13.02.2020 – 6 AZR 146/19 [Fn. 521], Rn. 100 f.

523 BAG, 21.03.2013 – 2 AZR 60/12 [Fn. 513], Rn. 21.

den Betriebsrat in das Anzeigeverfahren einzubinden, wie zum Beispiel durch die Beifügung der Stellungnahme des Betriebsrats in die Anzeige gem. § 17 Abs. 3 S. 2 und 3 KSchG, ist die Kündigung nach derzeitigem Stand auch nichtig.[524] Fehlende Angaben zu Gründen für die geplanten Massenentlassungen, Zahl und Berufsgruppen der zu entlassenden und in der Regel beschäftigten Arbeitnehmer – sogenannte Muss-Angaben, gem. § 17 Abs. 3 S. 4 KSchG –, führen ebenso zur Nichtigkeit der Kündigungen.[525] In Bezug auf Soll-Angaben in einem Anzeigeverfahren gem. § 17 Abs. 3 S. 5 KSchG wie zum Beispiel fehlende oder fehlerhafte Angaben zu dem Geschlecht, Alter und Beruf der zu entlassenden Arbeitnehmer geht die Rechtsprechung hingegen nicht von einer Nichtigkeit der Kündigung aus.[526] Obwohl es auch eine Muss-Vorschrift ist, führt eine Verletzung der Pflicht, dem Betriebsrat eine Abschrift der Anzeige zuzuleiten, gem. § 17 Abs. 3 S. 6 KSchG nach neuerer Rechtsprechung nicht notwendig zur Nichtigkeit der Kündigung.[527] In den letzten Jahren lässt sich in der Rechtsprechung des BAG die Tendenz beobachten, dass geringe Fehler im Konsultations- und Anzeigeverfahren nicht zur Unwirksamkeit der ausgesprochenen Kündigungen führen.[528]

(2) Ausnahme für Übermittlungspflicht im Konsultationsverfahren

§ 17 Abs. 1 KSchG regelt die Anzeigepflicht des Arbeitgebers. Die Pflicht zur Konsultation des Betriebsrats, gem. § 17 Abs. 2 KSchG, wonach der Arbeitgeber dem Betriebsrat rechtzeitig zweckdienliche Angaben zu der geplanten Entlassung, wie etwa die Gründe für die Entlassung, Zahl und Berufsgruppen der zu entlassenden und der in der Regel beschäftigten Arbeitnehmer, machen muss, folgt eine weitere Pflicht des Arbeitgebers. Nach § 17 Abs. 3 S. 1 KSchG ist der Arbeitgeber verpflichtet, der Agentur für Arbeit gleichzeitig mit der Konsultation eine Abschrift der Mitteilung an den Betriebsrat zu übermitteln. Diese Übermittlung muss zumindest die oben angesprochenen Angaben beinhalten. In den nachfolgenden Sätzen des § 17 Abs. 3 S. 1 KSchG finden sich Vorgaben zum Inhalt der Anzeige bei der Behörde, sowie zur Unwirksamkeitsfolge für die Fehler im Konsultationsverfahren, insbesondere für die fehlende Stellungnahme des Betriebsrats gem. § 17 Abs. 3 S. 3 KSchG. § 17 Abs. 3 KSchG veranschaulicht den Aufbau eines Trilogs zwischen Arbeitgeber, Betriebsrat und der Behörde; so wie die Übermittlungspflicht gegenüber der Behörde, muss der Arbeitgeber auch dem Betriebsrat eine Abschrift der Anzeige zuleiten, gem. § 17 Abs. 3 S. 6 KSchG.

524 BAG, 14.05.2020 – 6 AZR 235/19, NZA 2020, 1091-1108, Rn. 136.

525 BAG, 28.06.2012 – 6 AZR 780/10 [Fn. 512], Rn. 50; BAG, 13.02.2020 – 6 AZR 146/19 [Fn. 521], Rn. 93.

526 BAG, 19.05.2022 – 2 AZR 467/21, NZA 2022, 1051-1054, Rn. 25.

527 BAG, 08.11.2022 – 6 AZR 15/22, AP Nr. 64 zu KSchG 1969 § 17, Rn. 66.

528 BAG, 11.05.2023 – 6 AZR 267/22, NZA 2023, 906; *Fuhlrott/Fischer*, NZA 2024, 246, 246 f.

Die Pflicht des Arbeitgebers, der Behörde „gleichzeitig“ mit der Konsultation eine Abschrift der Mitteilungen an den Betriebsrat zu übermitteln, dient nach der Gesetzesbegründung zu § 17 Abs. 3 S. 1 KSchG der Sicherstellung einer frühzeitigen Unterrichtung der Arbeitsverwaltung.[529] Anders als die weitestgehende Übereinstimmung über die Unwirksamkeitsfolge für Fehler im Konsultationsverfahren, besteht keine Einigung über eine Unwirksamkeit für die Verletzung der Übermittlungspflicht im Sinne des § 17 Abs. 3 S. 1 KSchG.[530] Es ist bisher nicht abschließend geklärt, ob ein Verstoß gegen die Übermittlungspflicht die Nichtigkeit einer Kündigung zur Folge hat.[531] Unter Anwendung der Äquivalenz- und Effektivitätsgrundsätze hat das BAG bisher entschieden, dass die Verletzung der arbeitgeberseitigen Pflichten bezüglich der Massenentlassung, mit der Ausnahme aus § 17 Abs. 3 KSchG (die die Übermittlungspflicht einer Abschrift der Mitteilungen an den Betriebsrat betrifft) aufgrund des sozialen Arbeitnehmerschutzzwecks dieser Pflichten die Unwirksamkeit der ausgesprochenen Kündigungen begründet.[532] Einige betrachten hingegen die Übermittlungspflicht als bloße Verfahrensvorschrift, deren Verletzung nicht notwendig eine Unwirksamkeit der Kündigungen begründet.[533]

b) Abkehr vom grundsätzlichen Individualschutz

Der infolge des Urteils *Junk*, aber überwiegend auf die Initiative des BAG entwickelte Individualschutz im Massenentlassungsverfahren wurde infrage gestellt. Das deutsche Unwirksamkeitsverdikt wurde zuerst durch die Vorlagefrage nach der Rechtsfolge für eine fehlende Übermittlung im Sinne des § 17 Abs. 3 S. 1 KSchG in Frage gestellt. Nach der Rechtsprechung des EuGH zu der Rechtssache *G GmbH*[534] haben die deutschen Gerichte sich angefangen zu fragen, ob das gesamte Sanktionssystem des deutschen Massenentlassungsrechts eine Revision braucht, weil insbesondere der Beitrag der Behörde und des Betriebsrats zur Verhinderung der Entlassungen nicht gleichwertig ist. Allerdings ist eine prominente Rolle des EuGH bei der Abkehr des Individualschutzes insoweit nicht ersichtlich.[535] Die Abschaffung bzw. die Revision des grundsätzlichen Individualschutz zugrundeliegenden deutschen Sanktionssystems scheint eher der deutschen Rechtsprechung, insbesondere der Diskrepanz zwischen den Ansichten des (früheren) 2. und 6. Senats des BAG, geschuldet zu sein. Dem EuGH kann allerdings vorgeworfen werden, dass dieser die Chance zur Hervorhebung des sozialen Arbeitnehmerschutzes verpasst

529 BT-Drs. 8/1041 „Änderung zum KSchG“, S. 5.

530 Siehe den Diskussionsstand, nur *Voronova*, EuZA 2022, 372, 373.

531 *Voronova*, ebd., 372, 373.

532 BAG, 27.01.2022 – 6 AZR 155/21 (A), NZA 2022 491-494, Rn. 28 ff.

533 BAG, 27.01.2022 ebd., Rn. 28 f.

534 EuGH, 13.07.2023 – C-134/22 [Fn. 96] – G GmbH.

535 *Sagan*, EuZW 2023, 859, 862: Spricht in ähnlicher Weise von einem „fehlenden richterlichen Aktionismus“.

habe. Dieser Schutz dient vor allem dem durch die verfahrensrechtlichen Vorgaben der RL 98/59/EG (Massenentlassungsrichtlinie) anvisierte Aufbau eines Trilogs zwischen Arbeitgeber, Arbeitnehmervertreter und der Behörde. Dabei müssten die Rollen der einschlägigen Akteure nicht unterschieden werden.

aa) Nationale Anregungen

Die deutschen Gerichte haben durch Vorlagefragen das deutsche Sanktionssystem auf den Prüfstand gestellt. Sie haben den EuGH im Wesentlichen gefragt, ob die Fehler im Massenentlassungsverfahren eine Unwirksamkeit der ausgesprochenen Kündigungen zur Folge haben müssen. Der Vorlage der Gerichte liegt der Gedanke zugrunde, dass die Unwirksamkeitsfolge für Verletzungen von Pflichten gegenüber der Behörde unionsrechtlich weder geboten noch verhältnismäßig sei. Dafür bringen sie als Argument vor allem die unterschiedlichen Rollen der Konsultation- und Anzeigeverfahren beim Einfluss auf die arbeitgeberseitige Entscheidung zur Kündigung. Demnach ist die Anzeige der Massenentlassungen nicht so ausschlaggebend, um die Entscheidung des Arbeitgebers zugunsten der Arbeitnehmer zu beeinflussen, wie die Konsultation der Arbeitnehmervertreter, die nach Art. 2 der Richtlinie die Möglichkeiten zur Verhinderung bzw. Beschränkung der geplanten Massenentlassungen suchen und diese mit dem Arbeitgeber verhandeln soll.

(1) Vorlagefrage des 6. Senats des BAG zur Rechtssache *G GmbH* 2022

In der Rechtssache *G GmbH* geht es um die Rüge eines Arbeitnehmers, dass die Kündigung seines Arbeitsvertrags unwirksam ist, weil der Arbeitgeber versäumt hat, der Agentur für Arbeit gem. § 17 Abs. 3, S. 1 KSchG gleichzeitig mit der Konsultation eine Abschrift der Mitteilungen an den Betriebsrat zuzuleiten.[536] Dies hat der 6. Senat des BAG zum Anlass genommen, den EuGH zu fragen, ob die Verletzung der Übermittlungspflicht im Sinne des Art. 2 der RL 98/59/EG (Massenentlassungsrichtlinie) eine Unwirksamkeit der Kündigung zur Folge hat.[537] Um diese Frage zu beantworten, müsste man klären, was der Sinn und Zweck des Art. 2 Abs. 3 Unterabs. 1 der Richtlinie ist bzw., ob dieser Norm eine Individualschutzfunktion zugemessen werden kann.[538]

In seiner Vorlagefrage hat sich das BAG gegen den Individualschutz positioniert. Das Gericht ist der Auffassung, dass die einschlägige Pflicht eine bloße verfahrensordnende Vorschrift wäre, deren Verletzung nicht mit einer Nichtigkeit der Kündigung sanktioniert werden müsste.[539] Das BAG unterscheidet

536 BAG, 27.01.2022 – 6 AZR 155/21 (A) [Fn. 532].
537 *Naber*, NZA 2023, 942, 943.
538 *Bader*, jurisPR-ArbR, 16/ 2022, Anm. 1; *Mengel/Blume*, ZFA 2023, 451, 455.
539 BAG, 27.01.2022 – 6 AZR 155/21 (A) [Fn. 532], Rn. 28.

den Individualschutz nach dem Beitrag der Behörde zum Schutz der Arbeitnehmer im Konsultations- und Anzeigeverfahren. Nach Auffassung des BAG dient die Übermittlungspflicht nur dazu, dass sich die zuständige Behörde auf anstehende Entlassungen vorbereitet.[540] Die Übermittlung der Mitteilungen an den Betriebsrat helfe der Behörde nicht zur Lösung der durch die beabsichtigten Massenentlassungen aufgeworfenen Probleme. Die Tätigkeit der Behörde sei nämlich erst mit der Anzeige der Entlassungen bei der Behörde verbunden, nicht hingegen mit der im Vorfeld der Anzeige erfolgten Übermittlung der Mitteilungen an den Betriebsrat.[541] In diesem Stadium stehen keine hinreichenden Informationen zur Verfügung, damit die Behörde ihre Verwaltungstätigkeit ausüben könne. Der Betriebsrat berate noch über mögliche Maßnahmen zur Vermeidung der Kündigung bzw. zur Verringerung der Anzahl der Kündigungen. Die zeitlich vorher liegende Pflicht zur Übermittlung nach Art. 2 Abs. 3 Unterabs. 1 der Richtlinie könne daher keinen individualschützenden Charakter haben.[542] Außerdem weist das BAG darauf hin, dass das deutsche Verständnis von einer „Entlassung" im Sinne des tatsächlichen Ausscheidens aus dem Arbeitsverhältnis durch Ablauf der Kündigungsfrist nach der *Junk*-Rechtsprechung nicht mehr erfordere, dass die Anzeige gegenüber der Agentur für Arbeit gem. 17 Abs. 1 S. 1 KSchG „gleichzeitig" mit der Konsultation des Betriebsrats erfolgt.[543] D.h., die einschlägigen Angaben zu der geplanten Massenentlassung sowie zusätzliche Informationen können auch nachgereicht werden. Bedenkt man, dass § 17 Abs. 3 S. 1 KSchG nicht ein Teil der Anzeige- und Konsultationsverfahren sei, sondern eine bloß verfahrensordnende Vorschrift, dürfe man deren Verstoß nicht mit der gleichen Rechtsfolge sanktionieren wie einen Verstoß gegen Anzeige- und Konsultationspflichten, mithin nicht mit der Unwirksamkeit der Kündigung gem. § 17 Abs. 3 S. 1 KSchG i.V.m. § 138 BGB.[544] Die Unwirksamkeitsrechtsfolge für den Verstoß gegen die Übermittlungspflicht sei unverhältnismäßig.[545]

(2) Aussetzung weiterer Verfahren durch das BAG im Mai 2023

Der 6. Senat des BAG hat sich mit vier weiteren Verfahren befasst, in denen es diesmal um die Frage ging, ob das Fehlen einer Anzeige bei der Behörde gem. § 17 Abs. 1 KSchG zur Unwirksamkeit der ausgesprochenen Kündigungen führt.[546] Die Antwort der einschlägigen Frage wäre demnach davon abhängig, wie der EuGH die Vorlagefrage des BAG bezüglich der Rechtssache *G GmbH*

540 *Hotze/v. Grundherr*, BB 2023, 1919, 1920.
541 BAG, 27.01.2022 – 6 AZR 155/21 (A) [Fn. 532], Rn. 28.
542 BAG, 27.01.2022 ebd., Rn. 29.
543 BAG, 27.01.2022 ebd., Rn. 27.
544 BAG, 27.01.2022 ebd., Rn. 30.
545 BAG, 27.01.2022 ebd., Rn. 30.
546 BAG, 11.05.2023 – 6 AZR 157/22 (A), NZA 2023, 1040-1043.

beantwortet.[547] Außerdem befassten sich die inzwischen verkündeten Schlussanträge des Generalanwalts *Pikamäe* zu der Rechtssache *G GmbH* über die einschlägige Frage nach dem individualschützenden Charakter der Übermittlungspflicht hinaus mit den Zielen der Anzeigepflichten der Richtlinie.[548] Deshalb hat das BAG die vorliegenden Verfahren ausgesetzt, und auf die Entscheidung des EuGH gewartet, konkret, ob der EuGH sich dem Generalanwalt anschließt.

Der 6. Senat des BAG verdeutlichte sein Ziel, als er erwartet, dass die Ausführungen des Generalanwalts dazu führen, dass eine Individualschutzfunktion auch bei der Anzeigepflicht aus Art. 3 der Richtlinie verneint wird. Das BAG führt aus, dass die Ausführungen des Generalanwalts zu der Rechtssache *G GmbH* Anlass zu der weitergehenden Frage gäben, ob das vom BAG entwickelte Sanktionssystem überhaupt im Einklang mit der Systematik des von der Richtlinie vermittelten Massenentlassungsschutzes stehe oder gegebenenfalls inkohärent und unverhältnismäßig sei.[549]

Befasst man sich allerdings ausführlich mit den Ausführungen des Generalanwalts *Pikamäe*, ist festzustellen, dass dieser sich nicht mit der Verhältnismäßigkeit der Unwirksamkeitsfolge der Übermittlungspflicht aus § 17 Abs. 3 S. 1 KSchG und die Umsetzung des Art. 2 Abs. 3 Unterabs. 1 der Richtlinie, auseinandersetzt. Der Generalanwalt befasst sich erst im Allgemeinen mit der Auslegung der Ziele der Richtlinie und der Konsultations- und Anzeigepflichten aus Art. 2 und 3 der Richtlinie und mit der Auslegung des Zwecks der Übermittlungspflicht aus Art. 2 Abs. 3 Unterabs. 1 der Richtlinie im Besonderen. Demnach dient die Übermittlungspflicht dem gleichen Ziel, wie die Anzeigepflicht gem. Art. 3 der Richtlinie, nämlich dem Ziel zur Bewertung der Folgen von geplanten Massenentlassungen und der Vorbereitung der erforderlichen behördlichen Maßnahmen durch eine zeitnahe Information der Behörde über die Entlassungen beizutragen. Aus der Übermittlungspflicht ergebe sich kein Individualschutz für Arbeitnehmer aus zwei Gründen; zuerst erfolgt die nach der Auffassung des Generalanwalts dem Konsultationsverfahren einzuordnende Übermittlung im Vorfeld einer Anzeige bei der Behörde.[550] In diesem Stadium befasse sich die Behörde nicht mit den individuellen Situationen jedes einzelnen Arbeitnehmers.[551] Die Art des durch die Übermittlung der den Arbeitnehmervertretern gegebenen Mitteilungen an die Behörde bezweckten Schut-

547 BAG, 11.05.2023 ebd., Rn. 32.

548 Schlussanträge des Generalanwalts Pikamäe (ECLI:EU:C:2023:268) zu EuGH, 13.07.2023 – C-134/22 [Fn. 96] – G GmbH.

549 BAG, 11.05.2023 – 6 AZR 157/22 (A) [Fn. 546], Rn. 32.

550 BAG, 11.05.2023 ebd., Rn. 26, 31.

551 BAG, 11.05.2023 ebd., Rn. 51.

zes sei daher nicht individual-, sondern kollektivschützend. Zweitens bestätige die bisherige Rechtsprechung des EuGH, dass das Recht auf Information und Konsultation, das im Falle von Massenentlassung durch Arbeitnehmervertreter ausgeübt werde, zugunsten der Arbeitnehmer als Gemeinschaft ausgestaltet und daher von kollektiver Natur ist.[552] Zumal die Übermittlungspflicht ein Teil der Konsultations- und Informationspflichten ist, sei diese Pflicht auch kollektivrechtlich ausgestaltet.[553] All dies spreche dafür, dass ein Individualschutz für die Übermittlungspflicht unionsrechtlich nicht geboten ist.

Das BAG hat anscheinend erwartet, dass die Ausführungen des Generalanwalts zu dem fehlenden individualschützenden Charakter der Übermittlungspflicht dazu führen, dass eine Individualschutzfunktion auch der Anzeigepflicht aus Art. 3 der Richtlinie verneint wird. Der Generalanwalt äußert sich zwar nicht explizit zu der Frage, ob die Anzeigepflicht individualschützend ist. Seine Ausführungen und Begründung zum Fehlen eines individualschützenden Charakters der Übermittlungspflicht sprechen allerdings dafür, dass auch der Anzeigepflicht aus Art. 3 der Richtlinie eine Individualschutzfunktion versagt werden kann. Er lehnt nämlich den Individualschutz u.a. deshalb ab, weil sich die Behörde nicht mit der individuellen Situation jedes einzelnen Arbeitnehmers befasst.[554] Falls dies auch im Anzeigeverfahren der Fall wäre, würde die Behörde die Kündigungen nicht im Einzelnen, sondern im Allgemein betrachten und bewerten – so, wie es der EuGH später in seinem Urteil *G GmbH* angedeutet hat – könnte die Erwartung des BAG zutreffen. Dies könnte schließlich dazu führen, dass das ganze Sanktionssystem im deutschen Massenentlassungsrecht infrage gestellt wird.[555] Dazu hat es tatsächlich geführt, zwar nicht aufgrund von Ausführungen des Generalanwalts, aber durch die Rechtsprechung des EuGH.[556]

bb) Die Entscheidung des EuGH in der Rechtssache *G GmbH* im Juli 2023

Bei dem Konflikt vor dem deutschen Gericht ging es im Grunde um die Frage, ob der Umstand, dass der Arbeitgeber entgegen der Vorgabe des § 17 Abs. 3 S. 1 KSchG an die Behörde nicht „gleichzeitig“ mit dem Beginn des Konsulta-

552 BAG, 11.05.2023 ebd., Rn. 52.

553 BAG, 11.05.2023 ebd., Rn. 53.

554 BAG, 11.05.2023 ebd., Rn. 51.

555 A.A. *Fuhlrott*, GWR 2023, 267, 267: Ist nicht der Meinung, dass das bislang entwickelte Sanktionssystem komplett auf neue Füße gestellt wäre, weil sich die Rechtsprechung des EuGH lediglich mit der Übermittlungspflicht und ihrem möglichen individualschützenden Charakter befasst. D.h. könnten die Fehler bei der Erstellung einer Massenentlassungsanzeige doch weiter zur Unwirksamkeit der Kündigungen führen.

556 Näher dazu unter Abschnitt B, III, 2. b), bb), (3). Anreiz zum generellen Ausschluss des Individualschutzes im Massenentlassungsverfahren.

tionsverfahrens eine Abschrift der Arbeitnehmervertretung gegebenen Mitteilungen übermittelt hat, zu einer Unwirksamkeit der Entlassungen führt. Diese Frage hat der 6. Senat des BAG zum Anlass genommen, um zu erfahren, ob der grundsätzliche Unwirksamkeitsverdikt im Anzeigeverfahren unionsrechtlich geboten ist. Der Senat hat daher die Frage gestellt, was der Sinn und Zweck der Übermittlungspflicht aus Art. 2 Abs. 3 Unterabs. 1 der Richtlinie ist. Nach einer Darstellung des Ausgangsverfahrens und der Zusammenfassung der Vorlagefrage sowie der unions- und nationalrechtlichen Rahmen beantwortet der EuGH die Frage kurz und knapp. Nach seiner Auffassung muss die Übermittlung nicht gleichzeitig mit dem Beginn des Konsultationsverfahrens erfolgen, weil es im Laufe der Konsultation neue Informationen geben kann und der Arbeitgeber sie der Arbeitnehmervertretung weiterleiten muss. Zudem komme der Übermittlungspflicht aus Art. 2 Abs. 3 Unterabs. 1 der Richtlinie keine Individualschutzfunktion zu, d.h. eine Unwirksamkeitsfolge für Verstöße gegen diese Pflicht sei unionsrechtlich nicht geboten.[557] Konsultations- und Anzeigeverfahren seien zwei Verfahren mit unterschiedlichen Zweckrichtungen. Die Übermittlung der Arbeitnehmervertretung gegebenen Mitteilungen an die Behörde diene nur den Informations- und Vorbereitungszwecken.[558] Auf diese Weise könne sich die Behörde über geplante Massenentlassungen im Vorfeld einer Anzeige gem. Art. 3 der Richtlinie informieren und die negativen Folgen der beabsichtigten Massenentlassungen so weit wie möglich abschätzen.[559] Die Art des durch diese Übermittlungspflicht bezweckten Schutzes der Arbeitnehmer ist folglich nicht individual, sondern kollektiv.[560]

Den Ausführungen zur Begründung dieser Auffassung des EuGH lässt sich entnehmen, dass der Gerichtshof eine Reihe von Perspektiven bzw. rechtlichen Argumenten unerwähnt lässt, die zur Förderung der sozialen Dimension des Unionsrechts beitragen könnten. Hierzu zählt zuerst die restriktive, und auf den Zweck zu einer Konsultation der Arbeitnehmervertreter und einer Unterrichtung der Behörde beschränkte Auslegung des Zwecks der Richtlinie. Der EuGH bezieht den Hauptzweck zum Arbeitnehmerschutz nicht ein, der dieser Konsultation und der Unterrichtung zugrunde liegt. Weiterhin findet das Vorliegen eines Umsetzungsspielraums der Mitgliedstaaten keine Berücksichtigung, wonach sie unter Berücksichtigung der Vorgaben des Art. 6 der Richtlinie und eines effektiven Rechtsschutzes gem. Art. 47 GRC frei entscheiden können, welche Rechtsfolgen die Verstöße gegen Informationspflichten

557 EuGH, 13.07.2023 – C-134/22 [Fn. 96], Rn. 41 – G GmbH; *Mengel/Blume*, ZFA 2023, 451, 458; *Naber*, NZA 2023, 942, 943.

558 EuGH, 13.07.2023 – C-134/22 [Fn. 96], Rn. 36, 40 – G GmbH; *Naber*, NZA 2023, 942, 943.

559 EuGH, 13.07.2023 – C-134/22 [Fn. 96], Rn. 36 – G GmbH; *Sagan*, EuZW 2023, 859, 862.

560 EuGH, 16.07.2009 – C-12/08 [Fn. 493], Rn. 42 – Mono Car Styling; EuGH, 13.07.2023 – C-134/22 [Fn. 96], Rn. 37 – G GmbH.

im Massenentlassungsverfahren nach sich ziehen sollen.[561] Zu beobachten ist in diesem Zusammenhang, dass die Rechtsprechung des EuGH deutlich hinter den Schlussanträgen des Generalanwalts *Pikamäe* zurückbleibt.[562] Dies lässt sich auch in Bezug auf die Berücksichtigung der sozialen Elemente behaupten. Schließlich öffnet der EuGH die Tür für einen Ausschluss des Individualschutzes für weitere Informationspflichten im Konsultations- und Anzeigeverfahren.

(1) Unterbelichtung der Zielsetzung der Massenentlassungsrichtlinie

Der Entstehung des unionsrechtlichen Massenentlassungsschutzes liegt nach dem europäischen Gesetzgeber der Gedanke des Ausgleichs der wirtschaftlichen und sozialen Dimension des Unionsrechts zugrunde. In der Präambel der RL 98/59/EG (Massenentlassungsrichtlinie) erklärt der Gesetzgeber das Ziel der Richtlinie wie folgt: Mit ihr soll der Schutz der Arbeitnehmer bei Massenentlassungen verstärkt werden, weil dies für eine ausgewogene wirtschaftliche und soziale Entwicklung in der Gemeinschaft wichtig und notwendig sei.[563] Zugunsten eines funktionierenden Binnenmarkts, der nach dem sozialpolitischen Aktionsprogramm des Rates 1974 zu einer Verbesserung der Lebens- und Arbeitsbedingungen der Arbeitnehmer führen soll, müssten die unterschiedlichen Rechtsvorschriften zu Massenentlassungen in den Mitgliedstaaten angeglichen werden.[564] Dazu soll auch eine Angleichung der Belastungen für Unternehmen aufgrund der unterschiedlichen Kündigungsvorschriften in den Mitgliedstaaten herbeigeführt werden. Der EuGH berücksichtigt vorliegend diese Zielsetzung der Richtlinie nicht.

(a) Auseinandersetzung mit dem Verhältnismäßigkeitsgrundsatz

Im Urteil in der Rechtssache *G GmbH* verpasst der Gerichtshof die Gelegenheit, im Rahmen einer Verhältnismäßigkeitsprüfung die Rechtspositionen der Arbeitnehmer und der Arbeitgeber entsprechend dem Zweck der Richtlinie zum Ausgleich der wirtschaftlichen und sozialen Interessen hinreichend und klar zu definieren. Diese Zielsetzung der Richtlinie wird im Urteil kaum berücksichtigt. Auf sie wird allerdings in den Vorgaben der nationalen Gerichte hingewiesen. Das BAG als vorlegendes Gericht weist auf die Interessen der Arbeitgeber hin, in dem es die Verhältnismäßigkeit der Unwirksamkeitsfolge für Verstöße gegen die arbeitgeberseitige Übermittlungspflicht gem. § 17 Abs. 3 S. 1 KSchG, die Umsetzungsnorm von Art. 2 Abs. 3 Unterabs. 1 der Richtlinie, in Frage stellt. Der 6. Senat des BAG betont, dass bei der Feststellung einer an-

561 *Schubert/Schmitt*, Jahrbuch des Arbeitsrechts 2022, 81, 83 ff.

562 *Sagan*, EuZW 2023, 859, 862.

563 Erwägungsgrund Nr. 2 der RL 98/59/EG (Massenentlassungsrichtlinie).

564 Erwägungsgrund Nr. 4 ff. der RL 98/59/EG (Massenentlassungsrichtlinie).

gemessenen und abschreckenden Sanktion für Verstöße gegen Informationspflichten im Massenentlassungsverfahren neben dem Effektivitätsgrundsatz auch die Verhältnismäßigkeit der Sanktion berücksichtigt werden müsse.[565] Demnach ist die gleiche Sanktion für die nach Art und Schwere unterschiedlichen Verstöße maßgeblich. Dies wäre der Fall, wenn das Fehlen einer Übermittlung der dem Betriebsrat gegebenen Mitteilungen an die Behörde, welches ein im Vergleich zum Verstoß gegen die Konsultationspflicht gem. § 17 Abs. 2 KSchG geringfügiger und nicht gleichartiger Verstoß ist, ebenso wie die Verletzung der Konsultationspflicht mit der Unwirksamkeit der Entlassungen sanktioniert würde.[566] In welchem Bezug dies die Interessen der Arbeitgeber beeinträchtigt, macht der 6. Senat in seinem Verfahren am 14. Dezember 2023 deutlich, in dem das Gericht infolge der Rechtsprechung des EuGH zu der Rechtssache *G GmbH* im Juli 2023 den 2. Senat des BAG gefragt hat, ob der 2. Senat immer noch an seiner Rechtsprechung zum grundsätzlichen Individualschutz beim Anzeigeverfahren festhalten will.[567]

Auch wenn sich der 6. Senat in diesem Verfahren für eine Abschaffung des grundsätzlichen Nichtigkeitsverdikts für Fehler „im Anzeigeverfahren“ einsetzt, lassen sich seine Ausführungen zum Ausgleich der betroffenen Interessen unter Beachtung des Verhältnismäßigkeitsgrundsatzes für die Frage nach dem Individualschutz „im Konsultationsverfahren“ gut nutzen. Der Senat führt aus, dass die allgemeine Nichtigkeitserklärung der Kündigungen für alle denkbaren Fehler im Anzeigeverfahren einen Eingriff in die unternehmerische Entscheidungsfreiheit des Arbeitgebers darstelle,[568] weil dem Arbeitgeber unverhältnismäßig versagt werde, die geplanten Entlassungen zum gewünschten Zeitpunkt umzusetzen. Die Anzeigepflicht habe nicht eine Verhinderung der Kündigung zum Ziel, sondern die Bewältigung der durch die Kündigung aufgelösten sozioökonomischen Probleme auf dem Arbeitsmarkt.[569] Nach Auffassung des 6. Senats überwiegt der Nutzen der Nichtigkeit der Entlassungen aufgrund der Fehler im Anzeigeverfahren für die arbeitsmarktpolitischen Ziele die Nachteile nicht, die der Arbeitgeber aufgrund der Nichtigkeitserklärung der Entlassungen erleide.[570] Deshalb sei die Nichtigkeitsrechtsfolge nicht verhältnismäßig.

565 BAG, 27.01.2022 – 6 AZR 155/21 (A) [Fn. 532], Rn. 18.

566 BAG, 27.01.2022 ebd., Rn. 21 ff.

567 BAG, 14.12.2023 – 6 AZR 157/22 (B) [Fn. 499].

568 Das Gericht zitiert hier die Rechtsprechung des EuGH zur Entscheidung EuGH, 21.12.2016 – C-201/15 [Fn. 35] – AGET Iraklis; Siehe: BAG, 14.12.2023 – 6 AZR 157/22 (B) [Fn. 499], Rn. 22, 37.

569 BAG, 14.12.2023 – 6 AZR 157/22 (B) [Fn. 499], Rn. 40.

570 BAG, 14.12.2023 ebd., Rn. 39.

Demgegenüber argumentiert der EuGH nicht mit den betroffenen Interessen der Arbeitgeber durch die Nichtigkeitsrechtsfolge für Verstöße gegen die Übermittlungspflicht des Arbeitgebers gegenüber der Behörde gem. Art. 2 Abs. 3 Unterabs. 1 der Richtlinie. Der Gerichtshof definiert lediglich die Ziele der jeweiligen Konsultations- und Anzeigepflichten.[571] Danach begründet er den fehlenden individualschützenden Charakter der Übermittlungspflicht mit der den Arbeitnehmervertretern und der Behörde im Konsultations- und Anzeigeverfahren zugewiesenen unterschiedlichen Rolle beim Schutz der Arbeitnehmer. Die Verhältnismäßigkeit der Unwirksamkeitsfolge in Bezug auf die Schwere und Art der Verstöße sowie mögliche Nachteile dieses Unwirksamkeitsverdikts für die Arbeitgeber wird nicht angesprochen. Schließlich wird auch nicht erwogen, ob sich aus dem Recht auf Konsultation gem. Art. 27 GRC eine Schutzposition auf Seiten des Arbeitgebers ergebe. Es wird angenommen, dass aus Art. 27 der GRC aufgrund seiner mangelnden Klarheit in Bezug auf den Gegenstand und den Träger des einschlägigen Rechts keine Rechte für einzelne Personen abgeleitet werden könnten; es sei zudem unklar, ob es beim Art. 27 GRC um ein Recht oder um einen Grundsatz geht.[572] Wünschenswert wäre dennoch eine Auseinandersetzung mit dem Recht auf Konsultation und Information gem. Art. 27 GRC durch den EuGH, um die Rechtsposition der Arbeitnehmer im Massenentlassungsrecht stärker in die Abwägung einzubringen.

(b) Wahrnehmung des Arbeitnehmerschutzzwecks der Verfahrenspflichten

Die Richtlinie versucht ihr Ziel des Schutzes der Arbeitnehmer dadurch zu erreichen, dass Arbeitgeber in den Mitgliedstaaten bei einer Massenentlassung bestimmte Verfahren einhalten, insbesondere durch Konsultation der Arbeitnehmervertreter und Unterrichtung der nationalen Behörde über geplante Massenentlassungen. Im Wege der Einhaltung dieses Verfahrens wird ein Dialog zwischen dem Arbeitgeber, den Arbeitnehmervertretern und der Behörde aufgebaut, der dazu dient, Massenentlassungen zu vermeiden, ihre Anzahl zu beschränken und soziale Hilfsmaßnahmen zu ergreifen.[573] Der EuGH stellt diesen Trilog infrage, zuerst durch strikte Trennung von Konsultations- und Anzeigeverfahren. Dies führt weiterhin dazu, dass die Rolle der Behörde beim Umgang mit Massenentlassungen auf bloße Vermittlungstätigkeiten reduziert

571 EuGH, 13.07.2023 – C-134/22 [Fn. 96], Rn. 29 – G GmbH.

572 *Dorssemont*, Maastricht Journal of European and Comparative Law 2014, 704, 716.

573 Proposal for a Council Directive on the harmonization of the legislation of the Member States relating to redundancies vom 08.11.1972, COM [1972] 1400, S. 3 „In its draft Directive, the Commission has voluntarily restricted itself to a few essential points prompted by the thought that systematic joint action by management, the authorities and workers representatives is the best method of obtaining community rules on redundancy which will best serve their dual purpose – of providing social protection and acting as an economic regulator."

wird. D.h., für den Schutz der Arbeitnehmer könnten sich lediglich im Rahmen der Konsultationen mit den Arbeitnehmervertretern eingesetzt werden. Dem dreieckigen Dialog steht es entgegen, dass der EuGH den Beitrag der Übermittlungspflicht aus Art. 2 Abs. 3 Unterabs. 1 der Richtlinie zu dem von der Richtlinie anvisierten Schutz der Arbeitnehmer bei Massenentlassungen unterschätzt. All dies kann sich negativ auf die Wahrnehmung des Arbeitnehmerschutzzwecks der RL 98/59/EG auswirken.

(aa) Trennung der Konsultations- und Anzeigeverfahren voneinander

Der RL 98/59/EG (Massenentlassungsrichtlinie) lässt sich nicht entnehmen, dass das Konsultations- und Anzeigeverfahren strikt zu trennen sind. Die Vorgaben der Richtlinie machen vielmehr den Eindruck, dass diese Verfahren eine Zusammenarbeit zwischen Arbeitgeber, Arbeitnehmervertreter und der Behörde schaffen, und diese dient dem Arbeitnehmerschutz. Zu erwähnen sind beispielsweise die Übermittlungspflichten gem. Art. 2 Abs. 3 Unterabs. 1 der Richtlinie und gem. Art. 3 Abs. 2 der Richtlinie. Bei dem Ersten geht es um die Pflicht des Arbeitgebers, der Behörde eine Abschrift der Mitteilungen zu übermitteln, die er im Konsultationsverfahren den Arbeitnehmervertretern gegeben hat. Bei dem Zweiten muss der Arbeitgeber diesmal der Arbeitnehmervertretung eine Abschrift der Anzeige übermitteln, die er im Anzeigeverfahren der Behörde gegenüber über die geplanten Massenentlassungen erstattet hat, gem. Art. 3 Abs. 2 der Richtlinie, zu dem gleichen Zweck, nämlich der Schaffung eines einheitlichen Informationsniveaus und einer Zusammenarbeit zwischen Arbeitgeber, Arbeitnehmervertretern und der Behörde.[574] In diesem Bezug stellt der Generalanwalt fest, dass die Pflichten des Arbeitgebers gegenüber Arbeitnehmervertretern und der Behörde nicht strikt voneinander getrennt sind. Vielmehr bestünden Verbindungen zwischen ihnen, aus denen sich ergebe, dass die Rolle der zuständigen Behörde vom Verlauf und vom Ergebnis des Verfahrens zur Information und Konsultation der Arbeitnehmervertreter abhänge.[575] Die Einordnung der Übermittlungspflicht in das Konsultationsverfahren ändert nichts an dieser Verbindung zwischen dem Konsultations- und Anzeigeverfahren. Die Übermittlungspflicht aus Art. 2 Abs. 3 Unterabs. 1 der Richtlinie hat zudem ein ähnliches Ziel wie die Anzeigepflicht aus Art. 3 der Richtlinie.[576] Diese dient dazu, dass die Behörde die Folgen der geplanten Entlassungen zeitnah bewertet und geeignete Maßnahmen ausarbeitet. Dies gelte

574 Schlussanträge des Generalanwalts *Pikamäe* (ECLI:EU:C:2023:268) zu EuGH, 13.07.2023 – C-134/22 [Fn. 96], Rn. 39 – G GmbH.

575 Schlussanträge des Generalanwalts *Pikamäe* (ECLI:EU:C:2023:268) zu EuGH, 13.07.2023 ebd., Rn. 39 – G GmbH.

576 Schlussanträge des Generalanwalts *Pikamäe* (ECLI:EU:C:2023:268) zu EuGH, 13.07.2023 ebd., Rn. 36 – G GmbH.

auch dann, wenn die Übermittlung in einer Phase erfolgt, in der der Arbeitgeber noch die Arbeitnehmervertreter über geplante Entlassungen konsultiert, weil auch in dieser Phase Entlassungen bereits sehr wahrscheinlich oder sogar unausweichlich sein könnten. Eine frühzeitige Unterrichtung der Behörde würde es ermöglichen, ihr Tätigwerden vor der Anzeige der geplanten Entlassungen vorzubereiten.[577]

Der EuGH trennt die Konsultations- und Anzeigeverfahren demgegenüber voneinander ab. Der Gerichtshof erweckt zuerst den Eindruck, dass die Unterrichtungs- und Konsultationspflichten Selbstzweck der Richtlinie seien, nicht hingegen der Schutz der Arbeitnehmer, dem diese Pflichten dienen. Er betont nämlich, dass das Hauptziel der Richtlinie die Konsultation der Arbeitnehmervertreter und Unterrichtung der zuständigen Behörde sei.[578] Danach führt er aus, dass die Unterrichtung der Behörde im Stadium des Konsultationsverfahrens durch die Übermittlung der den Arbeitnehmervertretern gegebenen Mitteilungen an die Behörde gewährleistet werde. Der zuständigen Behörde werde demnach im Konsultationsverfahren – anders als im Anzeigeverfahren – keine aktive Rolle zugewiesen.[579] Sie sei nur die Adressatin einer Abschrift der in Art. 2 Abs. 3 Unterabs. 1 lit. b Ziff. i bis v genannten Bestandteile der schriftlichen Mitteilung. Auf diese Weise schließt der EuGH die Behörde von dem Trilog aus, der bereits im Vorfeld einer Anzeige zwischen den drei Akteuren erfolgen soll. Er stellt damit die koordinierte Verhandlung über geplante Massenentlassungen zwischen dem Arbeitgeber, den Arbeitnehmervertretern und der Behörde infrage.

Dies führt ferner dazu, dass die Rolle der Behörde beim Umgang mit Massenentlassungen auf bloße Arbeitsvermittlung reduziert wird. Der EuGH ist der Meinung, dass die Behörde bei einer Massenentlassung erst mit einer Anzeige der geplanten Massenentlassungen tätig wird. Die Übermittlung der Mitteilungen, die nach Auffassung des Gerichtshofs zum Beginn der Konsultation nur unvollständig wären, liefern der Behörde keine hinreichenden Informationen, auf deren Grundlage die Behörde ihre Vermittlungstätigkeiten ausüben

577 Schlussanträge des Generalanwalts *Pikamäe* (ECLI:EU:C:2023:268) zu EuGH, 13.07.2023 ebd., Rn. 36 – G GmbH.

578 EuGH, 13.07.2023 ebd., Rn. 38 – G GmbH; diesen Ansatz des EuGH unterstützend deutet man teilweise in der Literatur auch an, das Hauptziel sei die Konsultation und Unterrichtung, siehe etwa: *Winkel*, NZA 2024, 728, 731.

579 EuGH, 13.07.2023 – C-134/22 [Fn. 96], Rn. 34 – G GmbH.

kann.[580] Der EuGH beschränkt damit die Funktion der Behörde beim Umgang mit Massenentlassungen auf bloße Vermittlungsmaßnahmen für diejenigen, über deren Entlassung der Arbeitgeber die Arbeitnehmervertreter konsultiert und sich anschließend für die Entlassung entschieden hat. Diesem Ergebnis liegt der Gedanke zugrunde, dass das Anzeigeverfahren lediglich arbeitsmarktpolitische Zwecke hat.[581] Der Arbeitnehmerschutz im Anzeigeverfahren erfolgt lediglich reflexiv, und zwar im Wege der Vermittlungstätigkeiten der Behörde, nicht hingegen unmittelbar wie im Konsultationsverfahren durch die Verhandlungen der Arbeitnehmervertreter mit dem Arbeitgeber.[582] Aus demselben Grund wird auch der Schutz, der durch die Informationspflicht des Arbeitgebers gegenüber der Behörde aus Art. 2 Abs. 3 Unterabs. 1 der Richtlinie bezweckt wird, nicht als individualschützend betrachtet, sondern kollektiv.[583] Die Behörde bewerte die Entlassungen nämlich im Allgemeinen, nicht hingegen unter Betrachtung der individuellen Situationen jedes einzelnen Arbeitnehmers. All dies zeigt aber, dass der Zweck zum Arbeitnehmerschutz bei Massenentlassung allein durch ein Konsultationsverfahren erreicht werden soll.

Der EuGH hat verkannt, dass die Behörde ihren Beitrag zum Schutz der Arbeitnehmer bei Massenentlassungen auch im Konsultationsverfahren leisten kann, indem sie beispielsweise dem Arbeitgeber und dem Arbeitnehmervertreter arbeitsmarktbezogene Informationen mitteilen, die für die Verhandlung über geplante Massenentlassungen dienlich wären. Damit ist nicht gemeint, dass die Behörde in das Konsultationsverfahren eingegliedert werden muss. Ausreichend wäre, dass für die Verhandlungen im Konsultationsverfahren nützliche Informationen mitgeteilt werden, so wie es zum Beispiel bei den Beratungen mit dem Betriebsrat über Beschäftigungssicherung § 92a BetrVG der Agentur für Arbeit ermöglicht wird, auf Anfrage des Arbeitgebers oder des Betriebsrats einen Vertreter der Agentur zur Verfügung zu stellen.[584] Unter der Berücksichtigung einer solchen Zusammenarbeit zwischen Arbeitgeber, Arbeitnehmervertretung und Behörde wäre der EuGH nicht zu dem Ergebnis gekommen, dass die Übermittlungspflicht nicht individualschützend ist. Denn

580 EuGH, 13.07.2023 ebd., Rn. 32 – G GmbH. Ein weiterer Beleg für die untergeordnete Bedeutung der Übermittlungspflicht für die Tätigkeit der Behörde ist, dass diese Pflicht keine Entlassungssperre im Sinne des Art. 4 der Richtlinie beinhaltet, wonach die Behörde innerhalb von mindestens 30 Tagen nach Lösungen für die durch die Entlassung aufgeworfenen Probleme suchen muss, und erst nach dem Ablauf dieser Frist die Kündigungen wirksam werden, siehe: EuGH, 13.07.2023 ebd., Rn. 35 – G GmbH.

581 *Sittard/Pant*, jM 2024, 185, 191.

582 *Holler*, NZA 2019, 291, 292.

583 Schlussanträge des Generalanwalts *Pikamäe* (ECLI:EU:C:2023:268) zu EuGH, 13.07.2023 – C-134/22 [Fn. 96], Rn. 51 – G GmbH.

584 *Voronova*, EuZA 2022, 372, 377.

die Konsultations- und Anzeigeverfahren können als „ineinandergegriffen" erachtet werden[585] und einheitlich als dem „Arbeitnehmerschutz dienend" angesehen werden.[586]

(bb) Unterschätzung des Beitrags der Übermittlungspflicht zum Arbeitnehmerschutz

Dem der Vorlagefrage des 6. Senats des BAG zugrunde liegenden Konflikt geht es im Grunde darum, dass der Arbeitgeber entgegen der klaren Vorgabe des § 17 Abs. 3 S. 1 KSchG der Behörde nicht „gleichzeitig" zu dem Beginn des Konsultationsverfahrens die einschlägige Abschrift übermittelt hat und dies nach der deutschen Rechtsprechung grundsätzlich zu der Unwirksamkeit der Kündigung führte. Der 6. Senat strebt an, dass diese Rechtsprechung nicht mehr fortgesetzt wird. Das BAG hat diesen Konflikt zum Anlass genommen, um den dadurch verschafften Individualschutz für Arbeitnehmer abzuschaffen. Es hat daher dem EuGH die Frage gestellt, ob der Übermittlungspflicht eine individualschützende Funktion unionsrechtlich zugewiesen ist. Der EuGH stellte zutreffend fest, dass die Abgabe der an den Arbeitnehmervertreter gegebenen Mitteilungen bei der Behörde „nicht gleichzeitig" mit dem Beginn des Konsultationsverfahrens erfolgen muss. Denn die Informationen über geplante Entlassungen wären zum Beginn der Konsultation nicht vollständig, sie müssten doch später gegebenenfalls korrigiert werden. Die Unvollständigkeit der zu übermittelnden Informationen hat im Urteil des EuGH aber darüber hinaus dazu geführt, dass die Übermittlungspflicht an ihrer praktischen Bedeutung verliert. Aus dem Urteil ergibt sich, dass der Verstoß gegen die Übermittlungspflicht nicht zur Unwirksamkeit der Kündigung führt. Dabei macht der EuGH keine Differenzierung zwischen einer nicht gleichzeitig erfolgten Übermittlung und einem gänzlichen Unterlassen der Übermittlung.

In Anlehnung an die Ausführungen des Generalanwalts bestätigt der EuGH, dass die Informationen, die der Arbeitgeber an die Behörde gem. Art. 2 Abs. 3 Unterabs. 1 der Richtlinie weiterleiten muss, zum Zeitpunkt der Einleitung des Konsultationsverfahrens nicht vollständig wären, weil es Entwicklungen während des Konsultationsprozesses geben könne und neue Informationen zu den geplanten Massenentlassungen entstehen könnten.[587] Im Rahmen seiner Konsultationspflicht sollte der Arbeitgeber den Arbeitnehmervertretern alle zweckdienlichen Informationen bis zum Abschluss der Konsultation geben. Anders als der Generalanwalt misst der EuGH allerdings der Übermittlungs-

585 *Gulbins*, SPA 2023, 93, 95.

586 *Bader*, jurisPR-ArbR, 16/ 2022, Anm. 1, 3; *Mengel/Blume*, ZFA 2023, 451, 456.

587 EuGH, 13.07.2023 – C-134/22 [Fn. 96], Rn. 30 f. – G GmbH.

pflicht deutlich weniger Bedeutung bei.[588] Der Gerichtshof nimmt die Unvollständigkeit der übermittelnden Informationen zum Anlass, um deren Beitrag zum Schutz der Arbeitnehmer zu unterschätzen. Eine Übermittlung gem. Art. 2 Abs. 3 Unterabs. 1 der Richtlinie ermögliche der Behörde nur einen Überblick über die relevanten Informationen, wie die Anzahl der zu entlassenden Arbeitnehmer, zu verschaffen.[589] Sie biete keine hinreichende Informationsgrundlage, womit die Behörde ihre Vermittlungstätigkeiten ausüben könne.[590] Derartige Informationen erhalte die Behörde erst mit der Anzeige der geplanten Entlassungen gem. Art. 3 der Richtlinie im Anzeigeverfahren. Allein deshalb, weil die übermittelnden Informationen nicht vollständig sein könnten, wird der Beitrag der Übermittlungspflicht zum Austausch zwischen Arbeitgeber, Arbeitnehmervertreter und der Behörde und somit zum Schutz der Arbeitnehmer auf null reduziert.

Die praktische Wirksamkeit der Übermittlungspflicht aus Art. 2 Abs. 3 Unterabs. 1 der Richtlinie wird im Urteil überhaupt nicht berücksichtigt. Die Durchsetzung der Pflicht des Arbeitgebers zur Übermittlung einer Abschrift der an den Betriebsrat gerichteten Mitteilung ist infolge der Rechtsprechung des EuGH praktisch bedeutungslos, weil die Behörde aufgrund der Pflicht des Arbeitgebers zur Anzeige der geplanten Massenentlassungen gem. § 17 Abs. 1 KSchG über diese informiert werde.[591] Art. 2 Abs. 3 Unterabs. 1 der Richtlinie hingegen bezweckt eine zeitnahe Unterrichtung der Behörde über geplante Massenentlassungen.[592] Allein die Einstufung der Übermittlungspflicht als bloße verfahrensordnende Vorschrift würde zwar nicht unmittelbar den Schutzzweck der Richtlinie beeinträchtigen, weil eine (erweiterte) Entlassungssperre auch als eine Sanktion für Verstöße gegen Übermittlungspflichten für genug gehalten werden könnte.[593] Der EuGH macht im vorliegenden Zusammenhang aber jedenfalls nicht deutlich, dass die Übermittlungspflicht nicht sanktionslos bleiben darf. Dem Verlust der praktischen Bedeutung der Übermittlungspflicht wirkt der EuGH auch nicht dadurch entgegen, dass er auf Folgendes hinweist: Der fehlende individualschützende Charakter der Übermittlungspflicht bedeutet nicht, dass der Verstoß gegen diese Pflicht völlig sanktionslos bleiben darf. Unter dem Effektivitäts- und Verhältnismäßigkeitsgrundsatz könnte man eine Rechtsfolge für Verstöße gegen Mitteilungspflichten festlegen. Stattdessen schließt der EuGH eine individualschützende Funk-

588 Schlussanträge des Generalanwalts *Pikamäe* (ECLI:EU:C:2023:268) zu EuGH, 13.07.2023 ebd., Rn. 43 f. – G GmbH.

589 EuGH, 13.07.2023 ebd., Rn. 32 – G GmbH.

590 EuGH, 13.07.2023 ebd., Rn. 32 – G GmbH.

591 *Sagan*, EuZW 2023, 859, 862.

592 *Voronova*, EuZA 2022, 372, 375.

593 *Mengel/Blume*, ZFA 2023, 451, 458; diff.: *Sittard/Pant*, jM 2024, 185, 190.

tion aus. Eine Überlegung wäre, dass nicht ein Verstoß gegen die „gleichzeitige" Übermittlung mit der Konsultation zu einer Unwirksamkeit der Kündigung führen muss, aber ein vollständiges Unterbleiben der Übermittlung doch als individualschützend betrachtet werden kann.[594] Die Übermittlung – auch wenn die zu übermittelnden Informationen nicht vollständig waren – kann der Behörde doch weiterhin helfen. Eine rechtzeitige Übermittlung von Informationen über die geplante Massenentlassung im Vorfeld einer Anzeige wäre von wesentlicher Bedeutung. Besonders wenn es um die Entlassung einer so beträchtlichen Anzahl von Arbeitnehmern geht, dass der Behörde ein erheblicher Zeitaufwand zur Bereitstellung von Vorbereitungsmaßnahmen droht, der sogar auch durch die über die gem. Art. 4 Abs. 3 Unterabs. 1 der Richtlinie verlängerte 60-tägige Frist nicht erfüllt werden könnte.[595] Diese und ähnliche weiteren Gedanken über den Beitrag der Übermittlungspflicht zum Arbeitnehmerschutz bei Massenentlassungen sowie über die mögliche individualschützende Funktion blieben im Urteil insgesamt ausgeblendet.

(2) Missachtung der Befugnis zu nationalen Schutzmaßnahmen

In Bezug auf die Förderung der sozialen Rechte kann sich negativ auswirken, dass der EuGH die Befugnis der Mitgliedstaaten zur Bestimmung der Rechtsfolgen dieser Verstöße sowie zur Schaffung von für Arbeitnehmer günstigeren Regeln ausblendet. In diesem Zusammenhang bleiben die Ausführungen des EuGH deutlich hinter den Schlussanträgen des Generalanwalts *Pikamäe* zurück. Der Generalanwalt stellt fest, dass es unionsrechtlich nicht erforderlich wäre, einen Verstoß gegen die Übermittlungspflicht mit der Nichtigkeit der Entlassungen zu verbinden.[596] Die hauptsächlichen Gründe dafür sind Folgende: Erstens ist das Recht auf Konsultation und Information kollektivrechtlich ausgestaltet, was dafür spricht, dass es Arbeitnehmervertretern in erster Linie ermöglicht werden soll, die Durchsetzung dieser Übermittlungspflicht des Arbeitgebers zu beanspruchen. Zweitens befasst sich die Behörde im Stadium, in dem die Übermittlung der Mitteilungen gem. Art. 2 Abs. 3 Unterabs. 1 der RL 98/59/EG (Massenentlassungsrichtlinie) erfolgt, nicht mit individuellen Situationen jedes einzelnen Arbeitnehmers, daher kann der dadurch verschaffte Schutz nicht individueller Art sein.

Nichtdestotrotz schließt der Generalanwalt die Möglichkeit der Unwirksamkeitsfolge nicht aus. Nach Auffassung des Generalanwalts spricht die einschlägige Auslegung der Übermittlungspflicht zwar dafür, dass die Mitgliedstaaten gem. Art. 6 der Richtlinie und im Rahmen der Gewährleistung eines wirksa-

594 *Bader*, jurisPR-ArbR, 16/ 2022, Anm. 1.

595 *Voronova*, EuZA 2022, 372, 376.

596 Schlussanträge des Generalanwalts *Pikamäe* (ECLI:EU:C:2023:268) zu EuGH, 13.07.2023 – C-134/22 [Fn. 96], Rn. 51 f. – G GmbH.

men Rechtsschutzes im Sinne des Art. 47 GRC dafür sorgen, dass Arbeitnehmervertretern die Möglichkeit eingeräumt wird, die Durchsetzung der Übermittlungspflichtüberprüfungen zuzulassen.[597] Die kollektive Art des durch die Übermittlungspflicht bezweckten Schutzes schließe aber nicht aus, dass die Mitgliedstaaten ergänzende Maßnahmen mit dem gleichen Zweck ergreifen, wie zum Beispiel den Arbeitnehmern das Recht einzuräumen, sich individuell auf die Folgen der Verletzung dieser Pflicht zu berufen.[598] Folglich können die Mitgliedstaaten unter Berücksichtigung der innerstaatlichen Gegebenheiten frei bestimmen, welche Maßnahmen geeignet wären, die Einhaltung der Übermittlungspflicht des Art. 2 Abs. 3 Unterabs. 1 der Richtlinie zu sichern. Zudem bleibe es den Mitgliedstaaten gem. Art. 5 der Richtlinie unbenommen, dass sie für Arbeitnehmer günstigere Rechtsvorschriften vorsehen.[599] Es wäre nach Auffassung des Generalanwalts schließlich ausreichend, dass diese Maßnahmen einen effektiven gerichtlichen Rechtsschutz gewährleisten und eine abschreckende Wirkung haben.

Der EuGH beruft sich zwar bei der Ablehnung des individualschützenden Charakters der Übermittlungspflicht gem. Art. 2 Abs. 3 Unterabs. 1 der Richtlinie, überwiegend auf die Schlussanträge des Generalanwalts.[600] Jedoch blendet der Gerichtshof die Ausführungen des Generalanwalts zur Befugnis der Mitgliedstaaten bezüglich der Bestimmung der Rechtsfolgen von Verstößen gegen massenentlassungsbezogene Verfahrenspflichten gänzlich aus. In seinem Urteil findet sich weder eine Angabe zum freien Ermessen der Mitgliedstaaten bezüglich der Bestimmung der Rechtsfolgen bzw. der Gewährung eines Individualschutzes noch ein Hinweis auf Art. 5 der Richtlinie.[601] Im Rahmen des Art. 5 der Richtlinie könnte man sich doch einen Individualschutz vorstellen, der sich aus Fehlern im Massenentlassungsverfahren ergeben würde. Das Ausblenden des freien Ermessens der Mitgliedstaaten bezüglich der Feststellung der Rechtsfolgen von Verstößen gegen verfahrensrechtliche Pflichten bei Massenentlassungen ist umso mehr merkwürdiger als das der EuGH in seiner vorherigen Entscheidung in der Rechtssache *Consulmarketing* festgestellt hat, dass die Mitgliedstaaten angemessene Maßnahmen treffen könnten, die der Durchsetzung der Verfahrenspflichten dienen würden.[602] Der

597 Schlussanträge des Generalanwalts *Pikamäe* (ECLI:EU:C:2023:268) zu EuGH, 13.07.2023 ebd., Rn. 48 – G GmbH.

598 Schlussanträge des Generalanwalts *Pikamäe* (ECLI:EU:C:2023:268) zu EuGH, 13.07.2023 ebd., Rn. 53 – G GmbH.

599 Schlussanträge des Generalanwalts *Pikamäe* (ECLI:EU:C:2023:268) zu EuGH, 13.07.2023 ebd., Rn. 54 – G GmbH.

600 EuGH, 13.07.2023 ebd., Rn. 37 ff. – G GmbH.

601 Schlussanträge des Generalanwalts *Pikamäe* (ECLI:EU:C:2023:268) zu EuGH, 13.07.2023 ebd., Rn. 26, 50 – G GmbH.

602 EuGH, 17.03.2021 – C-652/19 (ECLI:EU:C:2021:208), NZA 2021, 627, Rn. 43 – Consulmarketing.

EuGH genügt sich hingegen im Urteil *G GmbH* festzulegen, dass die Unwirksamkeitsrechtsfolge, die von dem deutschen Massenentlassungsrechts vorgesehen ist, unionsrechtlich nicht geboten ist, und zwar ohne seine Feststellungen aus der Rechtsprechung *Consulmarketing* aufzugreifen.

(3) Anreiz zum generellen Ausschluss des Individualschutzes im Massenentlassungsverfahren

Eine Pflicht der Mitgliedstaaten zur Sanktionierung der Verstöße gegen Informations- und Konsultationspflichten im Massenentlassungsverfahren ergibt sich aus dem Unionsrecht nicht. Ebenso wenig gibt das Unionsrecht vor, dass ein Individualschutz ausgeschlossen ist, der dadurch verschafft werden kann, dass die Mitgliedstaaten den Arbeitnehmern einräumen, sich im Falle von Verstößen gegen verfahrensrechtliche Pflichten bei Massenentlassungen gegen Kündigungen durch eine Kündigungsschutzklage zu wehren. Das Urteil *G GmbH* macht dies nicht eindeutig und hinreichend klar. Der EuGH lässt dem vorlegenden Gericht die Möglichkeit einer Abschaffung des Individualschutzes zukommen. Es ist zwar die Sache des nationalen Rechts, aufzuklären, ob es einen Individualschutz geben soll oder nicht. Von dem BAG dürfte man allerdings erwarten, dass dies auf nationaler Ebene aufgeklärt wird. Als Beispiel ist die Lösung der Diskrepanz zwischen den Ansichten des 2. Senats, der sich für die Fortsetzung des Individualschutzes einsetzt, und des 6. Senats, der hingegen für dessen Abschaffung spricht, durch den Großen Senat des BAG zu nennen.[603] Der vorlegende 6. Senat des BAG suchte dennoch eine unionsrechtliche Unterstützung für seine Auffassung und er fand diese durch die Rechtsprechung des EuGH zu Rechtssache *G GmbH*.

Der EuGH bleibt in der Sache untätig, um die sozialpolitische Dimension der Union zu reflektieren. Er hätte darauf hinweisen können, dass es dem Unionsrecht gleichgültig ist, ob der Schutz der Arbeitnehmer bei Massenentlassung kollektivrechtlich oder individualrechtlich verschafft werden soll.

Indem der EuGH diesen Hinweis versäumt, erweckt er den Eindruck, dass ein Individualschutz unionsrechtlich nicht erwünscht wäre. Dies kann sich auf die Schutzinteressen der Arbeitnehmer besonders negativ auswirken, wenn sich auch die Ausführungen des Generalanwalts so begreifen lassen, dass es unionsrechtlich ausreiche, wenn die Mitgliedstaaten den Arbeitnehmervertretern einen Rechtsbehelf im Rahmen des Art. 6 der RL 98/59/EG (Massenentlassungsrichtlinie) einräumen.[604] In diesem Fall müssten auch schwerwiegende Verstöße gegen Verfahrenspflichten generell nicht zur Unwirksamkeit der Kündi-

603 *Gulbins*, ZRI 2024, 81, 88; *Schrader*, ArbR 2024, 310, 314.
604 *Naber*, NZA 2023, 942, 943.

gungen führen. Die Sanktionierung eines schwerwiegenden Fehlers mit etwas anderem als mit der Unwirksamkeit der Kündigung könnte dann auch nicht hinreichend effektiv und abschreckend sein. Der fehlende Hinweis auf das freie Ermessen der Mitgliedstaaten sowie auf die Möglichkeit zur Aufrechterhaltung des Individualschutzes infolge der Unwirksamkeitsfolge führt nicht nur zu einem Missverständnis wie zum Beispiel, dass ein Individualschutz im Wege der Unwirksamkeitsfolge unionsrechtlich nicht erwünscht wäre, sondern auch zu Unklarheiten bezüglich der unionsrechtlich zulässigen Rechtsfolgen.[605]

Dieses Missverständnis und die Unklarheit über europarechtlich zulässige Rechtsfolgen werden durch die Diskrepanz zwischen dem 6. und 2. Senat des BAG und vor allem durch die Ausführungen des 6. Senats zum Individualschutz deutlich. Hinsichtlich der Entscheidung *G GmbH* hat ein Teil der Literatur angenommen, dass es nur eine Einzelfalljudikatur sei.[606] Die Feststellung des EuGH, die Unwirksamkeitsfolge sei unionsrechtlich nicht geboten, müsste sich lediglich auf die Rechtsfolgen von Verstößen gegen die Übermittlungspflicht aus Art. 2 Abs. 3 Unterabs. 2 der Richtlinie beziehen, sodass die Ausführungen des EuGH nicht insgesamt auf die Verstöße im Massenentlassungsverfahren übertragen werden. Daher hatte man nicht erwartet, dass das deutsche Sanktionssystem aufgrund der Rechtsprechung des EuGH neu justiert werden würde.[607] Die Erwartungen sind hingegen enttäuscht worden. Das Urteil des EuGH zu der Rechtsprechung *G GmbH* hat den vorlegenden 6. Senat des BAG in seiner Auffassung zum Individualschutz erheblich bestärkt, und das BAG hat das ganze Sanktionssystem in Frage gestellt. Der EuGH musste sich daher erneut mit weiteren Vorlagefragen der deutschen Gerichte beschäftigen, die sich um eine Klärung bezüglich der Rechtsfolgen von Verstößen gegen Konsultations- und Anzeigepflichten sowie eine Anerkennung ihrer Ansichten durch den EuGH bemühen.[608]

(a) Ausschluss der individualschützenden Wirkung des Anzeigeverfahrens

Es ging im Ausgangsverfahren lediglich um die Frage, ob die Pflicht zu einer Übermittlung „gleichzeitig“ mit dem Beginn des Konsultationsverfahrens erfolgen muss und der Verstoß gegen diese Pflicht einen Individualschutz aus-

605 Auf die Unklarheit bezüglich der Frage, was genau die Position der Richtlinie zum Individualschutz ist, und zu der Feststellung von konkreten Rechtsfolgen durch die Mitgliedstaaten hinweisend, siehe: *Krause/Fischer*, DB 2023, 2243, 2247; siehe ebenso den Hinweis auf die Unklarheit bezüglich der Frage, was für eine Rechtsfolge unionsrechtlich erlaubt ist, und ob diese für alle Art von Verstößen gleichgültig anzuwenden sind: *Naber*, NZA 2023, 942, 943.

606 Siehe etwa: *Fuhlrott*, GWR 2023, 267, 267 f.

607 A.A.: *Fuhlrott*, ebd., 267, 267 ff.

608 Näher dazu unter Abschnitt B, III, 2., b), bb), (3), (c) und (d).

löst. Der 6. Senat hat sich hingegen durch seine Vorlagefrage darüber hinaus eine unionsrechtliche Billigung einer völligen Abschaffung des Individualschutzes im Anzeigeverfahren verschafft. Er hat nun auch dem 2. Senat des BAG gem. § 45 Abs. 3 ArbGG die Frage gestellt, ob dieser an seiner Rechtsprechung zur Unwirksamkeit einer Kündigung bei fehlerhafter Massenentlassungsanzeige festhalten möchte.[609] Nach Auffassung des 6. Senats sollte dies nicht der Fall sein, weil eine Anzeige bei der Arbeitsagentur anders als Information und Konsultation der Betriebsräte nicht einer Vermeidung der Kündigungen diene. Die Anzeige bei der Agentur hat nur ein arbeitsmarktpolitisches Ziel, nämlich die Vorbereitung der zuständigen Arbeitsverwaltung auf eine große Anzahl von zu vermittelnden Arbeitslosen. Die Anzeige bei der Agentur für Arbeit sei nicht geeignet, arbeitsrechtliche Interessen einzelner Arbeitnehmer zu schützen. Sie erschöpfe sich lediglich in einem Verwaltungszweck zur Planung der Arbeitslosenvermittlung. Dieser Zweck habe daher keinen individualschützenden Charakter.[610] Die Aufrechterhaltung der Rechtsprechung zur Unwirksamkeit der Kündigungen aufgrund der fehlenden oder fehlerhaften Anzeige bei der Arbeitsagentur sei schließlich nicht gesetzlich vorgesehen und diese beeinträchtige Arbeitgeberinteressen unverhältnismäßig.[611]

Weil sich der EuGH nicht explizit mit den unionsrechtlich zulässigen Rechtsfolgen von Fehlern im Anzeigeverfahren sowie mit der Verhältnismäßigkeit der Sanktionen befasst hat, droht nach Vorstehendem ein gänzliches uneffektives und unverhältnismäßiges Sanktionssystem. Im Allgemeinen setzt sich zwar die Erkenntnis durch, dass das Anzeigeverfahren äußerst „fehleranfällig" ist, d.h. dem Arbeitgeber gelingt es kaum, ein fehlerfreies Anzeigeverfahren durchzuführen.[612] Aus diesem Grund wäre es möglicherweise unverhältnismäßig, wenn jeder einzelne Fehler im Anzeigeverfahren zur Unwirksamkeit der durch den Arbeitgeber ausgesprochenen Kündigung führen würde.[613] Im Gegensatz dazu wäre es aber nicht hinreichend abschreckend und effektiv, wenn schwerwiegende Verstöße gegen Verfahrenspflichten infolge einer kompletten Abschaffung des Individualschutzes im Anzeigeverfahren auch keine schwere Sanktion, wie die Unwirksamkeit der Kündigung zur Folge haben oder gar folgenlos bleiben dürften.[614]

---

609 BAG, 14.2.2023 – 6 AZR 157/22 (B), NZA 2024, 119. BAG, 14.12.2023 – 6 AZR 157/22 (B) [Fn. 499].

610 BAG, 14.12.2023 ebd., Rn. 25.

611 BAG, 14.12.2023 ebd., Rn. 29; *Sittard/Pant*, jM 2024, 185, 189.

612 *Eufinger*, NZA-RR 2024, 443, 443 f.; *Siemer-Arcq*, ArbR 2024, 37, 37 ff.: Zu begrüßen wäre daher, dass der 2. Senat des BAG dem Anliegen des 6. Senats folgt.

613 *Kalle*, ZESAR 2023, 513, 519.

614 *Bayreuther*, NZA 2024, 813, 814 ff.: siehe die möglichen Rechtsfolgen jenseits des absoluten Unwirksamkeitsverdikts, wie beispielsweise eine fortdauernde Entlassungssperre.

Man stelle sich vor, dem Urteil des EuGH sei nicht zu entnehmen, ein Individualschutz infolge der Fehler im Anzeigeverfahren sei nicht ausgeschlossen.[615] Es wird vertreten, der EuGH würde für diese Fehler ganz im Gegenteil noch strengere Sanktionen als infolge der Fehler im Konsultationsverfahren zulässig bzw. erforderlich finden.[616] Begründet wird dies mit der Unterscheidung zwischen Konsultations- und Anzeigeverfahren durch den EuGH. Dieser unterstreiche, dass die Übermittlungspflicht im Konsultationsverfahren anders als die Pflichten aus Art. 3 und 4 der Richtlinie im Anzeigeverfahren keine Frist und keine Verpflichtungen für die Behörde vorsieht. Daher könne die Ablehnung des Individualschutzes im Falle eines Verstoßes gegen Übermittlungspflicht nicht auf Verstöße gegen das Anzeigeverfahren übertragen werden.[617] Mit Rücksicht auf die Ausführungen des 6. Senats liegt es jedoch nahe, dass ein Individualschutz im Anzeigeverfahren insgesamt ausbleibt.

(b) Potenzial für eine Abschaffung des Individualschutzes im Konsultationsverfahren

Betrachtet man die Ausführungen des BAG zur Verneinung des Individualschutzes für die Übermittlungspflicht und die Rechtsprechung des EuGH, ist auch eine Abschaffung des Individualschutzes im Konsultationsverfahren nicht ausgeschlossen. Der 6. Senat des BAG stellt die Auslösung eines Individualschutzes infolge der Verstöße gegen die Konsultationspflichten nicht in Zweifel. Nach seiner Auffassung steht die Nichtigkeitsrechtsfolge für Fehler im Konsultationsverfahren mit dem Effektivitäts- und Verhältnismäßigkeitsgrundsatz im Einklang.[618] Die Konsultation habe –anders als das Anzeigeverfahren– einen Einfluss auf die Willensbildung des Arbeitgebers, sodass die Konsultationspflichten nicht nur eine Ordnungsfunktion, sondern auch eine individualschützende Funktion haben.[619]

Seine Anfrage an den 2. Senat des BAG betrifft daher lediglich die Abschaffung des Individualschutzes im Anzeigeverfahren. Unter seinen Begründungen findet sich allerdings ein Argument, das auch gegen den Individualschutz im Konsultationsverfahren ausgeführt werden kann, und zwar der Eingriff in die unternehmerische Freiheit des Arbeitgebers. Demnach wird in die unternehmerische Freiheit im Falle einer Unwirksamkeitsrechtsfolge im Anzeigeverfahren unverhältnismäßig eingegriffen.[620] Das Gleiche könnte man sich auch im Konsultationsverfahren vorstellen. Die Unwirksamkeit infolge von Verstößen

615 *Naber*, NZA 2023, 942, 943.
616 *Naber*, ebd., 942, 943.
617 *Naber*, ebd., 942, 943.
618 BAG, 14.12.2023 – 6 AZR 157/22 (B) [Fn. 499], Rn. 50, 52.
619 *Kalle*, ZESAR 2023, 513, 519.
620 BAG, 14.12.2023 – 6 AZR 157/22 (B) [Fn. 499], Rn. 22.

gegen Konsultationspflichten könnte einen Eingriff in die unternehmerische Freiheit des Arbeitgebers darstellen.[621] Falls man diesen Eingriff nicht durch den Arbeitnehmerschutzzweck als gerechtfertigt erachtet, kann ein Fortfall des Individualschutzes im Konsultationsverfahren in Betracht kommen. Diesbezügliche Unklarheiten wurden durch den EuGH im Falle von *G GmbH* nicht aufgeräumt, weil er sich –wie eingangs der Untersuchung erläutert – überhaupt nicht mit den betroffenen Interessen der Arbeitgeber und der Arbeitnehmer sowie dem Verhältnismäßigkeitsgrundsatz befasst hat. Er verneint lediglich den individualschützenden Charakter der Übermittlungspflicht, die er dem Konsultationsverfahren zuordnet. Der EuGH äußert sich hingegen nicht ausdrücklich zu der Frage, ob sonstige Pflichten aus Art. 2 der Richtlinie wie beispielsweise Pflichten des Arbeitgebers, Arbeitnehmervertreter zu konsultieren, Individualschutz vermitteln.[622] Schließt man sich der Ansicht an, dass die Richtlinie weder für Konsultationspflichten noch für Anzeigepflichten Rechtsfolgen vorsieht, und Art. 6 der Richtlinie dahingehend auszulegen ist, dass es beim Konsultationsverfahren lediglich um kollektive Rechtsbehelfe geht, ließe sich der Individualschutz auch für Konsultationspflichten negieren.[623] Das gilt, sofern das nationale Recht den Arbeitnehmervertretern einen angemessenen und wirksamen Rechtsschutz zur Verfügung stellt, wodurch diese ihr Recht auf Konsultation durchsetzen können.[624]

Auch wenn eine völlige Abschaffung des Individualschutzes im Konsultationsverfahren nicht eintreten würde, kann man sich schließlich eine teilweise Negierung des Individualschutzes vorstellen, wie zum Beispiel auf Grundlage des unterschiedlichen bzw. geringen Beitrags der einzelnen Pflichten im Konsultationsverfahren zum Schutz der Arbeitnehmer, wie es bei der Übermittlungspflicht der Fall war.

(c) Teilweise Modifizierung des Sanktionssystems durch den 2. Senat des BAG

Der 2. Senat des BAG hat sich durch seine Vorlagefrage an den EuGH bemüht, die Unklarheiten hinsichtlich der unionsrechtlich zulässigen Rechtsverfolgen von Verstößen gegen Anzeigepflichten zu beseitigen und den Individualschutz im Konsultationsverfahren zu festigen.[625]

Der Senat hält es – so wie es vom 6. Senat behauptet wird – für möglich, dass die bloße Unwirksamkeit der Kündigung als Rechtsfolge fehlender oder man-

621 *Gulbins*, ZRI 2024, 81, 88.

622 *Naber*, NZA 2023, 942, 943.

623 *Bayreuther*, NZA 2024, 813, 816 f.; *Kalle*, ZESAR 2023, 513, 520.

624 *Hotze/v. Grundherr*, BB 2023, 1919, 1920.

625 BAG, 01.02.2024 – 2 AS 22/23 (A), NZA 2024, 257-259.

gelhafter Anzeige nach dem unionsrechtlichen Verhältnismäßigkeitsgrundsatz unverhältnismäßig wäre. Die Rechtsfolge müsste aber auch nicht eine völlige Beseitigung des Nichtigkeitsverdikts sein.[626] Der 2. Senat vertritt eine vom 6. Senat differenzierte Auffassung. Er setzt daher das Anfrageverfahren des 6. Senats aus und wendet sich an den EuGH. In den vom 2. Senat des BAG aufgeworfenen Vorlagefragen vertritt dieser die Meinung, dass eine fehlende oder ordnungswidrige Anzeige der geplanten Massenentlassungen bei der zuständigen Behörde nicht folgenlos bleibe. Bei einer fehlenden oder mangelhaften Anzeige müsse eine ausgesprochene Kündigung als „unrettbar nichtig" angesehen werden, es sei denn der Arbeitgeber hole die unterlassene ordnungsgemäße Anzeige bei der Behörde nach.[627] Bis zur Nachholung der ordnungsgemäßen Anzeige sei die Entlassung gesperrt – sogenannte „Entlassungssperre"–, d.h. die ausgesprochene Kündigung dürfe keine Wirksamkeit entfalten bzw. keine Rechtswirkungen eintreten lassen.[628] Die Vereitelung der Wirksamkeit der Kündigung durch die Entlassungssperre diene dem Sinn und Zweck der Anzeigepflicht.[629] Auf diese Weise werde nämlich der zuständigen Behörde hinreichend Zeit verschafft, um ihrer Pflicht aus Art. 4 Abs. 2 und 3 der Richtlinie nachzukommen, und zwar, um auf der Grundlage der erforderlichen Angaben zur Kündigung nach Lösungen für die durch die Entlassung aufgeworfenen Probleme zu suchen.[630] Eine Heilung der Mängel im Konsultationsverfahren sei dagegen nicht möglich; unterlasse der Arbeitgeber eine (ordnungsgemäße) Konsultation des Betriebsrats, sei die ausgesprochene Kündigung unwirksam.[631] Daran ändere sich nichts dadurch, dass der Arbeitgeber nach dem Ausspruch der Kündigung das Konsultationsverfahren ordnungsgemäß einleite, weil dem Betriebsrat in diesem Fall die Suche nach Wegen zur Vermeidung der Kündigungen bzw. Verringerung ihrer negativen Folgen erschwert oder gar unmöglich gemacht werde – wie es der EuGH in seiner Entscheidung in der Rechtssache *Junk*[632] festgestellt hat. Der 2. Senat vertritt schließlich die Meinung, dass die in dem Art. 6 der Richtlinie vorgesehene Pflicht der Mitgliedstaaten zur Gewährleistung eines wirksamen gerichtlichen Rechtsschutzes für die Arbeitnehmervertreter und Arbeitnehmer lediglich das Konsultationsverfahren betreffe, in dem keine Behörde tätig sei, und das unmittelbar den Schutz der Arbeitnehmer durch die Vermeidung von Entlassungen zum Ziel habe.[633] Unter Betrachtung des arbeitsmarktpolitischen Zwecks des Anzeigeverfahrens müsse es genügen, dass das nationale Recht der nationa-

626 *Schrader*, ArbR 2024, 310, 314.
627 BAG, 01.02.2024 – 2 AS 22/23 (A) [Fn. 625], Rn. 16 f.
628 *Hilbrandt*, DB 2024, 1138, 1138 f.; kritisch: *Schrader*, ArbR 2024, 310, 313.
629 BAG, 01.02.2024 – 2 AS 22/23 (A) [Fn. 625], Rn. 18.
630 BAG, 01.02.2024 ebd., Rn. 15.
631 BAG, 01.02.2024 ebd., Rn. 19; *Fuhlrott/Fischer*, NZA 2024, 246, 249.
632 EuGH, 27.01.2005 – C-188/03 [Fn. 88] – Junk.
633 BAG, 01.02.2024 – 2 AS 22/23 (A) [Fn. 625], Rn. 21.

len Behörde die Möglichkeit verschaffe, für Arbeitnehmer unanfechtbar und für Gerichte bindend festzustellen, wann die Entlassungssperre im konkreten Fall ende.[634] In diesem Zusammenhang stelle sich sonst die Frage, ob es den Arbeitnehmern ermöglicht werden müsse, die Richtigkeit der Feststellung der Behörde gerichtlich überprüfen zu lassen.[635]

(d) Widerstand des 6. Senats des BAG

Als eine Reaktion auf die Vorlagefrage des 2. Senats richtet der 6. Senat erneut ein –abweichendes – Vorabentscheidungsersuchen an den EuGH, um seine Auffassung zu einer absoluten Abschaffung des Individualschutzes im Anzeigeverfahren europarechtlich bestätigen zu lassen. Konkret stellt sich die Frage, ob das Ziel der Anzeige erreicht wird und eine Sanktion somit entbehrlich wäre, wenn die Behörde eine objektiv fehlerhafte Massenentlassungsanzeige nicht beanstande und sich damit als hinreichend informiert betrachte.[636] Der 6. Senat führt aus, dass es einer Rechtsfolge für Verstöße gegen Anzeigepflichten nicht bedürfe und eine Stellungnahme der Behörde bezüglich ausreichender Informationen über geplante Massenentlassungen genüge und darüber hinaus kein Rechtsschutz im Sinne des Art. 6 der RL erforderlich sei.[637] Dieser Auffassung des 6. Senats liegt der Gedanke zugrunde, dass der Zweck der Anzeige nicht erfüllt werden könne, wenn die Anzeige im Falle einer mangelnden oder mangelhaften Anzeige nach dem Zugang der Kündigung nachgeholt wird. Eine nachgeholte Anzeige würde der Behörde bei ihrer Aufgabe zur Lösung der sozioökonomischen Probleme auf dem Arbeitsmarkt nicht helfen, weil sich u.a. die Lage des Markts inzwischen habe ändern können und die Arbeitnehmer bereits seit langem gekündigt wären und ihnen zwischenzeitlich Arbeit vermittelt worden sei.[638] Ferner begründet der 6. Senat seine Meinung damit, dass eine zeitlich unbegrenzte Entlassungssperre als Sanktion nicht in Betracht kommen dürfe, weil diese unverhältnismäßig in die unternehmerische Freiheit des Arbeitgebers eingreife.[639] Zudem ergebe sich aus Art. 4 der Richtlinie auch keine Sanktion für die Verstöße gegen die Anzeigepflichten.[640] Es gehe bei der in Art. 4 der Richtlinie vorgesehenen Entlassungssperre nicht um die materiell-rechtliche Voraussetzung einer Kündigung, sondern lediglich um die Wahrung der praktischen Wirksamkeit der Anzeigepflicht.

634 diff.: *Hilbrandt*, DB 2024, 1138, 1142.

635 BAG, 01.02.2024 – 2 AS 22/23 (A) [Fn. 625], Rn. 20 f.

636 BAG, 23.05.2024 – 6 AZR 152/22 (A), NZA 2024, 825-829.

637 *Schrader*, ArbR 2024, 310, 313 f.

638 BAG, 23.05.2024 – 6 AZR 152/22 (A) [Fn. 636], Rn. 31.

639 BAG, 23.05.2024 ebd., Rn. 32 f.; bis zum Tätigwerden des deutschen Gesetzgebers für die Vorgabe einer gesetzlichen Rechtsfolge könnte eine zeitlich begrenzte Hemmung der Kündigungsfrist als eine angemessene und verhältnismäßige Sanktion für Verstöße gegen die Anzeigepflicht in Betracht kommen, siehe: BAG, 23.05.2024 ebd., Rn. 38.

640 BAG, 23.05.2024 – 6 AZR 152/22 (A) [Fn. 636], Rn. 34; diff.: *Hilbrandt*, DB 2024, 1138, 1142.

Der Vorlage des 6. Senats des BAG ist zu entnehmen, dass das Gericht die Tätigkeit der Behörde als bloße Verwaltungsaufgaben klassifiziert. Denn es bedarf nach seiner Auffassung keiner Sanktion für Fehler im Anzeigeverfahren, wenn sich die Behörde als ausreichend informiert sieht, d.h. eine ordnungswidrige Anzeige schadet grundsätzlich nicht, sofern die Angaben des Arbeitgebers ausreichend sind, damit die Behörde ihren Verwaltungstätigkeiten nachkommt. Darüber hinaus ist eine Informationsweitergabe durch den Arbeitgeber nicht geboten, die der Behörde ermöglichen würde, die Willensbildung des Arbeitgebers zu beeinflussen. Diese Einflussmöglichkeit hätte demnach lediglich der Arbeitnehmervertreter im Konsultationsverfahren. Der Versuch des 2. Senats des BAG, die Fehler im Anzeigeverfahren nicht sanktionslos bleiben zu lassen, kann hingegen die Behörde in der durch die Richtlinie angestrebten Zusammenarbeit zwischen Arbeitgeber, Arbeitnehmer und Behörde wiedereingliedern, und die Rolle der Behörde bei einer Massenentlassung lasse sich mehr als reine Verwaltungstätigkeit betrachten.

Es bleibt abzuwarten, ob der EuGH mit den Vorstellungen des 6. Senats dem Anzeigeverfahren jegliche Sanktion oder mit dem 2. Senat auf die Verhältnismäßigkeit der Entlassungssperre als Sanktion für Verstöße gegen die Anzeigepflicht eingeht.[641] Das ist jedenfalls eine zweite Chance für den EuGH, hervorzuheben, dass das Ziel der RL 98/59/EG (Massenentlassungsrichtlinie) der Schutz der Arbeitnehmer bei Massenentlassungen ist, und die Mitgliedstaaten einen weiten Ermessenspielraum haben, um zu bestimmen, welche Rechtsfolgen die Verstöße gegen Konsultations- und Anzeigepflichten nach sich ziehen sollen. Wichtig ist, dass die Sanktion hinreichend abschreckend, wirksam und verhältnismäßig ist. Der EuGH hatte sich in der Rechtssache *Junk* ausführlich mit der Effektivität der Konsultationspflicht befasst. Nun hat er Veranlassung, den Verhältnismäßigkeitsgrundsatz bezüglich der Rechtsfolgen zu konkretisieren. Dies würde ihm schließlich ermöglichen, Interessen der Arbeitnehmer und der Arbeitgeber zu einem angemessenen Ausgleich zu bringen – entsprechend dem in der Präambel der Richtlinie zum Ausdruck gebrachten Anliegen, eine ausgewogene soziale und wirtschaftliche Entwicklung in der Union zu fördern.

3. Zwischenergebnis

Der Umstand, dass die Rechtsprechung des EuGH zum Massenentlassungsrecht hinreichende Beachtung gefunden hat, bestätigt zunächst nicht, dass die Rechtsprechung des EuGH eine Tendenz zur Geringschätzung der sozialen Di-

641 Siehe die Hinweise auf die praktische Umsetzbarkeit der Auffassung des 2. Senats des BAG: *Eufinger*, NZA-RR 2024, 443, 443 ff.; *Krieger*, ArbR 2024, 117, 117 f.

mension in diesem Rechtsgebiet zeigt. Die rechts- und politikwissenschaftliche Literatur findet zwar teilweise Ähnlichkeiten zwischen einigen Urteilen aus dem Massenentlassungsrecht wie *AGET-Iraklis*[642] und Urteilen aus dem Entsenderecht wie *Laval*[643], bei denen die soziale Dimension des Unionsrechts auf die schiefe Ebene wirtschaftlicher Rechte geraten ist. Um von einer Tendenz zu sprechen ist es allerdings zu früh. Es gibt nicht hinreichend viele Urteile, die die Entscheidung *AGET-Iraklis* wiederholen bzw. das Übergewicht der wirtschaftlichen Freiheit, wie der Niederlassungsfreiheit, bestätigen. Bekannt ist lediglich der Fall *Erzberger*[644], in dem der EuGH die Anwendung einer Wirtschaftsfreiheit, der Arbeitnehmerfreizügigkeit im nachfolgenden Fall *Erzberger* negiert, während er von einer überschießenden Anwendung der Niederlassungsfreiheit im Falle von *AGET-Iraklis* ausgegangen war. Immerhin scheinen sich Bedenken, der EuGH versäume einen angemessenen Ausgleich zwischen sozialen und wirtschaftlichen Interessen insgesamt oder gebe in der Interessenabwägung doch den wirtschaftlichen Interessen mehr Gewicht, nicht zu bestätigen. Aber auch das Gegenteil wird nicht bestätigt: Dies lässt sich zuerst damit begründen, dass er die Konzeption „sozialer Marktwirtschaft", die er – trotz der überwiegenden wirtschaftsliberalen Elemente in der Rechtsprechung – im Falle von *AGET-Iraklis* hervorhebt, sich (noch) nicht in weiteren Urteilen wiederholt. Schließlich hat sich der EuGH bezüglich der Frage nach der Auslösung eines Individualschutzes infolge der Verstöße gegen Konsultations- und Anzeigepflichten im Falle von *G GmbH*[645] zurückgehalten, die Zielsetzung der RL 98/59/EG (Massenentlassungsrichtlinie) zur Wahrnehmung wirtschaftlicher und sozialer Entwicklung der Union hervorzuheben und den weiten Ermessenspielraum der Mitgliedstaaten zur Aufstellung von Rechtsvorschriften im Hinblick auf die Rechtsfolgen der einschlägigen Verstöße anzuerkennen. Seine Entscheidung erweckt den Eindruck, dass ein Individualschutz infolge der Unwirksamkeitsfolge unionsrechtlich nicht erwünscht ist. Zu begrüßen ist indes, dass der EuGH zuerst betont, dass das Hauptziel des Massenentlassungsrechts der Schutz der Arbeitnehmer ist. Egal, ob dieser individual- oder kollektivrechtlich verfolgt wird. Wichtig ist zudem, den Effektivitäts- und Verhältnismäßigkeitsgrundsatz zu berücksichtigen, sodass sowohl Rechte der Arbeitnehmer als auch Interessen der Arbeitgeber Berücksichtigung finden. Der EuGH erhält nun eine weitere Gelegenheit durch die neuen Vorlagefragen des 2. und des 6. Senat des BAG, um diese Erwartungen zu erfüllen.

642 EuGH, 21.12.2016 – C-201/15 [Fn. 35] – AGET Iraklis.
643 EuGH, 18.12.2007 – C-341/05 [Fn. 29] – Laval.
644 EuGH, 18.07.2017 – C-566/15 [Fn. 57] – Erzberger.
645 EuGH, 13.07.2023 – C-134/22 [Fn. 96] – G GmbH.

IV. Das europäische Grundrecht auf bezahlten Jahresurlaub

Philipp Thiel

Im Rahmen seiner Rechtsprechung im Bereich des Urlaubsrechts hat der EuGH eine eigenständige Systematik des Zusammenspiels von Richtlinienrecht und Grundrechtecharta entwickelt, die anhand der folgenden Entscheidungen im Urlaubsrecht untersucht wird. Diese Entwicklung wird in der Literatur wie folgt bewertet: Der EuGH sei mehr und mehr die bestimmende Instanz auch im deutschen Urlaubsrecht geworden und zum anderen habe sich durch die Verknüpfung des EuGH von Art. 7 RL 2003/88/EG (Arbeitszeitrichtlinie (2003)) mit dem Grundrecht auf bezahlten Jahresurlaub aus Art. 31 Abs. 2 GRC ein besonders arbeitnehmerfreundliches europäisches Urlaubsrecht herausgebildet.[646] Insgesamt sei dabei auf ein turbulentes Jahrzehnt in der Rechtsprechung zum Urlaubsrecht zurückzublicken, das auch im deutschen Recht eine neue Betrachtung des Bundesurlaubsgesetzes verlange, indem es das nationale Urlaubsrecht vor sich her getrieben und damit am Ende zu einem zeitgemäßen Urlaubsrecht mit einer eigenständigen Systematik geführt habe.[647]

Diese turbulente Entwicklung lässt sich anhand der im Folgenden aufgezeigten und in Themenbereiche gegliederten Entscheidungen nachzeichnen. Dabei ist nicht nur die starke Systematisierung des europäischen Urlaubsrechts und die damit einhergehende Einflussnahme auf die nationalen Regelungen zum Urlaubsrecht als spannende Entwicklung zu bewerten. Insbesondere die strukturelle Stärkung des Rechts auf bezahlten Jahresurlaub durch die Verknüpfung von Richtlinienrecht und europäischem Grundrecht zeigt eine besondere Entwicklung im Umgang des EuGH mit der sozialen Dimension auf, die es genauer zu betrachten gilt.

1. Übertragung und Abgeltung des Urlaubsanspruchs

Entscheidungen Schultz-Hoff (2009), KHS (2011), Maschek (2016) und Sparkasse Südpfalz (2023)

Fragen der Übertragbarkeit und der Abgeltung des Anspruchs auf bezahlten Jahresurlaub sind die wohl meistdiskutierten Fragen im Zusammenhang mit

646 *Bauckhage-Hoffer*, SAE 2019, 1, 1.
647 *Bayreuther*, NZA 2019, 945, 951; *Kiel*, in: FS Preis, 600.

dem europäischen Urlaubsrecht. Insbesondere die Entscheidung *Schultz-Hoff*[648] gilt dabei als eine Schlüsselentscheidung zum europäischen Urlaubsrecht.

Um diese Diskussion bewerten zu können, ist es zunächst sinnvoll, sich die Frage nach dem verfolgten Zweck des Urlaubsanspruchs zu stellen. Nur wenn der Zweck des Urlaubs auch zu einem späteren Zeitpunkt als dem Jahr, indem der Urlaub dem Arbeitnehmer zusteht, noch seinen Zweck erfüllen kann, ergibt die Möglichkeit, den Anspruch auf einen späteren Zeitpunkt zu übertragen, Sinn. Ähnliches kann man auch für die Kompensation nicht genommenen Urlaubs in Geld erwägen. Der Urlaubsanspruch bezwecke primär eine Freistellung von der Lohnarbeit und damit die Erholung von dieser Arbeit, sowie der Nutzung der Urlaubszeit zur Entspannung (Erholungs- und Freizeitanspruch).[649] Dabei setzten Art. 31 Abs. 2 GRC und Art. 7 RL 2003/88/EG (Arbeitszeitrichtlinie (2003)) zudem auch den Anspruch auf Entgeltfortzahlung voraus.[650] Daraus ergebe sich, dass ein abstrakter Sinnzusammenhang mit der Lohnarbeit bestehen müsse.[651] Im deutschen Recht werde zwischen dem Anspruch auf Übertragung des Urlaubsanspruchs in das Folgejahr und dem Abgeltungsanspruch unterschieden, sodass ersterer nicht unbegrenzt fortgeschrieben werden könne.[652] Diese Differenzierung ergibt auch vor dem Erfordernis eines Zusammenhangs von Lohnarbeit und dem Zweck des Urlaubs Sinn. Die Abgeltung kann man als Kompensation verstehen, die nicht mehr denselben Zusammenhang mit dem Urlaubsrecht haben muss,[653] wie die Nachholung des Urlaubs zu einem späteren Zeitpunkt. Mit dem grundsätzlichen Zweck des Rechts auf bezahlten Urlaub ergeben sich aus den folgenden Entscheidungen wichtige Erkenntnisse über die Systematik des unionsrechtlichen Anspruchs auf bezahlten Jahresurlaub.

a) Die Übertragung des Jahresurlaubs wegen Krankheit

Als zentrale Entscheidung des EuGH im Urlaubsrecht ist die Entscheidung *Schultz-Hoff*[654] zu benennen. Dieser Entscheidung lagen die Vorlagefragen zugrunde, ob Art. 7 der RL 2003/88/EG dahingehend auszulegen ist, dass ein Arbeitnehmer, der wegen Krankheit dauerhaft beurlaubt ist, den verpassten Jahresurlaub für einen künftigen Zeitraum verlangen kann[655] und ob eine Ersatzvergütung zu zahlen ist, wenn bei Beendigung des Arbeitsverhältnisses, der Ar-

648 EuGH, 20.01.2009 – C-350/06 u.a. (ECLI:EU:C:2009:18), AP Nr. 1 zu Richtlinie 2003/88/EG – Schultz-Hoff u.a.; Vorgelegt von: LAG Düsseldorf, 02.08.2006 – 12 Sa 486/06, NZA-RR 2006, 628-633.

649 *Wank*, in: FS Preis, 1463.

650 *Wank*, ebd., 1464.

651 *Wank*, ebd., 1466.

652 *Kiel*, in: FS Preis, 608 m.w.N.

653 Weiterführend siehe in Abschnitt B, IV, 4.

654 EuGH, 20.01.2009 – C-350/06 u.a. [Fn. 650] – Schultz-Hoff u.a.

655 EuGH, 20.01.2009 ebd., Rn. 10 – Schultz-Hoff u.a.

beitnehmer im gesamten oder teilweisen letzten Urlaubsjahr erkrankt war?[656] Die erste Vorlagefrage beantwortete der EuGH so, dass es Art. 7 Abs. 1 der Richtlinie nicht entgegensteht, wenn Vorschriften dem Arbeitnehmer versagen, während des „Krankheitsurlaubs" bezahlten Jahresurlaub zu nehmen.[657] Zur zweiten Vorlagefrage nach der Abgeltung des Urlaubsanspruchs bei Beendigung des Arbeitsverhältnisses führte der EuGH aus, Zweck der Regelung zum Übertragungszeitraum sei es, dem Arbeitnehmer eine zusätzliche Möglichkeit zu geben den Urlaub zu genießen. Diese Festlegung falle auch grundsätzlich in die mitgliedsstaatliche Zuständigkeit.[658] Allerdings stellt der EuGH fest, dass eine nationale Vorschrift nicht mit Art. 7 Abs. 1 der Richtlinie vereinbar ist, die den Anspruch auf bezahlten Jahresurlaub verwehrt, wenn der Arbeitnehmer in diesem Bezugszeitraum und bis zum Ende des Arbeitsverhältnisses krankgeschrieben war und somit seinen Anspruch nicht ausüben konnte.[659] Damit steht Art. 7 Abs. 2 der Richtlinie einer Regelung entgegen, nach der keine finanzielle Vergütung für den nicht genommenen Jahresurlaub gezahlt wird, wenn der Arbeitnehmer aufgrund von Krankheit den Jahresurlaub nicht realisieren konnte. Der Berechnung dieser Vergütung muss das gewöhnliche Arbeitsentgelt zugrunde liegen.[660]

Diese Entscheidung wurde in der Literatur unterschiedlich aufgenommen. Die Entscheidung habe als erster großer Paukenschlag die Auslegung des Urlaubsrechts bestimmt.[661] Sie habe zu tiefgreifenden Veränderungen für das deutsche Recht geführt, da der Verfall des Abgeltungsanspruchs nicht mehr mit dem europäischen Recht vereinbar war.[662] Die Entscheidung sei als zweifelhaft anzusehen, da der EuGH auf den Anspruch auf Urlaub abstelle, der den Eindruck erwecke, dass der Arbeitnehmer einen ewigen Anspruch auf die Urlaubserholung habe.[663] Doch dieser Anspruch wandele sich in einen Freizeitanspruch um, der ebenfalls nicht ewig gelte, sondern nur in dem Übertragungszeitraum.[664] Zudem dürfte nicht allen beteiligten Richtern klar gewesen sein, dass in solchen Konstellationen enorme Abgeltungsansprüche der Arbeitnehmer entstehen können.[665]

656 EuGH, 20.01.2009 ebd., Rn. 10 – Schultz-Hoff u.a.
657 EuGH, 20.01.2009 ebd., Rn. 32 – Schultz-Hoff u.a.
658 EuGH, 20.01.2009 ebd., Rn. 42 – Schultz-Hoff u.a.
659 EuGH, 20.01.2009 ebd., Rn. 49, 52 – Schultz-Hoff u.a.
660 EuGH, 20.01.2009 ebd., Rn. 62 – Schultz-Hoff u.a.
661 *Thüsing u.a.*, RdA 2012, 281, 285.
662 *Thüsing u.a.*, ebd., 281, 286.
663 *Wank*, in: FS Preis, 1467.
664 *Wank*, ebd., 1467.
665 *Junker*, in: FS Preis, 531.

Insgesamt zeigt diese Entscheidung, eine starke Positionierung des Gerichtshofs für das soziale Recht auf bezahlten Jahresurlaub, was auch die Kritik aus der Literatur verdeutlicht. Trotz der bestehenden Möglichkeit auch mit guten Argumenten gegen die langfristige Übertragbarkeit des Abgeltungsanspruches eine entsprechende mitgliedsstaatliche Regelung zu akzeptieren, geht der EuGH den weitestmöglichen Schritt, um den Anspruch der Arbeitnehmer zu garantieren. Dies zeigt eine fast beispiellose Positionierung des Gerichtshofs für ein soziales Recht.

b) Die Vereinbarkeit eines Übertragungszeitraums mit der Arbeitszeitrichtlinie

Die Frage, die dem EuGH in dem Vorabentscheidungsverfahren *KHS*[666] vorgelegt wurde, richtet sich auf die Vereinbarkeit eines Übertragungszeitraums von 15 Monaten des bezahlten Jahresurlaubs mit Art. 7 der RL 2003/88/EG (Arbeitszeitrichtlinie (2003)). Diese tarifvertragliche Regelung führte dazu, dass der Anspruch auf den Urlaub nach den 15 Monaten erlischt.[667] Zunächst betont der Gerichtshof, dass der Anspruch auf bezahlten Jahresurlaub ein Grundsatz des Sozialrechts der Union darstelle.[668] Trotzdem erkennt der EuGH, dass Art. 7 Abs. 1 der Richtlinie nicht generell einer Regelung entgegensteht, die sogar zum Verlust des Urlaubsanspruchs nach einer Übertragungszeit führt.[669] Dies begründet der EuGH damit, dass ein Recht auf unbegrenzte Ansammlung von Ansprüchen auf bezahlten Jahresurlaub, durch einen längeren Zeitraum der Arbeitsunfähigkeit[670] wie im vorliegenden Fall, nicht dem Zweck des Anspruchs auf den bezahlten Jahresurlaub entspricht.[671] Somit erkennt der EuGH an, dass die vorliegende Regelung nicht dem Recht aus Art. 7 Abs. 1 der RL 2003/88/EG entgegensteht.[672]

Die Entscheidung sorgte im Nachgang für eine intensive Diskussion um den Gehalt des Rechts auf bezahlten Jahresurlaub. Der Gerichtshof habe kein uneingeschränktes Unionsrecht anerkannt, dass langzeiterkrankte Arbeitnehmer ihre Ansprüche über Jahre ansammeln können.[673] Das Urteil ermögliche es den Mitgliedstaaten; eine Regelung über entsprechende Übergangszeiträume

666 EuGH, 22.11.2011 – C-214/10 (ECLI:EU:C:2011:761), Slg. 2011, I-11757 = AP Nr. 6 zu Richtlinie 2003/88/EG – KHS. Vorgelegt von: LAG Hamm, 15.04.2010 – 16 Sa 1176/09, ZIP 2010, 2000.

667 EuGH, 22.11.2011 – C-214/10 [Fn. 668], Rn. 22 – KHS.

668 EuGH, 22.11.2011 ebd., Rn. 23 – KHS. Ausführlich zur Bedeutung dieser Formulierung siehe Abschnitt B, IV, 5., a).

669 EuGH, 22.11.2011 ebd., Rn. 26 – KHS.

670 Der Arbeitnehmer war seit 2002 erkrankt und bezog seit 2003 Rente wegen voller Erwerbsminderung. Er schied 2008 aus dem Arbeitsverhältnis aus. Vgl.: *Franzen*, NZA 2011, 1403, 1403.

671 EuGH, 22.11.2011 – C-214/10 [Fn. 668], Rn. 30 – KHS.

672 EuGH, 22.11.2011 ebd., Rn. 44 – KHS.

673 *Franzen*, NZA 2011, 1403, 1404.

zu treffen und die unbegrenzte Ansammlung von Urlaubsansprüchen zu verhindern.[674]

Diese Entscheidung fußt in ihrem Ursprung auf der Entscheidung *Schultz-Hoff*.[675] Im Kontrast zu dieser vorausgegangenen Entscheidung, die eine Art „Unantastbarkeit" des Urlaubsanspruchs im Krankheitsfall zur Folge hatte, erkenne, so *Bayreuther*, der EuGH in der vorliegenden Entscheidung an, dass es eine Grenze gebe, bei deren Überschreitung keine Erholungswirkung für den Arbeitnehmer mehr eintrete, jedoch weiterhin eine finanzielle Last für den Arbeitgeber bestehe.[676] Das Urteil erfährt mit dieser Aussage Zustimmung.[677] Kritisiert wird hingegen die Wahl, der „dünne[n] normativen Grundlage" des Art. 7 Abs. 1 RL 2003/88/EG, auf die der EuGH die Entscheidung stützt.[678]

Insgesamt führt die Entscheidung zwar zu einer Einschränkung des Rechts auf bezahlten Jahresurlaub im Krankheitsfall. Jedoch ist diese Einschränkung als sozialverträglich anzusehen. Es ist vertretbar, wenn der Gerichtshof den Wegfall des Urlaubszwecks nach dem Ablauf der 15 Monate Übergangsfrist als Grundlage dafür nimmt, die Regelung als mit dem Unionsrecht vereinbar anzuerkennen. Diese Regelung schafft es einer starken finanziellen Belastung der Arbeitgeber vorzubeugen. Natürlich wäre ein solcher „Geldsegen" nach dem Ablauf der Erkrankung des Arbeitnehmers eine willkommene Zahlung für den Arbeitnehmer, insbesondere weil der längere Ausfall bei der Erwerbstätigkeit wegen Krankheit in der Regel mit einigen persönlichen und finanziellen Strapazen verbunden sein dürfte. Es ist jedoch trotzdem nicht als übermäßig der sozialen Dimension entgegenstehend anzusehen, wenn dieser Ausgleichsanspruch auf 15 Monate begrenzt bleibt. Dabei ist besonders hervorzuheben, dass der EuGH diese Begrenzung auf den Art. 9 Abs. 1 des ILO-Übereinkommens Nr. 132 stützt.[679] Er betont, dass diese Bestimmung bei der Berechnung des Übertragungszeitraums berücksichtigt werden müsse, weil die RL 2003/88/EG in ihren Erwägungsgründen auf dieses Übereinkommen Bezug nimmt. Damit nutzt der EuGH das Argumentationspotenzial des Übereinkommens und den Zweck der Regelung, nämlich die zeitnahe Inanspruchnahme des Urlaubs, um die Konnexität zwischen Lohnarbeit und Urlaub zu bewahren, für seine Entscheidungsbegründung. Der Gerichtshof hat in der Entscheidung *KHS* somit insgesamt einen sozialgerechten Interessenausgleich gefunden, der auf einer stabilen argumentatorischen Grundlage steht.

---

674 *Bayreuther*, DB 2011, 2848, 2848; *Kiel*, in: FS Preis, 601.

675 EuGH, 20.01.2009 – C-350/06 u.a. [Fn. 650] – Schultz-Hoff u.a.; Vgl. *Bayreuther*, DB 2011, 2848.

676 *Bayreuther*, DB 2011, 2848, 2848.

677 Siehe etwa: *Franzen*, NZA 2011, 1403, 1404.

678 *Franzen*, ebd., 1403, 1404.

679 EuGH, 22.11.2011 – C-214/10 [Fn. 668], Rn. 41 f. – KHS.

c) Die Abweichung von der Arbeitszeitrichtlinie zugunsten der Arbeitnehmer

Auch der Fall *Maschek*[680] hatte die Frage nach dem Vergütungsanspruch wegen nicht genommenen Jahresurlaubs zum Ausgangspunkt. Der betroffene Arbeitnehmer war vor der Versetzung in den Ruhestand nicht in der Lage, den Jahresurlaub zu verbrauchen. In diesem Verfahren stellte das vorlegende Gericht die Frage, ob von der Regelung des Art. 7 Abs. 2 RL 2003/88/EG (Arbeitszeitrichtlinie (2003)) zu Gunsten des Arbeitnehmers abgewichen werden könne.[681]

Der Gerichtshof entschied, dass eine Abweichung von der Richtlinie, die es dem Arbeitnehmer verwehre, seinen nicht in Anspruch genommenen Jahresurlaub zu kompensieren, ausscheide.[682] In dem der Entscheidung zugrundeliegenden Fall hatte der Arbeitnehmer mit dem Arbeitgeber jedoch eine im Gesamtkontext zu betrachtende Vereinbarung getroffen, dass der Arbeitnehmer während eines bestimmten Zeitraums bei Lohnfortzahlung nicht am Arbeitsplatz zu erscheinen hatte.[683] Für den Zeitraum dieser Freistellung bei Lohnfortzahlung sah der EuGH keinen Anspruch auf die finanzielle Vergütung des nicht genommenen Jahresurlaubs, solange der Arbeitnehmer nicht wegen Krankheit seinen Urlaub nicht nehmen konnte.[684] Eine solche „positive" Abweichung war in den Augen des Gerichtshofs also zulässig.

Diese Entscheidung zeigt, dass der EuGH bei dem Anspruch auf finanzielle Vergütung zwischen den Ursachen für die Unmöglichkeit, den Urlaub in Anspruch zu nehmen, unterscheidet. Es ist nachvollziehbar, dass im Zeitraum einer bezahlten Freistellung nicht auch noch der Anspruch auf Jahresurlaub kompensiert werden muss. In der Praxis ist wohl davon auszugehen, dass der Zeitraum der bezahlten Freistellung auch zur Erholung und Freizeit genutzt werden kann und wird. Damit steht die Entscheidung zwar gegen die Interessen des Arbeitnehmers, stellt jedoch trotzdem eine sachgerechte Lösung dar, die sich zumindest nicht negativ auf Aspekte der sozialen Dimension auswirkt.

d) Die Übertragung des Urlaubsanspruchs wegen Quarantäne

Der Fall *Sparkasse Südpfalz*[685] hatte die Besonderheiten der SARS-CoV-2-Pandemie zur Grundlage. Der betroffene Arbeitnehmer hatte im Zeitraum sei-

680 EuGH, 20.07.2016 – C-341/15 (ECLI:EU:C:2016:576), AP Nr. 19 zu Richtlinie 2003/88/EG – Maschek. Vorgelegt vom: Verwaltungsgericht Wien.
681 EuGH, 20.07.2016 ebd., Rn. 24 – Maschek.
682 EuGH, 20.07.2016 ebd., Rn. 30 – Maschek.
683 Vgl. EuGH, 20.07.2016 ebd., Rn. 35 – Maschek.
684 EuGH, 20.07.2016 ebd., Rn. 40 – Maschek.
685 EuGH, 14.12.2023 – C-206/22 (ECLI:EU:C:2023:984), AP Nr. 55 zu Richtlinie 2003/88/EG – Sparkasse Südpfalz; vorgelegt vom: ArbG Ludwigshafen, 14.02.2022 – 5 Ca 216/21, ArbRB 2022, 138.

nes Jahresurlaubs eine behördliche Quarantäneanordnung wegen des Kontaktes mit einer mit dem SARS-CoV-2-Virus infizierten Person erhalten, ohne selbst erkrankt zu sein. Er beantragte deshalb die Übertragung des Jahresurlaubs in einen anderen Zeitraum.[686] Die Vorlagefrage richtete sich nun darauf, ob das Recht auf bezahlten Jahresurlaub dahingehend auszulegen sei, dass es mitgliedsstaatliche Regelungen gestattet, nach denen der Urlaubsanspruch auch dann erfüllt ist, wenn dieser durch ein unvorhersehbares Ereignis, wie die Quarantäneanordnung überschattet wird.[687] Unter Verweis auf die Ausführungen des Generalanwalts führte der Gerichtshof aus, dass die Quarantäne zwar Auswirkungen auf die Umstände der Freizeit für den Arbeitnehmer hat, allerdings nicht davon ausgegangen werden kann, dass der Anspruch des Arbeitnehmers auf die Inanspruchnahme dadurch beeinträchtigt ist.[688] Insbesondere sei der Arbeitgeber nicht dazu verpflichtet, einen Nachteil auszugleichen, der sich aus einem so unvorhersehbaren Ereignis wie der Quarantäne ergibt.[689] Damit begründet die behördliche Anordnung der Quarantäne keinen Anspruch des Arbeitnehmers darauf, seinen Jahresurlaub zu verschieben.

Diese Entscheidung erscheint insbesondere vor der Systematik des Urlaubszwecks als Erholungs- und Freizeitanspruch schlüssig. Auch wenn die Ausübung von Freizeitaktivitäten durch die angeordnete Quarantäne beschränkt ist, so ist sie nicht vollständig unterbunden. Die Möglichkeiten zur Erholung sind gar nicht durch die Quarantäne betroffen. Dabei ist aber wichtig zu differenzieren: Im Fall der Erkrankung durch das SARS-CoV-2-Virus während des Jahresurlaubs besteht wegen der Erkrankung nicht ohne Weiteres die Möglichkeit, den Erholungs- und Freizeitanspruch zu nutzen.[690]

2. Die Bemessung des Urlaubsentgelts

Entscheidung Hein (2018)

Eine weitere Fragestellung betrifft die Bemessung des Entgelts, das während des Urlaubs zu zahlen ist. In der Entscheidung *Hein* stand die Frage im Vordergrund, ob eine Verdienstkürzung wegen Kurzarbeit in der Berechnung des Urlaubsentgelts berücksichtigt werden darf. Die gesetzliche Grundlage im § 11

---

686 EuGH, 14.12.2023 – C-206/22 [Fn. 687], Rn. 8 f. – Sparkasse Südpfalz.

687 EuGH, 14.12.2023 ebd., Rn. 17 – Sparkasse Südpfalz.

688 EuGH, 14.12.2023 ebd., Rn. 44 – Sparkasse Südpfalz.

689 EuGH, 14.12.2023 ebd., Rn. 45 – Sparkasse Südpfalz.

690 Siehe zur Entgeltfortzahlung bei SARS-CoV-2-Infektion weiterführend die Entscheidung: BAG, 20.03.2024 – 5 AZR 234/23 (ECLI:DE:BAG:2024:200324.U.5AZR234.23.0), AP Nr. 37 zu § 3 EntgeltFG.

Abs. 1 BUrlG sah vor, dass das Urlaubsentgelt nach dem durchschnittlichen Arbeitsverdienst des Berechnungszeitraums ohne Berücksichtigung von Verdienstkürzungen, wie etwa Kurzarbeit, berechnet wird.[691] Die erste Vorlagefrage an den Gerichtshof beschäftigte sich damit, ob es mit den europäischen Regelungen zum bezahlten Jahresurlaub vereinbar ist, wenn eine Möglichkeit besteht, tarifvertraglich zu regeln, Verdienstkürzungen aufgrund von Kurzarbeit, während der keine tatsächliche Arbeitsleistung erbracht wurde, in dem Referenzzeitraum zur Berechnung des Urlaubsentgelts zu berücksichtigen.[692] Dies hatte zur Folge, dass die betroffenen Arbeitnehmer ein verkürztes Urlaubsentgelt erhalten hatten. Der Gerichtshof stellte zunächst fest, dass der Anspruch auf den Jahresurlaub und der Anspruch auf Zahlung des Urlaubsentgelts einen gemeinsamen Anspruch darstellen.[693] Der EuGH erklärte die Regelung somit für unvereinbar mit diesem Anspruch und verwies an das vorlegende Gericht, um die Regelungen entsprechend des Rechts aus der Arbeitszeitrichtlinie[694] und des Art. 31 Abs. 1 GRC so auszulegen, dass die Arbeitnehmer das durchschnittliche Arbeitsentgelt ohne Kürzungen erhalten.[695] Eine zeitliche Einschränkung der Wirkung der Entscheidung lehnte der EuGH ab und sah keinen Vertrauensschutz der Arbeitgeber in die höchstrichterliche Rechtsprechung zur Regelung aus dem der Entscheidung zugrundeliegenden Kollektivvertrag.[696]

Die Entscheidung zeigt auf, dass der Gerichtshof eine strikte Linie gegenüber der potenziellen Benachteiligung der Inanspruchnahme des Urlaubsanspruchs durch eine nachteilhafte Entgeltberechnung verfolgt. Der EuGH sichert damit das Recht auf bezahlten Jahresurlaub ab. Diese Entscheidung wird jedoch auch in die entgegengesetzte Richtung ausgelegt. So sei auch eine Berücksichtigung von Überstunden bei der Berechnung kein Bestandteil, es sei denn, es handele sich um Überstunden, die arbeitsvertraglich verpflichtend sind.[697]

---

691 EuGH, 13.12.2018 – C-385/17 (ECLI:EU:C:2018:1018), AP Nr. 28 zu Richtlinie 2003/88/EG, Rn. 13 – Hein. Vorgelegt von: ArbG Verden, 19.06.2017 – 1 Ca 142/16, ZESAR 2018, 23.

692 EuGH, 13.12.2018 – C-385/17 [Fn. 693], Rn. 21 – Hein.

693 EuGH, 13.12.2018 ebd., Rn. 24 – Hein; Verweisend auf: EuGH, 20.01.2009 – C-350/06 u.a. [Fn. 650], Rn. 60 – Schultz-Hoff u.a.; EuGH, 15.09.2011 – C-155/10 (ECLI:EU:C:2011:588), AP Nr. 5 zu Richtlinie 2003/88/EG, Rn. 26 – Williams.

694 RL 2003/88/EG (Arbeitszeitrichtlinie (2003)).

695 EuGH, 13.12.2018 – C-385/17 [Fn. 693], Rn. 53 – Hein.

696 EuGH, 13.12.2018 ebd., Rn. 63 – Hein.

697 Siehe: *Bayreuther*, NZA 2019, 945, 949.

3. Erforderlichkeit des förmlichen Urlaubsantrags

Entscheidungen Kreuziger (2018), Max-Plank-Gesellschaft (2018) und LB/TO (2022)

Die Entscheidungen *Kreuziger* und *Max-Plank-Gesellschaft*[698], die beide am selben Tag vom Gerichtshof verkündet wurden, befassten sich mit der Frage nach der Notwendigkeit einer Beantragung des Urlaubs durch den Arbeitnehmer, um die Ansprüche auf Urlaub zu erhalten.

Im Fall *Kreuziger* stand die Frage im Zentrum, ob ein Arbeitnehmer nach dem Ablauf seines Arbeitsverhältnisses einen Anspruch auf finanzielle Abgeltung des nicht genommenen Urlaubs hat, wenn dieser keinen Urlaubsantrag gestellt hatte. Der Gerichtshof stellt im Ausgangspunkt fest, dass Art. 7 Abs. 2 der RL 2003/88/EG (Arbeitszeitrichtlinie (2003)) nicht mit einer staatlichen Regelung vereinbar ist, die dem Arbeitnehmer eine finanzielle Abgeltung verwehrt, wenn nicht die Möglichkeit bestand, den gesamten Jahresurlaub in Anspruch zu nehmen.[699] Selbst durch den Tod des Arbeitnehmers könne der Anspruch auf bezahlten Urlaub nicht untergehen.[700] Deshalb sei zu fragen, ob der Kläger im Ausgangsverfahren noch „Anspruch auf bezahlten Jahresurlaub hatte, der sich wegen der Beendigung in eine finanzielle Vergütung umwandeln konnte".[701] Der Gerichtshof stellte auf dieser Grundlage fest, dass eine Regelung, die diese Vergütung automatisch ausschließt, nicht mit Art. 7 RL 2003/88/EG vereinbar ist. Es fehle einer vorherigen Prüfung, ob der Arbeitnehmer etwa durch Aufklärung in der Lage war, seinen Urlaub in Anspruch zu nehmen.[702]

In der Sache *Max-Plank-Gesellschaft* entschied der EuGH zu einer ähnlichen Fallgestaltung, in der der Kläger im Ausgangsrechtsstreit ebenfalls die finanzielle Abgeltung von nicht genommenen Urlaubstagen verlangte. Die Vorlagefrage bezog sich darauf, ob eine Regelung Art. 7 der Richtlinie entgegensteht, die den Verlust des Vergütungsanspruchs vorsieht, wenn im Bezugszeitraum kein Urlaubsantrag gestellt wurde.[703] Der Gerichtshof verwies zunächst auf den

698 EuGH, 06.11.2018 – C-619/16 (ECLI:EU:C:2018:872), AP Nr. 25 zu Richtlinie 2003/88/EG – Kreuziger; EuGH, 06.11.2018 – C-684/16 (ECLI:EU:C:2018:874), AP Nr. 26 zu Richtlinie 2003/88/EG – Max-Planck-Gesellschaft. Vorlage zur Entscheidung Kreuziger von: OVG Berlin-Brandenburg, 14.09.2016 – OVG 4 B 38.14, ZESAR 2017, 222-226. Vorlage zur Entscheidung Max-Planck-Gesellschaft von: BAG, 13.12.2016 – 9 AZR 541/15 (A), NZA 2017, 271.

699 EuGH, 06.11.2018 – C-619/16 [Fn. 700], Rn. 32 – Kreuziger.

700 EuGH, 06.11.2018 ebd., Rn. 33 – Kreuziger. Vgl. Abschnitt B, IV, 4.

701 EuGH, 06.11.2018 ebd., Rn. 35 – Kreuziger.

702 EuGH, 06.11.2018 ebd., Rn. 56 – Kreuziger.

703 EuGH, 06.11.2018 – C-684/16 [Fn. 700], Rn. 18 – Max-Planck-Gesellschaft.

besonderen grundrechtlichen Schutz aus Art. 31 Abs. 2 GRC.[704] Die Frage beantwortete der Gerichtshof dahingehend, dass der Arbeitgeber den Beweis erbringen müsse, dass der Arbeitnehmer aus freien Stücken und in Kenntnis der Konsequenzen auf seinen Jahresurlaub verzichtet habe. Erst dann stünde einem Verlust der finanziellen Vergütung des verfallenen Jahresurlaubs nichts entgegen.[705]

In der zweiten Vorlagefrage hatte der Gerichtshof sich mit der Anwendbarkeit des Richtlinienrechts zwischen Privaten auseinanderzusetzen. Hierbei verwies der EuGH auf den Ursprung des Rechts auf bezahlten Jahresurlaub in verschiedenen völkerrechtlichen Verträgen.[706] Insbesondere das niedergeschriebene Recht aus Art. 31 Abs. 2 GRC habe zur Folge, dass nationale Gerichte Regelungen unangewendet lassen müssen, die gegen den Grundsatz verstoßen.[707] Damit ergibt sich nach Auffassung des EuGH eine Verknüpfung zwischen der Regelung aus Art. 7 der Richtlinie und dem Recht aus Art. 31 Abs. 2 GRC, sodass eine nationale Regelung, die gegen die Richtlinie verstößt, aufgrund des EU-Grundrechts auch durch Gerichte unberücksichtigt bleiben muss, wenn dieses einen Rechtsstreit zwischen einem privaten Arbeitgeber und Arbeitnehmer beurteilt.[708]

Diese Urteile beschäftigten auch die Literatur. Die Entscheidung *Kreuziger*[709] knüpfe an den im Urteil *Schultz-Hoff*[710] entwickelten Grundsatz an, dass der Urlaubsanspruch nur im Ausnahmefall, wenn der Arbeitnehmer tatsächlich die Chance hatte, den Urlaub wahrzunehmen, entfallen kann.[711] Der EuGH erkenne die Arbeitnehmer als schwächere Partei im Arbeitsvertragsverhältnis an, sodass verhindert werden müsse, dass der Arbeitgeber dessen Rechte beschränkt.[712] Deshalb habe der Gerichtshof zu Recht angenommen, dass der Arbeitnehmer tatsächlich durch Mitwirkung des Arbeitgebers in der Lage gewesen sein muss, den Urlaub in Anspruch zu nehmen, damit der (Abgeltungs-)Anspruch verloren gehen kann.[713] Der Arbeitgeber muss dazu auch beweisen, dass der Arbeitnehmer freiwillig und in Kenntnis der Umstände auf die Wahrnehmung des Urlaubs verzichtete.[714] Der EuGH verorte das Urlaubsrecht als

---

704 EuGH, 06.11.2018 ebd., Rn. 20 – Max-Planck-Gesellschaft.

705 EuGH, 06.11.2018 ebd., Rn. 47 – Max-Planck-Gesellschaft.

706 EuGH, 06.11.2018 ebd., Rn. 72 – Max-Planck-Gesellschaft.

707 EuGH, 06.11.2018 ebd., Rn. 75 – Max-Planck-Gesellschaft. Ausführlich zum Recht aus der GRC siehe Abschnitt B, IV, 5., b).

708 EuGH, 06.11.2018 ebd., Rn. 81 – Max-Planck-Gesellschaft.

709 EuGH, 06.11.2018 – C-619/16 [Fn. 700] – Kreuziger.

710 EuGH, 20.01.2009 – C-350/06 u.a. [Fn. 650] – Schultz-Hoff u.a.

711 *Rudkowski*, NJW 2019, 476, 477.

712 *Buschmann*, AuR 2019, 234, 234.

713 *Gallner*, SR 2020, 45, 56.

714 *Wank*, in: FS Preis, 1474.

Teil des Arbeitszeitrechts im Bereich des Arbeitsschutzes. Damit sei das Urlaubsrecht als Teilbereich des Arbeitsschutzrechts der europäischen Richtlinien zwingendes Recht.[715] An dieser Verortung wird allerdings Kritik geäußert: Der eigentlich im Zivilrecht zu verortende Urlaubsanspruch würde dem öffentlich-rechtlichen Arbeitsschutz zugeschrieben.[716] Insgesamt zeigten die beiden Entscheidungen, dass der EuGH die Arbeitnehmer als unfähig ansehe, ihre eigenen Interessen zu erkennen und dementsprechend zu handeln.[717]

In den beiden Ausgangsfällen hätten die Arbeitnehmer selbstständig darauf verzichtet ihren Urlaubsanspruch rechtzeitig geltend zu machen.[718] Trotzdem habe der EuGH im Wesentlichen zugunsten der Positionen dieser Arbeitnehmer entschieden. Dies scheine maßgeblich an der entwickelten Rolle des Jahresurlaubs in der Rechtsprechung des EuGH zu liegen. So wird in der Betrachtung der Urteile angeführt, dass es für den Gerichtshof schwierig sei, von seiner entwickelten Prämisse zur besonderen Bedeutung des Anspruchs auf bezahlten Jahresurlaub abzurücken,[719] sodass eine Änderung der Rechtsprechung des EuGH in den Fragestellungen zum Urlaubsrecht kaum zu erwarten sei.[720] Der EuGH betone den Status des bezahlten Jahresurlaubs als „besonders bedeutsamen Grundsatz des Sozialrechts der Union“ in beiden Entscheidungen und begründe sogar den primärrechtlichen Charakter des Anspruchs auf bezahlten Jahresurlaub.[721] Damit lege sich der EuGH selbst Fesseln für die Bewertung der nationalen Rechtsvorschriften an.[722]

Trotz dieser starken Betonung des Rechts auf bezahlten Jahresurlaub finde der EuGH eine differenzierte Antwort auf die Fragestellung, was den Arbeitgeber für eine Verpflichtung trifft, um dem Arbeitnehmer die Wahrnehmung seines Rechts zu ermöglichen. Die Befürchtung, dass der Arbeitgeber dazu verpflichtet sei, den Arbeitnehmer aktiv zur Wahrnehmung des Urlaubs zu bewegen, sei nicht eingetreten. [723] Stattdessen könne der Arbeitgeber seiner Verpflichtung genügen, indem er darüber aufklärt, dass der Anspruch besteht und dass dieser, soweit er nicht in Anspruch genommen wird, auch verfallen kann.[724]

715 *Wank*, ebd., 1473.
716 *Rudkowski*, NJW 2019, 476, 477.
717 *Rudkowski*, ebd., 476, 477.
718 Vgl. *Bauckhage-Hoffer*, SAE 2019, 1, 5.
719 Siehe weiterführend Abschnitt B, IV, 5.
720 *Bauckhage-Hoffer*, SAE 2019, 1, 1 f.
721 *Bauckhage-Hoffer*, ebd., 1, 6.
722 *Bauckhage-Hoffer*, ebd., 1, 5.
723 *Bauckhage-Hoffer*, ebd., 1, 7.
724 Vgl. *Bauckhage-Hoffer*, ebd., 1, 7 f. m.w.N.

Schlussendlich lässt sich aus den beiden Entscheidungen Folgendes für die sozialen Rechte ableiten: Der EuGH betont ein starkes soziales Recht auf bezahlten Jahresurlaub, dass er sowohl aus dem Richtlinienrecht wie auch aus der Grundrechtecharta herleitet. Ohne die Hürde für die Arbeitgeber zur Verwirkung des Anspruchs unerreichbar hoch zu hängen, schafft er die notwendigen Sicherungsmechanismen um die, wie der Gerichtshof selbst erkennt, strategisch unterlegenen Arbeitnehmer zu schützen und in die Lage zu versetzen ihre Rechte zu gebrauchen.

Bezugnehmend auf die beiden Entscheidungen hat der EuGH in der Entscheidung *LB/TO* entschieden, dass der Anspruch auf bezahlten Jahresurlaub hingegen nicht verjähren kann, wenn der „Arbeitgeber den Arbeitnehmer nicht tatsächlich in die Lage versetzt hat, diesen Anspruch wahrzunehmen“.[725] Es bestünde hier kein schützenswertes Interesse des Arbeitgebers an der Verjährung des Anspruchs.[726] Mit dieser Entscheidung ergänzt der EuGH die vorangegangenen Entscheidungen *Kreuziger* und *Max-Planck-Gesellschaft*, indem er zum einen die Prinzipien dieser Entscheidungen bestätigt[727] und zugleich die Grenzen der Ausgestaltung des Anspruchs auf bezahlten Jahresurlaub aufzeigt.

4. Die Vererbbarkeit von Urlaubsansprüchen

Entscheidung Bauer (2018)

Hinsichtlich der Frage, welche Natur der Gerichtshof dem Anspruch auf bezahlten Jahresurlaub zuschreibt, ist die Entscheidung *Bauer* besonders aufschlussreich. In dieser Entscheidung hatte der EuGH darüber zu entscheiden, ob der Abgeltungsanspruch des nicht genommenen Jahresurlaubs auch von den Erben des verstorbenen Arbeitnehmers geltend gemacht werden kann. Die Klage im Ausgangsverfahren richtete sich auf die Abgeltung von 25 verbliebenen Urlaubstagen.[728] Nach dem deutschen Recht – jedenfalls in seiner Auslegung durch die Rechtsprechung des BAG[729] – ginge der Anspruch des Arbeitnehmers auf den bezahlten Jahresurlaub mit dem Tod unter. Er würde

---

725 EuGH, 22.09.2022 – C-120/21 (ECLI:EU:C:2022:718), AP Nr. 49 zu Richtlinie 2003/88/EG, Rn. 57 – LB/ TO; vorgelegt von: BAG, 29.09.2020 – 9 AZR 266/20 (A), AP Nr. 101 zu § 7 BUrlG.

726 EuGH, 22.09.2022 – C-120/21 [Fn. 727], Rn. 53 – LB/ TO.

727 EuGH, 22.09.2022 ebd., Rn. 25 – LB/ TO; verweisend auf: EuGH, 06.11.2018 – C-619/16 [Fn. 700], Rn. 42 – Kreuziger.

728 EuGH, 06.11.2018 – C-569/16 u.a. (ECLI:EU:C:2018:871), AP Nr. 27 zu Richtlinie 2003/88/EG, Rn. 10 – Bauer; Auf Grundlage von zwei Vorlagen des BAG, wobei die erste Vorlagefrage identisch gestellt wurde: BAG, 18.10.2016 – 9 AZR 45/16 (A), ZTR 2016, 693-695; BAG, 18.10.2016 – 9 AZR 196/16 (A), NZA 2017, 207.

729 Siehe: BAG, 12.03.2013 – 9 AZR 532/11, AP Nr. 99 zu § 7 BUrlG Abgeltung.

nicht in eine finanzielle Vergütung umgewandelt und damit Teil des Nachlasses.[730] Dem Gerichtshof wurde die Frage vorgelegt, ob Art. 7 der RL 2003/88/EG (Arbeitszeitrichtlinie (2003)) und Art. 31 Abs. 2 GRC den Erben eines Arbeitnehmers, der während eines aktiven Arbeitsverhältnisses verstorben war, entgegen der deutschen Rechtslage einen Anspruch auf die Abgeltung der nicht genommenen Urlaubstage zuspricht.[731]

Der Gerichtshof betonte zunächst erneut, dass der Anspruch auf bezahlten Jahresurlaub ein besonders bedeutsamer Grundsatz des Sozialrechts der Union darstellt.[732] Zwar sei die Möglichkeit des Arbeitnehmers durch seinen Tod die Entspannungs- und Erholungszeiten wahrzunehmen unmöglich geworden, jedoch sei nicht anzunehmen, „dass dieser Umstand rückwirkend zum vollständigen Verlust des einmal erworbenen Anspruchs führt, der [...], einen zweiten Aspekt von gleicher Bedeutung umfasst, nämlich den Anspruch auf Bezahlung".[733] Der finanzielle Ausgleich sei unerlässlich um die Wirksamkeit des Anspruchs sicherzustellen.[734] Unter Verweis auf Art. 31 Abs. 2 GRC als den Verträgen gleichrangiges Recht,[735] erkennt der Gerichtshof, dass der Anspruch nur unter Achtung des Wesensgehalts beschränkt werden kann.[736] Daraus ergebe sich, dass der Anspruch auf finanzielle Vergütung im Wege der Erbfolge übergehen könne, da sonst die erworbenen Ansprüche, die grundrechtlich geschützt sind, entfallen würden.[737]

Auf die zweite Vorlagefrage war zu klären, ob auch dann die unionsrechtlichen Bestimmungen Anwendung finden, wenn der Arbeitgeber eine Privatperson ist.[738] Der Gerichtshof stellt darauf ab, dass Art. 7 der Arbeitszeitrichtlinie nicht direkt in einem Rechtsstreit zwischen Privaten zu Anwendung gebracht werden könne, sodass auf die Tragweite des Grundrechts aus Art. 31 Abs. 2 GRC abzustellen sei.[739] Art. 31 Abs. 2 GRC hat nach Auffassung des EuGH zur Folge, dass die nationalen Gerichte Regelungen unangewendet lassen müssen, die wie im vorliegenden Fall den Anspruch beschneiden.[740] Zudem können sich auch Arbeitgeber nicht auf eine solche Regelung beziehen.[741] Darauf aufbauend ent-

730 EuGH, 06.11.2018 – C-569/16 u.a. [Fn. 730], Rn. 14 – Bauer.
731 EuGH, 06.11.2018 ebd., Rn. 19 – Bauer.
732 EuGH, 06.11.2018 ebd., Rn. 38 – Bauer.
733 EuGH, 06.11.2018 ebd., Rn. 46 – Bauer; verweisend auf: EuGH, 12.06.2014 – C-118/13 (ECLI:EU:C:2014:1755), AP Nr. 14 zu Richtlinie 2003/88/EG, Rn. 25 – Bollacke.
734 EuGH, 06.11.2018 – C-569/16 u.a. [Fn. 730], Rn. 50 – Bauer; verweisend auf: EuGH, 12.06.2014 – C-118/13 [Fn. 735], Rn. 24 – Bollacke.
735 EuGH, 06.11.2018 – C-569/16 u.a. [Fn. 730], Rn. 51 – Bauer.
736 EuGH, 06.11.2018 ebd., 59 – Bauer.
737 EuGH, 06.11.2018 ebd., Rn. 62 – Bauer.
738 EuGH, 06.11.2018 ebd., Rn. 64 – Bauer.
739 EuGH, 06.11.2018 ebd., Rn. 78 f. – Bauer.
740 EuGH, 06.11.2018 ebd., Rn. 86 – Bauer.
741 EuGH, 06.11.2018 ebd., Rn. 86 – Bauer.

schied der EuGH, dass die nationalen Gerichte dazu verpflichtet sind, eine entsprechende Regelung, die nicht mit Art. 7 der RL 2003/88/EG (Arbeitszeitrichtlinie (2003)) und Art. 31 Abs. 2 GRC vereinbar sind, unangewendet zu lassen, was sich für öffentliche Arbeitgeber aus beiden Normen und für private Arbeitgeber zumindest aus Art. 31 Abs. 2 GRC ergibt.[742]

Die Entscheidung führte in der rechtswissenschaftlichen Auseinandersetzung zu einer Diskussion über die Systematik des Rechts auf bezahlten Jahresurlaub. Die praktische Bedeutung der Entscheidung wird als gering eingeschätzt, insbesondere, weil der Tod während des Arbeitsverhältnisses glücklicherweise eine Ausnahmeerscheinung sei und zudem der Anspruch sich bei korrekter Urlaubsgewährung auf maximal vier Arbeitswochen beziehen dürfte.[743] Trotzdem wird die inhaltliche Ausrichtung der Entscheidung kritisiert. Diese führe dazu, dass der Urlaubsanspruch zu einem gewöhnlichen Geldanspruch werde, der sich vom Zweck der Erholung und Freizeitgewährung ablöse.[744] Soweit man den Abgeltungsanspruch als Surrogat betrachte, könne die Beendigung des Arbeitsverhältnisses durch den Tod keinen vererbbaren Abgeltungsanspruch nach sich ziehen, da es sich hierbei um einen höchstpersönlichen Anspruch handele, der mit dem Tod untergehe.[745] Zudem ergebe der Gedanke eines einheitlichen Anspruchs in der Entscheidung keinen Sinn. Man müsse die Entscheidungen so verstehen, dass der EuGH zwei unabhängige Ansprüche annehme und der Abgeltungsanspruch als eigenständiges zweckgebundenes Zusatzgehalt zähle.[746] Nur so werde die Entscheidung des EuGH verständlich.[747] Insgesamt wird die Bedeutung der Entscheidung jedoch weniger in den unmittelbaren Auswirkungen gesehen, sondern in der mit dem Urteil einhergehenden strukturellen Klärung.[748]

Die Entscheidung halte zusammen mit der Entscheidung *Kreuziger*[749] fest, dass Art. 7 der RL 2003/88/EG nach der Auffassung des Gerichtshofs, inhaltlich hinreichend bestimmt ist, um die staatlichen Arbeitgeber unmittelbar an diese Vorschrift zu binden.[750] Insgesamt entwickele sich diese Richtlinie – auch in der Sichtweise der Europäischen Kommission – zu einem „Eckpfeiler der sozialen Dimension Europas".[751] Dabei sei das Arbeitszeitrecht als öffentlich-recht-

742 EuGH, 06.11.2018 ebd., Rn. 92 – Bauer.
743 *Bayreuther*, NZA 2019, 945, 949.
744 *Rudkowski*, NJW 2019, 476, 479.
745 *Junker*, in: FS Preis, 532.
746 *Wank*, in: FS Preis, 1474.
747 *Wank*, ebd., 1474.
748 *Buschmann*, AuR 2019, 234, 236.
749 EuGH, 06.11.2018 – C-619/16 [Fn. 700] – Kreuziger.
750 *Rudkowski*, NJW 2019, 476, 479.
751 *Gallner*, SR 2020, 45, 45.

liches Gefahrenabwehrrecht zu verstehen, dass die Arbeitnehmer und auch die Leistungsfähigkeit der sozialstaatlichen Institutionen schütze.[752]

Die Besonderheit des Anspruchs auf bezahlten Jahresurlaub ergibt sich hierbei aus der besonderen Stellung, die der EuGH für den Anspruch aus der Richtlinie in Verbindung mit dem Grundrecht der GRC entwickelt hat, wie der nächste Abschnitt zusammenführend verdeutlicht.

5. Das Grundrecht auf bezahlten Jahresurlaub als wesentlicher Grundsatz des Sozialrechts der Union

Entscheidung BECTU (2001)

Durch die Entscheidung *Bauer*[753], aber auch durch die anderen Entscheidungen in diesem Abschnitt, zeichnete sich die im Folgenden nachgezeichnete Entwicklung ab. Der EuGH hat im Verlauf seiner Entscheidungen eine Systematisierung des Rechts auf bezahlten Jahresurlaub vorgenommen, die als Grundsatz und sogar als Grundrecht seine Wirkung entfaltet.

a) Die Entwicklung des Grundsatzes

Der Gerichtshof bringt das Recht auf bezahlten Jahresurlaub immer wieder, wie ein Mantra, als „wesentlichen Grundsatz des Sozialrechts der Union" in Stellung. In jeder der besprochenen Entscheidungen findet sich der Verweis des EuGH auf diesen Grundsatz.[754]

Deutlich wird der Stellenwert dieses Grundsatzes insbesondere in der Entscheidung *BECTU*[755]. Hier ist allein Art. 7 Abs. 1 der RL 93/104/EG (Arbeitszeitrichtlinie (1993)) die zugrundeliegende Norm der Entscheidung gewesen. Im Ausgangsverfahren wurden die Mitglieder der klagenden Gewerkschaft BECTU überwiegend nur in kurzfristige Beschäftigungen vermittelt.[756] Es gab aber eine nationale Regelung, die den Anspruch der Arbeitnehmer erst nach

752 *Gallner*, ebd., 45, 45.

753 EuGH, 06.11.2018 – C-569/16 u.a. [Fn. 730] – Bauer.

754 EuGH, 20.01.2009 – C-350/06 u.a. [Fn. 650], Rn. 22 – Schultz-Hoff u.a.; EuGH, 22.11.2011 – C-214/10 [Fn. 668], Rn. 23 – KHS; EuGH, 20.07.2016 – C-341/15 [Fn. 682], Rn. 25 – Maschek; EuGH, 06.11.2018 – C-569/16 u.a. [Fn. 730], Rn. 51 – Bauer; EuGH, 06.11.2018 – C-684/16 [Fn. 700], Rn. 59 – Max-Planck-Gesellschaft; EuGH, 06.11.2018 – C-619/16 [Fn. 700], Rn. 28 – Kreuziger; EuGH, 13.12.2018 – C-385/17 [Fn. 693], Rn. 22 – Hein; EuGH, 14.12.2023 – C-206/22 [Fn. 687], Rn. 27 – Sparkasse Südpfalz; Vgl. auch: *Buschmann*, AuR 2019, 234, 234.

755 EuGH, 26.06.2001 – C-173/99 (ECLI:EU:C:2001:356), AP Nr. 27 zu Richtlinie 2003/88/EG = AP Nr. 3 zu EWG-Richtlinie Nr 93/104 – BECTU. Vorgelegt vom: High Court of Justice (England & Wales), Queen's Bench Division (Crown Office).

756 EuGH, 26.06.2001 ebd., Rn. 27 – BECTU.

einer ununterbrochenen Mindestbeschäftigungszeit vorsah. Der Gerichtshof hatte die Vereinbarkeit dieser Regelung mit dem Art. 7 Abs. 1 der Richtlinie zu überprüfen.[757] Der Gerichtshof betonte: „Nach alledem ist der Anspruch jedes Arbeitnehmers auf bezahlten Jahresurlaub als ein besonders wichtiger Grundsatz des Sozialrechts der Gemeinschaft anzusehen, von dem nicht abgewichen werden darf und den die zuständigen nationalen Stellen nur in den in der Richtlinie 93/104 ausdrücklich genannten Grenzen umsetzen dürfen."[758] Damit verdeutlichte er den Stellenwert dieser Regelung. Der Gerichtshof erkannte in dem Anspruch auf Mindestjahresurlaub ein soziales Recht, „das jedem Arbeitnehmer unmittelbar durch die Richtlinie als ein für den Schutz seiner Sicherheit und seiner Gesundheit erforderlicher Mindestanspruch eingeräumt worden ist."[759] Die zu überprüfende nationale Regelung erkannte der EuGH deshalb als „offensichtlich unvereinbar" mit dem Anspruch auf bezahlten Jahresurlaub an.[760] Diese Entscheidung verdeutlicht, wie der Gerichtshof das starke Recht als europäischen Grundsatz herausbildet.

Im späteren Verlauf der Verbindung des Rechts mit Art. 31 Abs. 2 GRC hat dieser Grundsatz durch Art. 6 Abs. 1 EUV zudem denselben Rang wie die Europäischen Verträge erlangt.[761] Dabei sagt der Gerichtshof selbst, dass sich das Recht ursprünglich nicht allein aus Art. 7 der beiden Arbeitszeitrichtlinien ergebe, sondern seinen Ursprung in verschiedenen völkerrechtlichen Verträgen und im zwingenden Charakter als Grundsatz des Sozialrechts entwickelt habe.[762]

Der EuGH schafft schon allein wegen dieser Entwicklung des Grundsatzes ein wirkmächtiges Instrument. Es setzt den nationalen Umsetzungsspielräumen enge Grenzen.[763] Dieser Grundsatz bindet aber auch den Gerichtshof in seiner Rechtsprechung, da es für ihn schwierig wird, von diesem Grundsatz in seiner Judikatur abzuweichen.[764] Der Gerichtshof hat zudem den Grundsatz untermauert. Er verbindet diesen mit Art. 31 Abs. 2 GRC und macht ihn zum Bestandteil des Gesundheitsschutzes.[765] Damit verankert er den Grundsatz auch primärrechtlich.[766]

---

757 EuGH, 26.06.2001 ebd., Rn. 33 – BECTU.

758 EuGH, 26.06.2001 ebd., Rn. 43 – BECTU.

759 EuGH, 26.06.2001 ebd., Rn. 47 – BECTU.

760 EuGH, 26.06.2001 ebd., Rn. 50, 64 – BECTU.

761 EuGH, 06.11.2018 – C-569/16 u.a. [Fn. 730], Rn. 51 – Bauer; EuGH, 06.11.2018 – C-684/16 [Fn. 700], Rn. 20 – Max-Planck-Gesellschaft.

762 EuGH, 06.11.2018 – C-569/16 u.a. [Fn. 730], Rn. 83 – Bauer.

763 *Kiel*, in: FS Preis, 600.

764 *Bauckhage-Hoffer*, SAE 2019, 1, 1 f.

765 *Kiel*, in: FS Preis, 600.

766 *Thüsing u.a.*, RdA 2012, 281, 289.

b) Der Grundrechtsanspruch

Der Gerichtshof hat in seiner Rechtsprechungsentwicklung auch den Art. 31 Abs. 2 GRC als Stütze des Grundsatzes des Rechts auf bezahlten Jahresurlaub hinzugezogen. Diese neuere Entwicklung stärkte den Anspruch besonders, indem der EuGH ein europäisches Grundrecht entwickelte.

Insbesondere die Entscheidung *Bauer*[767], so wird betont, werde als Anerkennung des unbedingten Individualanspruchs aus Art. 31 GRC durch den Gerichtshof in Erinnerung bleiben.[768] Die zuvor vertretene Ansicht, dass jegliche sozialen Grundrechte der Art. 27–38 GRC reine Programmsätze seien, sei nach dieser Entscheidung zu revidieren.[769] Die Entscheidung unterwerfe private Arbeitgeber nämlich unmittelbar dem europäischen Urlaubsrecht, sodass Art. 31 Abs. 2 GRC ein Grundrecht der Arbeitnehmer auf bezahlten Jahresurlaub enthalte, der primärrechtlich gegen private Arbeitgeber wirkt.[770] Diese Grundrechtsdogmatik sei auch in Anbetracht des primärrechtlichen Anwendungsvorrangs konsistent.[771] Andererseits wird angeführt, dass bei einer reinen Wirkung der Richtlinie nur eine Wirkung gegenüber den staatlichen Arbeitgebern entstehen würde.[772] Eine vom EuGH vorgenommene Hochzonung des Richtlinienrechts ins Primärrecht sei nicht notwendig gewesen und beeinträchtige zudem den Gestaltungsspielraum der Mitgliedstaaten.[773]

Die Begründung stützte der EuGH u.a. auf die ESC.[774] In den Entscheidungen *Bauer* und *Max-Plank-Gesellschaft*[775] habe der EuGH zudem klagestellt, dass Art. 7 Arbeitszeitrichtlinie das Grundrecht aus Art. 31 Abs. 2 GRC konkretisiert.[776] Diese grundrechtliche Fundierung des Richtlinienrechts sei ähnlich auch schon beim Antidiskriminierungsrecht zu beobachten gewesen.[777] Diese Fundierung sei bei sozialen Grundrechten jedoch anders zu bewerten, da diese sehr weit formuliert und offen gehalten seien, sodass sie keinen konkreten

---

767 EuGH, 06.11.2018 – C-569/16 u.a. [Fn. 730] – Bauer.

768 *Buschmann*, AuR 2019, 234, 237.

769 *Buschmann*, ebd., 234, 237.

770 *Rudkowski*, NJW 2019, 476, 479. Dies gelte auch für die Entscheidung *Max-Plank-Gesellschaft*, vgl. *Gallner*, SR 2020, 45, 51.

771 *Gallner*, SR 2020, 45, 52.

772 *Wank*, in: FS Preis, 1470.

773 *Wank*, ebd., 1470. M.w.N.

774 EuGH, 06.11.2018 – C-569/16 u.a. [Fn. 730], Rn. 81 – Bauer; Siehe: *Rudkowski*, NJW 2019, 476, 479.

775 EuGH, 06.11.2018 – C-569/16 u.a. [Fn. 730] – Bauer; EuGH, 06.11.2018 – C-684/16 [Fn. 700] – Max-Planck-Gesellschaft.

776 *Gallner*, SR 2020, 45, 55. Die Vorlagefrage des BAG zur Entscheidung Max-Plank-Gesellschaft hat die Frage adressiert, welches Verhältnis Art. 31 Abs. 2 GRC und Art. 7 der Arbeitszeitrichtlinie (RL 2003/88/EG) nach dem Inkrafttreten des Vertrags von Lissabon zueinander haben und dadurch eine horizontale Drittwirkung entstehen kann. Vgl. *Gallner* a.a.O. S. 52 m.w.N.

777 *Bayreuther*, NZA 2019, 945, 950. Dabei sei das Antidiskriminierungsrecht ein vollkommen anderer Regelungsgegenstand, so *Rudkowski*, NJW 2019, 476, 480.

Normbefehl enthielten.[778] Durch dieses Vorgehen erlangten Richtlinien faktische und europäische Grundrechte unmittelbare Drittwirkung, sodass es angemessener wäre, die europäischen Kompetenzen so auszugestalten, dass entsprechende Regelungen per Verordnung erlassen werden können.[779] Auch die Unbestimmtheit des Art. 31 Abs. 2 GRC verdeutliche, dass es sich hierbei um einen Grundsatz und kein Grundrecht handele.[780] Es sei unzutreffend, dass der EuGH davon ausgehe, dass Art. 31 Abs. 2 GRC keiner Konkretisierung bedürfe.[781] Zudem verkenne er die ausschließliche Wirkung der GRC, die nach Art. 51 Abs. 1 ausschließlich für Organe, Einrichtungen und sonstige Stellen der Union – in spezifischen Fällen auch für die Mitgliedstaaten – gelte und nicht im Verhältnis unter Privatpersonen.[782]

c) Fazit: Das Recht auf bezahlten Jahresurlaub als Grundrecht in der sozialen Dimension des Unionsrechts

Die Entwicklung um den Anspruch auf bezahlten Jahresurlaub als starkes soziales Recht in der Union zeigt, wie der Gerichtshof ein Recht entwickeln und durchsetzen kann. In der aufgezeigten Entwicklung stellt sich eine dominante Aneignung der Deutungshoheit über das Urlaubsrecht im unionsrechtlichen Sinne dar. Der Gerichtshof entwickelt ein durchsetzungsstarkes Recht, das direkte Auswirkungen in die den Vorlagefragen zugrundeliegenden Fallkonstellationen hat.[783] Es zeigt sich, dass der Gerichtshof die unionsrechtlichen Rahmenbedingungen des Sekundärrechts und später auch der GRC für seine Argumentationen zu nutzen vermag. Er entwickelt auf dieser Grundlage ein prägnantes soziales Recht.

Dem Gerichtshof scheint dabei die simple Natur des Urlaubsrechts hilfreich zu sein. Weil es kaum Differenzierungsnotwendigkeiten im Urlaubsrecht an sich gibt, gelingt es dem Gerichtshof, einen schlüssigen allgemeingültigen Rechtsgrundsatz zu etablieren. Die Kritik an der Rechtsprechung bezieht sich vor allem auf die Dominanz, mit der der Gerichtshof dem Recht zur Durchsetzung verholfen hat. Die Konstruktion eines unmittelbar anwendbaren Grundrechts aus den zugrunde gelegten Rechtsnormen ist jedenfalls ein weitreichender Schritt, der zeigt, dass der EuGH dieses spezielle soziale Recht auf bezahlten Mindesturlaub besonders ernst nimmt. An der inhaltlichen Ausgestaltung des Rechts scheint es hingegen weniger auszusetzen zu geben. Insbesondere aus

---

778 *Bayreuther*, NZA 2019, 945, 950 m.w.N.

779 *Bayreuther*, ebd., 945, 950.

780 *Rudkowski*, NJW 2019, 476, 480.

781 *Wank*, in: FS Preis, 1469.

782 *Wank*, ebd., 1472; bezugnehmend auf die Positionierung des Gerichtshofs in der Entscheidung EuGH, 17.04.2018 – C-414/16 [Fn. 25], Rn. 82 – Egenberger.

783 Hierzu kritisch siehe: *Wank*, in: FS Preis, 1475.

der Perspektive der sozialen Dimension ist die Positionierung des Gerichtshofs zu begrüßen. Das Recht nimmt Rücksicht auf die strukturelle Unterlegenheit der Arbeitnehmer und legt einen hohen Maßstab an, damit der Jahresurlaub auch tatsächlich in Anspruch genommen werden kann.[784] Dabei driftet die Rechtsprechung jedoch nicht in die Einseitigkeit zu Gunsten des Urlaubsanspruchs ab, sondern bezieht auch, wie dargestellt, die Bedürfnisse der Arbeitgeberseite in die Abwägung mit ein. Zum aktuellen Zeitpunkt scheint sich die Rechtsprechung des EuGH am Ende einer intensiven Auseinandersetzung mit dem Urlaubsrecht zu befinden, aus der ein Konzept des Rechts auf bezahlten Jahresurlaub entwickelt wurde. Dennoch ist zu erwarten, dass auch weitere Entscheidungen dieses Recht formen und ausdifferenzieren werden.

V. Schlussfolgerungen aus der Betrachtung der Rechtsprechung

Esra Özen und Philipp Thiel

Die soziale Dimension des Unionsrechts steht dafür, dass soziale Rechte der Arbeitnehmer nicht in den Hintergrund treten, wenn Wirtschaftsfreiheiten in der Union zur Wahrung des Binnenmarkts gefördert werden. Der EuGH trägt zu der Förderung der sozialen Dimension des Unionsrechts dadurch bei, dass er einen gerechten Ausgleich zwischen sozialen und wirtschaftlichen Interessen herstellt. Entsprechend der Zwecksetzung der sozialpolitischen europäischen Richtlinien hat der EuGH in seiner Rechtsprechung grundsätzlich eine positive Stellung zur sozialen Dimension des Unionsrechts eingenommen. Diese positive Tendenz zeigt sich auch in der Heranziehung europäischen Primärrechts, wie vor allem der europäischen Grundrechtecharta.

Die Entscheidungen zu den Rechtssachen *Alemo-Herron* aus dem Betriebsübergangsrecht und *AGET-Iraklis* aus dem Massenentlassungsrecht stehen jedoch im Kontrast zu dieser Tendenz,[785] weshalb eine Betrachtung dieser Entscheidungen besonders aufschlussreich war, um den Stellenwert der sozialen Dimension in der Rechtsprechung des EuGH zu untersuchen. Im Rahmen der vorliegenden Untersuchung im Abschnitt B, II und III wurde festgestellt, dass der EuGH einige Argumentationen entwickelt hat, die ausschließlich bzw. überwiegend zur Förderung der wirtschaftlichen Interessen dienen. Dazu zäh-

784 Im Zweifel auf gegenüber dem Kollektivvertragsrecht, wie in der Entscheidung EuGH, 13.01.2022 – C-514/20 (ECLI:EU:C:2022:19), AP Nr. 45 zu Richtlinie 2003/88/EG – Koch Personaldienstleistungen. Vgl. Abschnitt C, II, 4., b), dd).

785 EuGH, 18.07.2013 – C-426/11 [Fn. 39] – Alemo-Herron; EuGH, 21.12.2016 – C-201/15 [Fn. 35] – AGET Iraklis.

len etwa die zu weit gehende Auslegung des Anwendungsbereichs der wirtschaftlichen Grundfreiheit der Niederlassung, gem. Art. 49 AEUV und die wirtschaftsorientierte Auslegung des Kerngehalts des Grundrechts der unternehmerischen Freiheit aus Art. 16 GRC. Auch die Nichtbeachtung der durch seine bisherige Rechtsprechung belegten Einschränkbarkeit der unternehmerischen Freiheit aus Allgemeininteressen – hierbei ist insbesondere der Schutz von Arbeitnehmern zu nennen – spricht für diese Tendenz. Ebenso ist die Missachtung des Ermessensspielraums der Mitgliedstaaten, den das Unionsrecht ihnen überlassen hat, um für Arbeitnehmer günstigere Schutzmaßnahmen zu ergreifen, in dieser Aufzählung zu nennen. Die Grundfreiheiten der Arbeitgeber setzen in diesen Entscheidungen des EuGH somit die Grenzen für arbeitnehmer-schützende Vorschriften aus den nationalen Rechtsordnungen. Trotzdem ist eine Tendenz zu einer systematischen Unterdrückung von sozialen Rechten der Arbeitnehmer (noch) nicht zu beobachten. Die angesprochenen Entscheidungen stellen nicht den Abschluss der Rechtsprechungsentwicklung des EuGH in diesen Fragestellungen dar; *Alemo-Herron* und nachfolgende Urteile im Bereich des Betriebsübergangs wie etwa *Asklepios*[786] haben noch nicht hinreichende Klarheit darüber geschaffen, wie weit das Grundrecht der unternehmerischen Freiheit schlussendlich reicht. Ebenso wenig ist die Reichweite des Anwendungsbereichs der Niederlassungsfreiheit bezüglich der Massenentlassungen bei Unternehmen mit ausländischen Unternehmen in ihrer Beteiligungsstruktur, wie beispielsweise *AGET-Iraklis*, klargestellt. D.h. der EuGH hat noch die Chance, in seiner künftigen Rechtsprechung eine größere Sensibilität für die soziale Dimension des Unionsrechts zu zeigen, indem er die sozialen Rechte der Arbeitnehmer während der Feststellung des Grundgehalts der unternehmerischen Freiheit und der Reichweite der Niederlassungsfreiheit hervorhebt. In Bezug auf die soziale Dimension des Unionsrechts wäre sonst das Szenario denkbar, dass entgegen fundamentalen Prinzipien des internationalen sowie europäischen Arbeitsrechts, Arbeitnehmerrechte von vornherein als Beschränkung von wirtschaftlichen Interessen – vor allem in schwierigen Zeiten wie denen einer globalen Wirtschaftskrise – betrachtet und diese zum Wohle der wirtschaftlichen Entfaltung geopfert werden. Damit ein asymmetrisches Verhältnis zwischen Arbeitnehmer- und Arbeitgeberrechten und -interessen vermieden und ein gerechter Ausgleich geschaffen wird, ist es unerlässlich, dass diese Rechte und Interessen zuallererst „gleichgestellt“ werden.

Eine solche Entwicklung lässt sich in fortgeschrittenem Stadium im europäischen Urlaubsrecht verorten. Wie die Untersuchung im Abschnitt B, IV zeigt, hat der EuGH hier ein starkes Recht auf bezahlten Jahresurlaub auf der Grundlage des Unionsrechts entwickelt und den Wirtschaftsrechten der Union entge-

786 EuGH, 27.04.2017 – C-680/15 und C-681/15 [Fn. 37] – Asklepios.

gengestellt. Die untersuchten Entscheidungen zeigen als positives Beispiel in der Rechtsprechung des EuGH zu den Rechten der sozialen Dimension, dass das Recht auf bezahlten Jahresurlaub mit den wirtschaftlichen Rechten der betroffenen Arbeitgeber in einen Ausgleich gebracht wurde, der zum einen die wirtschaftlichen Interessen der Arbeitgeber beachtet, aber insbesondere auch einen belastbaren sozialen Schutz für die Arbeitnehmer und ihr Recht auf Urlaub statuiert.

Zusammenfassend zeigt sich somit eine durchmischte Tendenz hinsichtlich der Beachtung der sozialen Dimension im Individualarbeitsrecht durch den EuGH in den untersuchten Bereichen der Rechtsprechung. Es ist festzustellen, dass es keine klare Tendenz des EuGH zugunsten oder zulasten der sozialen Rechte gibt. Die Erkenntnisse der vorliegenden Untersuchung, die sich exemplarisch auf drei für diese Fragestellung sehr relevante Bereiche des individuellen Arbeitsrechts bezieht, ließen sich auch in anderen Bereichen nachzeichnen. Einen Anknüpfungspunkt hierfür bietet die im Abschnitt D folgende empirische Untersuchung der weiterreichenden Stichprobe von über 300 Entscheidungen des EuGH unter der Fragestellung der „Arbeitnehmerfreundlichkeit des EuGH“ durch *Hofmann*.

C. Die Beachtung der sozialen Dimension durch den EuGH in kollektivarbeitsrechtlichen Fragestellungen

Philipp Thiel

I. Einleitung

Der EuGH hat sich im Prozess der fortdauernden, auch sozialpolitischen, europäischen Integration in vielen Fragestellungen mit den kollektiven Rechten der Arbeitnehmer zu beschäftigen. Im Vergleich zu den individualrechtlichen Fragestellungen, die vom EuGH entschieden wurden,[787] scheinen die Entscheidungen des EuGH, die das kollektive Arbeitsrecht betreffen, eine ganz eigene Systematik aufzuweisen, die im Folgenden anhand der prägendsten Entscheidungen beleuchtet werden soll. Im Zentrum dieser Darstellung steht die Frage, wie der EuGH die kollektiven Rechte, die sich in den nationalen Rechtsordnungen finden, auf ihre Vereinbarkeit mit den europäischen Normen hin bewertet. Dabei spielen insbesondere die europäischen Grundfreiheiten eine wichtige Rolle, da diese regelmäßig den kollektiven Rechten entgegenlaufende Interessen schützen. Aber auch die vielfältigen europäischen Richtlinien zeigen Potenziale für Konflikte mit den nationalen kollektiven Rechten auf. Diese Auseinandersetzung mit der Rechtsprechung bietet schlussendlich die Grundlage für die Bewertung, inwieweit der EuGH die soziale Dimension bei der Beurteilung von kollektivarbeitsrechtlichen Fragen berücksichtigt hat und welche Faktoren diese Berücksichtigung beeinflusst haben.

In der Rückschau auf die rechtswissenschaftliche Diskussion um die Beachtung der sozialen Dimension in der Rechtsprechung des EuGH zeichnet sich mit der Entscheidungstrias *Viking*[788], *Laval*[789] und *Rüffert*[790] aus den Jahren 2007 und 2008 eine eruptionsartige Entwicklung ab. Innerhalb weniger Monate deutete sich mit diesen Urteilen ein beunruhigendes Ungleichgewicht in der Rechtsprechung des EuGH zu Gunsten der europäischen Marktfreiheiten an.

787 Siehe hierzu *Özen/Thiel*, Abschnitt B.

788 EuGH, 11.12.2007 – C-438/05 [Fn. 29] – Viking.

789 EuGH, 18.12.2007 – C-341/05 [Fn. 29] – Laval.

790 EuGH, 03.04.2008 – C-346/06 [Fn. 29] – Rüffert. Vorlage vom: OLG Celle, 03.08.2006 – 13 U 72/06, ZIP 2006, 1908-1910.

Das eigentlich unionsrechtsferne kollektive Arbeitsrecht der betroffenen Mitgliedstaaten geriet mit den europäischen Grundfreiheiten an verschiedenen Punkten in Konflikt. Dieser Konflikt bot den Anlass auch im Allgemeinen über den Stellenwert der sozialen Rechte im zu diesem Zeitpunkt durch Marktrechte dominierten System der Europäischen Union nachzudenken.

Neben diesen Entscheidungen, die ihren Weg in das kollektive Gedächtnis der europäischen Arbeitsrechtswissenschaft gefunden haben, lassen sich jedoch auch in jüngerer Zeit einige wichtige Entscheidungen des EuGH finden, die Aspekte des kollektiven Arbeitsrechts im System der Europäischen Union verhandeln und damit Rückschlüsse auf den Stellenwert der sozialen Dimension zulassen. Zum einen wurde die Debatte rund um die Frage nach der Zulässigkeit von Tariftreueklauseln geführt, die in der Entscheidung *Rüffert* ihren Anfang nahm und in den Urteilen *Bundesdruckerei*[791] und *RegioPost*[792] fortgeführt wurde. Zum anderen beschäftigte sich der EuGH auch in weiteren Verfahren mit der RL 96/71/EG (Entsenderichtlinie), die sich auf Inhalte aus den Entscheidungen *Laval*[793] und *Rüffert*[794] beziehen.[795] Die vom EuGH gefällten Entscheidungen zum Vergabemindestlohn betreffen ebenfalls das kollektive Arbeitsrecht der Mitgliedstaaten oder lassen zumindest Rückschlüsse auf eine Änderung der Bewertung von Tariftreueklauseln durch den EuGH zu.

Ebenfalls relevant für die Reichweite der Kollektivvertragsautonomie waren beispielsweise das Vertragsverletzungsverfahren der Kommission gegen die Bundesrepublik Deutschland im Jahr 2010[796] zur Vergabe von öffentlichen Aufträgen, wie auch die jüngeren Entscheidungen *Coca-Cola European Partners*[797]und *Lufthansa CityLine*[798], die sich mit der Vereinbarkeit von Kollektivvertragsklauseln mit dem europäischen Antidiskriminierungsrecht beschäftigen.

791 EuGH, 18.09.2014 – C-549/13 (ECLI:EU:C:2014:2235), NZA 2014, 1129 – Bundesdruckerei.

792 EuGH, 17.11.2015 – C-115/14 [Fn. 37] – RegioPost. Vorgelegt vom OLG Koblenz, 19.02.2014 – 1 Verg 8/13, NZBau 2014, 317-320.

793 EuGH, 18.12.2007 – C-341/05 [Fn. 29] – Laval.

794 EuGH, 03.04.2008 – C-346/06 [Fn. 29] – Rüffert.

795 Noch im Jahr 2008 hatte der EuGH über die richtige Umsetzung der Richtlinie in das luxemburgische Recht zu entscheiden, siehe EuGH, 19.06.2008 – C-319/06 [Fn. 34] – Kommission/Luxemburg; Die Reform der Entsenderichtlinie aus dem Jahr 2018 ließ Ungarn 2020 vor dem EuGH prüfen, siehe EuGH, 08.12.2020 – C-620/18 (ECLI:EU:C:2020:1001), AP Nr. 1 zu Richtlinie 2018/957/EU – Ungarn/ Parlament und Rat.

796 EuGH, 15.07.2010 – C-271/08 (ECLI:EU:C:2010:426), Slg. 2010, I-7091 = AP Nr. 1 zu Richtlinie 2004/18/EG – Kommission/ Bundesrepublik Deutschland.

797 EuGH, 07.07.2022 – C-257/21 und C-258/21 [Fn. 37] – Coca-Cola. Das BAG legte den Fall dem EUGH vor unter der Fragestellung, ob durch die Kollektivvertragsregelung die RL 2003/88/EG (Arbeitszeitrichtlinie (2003)) ausgeführt würde und mithin eine Vereinbarkeit mit Art. 20 GRC zu überprüfen sei; siehe: BAG, 09.12.2020 – 10 AZR 332/20 (A), AP Nr. 20 zu § 6 ArbZG.

798 EuGH, 19.10.2023 – C-660/20 (ECLI:EU:C:2023:789), NZA 2023, 1379 – Lufthansa CityLine. Vorgelegt vom: BAG, 11.11.2020 – 10 AZR 185/20 (A), AP Nr. 30 zu § 4 TzBfG.

In neuerer Zeit zeigen sich zudem auch hinsichtlich der Unternehmensmitbestimmung Fragestellungen, die vom EuGH behandelt wurden und ebenfalls Aspekte der sozialen Dimension berühren.[799]

1. Was ist die soziale Dimension im kollektiven Arbeitsrecht?

Im Rahmen dieser Untersuchung werden unter dem Begriff der sozialen Dimension solche Aspekte verstanden, die dem sozialen Schutz der Beschäftigten dienen.[800] Im Individualarbeitsrecht liegt die Zuordnung sozialschützender Mechanismen näher als im kollektiven Bereich. Auf Grund der Ausrichtung auf den Beschäftigten als Einzelperson zeigt sich der Regelungszweck des Sozialschutzes meist direkter als bei kollektiven Regelungen. Dass das Arbeitszeitrecht, der Arbeitsschutz, Sozialversicherungsschutz und Diskriminierungsschutz dem sozialen Schutz der Beschäftigten dienen, lässt sich entsprechend leicht nachvollziehen.[801]

Das kollektive Arbeitsrecht adressiert in der Regel nicht diese individuelle Sphäre des Arbeitnehmers, sondern dessen Beziehung zum Kollektiv der Arbeitnehmer, sodass sich das kollektive Arbeitsrecht vornehmlich auf diese kollektiven Zusammenschlüsse und die Arbeitgeberorganisationen als deren Gegenspieler bezieht.[802] Die Regelungen zum kollektiven Arbeitsrecht lassen sich nicht immer unmittelbar in einen Zusammenhang mit dem Schutz des Beschäftigten als Individuum bringen und damit zweifelsfrei als der sozialen Dimension im Sinne eines individualschützenden Konzepts zugehörig erkennen. Insbesondere in Rechtsordnungen mit einem stark ausgeprägten Autonomiegedanken können kollektive Rechte sich sogar in einzelnen Aspekten gegen den Schutz der Beschäftigten in Stellung bringen lassen.[803] Kollektive Rechte bezwecken primär die Ermächtigung der Sozialpartner, ihre Angelegenheiten

799 Siehe etwa: EuGH, 18.07.2017 – C-566/15 [Fn. 57] – Erzberger; EuGH, 18.10.2022 – C-677/20 [Fn. 37] – SAP. Die Vorlage zur Entscheidung Erzberger stammte vom: KG Berlin, 16.10.2015 – 14 W 89/15, NZA-RR 2015, 661. Die Vorlage zur Entscheidung SAP stammt vom: BAG, 18.08.2020 – 1 ABR 43/18 (A), AP Nr. 1 zu § 21 SEBG.

800 Vgl. *Deinert/Özen/Thiel*, Abschnitt A, I.

801 Zur Aufzählung der Aspekte der sozialen Dimension vgl. *Böhme*, Sozialraum Europa, 1f.

802 Inwiefern die Regelungen individuelle Rechte der Beschäftigten oder generelle Rechte des Kollektivs normieren, ist für die Unterscheidung dabei zunächst zu vernachlässigen. Auch wenn eine kollektivrechtliche Regelung Beschäftigte individuell adressiert, beispielsweise als Rechtsträger der Koalitionsfreiheit, so bezweckt die Regelung zumindest mittelbar auch die Regelung kollektiver Interessen.

803 Beispielsweise wenn kollektivvertragsdispositives Recht die Lohndiskriminierung von Leiharbeitnehmern durch einen Kollektivvertrag ermöglicht, vergleiche zu dieser Problematik: EuGH, 15.12.2022 – C-311/21 (ECLI:EU:C:2022:983), AP Nr. 7 zu Richtlinie 2008/104/EG – CM/TimePartner. Vorgelegt vom: BAG, 16.12.2020 – 5 AZR 143/19 (A), AP Nr. 1 zu § 8 AÜG. Siehe zum Fall ausführlich bei Abschnitt C, II, 4., b), ff).

autonom regeln zu können. Sie verzichten dabei auf ein lückenloses nationalstaatliches bzw. europarechtliches Regelungssystem der Arbeitsverhältnisse, um den Sozialpartnern die Möglichkeit zu eröffnen selbstständig über die Ausgestaltung der Arbeitsverhältnisse zu entscheiden. Der soziale Schutz der Beschäftigten kommt hier erst indirekt zum Tragen. Die Regelungen des kollektiven Arbeitsrechts bezwecken die Demokratisierung der Arbeitswelt und damit die Ermächtigung der Beschäftigten eigenständig als Kollektiv an der Gestaltung der Arbeitsverhältnisse mitzuwirken. Durch Mechanismen, wie etwa das Streikrecht, soll zudem eine Angleichung der Verhandlungspositionen erreicht werden. Somit gibt das kollektive Arbeitsrecht den Beschäftigten die Werkzeuge an die Hand, selbstständig einen sozialen Ausgleich zu erkämpfen, indem sie beispielsweise durch Tarifabschlüsse soziale Rechte gegenüber dem Arbeitgeber sichern und damit einen Ausgleich zu den das Arbeitsverhältnis beeinflussenden Marktinteressen zu schaffen. Im übertragenen Sinne lässt sich das Konzept der „Selbsthilfe" hier als Beschreibung für den sozialen Schutz, den das kollektive Arbeitsrecht bietet, anführen.

Somit bieten die Bereiche des kollektiven Arbeitsrechts den Anknüpfungspunkt an die soziale Dimension auch über den Ansatz individualschützender Rechte. Vom Streikrecht bis zur Unternehmensmitbestimmung zeigt sich in allen Aspekten des kollektiven Arbeitsrechts durch den im Verhältnis unter den Beschäftigten und zum Teil auch im Außenverhältnis verfolgten Gedanken der Demokratisierung der Arbeitswelt, wie auch bei den Selbsthilferechten des Kollektivvertrags- und Arbeitskampfrechts eine Anknüpfung an den Schutz sozialer Rechte der Beschäftigten. Das Recht dieser sich zu organisieren, um ihre Interessen durchzusetzen, stellt zudem einen konkreten Schutz der individuellen sozialen Rechte sicher, indem die Arbeitnehmer dazu berechtigt werden, ihre individuellen Rechte etwa durch den Arbeitskampf zu verteidigen. Schlussendlich lässt sich somit in der Beschneidung kollektiver Rechte regelmäßig ein Eingriff zu Lasten von Aspekten der sozialen Dimension über die Beschränkung individueller Rechte herleiten.

Kollektive Rechte stellen aber auch an sich einen Wert der sozialen Dimension dar. Durch die angeführten historisch erwachsenen Systeme der Partizipation von Arbeitnehmern sind Strukturen entstanden, die eine eigene Zweckmäßigkeit im System der sozialen Dimension einnehmen. Dies lässt sich etwa anhand des grundrechtlichen Schutzes der Betätigung kollektiver Interessenvertretungen auf nationaler und europäischer Ebene verdeutlichen. Die Zugehörigkeit kollektiver Rechte zur sozialen Dimension stützt sich somit sowohl auf den sozialen Schutz des Einzelnen als auch auf den Schutz der kollektiven Betätigung als eigenes grundrechtlich geschütztes soziales Rechtsgut.

2. Kollektivarbeitsrechtliche Regelungen im Unionsrecht

Das kollektive Arbeitsrecht ist durch die mitgliedstaatlichen Sozialstaatssysteme geprägt. Dabei variieren die Ausgestaltungen der kollektiven Rechte zwischen den Mitgliedstaaten stark.[804] Neben der umfangreichen Binnenmarktintegration konnte die ausgleichende soziale Integration nicht im ausreichenden Maß aufschließen,[805] sodass insbesondere das kollektive Arbeitsrecht als Domäne der Mitgliedstaaten verblieb. Die fehlende Verankerung kollektiver Rechte auf europäischer Ebene zeigt sich insbesondere im europäischen Sekundärrecht, wohingegen auf primärrechtlicher Ebene zumindest übergeordnete Regelungen und Rechte zu finden sind, die dem kollektiven Arbeitsrecht einen europäischen Rahmen geben, wie etwa Unionsgrundrechte aus Art. 12 Abs. 1 und 28 GRC.

a) Kollektivarbeitsrechtliche Regelungen in den europäischen Richtlinien

Im Individualarbeitsrecht bestehen zum Teil Vereinheitlichungskompetenzen der Union, die beispielsweise in Art. 153 Abs. 1, 2 AEUV normiert sind. Mithin besteht unionsrechtlich hier die Kompetenz, durch Rechtsetzung Angleichungen zwischen den mitgliedsstaatlichen sozialen Rechten vorzunehmen[806] und damit einheitliches europäisches soziales Recht zu schaffen. Dieses Recht, das regelmäßig durch Richtlinien in die nationalen Rechtsordnungen einfließt, kann auf seine richtige Implementierung und Anwendung durch die Mitgliedstaaten vom EuGH überprüft werden.[807] Somit entwickelte sich im Rahmen der europäischen Integration ein immer detaillierteres europäisches Sekundärrecht, das die sozialen Rechte der Beschäftigten europaweit harmonisiert.

Das Koalitionsrecht und das Streikrecht sind jedoch wie das Arbeitsentgelt aus dem Anwendungsbereich des Art. 153 AEUV gem. dessen Abs. 5 ausgeschlossen. Diese beiden Bereiche umfassen die wesentlichen Aspekte des kollektiven Arbeitsrechts[808], sodass sich die Regelungskompetenz der Union hier auf einige wenige verbleibende Bereiche aus der Kompetenz des Art. 153 Abs. 1 f) AEUV verdichtet. Aus diesem Grund ist es nicht verwunderlich, dass sich die Sekundärrechtsetzung der Union im Bereich des kollektiven Arbeitsrechts als

---

804 *Rebhahn*, EuZA 2010, 62, 62 ff., spricht von vier bis fünf verschiedenen Modellen für die (kollektive) Regelung der Arbeitsbeziehungen m.w.N.

805 Siehe *Deinert/Özen/Thiel* in Abschnitt A, I, 1.

806 Siehe weiterführend m.w.N. *Franzen*, in: FGO, Europäisches Arbeitsrecht, AEUV Art. 153, Rn. 14 ff.

807 Rechtsgrundlage für die Überprüfung durch den EuGH ist Art. 267 AEUV i.V.m. Art. 19 Abs. 3 b) EUV, siehe hierzu weiterführend statt viele: *Wegener*, in: Calliess/Ruffert (Hrsg.), EUV und AEUV, AEUV Art. 267, Rn. 1 ff., 5 m.w.N.

808 Strittig, ob auch das Kollektivvertragsrecht umfasst ist, vgl. m.w.N. *Franzen*, in: FGO, Europäisches Arbeitsrecht, AEUV Art. 153, Rn. 50.

zurückhaltend und fragmentarisch beschreiben lässt.[809] Wobei in jüngerer Zeit auch Vorstöße zu sehen sind, die kollektiven Rechte auch in Richtlinien zu stärken. Das zeigt sich beispielsweise bei der Umsetzung der neuen RL (EU) 2022/2041 (Mindestlohnrichtlinie).[810] Weil dieser Prozess jedoch erst spät eingesetzt hat und sich in seiner Umsetzung als träge erweist, spielen sekundärrechtliche Richtlinien zumindest bis zum heutigen Tag kaum eine Rolle für große Teile des europäischen Kollektivarbeitsrechts, oder zumindest für die europäische Rechtsprechung in diesem Bereich. Eine Ausnahme bildet hingegen die RL 2001/86/EG (SE-Beteiligungsrichtlinie), die Regelungen zur Arbeitnehmerbeteiligung in der europäischen Gesellschaft SE trifft.

b) Kollektivarbeitsrechtliche Regelungen im europäischen Primärrecht

Neben der Kompetenzregelung des Art. 153 AEUV finden sich auch weitere Regelungen zur Achtung, der Einbeziehung und dem Dialog der Sozialpartner in den Art. 152, 154, 155 AEUV, wobei insbesondere ein Förderauftrag für den sozialen Dialog in den Mitgliedstaaten unter der Achtung der Autonomie der Sozialpartner in Art. 152 AEUV formuliert wird.[811] Die umfangreiche Garantie der Kollektivverhandlungen und Kollektivmaßnahmen findet sich in Art. 28 der GRC wieder. Hiervon abzugrenzen ist das Recht zur Gründung von Gewerkschaften und der mitgliedschaftlichen Betätigung, die in Art. 12 Abs. 1 GRC gesondert als Grundrecht aufgeführt sind.

Als Maßstab für die Beachtung der sozialen Dimension wird in der folgenden Untersuchung auf die Maßstäbe der *Europäischen Säule sozialer Rechte* Bezug genommen,[812] die jedoch keine direkte Bindungswirkung entfaltet, aber als Auslegungshilfe für das Unionsrecht herangezogen werden kann.[813] Diese Säule erwähnt kollektive Rechte im Rahmen des achten Abschnitts, der das Recht zum Abschluss autonomer Kollektivverträge und das Recht auf Kollektivmaßnahmen, sowie die Förderung des sozialen Dialogs vorsieht.

Insgesamt bleibt das europäische Primärrecht jedoch eher abstrakt und formuliert vor allem Schutzrechte zugunsten der kollektiven Betätigung, ohne dabei abseits vom sozialen Dialog auf europäischer Ebene eigenständige Regelungen vorzusehen. Es handelt sich um Recht, das die nationalstaatlichen kollektiven Systeme absichert.

---

809 *Weiss*, ELLJ 2017, 344, 348 f.

810 Siehe hierzu ausführlich: *Müller/Schulten*, WuG 2022, 335, 335 ff.

811 Zur Frage nach der Bedeutung dieses Auftrags siehe statt viele: *Franzen*, in: FGO, europäisches Arbeitsrecht, AEUV Art. 152, Rn. 2; *Kocher*, in: P/N/H, Frankfurter Kommentar, AEUV Art. 152, Rn. 8; *Rebhahn/Reiner*, in: SBHS, EU-Kommentar, AEUV Art. 152, Rn. 3.

812 Siehe zur Zielsetzung und Bedeutung der Europäischen Säule sozialer Rechte: *Deinert*, in Abschnitt E, IV, 1., c).

813 Siehe ausführlich: *Deinert*, DRdA 2022, 283, 285 ff.

c) Einordnung für die Rechtsprechungsanalyse

Der EuGH ist mit der „Wahrung des Rechts bei der Auslegung und Anwendung der Verträge" (Art. 19 Abs. 1 S. 2 EUV) betraut. Das europäische und nationale Recht, das der EuGH in seiner Rechtsprechung heranziehen kann und muss ist somit der erste entscheidende Faktor, der maßgeblich die Entscheidungen des EuGH beeinflusst. Aus diesem Grund ist es wichtig, sich bereits vor der Betrachtung der einzelnen Entscheidungen die Struktur der rechtlichen Grundlagen zu vergegenwärtigen, um anhand dieser zwischen rechtlichen und außerrechtlichen Faktoren unterscheiden zu können, die den EuGH in seiner Entscheidung beeinflusst haben könnten. Der Gerichtshof ist in seiner Rechtsprechung vor allem an das entscheidungserhebliche Recht gebunden.

Die Besonderheit des kollektiven Arbeitsrechts in Abgrenzung zum Individualarbeitsrecht stellt sich auf der europäischen Ebene dadurch dar, dass es an einem detaillierten und systematisch erschlossenen Sekundärrecht fehlt. Wie dargestellt ist durch die Bereichsausnahme des Art. 153 Abs. 5 AEUV kaum europäisches kollektives Recht als Bestandteil der europäischen Sozialpolitik entstanden.[814] Die angeführten Rechte sind überwiegend Schutzrechte für das kollektive Arbeitsrecht in den nationalen Systemen.

Aus diesem Grund ergibt sich in den meisten im folgenden besprochenen Fällen eine Konstellation, in der durch das ausgeübte nationale Kollektivarbeitsrecht eine Beschränkung von europäischen Wirtschaftsrechten vom EuGH auf ihre Rechtmäßigkeit hin zu beurteilen war. Ohne der Analyse vorweggreifen zu wollen, lässt sich zumindest die Vermutung aufstellen, dass der EuGH den europäischen Wirtschaftsrechten systematisch nähersteht, als den nationalstaatlichen kollektiven Rechten. Die Betrachtung des durch den EuGH bewerteten Rechts darf folglich nicht außer Acht gelassen werden, weil zu überprüfen ist, ob der EuGH in der Tendenz die soziale Dimension in solchen Fällen schwächt, in denen er damit einhergehend auch die Position des europäischen Rechts stärkt. Umgekehrt könnte eine günstige sozialpolitische Unionsrechtslage auch die Stärkung der sozialen Dimension durch die Entscheidung des EuGH begünstigen. Ob sich diese Vermutung bewahrheitet, zeigt die im Folgenden durchgeführte Analyse der Rechtsprechung des EuGH zu kollektivarbeitsrechtlichen Fragestellungen.

---

814 Siehe zur Wirkung des Ausnahmebereichs für die europäische Kollektivvertragsautonomie ebenfalls: *Kocher*, juridicum 2010, 465, 477 f.

II. Die Fragestellungen im kollektiven Arbeitsrecht

Hinsichtlich der sozialen Dimension im kollektiven Arbeitsrecht finden sich einige diskussionswürdige Entscheidungen in der europäischen Rechtsprechung wieder. Diese Entscheidungen ergeben sich aus einem oder mehreren Urteilen des EuGH und werden von diesem zum Teil auch im zeitlichen Fortgang der Rechtsprechung modifiziert und konkretisiert. Wie bereits angeführt bietet das kollektive Arbeitsrecht an diversen Punkten die Anknüpfung zu den unterschiedlichen europäischen Rechtsbereichen, aus denen folglich auch die im Folgenden diskutierten Entscheidungen entstammen. Diese werden anhand der identifizierten Problemlagen auch urteils- und bereichsübergreifend analysiert. Die Analyse ist in die folgenden fünf Bereiche aufgegliedert. Zunächst wird die Frage nach dem Verhältnis nationaler kollektiver Rechte im Anwendungsbereich der europäischen Marktrechte betrachtet (Abschnitt C, II, 1.), um im Anschluss hierauf aufbauend das Gleichgewicht zwischen den kollektiven Rechten in den nationalen sozialen Rechten und der europäischen Wirtschaftsordnung im Rahmen der Unionsrechtsprechung zu betrachten (Abschnitt C, II, 2.). Es folgt eine Betrachtung der Rechtsprechung des EuGH zu nationalstaatlichen Vorstößen kollektive Rechte zu stärken (Abschnitt C, II, 3.) und die Analyse der Rechtsprechung des EuGH hinsichtlich dessen Umgang mit Kollektivvertragsnormen (Abschnitt C, II, 4.). Abschließend folgt die Untersuchung der Rechtsprechung im Bereich der betrieblichen und unternehmerischen Arbeitnehmerbeteiligung (Abschnitt C, II, 5.).

1. Kollektive Maßnahmen im Anwendungsbereich der europäischen Marktrechte

Entscheidungen Viking (2007) und Laval (2007)

Die ersten großen Konflikte hinsichtlich der Rechtsprechung des EuGH treten auf, wenn es darum geht, wie weit die nationalen Systeme kollektiven Arbeitsrechts an das System des europäischen Binnenmarktes gebunden sind. Soweit beide Bereiche nebeneinander funktionieren können, besteht noch keine konfliktträchtige Situation. Jedoch zeigen sowohl das kollektive Arbeitsrecht, insbesondere das Streikrecht, aber auch das europäische Wettbewerbsrecht mit seinen wirtschaftlichen Grundfreiheiten einen sich gegenseitig betreffenden Einfluss. In diesem Fall besteht ein Konflikt zweier Rechtsbereiche, der durch die Rechtsprechung des EuGH aufgelöst werden musste. Die folgenden Entscheidungen des EuGH, die eine solche Konstellation betreffen, haben einen Einfluss auf die soziale Dimension gehabt.

a) Wirkung der Grundfreiheiten gegen die Gewerkschaften

Zunächst wurde hinsichtlich der Urteile *Viking* und *Laval* diskutiert, inwieweit der EuGH den Schutz der Unternehmer durch die europäischen Grundfreiheiten gegen die in den beiden Fällen tätigen Gewerkschaften in Stellung gebracht hat.

Im Urteil *Viking* überprüfte der EuGH in seiner Antwort auf die erste Vorlagefrage, ob kollektive Maßnahmen (der Gewerkschaften *FSU* und *ITF*) dem Anwendungsbereich der Niederlassungsfreiheit (Art. 43 EG) entzogen sind. Er stellte diesbezüglich zunächst klar, dass auch nicht-staatliche Akteure, die im Rahmen von Kollektivverträgen Arbeitsbedingungen bestimmen, dem Anwendungsbereich des Art. 43 EG unterfallen.[815] Der Gerichtshof sieht den Anwendungsbereich auch für kollektive Maßnahmen eröffnet, da diese untrennbar mit dem Kollektivvertrag zusammenhingen.

Unklar ist, ob der EuGH durch das Urteil lediglich die Niederlassungsfreiheit konsequent auf den Fall anwendet, oder selbstständig eine Erweiterung dieser auf die nicht-staatlichen Akteure vornimmt, was eine selbstständige Rechtsfortbildung darstellen würde.

Dem Einwand, dass keine Unionsrechtszuständigkeiten für kollektive Maßnahmen bestünden, begegnete der Gerichtshof mit dem Hinweis darauf, dass die Mitgliedstaaten in diesem Bereich zwar zur Rechtsetzung befugt seien, sie hierbei jedoch weiterhin das Unionsrecht bei der Ausübung dieser Befugnisse achten müssten.[816]

Auf das Vorbringen, dass sich der Anwendungsbereich des Art. 43 EG nicht auf Grundrechte erstrecke und somit auch das grundrechtlich verbriefte Streikrecht nicht umfasst sei, wendet der Gerichtshof Folgendes ein. Zunächst erkennt er das Streikrecht als Grundrecht im Rahmen der allgemeinen Grundsätze des Unionsrechts an, was bemerkenswert ist. Jedoch stellt er direkt im Anschluss klar, dass die Ausübung dieses Grundrechts bestimmten Beschränkungen unterworfen werden kann.[817] Auch Art. 43 EG stelle hier eine Norm dar, die das Streikrecht im Rahmen einer verhältnismäßigen Abwägung beschränken kann. Mithin erkennt der EuGH, dass der Anwendungsbereich des Art. 43 EG vorliegend eröffnet sei. Damit ist die erste zentrale Aussage des Ur-

815 EuGH, 11.12.2007 – C-438/05 [Fn. 29], Rn. 33 ff. – Viking m.w.N.

816 EuGH, 11.12.2007 ebd., Rn. 39 ff. – Viking m.w.N.

817 EuGH, 11.12.2007 ebd., Rn. 44 – Viking. Das Urteil nimmt hier auch Bezug darauf, dass in der finnischen Rechtsordnung ebenfalls eine Beschränkbarkeit des Streikrechts vorgesehen ist.

teils *Viking*, dass eine kollektive Maßnahme als Beschränkung der Niederlassungsfreiheit eingestuft werden kann.[818]

Zur Begründung der Anwendung verweist der EuGH darauf, dass die betroffenen Grundfreiheiten nicht nur staatliche Maßnahmen, sondern auch kollektive Regeln betreffen, die entsprechende Tätigkeiten und Dienstleistungen regeln.[819] Nach Auffassung in der Literatur ist dieses weite Verständnis des Anwendungsbereichs, wenn auch nicht überraschend, trotzdem revolutionär,[820] weil eine neue Bindung für Regelungen nicht öffentlich-rechtlicher Art etabliert wurde. Diese Entwicklung sei sogar erfreulich, weil der EuGH nicht auf ein Machtungleichgewicht oder eine quasi-legislative Befugnis abstelle.[821] Diese Erstreckung sei aus dem Grund erfolgt, dass der EuGH das Unionsrecht gegen Streiks und gewerkschaftliche Aktionen absichern wollte.[822] In diesem Sinne stelle der EuGH jedoch durch eine Missachtung der Koalitionsfreiheit auch die Arbeitnehmer mit staatlichen Akteuren gleich, die eigentlich Adressat der Regelungen sein.[823] *Rebhahn* veranschaulicht dieses Problem anhand des Vergleichs mit der Weigerung von privaten Akteuren Konsumgüter aus einem bestimmten Mitgliedsstaat zu kaufen. Nichts anderes sei auch der Streik der Arbeitnehmer, die in diesem Sinne lediglich eine privatrechtliche Vertragspflicht verletzen würden.[824] Diese Erstreckung sei auch deshalb bedenklich, weil sich Private nicht auf einschlägige Rechtfertigungsgründe berufen könnten.[825] Aus diesem Grund sei es problematisch, die Grundfreiheiten entgegen ihrer eigentlichen Konzeption auf Private zu übertragen, ohne auch die Rechtfertigungsgründe entsprechend zu modifizieren.[826] Bei einer erwartbaren extensiven Handhabung der Erweiterung dieser Horizontalwirkung werden zudem erhebliche Folgeprobleme prognostiziert.[827]

---

818 *Rebhahn*, ZESAR 2008, 109, 110. Verweisend auch darauf, dass im Urteil Laval selbiges im Bezug auf die Dienstleistungsfreiheit festgestellt worden sei.

819 Vgl. *Schubert*, RdA 2008, 289, 290.

820 *Temming*, ZESAR 2008, 231, 237 m.w.N.

821 *Junker*, SAE 2008, 209, 212.

822 *Supiot*, AuR 2009, 151, 152.

823 *Zwanziger*, RdA-Beil. 2009, 10, 18.

824 *Rebhahn*, ZESAR 2008, 109, 114.

825 *Streinz/Leible*, EuZW 2000, 459, 461; *Ulber/Wiegandt*, Die Bindung von Arbeitnehmervereinigungen an die europäischen Grundfreiheiten, 24.

826 *Ulber/Wiegandt*, Die Bindung von Arbeitnehmervereinigungen an die europäischen Grundfreiheiten, 43. Verweisend auch auf potenzielle Konflikte mit nationalen Verfassungsgerichten, die ihre Grundrechtsordnung durch diese Erstreckung gefährdet sehen müssten.

827 *Ulber/Wiegandt*, ebd., 27.

b) Bereichsausnahme für das Streikrecht

Im Fall *Viking* beriefen sich die Gewerkschaftsverbände auf die bereits im Urteil *Albany*[828] festgestellte Bereichsausnahme für kollektivvertragliche Regelungen vom Anwendungsbereich des Art. 81 Abs. 1 EG, der Kartellverbote regelt. Diese Ausnahme übertrug der EuGH jedoch nicht auf die Grundfreiheiten.[829] Für diese differenzierte Betrachtung des EuGH wird angeführt, dass im Gegensatz zum Kollektivvertragsrecht eine Abwägung und Einschränkung des Koalitionsrechts möglich sei, ohne dieses funktionslos zu machen.[830] Mit seiner Entscheidung *Viking* stellte der EuGH die Niederlassungsfreiheit der Unternehmen und das Streikrecht ohne Vorbehalte in einen Abwägungsprozess.[831] Dieser Bruch mit der vorhergehenden Rechtsprechung sei vom Gerichtshof, so wird kritisch angemerkt, zumindest nicht ausreichend argumentativ begründet worden.[832]

Allerdings stellt sich wie gezeigt auch die Frage, ob eine differenzierte Betrachtung hier nicht tatsächlich angebrachter ist. Für eine absolute Entfaltung des Streikrechts ist es zwar konsequent, für dieses in allen Bereichen eine Sonderbehandlung zu fordern. Jedoch lässt sich das zugrundeliegende Problem weniger in der Frage nach einer Bereichsausnahme für das Streikrecht an sich verorten, sondern die Frage muss sein, warum – wie bereits oben ausgeführt – eine Erstreckung auf das Streikrecht überhaupt dem Maßstab entsprechen muss, den das Unionsrecht zunächst nur an staatliches Handeln stellt. Die Beeinflussung der sozialen Dimension durch den EuGH in den hier besprochenen Entscheidungen liegt im Kern nicht an einer fehlenden Bereichsausnahme für das Streikrecht, sondern wenn, dann bei der Begründung einer ausnahmsweisen Unterziehung gewerkschaftlichen Handelns unter die Maßstäbe, die grundsätzlich zunächst für staatliches Handeln gedacht waren.

c) Schlussfolgerung

Der EuGH bewertet die Durchführung des Streikrechts als quasi-staatliches Handeln, ohne dabei zu berücksichtigen, dass nicht-staatliche Akteure auch nicht die Möglichkeit haben, ihr Handeln in gleichartiger Weise zu rechtfertigen. Entscheidend scheint hier das Verständnis des EuGH vom Streikrecht zu sein. Die Durchführung kollektiver Maßnahmen wird nicht als private Handlung verstanden. Es scheint, dass der Gerichtshof die Gewerkschaft als nichtstaatliches Kollektiv, das als dieses aber trotzdem einen maßgeblichen Einfluss

---

828 EuGH, 21.09.1999 – C-67/96 [Fn. 26], Rn. 59 f. – Albany.

829 EuGH, 11.12.2007 – C-438/05 [Fn. 29], Rn. 52 ff. – Viking. Siehe hierzu: *Zwanziger*, RdA-Beil. 2009, 10, 13 m.w.N.

830 *Bayreuther*, EuZA 2008, 395, 401 m.w.N.

831 *Bayreuther*, ebd., 395, 405.

832 *Däubler*, AuR 2008, 409, 413.

auf die europäischen Marktrechte haben kann, nicht in seinem dualistischen System zwischen staatlichem und privatem Handeln zuordnen kann. Die Autonomie der Gewerkschaften ist ein Phänomen, das in diesem Verständnis weder staatlich noch privat verortet werden kann. Eventuell auch wegen der mangelnden kollektivarbeitsrechtlichen europäischen Sekundärrechtsnormen fehlt es dem EuGH an adäquaten Antworten auf die Frage, wie ein Konflikt zwischen kollektiven Rechten und europäischen Marktrechten so zu moderieren ist, dass beide Rechte in einen Interessenausgleich gebracht werden können.[833]

2. Das Gleichgewicht zwischen nationalen sozialen Rechten und der europäischen Wirtschaftsordnung

Das diskursprägende Streitthema im Hinblick auf die angeführten Urteile ist die Diskussion um das Verhältnis von Grundfreiheiten und sozialen Grundrechten, oder allgemeiner formuliert zwischen den Rechten des nationalen Sozialstaats und den Rechten der europäischen Wirtschaftsordnung. Der EuGH verhandelte die Grundrechte nicht in einem paritätischen System, sondern setzt die Position der Grundfreiheiten bereits voraus, die dann mit sozialpolitischen Zielen abgewogen wurden. Dabei wurde das Grundrecht auf Streik nicht mehr unmittelbar als Prüfungsmaßstab adressiert.[834] Damit sei beispielsweise die zentrale Aussage des Urteils *Viking*, dass kollektive Maßnahmen, die die Niederlassungsfreiheit betreffen, als rechtfertigungsbedürftige Beschränkungen zu bewerten sind.[835] In dieser Einordnung kollektiver Rechte wird wegen der Missachtung der wesentlichen Funktionen der Kollektivvertragsautonomie eine Tarifzensur gesehen,[836] und die Entscheidung, wegen ihres weitreichenden Eingriffs in die mitgliedsstaatliche Arbeitsrechtsordnung und der Missachtung des Verhältnismäßigkeitsgrundsatzes, als Tiefpunkt des Unionsrechts eingeordnet.[837] Der Konflikt sei damit vorgezeichnet. Soweit bereits eine (potenzielle) Behinderung einer grenzüberschreitenden Wirtschaftstätigkeit einen Eingriff in die Grundfreiheiten darstellt, stünde die Ausübung der Koali-

833 Dabei ist bemerkenswert, dass dieser Rechtfertigungsdruck für die Gewerkschaften sich in der formalen Prüfung zunächst nicht direkt widerspiegelt. Formal prüft der EuGH eine Abwägungsentscheidung im Rahmen einer Eingriffsprüfung in die europäischen Grundfreiheiten, die auch eine neutrale Behandlung der sozialen Rechte ermöglicht hätte. Erst im Fortgang der Prüfung ergibt sich der besondere Rechtfertigungsdruck. Siehe hierzu Abschnitt C, II, 2., a), aa).

834 *Däubler*, AuR 2008, 409, 414 f. Sieht hierin eine Abkehr von der Rechtsprechung; EuGH, 12.06.2003 – C-112/00 (ECLI:EU:C:2003:333), Slg. 2003 I-05659 = NJW 2003, 3185 – Schmidberger.

835 *Rebhahn*, ZESAR 2008, 109, 110; mit einer ähnlichen Schlussfolgerung hinsichtlich des Urteils *Laval*, siehe: *Koch*, RdA 2009, 22, 25.

836 *Kocher*, AuR 2008, 13, 18.

837 *Kocher*, AuR 2009, 332, 338.

tionsfreiheit, die gerade ein Recht zum Eingriff in Wirtschaftstätigkeiten formuliere, auf dem Prüfstand.[838]

Ähnliche Reaktionen zeigten sich auch im Nachgang auf die Rechtsprechung im Urteil *Rüffert*[839]. Dieses könne ebenfalls den Zwiespalt zwischen Grundfreiheiten und kollektiven Regelungen nicht klären.[840]

Die Kritik an diesen Entscheidungen des EuGH lässt sich anhand der individuellen Bewertung des Stellenwerts von europäischen Wettbewerbsrechten sowie den sozialen Rechten der Mitgliedstaaten gliedern, die in der Gesamtbetrachtung die Tendenz des EuGH aufzeigen. Besonders hervorzuheben ist ebenfalls der Umgang des EuGH mit dem Recht aus der RL 96/71/EG (Entsenderichtlinie), der er insbesondere im Urteil *Rüffert* eine Schlüsselfunktion in dieser Konfliktlage zuweist.

a) Der Stellenwert der europäischen Wettbewerbsrechte

Entscheidungen Laval (2007) und Rüffert (2008)

Zunächst stellt sich die Frage, welchen Stellenwert das europäische Wettbewerbsrecht in der Rechtsprechung des EuGH hat. Hierbei lassen sich ebenfalls grob die Bereiche des Primärrechts und des Sekundärrechts unterscheiden, wobei in den vorliegenden Konstellationen stets die wirtschaftlichen Grundfreiheiten das relevante Primärrecht waren. Als relevantes Sekundärrecht lässt sich für die Urteile *Laval* und *Rüffert* die RL 96/71/EG (Entsenderichtlinie) hervorheben.

aa) Die europäischen Grundfreiheiten als Fundament des europäischen Binnenmarktes

Die Fixierung des EuGH auf die wirtschaftlichen Grundfreiheiten lässt sich neben den hier diskutierten Urteilen im arbeitsrechtlichen Bereich auch generell erkennen. So zeigt sich beispielsweise auch in den Entscheidungen *Dassonville* und *Gebhard*,[841] dass der EuGH den Grundfreiheiten einen besonderen Stellenwert eingeräumt hat. Durch die Zugehörigkeit der Grundfreiheiten zum Primärrecht und die starke Formulierung als wirtschaftliche Freiheitsrechte bietet es sich für den EuGH geradezu an, den Prüfungsmaßstab bei den Grundfrei-

838 *Zwanziger*, RdA-Beil. 2009, 10, 12.

839 EuGH, 03.04.2008 – C-346/06 [Fn. 29] – Rüffert.

840 *Becker*, JZ 2008, 889, 893.

841 EuGH, 11.07.1974 – Rs. 8-74 (ECLI:EU:C:1974:82), Slg. 1974 -00837 = NJW 1975, 515 – Dassonville; EuGH, 30.11.1995 – C-55/94 (ECLI:EU:C:1995:411), Slg. 1995, I-4165 = NJW 1996, 579, Rn. 37 – Gebhard.

heiten anzusetzen. Dabei zeigt sich eine vergleichbare Position zu dem Stellenwert von Bürger- und Grundrechten in den nationalstaatlichen Verfassungen.

In der Literatur wird dem EuGH eine systematisch vorrangige Behandlung der Grundfreiheiten vor den Grundrechten nachgesagt.[842] Diese vorrangige Behandlung würde ohne hinreichenden Anhaltspunkt aus dem Primärrecht in die Grundrechte der Nationalstaaten eingreifen, sodass sogar eine Überprüfung dieser Praxis durch das BVerfG im Rahmen der durch dieses Gericht etablierten *Solange*-Rechtsprechung[843] denkbar wäre.[844] Zum Teil wird sogar noch innerhalb der Grundrechte zwischen der Beachtung von bürgerlichen und sozialen (kollektiven) Grundrechten differenziert. Demnach beachte der EuGH zuerst die Grundfreiheiten, dann die bürgerlichen Grundrechte und erst zuletzt die sozialen Grundrechte.[845] Es wird also allgemein behauptet, dass der EuGH eine Tendenz habe, die Grundfreiheiten bevorzugt zu behandeln. Diese bevorzugte Behandlung wird vor allem an der Formulierung des Prüfungsmaßstabs durch den EuGH und der Reichweite der Grundfreiheiten innerhalb dieses Prüfungsmaßstabs festgemacht.

(1) Die Ausrichtung des Prüfungsmaßstabs an den Grundfreiheiten

Die Annahme einer grundsätzlichen Hierarchie zwischen Grundfreiheiten und Grundrechten wäre problematisch.[846] Zum Teil wird eine solche hierarchisierende Systematik mit dem Hinweis darauf verneint, dass der EuGH als europäisches Gericht prozessual dazu gezwungen sei, die Perspektive der Grundfreiheiten einzunehmen, diese damit aber nicht überhöht würde.[847] Es ist nachvollziehbar, dass der EuGH die Grundfreiheiten zum Ausgangspunkt der Prüfung macht. Der formale Aufbau der Prüfung führt auch nicht zwangsläufig zu einer Schlechterstellung der sozialen Rechte. Es ist jedoch nicht notwendig, aus diesem formalen Aufbau die Schlüsse zu ziehen, die der EuGH in

842 Siehe etwa: *Nagel*, AuR 2009, 155, 155; *Rebhahn*, ZESAR 2008, 109, 115.

843 Vgl. BVerfG, 29.05.1974 – 2 BvL 52/71, BVerfGE 37, 271-305 = NJW 1974, 2176-2177 – Solange I; BVerfG, 22.10.1986 – 2 BvR 197/83, BVerfGE 73, 339 = NJW 1987, 577 – Solange II. Ferner die neuere Rechtsprechung des BVerfG zum Prüfungsmaßstab: BVerfG, 06.11.2019 – 1 BvR 276/17, BVerfGE 152, 216 = AP Nr. 49 zu Art. 2 GG – Recht auf Vergessen II; BVerfG, 05.05.2020 – 2 BvR 859/15 u.a., BVerfGE 154, 17 = NJW 2020, 1647 – PSPP-Programm. Zusammenfassend m.w.N.: *Britz*, NJW 2021, 1489, 1489 ff.

844 *Nagel*, AuR 2009, 155, 159 f.

845 *Schubert*, Gutachterliche Stellungnahme zu den Aktivitäten der EU-Kommission bezüglich der Urteile des Europäischen Gerichtshofes zum Verhältnis sozialer Grundrechte und Binnenmarktfreiheiten, 15 m.w.N.

846 So auch: *Ulber/Wiegandt*, Die Bindung von Arbeitnehmervereinigungen an die europäischen Grundfreiheiten, 64.

847 Vgl. *Ulber/Wiegandt*, ebd., 64; verweisend auf: *Holoubek*, in: SBHS, EU-Kommentar, GRC Art. 28, Rn. 24; *Schubert*, in: FGO, europäisches Arbeitsrecht, GRC Art. 28, Rn. 59.

seiner Prüfung vornimmt. Der EuGH hat in den Entscheidungen den folgenden Prüfungsmaßstab etabliert: Der Gerichtshof prüft, ob durch die Ausübung des Streikrechts oder eines anderen sozialen Rechts ein Eingriff in die Grundfreiheit erfolgt, der dann lediglich durch ein qualifiziertes Interesse im Wege einer Verhältnismäßigkeitsprüfung gerechtfertigt werden kann, sodass in der Prüfungsstruktur am Ende die Frage nach einer gerechtfertigten Beschränkung der Grundfreiheiten beantwortet wird.[848] Mit seinem Prüfungsmaßstab stellt der EuGH somit etwa nicht auf das Streikrecht als Grundrecht ab, sondern betrachtet in diesen Fällen lediglich die mit den Kampfmaßnahmen bezweckten Ziele, um die Rechtmäßigkeit des Eingriffs in die Grundfreiheiten zu bewerten.[849] Hinsichtlich einer solchen Verhältnismäßigkeitsprüfung ist besonders problematisch, dass man erst nach dem Urteil sicher sagen kann, ob kollektive Maßnahmen verhältnismäßig waren. Dies kann zu einer Unsicherheit bei den Grundrechtsträgern führen, die dann mit jedem Streik auch das Risiko eingehen würden, in die Grundfreiheiten ungerechtfertigt einzugreifen.[850]

Das Ausmaß dieser Rechtsprechung wird insbesondere klar, wenn man sich die Situation rechtsvergleichend mit den europäischen Mitgliedstaaten vor Augen führt. So wäre es wohl kaum denkbar, dass ein Staat die unternehmerischen Rechte, die einen grenzüberschreitenden Handel gewährleisten, systematisch vor anderen Grundrechten bevorzugt.[851] Beispielsweise wird darauf verwiesen, dass es im deutschen Recht undenkbar wäre, die Menschenwürde nur so weit zu garantieren, wie sie nicht unverhältnismäßig in die Marktfreiheiten eingreift.[852] Diese Gedankenexperimente zeigen die Wahrnehmung einer starken Überhöhung der Marktrechte im Vergleich zu den Grundrechten, soweit man das europäische System mit den nationalstaatlichen Systemen vergleicht. In den westlichen Demokratien ist es üblich, die Rechte der Menschen

848 EuGH, 11.12.2007 – C-438/05 [Fn. 29], Rn. 75 – Viking; EuGH, 18.12.2007 – C-341/05 [Fn. 29], Rn. 57 – Laval; siehe auch: EuGH, 03.04.2008 – C-346/06 [Fn. 29], Rn. 17 – Rüffert; hier jedoch im Kern der Fragestellung eher auf die Vereinbarkeit mit dem Sekundärrecht der RL 96/71/EG (Entsenderichtlinie) bezogen.

849 *Däubler*, AuR 2008, 409, 415; Vgl. zudem *Wißmann*, AuR 2009, 149, 149.

850 *Rebhahn*, in: Scholz/Becker (Hrsg.), Die Auswirkungen der Rechtsprechung des Europäischen Gerichtshofs auf das Arbeitsrecht der Mitgliedstaaten, 19; *Kempen*, in: GS Zachert, 34: Spricht im Zusammenhang mit dem durch die Zulässigkeitsprüfung entstehendem Risiko für die Gewerkschaften von einer verfassungswidrigen Degenerierung eines „historisch schwer erkämpfte[n] Koalitionsgrundrecht[s] zu einer bloß spekulativen Grundrechtschance".

851 *Rebhahn*, ZESAR 2008, 109, 115.

852 *Däubler*, in: Scholz/Becker (Hrsg.), Die Auswirkungen der Rechtsprechung des Europäischen Gerichtshofs auf das Arbeitsrecht der Mitgliedstaaten, 102.

durch Grundrechte gegenüber dem staatlichen Handeln abzusichern.[853] Im europäischen System hingegen scheint die Prämisse zu sein, die Rechte des Wirtschaftslebens gegen staatliche Eingriffe zu schützen. Jedoch drängt sich hierbei das Problem auf, dass der EuGH gewerkschaftliches Handeln mit dem Handeln von Staaten gleichsetzt.[854] Außerdem verlieren nationale soziale Grundrechte an ihrer Schutzwirkung gegenüber Maßnahmen auf der europäischen Ebene, weil durch die vom EuGH etablierte Eingriffsprüfung eine strukturelle Unterlegenheit der sozialen Grundrechte erzeugt wird. Damit besteht, zumindest aus der deutschen Sicht, ein Konflikt zwischen der Gewährleistung der verfassungsmäßigen Grundrechte und der Grundfreiheiten aus dem EG-Vertrag.[855]

Für das Vorgehen des EuGH wird eingewendet, dass der Konflikt zu sehr aus einer „deutschen Brille" betrachtet werde, die stark bipolar geprägt sei.[856] Der strukturelle Vorrang der europäischen Normen im Wege der Normhierarchie im Zusammenspiel mit dem Fehlen einer umfassenden europäischen Sozialpolitik führe dazu, dass sich europäische Wirtschaftsrechte im Konfliktfall durchsetzen würden, was zu einer Diskrepanz mit der deutschen Wahrnehmung führe, in der die sozialen Grundrechte eine fundamentale Wertentscheidung der Verfassung darstellen.[857] Die deutsche Dogmatik lasse sich somit nicht ohne Weiteres auf das Unionsrecht übertragen.[858]

In der Tat scheint es logisch, dass die nationale und die europäische Rechtsordnung unterschiedliche Wertentscheidungen treffen und damit die Normhierarchie zwischen sozialen und wirtschaftlichen (Grund-)Rechten unterschiedlich bewerten. Damit mag ein Teil des Unverständnisses für die Fixierung auf die europäischen Grundfreiheiten auch auf die nationale Prägung der Rezipienten zurückzuführen sein. Zudem spielt, wie bereits dargestellt, das vom EuGH zu überprüfende Recht eine nicht zu unterschätzende Rolle. Jedoch ist eine solche Diskrepanz, auch wenn sie auf strukturelle Umstände zurückzuführen ist, für die Akzeptanz europäischen Handelns kontraproduktiv. Wenn, wie vorliegend, eine so fundamentale Diskrepanz zwischen der nationalstaatli-

---

853 Siehe zur Konzeption der Grundrechte als Eingriffsabwehrrechte weiterführend: *Augsberg*, Theorien der Grund- und Menschenrechte, 23 ff. m.w.N., verweisend auch auf die Ausführungen des BVerfG in der Lüth-Entscheidung: „Ohne Zweifel sind die Grundrechte in erster Linie dazu bestimmt, die Freiheitssphäre des einzelnen vor Eingriffen der öffentlichen Gewalt zu sichern; sie sind Abwehrrechte des Bürgers gegen den Staat." BVerfG, 1958 – 1 BvR 400/51, BVerfGE 7, 198 = NJW 1958, 257, Rn. 25 – Lüth.

854 Vgl. Abschnitt C, II, 1., a).

855 Vgl. *Wißmann*, AuR 2009, 149, 150.

856 *Wißmann*, ebd., 149, 149 f.

857 *Birk*, in: FS BAG, 1173; *Wißmann*, AuR 2009, 149, 150.

858 *Wißmann*, AuR 2009, 149, 150.

chen und europäischen Bewertung sozialer Rechte besteht, kann damit gerechnet werden, dass die Entscheidungen auf nationaler Ebene auf wenig Akzeptanz stoßen.

(2) Umfang des Prüfungsmaßstabs

Neben der Fixierung des Prüfungsmaßstabes auf die Grundfreiheiten ist es ebenfalls beachtenswert welche Bedeutung der EuGH den Grundfreiheiten in dieser Prüfung eingesteht. So formuliert er beispielsweise keine Untergrenze für eine Eingriffsprüfung, sodass auch marginale Beschränkungen, etwa durch Arbeitskampfmaßnahmen unter dem Rechtfertigungsdruck stehen.[859] Dieser ausgedehnte Prüfungsmaßstab könne jedoch nur berechtigt sein, wenn den Arbeitnehmervereinigungen auch die Möglichkeiten zur Verfügung stehen ihre Arbeitskampfmaßnahmen zu rechtfertigen.[860]

Es stellt sich also wie bei der Bereichsausnahme für das kollektive Arbeitsrecht die Frage, warum der EuGH hier keine Möglichkeit geschaffen hat, die Beschränkung der kollektiven sozialen Rechte abzuschwächen. Jedoch ist auch hier ein Verweis auf die Systematik angebracht. Nicht das Fehlen einer Untergrenze für eine Eingriffsprüfung ist ausschlaggebend für die Schieflage der sozialen Rechte, sondern die strikte Unterwerfung der kollektiven sozialen Rechte unter ein Regime dominanter Marktrechte. Auch wenn es sich bei der Forderung nach einer solchen Untergrenze lediglich um eine Symptomkorrektur handelt, bleibt die Frage trotzdem weiterhin berechtigt, warum der EuGH nicht wenigstens diesen einen Schritt gegangen ist. Aus der Sicht des EuGH spricht sicherlich bereits das System der Grundfreiheiten gegen diese Grenze, die geringfügige Eingriffe aus der Prüfung ausnimmt, da der EuGH kaum die absolute Gewährleistung der Grundfreiheiten als Zugangsrechte zum europäischen Markt forcieren kann und gleichzeitig solche geringfügigen Eingriffe nicht der Rechtfertigungsprüfung unterzieht. Somit ist die Prüfung des EuGH in dieser Hinsicht zumindest konsequent, auch wenn diese Konsequenz zu Lasten der sozialen Rechte geht.

bb) Einordnende Analyse

Es zeigt sich nach dieser Darstellung ein klares Bild zum Stellenwert der Grundfreiheiten als Fundament der europäischen Wettbewerbspolitik. Der EuGH stellt die Grundfreiheiten in den Mittelpunkt seiner Prüfung und fixiert damit die wirtschaftsliberale Ausrichtung der Rechtsprechung in den Fällen, in denen die Grundfreiheiten betroffen sind. Ausschlaggebend hierfür ist nicht zuletzt der Stellenwert, den die Grundfreiheiten im europäischen Primärrecht

859 *Ulber/Wiegandt*, Die Bindung von Arbeitnehmervereinigungen an die europäischen Grundfreiheiten, 84.
860 *Ulber/Wiegandt*, ebd., 84. Siehe hinsichtlich der Rechtfertigungsprüfung in Abschnitt C, II, 2., a).

einnehmen, das wiederum die Grundlage für die Entscheidungen des Gerichts darstellt. Die Europäischen Grundfreiheiten sind schon als unionsrechtliches Gewährleistungsrecht besonders mächtig, um wirtschaftlichen Interessen Nachdruck zu verleihen. Dazu kommt, dass der EuGH diese Rechte in seiner Rechtsprechung besonders prominent in Stellung bringt, indem er die Prüfung der vorgelegten Sachverhalte als Eingriffsprüfung in die europäischen Grundfreiheiten gestaltet.

b) Die volldeterminierte Entsenderichtlinie

Entscheidungen Laval (2007) und Rüffert (2008)

In den Entscheidungen *Viking*, *Laval* und *Rüffert* steht der Konflikt einer nationalen sozialschützenden Regelung mit den Wirtschaftsrechten in der Union an zentraler Stelle. Auf der einen Seite fehlt es der Union an einer Zuständigkeit für das Koalitions- und Arbeitskampfrecht, wegen der Bereichsausnahme aus Art. 153 Abs. 5 AEUV, auf der anderen Seite können die nationalen Rechte, wie beispielsweise Art. 9 Abs. 3 GG in Deutschland nicht effektiv gegen die Grundfreiheiten in Stellung gebracht werden.[861] Dem EuGH fehlt es an einer verfassungsgerichtlichen Kompetenz, die umfassend sowohl über wirtschaftliche wie soziale Rechte entscheiden kann, mangels einer gesamtheitlichen europäischen Sozialverfassung.[862] Es besteht ein Ungleichgewicht zwischen den einschlägigen Regelungen und Kompetenzen. Dieses Ungleichgewicht zeigte sich in den drei Fällen in unterschiedlicher Weise. Während es bei *Viking* und *Laval* den Gewerkschaften darum ging, die Ausnutzung von innereuropäischen Lohnunterschieden durch die Arbeitgeber mittels einer nationalen bzw. post-nationalen Strategie zu vereiteln,[863] lag bei dem Fall *Rüffert* der Konfliktpunkt darin, dass der EuGH bei der Auslegung des Unionsrechts keine Rücksicht auf die nationalen Charakteristika der Kollektivverhandlungen genommen hatte.[864] In allen Fällen stoßen die nationalen Rechte, die zum Schutz kollektiver Rechte begründet wurden, auf ein Unionsrecht, das für diese Funktionen nicht sensibilisiert ist. Dabei spielt in den Entscheidungen *Laval* und *Rüffert* die Auslegung der RL 96/71/EG (Entsenderichtlinie) eine besondere Rolle, da der EuGH hier die ursprünglich als Mindestrechte angelegte Richtlinie in diesen Entscheidungen als volldeterminierte Höchstgrenzen wertet.[865]

861 *Waltermann*, EuZA 2015, 15, 17.
862 *Joerges/Rödl*, KJ 2008, 149, 164.
863 *Joerges/Rödl*, ebd., 149, 164.
864 *Bruun/Jacobs*, AuR 2008, 417, 423.
865 *Schubert*, Gutachterliche Stellungnahme zu den Aktivitäten der EU-Kommission bezüglich der Urteile des Europäischen Gerichtshofes zum Verhältnis sozialer Grundrechte und Binnenmarktfreiheiten, 16.

aa) Der Konflikt im Urteil *Rüffert*

(1) Die Erwägungen des EuGH im Urteil *Rüffert*

Der EuGH prüfte, ob die Einbeziehung einer Tariftreueklausel durch öffentliche Auftraggeber gegen die Dienstleistungsfreiheit nach Art. 49 EG verstößt und zog dabei die Bestimmungen der RL 96/71/EG (Entsenderichtlinie) mit heran. Auch wenn das Vergabegesetz keine Regelungen zur Entsendung treffen möchte, so sah der EuGH die Richtlinie trotzdem als anwendbar an, wenn faktisch eine Entsendekonstellation damit geregelt wird.[866] Die Richtlinie enthalte in Art. 3 Abs. 1 Unterabs. 1 bestimmte Mindeststandards, die auf bestimmte Arten in den Mitgliedstaaten festgelegt werden können. Soweit kein System der Allgemeinverbindlichkeitserklärung besteht, können auch Kollektivverträge nach Art. 3 Abs. 8 Unterabs. 2 RL 96/71/EG zugrunde gelegt werden, die in den geografischen Bereich fallen, um Mindestarbeitsbedingungen festzulegen.[867] Weil das Landesvergabegesetz weder selbst einen Mindestlohnsatz festlegt, noch den in Bezug genommenen Tarifvertrag für allgemeingültig erklärt, es aber ein System zur Allgemeinverbindlichkeitserklärung in Deutschland gibt, konnte die Regelung des Vergabegesetzes nicht als Umsetzung der in der Richtlinie festgesetzten Mindeststandards verstanden werden, insbesondere weil die Regelung auch nur für öffentliche Bauaufträge gelte.[868]

Auch die Annahme, dass der Lohnsatz eine für die Arbeitnehmer günstigere Bedingung nach Art. 3 Abs. 7 RL 96/71/EG darstellen würde, lehnte der Gerichtshof mit der Begründung ab, dass diese Regelung nicht erlaube, zwingende Bestimmungen, die über den Mindestschutz hinausgehen, zu etablieren, da dies die praktische Wirksamkeit der Richtlinie aufhebe.[869] Mit dem Blick darauf, dass die Richtlinie die Verwirklichung des freien Dienstleistungsverkehrs bezweckt, stellt der Gerichtshof fest, dass der Verstoß gegen die Richtlinie durch die Tariftreueklausel eine zusätzliche wirtschaftliche Belastung darstellen kann, die eine Beschränkung der Dienstleistungsfreiheit bedeuten kann.[870]

Der Gerichtshof kommt zu dem Ergebnis, dass die Regelungen der RL 96/71/EG und die Dienstleistungsfreiheit der Tariftreueklausel entgegenstehen, da es auch keine entsprechende Rechtfertigung gebe.[871]

866 EuGH, 03.04.2008 – C-346/06 [Fn. 29], Rn. 20 – Rüffert.

867 EuGH, 03.04.2008 ebd., Rn. 22 – Rüffert.

868 EuGH, 03.04.2008 ebd., Rn. 23 ff. – Rüffert.

869 EuGH, 03.04.2008 ebd., Rn. 32 f. – Rüffert; mit Verweis auf: EuGH, 18.12.2007 – C-341/05 [Fn. 29], Rn. 80 – Laval.

870 EuGH, 03.04.2008 – C-346/06 [Fn. 29], Rn. 36 ff. – Rüffert.

871 EuGH, 03.04.2008 ebd., Rn. 43 – Rüffert. Zur Rechtfertigung vgl. u. Abschnitt C, II, 3.

(2) Die Bedeutung für die Konfliktlinie

Der EuGH verstand die RL 96/71/EG (Entsenderichtlinie) hier also als abschließende Regelung, die es ausschloss, weitere nationale Schutzmaßnahmen zu installieren.[872] Damit begrenzte er das nationale Recht und die Möglichkeit Sozialstandards zu schützen auf die Grenzen der Richtlinie, sodass nur im Sinne der Richtlinie allgemeinverbindliche kollektivvertragliche Mindestentgelte durch die ausländischen Arbeitgeber zu zahlen waren.[873] Das Bedürfnis, im eigenen sozialstaatlichen System eine andere Regelung treffen zu können, die die nationalstaatlichen Eigenheiten besser berücksichtigt, als die Einheitslösung der Richtlinie, wurde hier vom EuGH zugunsten der Wahrung einheitlicher Marktregelungen verwehrt. Der Fokus liegt eindeutig darauf, einheitliche europäische Marktzugangsregelungen zu schaffen. Diese Fixierung geht zu Lasten der sozialstaatlichen Betätigungsmöglichkeiten der Mitgliedstaaten. Hier ist auch eine Vergleichbarkeit zum Fall *Laval* zu erkennen, in dem der EuGH ebenfalls nationale sozialstaatliche Regelungen seinen eigenen marktorientierten Kriterien unterwarf.[874] Mit seiner Entscheidung hat der EuGH dazu beigetragen, dass ein hoher Sozialschutz im Interesse der Mitgliedstaaten nur noch in den Grenzen der RL 96/71/EG möglich sein wird.[875] Hinsichtlich der Notwendigkeit der Beschränkung sozialer Mindeststandards wird zum Teil Zustimmung geäußert. So seien entsprechende Sozialstandards insbesondere in Anbetracht des bestehenden europäischen Lohngefälles eine starke Beeinträchtigung der Dienstleistungsfreiheit.[876]

bb) Der Konflikt im Urteil *Laval*

Im Fall *Laval* war im Rahmen der ersten Vorlagefrage zu klären, ob die RL 96/71/EG (Entsenderichtlinie) es zulässt, dass durch Arbeitskampf bessere als in Art. 3 Abs. 1 Unterabs.1 lit. a-g der Richtlinie genannten Aspekte im Arbeitsverhältnis erkämpft werden dürfen.[877] Grundsätzlich stellte der Gerichtshof fest, dass den Unternehmen nicht zugemutet werden könne, erst durch die, im vorgelegten Fall übliche, individuelle Verhandlung über die Löhne von den effektiven Lohnkosten für die entsendeten Arbeitnehmer Kenntnis zu erlangen.[878] Die Richtlinie stelle mit den genannten Aspekten einen ausdrücklichen Grad an Schutz dar. Bei Konstellationen, wie im vorliegenden Fall müsse darauf geachtet werden, dass der Richtlinie in dieser Hinsicht nicht die praktische Wirksamkeit genommen werde.[879] Unter Berücksichtigung der Dienst-

872 *Streinz*, JuS 2008, 823, 825.
873 *Streinz*, ebd., 823, 824; *Hofmann*, RdA 2010, 351, 351.
874 *Bruun/Jacobs*, AuR 2008, 417, 423.
875 *Hofmann*, RdA 2010, 351, 351.
876 *Csaki/Freundt*, Kommunaljurist 2012, 246, 250.
877 EuGH, 18.12.2007 – C-341/05 [Fn. 29], Rn. 53 – Laval.
878 EuGH, 18.12.2007 ebd., Rn. 71 – Laval.
879 EuGH, 18.12.2007 ebd., Rn. 80 – Laval.

leistungsfreiheit kommt der EuGH zu dem Schluss, dass die Bestrebung der Gewerkschaft nicht mit der Regelung des Art. 3 RL 96/71/EG vereinbar sei.[880]

Auch hier lässt sich der Konflikt zwischen dem Ziel der Marktintegration und der Sozialintegration feststellen, denn die Grundfreiheiten stehen in diesem Fall ebenfalls in Konkurrenz mit der sozialen Absicherung und dem Arbeitnehmerschutz.[881] Die effektive Durchsetzung der Dienstleistungsfreiheit wird hier durch die Interpretation der RL 96/71/EG durch den EuGH sichergestellt. Nach der liberalen Marktlogik wird die Liberalisierung des Binnenmarktes in den Mittelpunkt gestellt und dabei Freiheitsrechte der Gewerkschaften beschnitten und eine offene Lohnkonkurrenz zwischen den Mitgliedstaaten in Kauf genommen.[882] Diese strikte Anwendung der Richtlinie, die dadurch im Ergebnis über soziale Rechte der Mitgliedstaaten gestellt wird, wird sogar als Neigung zum „Rechtsdarwinismus" interpretiert.[883] Bei dieser starken Tendenz zur Stärkung der Marktrechte wird auch ein Eingriff in die nationalstaatlichen Kollektivvertragssysteme befürchtet. So könnte die Rechtsprechung des EuGH das Verhandlungsgleichgewicht zwischen den Marktinteressen der Arbeitgeberseite und den sozialen Interessen der Gewerkschaften, die etwa vor dem BAG und BVerfG mühsam austariert wurden, in ein Ungleichgewicht bringen.[884] Auch in dieser Entscheidung zeigt der EuGH auf, wie er die Regelungen der RL 96/71/EG als Instrument der Rechtsharmonisierung versteht. Er bemisst die Handlungsspielräume für die nationalen Akteure anhand dieser Richtlinie und engt damit den Spielraum für nationale Regelungen ein. Er nutzt die Richtlinie, um seine auf der Dienstleistungsfreiheit aufbauenden Argumentation mit Sekundärrecht zu untermauern.

cc) Der Konflikt im Vertragsverletzungsverfahren *Kommission gegen Luxemburg*

Das Vertragsverletzungsverfahren der *Kommission gegen Luxemburg*[885] im Jahr 2008 wird regelmäßig gemeinsam mit den Urteilen *Laval*, *Viking* und *Rüffert* in einem Atemzug genannt, die gemeinsam als *Laval*-Quartett bezeichnet werden. Der Kern dieser Entscheidung betrifft die Umsetzung der RL 96/71/EG (Entsenderichtlinie) in Luxemburg und knüpft damit thematisch an die Urteile *Laval* und *Rüffert* an, auch wenn diese Entscheidung keine im Kern kollektivarbeitsrechtliche Fragestellung betrifft.

880 EuGH, 18.12.2007 ebd., Rn. 111 – Laval.
881 *Vorbau*, in: FS DGB Rechtsschutz, 302.
882 *Vorbau*, ebd., 301.
883 *Supiot*, AuR 2009, 151, 153.
884 Siehe hierzu ausführlich: *Temming*, ZESAR 2008, 231, 242.
885 EuGH, 19.06.2008 – C-319/06 [Fn. 34] – Kommission/Luxemburg.

In diesem Vertragsverletzungsverfahren bemängelte die Kommission die luxemburgische Umsetzung der RL 96/71/EG in nationales Recht. Es wurden vier Gemeinschaftsrechtsverstöße angezeigt.[886] Insbesondere war streitig, ob sich das luxemburgische Gesetz auf eine Ausnahmeregelung im Sinne der öffentlichen Ordnung nach Art. 3 Abs. 10 RL 97/71/EG stützen konnte, dass eine dynamische Anpassung der Entlohnung an die Lebenshaltungskosten vorsah. Dies lehnte der EuGH ab, weil keine hinreichend schwere Gefährdung für gesellschaftliche Grundinteressen vorlägen.[887] Zur Begründung nimmt der EuGH Bezug auf die im Urteil *Arblade* entwickelte Dogmatik der beschränkten Einschränkbarkeit der Grundfreiheiten durch zwingende Gründe des Allgemeininteresses.[888] Die Richtlinie wolle zudem lediglich Mindeststandards setzen, sodass eine Erstreckung maximal auf Mindestlöhne möglich sei.[889] Auch die zusätzliche Einführung einer Regelung über Teilzeitarbeit und befristete Arbeitsverträge konnten nicht auf Gründe der öffentlichen Ordnung gestützt werden.[890] Sowohl diese, wie auch die drei weiteren Rügen, bei denen es um eine mangelhafte Umsetzung von Höchstarbeitszeit und Ruhezeitbestimmungen[891], unbestimmte Kontrollmodalitäten[892] und die Verpflichtung zur Hinterlegung von Unterlagen durch das Entsendeunternehmen[893] ging, wurden vom EuGH bestätigt. Auch in diesem Zusammenhang zeigt sich, dass der EuGH sich stark an der Richtlinie orientierte. Weitergehende Regelungen in den Nationalstaaten werden vom EuGH als Hindernis für die wirtschaftliche Integration verstanden. Diese Heranziehung der Grundfreiheitsdogmatik und die auch in dieser Entscheidung ersichtliche Dominanz der Marktfreiheiten wird kritisiert.[894] Damit reiht sich auch die Entscheidung *Kommission gegen Luxemburg* in die Rechtsprechung des EuGH zu dieser Zeit ein und verdeutlicht das Verständnis, das der EuGH in diesen Urteilen prägte.

dd) Exkurs: Die Rechtsprechung des EuGH im Zusammenhang mit der Reform der Entsenderichtlinie

Die Bewertung der RL 96/71/EG (Entsenderichtlinie) durch den EuGH wurde nach der umstrittenen Positionierung des EuGH in den Urteilen des *Laval*-Quartetts erneut im Jahr 2020 relevant, als der EuGH über die Nichtigkeitskla-

886 EuGH, 19.06.2008 ebd., Rn. 1 – Kommission/Luxemburg; Zusammenfassung der wichtigsten Aspekte zu finden bei: *Heuschmid*, jurisPR-ArbR 51/ 2008, Anm. 5.

887 EuGH, 19.06.2008 – C-319/06 [Fn. 34], Rn. 50 – Kommission/Luxemburg.

888 EuGH, 19.06.2008 ebd., Rn. 43 – Kommission/Luxemburg; verweisend auf EuGH, 23.11.1999 – C-369/96 und C-376/96 (ECLI:EU:C:1999:575), Slg. 1999, I-8453 = AP Nr. 1 zu Art. 59 EG-Vertrag, Rn. 34 – Arblade.

889 EuGH, 19.06.2008 – C-319/06 [Fn. 34], Rn. 47 – Kommission/Luxemburg.

890 EuGH, 19.06.2008 ebd., Rn. 63 – Kommission/Luxemburg.

891 EuGH, 19.06.2008 ebd., Rn. 70–74 – Kommission/Luxemburg.

892 EuGH, 19.06.2008 ebd., Rn. 75–82 – Kommission/Luxemburg.

893 EuGH, 19.06.2008 ebd., Rn. 83–97 – Kommission/Luxemburg.

894 *Heuschmid*, jurisPR-ArbR 51/ 2008, Anm. 5.

gen von Ungarn und Polen[895] zu entscheiden hatte, die sich gegen die neue Reform der Entsenderichtlinie richtete.[896] Zwar behandeln diese Nichtigkeitsklagen schwerpunktmäßig keine Fragestellungen zum kollektiven Arbeitsrecht, sondern richten sich grundsätzlich gegen die Änderungen im arbeits- und sozialpolitischen Bereich der Richtlinie, die mit der Reform einhergegangen sind, jedoch zeigt der EuGH in dieser Fragestellung ein ganz anderes Verhalten auf, das auf die Relevanz der Rechtsgrundlage und der Herkunft der sozialen Norm für die Beachtung durch den EuGH deutet und deshalb im folgenden Exkurs erläutert wird, um die bisherigen Orientierungen in der Rechtsprechung des EuGH besser zu beleuchten.

(1) Die Reform der Entsenderichtlinie

Die Reform der RL 96/71/EG (Entsenderichtlinie) führte dazu, dass sich die Gewichte der Richtlinie deutlich zugunsten des Arbeitnehmerschutzes verschoben hatten.[897] Die Kompetenz für diese Änderung wurde auf Art. 53 Abs. 1 und Art. 62 AEUV gestützt, sodass Zweck der Richtlinie weiterhin die Durchsetzung der Dienstleistungsfreiheit sein sollte.[898] Die ursprüngliche RL 96/71/EG stellte einen politischen Kompromiss zwischen dem grundsätzlichen Herkunftslandprinzip und der Möglichkeit des Zielstaates in einigen Bereichen eigene arbeitsrechtliche Bestimmungen zu erlassen dar.[899] Die Debatte um die Zuordnung der Kompetenzen wurde mit der Reform der Richtlinie erneut unter der Schaffung des Grundsatzes der Entgeltgleichheit am Arbeitsort geregelt.[900] Es wurde etwa die Anwendung von allgemeinverbindlichen Kollektivverträgen und Rechtsvorschriften über Arbeitsentgelte auf die entsandten Arbeitnehmer übertragen und die Anwendung des Arbeitsrechts und der allgemeinverbindlichen Kollektivverträge des Ziellandes für längerfristig entsandte Arbeitnehmer geregelt.[901] Die Beschäftigungsbedingungen wurden damit verbessert und insbesondere die zwingende Lohnstruktur über den vorher geregelten bloßen „Mindestlohn" hinaus im Sinne der entsandten Arbeitnehmer verbessert.[902] Mit dieser Reform ging insbesondere eine faktische Beschränkung des Wettbewerbsvorteils durch Niedriglohn einher, wobei darauf zu schließen ist, dass dies ein Motivationsgrund für die Länder Polen und Ungarn war, gegen die neuen Regelungen vor dem EuGH vorzugehen.

---

895 EuGH, 08.12.2020 – C-620/18 [Fn. 797] – Ungarn/Parlament und Rat; EuGH, 08.12.2020 – C-626/18 (ECLI:EU:C:2020 :1000), – Polen/ Parlament und Rat.

896 *Mitrus*, EuZA 2022, 233, 234.

897 *Kellerbauer*, EuZW 2018, 846, 847; *Kainer/Persch*, EuZW 2021, 541, 543.

898 *Kainer/Persch*, EuZW 2021, 541, 543.

899 *Franzen*, ZESAR 2021, 255, 269.

900 *Franzen*, ebd., 255, 269 m.w.N.

901 *Franzen*, ebd., 255, 269.

902 *Kainer/Persch*, EuZW 2021, 541, 543 m.w.N.

(2) Die Entscheidung des EuGH im Urteil *Ungarn/Parlament und Rat* (2020)

Ungarn verlangte, die gesamte RL (EU) 2018/957 (Reformrichtlinie zur Entsenderichtlinie), oder hilfsweise einige Teile der Richtlinie für nichtig zu erklären.[903] Diese angebliche Nichtigkeit wurde mit der Wahl der falschen Rechtsgrundlage, sowie einem Verstoß gegen Art. 153 Abs. 5, und 56 AEUV, sowie Verstoß gegen die Rom-I-Verordnung und den Grundsatz der Normenklarheit begründet.[904]

Ungarn brachte vor, dass die Richtlinie auf die falsche Rechtsgrundlage bezogen sei, da diese hauptsächlich auf den Schutz von Arbeitnehmern abziele und damit nicht als Regelung des Dienstleistungsverkehrs verstanden werden könnte und mithin Art. 53 und 62 AEUV nicht die richtigen Rechtsgrundlagen seien.[905] Ungarn führte zudem aus, dass es sich bei der Richtlinie ausschließlich um ein protektionistisches Vorhaben handle, das nicht auf die Verbesserung der Wettbewerbsfähigkeit abziele.[906] Der Gerichtshof verwirft diesen Einwand und sieht in der in den Erwägungsgründen angesprochenen Weiterentwicklung der Dienstleistungsfreiheit einen Anknüpfungspunkt, da hier ein Gleichgewicht zwischen den unternehmerischen Rechten im Binnenmarkt zur Entsendung von Arbeitnehmern und den Arbeitnehmerinteressen bezweckt wird.[907] Diese Herstellung des Gleichgewichts diene dazu, den freien Dienstleistungsverkehr auf einer fairen und von Arbeits- und Beschäftigungsbedingungen möglichst unabhängigen Grundlage zu sichern. Anhand der Überprüfung der einzelnen Maßnahmen erkennt der Gerichtshof hier auch eine Geeignetheit, diese Stärkung zu erreichen.[908] Zudem sei der von Ungarn vorgebrachte Art. 153 AEUV nicht als speziellere Rechtsgrundlage geeignet gewesen, um die Richtlinie hierauf zu stützen.[909] Ebenfalls wurde von Ungarn in der Richtlinie eine Überschreitung der Rechtssetzungsbefugnis nach Art. 153 Abs. 5 AEUV gesehen, da diese auch Regelungen zum Arbeitsentgelt enthalte.[910] Auf diese Vorbringen entgegnet das Gericht, dass Art. 153 AEUV, wie ausgeführt keine geeignete Rechtsgrundlage für die angefochtene Richtlinie

---

903 Die Nichtigkeitsklage von Polen richtete sich primär auf die Nichtigkeitserklärung der einzelnen Normen und nur hilfsweise auf die Nichtigkeit der gesamten Richtlinie. Die Klageanträge sind bis auf diesen Unterschied ansonsten deckungsgleich. (Vgl. EuGH, 08.12.2020 – C-626/18 [Fn. 897], Rn. 22 – Polen/ Parlament und Rat.) Auch die Argumentationen der Klagesteller ähnelten sich (vgl. *Mitrus*, EuZA 2022, 233, 234), weshalb im Fortgang insbesondere auf die stärker in der Öffentlichkeit wahrgenommene Entscheidung Ungarn/Parlament und Rat Bezug genommen wird.

904 EuGH, 08.12.2020 – C-620/18 [Fn. 797], Rn. 27 – Ungarn/Parlament und Rat.

905 EuGH, 08.12.2020 ebd., Rn. 28 ff. – Ungarn/Parlament und Rat.

906 EuGH, 08.12.2020 ebd., Rn. 31 – Ungarn/Parlament und Rat.

907 EuGH, 08.12.2020 ebd., Rn. 46 ff. – Ungarn/Parlament und Rat.

908 EuGH, 08.12.2020 ebd., Rn. 57 – Ungarn/Parlament und Rat.

909 EuGH, 08.12.2020 ebd., Rn. 65 ff. – Ungarn/Parlament und Rat.

910 EuGH, 08.12.2020 ebd., Rn. 71 ff. – Ungarn/Parlament und Rat.

darstellt.[911] Auch ein beklagter Ermessensmissbrauch bei der Gesetzgebung der Richtlinie liege nicht vor.[912]

Hauptsächlich wurde von Ungarn ein Verstoß gegen die Beschränkbarkeit der Dienstleistungsfreiheit nach Art. 56 AEUV in fünf Teilen gerügt. Zunächst wurde gerügt, dass das Lohnniveau als Wettbewerbsfaktor durch die Maßnahmen der Richtlinien verfälscht würde und als Maßnahme zudem über den ausreichenden Schutz der Arbeitnehmer hinausgehen würde.[913] Wie weit der Arbeitnehmerschutz durch die Richtlinie gewährleistet würde, sei jedoch Ermessensentscheidung des Unionsgesetzgebers.[914] Hinsichtlich des Lohnniveaus als Wettbewerbsfaktor führt der Gerichtshof aus, dass der Gesetzgeber diesen Faktor bewusst außenvor lassen wollte.[915] Weiterführend rügt Ungarn, dass durch die Richtlinie eine Ungleichbehandlung entstehe, da der nationale Mindestlohn zwar für Arbeitnehmer des Mitgliedstaates als ausreichend angesehen werde, aber dies nicht für in das Land entsandte Arbeitnehmer gelte.[916] Dieses Vorbringen ist nach der Einschätzung des Gerichtshofs unzutreffend, da sich der Begriff der Entlohnung auf die nationalen Gepflogenheiten beziehe und damit auch die Arbeitnehmer im Mitgliedsstaat denselben Entlohnungsregeln unterliegen.[917] Ebenfalls machte Ungarn geltend, dass die angefochtene Richtlinie gegen den Grundsatz der Verhältnismäßigkeit verstoße, da sie nicht geeignet und erforderlich sei, um faire Wettbewerbsbedingungen zu schaffen.[918] Diese Schlussfolgerungen seien aber fehlerhaft, weil lediglich Arbeits- und Beschäftigungsbedingungen durch die Richtlinie als Wettbewerbsfaktoren eliminiert würden und zudem Geeignetheit und Erforderlichkeit gegeben seien.[919] Auch bemängelte Ungarn die Anwendbarkeit des gesamten mitgliedstaatlichen Arbeitsrechts für den entsendeten Arbeitnehmer, wenn eine längere Entsendung stattfindet.[920] Der Unionsgesetzgeber konnte jedoch nach der Auffassung des Gerichtshofs zurecht annehmen, dass eine solche Anpassung gerechtfertigt sei, weil sich die persönliche Situation des Arbeitnehmers innerhalb dieses Zeitraums an die Umstände des Mitgliedslandes angepasst haben wird.[921] Auch die von Ungarn zuletzt gerügte Anwendbarkeit der Richtlinie auf den Straßenverkehrssektor war nach der Auffassung des Gerichts rechtmäßig.[922]

---

911 EuGH, 08.12.2020 ebd., Rn. 78 – Ungarn/Parlament und Rat.
912 EuGH, 08.12.2020 ebd., Rn. 82 ff. – Ungarn/Parlament und Rat.
913 EuGH, 08.12.2020 ebd., Rn. 87 ff. – Ungarn/Parlament und Rat.
914 EuGH, 08.12.2020 ebd., Rn. 124 – Ungarn/Parlament und Rat, verweisend auf Rn. 112 f.
915 EuGH, 08.12.2020 ebd., Rn. 125 ff. – Ungarn/Parlament und Rat.
916 EuGH, 08.12.2020 ebd., Rn. 92 – Ungarn/Parlament und Rat.
917 EuGH, 08.12.2020 ebd., Rn. 131 ff. – Ungarn/Parlament und Rat.
918 EuGH, 08.12.2020 ebd., Rn. 95 – Ungarn/Parlament und Rat.
919 EuGH, 08.12.2020 ebd., Rn. 137 ff. – Ungarn/Parlament und Rat.
920 EuGH, 08.12.2020 ebd., Rn. 98 ff. – Ungarn/Parlament und Rat.
921 EuGH, 08.12.2020 ebd., Rn. 155 – Ungarn/Parlament und Rat.
922 Siehe EuGH, 08.12.2020 ebd., Rn. 158 ff. – Ungarn/Parlament und Rat.

Im Weiteren rügte Ungarn auch einen Verstoß gegen Art. 56 AEUV, weil die Ausübung von Streikrechten den freien Dienstleistungsverkehr behindern könnte, was vom Gerichtshof mit dem Verweis darauf, dass diese Rechte weiterhin dem Unionsrecht unterliegen, abgelehnt wurde.[923] Im letzten Punkt trägt Ungarn eine Unvereinbarkeit mit der Rom-I-Verordnung hinsichtlich der Freiheit der Vertragsparteien das anwendbare Recht selbst zu wählen und eine Unklarheit der Norm hinsichtlich des Begriffs der „Entlohnung" vor.[924] Hinsichtlich des Verstoßes gegen Art. 8 Rom-I-Verordnung wird seitens des Gerichtsshofs erwidert, dass die fraglichen Normen als spezielle Kollisionsnormen im Sinne des Art. 23 Rom-I-Verordnung zu sehen sind und mithin kein Verstoß vorliegt.[925] Auch eine entsprechende Unklarheit hinsichtlich des Begriffs der Entlohnung konnte der Gerichtshof nicht erkennen,[926] sodass schlussendlich alle von Ungarn gerügten Klagegründe durch den EuGH zurückgewiesen wurden.

(3) Die Reaktionen auf das Urteil

Die Meinungen zum Urteil fallen gemischt aus. Zum Teil wird die Ansicht des EuGH als nicht überzeugend betrachtet.[927] So wird kritisiert, dass die zugrundeliegende Annahme, dass entsandte Arbeitnehmer aufgrund der langfristigen Entsendung den Lebensmittelpunkt in das Aufnahmeland zwangsläufig verschöben, nicht den realen Umständen entspreche.[928] Die zu überprüfende Änderung der RL 96/71/EG (Entsenderichtlinie) führe dazu, dass der Lohnwettbewerb nicht mehr zugunsten der wirtschaftlich schwächeren Marktteilnehmer ausschlage, was in den schwächeren Mitgliedstaaten dazu führe, dass sich ihre Entwicklungschancen im Binnenmarkt verringern, was wiederum zu weiterer sozialer Ungleichheit führe.[929] Grade wegen dieser weitreichenden Wirkung der RL (EU) 2018/957 (Reformrichtlinie zur Entsenderichtlinie) sei es bedauerlich, dass der EuGH nur in einer geringen Kontrolldichte auf die durch die Klage aufgeworfenen Fragen eingegangen sei, sodass die Ermessens- und Beurteilungsspielräume in Fragen der grundsätzlich weiterhin bestehenden Bindung an die Grundfreiheiten bei unionalen Rechtsakten vom EuGH großzügig ausgelegt würden.[930] Dies ginge soweit, dass die Grundfreiheitsbindung der Union durch dieses Urteil zur bloßen Worthülse geworden sei, da trotz be-

923 EuGH, 08.12.2020 ebd., Rn. 164 ff. – Ungarn/Parlament und Rat.
924 EuGH, 08.12.2020 ebd., Rn. 170 ff. – Ungarn/Parlament und Rat.
925 EuGH, 08.12.2020 ebd., Rn. 176 ff. – Ungarn/Parlament und Rat.
926 EuGH, 08.12.2020 ebd., Rn. 183 ff. – Ungarn/Parlament und Rat.
927 So beispielsweise: *Mitrus*, EuZA 2022, 233, 234.
928 *Mitrus*, ebd., 233, 238.
929 *Kainer/Persch*, EuZW 2021, 541, 541.
930 *Kainer/Persch*, ebd., 541, 546 m.w.N.

stehender Kritikpunkte ohne jegliche kritische Perspektive die Position der Unionsorgane übernommen worden sei.[931]

Auf der anderen Seite wird die Entscheidungsbegründung durchaus für vertretbar gehalten, auch wenn es an der RL (EU) 2018/957 selbst rechtspolitische Kritik gebe.[932] Ebenfalls sei die Bestätigung der Einordnung der Dienstleistungsfreiheit zum Entsenderecht richtig, da im Falle der Arbeitnehmerfreizügigkeit ihre Arbeit bereits nach den Regeln des Staates, indem die Arbeit stattfindet, sodass hier kaum eine Gefahr der Wettbewerbsverzerrung bestehe.[933]

Somit zeigt sich ein gemischtes Bild hinsichtlich der Bewertung der Entscheidung, wobei die Kritik insbesondere aus einer wirtschaftsliberalen Perspektive formuliert wird, da der EuGH mit der Entscheidung eine starke Beschneidung der Lohnkosten als Wettbewerbsfaktor vornimmt. Die Argumentation, dass durch diese Beschneidung eine Zementierung der ungleichen Lohnverhältnisse in der Union einhergeht, ist unschlüssig. Viel eher wird durch die Regelung einem „race to the bottom“ in der Entwicklung des Entgelts bei Entsendung entgegengewirkt, sodass zusammengefasst hinsichtlich der sozialen Dimension vor einer die Rechte der Arbeitnehmer stärkenden Entscheidung zu sprechen ist, da der gegenseitigen Unterbietung auf Grund der verschiedenen Lohnniveaus in den Mitgliedstaaten durch die Änderung der Richtlinie ein Riegel vorgeschoben wurde und der EuGH dies gewähren ließ.

(4) Die Bedeutung für die Änderung der Rechtsprechung

Auf Grundlage des Urteils wurde die Frage aufgeworfen, ob das Leitbild des europäischen Wettbewerbsrechts sich im Wandel befinde.[934] Es sei zu sehen, dass der EuGH die Regeln der Grundfreiheiten deutlich großzügiger bei Maßnahmen des Unionsrechtsgebers anwende, als dies bei den vom Gerichtshof überprüften mitgliedstaatlichen Vorschriften der Fall sei.[935] Damit toleriere der EuGH protektionistische Tendenzen eher, wenn diese von den Organen der Europäischen Union veranlasst wurden und nicht aus den einzelnen Mitgliedstaaten stammen, was bedeute, dass eine Mehrheit der Mitgliedstaaten mit der politischen Deckung aus der Kommission durchaus stärkere Beschränkungen des Binnenmarktes durchsetzen können.[936] Aus dieser Entscheidung folge, zu-

931 *Kainer/Persch*, ebd., 541, 546. Führt die Punkte der Kritik auch weiter aus.
932 So etwa: *Franzen*, ZESAR 2021, 255, 272.
933 *Hamann*, jurisPR-ArbR 13/ 2021, Anm. 2.
934 *Kainer/Persch*, EuZW 2021, 541, 542.
935 *Franzen*, ZESAR 2021, 255, 271.
936 *Franzen*, ebd., 255, 272.

dem ganz praktisch, dass die Stärkung des Arbeitnehmerschutzes die Entsendung für die Arbeitgeber teuerer mache.[937]

Für die Bewertung des Umgangs des EuGH mit der sozialen Dimension im Entsenderecht zeigt sich, dass durchaus nicht jede Entscheidung zugunsten der Marktliberalisierung ausfallen muss, sondern soziale Rechte vom EuGH als legitim gewürdigt und gestärkt werden. Der bittere Beigeschmack, der sich bei der Entscheidung jedoch abzeichnet, ist in der Tat jener, dass hier eine europäische Richtlinie vom EuGH überprüft wurde, sodass der Vorwurf berechtigt scheint, dass in einem solchen Fall eher eine positive Entscheidung zu erwarten sei, als wenn es sich um nationale Vorschriften mit ähnlichen protektionistischen Ansätzen zum Schutz der sozialen Dimension handelt. Natürlich ist der europäische Gesetzgeber hinsichtlich der Etablierung solcher Mechanismen auch ungezwungener, da nur das Primär- und nicht das Sekundärrecht maßgeblich ist. Ob der EuGH auch gegenüber nationalen Bemühungen zur Stärkung der sozialen Dimension einen toleranteren Kurs eingeschlagen hat, lässt sich insbesondere im Diskurs um den Vergabemindestlohn feststellen, der im Abschnitt C, II, 3. dargestellt wird.

c) Der Stellenwert der sozialen Rechte

Entscheidungen Viking (2007) und Laval (2007)

aa) Anerkennung des Streikrechts als Unionsrecht

Zunächst bemerkenswert ist, dass der EuGH in der Entscheidung *Viking* das Recht auf kollektive Maßnahmen einschließlich des Streikrechts als allgemeinen Grundsatz des Unionsrechts unter Verweis auf Art. 28 GRC einstufte und damit zumindest keine generelle Beschränkung der Koalitionsfreiheit auf Gemeinschaftsebene vornimmt.[938] Allerdings wird hierzu aus der Literatur eingewendet, dass diese Neuerung nur dazu diene, die Unterwerfung der kollektiven Maßnahmen unter die Grundfreiheiten „rhetorisch abzufedern".[939] Es sei erstaunlich, mit welcher Leichtigkeit auf der Grundlage von ungeeigneten Referenzen ein entsprechendes Grundrecht mit Bezug auf das Primärrecht bejaht worden sei.[940] Auch wird kritisiert, dass der EuGH durch seine Bezüge auf das nationale Recht[941] die Festlegung der Reichweite der Koalitionsfreiheit zulasten der nationalen Gerichte verschoben habe: Es sei konsequenter neben der

937 *Hamann*, jurisPR-ArbR 13/ 2021, Anm. 2.

938 EuGH, 11.12.2007 – C-438/05 [Fn. 29], Rn. 44 – Viking; ebenso: *Bücker*, NZA 2008, 212, 214.

939 *Rebhahn*, ZESAR 2008, 109, 110–111.

940 *Rebhahn*, ebd., 109, 112.

941 Siehe: EuGH, 11.12.2007 – C-438/05 [Fn. 29], Rn. 35, 60, 63, 85 – Viking.

nationalen auch eine unionsrechtliche Grundrechtsebene zu adressieren, da nationale Akteure einer zweifachen Grundrechtsbindung unterlägen.[942]

Aber auch in der entgegengesetzten Richtung gibt es Kritik. Es wird in der Literatur bedauert, dass der EuGH bei der Entwicklung des Streikrechts auf den Art. 28 GRC zurückgreift, da dieser zum Zeitpunkt der Entscheidung zum einen noch nicht in Kraft war und zudem im Rahmen der Rechtfertigung nicht mehr herangezogen würde.[943] Eine stärkere Bezugnahme auf die Rechtsordnungen der Mitgliedstaaten wäre hier wünschenswert gewesen.[944] Auch wird der Konstruktion des Gemeinschaftsgrundrechts eine Konturlosigkeit vorgeworfen, die zu der Unsicherheit führe, welche kollektiven Rechte überhaupt umfasst seien.[945]

Die Anerkennung eines kollektiven Gemeinschaftsgrundrechts scheint insgesamt wohlwollend aufgenommen worden zu sein. Die Kritik betrifft vornehmlich die Umstände dieser Entwicklung. Zum einen wird das Grundrecht durch den EuGH dogmatisch unsauber hergeleitet und zum anderen erscheint es auch unglaubwürdig, wenn das neugeschaffene Gemeinschaftsgrundrecht noch im selben Urteil so stark beschränkt wird, dass es für die Entscheidung kaum eine Bedeutung mehr hat.[946] Es stellt sich also die Frage, ob die Anerkennung des Streikrechts tatsächlich nur eine rhetorische Figur darstellt, um den Konflikt zu verschleiern, oder ob der Gerichtshof grundsätzlich überzeugt von der starken Position des Streikrechts war und nur die Umsetzung missglückt ist.

bb) Kollektives Gemeinschaftsgrundrecht oder allgemeines Interesse als Gegenspieler zu den Grundfreiheiten

Nach der Anerkennung des Streikrechts als kollektives Gemeinschaftsgrundrecht ist, wie bereits angeklungen, besonders verwunderlich, welchen Maßstab der EuGH im Folgenden in den Urteilen *Viking* und *Laval* anwendete, um die Eingriffe in die europäischen Grundfreiheiten zu rechtfertigen. Es wäre konsequent gewesen, hätte der EuGH das frisch anerkannte kollektive soziale Grundrecht direkt mit den Grundfreiheiten im Wege der praktischen Konkordanz abgewogen.[947] Stattdessen zieht der EuGH in seiner Prüfung aber nicht das Grundrecht zur Rechtfertigungsprüfung heran, sondern überprüft, ob der Ein-

942 *Bücker*, NZA 2008, 212, 215; weitergehend hinsichtlich der doppelten Grundrechtsbindung verweisend auf: *Borchardt*, Die rechtlichen Grundlagen der Europäischen Union, Rn. 179.

943 *Joussen*, ZESAR 2008, 333, 337.

944 *Joussen*, ebd., 333, 336.

945 *Junker*, SAE 2008, 209, 214.

946 *Maack*, ZIAS 2008, 355, 359.

947 *Kocher*, AuR 2008, 13, 16.

griff durch zwingende Gründe des Allgemeininteresses gerechtfertigt ist,[948] womit er das formale Prüfungsschema aus der Rechtssache *Schmidberger*[949] übernehme, jedoch materiell die Zuordnung der sozialen Rechte als bloßen Unterfall des Allgemeininteresses vollzieht.[950] Dies drücke sich auch sprachlich aus, sodass der EuGH nicht mehr vom kollektiven Grundrecht, sondern lediglich von arbeitnehmerschützenden Aspekten spricht.[951]

Der Kern dessen, was bei diesem Vorgehen des EuGH so zu irritieren scheint, ist die Tatsache, dass der EuGH nicht nur die Bindung an die europäischen Grundfreiheiten, sondern auch seinen Prüfungsmaßstab ohne Anpassungen von den Mitgliedstaaten auf die Gewerkschaften als nichtstaatliche Akteure überträgt. Die Gewerkschaften verfolgen mit ihrem Handeln jedoch nicht Interessen der Allgemeinheit, sondern die ihrer Mitglieder.[952] Der hier vom EuGH angesetzte Maßstab führt dazu, dass die Gewerkschaften zur Rechtfertigung einer Grundfreiheitsbeschränkung eine viel schwerere Darlegungslast trifft, da nicht die berechtigte und verhältnismäßige Wahrnehmung kollektiver sozialer Grundrechte den Eingriff rechtfertigt, sondern zwingende Gründe des Allgemeininteresses vorliegen müssen.[953]

Dieses Vorgehen des EuGH zeigt, dass er nicht ausreichend zwischen gewerkschaftlichem und staatlichem Handeln unterscheidet. Er setzt denselben Prüfungsmaßstab auch für Gewerkschaften an, ohne dabei zu berücksichtigen, dass die Gewerkschaften keinesfalls so wirkmächtig sind, dass sie im selben Maße das Allgemeinwohl repräsentieren, wie der Staat. Mit dieser Gleichsetzung beschneidet der EuGH die Möglichkeit der gewerkschaftlichen Betätigung als von der staatlichen Wirkmacht separiertes sozialpolitisches Korrektiv. Denn der EuGH erkennt nicht, dass es neben dem Staat auch noch weitere Akteure geben kann, die durch ihre hervorgehobene Position Einfluss auf die Ausübung des europäischen Wirtschaftsrechts haben können, ohne dabei hoheitliche Aufgaben im allgemeinen Interesse auszuüben. Die gewerkschaftliche Betätigung ist, wie angeklungen, eben nur auf das spezielle Innenverhältnis zwischen Arbeitgeber/-vertretung und Arbeitnehmer/-vertretung bezogen und weist nur in diesem Bezug eine Wirkmacht auf, die mit der eines Nationalstaates vergleichbar ist. In diesem Sinne vertritt die Gewerkschaft die Interessen des partiellen „Allgemeinwohls“ für den Bereich, in dem sie agieren

948 Siehe *Junker*, SAE 2008, 209, 215, welcher eine vergleichende Situation vor dem BVerfG schildert, um das Vorgehen des EuGH zu verdeutlichen.

949 EuGH, 12.06.2003 – C-112/00 [Fn. 836] – Schmidberger.

950 *Krebber*, RdA 2009, 224, 233.

951 *Krebber*, ebd., 224, 233.

952 *Junker*, SAE 2008, 209, 215. Dieser stellt im selben Zuge fest, dass das Urteil Viking durch Unklarheiten im Urteil verschiedenen Interpretationen offensteht, was an dieser Stelle besonders ersichtlich sei.

953 Vgl. *Junker*, ebd., 209, 217.

kann. Jedoch lässt sich diese Allgemeinwohlvertretung nicht auf das abstrakte Außenverhältnis gegenüber der Allgemeinheit übertragen, sondern ist beschränkt auf die Regelung von Arbeitsbedingungen zwischen den beiden Konfliktparteien. Hieraus ergibt sich, dass die Gewerkschaften für die Allgemeinheit gesprochen dann eben doch keine Interessenvertretung übernehmen, sondern die Interessen ihrer Mitglieder vertreten. Entsprechend dieses Paradoxons müsste der EuGH anerkennen, dass er, wenn er Gewerkschaften schon in den Anwendungsbereich einer eigentlich auf staatliche Eingriffe fokussierten Eingriffsprüfung einbezieht, zumindest den Rechtfertigungsmaßstab so anpassen muss, dass er die Grundrechtsberechtigung der nichtstaatlichen Akteure berücksichtigen kann. Anderenfalls läuft der Gerichtshof Gefahr, das kollektive soziale Grundrecht der Gewerkschaften, als Aspekt der sozialen Dimension im Unionsrecht, nicht hinreichend zu berücksichtigen.

d) Die Tendenz des EuGH

Entscheidungen Viking (2007) und Laval (2007)

Der EuGH hat durch seine Entscheidungen eine klare Tendenz geprägt, wie die europäischen Grundfreiheiten und die kollektiven sozialen Rechte in ein Verhältnis gesetzt werden sollen.

Zunächst ist im Allgemeinen anzuerkennen, dass eine Einschränkbarkeit der kollektiven sozialen Rechte generell möglich sein muss. Es ist, im Wege des Interessenausgleichs verschiedener Positionen, richtig, dass der EuGH den kollektiven Rechten keinen generellen Vorrang vor den Grundfreiheiten einräumt.[954] Einen absoluten Vorrang der sozialen Rechte gegenüber dem europäischen Wirtschaftsrecht zu fordern, würde dem Ausgleich der beiden Interessen entgegenstehen. Es würde sich auch mit der nationalen Grundrechtsdogmatik widersprechen und der Systematik der Grundrechte entgegenstehen.[955] Stattdessen ist es wichtig, zu erkennen, dass die Marktfreiheiten und die sozialen kollektiven Rechte als gleichwertig zu verstehen sind, was auch in der Rechtfertigungsprüfung zu berücksichtigen ist.[956] Mithin steht der vom EuGH angenommenen grundsätzlichen Einschränkbarkeit kollektiver sozialer Rechte unter dem Aspekt einer hinreichenden Beachtung der Aspekte der sozialen Dimension zunächst, zumindest generell, nichts entgegen.

954 So auch: *Kocher*, AuR 2008, 13, 15.

955 *Joussen*, ZESAR 2008, 333, 337.

956 *Kocher*, AuR 2008, 13, 15 f. Vgl. zur Einbeziehung in der Rechtfertigungsprüfung im Wege der praktischen Konkordanz zudem im Abschnitt C, II, 2., c), bb).

Jedoch lässt sich insbesondere das Streikrecht als eines der wesentlichen kollektiven Rechte, das durch den EuGH auch als solches anerkannt wurde,[957] nicht beliebig weit einschränken. Diese Grenze ist zumindest dort zu ziehen, wo die kollektiven Rechte die Menschenwürde garantieren. Denn es darf nicht sein, dass die europäischen Wirtschaftsfreiheiten den Kern menschlicher Würde beschneiden.[958]

Entscheidend kommt es also auf die Gewichtung der Marktrechte und der kollektiven sozialen Rechte an. Der Prüfungsmaßstab, der sich an den Grundfreiheiten orientiert, zeigt hierbei schon die erste Tendenz des EuGH an. Dieser bezweckt die Gewährleistung der Grundfreiheiten im höchstmöglichen Umfang, ohne dass dabei die berechtigten Interessen der Arbeitnehmer missachtet werden.[959] Auch das europäische Sekundärrecht, insbesondere die RL 96/71/EG (Entsenderichtlinie) gewichtet der EuGH stark,[960] sodass eine Verhältnismäßigkeit der vertretenen Arbeitnehmerinteressen schon dann nicht mehr vorliegt, wenn die Richtlinie einen Schutz gewährleistet und die kollektiven Maßnahmen einen weitergehenden Schutz bezwecken.[961] Das im europäischen Primär- und Sekundärrecht verankerte Wirtschaftsrecht hat also in der Tendenz des EuGH eine hervorragende Stellung.

Im Gegensatz dazu legt der EuGH in seiner Prüfung der berechtigten Ausübung kollektiver sozialer Rechte, die die europäischen Wirtschaftsrechte beschneiden, den Maßstab der allgemeinen Interessen an, der, wie bereits dargestellt,[962] den Charakter kollektiver Handlungen nicht abbilden kann. Die Frage nach der Missachtung der sozialen Dimension durch den EuGH im kollektiven Arbeitsrecht lässt sich hier vielleicht am deutlichsten auf den Punkt bringen: Der EuGH verkennt die besondere Natur der kollektiven sozialen Rechte. Das Verhältnis zwischen den berechtigten Interessen der Wirtschaftstreibenden und den Gewerkschaften als Vertretung der sozialen Interessen ist eben keines, wie das zwischen Staat und wirtschaftstreibendem Unternehmen bzw. Unternehmern, das einem klaren Über/-Unterordnungsverhältnis folgt. Auf diesen maßgeblichen Unterschied hätte der Gerichtshof eingehen müssen, wenn er die Gewerkschaften schon durch die Grundfreiheiten und das europäische Sekundärrecht verpflichtet.

957 Vgl. Abschnitt C, II, 2., c), aa)
958 Siehe *Supiot*, AuR 2009, 151, 154, ausführlich zur Einordnung der Menschenwürde m.w.N.
959 So auch: *Schubert*, RdA 2008, 289, 295.
960 Siehe Abschnitt C, II, 2., b.
961 *Coen*, jurisPR-ArbR 15/ 2008, Anm. 3.
962 Vgl. Abschnitt C, II, 2., c), bb).

Aus diesem Grund gab es einige Kritik an dieser wirtschaftsrechtsfreundlichen Tendenz des EuGH, sogar so weit, dass an dem gleichwertigen Grundrechtsschutz im Sinne der *Solange II*-Entscheidung des BVerfG[963] durch die Einschränkung der kollektiven Freiheit gezweifelt wurde.[964] Es ist die Rede davon, dass die Autonomie nationaler Arbeits- und Sozialordnungen durch dieses Vorgehen des EuGH überrollt worden sei.[965] Die Entscheidung entmachte die betroffenen Gewerkschaften, aufgrund der unzureichenden und fragmentarischen europäischen Sozialverfassung und der Missachtung der mitgliedsstaatlichen Kompetenzen.[966] Es zeigt sich also: Die Tendenz des EuGH im Hinblick auf die Beachtung der sozialen Wirkmacht im System der europäischen Mitgliedstaaten beachtet ganz wesentliche Aspekte, die zur sozialen Dimension zählen, nicht oder nicht hinreichend. Hierzu zählt insbesondere die Missachtung des durch kollektive soziale Rechte geschützten Interesses der Gewerkschaften für ihre Mitglieder eine von den Interessen der Allgemeinheit unabhängige Interessenvertretung vorzunehmen, die die sozialen Interessen der Arbeitnehmer mit den Marktinteressen der Arbeitgeber in Ausgleich bringen kann.

An den Fällen *Viking* und *Laval* zeigt sich in besonderer Deutlichkeit, an welchen Stellen der EuGH nicht in der Lage, oder zumindest nicht willens ist, zentrale Aspekte der kollektivarbeitsrechtlichen sozialen Dimension hinreichend zu berücksichtigen. Im Hinblick auf die angeführten Aspekte zeigt sich ein eindeutiges Ungleichgewicht in der Beachtung von europäischen Marktrechten und dem entgegenstehenden sozialen Recht in der Rechtsprechung des EuGH. Dieses Ungleichgewicht zeigt sich in den Urteilen so deutlich, dass diese in der rechtswissenschaftlichen Diskussion zum Paradebeispiel für die Missachtung der kollektiven sozialen Rechte durch den EuGH geworden sind.

Diese Entscheidungen sind im Maß ihrer Auswirkung auf den rechtswissenschaftlichen Diskurs zur sozialen Dimension im europäischen Unionsrechts jedoch einzigartig geblieben. In der weiteren Entwicklung der europäischen Rechtsprechung zeigt der EuGH, wie sich nachfolgend ergibt, zunehmend etwas mehr Beachtung für die kollektivarbeitsrechtlichen Aspekte der sozialen Dimension, sodass solche Entwicklungen wie nach den Urteilen *Viking* und *Laval* im Folgenden ausblieben. Dennoch bleiben diese Urteile als Ursprung der Auseinandersetzung weiterhin enorm relevant und prägen bis heute die Diskussion zu Streikrechten im Unionsrechtskontext, insbesondere weil diese

963 BVerfG, 22.10.1986 – 2 BvR 197/83 [Fn. 845] – Solange II.; Vgl. zudem Abschnitt C, II, 2., a), aa), sowie zusammenfassend zur Bedeutung der Entscheidung m.w.N.: *Britz*, NJW 2021, 1489, 1489 ff.

964 *Däubler*, AuR 2008, 409, 415.

965 *Joerges/Rödl*, KJ 2008, 149, 160.

966 *Joerges/Rödl*, ebd., 149, 161.

Entscheidungen zumindest nie offensichtlich vom Gerichtshof modifiziert, oder maßgeblich eingeschränkt wurden.

3. Die Stärkung der Kollektivvertragsbindung und der ungerechtfertigte Eingriff in die europäische Wirtschaftsordnung

Parallel zum Konflikt der gewerkschaftlichen Ausübung der kollektiven sozialen Rechte in den Urteilen *Viking* und *Laval* verlief auch der Konflikt um die Frage nach der staatlich unterstützten Stärkung der Kollektivvertragsbindung. Nur wenige Monate nach den Urteilen *Viking* und *Laval* „kippte" der EuGH in der Rechtssache *Rüffert*[967] die vergaberechtliche Tariftreueklausel des Landes Niedersachsen und schuf damit den nächsten aufsehenerregenden Fall zur Frage um die Beachtung der sozialen Dimension in der Rechtsprechung des EuGH.

Hinsichtlich des Verständnisses des EuGH zum umfassenden Anwendungsbereich der RL 96/71/EG (Entsenderichtlinie), das der EuGH auch in diesem Urteil bestärkte, wird auf die Darstellungen im vorangegangenen Abschnitt verwiesen.[968] Jedoch sind auch die Prüfung einer potenziellen Rechtfertigung des Eingriffs in die Dienstleistungsfreiheit in ihrer Ausgestaltung in dieser Richtlinie, sowie die Entwicklung der Frage um die Voraussetzungen zur Stärkung der Lohnstruktur bei öffentlichen Aufträgen besonders relevant um eine Bewertung der Rolle der sozialen Dimension für die Entscheidungen des EuGH abgeben zu können.

a) Die Kritik an der Rechtfertigungsprüfung des EuGH

Entscheidung Rüffert (2008)

Zunächst noch bezogen auf die Entscheidung *Rüffert* selbst, wurde der EuGH in folgenden Punkten (Abschnitt C, II, 3., a), aa) bis cc)) kritisiert. Es stellte sich die Frage, ob die Einführung der Tariftreueklausel etwa aus Gründen des Arbeitnehmerschutzes oder wegen der internationalen Übereinkommen der ILO[969] nicht doch, entgegen der Rechtsprechung, zu rechtfertigen sei.

Der EuGH erkannte keine Rechtfertigung der Beschränkung der Dienstleistungsfreiheit durch bestehende Interessen des Arbeitnehmerschutzes. Dies

---

967 EuGH, 03.04.2008 – C-346/06 [Fn. 29] – Rüffert.

968 Vgl. Abschnitt C, II, 2., b).

969 Bezogen auf das ILO-Übereinkommen (Nr. 94) über die Arbeitsklauseln in den von Behörden abgeschlossenen Verträgen.

macht er daran fest, dass die Regelung nur für Arbeitnehmer bei öffentlichen Bauprojekten gelte und damit kein genereller Schutz erzielt werden könne.[970] Auch andere Gründe könnten die Beschränkung nicht rechtfertigen.[971] Somit kam der Gerichtshof zu dem Ergebnis, dass die Regelungen der RL 96/71/EG (Entsenderichtlinie) und die Dienstleistungsfreiheit der Tariftreueklausel entgegenstehen, weil es an einer entsprechenden Rechtfertigung mangele.[972]

Die Kritik an der Rechtfertigungsprüfung ergibt sich vor allem aus den folgenden Punkten:

aa) Der Arbeitnehmerschutz als soziales Vergabekriterium

Zunächst ist die Einschätzung des EuGH hinsichtlich der Einordnung der Tariftreueklausel als Regelung für den Arbeitnehmerschutz zu untersuchen. Es stellt sich die Frage, ob die Tariftreueklausel einen notwendigen Arbeitnehmerschutz darstellt. Es wird in der Literatur die Herangehensweise vertreten, dass die Tariftreueklausel mit dem festgelegten Mindestlohn den Aspekt sozialer Sicherheit birgt und damit auch offen für nationale Regulierung sein müsste.[973] Es wird jedoch auch betont, dass eine Tariftreuepflicht eben nicht, wohl wie häufig so bezeichnet, als kleine Allgemeinverbindlichkeitserklärung zu bezeichnen sei und hier eine funktionale Trennung vorgenommen werden müsse.[974] Die in der RL 96/71/EG (Entsenderichtlinie) angeführte Unterscheidungsmöglichkeit nach Branchen zeigt, dass die Richtlinie Differenzierungen zulasse, weshalb die Annahme einer Sperrwirkung der Richtlinie nicht überzeugen könne.[975]

Hätte der EuGH die Situation aus der Sicht der Kollektivvertragsautonomie als eigenständiges sozialpolitisches Ziel betrachtet, hätte er tatsächlich ein Problem darin sehen können, dass zu deren Schutz nur die Bindung an einen repräsentativen und nicht an einen ortsüblichen Tarifvertrag notwendig gewesen wäre.[976] Somit ist schon die Anwendung des Kriteriums des Arbeitnehmerschutzes durch den EuGH an verschiedenen Stellen als problematisch einzustufen.

---

970 EuGH, 03.04.2008 – C-346/06 [Fn. 29], Rn. 38 ff. – Rüffert.

971 EuGH, 03.04.2008 ebd., Rn. 39 ff. – Rüffert.

972 EuGH, 03.04.2008 ebd., Rn. 43 – Rüffert.

973 *Frenz*, NZS 2011, 321, 325.

974 *Rödl*, EuZW 2011, 292, 293.

975 *Kocher*, DB 2008, 1042, 1044.

976 *Kocher*, ebd., 1042, 1045.

bb) Fehlende Unterscheidung zwischen öffentlichem und privatem Baurecht

Der nächste gravierende Kritikpunkt ist die Feststellung des EuGH, dass kein Interesse des Arbeitnehmerschutzes vorliegen könne, da durch die Tariftreueklausel nur Bauaufträge aus der Trägerschaft des öffentlichen Dienstes, aber nicht solche aus der Privatwirtschaft erfasst würden. Zum Teil wird die Entscheidung begrüßt, da diese Differenzierung den „protektionistischen Charakter“ der Tariftreueklausel offenlege, weil die Klausel darauf abziele, den Wettbewerbsvorteil der Lohnungleichheit für Anbieter aus Niedriglohnländern zu eliminieren.[977] Ebenfalls wird zugunsten der EuGH-Entscheidung angeführt, dass diese der Aufweichung der Dienstleistungsfreiheit unter Aspekten des Arbeitnehmerschutzes vorbeuge,[978] wobei dieses Argument in sich bereits eine negative Wertung über die sozialen Rechte zum Arbeitnehmerschutz beinhaltet. Die Entscheidung des EuGH kann so verstanden werden, dass bereits die Geeignetheit der Tariftreueklausel vom Gerichtshof verneint wird, da aus dessen Perspektive nicht ersichtlich sei, wieso eine Differenzierung in der Lohnstruktur für Aufträge aus der öffentlichen Hand gegenüber solchen aus der Privatwirtschaft notwendig sei, die über Löhne nach dem AEntG hinausgeht.[979]

Allerdings lässt sich dieses Argument des EuGH auch spiegelbildlich betrachten. Die Beschränkung der Tariftreueklausel auf öffentliche Aufträge stellt einen Partikularschutz dar, der einen milderen Eingriff in die Wettbewerbsfreiheit bedeutet als etwa eine Allgemeinverbindlicherklärung eines Flächentarifvertrags für die gesamte Baubranche und trotzdem einen zumindest marktstimulierenden Effekt hat.[980]

Grade hinsichtlich der Frage nach der Rechtfertigung des Eingriffs in die Grundfreiheiten lassen sich viele Positionen begründbar vertreten. In der Gesamtbetrachtung ist es für die aufgeworfene Frage auch zweitrangig, ob der EuGH „die richtige Position“ vertreten hat, da wie bereits festgestellt, in der Regel mehrere Entscheidungsergebnisse im gesellschaftlichen Kontext als „richtig“ angesehen werden können. Es stellt sich für die Auswertung die Frage für den Betrachter, ob der EuGH die Aspekte der sozialen Dimension beachtet hat.[981] Hierbei ist klar zu sagen, dass die Abwägung des EuGH klar zu Gunsten der Marktfreiheiten ausgefallen ist und der EuGH trotz der bestehenden und vertretbaren Alternative die Verhältnismäßigkeit der Tariftreueklau-

---

977 *Bayreuther*, NZA 2008, 626, 629.
978 *Klumpp*, NJW 2008, 3473, 3477.
979 Vgl. *Bungenberg*, EuR 2008, 397, 405.
980 So ähnlich auch: *Klumpp*, NJW 2008, 3473, 3476.
981 Siehe *Deinert/Özen/Thiel* in Abschnitt A, II.

sel verneint. Mithin trifft der EuGH im Urteil *Rüffert* auch abschließend eine klare Entscheidung gegen eine Stärkung der sozialen Rechte.

cc) Verstoß gegen ILO-Recht

Deutlicher wird die Kritik an der Rechtsprechung *Rüffert* hinsichtlich der Vereinbarkeit mit dem ILO-Übereinkommen Nr. 94[982], mit dem die Entscheidung, nach einer Auffassung in der Literatur, nicht in Einklang zu bringen sei.[983] Das Übereinkommen, das der öffentlichen Hand die Möglichkeit eröffnet, bei der Auftragsvergabe auch die Einhaltung von Kollektivverträgen zu verlangen, hätte demnach in einer solchen Entscheidung berücksichtigt werden müssen.[984] Fraglich ist jedoch, ob trotz der hohen Quote an Ratifizierungen in den Mitgliedstaaten überhaupt die Annahme berechtigt ist, dass es sich bei dem ILO-Übereinkommen Nr. 94 um einen allgemeinen Grundsatz des Unionsrechts handeln kann.[985]

Einige Mitgliedstaaten haben das Abkommen ratifiziert und die Kommission hat ebenfalls erklärt, dass die Entsenderichtlinie im Einklang mit dem Übereinkommen stehe.[986] Das Übereinkommen betrifft die Union auf einer rein formellen Ebene zwar nicht. Jedoch bleibt es nicht ohne Widersprüche, wenn der EuGH die Wertungen eines internationalen Vertragswerkes missachtet, das parallel zu den Wertungen des europäischen Rechts steht und zudem durch die Mitgliedstaaten der Union als Standard für den Arbeitnehmerschutz akzeptiert wurde.[987] Damit begibt sich der EuGH in die ungünstige Situation, dass er Recht spricht, das mit dem Normenkanon der Mitgliedstaaten nicht in Einklang zu bringen ist und deshalb in diesem Zusammenhang mindestens auf Unverständnis stößt. Ähnliches ließ sich schon in der Frage nach der Gewichtung der kollektiven sozialen Rechte beobachten und auch die fehlenden Bezugnahmen des EuGH auf „Soft-Law"-Vereinbarungen, wie etwa die GRC vor ihrem Inkrafttreten, oder aktuell etwa die Europäische Säule sozialer Rechte, werfen die Frage nach einer mangelnden Sensibilisierung in diesem Bereich auf. Insbesondere im internationalen Kontext ist die Akzeptanz der Normadressaten aufgrund mangelnder Durchsetzungsmechanismen enorm wichtig.

982 ILO-Übereinkommen (Nr. 94) über die Arbeitsklauseln in den von Behörden abgeschlossenen Verträgen.

983 *Bruun/Jacobs*, AuR 2008, 417; Siehe zu der Auseinandersetzung ausführlich: *Hofmann*, RdA 2010, 351, 353; Hinsichtlich einer ähnlichen Situation in den Urteilen Viking und Laval und dem ILO-Übereinkommen Nr. 87 siehe: *Supiot*, AuR 2009, 151, 152.

984 *Däubler*, in: Scholz/Becker (Hrsg.), Die Auswirkungen der Rechtsprechung des Europäischen Gerichtshofs auf das Arbeitsrecht der Mitgliedstaaten, 104.

985 *Koberski/Schierle*, RdA 2008, 233, 236.

986 Vgl. *Bruun/Jacobs*, AuR 2008, 417, 422 f. verweisend auf: Interpretierende Mitteilung der Kommission über die Auslegung des gemeinschaftlichen Vergaberechts und die Möglichkeiten zur Berücksichtigung sozialer Belange bei der Vergabe öffentlicher Aufträge, 28.11.2001 (2001/ C 333/08), KOM (2001) 566 endg., S. 8.

987 *Koberski/Schierle*, RdA 2008, 233, 236.

Den gefestigten internationalen Normenkontext und die Standards der Bewertung sozialer Maßstäbe bei der Bewertung der rechtlichen Fragestellungen außer Acht zu lassen, birgt zumindest das Potenzial, dass internationale soziale Standards nicht hinreichend durch die Rechtsprechung des EuGH berücksichtigt werden. Gravierend scheint zudem die Frage nach der Akzeptanz solcher Entscheidungen. Zur Stärkung der Beachtung der sozialen Dimension ist also auch die Frage nach der Beachtung von internationalen Regelungen, wie etwa den ILO-Übereinkommen relevant.

b) Die Entwicklung der Rechtsprechung zur Tariftreue im Vergaberecht nach der Entscheidung *Rüffert*

Soziale Klauseln waren in den letzten Jahren immer wieder Gegenstand der Diskussion im deutschen Vergaberecht, die auch durch die Erneuerung der europäischen RL 2014/24/EU (Vergaberichtlinie (2014)) maßgeblich vorangetrieben wurde, da diese die Idee von sozialen Vergabeklauseln aufgriff. [988] Jedoch folgten aus der Rüffert-Entscheidung zunächst starke Restriktionen für soziale Vergabeklauseln und insbesondere die klassischen Tariftreueklauseln.[989] Anschließend lässt sich jedoch eine Entwicklung in der Rechtsprechung nachvollziehen, in der der EuGH zumindest partiell von der Linie aus dem Urteil *Rüffert* abrückt und soziale Aspekte in einer darauffolgenden Entscheidung anders bewertet bzw. stärker berücksichtigt.

aa) Die Weiterführung der Rechtsprechung *Rüffert*

Entscheidung Bundesdruckerei (2014)

In der Rechtssache *Bundesdruckerei*[990] entschied der EuGH über die Anwendbarkeit des bei der Vergabe eines städtischen Auftrags zur Bedingung gemachten Mindestlohns. Jedoch wurde im vorliegenden Fall eine entsenderechtliche Situation verneint, weil es bei der Beauftragung eines Subunternehmers durch den Kläger, der zur Mindestlohnzahlung verpflichtet gewesen wäre, nicht zu einer Entsendekonstellation gekommen sei.[991] Der Gerichtshof zog bei der Prüfung eines Eingriffs in die Dienstleistungsfreiheit den Maßstab aus dem Urteil *Rüffert* heran, der die Beschränkung dieser aufgrund des Arbeitnehmerschutzes als ungeeignet bewertete, wenn die Arbeitnehmer im privaten Be-

988 *Schulten*, in: Syndicat european trade union (Hrsg.), Social clauses in the implementation of the 2014 public procedurement directives, 37.

989 *Schulten*, ebd., 37.

990 EuGH, 18.09.2014 – C-549/13 [Fn. 793] – Bundesdruckerei.

991 EuGH, 18.09.2014 ebd., Rn. 24 ff. – Bundesdruckerei. Insofern habe das Urteil keine Aussagekraft für die aufgeworfene Fragestellung im Entsenderecht, so: *Krause*, Weiterentwicklung des Tariftreuerechts, 90.

reich nicht denselben Lohnschutz bekämen, wie die im öffentlichen Bereich.[992] Insbesondere sei eine Unverhältnismäßigkeit hinsichtlich der grenzüberschreitenden Wirkung zu überlegen, da der Mindestlohn sich in seiner Höhe an den Lebenshaltungskosten des erlassenden Mitgliedsstaates orientiert.[993] Somit erkannte der EuGH, auf die Vorlagefrage antwortend, den Verstoß durch die Regelung über die Einbeziehung des Mindestlohns in die Vergabeausschreibung als ungerechtfertigten Eingriff in die Dienstleistungsfreiheit nach Art. 56 AEUV an.

Ein weiteres Argument war für den EuGH, dass eine Erforderlichkeit des Vergabemindestlohns in den Fällen nicht vorliege, in denen dieser für im Ausland arbeitende Nachunternehmer gelte, die einem Lebenshaltungskostengefälle unterlägen, da die Gewährung des identischen Lohns hier für den Arbeitnehmerschutz nicht notwendig sei.[994] Auch in der Literatur wird der Versuch, den am Arbeitsort üblichen Lohn als sozialpolitisches Ziel durchzusetzen, aufgrund der Beschränkung des freien Wettbewerbs nach Art. 120 AEUV zum Teil als problematisch empfunden.[995]

Mit diesem Urteil festigte der EuGH also seinen Standpunkt und bestätigte die Position, dass nur eine partielle Besserstellung der Arbeitsverhältnisse, die durch die Ausschreibung unmittelbar betroffen sind, nicht geeignet sind, um Arbeitnehmer zu schützen. Diese Entscheidung lässt sich auch als Bestätigung der Rechtsprechung über die beschränkende Wirkung von Tariftreueklauseln und die Unzulässigkeit einer Differenzierung zwischen den im privaten und öffentlichen Bereich tätigen Arbeitskräften verstehen, da das Urteil hinsichtlich dieser Frage auf das Urteil *Rüffert* verweist.[996]

bb) Die Bestandteile des Mindestlohns

Entscheidung Sähköalojen (2015)

Im Fall stritt die Elektrikergewerkschaft *Sähköalojen* mit dem polnischen Unternehmen ESA, das 186 Arbeitnehmer nach Finnland entsendet hatte, um die Zahlung von Lohndifferenzen zum finnischen kollektivvertraglichen Mindestlohn,

---

992 EuGH, 18.09.2014 – C-549/13 [Fn. 793], Rn. 31 ff. – Bundesdruckerei.

993 EuGH, 18.09.2014 ebd., Rn. 34 f. – Bundesdruckerei. Dabei entschied der EuGH ohne die Stellungnahme eines Generalanwalts, weil er in der Rechtssache keine neue Rechtsfrage erkannte, siehe hierzu: *Mager/Ganschow*, NZBau 2015, 79, 79.

994 EuGH, 18.09.2014 – C-549/13 [Fn. 793], Rn. 34 – Bundesdruckerei; zustimmend: *Hütter*, ZESAR 2015, 170, 172.

995 *Hantel*, Neue Justiz 2014, 484, 484.

996 Siehe EuGH, 18.09.2014 – C-549/13 [Fn. 793], Rn. 30, 32 – Bundesdruckerei; verweisend auf: EuGH, 03.04.2008 – C-346/06 [Fn. 29], Rn. 37–40 – Rüffert.

die die Gewerkschaft für die Arbeiter geltend machte. Das finnische Gericht hatte Zweifel hinsichtlich der Auslegung der RL 96/71/EG (Entsenderichtlinie) im Lichte der Art. 56 und 57 AEUV und legte dem EuGH sechs Fragen vor.

Zunächst war fraglich, ob es im Sinne der RL 96/71/EG überhaupt zulässig ist, dass die Gewerkschaft *Sähköalojen* die Rechte der entsandten Arbeitnehmer geltend macht, wenn es im Land, in dem die Arbeitnehmer angestellt sind, ein Verbot für die Übertragung von Forderungen aus dem Arbeitsverhältnis gibt. Der Gerichtshof verwies darauf, dass in Fragen des Mindestlohns nach Art. 3 Abs. 1 Unterabs. 2 RL 96/71/EG das Recht des Mitgliedstaates anwendbar ist, in dem die Arbeitsleistung erbracht wird.[997] Zudem wurde seitens des entsendenden Unternehmens aus Polen an ein finnisches Tochterunternehmen entsendet, sodass der EuGH keinen Anknüpfungspunkt sieht, um dem polnischen Verbot hier Geltung zu verleihen.[998]

Im zweiten Teil der Entscheidung wurde die Frage behandelt, ob es die Regelung zum Mindestlohn nach Art. 3 der RL 96/71/EG im Lichte der Art. 56, 57 AEUV verbiete, Lohnbestandteile aus dem Mindestlohn auszunehmen. Der EuGH führt aus, dass die Richtlinie nicht im materiell-inhaltlichen Sinne die Bestimmungen über den Mindestschutz harmonisiert, sondern bewusst auf die Rechtsvorschriften und Praktiken der Mitgliedstaaten verweist.[999] Zudem lege Art. 3 Abs. 7 Unterabs. 2 der RL 96/71/EG fest, welche Entsendezulagen als Lohnbestandteil umfasst sein, womit alle anderen Bestandteile des Mindestlohns nach dem Recht des Mitgliedstaates festzulegen seien.[1000] In diesem Lichte legte der EuGH die einzelnen Bestandteile aus und entschied, ob diese Teil des Mindestlohns sind. So war zunächst die Einteilung des Mindestlohns nach Lohngruppen, soweit sich diese transparent ergaben nicht im Sinne der Art. 56, 57 AEUV problematisch.[1001] Ein Tagegeld, das die Entfernung zum gewohnten Umfeld kompensieren sollte, wurde als Entsendezulage im Sinne des Art. 3 Abs. 7 Unterabs. 2 RL 96/71/EG eingestuft und damit als Bestandteil des Mindestlohns angesehen.[1002] Selbiges wurde für die Wegzeitentschädigung festgestellt.[1003] Die Übernahme der Unterbringungskosten und die Bereitstellung von Essensgutscheinen wurden nicht als Bestandteile des Mindestlohns im Sinne der Richtlinie gewertet.[1004] Die Bezahlung während des Jahresurlaubs

997 EuGH, 12.02.2015 – C-396/13 (ECLI:EU:C:2015:86), AP Nr. 13 zu EWG-Richtlinie Nr. 96/71, 23 – Sähköalojen.

998 EuGH, 12.02.2015 ebd., 24 ff. – Sähköalojen.

999 EuGH, 12.02.2015 ebd., 31 f. – Sähköalojen.

1000 EuGH, 12.02.2015 ebd., 33 f. – Sähköalojen.

1001 EuGH, 12.02.2015 ebd., 38 ff. – Sähköalojen.

1002 EuGH, 12.02.2015 ebd., 46 ff. – Sähköalojen.

1003 EuGH, 12.02.2015 ebd., 53 ff. – Sähköalojen.

1004 EuGH, 12.02.2015 ebd., 58 ff., 61 ff. – Sähköalojen.

entspricht hingegen dem Mindestlohn, da diese als Fortzahlung des Arbeitsentgelts verstanden wurde.[1005]

Der EuGH betonte in dieser Entscheidung die arbeitsrechtliche Seite der RL 96/71/EG und stellt mit ihr eine Gleichbehandlung der entsandten und einheimischen Arbeitskräfte her, die gegen Sozialdumping wirke.[1006] Der Gerichtshof folgte somit nicht der Linie aus den Entscheidungen *Laval*, *Rüffert* und *Kommission/Luxemburg*[1007], sondern hebt den sozialen Schutz der entsandten Arbeitnehmer über die zuvor entwickelte Linie des Minimalschutzes hervor.[1008] Damit zeigt sich in diesem Urteil ein Umdenken hinsichtlich der Bewertung sozialer Rechte durch den EuGH. Er ermöglicht die Ausgestaltung des Begriffs „Mindestlohn“ durch nationalstaatliche und kollektivvertragliche Regelungen und zeigt gleichzeitig Grenzen auf, innerhalb derer die Ausgestaltung stattfinden kann. Damit zeigt sich eine erste Entwicklung in der Rechtsprechung des EuGH hinsichtlich der Beachtung sozialer Aspekte im Lichte der RL 96/71/EG.

cc) Die neue Linie in der Rechtsprechung des EuGH

Entscheidung Regio-Post (2015)

Auch bei der Frage nach der Geeignetheit von Mindestlohnklauseln in Vergabeausschreibungen scheint der EuGH ein Jahr nach dem Urteil *Bundesdruckerei*[1009] seine Ansicht geändert zu haben. Im Urteil *Regio-Post*[1010] hat der EuGH ein Mindestentgelt, das im Landestariftreuegesetz des Landes Rheinland-Pfalz geregelt war, als mit dem europäischen Recht vereinbar angesehen. Zunächst fasste der EuGH die Regelung des Landestariftreuegesetzes unter eine im Sinne des Art. 26 RL 2004/18/EG (Vergaberichtlinie (2004)) fallende zusätzliche Bedingung für die Ausführung des Vergabeauftrags.[1011] Eine solche zusätzliche Bedingung müsse mit dem Unionsrecht vereinbar sein. Die Mindestlohnverpflichtung wurde bei der Überprüfung, ob eine Vereinbarkeit mit der Dienstleistungsfreiheit im Zusammenhang mit dem Entsenderecht vorliegt, vom EuGH als Mindestlohn im Sinne des Art. 3 Abs. 1 Unterabs. 1 RL 96/71/EG (Entsenderichtlinie) angesehen.[1012] Auch sah der EuGH die Möglichkeit, dass hier ein spezifischer Mindestlohn für die Vergabe von öffentlichen Projekten

---

1005 EuGH, 12.02.2015 ebd., 64 ff. – Sähköalojen.
1006 *Hellsten*, AuR 2015, 262, 264 f.
1007 EuGH, 18.12.2007 – C-341/05 [Fn. 29] – Laval; EuGH, 03.04.2008 – C-346/06 [Fn. 29] – Rüffert; EuGH, 19.06.2008 – C-319/06 [Fn. 34] – Kommission/ Luxemburg.
1008 *Hellsten*, AuR 2015, 262, 265.
1009 EuGH, 18.09.2014 – C-549/13 [Fn. 793] – Bundesdruckerei.
1010 EuGH, 17.11.2015 – C-115/14 [Fn. 37] – RegioPost.
1011 EuGH, 17.11.2015 ebd., Rn. 54 – RegioPost.
1012 EuGH, 17.11.2015 ebd., Rn. 61 ff. – RegioPost.

von der RL 2004/18/EG (Vergaberichtlinie (2004)) als spezielle Regelung ermöglicht wurde und verneinte einen Ausschluss der Rechtfertigung auf Grund der beschränkten Wirkung.[1013] Somit hatte die Mindestlohnklausel in der Prüfung des EuGH Bestand, weil diese dem Art. 26 der RL 2004/18/EG nicht entgegenstand.[1014]

Dieses Urteil wurde mit besonderer Aufmerksamkeit verfolgt, weil der EuGH hier erstmals einen vergabespezifischen Mindestlohn als mit dem europäischen Wirtschaftsrecht vereinbar anerkannte.[1015] Mit dieser Entscheidung ist auch die Frage nach der Möglichkeit zur Bindung der Bewerber an repräsentative Kollektivverträge im Rahmen einer Tariftreueklausel wieder aktuell geworden, weil der EuGH seine Restriktionen aus dem Urteil *Rüffert* überdacht zu haben scheint.[1016] Mithin ist auch aus der kollektivrechtlichen Sichtweise interessant zu untersuchen, welche Änderung in der europäischen Rechtsprechung durch das Urteil *RegioPost* stattgefunden haben und ob sich die Grundsätze dieses Urteils auch auf die Zulässigkeit von klassischen Tariftreueklauseln, wie im Fall *Rüffert* übertragen lassen.

(1) Die Beschränkung der Dienstleistungsfreiheit

In der Vorschrift eines Mindestlohns hat der EuGH weiterhin eine Beschränkung der Dienstleistungsfreiheit gesehen.[1017] Diese Annahme trifft auch zu, weil die Dienstleistungsfreiheit durch den Vergabemindestlohn unter eine Bedingung gestellt wird. Zusätzlich wird angemerkt, dass aus dem Urteil zu entnehmen sei, das mit der Vorschrift eines Mindestlohns eine mittelbare Diskriminierung einhergeht, wenn ein ausländischer Bieter seinen Lohnkostenvorteil nicht ausspielen kann, oder diesem durch die Anwendung eines repräsentativen Tarifvertrages Mehraufwand entsteht.[1018]

(2) Der neue Maßstab der Verhältnismäßigkeit als Aufgabe der *Rüffert*-Doktrin?

Die Verhältnismäßigkeit des Eingriffs durch die Tariftreueklausel in das europäische Wettbewerbsrecht ist der Punkt, an dem sich die Diskussion um die

1013 EuGH, 17.11.2015 ebd., Rn. 66 ff. – RegioPost; Verweisend auf die Rechtssache Rüffert, deren Konstellation nicht vergleichbar sei: EuGH, 03.04.2008 – C-346/06 [Fn. 29], Rn. 38 ff. – Rüffert.

1014 EuGH, 17.11.2015 – C-115/14 [Fn. 37], Rn. 77 – RegioPost. Abschließend stellte sich die Frage, ob auch der Ausschluss des Bewerbers aus dem Vergabeverfahren mit dem Art. 26 Vergaberichtlinie (2004) konform ist. Auch hier nahm der EuGH eine Vereinbarkeit mit der Richtlinie an.

1015 Vgl. *Schulten*, in: Syndicat european trade union (Hrsg.), Social clauses in the implementation of the 2014 public procedurement directives, 35.

1016 *Krause*, AuR 2020, 152, 152; *Schulten*, in: Syndicat european trade union (Hrsg.), Social clauses in the implementation of the 2014 public procedurement directives, 38; ausführlich zu dieser Fragestellung siehe ebenfalls: *Krause*, Weiterentwicklung des Tariftreuerechts.

1017 EuGH, 17.11.2015 – C-115/14 [Fn. 37], Rn. 69 – RegioPost.

1018 *Krause*, AuR 2020, 152, 154.

Frage nach der Änderung der Rechtsprechung entfacht. Diese Verhältnismäßigkeitsprüfung am sekundären Vergaberecht und der primären Dienstleistungsfreiheit sei der eigentliche Problemschwerpunkt, an dem sich die Entwicklung des Urteils abzeichne, so *Krause*.[1019] Der EuGH habe in der *RegioPost*-Entscheidung seine Judikatur hinsichtlich der Zulässigkeit eines Partikularschutzes weiterentwickelt.[1020] Daher hat sich in der wissenschaftlichen Diskussion die Position verbreitet, dass der EuGH von seiner *Rüffert*-Doktrin abgerückt sei.[1021] Andere sehen in dem Urteil eine Entwicklung, die mit den Grundsätzen der *Rüffert*-Entscheidung in Einklang steht.[1022]

Für eine Änderung der Rechtsprechung sprechen die folgenden Erwägungen. Zunächst müsste die Logik des Urteils *RegioPost* eine Modifikation der Grundsätze des Urteils *Rüfferts* aufweisen.[1023] Der EuGH habe den Einwand des Partikularschutzes, den er bei *Rüffert* noch in seiner Verhältnismäßigkeitsprüfung anführte im Urteil *RegioPost* nicht mehr bemüht, womit es den Regelungen über Mindestentgelte nicht mehr entgegensteht, dass diese nur für öffentliche Aufträge gelten. [1024] Gestützt wurde dies auf den Art. 26 der RL 2004/18/EG (Vergaberichtlinie (2004)),[1025] der die Berücksichtigung besonderer sozialer Aspekte für die Auftragsausführung bei der Ausschreibung zulässt, was einen vergabespezifischen Mindestlohn trotz seiner exklusiven Geltung für öffentliche Aufträge nicht bereits deswegen gegen die Dienstleistungsfreiheit verstoßen lasse. Dies sei dadurch möglich, dass die möglichen zusätzlichen Vergabebedingungen nicht abschließend in Art. 26 der RL 2004/18/EG aufgeführt seien, wie auch der 34. Erwägungsgrund zeige, der durch einen Verweis auf die RL 96/71/EG (Entsenderichtlinie) Mindestlöhne vergaberechtsfähig mache.[1026]

Vermittelnd wird das Urteil so interpretiert, dass das Urteil *RegioPost* zwar eine Fortführung der Urteile *Rüffert* und *Bundesdruckerei* sei, jedoch in dieser Fortführung ersichtlich geworden sei, dass vergabespezifische Mindestlöhne zumindest nicht generell zum Unionsrecht im Widerspruch stehen.[1027] Einschränkend könnte der EuGH jedoch so zu verstehen sein, dass der vergabespezifische Mindestlohn unzulässig wird, soweit er aufgrund eines allgemeinen Mindestlohns, wie etwa der des MiLoG, nicht mehr das Mindestmaß des sozi-

---

1019 *Krause*, ebd., 152, 154 f.
1020 *Krause*, ebd., 152, 155.
1021 Dieser Ansicht ist etwa: *Heuschmid*, AuR 2016, 165, 165.
1022 *Mohr*, EuZA 2017, 23, 43.
1023 *Krause*, Weiterentwicklung des Tariftreuerechts, 90.
1024 *Krause*, ebd., 91.
1025 *Mohr*, EuZA 2017, 23, 44.
1026 *Siegel*, EuZW 2016, 101, 102.
1027 *Greiner/Hennecke*, EuZA 2016, 317, 318.

alen Schutzes darstellt und damit seine Rechtfertigung verliert.[1028] Dass es zum Zeitpunkt des Urteils eben diesen flächendeckenden Mindestlohn noch nicht in Deutschland gab, sei der maßgebliche Grund, warum der EuGH den vergabespezifischen Mindestlohn billigte und als gerechtfertigten Eingriff in den Art. 56 AEUV anerkannte.[1029] Jedoch könne auf Grund der föderalen Strukturen auch heute noch ein vergaberechtlicher Mindestlohn der Länder zulässig sein.[1030]

In der Auseinandersetzung, ob und wie der EuGH mit dem Urteil *RegioPost* seine Positionierung zu vergaberechtlichen Mindestlöhnen geändert hat, lässt sich sicher sagen, dass eine solche Änderung, soweit sie stattgefunden hat, zumindest so subtil war, dass sich über ihre Existenz und Reichweite berechtigterweise unterschiedliche Ansichten vertreten lassen. Der EuGH hat jedenfalls nicht offensichtlich alle in der Entscheidung *Rüffert* entwickelten Prinzipien „über Bord geworfen" und in der Entscheidung *RegioPost* eine volle Kehrtwende hingelegt. Dass er aber einen vergaberechtlichen Mindestlohn als gerechtfertigt anerkannt hat, ist trotzdem ein bemerkenswerter Schritt, der im Kontrast zur *Rüffert*-Entscheidung steht.

Wahrscheinlich lässt sich die Positionierung des EuGH in der Mitte der beiden Pole verorten. Die Abwesenheit eines allgemeinen Mindestlohns hat die Entscheidung des EuGH, den vergaberechtlichen Mindestlohn als Mindestmaß des sozialen Schutzes anzuerkennen sicherlich begünstigt. Eine ebenso positive Entscheidung ohne diesen Hintergrund ist schwer vorstellbar,[1031] womit dieser für die Beachtung sozialer Aspekte in der Rechtsprechung des EuGH als positiv zu bewertende Fall vermutlich auf diese besonders günstigen Umstände zurückzuführen ist. Mit Sicherheit lässt sich diese Vermutung jedoch nicht belegen. Ein Argument, hierfür wäre etwa, dass es für den Gerichtshof vorteilhaft ist seine Entscheidungsräume zu erhalten, zumal jede Entscheidung schlussendlich als Einzelfall vom EuGH zu betrachten ist. Dies spräche dafür, dass eben solche kleinen Kriterien, wie die genaue Bewertung der bestehenden sozialen Absicherung mit und ohne einen vergabespezifischen Mindestlohn entscheidenden Einfluss auf die Bewertung durch den EuGH gehabt haben kann.

(3) Übertragung der Grundsätze des *RegioPost*-Urteils auf die Tariftreueklauseln

Neben der Frage nach der Änderung der Rechtsprechung durch das Urteil *RegioPost* stellt sich weiter die Frage, inwiefern sich die Zulässigkeit dieses gesetz-

---

1028 *Greiner/Hennecke*, ebd., 317, 325.
1029 *Bonitz*, NZBau 2016, 418, 420.
1030 *Bonitz*, ebd., 418, 420.
1031 A.A. *Nassibi u.a.*, AuR 2016, 493, 495.

lich verankerten Mindestlohns auch auf die Zulässigkeit einer klassischen Tariftreueklausel übertragen ließe, bei der nur abstrakt auf einen bestehenden Tarifvertrag verwiesen wird, an dessen Vorgaben sich die Bewerber der Ausschreibung halten müssen, soweit sie den Zuschlag bekommen. Teilweise wird dies als relevanter Unterschied wahrgenommen, der die Tariftreueklauseln auch nach der neuen Rechtsprechung für unzulässig erklärt, da hier eben kein gesetzlich vorgegebener Mindestlohn existiert. Denn gegen eine entsprechende Anwendung auf eine Konstellation wie im *Rüffert*-Urteil spricht, dass der Mindestlohnsatz hier festgelegt war und sich nicht auf eine dynamische Blankettverweisung bezog.[1032] Eben diese Übertragbarkeit der Rechtsprechung auf die Tariftreueklausel ist allerdings die Voraussetzung, die vorliegen muss, um aus der Rechtsentwicklung im Urteil *RegioPost* eine valide Aussage dazu treffen zu können, ob sich die Rechtsprechung des EuGH auch hinsichtlich der Stärkung kollektivvertraglicher Regelungen durch staatliche Steuerung im Vergaberecht geändert hat.

Hierfür spricht, dass das Urteil *RegioPost* hinsichtlich der Möglichkeit lohnpolitischer Vorgaben eine Abkehr vom Vorgehen aus dem Urteil *Rüffert* zeige.[1033] Insbesondere habe der EuGH sein zentrales Argument aufgegeben, das die Differenzierung nach öffentlicher Vergabe und privater Vergabe für unzulässig hielt, denn Art. 26 der RL 2004/18/EG (Vergaberichtlinie (2004)) erlaube die Aufstellung von sozialen und umweltbezogenen Vergabeaspekten.[1034] Mithin könne das Urteil *RegioPost* als eine Modifikation der Rechtsprechung zum Partikularschutz verstanden werden, sodass eine Tariftreueklausel wie im Fall *Rüffert* nach der neuen Rechtsprechung zulässig sein müsste.[1035]

Problematisch wird insbesondere von *Krause* gesehen, dass die Übertragung der Grundsätze aus dem Urteil *RegioPost* auf Tariftreueerklärungen an der Struktur der RL 2004/18/EG (Vergaberichtlinie (2004))scheitern könnten, weil diese formal zwischen Gesetz und Tarifvertrag unterscheide.[1036] Die Formulierung des Art. 3 Abs. 8 Unterabs. 1 RL 2004/18/EG spricht von „für allgemeinverbindlich erklärte[n] Tarifverträge[n]“, als Kollektivverträge, die regional und beschäftigungsspezifisch einzuhalten sind, diese Formulierung ließe sich nach *Krause* vergabespezifisch (und damit abgekoppelt vom Entsenderecht) auslegen, sodass „technisch“ eine solche Allgemeinverbindlichkeit durch die allgemeine Festlegung der Vorgaben aus dem Tarifvertrag im Vergabeverfah-

1032 *Mohr*, EuZA 2017, 23, 44.

1033 *Nassibi u.a.*, AuR 2016, 493, 496; *Heuschmid*, AuR 2016, 165, 165: Sieht in der Rechtsprechung RegioPost eine Korrektur der Fehlentwicklung aus dem Urteil Rüffert.

1034 *Löwisch/Rieble*, in: Löwisch/Rieble (Hrsg.) Tarifvertragsgesetz, TVG § 5, Rn. 459.

1035 *Krause*, AuR 2020, 152, 155.

1036 *Krause*, ebd., 152, 156.

ren bestehen würde.[1037] Diese Ansicht wird überzeugend mit dem Argument bekräftigt, dass die Entscheidung *RegioPost* Vergabemindestlöhne als zulässig anerkennt und eine Differenzierung zwischen den Rechtsquellen des Gesetzes oder eines Verweises auf einen Tarifvertrag nicht schlüssig ist, da der Inhalt des Tarifvertrages einfach in das Gesetz überführt werden könnte, um die formelle Zulässigkeit zu erreichen.[1038]

Soweit man davon ausgeht, dass ein vergaberechtlicher Mindestlohn zulässig ist, kann es nicht darauf ankommen, welcher Rechtsquelle dieser zu entnehmen ist. Ob der Mindestlohn gesetzlich festgeschrieben ist, oder sich aus einer Verweisung auf einen Kollektivvertrag ergibt kann für den Aspekt des sozialen Mindestschutzes, auf den der EuGH abstellt, für die Rechtfertigungsprüfung nicht maßgeblich sein, zumal es sich in dem Sinne nicht um eine dynamische Bezugnahme auf den Kollektivvertrag handelt, sondern der Stand des Kollektivvertrages für den Zeitpunkt der Vergabe eingefroren wird, sodass auch keine Unsicherheit seitens des Bewerbers entstehen kann, welche Konditionen er mit dem Zuschlag erfüllen muss. Festzuhalten bleibt somit, dass diese Entwicklung in der Rechtsprechung des EuGH auch Auswirkungen auf die Zulässigkeit der Tariftreueklauseln haben dürfte.

c) Einordnende Analyse

Die angesprochenen Entscheidungen beziehen sich ausschließlich auf die *Vergaberichtlinie* vor ihrer Novellierung im Jahr 2014. Durch diese hat die Bedeutung von strategischen Vergaben noch weiter zugenommen.[1039] Die Frage nach der Tariftreueklausel zeigt, dass der EuGH die Frage nach der Stärkung der kollektiven Rechte nicht als eigenständiges Anliegen sieht. Er kategorisiert diese als Aspekt des Arbeitnehmerschutzes, wobei insbesondere auf den Schutz des individuellen Arbeitnehmers, nicht aber auf den Schutz der Arbeitnehmervertretung eingegangen wird. Indem der EuGH solche Maßnahmen als ungerechtfertigt ansieht, die über den Mindestschutz der europäischen Regelungen hinausgeht, bleibt diese Unterscheidung jedoch zumindest in der Entscheidung *Rüffert* ohne Belang, da auch die individuellen arbeitnehmerschützenden Aspekte nicht ausreichend sind, um das Bestehen der Tariftreueklausel zu rechtfertigen.

Der EuGH entwickelte seine Position jedoch weiter. Ebenfalls unter der Betrachtung des allgemeinen sozialen Schutzes nimmt er zumindest feinere Anpassungen in seiner Rechtsprechung vor, sodass ein allgemeiner Vergabemin-

---

1037 *Krause*, ebd., 152, 156; a.A. *Rödl*, EuZW 2011, 292, 293.

1038 *Krause*, AuR 2020, 152, 156; a.A. *Bayreuther*, NZA 2008, 626, 628.

1039 Ebenso: *Mohr*, EuZA 2017, 23, 45.

destlohn unter den Aspekten des Arbeitnehmerschutzes im Urteil *RegioPost* anerkannt wurde. Mithin lässt sich hier von einer Verbesserung der Beachtung der sozialen Dimension sprechen, auch wenn, wie ausgeführt, umstritten ist, wieweit der EuGH von den Grundsätzen aus der Entscheidung *Rüffert* abgewichen ist. Allerdings lässt diese Änderung der Rechtsprechung keinen Rückschluss auf die Beachtung der sozialen Dimension im Zusammenhang mit kollektiven Rechten zu, da der Vergabemindestlohn des Urteils *RegioPost* eben einen solchen kollektivrechtlichen Anknüpfungspunkt nicht aufweist. In diesem Zusammenhang muss auf die ausgeführten Vermutungen Bezug genommen werden, die die Übertragung der Maßstäbe auch auf eine neue Tariftreueklausel für möglich halten.

Im Kern bleibt die Problematik zur Frage nach der Beachtung der sozialen Dimension aus kollektiven Rechten jedoch bestehen. Schon im Urteil *Rüffert* hat der EuGH die kollektiven Rechte nicht als eigenständiges schützenswertes Recht begriffen. Ob er diese Wahrnehmung seit der Entscheidung geändert hat, lässt sich anhand der in diesem Abschnitt untersuchten Urteile nicht feststellen. Zwar lässt sich nach der Entscheidung *RegioPost* für die Zulässigkeit der Tariftreueklauseln argumentieren, jedoch ergibt sich diese nicht aus einer neuen Bewertung der kollektiven Rechte, sondern der Neujustierung beim Arbeitnehmerschutz. Damit lässt sich das Fazit ziehen, dass der EuGH im Gesamten hinsichtlich der sozialen Dimension im Streit um die vergaberechtlichen Tarif- und Mindestlohnklauseln zunehmend nach der stark kritisierten Entscheidung *Rüffert*, die Aspekte der sozialen Dimension beachtet und in ein Verhältnis mit den europäischen Wirtschaftsinteressen setzt. Jedoch lässt sich keine Anerkennung der kollektiven Rechte als Teil der sozialen Dimension als eigenes schützenswertes Recht erkennen. Diese Bewertung könnte sich jedoch in neuerer Zeit mit der allgemeinen Zielsetzung der Union zur Stärkung der Kollektivvertragsbindung vor allem im Rahmen der neuen RL (EU) 2022/2041 (Mindestlohnrichtlinie) auch beim EuGH zu Gunsten der kollektiven sozialen Rechte verschoben haben, was sich jedoch auf Grund der Aktualität der Entwicklung noch nicht anhand entsprechender Urteile des Gerichtshofs bewerten lässt.

4. Anwendung des Unionsrechts bei Kollektivverträgen

Im Rahmen der Fragestellung, wie sich die Rechtsprechung des EuGH auf Sachverhalte des kollektiven Arbeitsrechts auswirkt ist auch die Bewertung des Gerichts hinsichtlich des Zusammenspiels von kollektivvertraglichen Regelungen und Unionsrecht maßgeblich. Zwar sind diese Fälle weniger aufsehenerregend und bei weitem nicht so stark in der rechts- und sozialwissenschaftlichen Literatur diskutiert wie die Fragestellung zum Verhältnis der kollektiven sozialen Rechte zu den europäischen Grundfreiheiten, die sich in den bereits zuvor besprochenen Urteilen des EuGH ergab, jedoch ist diese Fragestellung nicht minder relevant. Dies gilt etwa, weil die Entscheidung *Albany*[1040] aus dem Jahr 1999 als Referenzpunkt für die Urteile *Viking* und *Laval*[1041] herangezogen wurde und wird, um die Frage zu diskutieren, warum der EuGH keine Bereichsausnahme für die Anwendung der Grundfreiheiten im Bereich der kollektiven sozialen Rechte anerkannt hat.[1042]

Die zugrundeliegende Fallgestaltung in den für diesen Abschnitt relevanten Entscheidungen ist häufig dadurch geprägt, dass der EuGH zu entscheiden hatte, ob Regelungen aus kollektiven Verträgen mit dem Recht aus europäischen Richtlinien vereinbar sind. Damit wird in diesen Fällen auch die Frage behandelt, wie weit das europäische Recht nach der Auslegung des EuGH die autonome Rechtssetzung durch Kollektivverträge gestattet, die durch Art. 28 GRC garantiert wird. Auf den deutschen Rechtsrahmen bezogen würde man von der Beachtung der Kollektivvertragsautonomie durch den EuGH bei der Überprüfung von Kollektivverträgen sprechen. Diese Abwägung hat der EuGH mit unterschiedlichen Ergebnissen vorgenommen. Die folgende Darstellung konzentriert sich dabei auf die Fragestellung, wie die Kollektivvertragsfreiheit durch die Rechtsprechung des EuGH bewertet wurde. Inwiefern die Urteile hinsichtlich der konkreten materiell-rechtlichen Fragestellung der Entscheidung Aspekte der sozialen Dimension berücksichtigen, bleibt in diesem Abschnitt außer Betracht.[1043]

Strukturell lassen sich die relevanten Entscheidungen in die allgemeinere Frage nach der Anwendung des Unionsrechts auf Kollektivvertragsklauseln und spezieller die Kontrolle von Kollektivvertragsklauseln im europäischen Antidiskriminierungsrecht unterscheiden:

a) Kontrolle von Kollektivvertragsnormen durch den EuGH

Regelmäßig werden neben Gesetzen der Mitgliedstaaten auch Normen aus Kollektivverträgen dem EuGH zur Prüfung vorgelegt. Der EuGH wird von den nationalen Gerichten um die Beurteilung gebeten, inwiefern einzelne Kol-

1040 EuGH, 21.09.1999 – C-67/96 [Fn. 26] – Albany.

1041 EuGH, 11.12.2007 – C-438/05 [Fn. 29] – Viking; EuGH, 18.12.2007 – C-341/05 [Fn. 29] – Laval.

1042 Siehe zu dieser Fragestellung ausführlich bei Abschnitt C, II, 1., b).

1043 Eine detaillierte Betrachtung einiger materiell-rechtlicher Fragestellungen findet sich in den Abschnitten zur sozialen Dimension im individuellen Arbeitsrecht (*Özen* und *Thiel*, Abschnitt B). Ebenfalls relevant ist das Zusammenspiel mit den ausgeprägten europäischen Regelungen zum Antidiskriminierungsrecht, wie sich in Verlauf dieses Abschnitts zeigen wird. Es spielt sowohl in vielen arbeitsrechtlichen, aber auch in verbraucherrechtlichen und anderen Fallkonstellationen vor dem EuGH eine entscheidungserhebliche Rolle.

lektivvertragsnormen mit dem europäischen Recht vereinbar sind.[1044] Neben der Wertung des inhaltlichen Gegenstandes, über den der EuGH zu entscheiden hat, enthält eine solche Entscheidung auch immer eine strukturelle Wertung, die sich auf die Möglichkeiten der Kollektivvertragsparteien bezieht im Rahmen des europäischen Rechts tätig zu werden und im Rahmen ihrer auch durch Art. 28 GRC gestatteten Kollektivvertragsautonomie zu handeln. Zunächst ist hierbei anzumerken, dass bereits der Wortlaut dieser Norm die Kollektivvertragsautonomie der Sozialpartner nur in den Schranken des europäischen und nationalstaatlichen Rechts zulässt und so den Sozialpartnern auch auf europäischer Ebene kein „Freifahrtschein" erteilt wurde, um ihre Angelegenheiten abseits von jeglichem Einfluss des Unionsrechts zu regeln.

Dennoch sind die Inhalte der Kollektivverträge nicht ohne Weiteres einem mitgliedstaatlichen Gesetz gleichzusetzen. Aus den mitgliedstaatlichen Rechtsordnungen ergeben sich regelmäßig Garantien einer kollektiven Autonomie, die auf den Abschluss von Kollektivverträgen gerichtet sind. Mit dieser Ermächtigung der Sozialpartner geht notwendigerweise auch die Gewährung eines entsprechenden Handlungsspielraums einher, innerhalb dessen die Sozialpartner über die Bedingungen der Arbeitsverhältnisse verhandeln können. Die Notwendigkeit dieser Gewährleistung ergibt sich bereits aus dem Konzept der Autonomie, die eben die Zuständigkeit für den bestimmten Bereich der Aushandlung von konkreten Arbeitsbedingungen den Sozialpartnern zuschreibt. Diese durch das nationale Recht gewährte Autonomie entzieht sich somit auf Grundlage ihres Konzeptes in ihren bestimmten Grenzen des Zugriffs durch die Institutionen der Mitgliedstaaten.

Auf der anderen Seite haben die Mitgliedstaaten durch ihren Beitritt zur Europäischen Union auch in diese Richtung Kompetenzen abgegeben und auf die gemeinsame europäische Ebene verlagert. Die Europäische Union nimmt ihrerseits eine Eigenständigkeit in Anspruch, indem sie eine weitreichende Rechtssetzungskompetenz (gewissermaßen ebenfalls eine „Autonomie") beansprucht, die insbesondere auch in die Sphäre der Mitgliedstaaten reicht. Diese unterwerfen sich den auf europäischer Ebene verhandelten Normen als gesamtes und haben dabei nur in geringem Umfang über die Mitwirkung in den europäischen Institutionen Einfluss auf die sie zukünftig betreffenden Richtlinien und Verordnungen.

1044 Dieses Vorgehen zeigt sich etwa in der jüngeren Rechtsprechung des BAG, das dem EuGH regelmäßig Tarifvertragsklausel bzw. damit verbundene Fragestellungen zur Vereinbarkeit mit dem europäischen Recht vorlegt. Beispiele hierfür sind die auch im Folgenden besprochenen Entscheidungen: EuGH, 07.07.2022 – C-257/21 und C-258/21 [Fn. 37] – Coca-Cola; EuGH, 19.10.2023 – C-660/20 [Fn. 800] – Lufthansa CityLine.

Wenn der EuGH nun die Kontrolle mitgliedstaatlicher Kollektivvertragsnormen vornimmt, treffen die (autonome) Rechtsetzungsbefugnis der Union und der Sozialpartner aufeinander. Strukturell ergibt sich hier eine Überlegenheit der Rechtsetzungsbefugnis der Union auf Grund der Tatsache, dass die von ihr erlassenen Verordnungen und Richtlinien in den Mitgliedstaaten, direkt oder mittelbar durch Umsetzungsrechtsakt, Wirkung für das nationale Recht entfalten und mithin auch auf die Autonomiebereiche der Sozialpartner Einfluss nehmen, die an nationales Recht gebunden sind. Faktisch kann dies so weit führen, dass die Kollektivvertragsautonomie der nationalen Sozialpartner so stark eingeschränkt wird und damit der Wesenskern ihrer autonomen Betätigung so schwer betroffen ist, dass der Zweck der Kollektivvertragsautonomie nicht mehr erfüllt werden kann. Diesen Zwiespalt hat auch der EuGH erkennen müssen, als er in der Entscheidung *Albany*[1045] zu entscheiden hatte:

aa) Die kartellrechtliche Wirkung von Tarifvereinbarungen

Entscheidung Albany (1999)

In diesem Fall, in dem es um die Frage ging, ob die Mitgliedschaft in einem durch Kollektivvertrag beschlossenen und durch Gesetz vorgeschriebenen Rentenfonds verbindlich sein konnte, wurde insbesondere auf die kartellrechtliche Wirkung des Kollektivvertrags eingegangen und inwiefern dieser europäische Wirtschaftsrechte beeinflussen darf. Dabei wird in dieser Entscheidung erstmalig untersucht, wie weit Kollektivverträge unter die Anwendung der kartellrechtlichen Regelungen der Art. 81 ff. EG[1046] zu fassen sind und wettbewerbsbeschränkende Wirkung entfalten können.[1047]

Zunächst prüfte der EuGH im Fall *Albany*, ob die vorgeschriebene Mitgliedschaft in einem bestimmten Betriebsrentenfond mit den europäischen Regelungen zum Wettbewerbsrecht zu vereinbaren waren.[1048] Die betroffene Firma Albany hatte geltend gemacht, dass es sich bei dem Kollektivvertrag um eine wettbewerbsrechtswidrige Vereinbarung handele.[1049] Um den Bestand des Kollektivvertrags zu rechtfertigen, verwies der EuGH darauf, dass auch eine gemeinsame Sozialpolitik durch die Union verfolgt würde. Dies ergäbe sich aus Art. 2 EG,[1050] der die Förderung eines hohen sozialen Schutzes vorsähe.[1051]

1045 EuGH, 21.09.1999 – C-67/96 [Fn. 26] – Albany.
1046 Heute Art. 101 ff. AEUV, vormals Art. 85 ff. EGV
1047 *Röhling*, EWiR 2000, 483, 483.
1048 EuGH, 21.09.1999 – C-67/96 [Fn. 26], Rn. 46 – Albany.
1049 EuGH, 21.09.1999 ebd., Rn. 47 – Albany.
1050 Heute im Wortlaut nicht mehr Teil des AEUV, vormals ebenfalls Art. 2 EGV.
1051 EuGH, 21.09.1999 – C-67/96 [Fn. 26], Rn. 54 – Albany.

Ebenfalls nahm der EuGH Bezug zu der besonderen Natur des Kollektivvertragsabschlusses, der aus dem Dialog zwischen den Arbeitgebern und Arbeitnehmern bzw. deren Organisationen ergangen ist[1052] und auf dem der Erlass zur verpflichtenden Mitgliedschaft beruht. In Anbetracht dieser Umstände erkannte der EuGH, dass die Regelung, die die Mitgliedschaft in einem bestimmten Rentenfond vorschreibt, nicht im Widerspruch zum Recht der Europäischen Gemeinschaft steht.[1053] Dies begründete der EuGH damit, dass Kollektivvereinbarungen zwar zwangsläufig zu einer Wettbewerbsbeschränkung führen würden, eine Erreichung der durch den Kollektivvertrag verfolgten sozialpolitischen Ziele, jedoch ernsthaft gefährdet wäre, wenn ein Kollektivvertrag nach Art. 85 Abs. 1 EGV[1054] wettbewerbswidrig wäre.[1055] Mit dieser Argumentation begründet der EuGH eine Bereichsausnahme für Kollektivverträge aus dem Anwendungsbereich des Art. 85 Abs. 1 EG-V und räumt dem Kollektivvertragsrecht somit ein Vorrecht gegenüber dem Kartellrecht ein.[1056]

Bemerkenswert ist, dass der EuGH sich mit dieser Entscheidung gegen die Schlussanträge des Generalanwalts stellt, der im Gemeinschaftsrecht keine Gewährleistung der Kollektivvertragsautonomie erkennen konnte.[1057] Damit bestätige das Urteil die auch in Deutschland vorherrschende Auffassung, dass Kollektivverträge nicht an Wettbewerbs- oder Kartellrecht zu messen sind.[1058]

In dieser Entscheidung zeigt der EuGH Verständnis für die Notwendigkeiten kollektivvertraglicher Auseinandersetzungen zur Erreichung sozialer Ziele. Er erkennt den Konflikt zwischen dem strikten europäischen Kartellrecht und der besonderen Form der Absprache, die in Form von Kollektivverträgen geschlossen wird. Anstatt die Entscheidung zu treffen, dass die kartellrechtlichen Bestimmungen die Regelungen des Kollektivvertragsrechts verdrängen und damit Kollektivvertragsabschlüsse, die in das europäische Recht reichen, faktisch auf ein Minimum zu beschränken, differenziert der EuGH vorliegend unter der Betrachtung der sozialpolitischen Bedeutung von Kollektivvertragsabschlüssen. Dieses Urteil zeigt mithin ein positives Beispiel der Beachtung von Aspekten der sozialen Dimension in der Rechtsprechung des EuGH, grade in Anbetracht der Tatsache, dass das europäische Recht auch strenger hätte angewendet werden können.

1052 EuGH, 21.09.1999 ebd., Rn. 62 – Albany.

1053 EuGH, 21.09.1999 ebd., Rn. 70 – Albany.

1054 Später Art. 81 EG, heute Art. 101 AEUV

1055 EuGH, 21.09.1999 – C-67/96 [Fn. 26], Rn. 59 – Albany.

1056 EuGH, 21.09.1999 ebd., 60 – Albany. *Röhling*, EWiR 2000, 483, 484.

1057 Schlussanträge des Generalanwalts Jacobs (ECLI:EU:C:1999:28) zu EuGH, 21.09.1999 – C-67/96 [Fn. 26], Rn. 135 – Albany; siehe ausführlich hierzu: *Blanke*, AuR 2000, 28, 29.

1058 *Blanke*, AuR 2000, 28, 31.

bb) Die Vergabe einer betrieblichen Altersvorsorge

Entscheidung Kommission gegen Bundesrepublik Deutschland (2010)

Eine ganz andere Sicht im Umgang mit kollektiven Rechten zeigte der EuGH in der folgenden Entscheidung. Zwei Jahre nach der Entscheidung *Rüffert*[1059] hatte der EuGH in einem Vertragsverletzungsverfahren zu entscheiden, in dem es um einen Verstoß gegen die RL 2004/18/EG (Vergaberichtlinie (2004))[1060] durch kommunale Betriebe und Behörden in Deutschland ging. Die Kommission bemängelte, dass einige Betriebe und Behörden Dienstleistungsverträge zur betrieblichen Altersvorsorge ohne europaweite Ausschreibung geschlossen hätten und dies auf den § 6 des Kollektivvertrags zur Entgeltumwandlung für Arbeitnehmer/-innen im kommunalen öffentlichen Dienst (TV-EUmw/VKA) gestützt hätten.

Zwar erkennt der EuGH den grundrechtlichen Charakter der Kollektivverhandlungen an und auch die sozialpolitische Zielsetzung der kollektivvertraglichen Regelung, jedoch müssten die Regelungen der Richtlinie, sowie die Niederlassungsfreiheit und der freie Dienstverkehr geachtet werden.[1061] Aufbauend auf die Entscheidungen *Laval*[1062] und *Viking*[1063] begründet der EuGH die Beschränkbarkeit des Rechts auf Kollektivverhandlungen durch die Grundfreiheiten des AUEV, sowie durch den Anwendungsbereich der Richtlinien über die Koordinierung der Verfahren zur Vergabe öffentlicher Dienstleistungsaufträge.[1064]

Der EuGH entschied über die Einstufung der öffentlichen Dienstleistungsaufträge, dass diese im Sinne der RL 2004/18/EG öffentliche Aufträge seien, was von der Bundesrepublik bestritten wurde, da die öffentlichen Stellen durch die kollektivvertragliche Bindung nicht als autonomer Auftraggeber agierten und zudem auch nicht entgeltlich handeln würden, da der finanzielle Austausch nur zwischen den Arbeitnehmern und der Versicherung zustande käme.[1065] Der EuGH begründete seine entgegenstehende Sicht damit, dass der Arbeitgeber auch auf das Ergebnis der Kollektivvertragsverhandlungen einwirken könne und zudem besonderen aufsichtsrechtlichen Vorgaben unterliegt.[1066] Auch

1059 EuGH, 03.04.2008 – C-346/06 [Fn. 29] – Rüffert.
1060 Bis zum 31.12.2006: RL 92/50/EWG (Vergaberichtlinie (1992)); Heute: RL 2014/24/EU (Vergaberichtlinie (2014)).
1061 vgl. EuGH, 15.07.2010 – C-271/08 [Fn. 798], 40 – Kommission/Bundesrepublik Deutschland.
1062 EuGH, 18.12.2007 – C-341/05 [Fn. 29] – Laval.
1063 EuGH, 11.12.2007 – C-438/05 [Fn. 29] – Viking.
1064 EuGH, 15.07.2010 – C-271/08 [Fn. 798], 43 f. – Kommission/Bundesrepublik Deutschland.
1065 EuGH, 15.07.2010 ebd., 69 ff. – Kommission/Bundesrepublik Deutschland.
1066 EuGH, 15.07.2010 ebd., 73 ff. – Kommission/Bundesrepublik Deutschland.

die Ausnahmen für arbeitsrechtliche Regelungen nach Art. 1 Buchst. a Ziff. viii RL 92/50/EWG (Vergaberichtlinie (1992)) und Art. 16 Buchst. e RL 2004/18/EG seien wegen einer engen Auslegung nicht anwendbar, da es sich vorliegend um ein Vertragsverhältnis zwischen dem Arbeitgeber mit einem Dritten und nicht mit dem Arbeitnehmer handeln würde.[1067]

Auch hinsichtlich der bestrittenen Berechnung der Beschäftigtenzahlen und des Auftragswertes stimmte der EuGH der Kommission zu.[1068] Somit obsiegte die Kommission vorliegend in fast allen der von ihr vorgetragenen Punkte.

Der EuGH betrat mit der Entscheidung Neuland, da auch kollektivvertragliche Aspekte in den Ausführungen des EuGH thematisiert wurden.[1069] Für das Ergebnis der Entscheidung wird sich wie folgt positioniert: Es sei richtig, dass sich der öffentliche Auftraggeber nicht durch die Berufung auf die Kollektivvertragsautonomie von den Regeln des Vergaberechts lösen kann, weil die RL 92/50/EWG und RL 2004/18/EG keine Bereichsausnahme für Kollektivverträge vorsähen und sich eine solche auch nicht aus dem Unionsrecht ableiten lasse.[1070] Zumindest bestehe jedoch aufgrund der möglichen Vergabekriterien kein Anlass durch die Entscheidung schlechtere Ergebnisse der Ausschreibungen zu fürchten.[1071]

Es wird jedoch auch die starke Wirkung des Urteils auf die Kollektivvertragsautonomie erkannt und kritisiert. Die Argumentation der Bundesrepublik, die auf die Kollektivvertragsautonomie hingewiesen habe, habe beim Gerichtshof kein Gehör gefunden.[1072] Drastischer formuliert wird davon gesprochen das Urteil sei „in jeder Hinsicht negativ für die Tarifautonomie, negativer als der Antrag der Generalanwältin, vielleicht sogar noch negativer als Viking und Laval".[1073] Insbesondere die Begründung sei kollektivvertragsfeindlich, da sie zwar auf bestehende kollektive Rechte verweise, aber trotzdem keine entsprechende Verhältnismäßigkeitsprüfung der Eingriffe in der Niederlassungsfreiheit und den freien Dienstleistungsverkehr vornimmt.[1074] Der EuGH nutze den Grundsatz der Verhältnismäßigkeit sogar entgegen der geläufigen Dogmatik als Instrument zur Einschränkung der kollektiven Grundrechte.[1075]

1067 EuGH, 15.07.2010 ebd., 81 f. – Kommission/Bundesrepublik Deutschland.

1068 EuGH, 15.07.2010 ebd., 83 ff. – Kommission/Bundesrepublik Deutschland.

1069 *Ax u.a.*, ZTR 2011, 277, 282.

1070 *Polster/Naujok*, VersR 2011, 172, 174 m.w.N. Siehe zudem: *Schröder*, ZfBR 2010, 758, 759.

1071 *v. d. Recke*, Städte- und Gemeinderat 2011, 21, 23.

1072 *Roth*, EuZA 2011, 213, 214.

1073 Wörtlich bei: *Buschmann*, AuR 2010, 521, 522.

1074 *Buschmann*, ebd., 521, 522; a.A.: *Frank*, ZTR 2012, 135, 138: Spricht davon, dass es der Kollektivvertragsautonomie nicht erlaubt sei, Wettbewerbsbeschränkungen zu schaffen, da unternehmerische Grundentscheidungen nicht durch Kollektivverträge zu regeln sein.

1075 *Buschmann*, AuR 2010, 521, 522.

Dieses Vertragsverletzungsverfahren hat erneut gezeigt, dass der EuGH die Kollektivvertragsautonomie als europäisches Grundrecht nicht so erfasst, wie sie in den betroffenen Mitgliedstaaten verstanden wird. Die komplexe Regelung der Arbeitsbedingungen durch Kollektivvertrag ist durch die Entscheidung erschwert worden. Das liegt auch daran, dass der EuGH den Staat als Arbeitgeber in der Sozialpartnerschaft nicht vom Staat als öffentlichen Auftraggeber unterscheidet.

cc) Fortführung des Konflikts: Kollektivvereinbarungen versus Wettbewerbsrecht

Entscheidung FNV Kunsten Informatie en Media (2014)

Die Entscheidung *FNV Kunsten Informatie en Media*[1076] bezieht sich auf die Entscheidung *Albany* und behandelt eine Besonderheit des niederländischen Kollektivvertragsrechts, das auch selbstständigen Dienstleistungserbringern die Möglichkeit eröffnet, sich einem Kollektivvertrag anzuschließen. Der EuGH hatte hier zu entscheiden, ob er die Bereichsausnahme der Kollektivverträge aus dem Kartellrecht für die zwischen den angestellten Arbeitnehmern und den Arbeitgebern geltende Kollektivverträge auch auf Konstellationen überträgt, in denen der durch den Kollektivvertrag Geschützte kein Arbeitnehmer, sondern ein Dienstleistungserbringer ist.

Diese Problemstellung hatte der EuGH in zwei Vorlagefragen zu erörtern, die sich auf die Ausnahme eben solcher kollektivvertraglichen Regelungen für Dienstleistungserbringer bezogen und deren Ausnahme aus dem Anwendungsbereich des Art. 101 AEUV behandelten. Zunächst bestätigte der EuGH seine Entscheidung im Urteil *Albany*.[1077] Jedoch unterschied der EuGH im Folgenden zwischen der als Sozialpartner geltenden Gewerkschaft, die Arbeitnehmer vertritt und der Organisation, die selbstständige Dienstleistungserbringer vertritt. Letztere trete eben nicht als Sozialpartner, sondern als Unternehmervereinigung in Erscheinung.[1078] Aufgrund dieser Differenzierung entschied der EuGH, dass es sich bei den Bestimmungen, die die Konditionen für die Dienstleistungserbringer regeln, nicht um eine Vereinbarung handele, die als Ergebnis einer sozialpartnerschaftlichen Kollektivverhandlung aus dem Anwendungsbereich des Art. 101 Abs. 1 AEUV ausgenommen sei.[1079] Der EuGH beschränkte diese Feststellung jedoch in den Fällen, in denen es sich bei den Dienstleistungserbringern um Scheinselbstständige handelt, denn diese könn-

1076 EuGH, 04.12.2014 – C-413/13 [Fn. 27] – FNV Kunsten Informatie en Media.
1077 EuGH, 04.12.2014 ebd., Rn. 23 – FNV Kunsten Informatie en Media.
1078 EuGH, 04.12.2014 ebd., Rn. 28 – FNV Kunsten Informatie en Media.
1079 EuGH, 04.12.2014 ebd., Rn. 30 – FNV Kunsten Informatie en Media.

ten aufgrund ihrer mit den Arbeitnehmern des Unternehmens vergleichbaren Situation doch in den Anwendungsbereich einer entsprechenden kollektivvertraglichen Bestimmung fallen, die vom Anwendungsbereich des Art. 101 Abs. 1 AEUV ausgenommen seien.[1080] Ob die Situation von Scheinselbstständigen vorliegt, soll von dem vorlegenden Gericht geprüft werden.[1081]

Bei der Formulierung „Scheinselbstständige“, die der EuGH wählt, wird in der Literatur angemerkt, dass diese eben bereits als Arbeitnehmer zählen würden und somit ohnehin unter die im Urteil *Albany* angeführte Bereichsausnahme fallen würden, sodass vorliegend insbesondere die Frage sei, inwieweit auch arbeitnehmerähnliche Personen vom EuGH mit der Entscheidung adressiert wurden.[1082] Diese Regelung könnte etwa für Leiharbeitnehmer und Werkunternehmer gelten, wenn diese tatsächlich aufgrund ihrer Abhängigkeit vom Auftraggeber und als eingesetztes Hilfsorgan den sozialversicherungspflichtigen Arbeitnehmern gleichzustellen sind.[1083] Das Urteil lässt sich aber auch so verstehen, dass die Aussage des *Albany*-Urteils lediglich in ihrem Inhalt bestärkt wird, es sich also um ein Urteil deklaratorischer Natur handele, da die Bereichsausnahme weiterhin nur für Arbeitnehmer im unionsrechtlichen Sinne gelte, unter die auch die vom EuGH angeführten Scheinselbstständigen fallen.[1084] Es wird jedoch andererseits auch von einer Ausdehnung der Bereichsausnahme auf Scheinselbstständige gesprochen.[1085]

Trotz dieser unterschiedlichen Interpretationen findet die Entscheidung Zustimmung.[1086] Sowohl wird von der einen Seite erkannt, dass der EuGH mit seiner Entscheidung die Rechte der Sozialpartner stärke, da diese nach der Entscheidung auch im Rahmen der Vorgaben des EuGH Kollektivvertragsregelungen für Scheinselbstständige verhandeln können.[1087] Aber auch aus kartellrechtlicher Perspektive sei das Urteil zu befürworten, da es auch den Schutz des Wettbewerbs achte und eben keine bzw. keine weitreichende Ausweitung des *Albany*-Urteils beinhalte, die weiter in die europäischen Wettbewerbsrechte eingreife.[1088] Dennoch enthalte die Entscheidung eine umfassende Privilegierung der Kollektivvertragsautonomie, da eben zu Recht keine Abwägung

1080 EuGH, 04.12.2014 ebd., Rn. 31, 41 – FNV Kunsten Informatie en Media.

1081 EuGH, 04.12.2014 ebd., (Leitsatz) – FNV Kunsten Informatie en Media.

1082 *Heuschmid/Hlava*, AuR 2015, 193, 194.

1083 *Eufinger*, DB 2015, 192, 193.

1084 *Goldmann*, EuZA 2015, 509, 513 f. In diesem Sinne sei das Urteil *FNV Kunsten Informatie en Media* dem Urteil EuGH, 12.09.2000 – C-180/98 u.a. (ECLI:EU:C:2000:428), Slg. 2000, I-06451 – Pavlov ähnlich, in dem der EuGH über die Situation von Angehörigen freier Berufe als Selbstständige entschied.

1085 So etwa: *Steinle/Haußmann*, EuZW 2015, 316, 316 f.

1086 Zustimmend: *Heuschmid/Hlava*, AuR 2015, 193, 195.

1087 *Steinle/Haußmann*, EuZW 2015, 316, 317.

1088 *Goldmann*, EuZA 2015, 509, 515.

mit dem Wettbewerbsschutz durch den EuGH vorgenommen worden sei.[1089] An dem institutionellen Rahmen wird hingegen bemängelt, dass der EuGH aufgrund fehlender fachlicher Spezialisierung ein ungewöhnliches Verständnis der Interessenvertretung durch Gewerkschaften habe, das sich in diesem Urteil zeige.[1090]

Aus dieser Einschätzung ergibt sich zum einen, dass der EuGH sein Urteil nicht eindeutig formuliert hat, sodass es der Interpretation offensteht, wie weit die Bereichsausnahme aus dem Urteil *Albany* reicht. So kann das Urteil zum einen als reine Klarstellung der in der *Albany*-Entscheidung getroffenen Rechtsprechungslinie interpretiert werden, auf der anderen Seite jedoch auch als Öffnung der Bereichsausnahme für Personen, die keine Arbeitnehmer sind. Dies lässt sich sicherlich aber auch damit erklären, dass vorliegend mit einem eigenständigen europäischen Arbeitnehmerbegriff[1091] gearbeitet wird, der abhängig von der zugrundeliegenden europäischen Rechtsquelle einen Personenkreis adressiert, der nicht zwangsläufig mit dem aus dem nationalen Recht übereinstimmt.

Der Kern des Urteils ist hingegen klar verständlich. Die Bereichsausnahme gilt – und sie gilt auch für Kollektivverträge, die die Arbeitsbedingungen von Personen regeln, die zwar formal selbstständig sind, jedoch faktisch den Weisungen des „Arbeitgebers" gehorchen müssen, da diese von ihm besonders abhängig sind. Wann das der Fall ist, kann der EuGH in seiner Funktion gar nicht im Einzelfall beurteilen, weshalb er diese Beurteilung den nationalen Gerichten überlässt. In diesem Urteil zeigt der EuGH Fingerspitzengefühl: Er erkennt weiterhin die Wichtigkeit von Kollektivvertragsabschlüssen für die soziale Dimension des Unionsrechts, muss diese jedoch präzise von Absprachen trennen, die den Bereich des Kollektivvertrags verlassen, weil sie als Absprachen zwischen den Unternehmen und den „richtigen" Selbstständigen eben nicht mehr dem sozialen Schutz dienen und damit ungerechtfertigt den Wettbewerb beschränken. Dies tut der EuGH auf eine sozialverträgliche Weise, indem er sich nicht an der rechtlichen Trennlinie zwischen Arbeitnehmern und Selbstständigen orientiert, sondern auch die realen Umstände berücksichtigt, indem er die „Scheinselbstständigen" als eigene schutzbedürftige Gruppe anerkennt. Somit zeigt sich auch in diesem Urteil als Fortführung zum *Albany*-

1089 *Goldmann*, ebd., 509, 516 m.w.N.

1090 *Heuschmid/Hlava*, AuR 2015, 193, 195. Um diesen Missstand zu beheben, wird hier vorgeschlagen, eine spezialisierte europäische Arbeitsgerichtsbarkeit einzuführen. Siehe zu diesem Vorschlag ausführlich *Deinert*, in Abschnitt E, IV, 2., a).

1091 Zur Systematisierung des Arbeitnehmerbegriffs in der Rechtsprechung des EuGH siehe: *Rebhahn*, EuZA 2012, 3, 3 ff.; Siehe ausführlich zur Unterscheidung des Arbeitnehmerbegriffs im Recht der EU: *Ziegler*, Arbeitnehmerbegriffe im Europäischen Arbeitsrecht, 402 ff. Zusammenfassend in Thesen: 490 ff.

Urteil eine im hinreichenden Maße bestehende Berücksichtigung der Aspekte der sozialen Dimension, die in diesem Zusammenhang zu beachten waren.

dd) Die Beschränkung der Leiharbeit durch Kollektivvertrag

Entscheidung AKT (2015)

In dem Fall AKT[1092] hatte der EuGH darüber zu entscheiden, wie weit die Vorschrift des Art. 4 Abs. 1 der RL 2008/104/EG (Leiharbeitsrichtlinie), die das Verbot oder die Einschränkung des Einsatzes von Leiharbeit regelt, von den nationalen Gerichten bei der Beurteilung von Kollektivvertragsnormen zu beachten ist. Die erste Vorlagefrage wurde vom EuGH dahingehend verstanden, dass zu überprüfen war, inwiefern nationale Gerichte und Behörden durch die Vorschrift verpflichtet sind, nationales Recht unangewendet zu lassen, soweit dieses Leiharbeit beschränkt oder verbietet und nicht aus Gründen des Allgemeininteresses gerechtfertigt ist.[1093] Der Gerichtshof stellte fest, dass die Vorschrift zwar den nationalen Behörden auferlegt, die nationalen Regelungen zu überprüfen und der Kommission zu melden, diese Verpflichtung jedoch nicht die nationalen Gerichte trifft.[1094]

In diesem Sinne scheint sich die Entscheidung zumindest nicht negativ auf die Kollektivvertragsautonomie als soziales Recht ausgewirkt zu haben. Von Heuschmid wird angeführt, dass insbesondere die systematische Begründung des Urteils überzeugend sei.[1095] Die Richtlinie stelle nach der Auffassung des Gerichts einen Umsetzungsrahmen dar und formuliere kein allgemeines Verbot für die Leiharbeitsbeschränkung, welches auch die Gerichte verpflichte.[1096] Damit stelle die Entscheidung klar, dass die Kollektivvertragsparteien nicht direkt durch die Richtlinie in ihrer Regelungsbefugnis eingeschränkt seien.[1097]

Aus der Entscheidung lässt sich keine Schwächung der sozialen Dimension ableiten. Jedoch lässt sich auf Grund der eher technischen Begründung des Urteils, das sich auf die Zuständigkeiten zwischen Gerichten und Behörden bezieht, auch keine besonders klare Positionierung für die Stärkung sozialer Rechte im Urteil erkennen. Was sich jedoch bemerkbar macht, ist die Achtung

---

1092 EuGH, 17.03.2015 – C-533/13 (ECLI:EU:C:2015:173), AP Nr. 1 zu Richtlinie 2008/104/EG – AKT.

1093 EuGH, 17.03.2015 ebd., Rn. 21 – AKT.

1094 EuGH, 17.03.2015 ebd., Rn. 28, 32 – AKT.

1095 *Heuschmid*, AuR 2015, 280, 280.

1096 *Heuschmid*, ebd., 280, 280. Gegen diese Entscheidung bezieht *Forst*, EWiR 2015, 393, 394. Stellung. Dieser geht davon aus, dass die Richtlinie ihrem Zweck und den Erwägungsgründen nach ein allgemeines Verbot zur Beschränkung der Leiharbeit formuliert.

1097 *Heuschmid*, AuR 2015, 280, 280. Ebenfalls zeige die Entscheidung auf, dass die streitgegenständliche Kollektivvertragsklausel auch mit der Dienstleistungsfreiheit (Art. 56 AEUV) vereinbar sei.

der mitgliedstaatlichen Kompetenz in kollektivvertragsrechtlichen Fragen. Die nationalen Gerichte sind an die nationale Umsetzung der Richtlinie gebunden, es ergibt sich hingegen kein unmittelbares Recht aus der Richtlinie selbst, das durch die Gerichte zu prüfen ist.

ee) Die Überlassungshöchstdauer von Leiharbeitern im Kollektivvertrag

Entscheidung Daimler (2022)

In der Entscheidung *Daimler*[1098] ging es u.a. auch um die Frage, ob die Ausdehnung der individuellen Überlassungshöchstdauer bei Leiharbeit den Kollektivvertragsparteien generell überlassen werden kann, und speziell auch den Kollektivvertragsparteien, die beim entleihenden Unternehmen zuständig sind, und nicht für das Arbeitsverhältnis des betroffenen Leiharbeitnehmers.[1099] Die Frage wurde vom EuGH dahingehend verstanden, dass zu prüfen sei, ob eine auf nationalem Recht beruhende Ermächtigung für die Kollektivvertragsparteien von der Überlassungshöchstdauer abzuweichen mit der RL 2008/104/EG (Leiharbeitsrichtlinie) in Einklang steht.[1100]

Der Gerichtshof verweist zunächst auf die Zielsetzung der Richtlinie in ihrem 19. Erwägungsgrund, der vorsieht, dass die Autonomie der Sozialpartner einschließlich des Rechts, Kollektivverträge auszuhandeln, nicht von der Richtlinie beeinträchtigt werden soll, woraus sich ein Wertungsspielraum der Mitgliedstaaten ergebe.[1101] Dieser Spielraum entbinde die Mitgliedstaaten jedoch nicht von der Pflicht sicherzustellen, dass der Schutz der Arbeitnehmer in dem Umfang gewährt wird, wie ihn die RL 2008/104/EG vorschreibt.[1102] Welche Kollektivvertragsparteien für den Abschluss der Kollektivvereinbarung zuständig sind, sei ebenfalls vom Wertungsspielraum der Mitgliedstaaten erfasst, da die Richtlinie hierhingehend keine Vorgaben mache.[1103] Nach dieser Abwägung kommt der Gerichtshof zu dem Schluss, dass eine entsprechende nationale Regelung mit den Vorschriften der RL 2008/104/EG vereinbar sei, sodass es zulässig ist, wenn Kollektivvertragsparteien die Höchstüberlassungsdauer abweichend von der festgelegten Höchstdauer auf Grundlage dieser Regelung vereinbaren können.[1104]

1098 EuGH, 17.03.2022 – C-232/20 (ECLI:EU:C:2022:196), AP Nr. 5 zu Richtlinie 2008/104/EG – Daimler; vorgelegt vom: LAG Berlin-Brandenburg, 13.05.2020 – 15 Sa 1991/19, NZA-RR 2020, 398.

1099 EuGH, 17.03.2022 – C-232/20 [Fn. 1100], Rn. 8 – Daimler.

1100 EuGH, 17.03.2022 ebd., Rn. 101 – Daimler.

1101 EuGH, 17.03.2022 ebd., Rn. 105 – Daimler.

1102 EuGH, 17.03.2022 ebd., Rn. 109 – Daimler m.w.N.

1103 EuGH, 17.03.2022 ebd., Rn. 110 – Daimler.

1104 EuGH, 17.03.2022 ebd., Rn. 111 – Daimler.

In der Literatur wird diese Entscheidung zum Teil begrüßt. Es sei richtig, dass die Rolle der Sozialpartner nicht auf die von der Richtlinie übertragenen Aufgaben beschränkt sei, soweit weiterhin das Gesamtschutzniveau für die Leiharbeitnehmer gewahrt würde.[1105] Das Urteil, das die streitgegenständliche Norm zur Kollektivvertragsdisposivität der Entleihungshöchstdauer als grundsätzlich richtlinienkonform anerkenne, sei eine positive Entscheidung für die Zeitarbeitsbranche, wie auch die Einsatzbranche.[1106] Dies gelte insbesondere, weil weitgehende Rechtsklarheit in dieser Frage erlangt wurde.[1107]

Durch die Billigung der Tariföffnungsklausel für die Entleihungshöchstdauer im deutschen Recht wird den Sozialpartnern eine weitere Regelungsmaterie zugestanden, die diese im Rahmen von Kollektivverträgen regeln können, selbst wenn die beteiligte Gewerkschaft nicht die Leiharbeiter, sondern lediglich die Belegschaft des entleihenden Unternehmens vertritt. Abstrakt auf die zu Anfang dieses Kapitels ausgeführten Maßstäbe über die Beachtung der sozialen Dimension in Fragen des kollektiven Arbeitsrechts ist der Fall auch klar einzuordnen. Der EuGH gesteht den Kollektivvertragsparteien zu, die Frage über die Entleihungshöchstdauer von Leiharbeitnehmern autonom in einem Kollektivvertrag zu regeln, soweit das Gesamtschutzniveau des Leiharbeitnehmers gewahrt bleibt. Aus diesem Blickwinkel betrachtet stärkt der EuGH durch die Gewährung der Räume für die Ausübung der kollektiven Autonomie die soziale Dimension. Allerdings zeigt sich hier bereits ein Problem des Maßstabs, der zur Bewertung herangezogen wird, in der Hinsicht, dass der EuGH durch seine Entscheidung gleichzeitig Individualschutzrechte zur kollektivvertraglichen Disposition stellt. Für den einzelnen Leiharbeitnehmer könnte es durchaus sein, dass die Gewerkschaft des Entleihunternehmens sozial ungünstigere Konditionen für ihn aushandelt, etwa zu Gunsten der durch die Gewerkschaft vertretenen Stammbelegschaft, oder weil die Leiharbeitnehmer durch einen schlechten Organisationsgrad keine gute Verhandlungsposition in den Kollektivvertragsverhandlungen hatten. Somit kann zwischen der Betrachtung der Aspekte der kollektiven und individuellen sozialen Dimension eine signifikante Differenz bestehen, wie sich auch im nächsten Abschnitt über die Konkurrenz zwischen Antidiskriminierungsrechten und der Kollektivvertragsautonomie zeigen wird. Rein auf die kollektive Ebene bezogen verkennt der EuGH in diesem Urteil jedoch nicht die hierzu gehörenden Aspekte der sozialen Dimension und stärkt insbesondere die Kollektivvertragsautonomie.

1105 *Kreßel*, ZFA 2023, 434, 445.

1106 *Bissels u.a.*, ArbR 2022, 247, 249. Allerdings weise die Begründung des EuGH trotz dessen Schwächen auf, da es an einer entsprechende Stringenz bei der Frage nach dem Schutz der Leiharbeitnehmer durch die Richtlinie und die Frage nach dem Kriterium der vorübergehenden Entleihung fehle, so: *Gruber*, ZESAR 2022, 387, 388; verweisend auf die Kritik bei: *Bissels u.a.*, ArbR 2022, 247 a.a.O.

1107 *Bissels u.a.*, ArbR 2022, 247, 250.

b) Beschränkung der Kollektivvertragsfreiheit durch europäische Antidiskriminierungsrechte

Eine spezielle Konstellation, die hinsichtlich der Beurteilung der Beachtung sozialer Aspekte besondere Schwierigkeiten bereitet, ist die Beschränkung kollektivvertraglicher Regelungsbefugnisse durch die im Unionsrecht geregelten Antidiskriminierungsrechte. Die Grundfrage ist hierbei, wieweit der EuGH bestehende kollektivvertragliche Bestimmungen einschränken kann, weil dieser der Auffassung ist, dass die überprüfte Klausel gleichheitsrechtswidrig sei. Auf den ersten Blick scheint diese Frage banal: Soweit eine Klausel bestimmte Personenkreise diskriminiert, muss der EuGH die Möglichkeit haben, diese Regelung für unvereinbar mit dem europäischen Recht zu erklären, denn die Vorschriften zur Antidiskriminierung im europäischen Recht müssten die Betroffenen nicht nur vor der Diskriminierung von staatlichen Stellen, sondern eben auch vor der Diskriminierung durch kollektivvertragliche Bestimmungen schützen.[1108] Doch wie sich anhand der folgenden Entscheidungen zeigen wird, ist nicht jede vermeintlich diskriminierende Kollektivvertragsklausel so eindeutig einzuordnen. Hinzukommt, dass die Regelung häufig im Gesamtkontext einer kollektivvertraglichen Regelungsmaterie steht, in der die isolierte Betrachtung und Bewertung einzelner Normen Schwierigkeiten bereitet. In diesen Konstellationen stellt sich die Frage, welche Institution schlussendlich die Deutungshoheit über die Kollektivvertragsklausel erlangen soll. Soll der Gerichtshof die Deutung der Klausel anhand der eigenen Maßstäbe übernehmen, oder verbleibt den Sozialpartnern, als durch die betroffenen Arbeitnehmer und Arbeitgeber beauftragten Organisationen, noch die Deutungshoheit über das von ihnen ausgehandelte Normenkonstrukt, in dem die Entscheidungen über die Kollektivvertragsnormen aus einem beiderseitigen Verhandlungskompromiss ergangen sind? Soweit Kollektivvertragsklauseln als einzelne Normen vor dem EuGH infrage gestellt werden, muss beachtet werden, dass sich diese Bewertung des EuGH stark auf die autonome Normsetzungsbefugnis der Sozialpartner auswirkt. Dieses Interesse zeigt ein Spannungsverhältnis mit dem ebenfalls geschützten Interesse des Diskriminierungsschutzes auf.

aa) Altersdiskriminierung durch Kollektivvertrag

Entscheidung Hennigs und Mai (2011)

In der Entscheidung *Hennigs und Mai*[1109] hatte der EuGH die Lebensaltersstufenregelung des Bundes-Angestelltentarifvertrags (BAT)[1110] in Deutschland auf

---

1108 Wie weit der EuGH etwa Art. 20 GRC als Kontrollmaßstab von Kollektivverträgen anwenden kann, ist hingegen umstritten. Siehe hierzu weiterführend Abschnitt C, II, 4., a).

1109 EuGH, 08.09.2011 – C-297/10 u.a. (ECLI:EU:C:2011:560), Slg. 2011, I-7965 = AP Nr. 22 zu Richtlinie 2000/78/EG – Hennigs und Mai. Vorgelegt vom BAG, 20.05.2010 – 6 AZR 319/09 (A), AP Nr. 10 zu § 27 BAT.

1110 Die Diskriminierung solle sich auch im TVöD fortführen, der den BAT abgelöst hat. So der Vortrag der Klägerin Hennigs, vgl. Rn. 39.

eine Unvereinbarkeit mit dem Verbot der Altersdiskriminierung aus Art. 21 der GRC hin zu überprüfen, dass durch die RL 2000/78/EG (Gleichbehandlungsrichtlinie) konkretisiert wurde.[1111] Das vorlegende Gericht rief den EuGH an, um das Verbot der Altersdiskriminierung auszulegen.[1112] Die Vorlage stellte die Frage, ob dieses Verbot einer kollektivvertraglichen Maßnahme entgegensteht, die vorsieht, die Grundvergütung eines Angestellten im öffentlichen Dienst zum Zeitpunkt von dessen Einstellung anhand des Alters zu bemessen und ob bei dieser Frage das Recht auf Kollektivverhandlungen aus Art. 28 GRC berücksichtigt werden müsse.[1113]

Der Gerichtshof stellte zunächst fest, dass das Verbot der Altersdiskriminierung nach Art. 16 Abs. 1b RL 2000/78/EG auch eindeutig für Kollektivverträge gelte.[1114] Auch das Recht auf Kollektivverhandlungen aus Art. 28 GRC müsse als Bestandteil des Unionsrechts im Einklang mit diesem ausgeübt werden.[1115] Damit begründet der EuGH, dass die Sozialpartner auch nicht gegen das Verbot der Altersdiskriminierung verstoßen dürfen.[1116] Darauf aufbauend prüft der EuGH, ob das Ziel, das mit der Lebensaltersstufenregelung verfolgt wurde, verhältnismäßig ist. Das vorlegende Gericht und die deutsche Regierung hatten hierfür das Argument vorgetragen, dass eine höhere Vergütung durch die größere Berufserfahrung angemessen sei und mit der Regelung die Betriebstreue belohnt werde.[1117] Dieses Argument hat der EuGH auch als legitimes Ziel der Entgeltpolitik anerkannt.[1118] Jedoch schieße die Regelung wegen der strikten Anlehnung an das Lebensalter über das zum Erreichen des legitimen Ziels erforderliche Maß hinaus, sodass der Gerichtshof am Ende zu der Überzeugung gelangt, dass die Lebensaltersstufenregelung nicht mit dem Verbot der Altersdiskriminierung vereinbar sei und diese Unvereinbarkeit auch keine Beeinträchtigung des Rechts Kollektivverträge auszuhandeln und abzuschließen aus Art. 28 GRC darstelle.[1119] Die weiteren Vorlagefragen an den Gerichtshof behandelten die Frage, ob eine Unterscheidung zwischen verschiedenen Altersgruppen durch die Kollektivvertragsparteien möglich ist, wenn diese im Transformationsprozess des Kollektivvertrags auftritt, der u.a. die Benachteiligung wegen des Alters beheben soll.[1120] Auf Grund der besonderen

1111 EuGH, 08.09.2011 – C-297/10 u.a. [Fn. 1111], Rn. 34 – Hennigs und Mai.
1112 EuGH, 08.09.2011 ebd., Rn. 46 – Hennigs und Mai.
1113 EuGH, 08.09.2011 ebd., Rn. 52 – Hennigs und Mai.
1114 EuGH, 08.09.2011 ebd., Rn. 63 – Hennigs und Mai.
1115 EuGH, 08.09.2011 ebd., Rn. 67 – Hennigs und Mai; Verweisend auf: EuGH, 11.12.2007 – C-438/05 [Fn. 29] – Viking; EuGH, 18.12.2007 – C-341/05 [Fn. 29] – Laval.
1116 EuGH, 08.09.2011 – C-297/10 u.a. [Fn. 1111], Rn. 68 – Hennigs und Mai.
1117 Vgl. EuGH, 08.09.2011 ebd., Rn. 69 – Hennigs und Mai.
1118 EuGH, 08.09.2011 ebd., Rn. 72 – Hennigs und Mai.
1119 EuGH, 08.09.2011 ebd., Rn. 77 f. – Hennigs und Mai.
1120 EuGH, 08.09.2011 ebd., Rn. 79 – Hennigs und Mai.

Umstände sah der EuGH diese Benachteiligung in einer Übergangsregelung als gerechtfertigt an, insbesondere da dieses System die Beschäftigten in der Zeit des Übergangs vor Einkommensverlusten schütze.[1121]

Im Rahmen der Auseinandersetzung mit diesem Urteil in der Literatur stellte sich insbesondere die Frage danach, welche Rolle die Kollektivvertragsautonomie für die Entscheidung des EuGH gespielt hat: Der Grundsatz, dass der Staat nicht ohne Weiteres in die gewährleistete Kollektivvertragsautonomie eingreifen darf, finde sich in übertragener Form auch in Art. 28 GRC.[1122] In der Entscheidung *Hennigs und Mai* beschäftige sich der Gerichtshof mit der Konkretisierung der Autonomie aus Art. 28 GRC, auf der Grundlage der Auslegung der Rechte der Kollektivvertragsparteien im europarechtlichen Kontext.[1123] Damit löse sich der EuGH von den mitgliedstaatlichen Systemen und bilde einen autonomen Begriff im europäischen Recht heraus.[1124] Der Gerichtshof nutzt somit die Möglichkeit, eigene Rahmenbedingungen der Kollektivvertragsautonomie zu formulieren und den Gegenstand des Verfahrens an diesen zu messen.

Weiterhin wird festgestellt, dass der EuGH auf dieser Grundlage erneut eine Grundrechtsabwägung zwischen dem Verbot der Antidiskriminierung und der Kollektivvertragsautonomie vornehme, die an die praktische Konkordanz erinnere.[1125] Noch in der Entscheidung *Palacios*[1126] habe der EuGH einen weiten Ermessensspielraum für das Instrument des Kollektivvertrages angesprochen und diesen auf die Sachnähe der Kollektivvertragsparteien gestützt.[1127] Diese Argumentation werde in der vorliegenden Entscheidung nicht so dezidiert adressiert, sondern stattdessen darauf verwiesen, dass die Kollektivverträge dem europäischen Sekundärrecht entsprechen müssten.[1128] Der EuGH nutze damit nicht die Möglichkeit, die „nationalen Gepflogenheiten", die im Zusammenhang mit dem Ermessen der Sozialpartner stehen, in seine Erwägungen mit einzubeziehen.[1129] Die damit einhergehende mögliche Verpflichtung zur Beachtung dieser Gepflogenheiten im Kontext des Schutzes von Art. 28 GRC hätte wiederum zur Anerkennung einer weitergehenden Einschätzungs-

1121 EuGH, 08.09.2011 ebd., Rn. 89 f. – Hennigs und Mai.

1122 *Lehmann*, BB 2012, 117, 118.

1123 *Henssler/Kaiser*, RdA 2012, 248, 249.

1124 *Henssler/Kaiser*, ebd., 248, 249.

1125 Vgl. *Henssler/Kaiser*, ebd., 248, 249; ähnliches Vorgehen des EuGH sei bereits bei folgenden Urteilen zu beobachten gewesen: EuGH, 11.12.2007 – C-438/05 [Fn. 29] – Viking; EuGH, 18.12.2007 – C-341/05 [Fn. 29] – Laval.

1126 EuGH, 16.10.2007 – C-411/05 (ECLI:EU:C:2007:604), Slg. 2007, I-8531 = AP Nr. 8 zu Richtlinie 2000/78/EG – Palacios.

1127 *Mair*, ZESAR 2012, 234, 244.

1128 *Mair*, ebd., 234, 244.

1129 *Mair*, ebd., 234, 244 f.

prärogative der Sozialpartner führen können.[1130] Zumindest erkenne der EuGH, dass sich der Kollektivvertrag von anderen Gesetzen und Verordnungen darin unterscheide, dass dieser durch die Kollektivverhandlungen auf einen Interessenausgleich abziele.[1131] Eine Einschätzung, welche Rechtsnatur die Kollektivvertragsautonomie in den Augen des EuGH hat, lasse sich nicht eindeutig aus dem Urteil entnehmen.[1132] Insgesamt seien die Ausführungen des EuGH zur durch das Unionsrecht geschützten Kollektivvertragsautonomie wenig überzeugend.[1133] Es zeigt sich somit eine kritische Positionierung in der Literatur in der Auseinandersetzung mit diesen Aspekten der Entscheidung.

Mit dieser generellen Auseinandersetzung des EuGH mit der Autonomie der Sozialpartner geht im zweiten Schritt auch die Bewertung des Verhältnisses der deutschen Tarifautonomie aus Art. 9 Abs. 3 GG und dem Europarecht einher.[1134] Im deutschen Recht werde eine Kollision zwischen der Tarifautonomie und dem deutschen allgemeinen Gleichheitssatz des Art. 3 Abs. 1 GG nach dem Prinzip der praktischen Konkordanz ausgeglichen.[1135] Der EuGH hingegen gehe davon aus, dass die Sozialpartner an die europäische RL 2000/78/EG gebunden sind und betone hinsichtlich der Rechte der Sozialpartner lediglich einen weiten Ermessensspielraum.[1136] Auf dieser Grundlage komme der EuGH zu dem Ergebnis, dass die überprüfte Kollektivvertragsnorm nicht angemessen und erforderlich sei, da geeignetere Mittel bestanden hätten.[1137] Damit bedient sich der EuGH im Weiteren auch des Maßstabs der praktischen Konkordanz und des Verhältnismäßigkeitsprinzips, wobei er dem Recht aus Art. 28 GRC keine Sonderstellung zuweise.[1138] Die Entscheidung könne so interpretiert werden, dass die Kollektivvertragsautonomie durch Art. 28 GRC nur soweit geschützt sei, wie sie im Rahmen des „Unionsrechts und den einzelstaatlichen Rechtsvorschriften und Gepflogenheiten" gewährleistet wird.[1139] Das Vorgehen des EuGH wird deshalb stark kritisiert, da der EuGH es verpasst habe, dem Grundrecht aus Art. 28 GRC Konturen zu verleihen und den europäischen Schutz der Kollektivvertragsautonomie entsprechend anzuerkennen.[1140]

1130 *Mair*, ebd., 234, 244 f.

1131 *Henssler/Kaiser*, RdA 2012, 248, 249; verweisend auf: EuGH, 08.09.2011 – C-297/10 u.a. [Fn. 1111], Rn. 66 – Hennigs und Mai.

1132 Siehe hierzu die Ausführungen bei: *Henssler/Kaiser*, RdA 2012, 248, 249 f.

1133 *Mair*, ZESAR 2012, 234, 245.

1134 Vgl. *Lehmann*, BB 2012, 117, 118 f.

1135 *Lehmann*, ebd., 117, 119.

1136 *Forst*, EuZA 2012, 225, 227 f.; *Lehmann*, BB 2012, 117, 119.

1137 *Lehmann*, BB 2012, 117, 120.

1138 *Henssler/Kaiser*, RdA 2012, 248, 252: Erläutert, dass eine solche Sonderstellung in der Rechtsprechung des BAG zu Art. 9 Abs. 3 GG bestehe.

1139 *Forst*, EuZA 2012, 225, 228. Problematisch sei jedoch, dass diese Interpretation mit der allgemeinen Schrankennorm in Art. 52 GRC in Widerspruch stehe, m.w.N.

1140 *Forst*, ebd., 225, 228. Spricht sogar wörtlich davon, dass „[e]in Grundrecht, das durch jedes einfache Gesetz ohne Berücksichtigung des Grundsatzes der Verhältnismäßigkeit eingeschränkt werden kann, [...] das Papier nicht wert [ist], auf dem es geschrieben steht."

Die Entscheidung lässt zumindest Fragen offen, da der EuGH es versäumt, der Kollektivvertragsautonomie als kollektives Recht aus Art. 28 GRC eine Rolle in seiner Rechtsprechung zuzuweisen, die die Besonderheit dieses Rechts hinreichend berücksichtigt.

bb) Die kollektivvertragliche Altersgrenze für Piloten

Entscheidung Prigge (2011)

Das Vorabentscheidungsersuchen *Prigge*[1141] betraf ebenfalls die Auslegung der RL 2000/78/EG (Gleichbehandlungsrichtlinie). Betroffen war eine Kollektivvertragsnorm, die eine automatische Beendigung des Individualarbeitsvertrags eines Piloten beim Erreichen der Altersgrenze von 60 Lebensjahren vorsah.[1142] Das vorlegende Gericht stellte die Frage, ob eine solche Regelung eine Diskriminierung wegen des Alters darstelle, wenn sie mit der Gewährleistung der Flugsicherheit begründet wurde.[1143] Der Gerichtshof erkannte, dass der Ausschluss der älteren Piloten das Risiko von Unfällen vermeiden kann und nahm diese Erwägung mit auf.[1144] Jedoch war die Maßnahme nach der Auffassung des Gerichts nicht zum Gesundheitsschutz notwendig, da nationale und internationale Regelungen eine höhere Altersgrenze von 65 Jahren festlegten.[1145] Nach dieser Regelung seien Piloten zumindest in Begleitung eines Piloten, der noch nicht das 60. Lebensjahr vollendet habe, körperlich fähig, ein Flugzeug zu führen.[1146] Deshalb ergebe sich im vorliegenden Fall, dass das Ziel der Flugsicherheit keine Ungleichbehandlung im Sinne des Art. 6 Abs. 1 Unterabs. 1 der RL 2000/78/EG rechtfertigen könne.[1147] Auch die Ausnahme des Art. 2 Abs. 5 der Richtlinie sei nicht einschlägig, da es sich nicht um eine Maßnahme, die für die öffentliche Sicherheit und den Schutz der Gesundheit im Sinne dieses Art. 2 Abs. 5 notwendig ist, handele.[1148] Auch ergebe sich aus der Kollektivvertragsklausel keine berufliche Anforderung im Sinne des Art. 4 Abs. 1 der Richtlinie, die eine Ausnahme zulasse.[1149] Mithin stellt die kollektivvertragliche Altersgrenze nach der Auffassung des EuGH eine Diskriminierung wegen des Alters dar und ist deshalb nicht mit der RL 2000/78/EG vereinbar.

1141 EuGH, 13.09.2011 – C-447/09 [Fn. 70] – Prigge. Vorgelegt vom: BAG, 17.06.2009 – 7 AZR 112/08 (A), AP Nr. 64 zu § 14 TzBfG.

1142 EuGH, 13.09.2011 – C-447/09 [Fn. 70], Rn. 2 – Prigge.

1143 EuGH, 13.09.2011 ebd., Rn. 36 – Prigge.

1144 EuGH, 13.09.2011 ebd., Rn. 51 – Prigge.

1145 EuGH, 13.09.2011 ebd., Rn. 64 – Prigge.

1146 EuGH, 13.09.2011 ebd., Rn. 73 – Prigge.

1147 EuGH, 13.09.2011 ebd., Rn. 82 – Prigge.

1148 EuGH, 13.09.2011 ebd., Rn. 83 – Prigge.

1149 EuGH, 13.09.2011 ebd., Rn. 83 – Prigge.

Auch diese Entscheidung zeigt auf, dass der EuGH Kollektivverträge an europäischem Recht misst. Die Altersregeln in den Verträgen müssen der RL 2000/78/EG entsprechen. Damit stehe am Ende das Ergebnis, dass das Verbot der Altersdiskriminierung abseits von gesetzlichen Grenzen nur in engen Ausnahmefällen umgangen werden kann.[1150] Diese Entscheidung steht damit im Kontrast zu der deutschen Herangehensweise des BAG. Dieses habe die Regelung des § 14 Abs. 1 S. 1 TzBfG so interpretiert, dass die kollektivvertragliche Altersgrenze aus Gründen der Flugsicherheit mit dem TzBfG vereinbar sei.[1151] Der EuGH ziehe hingegen einen strengen Prüfungsmaßstab heran und verweist bei der Frage nach der Kontrolldichte und der Rolle des Art. 28 GRC auf die Rechtsprechung in den Entscheidungen *Viking* und *Laval*.[1152] Damit setze der EuGH die Grundrechte der Piloten gegenüber der Kollektivvertragsautonomie durch und nimmt eine volle Rechtskontrolle der Kollektivvertragsnormen vor, an deren Stelle das BAG nur eine Billigkeitskontrolle vorgenommen habe.[1153]

Damit steht am Ende der Entscheidung ein Ergebnis, das auch mit seiner tatsächlichen Wirkung polarisiert. Zum Teil findet das Urteil Zustimmung.[1154] Es wird aber auch erkannt, dass von dem Ausgang der Entscheidung insbesondere die Arbeitgeber und wenige arbeitswillige Piloten profitierten.[1155] Aus der Sicht der Fluggäste wird angemerkt, dass der EuGH mit der Ermöglichung des „betreuten Fliegens“ das menschliche Leben als Rechtsgut eventuell zu wenig berücksichtigt habe.[1156] Unabhängig von diesen allgemeinen Sicherheitsbedenken zeigt sich an diesen tatsächlichen Auswirkungen, dass die Entscheidung gegen das kollektive Interesse der Arbeitnehmer im Kollektivvertrag getroffen wurde. Bei lebensnaher Betrachtung ist davon auszugehen, dass der frühere Renteneintritt durchaus von den meisten betroffenen Piloten begrüßt wird. Der EuGH hingegen bringt die Interessen der Minderheit gezielt gegen dieses kollektive Interesse in Stellung, um den Abschluss solcher kollektivvertraglichen Regelungen zu unterbinden. Es wird dadurch stark erschwert, einen „unionsrechtsfesten“ Kollektivvertrag abzuschließen, da die Natur des Kollektivvertrags kompromissbehaftet ist und es eben dieser Natur des Vertrages entspricht, dass nicht alle Beteiligten und Betroffenen dem Inhalt des Vertrages vollumfänglich zustimmen. Durch die Möglichkeit zur gezielten Überprüfung

---

1150 *Schulte*, ZESAR 2012, 398, 399.

1151 *Temming*, EuZA 2012, 205, 210; siehe zum Verweis: EuGH, 13.09.2011 – C-447/09 [Fn. 70], Rn. 47 – Prigge; bezugnehmend auf: EuGH, 11.12.2007 – C-438/05 [Fn. 29] – Viking; EuGH, 18.12.2007 – C-341/05 [Fn. 29] – Laval.

1152 *Temming*, EuZA 2012, 205, 211 f.

1153 *Temming*, ebd., 205, 214.

1154 So etwa: *Temming*, ebd., 205, 214.

1155 *Temming*, ebd., 205, 215.

1156 *Krieger*, NJW 2011, 3214, 3214.

einzelner unliebsamer Bestandteile des Kollektivvertrages wird auch das Fundament dieses Gesamtkompromisses angegriffen. Diese Dynamik müsste in der Rechtsprechung des EuGH berücksichtigt werden, wenn dieser den Schutz der Kollektivvertragsfreiheit aus Art. 28 GRC hinreichend berücksichtigen will.

cc) Kollektivvertragliche Elternzeitregelungen

Entscheidung CFTC (2020)

Der EuGH hatte in der Entscheidung *CFTC*[1157] darüber zu entscheiden, ob eine kollektivvertragliche Elternzeitregelung[1158], die ausschließlich für Mütter gilt eine Diskriminierung wegen des Geschlechts im Sinne der RL 2006/54/EG (Geschlechtergleichbehandlungsrichtlinie) darstellt. Das vorlegende Gericht stellte die Frage, ob die Richtlinie so auszulegen sei, dass eine kollektivvertragliche Bestimmung, die ausschließlich weiblichen Arbeitnehmerinnen, die ihr Kind selbst erziehen, einen Anspruch auf Urlaub nach dem Ablauf des gesetzlichen Mutterschutzes gewährt, mit dieser Richtlinie vereinbar ist.[1159] Der Gerichtshof betont, dass der Mutterschutz ein besonderes Schutzinstrument ist und dass dieser einen triftigen Grund dafür darstellt, die Beschäftigung auszusetzen.[1160] Hingegen reiche das Ziel, die besondere Beziehung zwischen Mutter und Kind zu schützen nicht aus, um den Vätern auf der anderen Seite denselben Anspruch zu verwehren.[1161] Der EuGH wies das vorlegende Gericht an, den Zweck der Kollektivvertragsklausel in diesem Lichte auszulegen und betonte dabei, dass die Regelung aus der Vorlagefrage, soweit diese dem Schutz der Arbeitnehmerin in Bezug auf die Folgen der Schwangerschaft und der Mutterschaft diene, mit der RL 2006/54/EG vereinbar sei.[1162]

In dieser Entscheidung hat der EuGH die Möglichkeit anerkannt, eine entsprechende kollektivvertragliche Regelung zu treffen. Es zeigt sich insbesondere in der abschließenden Erwägung eine sensible Differenzierung zwischen den Gründen für die Elternzeitregelung. Der Mutterschutz darf nach der Rechtsprechung des EuGH nicht diskriminierend ausgestaltet werden, sondern lediglich eine Anpassung der Arbeitsverhältnisse an die besonderen Umstände

---

1157 EuGH, 18.11.2020 – C-463/19 (ECLI:EU:C:2020:932), AP Nr. 8 zu Richtlinie 2006/54/EG – CFTC.

1158 Im Urteil und in der Kollektivvertragsklausel wird von „Urlaub" gesprochen. Zur Kritik an diesem Begriff und der Darstellung, warum Elternzeitregelung in diesem Fall der angemessenere Begriff ist, vgl. *Wenckebach*, AuR 2021, 268, 271.

1159 EuGH, 18.11.2020 – C-463/19 [Fn. 1159], Rn. 46 – CFTC.

1160 EuGH, 18.11.2020 ebd., Rn. 50 – CFTC. M.w.N.

1161 EuGH, 18.11.2020 ebd., Rn. 58 – CFTC.

1162 EuGH, 18.11.2020 ebd., Rn. 74 – CFTC.

darstellen.[1163] Dass dies möglich ist, zeige der EuGH mit dieser Entscheidung, die eine proaktive Ausgestaltung des Mutterschutzes ermöglicht.[1164] Kritisch wird hingegen gesehen, dass der eingeräumte Ermessenspielraum bei der Ausgestaltung des Mutterschutzes die Effektivität der Umsetzung der Richtlinie gefährde, hingegen sei der Ansatz zu begrüßen, dass alleine der Schutz der Beziehung zwischen Mutter und Kind keine Diskriminierung zu rechtfertigen vermag.[1165]

Abschließend ist anzumerken, dass Kollektivverträge regelmäßig Standards für Sorgearbeit setzen, die über den gesetzlichen Rahmen hinausgehen und damit eine wichtige Rolle bei der Anerkennung dieser Arbeit spielen.[1166] Die Entscheidung des EuGH bezieht diesen Aspekt jedoch erneut nicht ausdrücklich in seine Erwägungen ein. Zwar stellt die Entscheidung faktisch eine positive Wendung für die Beachtung kollektiver Rechte dar, jedoch wurde nicht hinreichend darauf Bezug genommen, dass kollektive Vereinbarungen einem besonderen Schutz, auch durch Art. 28 GRC, unterliegen.

dd) Kollektivvertragliche Mehrarbeitszuschläge

Entscheidung Koch Personaldienstleistungen (2022)

Die Entscheidung *Koch Personaldienstleistungen*[1167] betrifft die Frage, ob die vorgelegten kollektivvertraglichen Regelungen zu Mehrarbeitszuschlägen mit Art. 31 Abs. 2 GRC und der Regelung des Art. 7 der RL 2003/88/EG (Arbeitszeitrichtlinie (2003)) zum Jahresurlaub vereinbar ist. Der Kern der Vorlagefrage war, ob diese Normen einer kollektivvertraglichen Regelung entgegenstehen, die bei der Berechnung der Mehrarbeitszuschläge „die Stunden, die dem vom Arbeitnehmer in Anspruch genommenen bezahlten Jahresurlaub entsprechen, nicht als geleistete Arbeitsstunden berücksichtigt".[1168]

Der EuGH stellt zunächst fest, dass Art. 7 Abs. 1 der RL 2003/88/EG das Grundrecht auf bezahlten Jahresurlaub aus Art. 31 Abs. 2 der GRC konkretisiert.[1169] Aus diesem Grund legte der Gerichtshof den Maßstab des Art. 7 Abs. 1 der Richtlinie an die Überprüfung der kollektivvertraglichen Regelung an.[1170] Wei-

1163 *Wenckebach*, AuR 2021, 268, 271.
1164 *Wenckebach*, ebd., 268, 271.
1165 *Hütter-Brungs*, ZESAR 2021, 141, 149.
1166 Siehe: *Wenckebach*, AuR 2021, 268, 270.
1167 EuGH, 13.01.2022 – C-514/20 [Fn. 786] – Koch Personaldienstleistungen. Vorlage vom: BAG, 17.06.2020 – 10 AZR 210/19 (A), AP Nr. 57 zu § 611 BGB Mehrarbeitsvergütung.
1168 EuGH, 13.01.2022 – C-514/20 [Fn. 786], Rn. 20 – Koch Personaldienstleistungen.
1169 EuGH, 13.01.2022 ebd., Rn. 25 – Koch Personaldienstleistungen.
1170 EuGH, 13.01.2022 ebd., Rn. 27 – Koch Personaldienstleistungen.

ter stellt der Gerichtshof fest, dass eine Praxis, die den Arbeitnehmer davon abhalten kann, effektiv seinen Jahresurlaub zu nehmen gegen das Ziel des Grundrechts verstößt.[1171] Eine solche Praxis erkennt der EuGH auch in der vorliegenden kollektivvertraglichen Regelung, sodass er schlussendlich entschied, dass die vorgelegte Regelung für Mehrarbeitszuschläge wegen der fehlenden Berücksichtigung der Urlaubstage nicht mit den zugrundeliegenden unionsrechtlichen Regelungen vereinbar ist.[1172]

Diese Entscheidung zeigte eine strikte Linie auf, wenn es um die Frage nach der Wahrnehmung des Urlaubsanspruchs geht. Es zeige sich, dass dieser Anspruch das „Nadelöhr" bei Entgeltfragen darstelle, soweit die Fragen nach Arbeitszeit und Jahresurlaub verbunden sind.[1173] Jegliche potenzielle Beeinträchtigung des Rechts auf bezahlten Jahresurlaub sei nach der Entscheidung ausreichend, das Argument des BAG, dass es sich im vorgelegten Fall lediglich um eine geringe finanzielle Beeinträchtigung handele, habe der EuGH in seiner Entscheidung nicht anerkannt.[1174] Auch wird Kritik an der Vorgehensweise des EuGH bei der Verknüpfung von Urlaub und geleisteter Mehrarbeit geäußert.[1175]

In der gesamten Entscheidung erwähnt der EuGH mit keinem Wort die Tarif-, Koalitions-, oder Kollektivvertragsfreiheit. Der Aspekt, dass es sich vorliegend um eine Kollektivvereinbarung handelt, wird vom EuGH in dieser Entscheidung nicht berücksichtigt. Der EuGH hat eine hohe Kontrolldichte bei Kollektivvertragsnormen und geht davon aus, dass, soweit der Anwendungsbereich der Richtlinien eröffnet ist, auch die Kollektivvertragsnormen diese Richtlinien beachten müssen.[1176] Dabei ist das, auch von der deutschen Regierung eingebrachte Argument, dass die Kollektivvertragsparteien eine Privilegierung wegen des Rechts aus Art. 28 GRC genössen, nicht vom EuGH geteilt worden.[1177] Der EuGH gestehe den Kollektivvertragsparteien keine Einschätzungsprärogative zu, ab wann eine Beeinträchtigung des Rechts auf bezahlten Jahresurlaub vorliegt, und erörtert in der vorliegenden Entscheidung damit auch nicht den bestehenden Wiederspruch zwischen den beiden Grundrechten der Charta.[1178] Dies ist insbesondere deshalb relevant, weil die Auswirkungen der Entscheidung sich nicht alleine auf die Kollektivverträge in der vorliegend betroffenen Zeitarbeitsbranche beschränken, sondern branchenübergreifende Strahlkraft entwickeln.[1179]

1171 EuGH, 13.01.2022 ebd., Rn. 41 – Koch Personaldienstleistungen.

1172 EuGH, 13.01.2022 ebd., Rn. 46 – Koch Personaldienstleistungen (Entscheidungssatz).

1173 *Klocke*, ZESAR 2022, 195, 195.

1174 *Fuhlrott*, EWiR 2022, 155, 156.

1175 Siehe hierzu weiterführend *Thiel*, im Abschnitt B, IV; sowie *Krimphove*, ArbR 2022, 36, 36 f.

1176 *Schinz*, EuZA 2022, 484, 491 f. m.w.N.

1177 *Schinz*, ebd., 484, 492.

1178 *Schinz*, ebd., 484, 492.

1179 So: *Fuhlrott*, EWiR 2022, 155, 156.

Erneut zeigt der EuGH in dieser Entscheidung eine fehlende Sensibilität für Aspekte kollektiver Rechte und versäumt damit die Möglichkeit, die Besonderheiten kollektiver Verträge in seiner Rechtsprechung zu berücksichtigen.

ee) Durchführung von Unionsrecht bei der Frage nach unregelmäßigen Nachtarbeitszuschlägen

Entscheidung Coca-Cola (2022)

Im Fall *Coca-Cola*[1180] stellte sich für den EuGH die Frage, ob eine Kollektivvertragsregelung zu Nachtarbeitszuschlägen als Durchführung der RL 2003/88/EG (Arbeitszeitrichtlinie (2003)) zu betrachten ist und die Regelung damit nach Art. 20 GRC auf einen Gleichheitsrechtsverstoß hin überprüft werden kann.[1181]

Die streitige Norm nahm eine Differenzierung in der Höhe der Zuschläge für Nachtarbeit anhand des Kriteriums der Regelmäßigkeit vor, sodass die Leistung von regelmäßiger Nachtarbeit mit geringeren Entgeltzuschlägen entlohnt wurde als die Leistung von unregelmäßig angeordneter Nachtarbeit. Dieses Vorgehen ist jahrzehntelang üblich gewesen.[1182] Eine Feststellung der Gleichheitsrechtswidrigkeit hätte zur Folge, dass auch wenn, wie in der Praxis üblich,[1183] nur ein verschwindend geringer Teil der Nachtarbeit unregelmäßig abgeleistet würde, für die gesamte abgeleistete Nachtarbeit der Vergütungsanspruch nach dem höheren Standard für die unregelmäßig geleistete Nachtarbeit bestünde.[1184]

Zur Frage, ob die RL 2003/88/EG durch die Regelung zur Nachtarbeitsvergütung im Sinne des Art. 51 Abs. 1 GRC durchgeführt wird, sodass eine Überprüfung der betroffenen Kollektivvertragsklausel anhand der Charta durch den EuGH möglich ist, führte der EuGH das Folgende aus:

Zunächst bedürfe es eines Zusammenhangs zwischen einem Unionsrechtsakt und einer nationalen Maßnahme, die über eine mittelbare Auswirkung hinausgehe.[1185] Der EuGH führt aus, dass die Richtlinie, bis auf die Regelung des be-

1180 EuGH, 07.07.2022 – C-257/21 und C-258/21 [Fn. 37] – Coca-Cola.

1181 EuGH, 07.07.2022 ebd., Rn. 25 – Coca-Cola.

1182 Siehe hierzu ausführlich: *Jacobs u.a.*, EuZA 2022, 23, 23 f. m.w.N.

1183 Siehe ebenfalls: *Jacobs u.a.*, ebd., 23, 24. Nur ca. 1% der Nachtarbeit werde unregelmäßig geleistet. Siehe hier zudem für eine knappe Einordnung der Parallelen zur kontroversen Rechtsprechung des BAG hinsichtlich der Frage nach der Vereinbarkeit einer solchen Differenzierung mit dem allgemeinen Gleichheitssatz aus Art. 3 Abs. 1 GG m.w.N.

1184 *Creutzfeldt*, NZA 2022, 1032, 1032.

1185 EuGH, 07.07.2022 – C-257/21 und C-258/21 [Fn. 37], Rn. 40 – Coca-Cola m.w.N.

zahlten Jahresurlaubs, keine Regelungen zur Vergütung treffe, sondern sich ausschließlich mit den Aspekten des Arbeitsschutzes und der Arbeitszeitgestaltung befasse.[1186] Des Weiteren seien nach Art. 153 Abs. 5 AEUV eine unionsrechtliche Regelung über Arbeitsentgelt sowie das Koalitionsrecht ausgeschlossen, da die Entgeltfestsetzung im Wege der Vertragsautonomie der nationalen Sozialpartner sichergestellt werden soll.[1187] Aus dieser Grundlage schloss das Gericht, dass die kollektivvertragliche Regelung zu den Nachtarbeitszuschlägen keine Durchführung des Unionsrechts darstelle und damit nicht auf einen Verstoß gegen das Gleichheitsrecht aus Art. 20 GRC überprüft werden könne.[1188]

Entsprechend dieser Feststellung prüfte der EuGH die Norm nicht hinsichtlich potenziell bestehender Gleichheitsrechtsverstöße.

Bereits bei der Frage nach der Zulässigkeit des Verfahrens kamen Zweifel auf. Der EuGH ging von einer Zulässigkeit des Verfahrens aus, was sich nicht mit der Ansicht der Kommission deckte.[1189] Dies begründete der EuGH damit, dass die Entscheidung von der Auslegung der RL 2003/88/EG abhinge und überdies eine enge Zusammenarbeit mit den nationalen Gerichten bestehe.[1190]

(1) Die Grenze des Anwendungsbereichs der GRC anhand des Kriteriums der „Durchführung des Rechts der Union"

Maßgebliche Aussagekraft dieser EuGH-Entscheidung liegt in der Prüfung des Kriteriums der „Durchführung des Rechts der Union". Der EuGH hat hier diesen Begriff als Grenzlinie definiert und damit seinen eigenen Zuständigkeitsbereich eingegrenzt.[1191] Die Entscheidung lasse damit zumindest eine Prognose zu, inwieweit der EuGH ein unionsrechtsrelevantes Verhältnis erkennt, und korrigiere damit die ungenaue Aussage im Urteil *Akerberg-Fransson*.[1192] Auf den konkreten Fall bezogen lässt sich somit festhalten, dass die RL 2003/88/EG (Ar-

---

1186 EuGH, 07.07.2022 ebd., Rn. 45 – Coca-Cola.

1187 EuGH, 07.07.2022 ebd., Rn. 47 – Coca-Cola. Siehe ebenfalls: *Jacobs u.a.*, EuZA 2022, 23, 28.

1188 EuGH, 07.07.2022 – C-257/21 und C-258/21 [Fn. 37], Rn. 53 – Coca-Cola.

1189 Vgl. *Sagan*, ZESAR 2022, I, I.

1190 Vgl. *Sagan*, ebd., I, I. An diesem Vorgehen wird kritisiert, dass der EuGH im Rahmen einer strengen Auslegung bereits bei der Prüfung der Zulässigkeit die Feststellung hätte treffen können, dass das europäische Recht nicht betroffen sei, siehe hierzu: *Krimphove*, ArbR 2022, 363, 364. Diese Ansicht vermag nicht zu überzeugen, da zumindest die Möglichkeit bestand, dass eine Auslegung der Richtlinie nach Art. 267 Abs. 1 b AEUV erforderlich ist, um eine Entscheidung im Ausgangsverfahren beim vorlegenden Gericht zu treffen, womit die Vorlagefrage zulässig war. Die begründete Auseinandersetzung mit der Frage folgte in der Entscheidung an sich.

1191 *Creutzfeldt*, NZA 2022, 1032, 1034.

1192 *Creutzfeldt*, ebd., 1032, 1034; siehe: EuGH, 26.02.2013 – C-617/10 (ECLI:EU:C:2013:105), NJW 2013, 1415 – Åkerberg Fransson.

beitszeitrichtlinie (2003)) allein dem Arbeitsschutz dient und nicht das Entgelt betrifft.[1193]

Kritisch wird gesehen, dass die Trennlinie unklar sei. So sei nicht aus der Entscheidung hervorgegangen, warum eine Regelung zum bezahlten Jahresurlaub in der Richtlinie geregelt werden konnte und warum das ILO-Übereinkommen zur Nachtarbeit nicht herangezogen wurde, da entsprechende Schutzmaßnahmen das Übereinkommen betreffen könnten.[1194] Dieses wurde noch im Urteil *Glavna direktsia*[1195] berücksichtigt, sei aber aufgrund des heikleren Themas der Grundrechtskontrolle von Kollektivvertragsnormen in diesem Fall nicht vom EuGH angewendet worden, was zum Schluss führe, dass unterschiedliche Maßstäbe Anwendung fänden.[1196]

Trotz dieser Kritik wird die Selbstbeschränkung des EuGH in diesem Fall begrüßt. Eine Regelung zur Differenzierung der Vergütung von Nachtarbeitszuschlägen sei Sache des nationalen Rechts.[1197] Entsprechend wird richtigerweise kein Unionsrecht im Sinne des Art. 51 Abs. 1 GRC durchgeführt.[1198] Aus dem Urteil ergibt sich somit, dass der EuGH eben keine „Kompetenz-Kompetenz" in Anspruch nehme und sich so grenzenlos die Zuständigkeit für die in den Vorlageverfahren gestellten Fragen anmaße.[1199] Das Urteil zeigt mithin, dass der EuGH auch Grenzen seines Rechtsprechungsbereiches ziehen kann. Dies ist insbesondere beachtlich, wenn man sich die Konsequenz verdeutlicht, die eine gegenläufige Entscheidung gehabt haben könnte, in der der EuGH die Kollektivvertragsklausel auf ihre Vereinbarkeit mit Art. 20 GRC überprüft hätte, wie der nachfolgende Abschnitt verdeutlicht.

(2) Maßstab der Diskriminierungsproblematik

Der EuGH ist nicht den Schritt gegangen, die Kollektivvertragsklausel anhand, des Art. 20 GRC zu überprüfen. Dies hätte auch den Weg geebnet für eine umfassende Gerechtigkeitskontrolle von Kollektivvertragsnormen bis hin zu Fragen des Entgelts.[1200] Kritisiert an der fehlenden Überprüfung wird, dass der EuGH somit auch die Überprüfung auslässt, ob sich eine solche Differenzierung etwa durch eine unterschiedliche gesundheitliche Belastung rechtferti-

---

1193 *Jacobs u.a.*, EuZA 2022, 23, 27; verweisend u.a. auf: *Schmidt*, ZESAR 2021, 392, 394.

1194 *Sagan*, ZESAR 2022, I, I.

1195 EuGH, 24.02.2022 – C-262/20 (ECLI:EU:C:2022:117), AP Nr. 46 zu Richtlinie 2003/88/EG, Rn. 54 – Glavna direktsia.

1196 *Sagan*, ZESAR 2022, I, I.

1197 *Sagan*, ebd., I, I.

1198 *Jacobs u.a.*, EuZA 2022, 23, 33.

1199 *Creutzfeldt*, NZA 2022, 1032, 1034.

1200 *Jacobs u.a.*, EuZA 2022, 23, 24 f.

gen lassen könnte.[1201] Dafür, dass der EuGH die Überprüfung nicht vornimmt, spricht hingegen, dass Art. 20 GRC keinen passenden Kontrollmaßstab für Kollektivvertragsnormen bilde, da etwa keine unmittelbare oder mittelbare Anwendung für Private bestehe.[1202] Folgt man der Ansicht des BAG und des BVerfG, dass die Kollektivvertragsautonomie als kollektive Privatautonomie zu verstehen ist, würde sich diese und damit der Abschluss von Kollektivverträgen der Bindung des Art. 20 GRC entziehen, womit ein Verstoß gegen diese Norm ausgeschlossen ist.[1203] Systematisch lässt sich dies auch durch die Vorschrift des Art. 157 AEUV untermauern, wo erst durch entsprechende Sekundärrechtsakte eine Wirkung auf der privatrechtlichen Ebene erzielt werden könne.[1204] Folgt man der Gegenansicht ist das Ergebnis eine völlige Aushöhlung der in Art. 28 GRC garantierten Kollektivvertragsautonomie, da mit der Überprüfung der Kollektivvertragsnormen am Maßstab des Art. 20 GRC schlussendlich der Gerichtshof über die Angemessenheit der einzelnen Kollektivvertragsnormen entscheidet, obwohl die Kollektivvertragsparteien diese besser beurteilen können.[1205]

In Anbetracht der Auswirkungen, die eine Kontrolle der Kollektivvertragsnormen am Maßstab des Art. 20 GRC gehabt hätte, lässt sich festhalten, dass der Verzicht des EuGH, sich diese Kompetenz anzumaßen, auch eine signifikante Auswirkung auf die Autonomierechte der Sozialpartner und mithin der sozialen Dimension hat. Diese Zurückhaltung lässt allerdings nicht den Rückschluss zu, dass der EuGH in diesem Urteil entsprechende Aspekte besonders berücksichtigt. Das liegt daran, dass diese These schwer auf ihren Wahrheitsgehalt hin zu überprüfen ist, weil der EuGH in dem besprochenen Urteil eben keine direkten Ausführungen zu der diesbezüglichen Vorlagefrage trifft, sondern bereits vorab die Prüfung beendet. Ob also die Überprüfung von Kollektivvertragsnormen am Maßstab des Art. 20 GRC für den EuGH in diesem Urteil generell nicht in Betracht kam, lässt sich nicht zweifelsfrei feststellen. Dennoch lässt sich aus einem Negativschluss in Anbetracht des konkreten Urteils zumindest hier keine Verkennung der relevanten kollektivarbeitsrechtlichen Aspekte der sozialen Dimension feststellen.

1201 *Krimphove*, ArbR 2022, 363, 365.

1202 *Jacobs u.a.*, EuZA 2022, 23, 30.

1203 *Jacobs u.a.*, ebd., 23, 31; siehe hinsichtlich der Rechtsprechung: BVerfG, 11.07.2017 – 1 BvR 1571/15 u.a., BVerfGE 146, 71-163 = NZA 2017, 915-931, Rn. 147 – Tarifeinheitsgesetz; BAG, 09.12.2020 – 10 AZR 332/20 (A), BAGE 173, 165-204 = NZA 2021, 1121-1131, Rn. 50. Zu der hier besprochenen Rechtssache hat das BVerfG jüngst einer Verfassungsbeschwerde stattgegeben, siehe: BVerfG, 11.12.2024 – 1 BvR 1109/21 u.a., DB 2025, 730-744 – Tarifvertragsparteien und Gleichbehandlung.

1204 *Jacobs u.a.*, EuZA 2022, 23, 31; verweisend: *Heselhaus*, in: P/N/H, Frankfurter Kommentar, GRC Art. 20, Rn. 33.

1205 *Jacobs u.a.*, EuZA 2022, 23, 32.

ff) Der Schutz von Leiharbeitnehmern

Entscheidung CM/Time Partner (2022)

Der EuGH hatte sich in der Entscheidung *CM/Time Partner*[1206] mit der Frage zu beschäftigen, ob der nach Art. 5 Abs. 3 der RL 2008/104/EG (Leiharbeitsrichtlinie) geforderte „Gesamtschutz von Leiharbeitnehmern" gewahrt ist, wenn diese in einem anderen Kollektivvertrag als die Stammbelegschaft weniger Entgelt erhalten, dafür aber andere Leistungen vereinbart sind. Der Gerichtshof stellte fest, dass der Gesamtschutz erfordere, dass den Leiharbeitnehmern entsprechende Bedingungen gewährt werden müssten, die geeignet sind, die Ungleichbehandlung auszugleichen.[1207] Hinsichtlich der Rolle der Sozialpartner hielt der EuGH fest, dass die Mitgliedstaaten nicht verpflichtet sind, die Kriterien für die Kollektivverträge festzuhalten, die den Gesamtschutz garantieren.[1208] Die Mitgliedstaaten müssen also nicht die Voraussetzungen zur Achtung des Gesamtschutzes der Leiharbeitnehmer vorsehen.[1209] Jedoch sind die nationalen Gerichte nach der Auffassung des EuGH dazu verpflichtet, trotz des Beurteilungsspielraums der Sozialpartner, „alles in [ihrer] Zuständigkeit Liegende zu tun, um die Vereinbarkeit von Kollektivverträgen mit den sich aus Art. 5 Abs. 3 der Richtlinie [...] ergebenden Anforderungen sicherzustellen".[1210] Damit stellt der EuGH fest, dass Kollektivverträge, die eine Ungleichbehandlung von Leiharbeitnehmern vorsehen, einer wirksamen gerichtlichen Kontrolle des Gesamtschutzes unterliegen müssen.[1211]

Diese Entscheidung enthält im Hinblick auf die kollektivarbeitsrechtliche Dimension die Aussage, dass Kollektivverträge einer wirksamen gerichtlichen Kontrolle unterliegen müssen, um gegen eine Diskriminierung von Leiharbeitnehmern vorgehen zu können. Dabei wird in der Literatur angemerkt, dass diese Überprüfung auf eine nach Art. 9 Abs. 3 GG in Deutschland unzulässige Tarifzensur hinauslaufe und faktisch eine unionsrechtlich unzulässige unmittelbare Anwendung der Richtlinie darstellen könnte.[1212] Das habe auch faktische Auswirkungen auf die Zeitarbeitsbranche, die ihre Kollektivverträge der Entscheidung entsprechend anpassen müsse.[1213] Damit zeigt auch diese Entscheidung, dass neben einem zumindest ausführlichen „Lippenbekennt-

1206 EuGH, 15.12.2022 – C-311/21 [Fn. 805] – CM/TimePartner.
1207 EuGH, 15.12.2022 ebd., Rn. 44 – CM/TimePartner.
1208 EuGH, 15.12.2022 ebd., Rn. 66 – CM/TimePartner.
1209 EuGH, 15.12.2022 ebd., Rn. 68 – CM/TimePartner.
1210 EuGH, 15.12.2022 ebd., Rn. 78 – CM/TimePartner.
1211 EuGH, 15.12.2022 ebd., Rn. 80 – CM/TimePartner (Entscheidungssatz).
1212 *Franzen*, NZA 2023, 25, 28 f.
1213 *Bauer*, ArbR 2023, 15, 15.

nis“ des EuGH zur Kollektivvertragsautonomie,[1214] keine substanzielle Auseinandersetzung mit den besonderen Eigenarten dieser Autonomie geschieht. Natürlich ist es nachvollziehbar, dass auch Kollektivverträge einer Überprüfung durch Gerichte zugänglich sein sollten, jedoch hätte der EuGH in diesem Zusammenhang zumindest erwägen können, dass im Rahmen einer durch Art. 28 GRC gewährten Autonomie auch ein Bereich als Handlungsspielraum bestehen muss, innerhalb dessen die Sozialpartner eigene Entscheidungen treffen können. Die befürchtete vollständige Tarifzensur führt dazu, dass der Abschluss von Kollektivverträgen faktisch unattraktiver wird. Dieses Kriterium, dass der EuGH in anderen Kontexten regelmäßig zum Maßstab nimmt, wird in diesem Fall nicht zur Anwendung gebracht. Nicht das Ergebnis der Entscheidung, sondern die fehlende ernsthafte Auseinandersetzung mit der kollektiven Dimension des Unionsrechts zeigt hier die Defizite in der Beachtung eben jener Dimension in der Rechtsprechung auf.

gg) Teilzeitbeschäftigung und Mehrarbeitszuschläge

Entscheidungen Helmig (1994) und Lufthansa CityLine (2023)

Im Fall *Lufthansa CityLine*[1215] hatte der EuGH sich mit der Frage zu beschäftigen, ob eine Diskriminierung von teilzeitbeschäftigten Piloten vorliegt, wenn die Zahlung von Zuschlägen für Mehrarbeit auch für Teilzeitbeschäftigte erst ab der Überschreitung der Vollzeitarbeitsstunden bezahlt wird, also vereinfacht gesprochen, ob es diskriminierend ist, wenn der „Überstundenzuschlag“ sowohl für Vollzeit-, wie auch für Teilzeitbeschäftigte erst ab dem Erreichen der monatlichen Vollzeitarbeitszeit bezahlt wird. Maßgeblich für die Bewertung dieser Frage war § 4 Nr. 1 der *Rahmenvereinbarung zu Teilzeitarbeit*[1216], der als spezifischer Ausdruck des allgemeinen Gleichheitssatzes zu verstehen sei und als Grundsatz des europäischen Sozialrechts nicht restriktiv auszulegen sei.[1217]

Der Gerichtshof stellte zunächst fest, dass die Situation von Teilzeit- und Vollzeitbeschäftigten vergleichbar sei.[1218] Auch sei eine unterschiedliche Behandlung darin zu erkennen, dass die Teilzeitbeschäftigten die bestehenden Anspruchsvoraussetzungen sehr viel seltener erfüllen könnten, was nur durch einen sachlichen Grund gerechtfertigt werden könne.[1219] Ein solcher sachlicher

1214 EuGH, 15.12.2022 – C-311/21 [Fn. 805], Rn. 71 – CM/TimePartner.
1215 EuGH, 19.10.2023 – C-660/20 [Fn. 800] – Lufthansa CityLine.
1216 Rahmenvereinbarung der UNICE, CEEP und EGB über Teilzeitarbeit, durchgeführt durch Art. 1 der RL 97/81/EG (Rahmenvereinbarung zu Teilzeit).
1217 EuGH, 19.10.2023 – C-660/20 [Fn. 800], Rn. 37 f. – Lufthansa CityLine. m.w.N.
1218 EuGH, 19.10.2023 ebd., Rn. 46 – Lufthansa CityLine.
1219 EuGH, 19.10.2023 ebd., Rn. 49 – Lufthansa CityLine.

Grund müsse genau bezeichnet und unter konkreten Umständen gerechtfertigt sein und damit sicherstellen, dass die unterschiedliche Behandlung verhältnismäßig ist.[1220] Vorliegend wurde die Zahlung der Mehrarbeitszuschläge damit gerechtfertigt, dass diese die Auswirkung auf die Gesundheit der betroffenen Piloten kompensiere und den Arbeitgeber von einer übermäßigen Inanspruchnahme der Piloten abhalten solle.[1221] Jedoch sah der EuGH für diesen Ansatz nicht die notwendigen Nachweise erbracht.[1222] Mithin nahm der EuGH an, dass die nationale Regelung dem § 4 Nr. 1 und 2 der Rahmenvereinbarung entgegensteht.[1223]

Diese Entscheidung enthält etwa im Gegensatz zur Entscheidung Coca-Cola[1224] eine inhaltliche Kontrolle der maßgeblichen Kollektivvertragsnorm anhand eines konkreten europäischen Antidiskriminierungsrechts. Damit eignet sich der EuGH vorliegend eine Überprüfungskompetenz von Kollektivvertragsnormen an.

Entsprechend wurde diese Entscheidung in der Literatur unterschiedlich bewertet. Zum einen wird bemängelt, dass der EuGH nicht auf die abweichenden Ausführungen des Generalanwalts eingehe, die inhaltlich zu der Besserstellung der Teilzeitarbeitnehmer überzeugen würden.[1225] Andererseits werde die Rechenmethode des Generalanwalts zu Recht durch den Gerichtshof kritisiert, da diese irreführende Aussagen dazu treffe, wie oft die Auslösegrenze für die Erreichung der Zuschläge erreicht werde.[1226] Neben diesen Anmerkungen zum Vorgehen des EuGH findet das Urteil inhaltlich Zuspruch. Der EuGH bleibe seiner bisherigen Linie zur Entgeltdiskriminierung erfreulicherweise treu und wende diese konsequent auf den zugrundeliegenden Fall an.[1227] Damit stärke die Entscheidung die Rechte der Teilzeitarbeitnehmer.[1228] Aber es gibt auch kritische Stimmen an der Entscheidung, die davon sprechen, dass diese nicht zu überzeugen vermag.[1229] Die Bewertung des Urteils durch die Literatur lässt sich in die Bereiche der Bewertung, ob überhaupt eine Diskriminierung vorliegt und die hiermit verbundene Methodik zur Überprüfung der Ungleichbehandlung, sowie die Frage nach der Möglichkeit zur Rechtfertigung der Ungleichbehandlung differenzieren:

1220 EuGH, 19.10.2023 ebd., Rn. 58 – Lufthansa CityLine.
1221 EuGH, 19.10.2023 ebd., Rn. 59 – Lufthansa CityLine.
1222 EuGH, 19.10.2023 ebd., Rn. 61 – Lufthansa CityLine.
1223 EuGH, 19.10.2023 ebd., Rn. 67 – Lufthansa CityLine.
1224 EuGH, 07.07.2022 – C-257/21 und C-258/21 [Fn. 37] – Coca-Cola.
1225 *Thüsing/Mantsch*, BB 2023, 2676, 2678.
1226 *Stach*, NZA 2023, 1383, 1383.
1227 *Stach*, ebd., 1383, 1383.
1228 *Winzer*, ArbR 2023, 596, 596.
1229 *Jungbauer*, NZA 2024, 304, 305.

Zu der Fragestellung, ob eine Ungleichbehandlung überhaupt vorliegt, gibt es bereits mehrere Überlegungen in der Literatur: Es sei bemerkenswert, dass der EuGH aus der Gleichbehandlung von Teilzeit- und Vollzeitbeschäftigten beim Schwellenwert eine Ungleichbehandlung ableite.[1230] Hierbei sei die zugrundeliegende Fragestellung, wie weit ein Entgegenkommen notwendig ist, um nicht nur eine formale, sondern auch eine faktische Gleichbehandlung zu realisieren.[1231]

Das Urteil wird auch mit den vorangegangenen Urteilen *Elsner-Lakeberg*, *Voß* und *Helmig*[1232] in Zusammenhang gebracht.[1233] Der Generalanwalt habe im vorliegenden Fall in überzeugender Weise für einen „Vergleich der Gesamtvergütung" plädiert, wie der EuGH diese auch in den Rechtssachen *Helmig* und *Voß* vorgenommen hätte. Der EuGH hingegen habe vorliegend eine Betrachtung der individuellen Entgeltbestandteile vorgenommen, womit der Gerichtshof, ohne dabei auf die ähnlich gelagerte Rechtssache *Helmig* eingegangen zu sein, den verfolgten Ansatz der Gesamtbetrachtung verworfen habe.[1234] Damit wähle der EuGH die falsche Grundlage für seinen Prüfungsmaßstab, da es mit diesem den Teilzeitbeschäftigten möglich sei, bei gleichem Arbeitsumfang eine höhere Vergütung zu erlangen.[1235]

In der Rechtssache *Helmig* hatte der EuGH eine im Wesentlichen ähnliche Fragestellung zu klären.[1236] Es ging ebenfalls darum, ob eine kollektivvertragliche Regelung mit dem Unionsrecht vereinbar ist, die einen Überstundenzuschlag an das Überschreiten der Regelarbeitszeit anknüpft.[1237] Auch hier stellte der EuGH fest, dass kollektivvertragliche Regelungen wegen ihres zwingenden Charakters das Verbot der Entgeltdiskriminierung wegen des Geschlechts aus Art. 119 EWG (heute Art. 157 AEUV) berücksichtigen müssen.[1238] Er ging jedoch im Fortgang davon aus, dass Teilzeitbeschäftigte „für die gleiche Anzahl geleisteter Arbeitsstunden genau die gleiche Gesamtvergütung wie Vollzeitbeschäftigte" bekommen.[1239] Diese Feststellung nahm der EuGH zur Grundlage

---

1230 *Thüsing/Mantsch*, BB 2023, 2676, 2677.

1231 *Thüsing/Mantsch*, ebd., 2676, 2677: Weiter ausführend zu der Unterscheidung von formaler und faktischer Gleichbehandlung, auch mit Rechtsvergleichung zum US-amerikanischen Antidiskriminierungsrecht.

1232 EuGH, 15.12.1994 – C-399/92 u.a. (ECLI:EU:C:1994:415), Slg. 1994, I-5727 = AP Nr. 7 zu § 611 BGB Teilzeit – Helmig; EuGH, 27.05.2004 – C-285/02 (ECLI:EU:C:2004:320), Slg. 2004, I-5861 = AP Nr. 10 zu Art. 141 EG – Elsner-Lakeberg; EuGH, 06.12.2007 – C-300/06 (ECLI:EU:C:2007:757), Slg. 2007, I-10573 = AP Nr. 17 zu Art. 141 EG – Voß.

1233 Siehe zur Gegenüberstellung der Sachverhalte bei *Jungbauer*, NZA 2024, 304, 305.

1234 *Jungbauer*, ebd., 304, 305.

1235 *Jungbauer*, ebd., 304, 306.

1236 Vgl. EuGH, 15.12.1994 – C-399/92 u.a. [Fn. 1234], Rn. 3 – Helmig.

1237 EuGH, 15.12.1994 ebd., Rn. 16 – Helmig.

1238 EuGH, 15.12.1994 ebd., Rn. 18 – Helmig.

1239 EuGH, 15.12.1994 ebd., Rn. 27 – Helmig.

um im Ergebnis eine Diskriminierung abzulehnen.[1240] Es wurde in diesem Rahmen bereits in der Literatur diskutiert, wer die schlussendliche Beurteilung über die Überstundenzuschläge treffen sollte. Es wird angemerkt, dass diese einen tarifpolitischen Kompromiss darstellen, sodass die Entscheidung, welche sachlichen Gründe eine eventuelle Ungleichbehandlung rechtfertigen würden, bei den Kollektivvertragsparteien liegen müsse.[1241] Diese Ermächtigung solle nicht als Privileg zur Diskriminierung durch Kollektivvertrag verstanden werden, sondern gründe sich auf dem Recht der Sozialpartner, autonome Regelungen zu treffen.[1242] Dass der EuGH in seiner neueren Entscheidung *Lufthansa CityLine* nicht den Bezug zu dieser Entscheidung herstellt, verwundert. Immerhin entscheidet er genau gegenteilig. Auch dass die Diskussion um die Deutungshoheit über Kollektivvertragsklauseln in dieser neueren Entscheidung nicht durch den EuGH aufgegriffen wurde, lässt wichtige Fragen offen. Die Frage, wie eine Ungleichbehandlung zu erkennen ist, führte der EuGH in den Urteilen *Elsner-Lakeberg* und *Voß*[1243] weiter. Zumindest habe der EuGH mit der neuesten Entscheidung *Lufthansa CitiyLine*[1244] die Frage, wie eine Diskriminierung festzustellen sei, klarstellen können.[1245]

Zu der Fragestellung, ob die vom EuGH erkannte Ungleichbehandlung gerechtfertigt werden kann, gibt es ebenfalls unterschiedliche Auffassungen. Es lasse sich aus dem Urteil das Ende der Debatte um die Frage nach der Binnendifferenzierung bei Teilzeitbeschäftigten ableiten, da es sich vorliegend um eine 90%-Stelle gehandelt habe.[1246] Für zukünftige Kollektivverträge wäre mithin zu raten, den Überstundenzuschlag prozentual zur vereinbarten Arbeitszeit zu regeln.[1247] Dieses Ergebnis des EuGH, dass die Ungleichbehandlung nicht zu rechtfertigen sei, stößt vor allem an zwei Punkten auf Kritik:

Es seien nach Auffassung des Gerichts gesicherte arbeitsmedizinische Erkenntnisse erforderlich, dass die Mehrarbeit bei Vollzeitbeschäftigten wirklich eine stärkere Belastung als bei Teilzeitbeschäftigten darstellen würde, womit die reine Vermutung nicht ausreiche und insbesondere auch die Belastung von Teilzeitbeschäftigten neben der Berufstätigkeit zu berücksichtigen sei.[1248] Dabei

---

1240 EuGH, 15.12.1994 ebd., Rn. 30 – Helmig.

1241 *Hanau/Gilberg*, BB 1995, 1238, 1240.

1242 *Hanau/Gilberg*, ebd., 1238, 1240.

1243 EuGH, 27.05.2004 – C-285/02 [Fn. 1234] – Elsner-Lakeberg; EuGH, 06.12.2007 – C-300/06 [Fn. 1234] – Voß.

1244 EuGH, 19.10.2023 – C-660/20 [Fn. 800] – Lufthansa CityLine.

1245 Zur Entwicklung der Rechtsprechung in diesen Urteilen hinsichtlich der Frage nach der Diskriminierung von Teilzeitbeschäftigten siehe: *Kocher*, AuR 2024, 204, 204 f.

1246 *Friese*, ZESAR 2024, 66, 73.

1247 *Friese*, ebd., 66, 72.

1248 *Friese*, ebd., 66, 72.

werde jedoch missachtet, dass die Nähe von Vollzeitbeschäftigten zur gesetzlichen Höchstarbeitszeit als Bestandteil des arbeitsrechtlichen Gesundheitsschutzes mehr als nur eine bloße Vermutung der Mehrbelastung darstelle und mithin vom EuGH hätte berücksichtigt werden müssen.[1249] Es entspreche der Praxis beim Abschluss von Kollektivverträgen, dass die Anordnung dieser Mehrarbeit, aus diesem Grund, durch Überstundenzuschläge für den Arbeitgeber erschwert werden sollen.[1250]

Damit ergibt sich die Brücke zum zweiten und für das kollektive Arbeitsrecht besonders relevanten Teil der Kritik an dem vorliegenden Urteil, nämlich der Umgang des EuGH mit der Kollektivvertragsautonomie. Es fehle das Vertrauen in den bestehenden Ansatz der Kollektivvertragsparteien.[1251] Der Eingriff in die Kollektivvertragsautonomie, die auch unionsrechtlich durch Art. 28 GRC geschützt ist, sei nicht zu rechtfertigen.[1252] Die Richtigkeitsgewähr ermögliche es den Kollektivvertragsparteien praktische Lösungen nach ihrer Einschätzung zu treffen. Die vom EuGH verlangte Objektivität und individuelle Betrachtung des Einzelfalls sei durch die Kollektivvertragsparteien nicht handhabbar.[1253] Diese fehlende Rücksicht auf die Kollektivvertragsautonomie führe sich nach dem Urteil *TimePartner* fort und bestätige eine besorgniserregende Tendenz des EuGH.[1254]

Es zeigt sich hierbei also eine Auseinandersetzung mit der Entscheidung, die sich insbesondere auf die Frage nach der Richtigkeit oder Fehlerhaftigkeit der gerichtlichen Einschätzung, ob eine Diskriminierung vorliegt und wie diese gegebenenfalls gerechtfertigt werden kann, bezieht. Für die Frage nach der Beachtung der sozialen Dimension in kollektivrechtlichen Fragestellungen durch dieses Urteil kommt es auf eine abstraktere Ebene an. Jeder kann mit den entsprechenden Argumenten eine Bewertung für oder gegen eine bestehende Diskriminierung vornehmen. Die in der hier zugrundeliegenden Fragestellung maßgebliche Frage muss jedoch sein: Wer sollte diese Bewertung vornehmen? Warum dieses Urteil im Hinblick auf eben diese Bewertungshoheit kritisch zu hinterfragen ist, zeigt sich, wenn man sich den vorliegenden Sachverhalt genauer vor Augen führt. Schaut man sich hinsichtlich der Diskriminierung von Teilzeitbeschäftigten das viel bemühte Beispiel an, dass durch eine Regelung etwa ein alleinerziehender Elternteil benachteiligt würde, weil dieser nicht ausreichend für die geleistete Mehrarbeit kompensiert würde, die äquivalent

1249 *Thüsing/Mantsch*, BB 2023, 2676, 2679.
1250 *Thüsing/Mantsch*, ebd., 2676, 2678.
1251 *Thüsing/Mantsch*, ebd., 2676, 2679.
1252 *Jungbauer*, NZA 2024, 304, 306; a.A. *Stach*, NZA 2023, 1383, 1383 f.
1253 *Jungbauer*, NZA 2024, 304, 306.
1254 *Jungbauer*, ebd., 304, 306.

etwa im Rahmen der Care-Arbeitsverpflichtung gegenüber den Kindern fehlt, leuchtet die Einordnung als diskriminierend ein. Anders verhält es sich, wenn man sich den vorliegenden Fall genauer ansieht: Hier hatte ein Pilot auf 90% der Arbeitszeit reduziert, wobei die geringere Arbeitsverpflichtung durch zusätzliche freie Tage ausgeglichen wurde, der Pilot aber außerhalb dieser Tage regulär die Flugdienststunden ohne Reduzierung leistete.[1255] In diesem Fall lässt sich eine Diskriminierung viel schlechter begründen, da der betroffene Pilot durch die Herabsenkung der Schwelle für den Mehrarbeitszuschlag auf 90% der Monatsarbeitszeit vermutlich regelmäßig von dem Zuschlag profitieren würde, der den Vollzeitbeschäftigten nur in besonderen Ausnahmen zustünde. Wenn man die Erkenntnis aus der Rechtsprechung *Koch Personaldienstleistungen*[1256] noch hinzuzieht, dass zur Durchsetzung des Rechts auf bezahlten Jahresurlaub auch die genommenen Urlaubstage bei der Berechnung der Mehrarbeitszuschläge mit berücksichtigt werden müssen, könnte man, abhängig von der Berechnung, sogar zu dem Ergebnis gelangen, dass dem Piloten aus dem vorliegenden Fall für jeden Einsatz, in dem er über 90% der regulären Arbeitszeit im Einsatz war und eventuell sogar im Zeitraum der genommenen Urlaubstage Mehrarbeitszuschläge zustehen. Die Tendenz im Gerechtigkeitsempfinden zwischen diesen beiden Fällen zu differenzieren, besteht zweifellos. Dies liegt aber insbesondere daran, dass man dazu neigt, außerrechtliche Faktoren, wie etwa den sozialen Status und den Grund für die Reduzierung der Arbeitszeit in die Bewertung mit einfließen zu lassen, soweit die erkannte Diskriminierung nicht in der formellen, sondern in der faktischen Sphäre zu verorten ist. Rein rechtlich betrachtet handelt es sich jedoch um ein Gleichheitsdilemma, das mit berechtigten Argumenten in beide Richtungen aufgelöst werden kann, abhängig davon, wie der Zweck des Zuschlags eingeordnet wird.

Somit muss die Frage gestellt werden, wem die Deutungshoheit über die Auflösung dieses Konflikts zusteht. Mit dem vorliegenden Urteil eignet sich der EuGH diese Kompetenz an. Aus der Perspektive der kollektiven Autonomie und mitgliedstaatlichen Legitimation ist diese Kompetenzaneignung kritisch zu bewerten. Grade, weil es keine klare richtige Entscheidung gibt und beide möglichen Wertungen vertretbar sind, ist es auch vertretbar anzunehmen, dass die Sozialpartner zur Aushandlung dieses Widerspruchs eher geeignet sind als das Gericht. Denn sie legen die Zwecke der im Kollektivvertrag vorgesehenen Leistungen fest. In diesem Sinne muss die in Art. 28 GRC niedergeschriebene Autonomie der Sozialpartner dazu führen, dass eine entsprechende Inhalts-

---

1255 Vgl. EuGH, 19.10.2023 – C-660/20 [Fn. 800], Rn. 14 – Lufthansa CityLine.

1256 EuGH, 13.01.2022 – C-514/20 [Fn. 786] – Koch Personaldienstleistungen. Ausführlich zu diesem Urteil siehe Abschnitt C, II, 4., b), dd).

kontrolle durch den EuGH nicht zwangsläufig und abschließend vorgenommen wird, sondern der Gerichtshof auch auf der Grundlage des Art. 28 GRC einen Spielraum für die Kollektivvertragsparteien überlassen kann, soweit die beanstandete Regelung nicht offensichtlich zu einer Diskriminierung führt. Genau diese Möglichkeit zieht der EuGH jedoch nicht in Betracht und missachtet damit einen wesentlichen Aspekt der kollektivarbeitsrechtlichen sozialen Dimension des Unionsrechts.

c) Einordnende Analyse

Der EuGH hat in einigen der hier besprochenen Entscheidungen maßgeblich zur Stärkung der europäischen Antidiskriminierungsrechte beigetragen, die wiederum wichtige Mechanismen darstellen, um im Kontext des europäischen Binnenmarkts Diskriminierung abzubauen. In diesem Hinblick nimmt die vorangegangene Untersuchung keine Stellung dazu, ob der EuGH in den angesprochenen Urteilen die soziale Dimension durch eine starke Positionierung zugunsten der Antidiskriminierungsrechte fördert. Die Analyse bezieht sich lediglich darauf, wie der EuGH Kollektivvertragsrechte in seiner Rechtsprechung berücksichtigt und bewertet.

In allen angeführten Fällen zeigt sich im Kern dieselbe Grundproblematik. Es stellt sich immer die Frage, ob und wie weit der EuGH durch die Beantwortung der Vorlagefragen in die kollektiven Rechte der Sozialpartner eingreift. Die Kollektivvertragsfreiheit, bzw. die Kollektivvertragsautonomie leben davon, dass die Sozialpartner Regelungen treffen können, die als Verhandlungskompromiss beiderseitige Interessen vereinen. Aus diesem Grund ist es ein besonders sensibler Bereich, wenn einzelne Normen und Tatbestände nach dem Kollektivvertragsabschluss durch einen Dritten, in diesem Fall den EuGH, untersucht und eventuell auch beschränkt werden.

Der EuGH hat von dieser Möglichkeit in den besprochenen Entscheidungen zum Teil Gebrauch gemacht und in anderen Entscheidungen wiederum bewusst oder unbewusst davon Abstand genommen. Er hat im Urteil *Albany*[1257] eine Bereichsausnahme entwickelt, sodass das Kollektivvertragsrecht nicht am europäischen Kartellrecht zu messen ist. Diese Entscheidung zeigt, dass der EuGH sich mit dem Mechanismus zum Kollektivvertragsschluss auseinandergesetzt hat und in diesem Rahmen erkannt hat, dass zur Bewahrung dieses Spezifikums eine Bereichsausnahme notwendig war. Diese Bereichsausnahme hat der EuGH auch im Urteil *FNV Kunsten Informatie en Media*[1258] bestätigt und mit Augenmaß die Grenze zur Kartellabsprache von Selbstständigen und Un-

1257 EuGH, 21.09.1999 – C-67/96 [Fn. 26] – Albany.

1258 EuGH, 04.12.2014 – C-413/13 [Fn. 27] – FNV Kunsten Informatie en Media.

ternehmen gezogen. Jedoch fällt bereits in dieser Entscheidung auf, dass der EuGH, eventuell aufgrund mangelnder Spezialisierung, zum Teil ein ungewöhnliches Verständnis der kollektiven Interessenvertretung zeigt.[1259] In den Entscheidungen *AKT*[1260] und *Daimler*[1261] hat der EuGH hinsichtlich der Fragen zur Regelung von Leiharbeit durch Kollektivvertrag die nationalen Kompetenzen geachtet und die kollektivvertragsautonome Entscheidung der Sozialpartner bestehen lassen.

Kontroverser wird die Bewertung zur Beachtung der Kollektivvertragsfreiheit in den Entscheidungen, die auch europäische Antidiskriminierungsrechte betreffen. Ausgangspunkt dieser Untersuchung ist die Rechtssache *Hennigs und Mai*[1262] in der sich der EuGH von den mitgliedsstaatlichen kollektiven Rechten löst und selbst die Kollektivvertragsautonomie aus Art. 28 GRC konkretisiert. Jedoch versäumt der EuGH es, diese Rechte auch hinreichend zu berücksichtigen und ihnen eine Rolle in seiner Rechtsprechung zuzuweisen. Zudem nimmt der EuGH bereits hier eine vollständige Überprüfung der Kollektivvertragsnorm vor. Diese Überprüfung nimmt der EuGH auch in der Entscheidung *Prigge*[1263] vor, ohne die Kollektivvertragsautonomie in seine Abwägung mit einzubeziehen. Hier zeigt sich auch deutlich eine Entscheidung zugunsten individualschützender Rechte, die vom EuGH vorrangig zu den kollektiven Rechten berücksichtigt werden. Anders lässt sich die Rechtssache *CFTC*[1264] bewerten, die in ihrem Kern eine positive Wendung für die Beachtung der sozialen Dimension darstellt, aber trotzdem immer noch nicht ausreichend den Schutz kollektiver Vereinbarungen durch Art. 28 GRC in die Erwägungen zur Entscheidung mit einbezieht. Hinsichtlich der Fragestellung zu den regelmäßigen und unregelmäßigen Nachtarbeitszuschlägen bei *Coca-Cola*[1265] hielt sich der EuGH aus den nationalen Fragestellungen raus und erkannte die Grenzen seiner Zuständigkeit. Es ist in dieser Entscheidung aber auch keine ausdrückliche Beachtung der Kollektivvertragsfreiheit zu erkennen, da der EuGH nicht in eine vertiefte Prüfung einsteigt. Die Entscheidung *CM/Time Partner*[1266] betrifft die Kollektivvertragsfreiheit hingegen wieder direkt. Der EuGH stellt fest, dass kollektive Verträge einer gerichtlichen Kontrolle unterliegen müssen. Auf der anderen Seite erwähnt der EuGH jedoch nicht, dass im Rahmen dieser Kontrolle auch ein aus der gewährten Autonomie des Art. 28 GRC bestehender Handlungsspielraum der Sozialpartner im Rahmen der gerichtlichen Kon-

1259 Vgl. o., sowie *Heuschmid/Hlava*, AuR 2015, 193, 195.
1260 EuGH, 17.03.2015 – C-533/13 [Fn. 1094] – AKT.
1261 EuGH, 17.03.2022 – C-232/20 [Fn. 1100] – Daimler.
1262 EuGH, 08.09.2011 – C-297/10 u.a. [Fn. 1111] – Hennigs und Mai.
1263 EuGH, 13.09.2011 – C-447/09 [Fn. 70] – Prigge.
1264 EuGH, 18.11.2020 – C-463/19 [Fn. 1159] – CFTC.
1265 EuGH, 07.07.2022 – C-257/21 und C-258/21 [Fn. 37] – Coca-Cola.
1266 EuGH, 15.12.2022 – C-311/21 [Fn. 805] – CM/TimePartner.

trolle erhalten bleiben müsste, um einer Tarifzensur vorzubeugen. Schlussendlich zeigt die jüngste Entscheidung *Lufthansa CityLine*[1267], wie dargestellt, eine problematische Tendenz des EuGH besonders gut auf. In diesem Fall nahm er erneut eine Wertung der Kollektivvertragsklausel vor und erklärte diese für mit dem Europarecht unvereinbar, ohne dabei eine hinreichende Abwägung hinsichtlich des Stellenwerts der Kollektivvertragsautonomie der betroffenen Sozialpartner vorzunehmen.

Insgesamt zeigt der EuGH keine Stringenz in der Beachtung der Kollektivvertragsfreiheit in seinen Entscheidungen. Er gewährt den Sozialpartnern häufig die notwendigen Freiräume. Jedoch zeigt er in anderen Entscheidungen nicht die notwendige Sensibilität. Die Kollektivvertragsautonomie scheint keine gefestigte Instanz für den EuGH zu sein, sondern wird immer dann entsprechend berücksichtigt, wenn nicht andere nach Auslegung des Gerichts vorrangige Normen der Kollektivvertragsautonomie entgegenstehen. Im Verlauf seiner Entscheidungen hatte er die Möglichkeit, einen angemessenen Umgang mit kollektiven sozialen Rechten, wie insbesondere der Kollektivvertragsfreiheit als Gegenrecht zu Wirtschafts- und Antidiskriminierungsrechten zu entwickeln. Jedoch versäumt der Gerichtshof in einigen Entscheidungen, die Perspektive dieser kollektiven Rechte mit einzubeziehen. Das bedeutet nicht, dass Verstöße gegen ein Antidiskriminierungsrecht nicht dazu führen dürften, dass Kollektivvertragsnormen gegen europäisches Recht verstoßen und somit nicht zur Anwendung gebracht werden dürfen. Jedoch muss der EuGH an den Stellen, an denen er eine Abwägung trifft, das kollektive Grundrecht aus Art. 28 GRC in seine Erwägungen mit einfließen lassen. Es muss aus den Entscheidungsgründen klar erkennbar sein, dass der Gerichtshof zwischen der Überprüfung von mitgliedstaatlichen Rechtsnormen und Kollektivvertragsnormen unterscheidet und deren Spezifika berücksichtigt wurden. Insbesondere weil die kollektiven Rechte innerhalb der Mitgliedstaaten starke Unterschiede aufweisen, ist es notwendig, dass der Gerichtshof für diese nationalen Besonderheiten ein Feingefühl entwickelt. Der Wille oder die Kapazitäten, diese komplexen Systeme nationaler Kollektivvertragsautonomie zu durchdringen scheinen ihm zu fehlen. Das führt schlussendlich dazu, dass bei den nationalen Sozialpartnern, Arbeitnehmern und Arbeitsrechtswissenschaftlern zum Teil Unverständnis für Entscheidungen des EuGH entstehen und dass die kollektiven Aspekte der sozialen Dimension nicht ausreichend berücksichtigt werden.

1267 EuGH, 19.10.2023 – C-660/20 [Fn. 800] – Lufthansa CityLine.

5. Beteiligung und Mitbestimmung in Betrieben und Unternehmen

Die Mitbestimmung und Beteiligung von Arbeitnehmern in Unternehmen und Betrieben ist in der Europäischen Union uneinheitlich und überwiegend auf nationaler Ebene geregelt.[1268] In den nationalstaatlichen Regelungen gibt es diverse Abstufungen von Beteiligungsrechten. Soweit diese Rechte im Kontext eines europäischen Sachverhalts eine Rolle spielen, ergeben sich hinsichtlich deren Anwendung und ihrer europarechtlichen Zulässigkeit Fragestellungen, die an den EuGH herangetragen werden. In den folgenden Situationen hatte der EuGH darüber zu entscheiden, wie nationale Mittbestimmungsrechte mit dem europäischen Recht in Einklang zu bringen sind. Zum anderen ergeben sich teilweise auch aus den europäischen Richtlinien und Verordnungen Rechte zur Mitbestimmung und Beteiligung der Arbeitnehmer in Unternehmen, die transnational im europäischen Raum aktiv sind, deren Wahrung der EuGH ebenfalls überprüft.

a) Die Beschränkung der Beteiligungsrechte auf die nationalen Arbeitnehmer

Entscheidung Erzberger (2017)

Hinsichtlich der Frage, inwiefern ein nationales Beteiligungsrecht den im Mitgliedstaat angestellten Arbeitnehmern vorbehalten werden darf, erregte das Urteil *Erzberger*[1269] besonderes Aufsehen.

Das vorlegende Gericht warf die Frage auf, inwiefern es mit Art. 18 und 45 AEUV vereinbar sei, wenn das Mitbestimmungsrecht für die Wahl des Aufsichtsrats einer AG in Deutschland lediglich die Arbeitnehmer im Inland berücksichtigt.[1270] Zunächst erkannte der EuGH, dass das besondere Diskriminierungsverbot aus Art. 45 Abs. 2 AEUV in diesem Fall spezieller als das Recht aus Art. 18 AEUV sei, sodass er im Folgenden lediglich die Verstöße gegen dieses speziellere

1268 Die Richtlinie über die Einsetzung eines Europäischen Betriebsrats oder die Schaffung eines Verfahrens zur Unterrichtung und Anhörung der Arbeitnehmer in gemeinschaftsweit operierenden Unternehmen und Unternehmensgruppen 2009/38/EG ermöglicht eine Harmonisierung in Form der Errichtung eines europäischen Betriebsrats bei Unternehmen, die auf der europäischen Ebene agieren. Daneben besteht ebenfalls das System der Arbeitnehmermitwirkung bei der europäischen SE. Grundsätzlich ergänzen diese Regelungen jedoch die auf nationaler Ebene geltenden Rechte der Arbeitnehmerbeteiligung und führen insofern zu einer lediglich teilweisen Harmonisierung. Siehe zu den verschiedenen Rechten der Arbeitnehmerbeteiligung auf europäischer Ebene ausführlich *Kocher*, Europäisches Arbeitsrecht, Kap. § 6 Rn. 25 ff., Rn. 44 ff.

1269 EuGH, 18.07.2017 – C-566/15 [Fn. 57] – Erzberger.

1270 EuGH, 18.07.2017 ebd., Rn. 21 – Erzberger.

Grundrecht prüfte.[1271] Die Vorlagefrage teilte der EuGH zudem in die Frage nach der Diskriminierung der bei ausländischen Tochtergesellschaften angestellten Arbeitnehmer und der Frage nach der Beschränkung der Arbeitnehmerfreizügigkeit der im Inland Beschäftigten, die bei einer Verlagerung der Beschäftigung ins Ausland aktives und passives Wahlrecht verlieren würden. Zur ersten Frage stellte der EuGH fest, dass, dadurch, dass die Arbeitnehmer im Ausland ausschließlich bei Tochtergesellschaften angestellt sind, die durch die Muttergesellschaft kontrolliert werden, kein hinreichender Berührungspunkt zum Recht aus Art. 45 AEUV besteht.[1272] Hinsichtlich der zweiten Frage erkannte der EuGH jedoch, dass nationale Maßnahmen grundsätzlich dazu geeignet sein können, die Rechte der Arbeitnehmer aus Art. 45 AEUV zu verletzen, indem sie die Freizügigkeit behindern oder weniger attraktiv gestalten.[1273] Jedoch habe der Arbeitnehmer bei einem Umzug in einen anderen Mitgliedstaat keinen Anspruch darauf, dass dieser in „sozialer Hinsicht neutral" ablaufe, da ein Umzug immer einen Wechsel zwischen den mitgliedstaatlichen Sozialsystemen mit sich bringe, der zu positiven und negativen Veränderungen führen kann.[1274] Somit hindert das Unionsrecht jeden einzelnen Mitgliedstaat nicht daran, seine Arbeitnehmerbeteiligungsrechte auf die im eigenen Land angestellten Arbeitnehmer zu beschränken, zumal bisher keine europäische Harmonisierung oder Koordinierung in diesem Bereich vorgenommen wurde.[1275] Somit erkannte der EuGH keinen Verstoß des deutschen Mitbestimmungsrechts gegen die Rechte der Arbeitnehmer aus Art. 18 und 45 AEUV.[1276]

Die der Entscheidung zugrundeliegende Vorlagefrage scheint für die Bewertung der sozialen Dimension auf den ersten Blick neutral zu sein. Sie entfaltet ihre Brisanz jedoch, wenn man sich die Folgen des Urteils für die Aspekte der sozialen Dimension vergegenwärtigt. Soweit der EuGH entgegen seiner im Urteil getroffenen Entscheidung durch diese Regelung einen Gleichheitsverstoß und/oder eine Beschränkung der Arbeitnehmerfreizügigkeit erkannt hätte, wäre das deutsche Mitbestimmungsrecht europarechtswidrig und die Beteiligung der Arbeitnehmer an der Wahl des Aufsichtsrats hätte, zumindest bis zu der Novellierung eines neuen Mitbestimmungsgesetzes in Deutschland ausgesetzt werden müssen. So wägt der EuGH in dieser Entscheidung zwar das soziale Recht der nationalen Arbeitnehmerbeteiligung mit dem sozialen Recht der europäischen Arbeitnehmerfreizügigkeit ab, hat es aber mit der Entscheidung

1271 EuGH, 18.07.2017 ebd., Rn. 26 f. – Erzberger.

1272 EuGH, 18.07.2017 ebd., Rn. 29 f. – Erzberger.

1273 EuGH, 18.07.2017 ebd., Rn. 33 – Erzberger.

1274 EuGH, 18.07.2017 ebd., Rn. 34 – Erzberger m.w.N. Ebenso der Generalanwalt, vgl. Rn. 35 der Entscheidung, sowie Schlussanträge des Generalanwalts *Saugmandsgaard Øe* (ECLI:EU:C:2017:347) zu EuGH, 18.07.2017 ebd., Rn. 75 – Erzberger.

1275 EuGH, 18.07.2017 – C-566/15 [Fn. 57], Rn. 37 – Erzberger.

1276 EuGH, 18.07.2017 ebd., Rn. 42 – Erzberger (Leitsatz).

durch das Zusammenspiel des europäischen und nationalen Rechts trotzdem in der Hand, das soziale Recht der Mitgliedstaaten zu schwächen, ohne dabei ein Arbeitnehmerbeteiligungsrecht auf europäischer Ebene zur Durchsetzung verhelfen zu können. In dieser Hinsicht hätte die Entscheidung, dass das deutsche Mitbestimmungsrecht die Arbeitnehmerfreizügigkeit verletzt zur Folge, dass statt der wenigen Arbeitnehmer in Deutschland niemand das soziale Recht der Arbeitnehmerbeteiligung nutzen kann. Dieser Mechanismus ist Teil der negativen Integration, die es der Union zwar erlaubt, nationales soziales Recht auf Grundlage von Unionsrechtsverstößen zu beschränken, jedoch aufgrund mangelnder Kompetenzen kein eigenes soziales Recht zu setzen.[1277]

Auf dieser komplexen Grundlage fallen die Meinungen zum Urteil Erzberger unterschiedlich aus. Zum Teil wird in Bezug auf die Systemfrage von einem falschen Signal gesprochen, das dieses Urteil sende, da es nicht für den entsprechenden Reformdruck auf das nationale Recht sorge.[1278] Andererseits wird das Urteil größtenteils mit Erleichterung aufgenommen, da die befürchtete Ausschaltung der Unternehmensmitbestimmung durch die Erklärung als europarechtswidrig ausgeblieben ist, was weit über das Urteil hinausgehende Folgen gehabt hätte.[1279] Somit erhielt das Urteil aufgrund der geschaffenen Rechtssicherheit viel Zuspruch.[1280]

Die beschriebene Erleichterung rührt sicherlich auch daher, dass bereits das Verfahren eine gewisse mediale Öffentlichkeit erreichte.[1281] Der Kläger Erzberger hatte in verschiedenen Fällen Klage eingereicht um die falsche Zusammensetzung der Aufsichtsräte von deutschen Aktiengesellschaften prüfen zu lassen.[1282] Dieser Versuch, die angegriffenen Beteiligungsrechte als wichtige Säule der nationalen Sozialordnung einzureißen, sei jedoch fehlgeschlagen.[1283] Das Urteil zeige deutschen Sozialpartnern, Richtern und Anwälten die „Unverletzlichkeit des deutschen Mitbestimmungsrechts", was bei diesen sehr positiv aufgefasst wurde.[1284] Das Urteil stehe schon im Zeichen der Schlussanträge des Generalanwalts *Saugmandsgaard Øe*, der bereits in diesen mit einer gründlichen und überzeugenden Argumentation am europäischen Recht eine hilfreiche

1277 Über diese Besonderheit des Verfahrens siehe: *Teigelkötter*, DB 2017, 1974, 1974; *Krause*, JZ 2017, 1003, 1003.

1278 *Henssler*, ZFA 2018, 174, 182.

1279 *Monz/Wendler*, BB 2017, 1787, 1787.

1280 Etwa bei: *Forst*, jM 2018, 22, 24; *Heuschmid*, AuR 2018, 245, 245; *Klengel*, jurisPR-ArbR 20/ 2018, Anm. 2; *Seifert*, ZGR 2019, 702, 705.

1281 Es berichteten etwa schon im Vorfeld *Heuschmid/Ulber*, NZG 2016, 102, 102 ff.; vgl. auch *Klein/Leist*, ZESAR 2016, 421 ff. mit Verweisen auf die vorhergehende Debatte um die Vereinbarkeit des deutschen Mitbestimmungsrechts mit dem Europarecht.

1282 Vgl. *Heuschmid/Ulber*, NZG 2016, 102, 102.

1283 *Krause*, JZ 2017, 1003, 1003; ähnlich: *Wienbracke*, NZA 2017, 1036, 1039.

1284 *Krimphove*, ArbR 2018, 470, 470.

Orientierung für den Gerichtshof gegeben habe.[1285] Damit sei spätestens mit den Schlussanträgen des Generalanwalts zu erwarten gewesen, dass der EuGH den sensiblen Bereich der Unternehmensmitbestimmung meide.[1286] Im weiteren Verfahren sei auch die Kehrtwende der Kommission bemerkenswert, da diese zunächst zwar die Position des Klägers Erzberger unterstützte, sich dann jedoch in der mündlichen Verhandlung der Gegenseite anschloss und eine gerechtfertigte Beschränkung der Arbeitnehmerfreizügigkeit annahm.[1287] Im Hinblick auf das Verfahren werden die knappen Ausführungen des Gerichts in den Urteilsgründen, insbesondere bei der Auseinandersetzung mit der Arbeitnehmerfreizügigkeit, bemängelt, die nicht im Verhältnis zu dem Interesse ständen, das sich schon im Vorfeld durch eine Vielzahl veröffentlichter Beiträge zeigte.[1288]

aa) Voraussetzungen des Art. 45 AEUV

In der rechtswissenschaftlichen Diskussion des Urteils wird vor allem die Einschätzung des Gerichts zum Diskriminierungsverbot nach Art. 45 Abs. 2 AEUV untersucht. Hier arbeite der EuGH heraus, dass der Ausschluss der Belegschaften im Ausland durchaus zulässig sein könne.[1289] Dies läge daran, dass die betroffenen Arbeitnehmer in der vorliegenden Fallkonstellation ihre Freizügigkeit nicht gebrauchen bzw. diese gebrauchen wollen.[1290] Der EuGH sieht hier nämlich keinen ausreichenden Berührungspunkt, soweit es sich um Angestellte eines Tochterunternehmens handelt, die lediglich durch die Muttergesellschaft kontrolliert würden.[1291]

Das Art. 45 AEUV nicht einschlägig sei, liege auch daran, dass das Recht auf gleiche Arbeitsbedingungen nicht transnational gewährleistet werde.[1292] Der EuGH bekräftigt in seinem Urteil, dass es kein Recht zum sozial-neutralen Umzug gebe.[1293] Dies stelle eine Neuheit in der Rechtsprechung des Gerichts dar und lasse darauf schließen, dass der Gerichtshof bei der Intensität der Prüfungsmaßstäbe für die Grundfreiheiten Unterscheidungen vornehme.[1294] Art. 45 AEUV lasse in dieser Hinsicht bei der Gestaltung der mitgliedstaatli-

1285 *Schanze*, AG 2017, 573, 574 f.

1286 *Henssler*, ZFA 2018, 174, 182.

1287 Vgl. *Kainer*, NJW 2017, 2605, 2605.

1288 *Seifert*, ZGR 2019, 702, 703 f., 705

1289 *Seifert*, ebd., 702, 704.

1290 *Krause*, JZ 2017, 1003, 1003.

1291 EuGH, 18.07.2017 – C-566/15 [Fn. 57], Rn. 29 – Erzberger; bezugnehmend: *Klein/Leist*, ZESAR 2017, 468, 474 m.w.N.

1292 *Krause*, JZ 2017, 1003, 1004: Argumentativ verweisend auf die Regelung des Art. 8 Abs. 1 der Verordnung (EU) Nr. 492/2011 des Europäischen Parlaments und des Rates vom 5. April 2011 über die Freizügigkeit der Arbeitnehmer innerhalb der Union.

1293 EuGH, 18.07.2017 – C-566/15 [Fn. 57], Rn. 34 – Erzberger.

1294 *Heuschmid*, AuR 2018, 245, 246.

chen Sozialsysteme entsprechenden Freiraum.[1295] Diese Entwicklung sei grundsätzlich begrüßenswert, wobei sie von anderen Entscheidungen des EuGH nicht entsprechend aufgegriffen würde.[1296]

bb) Territorialprinzip

Für die Entscheidung des EuGH spreche auch das Territorialitätsprinzip. So würden auch andere Länder ihre Arbeitnehmerbeteiligungsrechte formulieren, die diese ebenfalls nicht außerhalb des eigenen Hoheitsgebietes durchsetzen könnten. Wenn diese nationalstaatlichen Rechte, die auf Grund des Territorialitätsprinzips nicht grenzüberschreitend angewendet werden können, auf Grund dieser Tatsache europarechtswidrig wären, würde der EuGH eine über die in Art. 153 Abs. 1 lit. f) AEUV hinausgehende faktische ausschließliche Kompetenz der Union schaffen.[1297] Auf Grund dieser innereuropäischen Unterschiede in der Unternehmensmitbestimmung habe der EuGH sich für die auf den Einzelstaat beschränkte Arbeitnehmerbeteiligung ausgesprochen.[1298] Anders habe dies der Generalanwalt gesehen, der auch eine über die Nationalgrenzen hinausgehende Reichweite des Arbeitnehmerbeteiligungsrechts für möglich gehalten habe.[1299]

cc) Kritik zur Unterscheidung zwischen inländischen und ausländischen Arbeitnehmern

In dogmatischer Hinsicht stößt die Entscheidung auf Kritik, weil es die Ungleichbehandlung von inländischen und ausländischen Arbeitnehmern ermögliche. Durch die Entscheidung würde nur eine kleine Auswahl an Arbeitnehmern bei der Wahl des Aufsichtsrates berücksichtigt, was bei Fragen, die innerhalb der Gesamtbelegschaft kontrovers sind, zu Verschiebungen in der Interessenvertretung führe, da nur ein bestimmter Teil der Belegschaft im Aufsichtsrat repräsentiert ist.[1300] Das Urteil fördere eben nicht, entgegen anderer Meinung, die Demokratisierung, sondern verhindere eine Modernisierung des deutschen Mitbestimmungsrechts hin zu einer umfassenden Arbeitnehmerbeteiligung auch für im EU-Ausland beschäftigte Arbeitnehmer.[1301]

1295 *Klengel*, jurisPR-ArbR 20/ 2018, Anm. 2.

1296 *Klengel*, ebd., Anm. 2; *Klein/Leist*, ZESAR 2017, 468, 468; beide verweisend auf die Entscheidung: EuGH, 21.12.2016 – C-201/15 [Fn. 35] – AGET Iraklis.

1297 *Forst*, jM 2018, 22, 24.

1298 *Krimphove*, ArbR 2018, 470, 470.

1299 *Seifert*, ZGR 2019, 702, 711. Verweisend auf die Ausführungen des Generalanwalts zum Territorialprinzip, siehe: Schlussanträge des Generalanwalts *Saugmandsgaard Øe* (ECLI:EU:C:2017:347) zu EuGH, 18.07.2017 – C-566/15 [Fn. 57], Rn. 90 ff. – Erzberger.

1300 *Habersack*, NZG 2017, 1021, 1022.

1301 *Habersack*, ebd., 1021, 1023. In ähnlicher Weise kritisch äußert sich *Hennsler*, der von einer dem europäischen Arbeitnehmerbeteiligungskonzept wiedersprechenden Entscheidung spricht, siehe: *Henssler*, ZFA 2018, 174, 184.

Die durch das Urteil gestärkte Perspektive des deutschen Gesetzgebers forciere eben diesen Ausschluss der im Ausland beschäftigten Arbeitnehmer durch die Art der Gesetzgebung, sodass die Arbeitnehmerbeteiligung auf die in Deutschland arbeitenden Beschäftigten beschränkt bleiben soll.[1302] Es wird die Vermutung aufgestellt, dass der EuGH im umgekehrten Fall strenger gewesen wäre, soweit ein Eingriff in die Freizügigkeit der im Ausland angestellten Arbeitnehmern der Tochtergesellschaften vorgelegen hätte.[1303] Aus diesen Umständen wird der Schluss gezogen, dass die Arbeitnehmerfreizügigkeit als Freiheitsrecht zweiter Klasse behandelt werde, das vom EuGH nicht vergleichbar zu den anderen Grundfreiheiten gegen zumindest geringe Eingriffe geschützt werde.[1304]

Es zeigt sich in dieser Fragestellung im Kern ein viel größerer Konflikt, über den der EuGH in seinem Urteil gar nicht zu entscheiden hatte. Durch die fehlenden Kompetenzen der Union zu einer europäischen Wirtschaftsordnung auch entsprechende soziale Rechte zu installieren, breitet sich das Phänomen der negativen Integration aus. Der Vormachtstellung der Grundfreiheiten kann auf europäischer Ebene nichts entgegengesetzt werden, wie sich bereits in den Klassiker-Urteilen *Viking* und *Laval* zeigt.[1305] Denn die Grundfreiheiten schaffen kein eigenes Recht, sondern beschränken lediglich nationalstaatliches Recht.[1306] Diese Integrationswirkung sei insbesondere wegen der fehlenden Legitimation bedenklich.[1307]

Der Union fehlen eben solche Integrationsmechanismen aufgrund mangelnder Gesetzgebungskompetenz, aber auch, weil der politische Wille nicht bestehe.[1308] Soweit keine aktive Kompetenz besteht, soziales Recht zu setzen, ist es dann besonders heikel, wenn im Wege der negativen Integration soziales Recht beschränkt wird. Damit verschiebe der EuGH mit jeder solchen Entscheidung zu Gunsten der europäischen Grundfreiheiten das Gleichgewicht weg vom Staat und hin zum Markt.[1309] In diesem Sinne ist dann wiederum die Rücksichtnahme auf die mitgliedstaatlichen Sozialmodelle im Urteil *Erzberger* sehr zu begrüßen, da diese das Auseinanderdriften des Wirtschafts- und Sozialraums abmilderten.[1310] Der Gerichtshof stand somit in dieser Entscheidung vor der schwierigen Aufgabe, die Rechtssetzungskompetenz und die damit verbundenen eigenen Sozialstaatskonzepte mit dem Recht der Union in ein Verhältnis zu setzen.[1311]

1302 *Ott/Goette*, NZG 2018, 281, 284 f.

1303 *Henssler*, ZFA 2018, 174, 182.

1304 *Henssler*, ebd., 174, 183.

1305 Vgl. Abschnitt C, II, 1.

1306 *Klein/Leist*, ZESAR 2017, 468, 469.

1307 *Klein/Leist*, ebd., 468, 469. Verweisend weiterführend auf: *Scharpf*, ZSE 2009, 419, 419 ff.; *Höpner*, MPIfG Discussion Paper 2017, (10), 10.

1308 *Krause*, JZ 2017, 1003, 1005.

1309 *Krause*, ebd., 1003, 1005.

1310 *Krause*, ebd., 1003, 1006 f.

1311 *Schanze*, AG 2017, 573, 575.

dd) Die allgemeine Bewertung des Urteils

Die Beurteilung der Entscheidung fällt mithin gemischt, jedoch trotzdem überwiegend positiv aus, wie die Stimmen aus der Literatur zeigen. Der EuGH lasse die Verbindung zwischen Mutter- und Tochtergesellschaft nicht als hinreichenden Anknüpfungspunkt genügen,[1312] sodass die Mitgliedstaaten nicht daran gehindert seien, entsprechende Regelungen zur Arbeitnehmerbeteiligung zu erlassen, die ausschließlich die im Mitgliedstaat tätigen Arbeitnehmer begünstigen.[1313] Ob das Urteil jedoch eine nachhaltige Trendwende geschaffen hat, sei – aus der damaligen Sicht – noch abzuwarten gewesen.[1314] Der EuGH lasse in diesem Bereich eine klare Linie vermissen.[1315] Auch wird mit Verweis auf dieses Urteil festgestellt, dass es für die Lösung des zugrundeliegenden Problems an einem einheitlichen Arbeitsrecht der Europäischen Union mangele.[1316]

Die Entscheidung Erzberger wirkte sich nicht nur auf das Verfahren vor dem vorlegenden Kammergericht[1317] aus, auch auf ähnlich gelagerte Verfahren vor dem OLG München,[1318] LG München,[1319] und LG Hamburg[1320] hatte die Entscheidung direkten Einfluss.[1321] Die Zurückhaltung bei der Anwendung der Grundfreiheiten in nichtharmonisierten Rechtsbereichen aus der Rechtsprechung *Erzberger* seien schon in der folgenden *Polbud*-Entscheidung[1322] des EuGH nicht mehr fortgeführt worden, sodass die Rechtsprechung *Erzberger* nur ein Lichtblick in einer immer radikaler werdenden Auslegung der Grundfreiheiten sei.[1323]

b) Die Ermöglichung der Flucht aus der Mitbestimmung und Beteiligung

Entscheidungen Centros (1999), Inspire Art (2003) und Polbud (2017)

Weil die betriebliche und unternehmerische Beteiligung und Mitbestimmung der Arbeitnehmer als vermeintlich unvorteilhaft für eine wirtschaftliche Unternehmensführung gelten, sind diese bei vielen Verantwortlichen in den

---

1312 *Klein/Leist*, ZESAR 2017, 468, 476.
1313 *Hardung/Kahraman*, EWiR 2018, 299, 300.
1314 *Heuschmid*, AuR 2018, 245, 247.
1315 *Klengel*, jurisPR-ArbR 20/ 2018, Anm. 2.
1316 *Krimphove*, ArbR 2018, 470, 472.
1317 KG Berlin, 16.10.2015 – 14 W 89/15 [Fn. 801].
1318 OLG München, 6.3.2018 – 31 Wx 321/15, AG 2018, 375-376.
1319 LG München, 23.3.2018 – 38 O 14696/17, AG 2018, 495-499.
1320 LG Hamburg, 6.2.2018 – 403 HKO 130/17, AG 2018, 285-287 = NZA-RR 2018, 249-251.
1321 *Brune/Stolz*, GWR 2019, 300, 302.
1322 EuGH, 25.10.2017 – C-106/16 (ECLI:EU:C:2017 :804), NJW 2017, 3639 – Polbud.
1323 *Heuschmid*, AuR 2018, 96, 98. Verweisend auf die Analyse von *Höpner*, MPIfG Discussion Paper 2017, (10), 10. Ähnlich: *Viotto*, AuR 2024, 15, 18.

Wirtschaftsunternehmen nicht besonders beliebt. Es werden findige Strategien entwickelt, sich dieser Beteiligung zu entziehen, sodass weiterhin nur die Kapitalgeber und Eigentümer die Geschicke des Unternehmens allein lenken können. Diese sogenannte „Flucht aus der Mitbestimmung bzw. Arbeitnehmerbeteiligung“ wird etwa durch die Wahl spezieller Rechtsformen und Unternehmenskonstrukte ermöglicht. Die europäische Niederlassungsfreiheit (Art. 49 AEUV) ermöglicht es den Unternehmen auch länderübergreifend, durch Rechtsformwechsel und multinationale Unternehmenskonstrukte die Beteiligung der angestellten Arbeitnehmer zu minimieren oder zu unterbinden. Dabei spielt diesen Unternehmen insbesondere in die Hände, dass es keine einheitlichen Arbeitnehmerbeteiligungsregelungen in den Mitgliedstaaten gibt. Dass sich Unternehmen solcher Strategien bedienen können,[1324] und auch unabhängig von Schwerpunkt ihrer wirtschaftlichen Tätigkeit einigermaßen frei sind, welche Rechtsform sie wählen, hat der EuGH bereits früh in einer Reihe von Entscheidungen gestützt, zu denen beispielsweise die Entscheidungen *Centros* und *Inspire Art*[1325] zählen. In *Centros* entschied der Gerichtshof, dass eine Verweigerung der dänischen Zentralverwaltung zur Eintragung einer Zweigniederlassung des Unternehmens Centros nicht mit dem europäischen Recht vereinbar ist, auch wenn davon auszugehen war, dass die Wahl der britischen Gesellschaftsform lediglich dazu diente, die dänischen Mindesteinlageerfordernisse zu umgehen.[1326] Ähnlich gelagert war der Fall *Inspire Art*. Hier ging es ebenfalls darum, ob ein Mitgliedstaat, in diesem Fall die Niederlande, die Errichtung einer Zweigniederlassung versagen darf. Der Gerichtshof verwies auf das Urteil *Centros* und stellte klar, „dass es für die Anwendung der Vorschriften über die Niederlassungsfreiheit ohne Bedeutung ist, dass eine Gesellschaft in einem Mitgliedstaat nur errichtet wurde, um sich in einem zweiten Mitgliedstaat niederzulassen, in dem die Geschäftstätigkeit im Wesentlichen oder ausschließlich ausgeübt werden soll“.[1327] Damit stützte der EuGH mit dieser Entscheidung die sehr weite Interpretation zum Schutz der Niederlassungsfreiheit.[1328]

U.a. mit diesen Entscheidungen tolerierte der EuGH grundlegende Mechanismen, die von europäischen Unternehmen genutzt werden, um nicht nur Mindestkapitalanforderungen zu umgehen, oder andere wirtschaftliche Vorteile zu erlangen, sondern auch um sich der Beteiligung und Mitbestimmung zu entziehen. In der Entscheidung Centros lasse der EuGH auch gemeinwohlbe-

1324 Vgl. mit Bezug auf den Fall Inspire Art: *Zimmer*, NJW 2003, 3585, 3590.

1325 EuGH, 09.03.1999 – C-212/97 (ECLI:EU:C:1999:126), Slg. 1999, I-1459 = NJW 1999, 2027 – Centros; EuGH, 30.09.2003 – C-167/01 (ECLI:EU:C:2003:512), Slg. 2003, I-10155 – Inspire Art.

1326 EuGH, 09.03.1999 – C-212/97 [Fn. 1327], Rn. 12, 18, 39 – Centros.

1327 EuGH, 30.09.2003 – C-167/01 [Fn. 1327], Rn. 95 – Inspire Art.

1328 Vgl. EuGH, 30.09.2003 ebd., Rn. 105 – Inspire Art.

zogene Gründe zur Rechtfertigung des staatlichen Vorgehens nicht zu.[1329] Das deutet daraufhin, dass auch das Interesse der kollektiven Interessenvertretung nicht als Rechtfertigungsgrund für den EuGH zählen dürfte. Diese Entscheidungen bilden die Grundlage für eine sehr freie Wahl der Rechtsform für Unternehmen und sind auch als Vorläufer der neueren Entscheidung *Polbud*[1330] zu sehen.

In eben dieser Entscheidung musste der EuGH über die Zulässigkeit der Satzungssitzverlegung in einen anderen europäischen Staat entscheiden. Er entschied, dass selbst wenn nicht einmal der tatsächliche Sitz des Unternehmens, sondern nur der satzungsmäßige Sitz verlegt werden soll, diese Verlegung von der Niederlassungsfreiheit geschützt ist.[1331] Diese stehe somit einer nationalen Regelung entgegen, die eine solche Sitzverlegung davon abhängig macht, dass die ursprüngliche Firma aufgelöst wird.[1332] Mit dieser Entscheidung hat der EuGH die Satzungssitzverlegung für Unternehmen als vom europäischen Recht geschützt anerkannt, womit er die Möglichkeit zum reinen Wechsel der Rechtsform zwischen den europäischen Staaten ermöglichte.[1333] Die Entscheidung stelle, entgegen der zuvor vorherrschenden Interpretation, hohe Hürden für die Beschränkung der Satzungssitzverlegung auf.[1334] Damit genießen die Grundfreiheiten Vorrang vor den betroffenen nationalen Rechten.[1335] Mit dieser Auffassung folge der Gerichtshof nicht der Auffassung der Generalanwältin *Kokott*, die davon ausging, dass die Niederlassungsfreiheit nicht einschlägig sei.[1336]

Die Entscheidung fand in der Literatur viel Kritik: Sie sei überwiegend nicht überzeugend und im Ergebnis ordnungspolitisch bedauerlich, weil die Möglichkeit zur Wahl des rechtlichen Umfelds erhebliche Missbrauchsgefahr birgt.[1337] Die weitreichende Anwendung der Niederlassungsfreiheit überrasche.[1338] Auch würden die Mitgliedstaaten bei der mit der Entscheidung aufgeworfenen Frage allein gelassen, unter welchen Rahmenbedingungen sie die Interessen der Gläubiger, Arbeitnehmer und Minderheitsgesellschafter schützen können.[1339] Mit der Entscheidung werde es Unternehmen ermöglicht, durch Sitzverlagerung einer Rechtsordnung zu entfliehen, wenn in dieser etwa ein

1329 *Kindler*, NJW 1999, 1993, 1996.
1330 EuGH, 25.10.2017 – C-106/16 [Fn. 1324] – Polbud.
1331 EuGH, 25.10.2017 ebd., Rn. 44 – Polbud.
1332 EuGH, 25.10.2017 ebd., Rn. 65 – Polbud.
1333 *Kieninger*, NJW 2017, 3624, 3624.
1334 *Kieninger*, ebd., 3624, 3626.
1335 *Heuschmid*, AuR 2018, 96, 97.
1336 *Kieninger*, NJW 2017, 3624, 3626. Verweisend auf die Schlussanträge der Generalanwältin *Kokott* (ECLI:EU:C:2017:351) zu EuGH, 25.10.2017 – C-106/16 [Fn. 1324], Rn. 38 – Polbud.
1337 *Heuschmid*, AuR 2018, 96, 98.
1338 *Heuschmid*, ebd., 96, 98.
1339 *Kieninger*, NJW 2017, 3624, 3627.

für das Unternehmen ungünstiges Arbeitnehmerbeteiligungsrecht besteht.[1340] Damit bestünde auch nach der Gründung die grundsätzliche freie Auswahl, welchem Gesellschaftsrecht das Unternehmen unterliegen will.[1341] Dies habe besonders schwerwiegende Auswirkungen auf die Unternehmensmitbestimmung, die durch eine solche Satzungssitzverlegung in ein Land mit gar keinen, oder geringeren Arbeitnehmerbeteiligungsrechten umgangen werden kann.[1342]

Die Entscheidung flexibilisiert die Zugehörigkeit der Unternehmen zu einem nationalen System der Arbeitnehmerbeteiligungsrechte und erleichtert den Unternehmen die Mitbestimmungsflucht in das europäische Ausland mit überschaubarem Aufwand, da der physische Umzug des Unternehmens bzw. des Verwaltungssitzes nicht Voraussetzung ist. Auch die Umgehung anderer sozialer Rechte wird durch die Entscheidung vereinfacht, womit insgesamt von einer der sozialen Dimension schadenden Entscheidung zu sprechen ist, die die vorhergegangene Entwicklung in der Rechtsprechung fortsetzt.

c) Die Beteiligungsrechte der Gewerkschaften bei Umwandlung eines Unternehmens in eine SE

Entscheidung SAP (2022)

Die Entscheidung *SAP*[1343] stammt aus der jüngeren Vergangenheit und beschäftigt sich mit dem besonderen Feld der Arbeitnehmerbeteiligung in der europäischen Gesellschaft (*Societas Europaea*). Diese Gesellschaftsform ist hinsichtlich der Frage nach der Arbeitnehmerbeteiligung besonders interessant, da die Rahmenbedingungen für die SE durch das Unionsrecht bestimmt werden. Zudem wird die SE als Rechtsform zum Teil bewusst gewählt, um die Beteiligung und Mitbestimmung der Arbeitnehmer einzuschränken.[1344] Vor diesem Hintergrund ist die Entscheidung *SAP* über den Umfang der Arbeitnehmerbeteiligung beachtlich, weil der EuGH hier über die Einflüsse der nationalen Arbeitnehmerbeteiligungsrechte in den Bereich des europäischen Gesellschaftsrechts entschied. Konkret ging es im Ausgangsfall darum zu bewerten, wie das deutsche Mitbestimmungsrecht bei der Umwandlung des SAP-Konzerns von einer deutschen Aktiengesellschaft in die europäische SE nach Art. 4 Abs. 4 RL 2001/86/EG (SE-Beteiligungsrichtlinie) zu berücksichtigen ist.

1340 *Viotto*, AuR 2024, 15, 18.
1341 *Heuschmid*, AuR 2018, 96, 99.
1342 *Heuschmid*, ebd., 96, 99.
1343 EuGH, 18.10.2022 – C-677/20 [Fn. 37] – SAP.
1344 *Hauser*, AG 2022, 850, 850.

aa) Die Entscheidung des EuGH

Dem EuGH wurde die Frage vorgelegt, ob eine Regelung im deutschen Recht (§ 21 Abs. 6 SEBG), die ein gesondertes Auswahlverfahren für Aufsichtsratsmitglieder auf Grundlage eines Gewerkschaftsvorschlags vorsieht, mit Art. 4 Abs. 4 der RL 2001/86/EG (SE-Beteiligungsrichtlinie) vereinbar ist.[1345]

Der Gerichtshof knüpfte bei seiner Prüfung an den Art. 4 Abs. 4 der Richtlinie an. Dieser sähe bei einer durch Umwandlung gegründeten SE vor, dass die Arbeitnehmerbeteiligung im gleichen Ausmaß gewährleistet ist, wie in der Ursprungsgesellschaft.[1346] Zum Begriff der Arbeitnehmerbeteiligung stellt der Gerichtshof auf den Begriff aus Art. 2 lit. h der Richtlinie ab, womit jedes Verfahren durch die Vertreter der Arbeitnehmer zur Einflussnahme in der Gesellschaft umfasst ist. Zum Begriff der Mitbestimmung bzw. Beteiligung stellt der EuGH auf die Begriffsbestimmung in Art. 2 lit. k ab, womit die Einflussnahme der Arbeitnehmer bzw. deren Vertreter auf die Angelegenheiten der Gesellschaft bezweckt wird.[1347] Als Arbeitnehmervertreter nach der Definition des Art. 2 lit. e RL 2001/86/EG sind „die nach den Rechtsvorschriften und/oder den Gepflogenheiten der einzelnen Mitgliedstaaten vorgesehenen Vertreter der Arbeitnehmer“ zu verstehen, womit die Richtlinie auf die Rechtsvorschriften und Gepflogenheiten der Mitgliedstaaten verweist.[1348] Aus dem zehnten Erwägungsgrund der Richtlinie ergibt sich, dass bei einer Umwandlung ein besonderes Risiko für die Einschränkung der Arbeitnehmerbeteiligung entsteht.[1349] Der EuGH schließt insgesamt aus der Richtlinie, dass der Unionsgesetzgeber nicht nur an der Sicherung der bestehenden Rechte der Arbeitnehmer interessiert ist, sondern auch die Ausweitung der Rechte auf alle Arbeitnehmer der SE bezweckt.[1350] Damit zieht der EuGH bereits aus dem Text der Richtlinie starke Argumente für die Unternehmensmitbestimmung, die er in der Entscheidung verarbeitet. Aus der Richtlinie leitet der EuGH ab, dass das vor der Umwandlung für SAP geltende deutsche Recht maßgeblich ist, insbesondere § 7 Abs. 2 i.V.m. § 16 Abs. 2 MitbestG.[1351] Der EuGH schließt daraus, dass die Rechte der deutschen Arbeitnehmer für das Wahlverfahren gewährleistet werden müssen.[1352] Darüber hinaus müssen auch die in den Tochtergesellschaften und Betrieben vertretenen ausländischen Gewerkschaften das Recht haben, sich an der Wahl zu beteiligen.[1353] Damit bestätigt der EuGH die Anwendbar-

---

1345 EuGH, 18.10.2022 – C-677/20 [Fn. 37], Rn. 24 – SAP.
1346 EuGH, 18.10.2022 ebd., Rn. 32 – SAP.
1347 EuGH, 18.10.2022 ebd., Rn. 33 – SAP.
1348 EuGH, 18.10.2022 ebd., Rn. 35 – SAP.
1349 EuGH, 18.10.2022 ebd., Rn. 42 – SAP.
1350 EuGH, 18.10.2022 ebd., Rn. 43 – SAP.
1351 EuGH, 18.10.2022 ebd., Rn. 47 – SAP.
1352 EuGH, 18.10.2022 ebd., Rn. 49 – SAP.
1353 EuGH, 18.10.2022 ebd., Rn. 49 – SAP.

keit des deutschen Rechts, das einen getrennten Wahlgang für die Gewerkschaftsvertreter im Aufsichtsrat vorsieht, und verlangt die Einbeziehung der anderen, nicht deutschen Gewerkschaften in diese Regelung durch das vorliegende Urteil.[1354] Damit beantworte der EuGH auch die zuvor umstrittene Frage, ob die Sitzgarantie für Gewerkschaften als Komponente der Arbeitnehmerbeteiligung zu werten ist, indem er dieses Recht als besonders geschützt betrachtet.[1355] Durch diese Entscheidung werde dadurch auch die Autonomie bei der Ausgestaltung der Beteiligungsrechte im Umwandlungsprozess zur SE beschränkt.[1356] Durch das Urteil bestätigte der EuGH die Rechtsauffassung des BAG als vorlegendes Gericht, der Gewerkschaften, der Kommission und der Bundesrepublik.[1357]

bb) Der Diskurs über die Entscheidung: Gewerkschaftsrechte gleich Arbeitnehmerrechte?

Die Entscheidung hat im Nachgang sowohl befürwortende als auch ablehnende Kritik erfahren. Insbesondere wurde sich kontrovers darüber auseinandergesetzt, welche Rolle die Gewerkschaften als Vertreter der Arbeitnehmer spielen. Es wird zudem gesehen, dass der Einfluss der deutschen Gewerkschaften schwinden könnte, da das Urteil den Wettbewerb für ausländische Gewerkschaften öffnet.[1358]

Methodisch sei die Argumentation des EuGH auf der Grundlage des Wortlauts zwar nicht zwingend, da dieser kein starkes Argument biete, aber zumindest sei sie nicht zu beanstanden.[1359] Auch wird dem Urteil eine besondere praktische Relevanz zugesprochen, weil der Inhalt der Entscheidung Auswirkungen auf die zukünftigen SE-Gründungen haben werde.[1360]

Zustimmung findet sich vor allem bei den deutschen Gewerkschaften. Das Urteil zeige, dass es für Unternehmen riskant würde die SE zur Mitbestimmungsflucht zu missbrauchen.[1361] Der Gerichtshof verdeutliche mit dem Urteil, dass auch die Änderung der Rechtsform nicht dazu führen soll, dass die Beteiligung und Mitbestimmung der Gewerkschaften als Arbeitnehmervertreter unterbun-

1354 EuGH, 18.10.2022 ebd., Leitsatz – SAP.
1355 *Hauser*, AG 2022, 850, 851.
1356 *Nagel*, ZIP 2022, 2374, 2374.
1357 Vgl. *Grüneberg u.a.*, AuR 2023, 118, 119; *Nagel*, ZIP 2022, 2374, 2374.
1358 *Forst*, ZESAR 2023, 182, 191; *Hauser*, AG 2022, 850, 853.
1359 *Forst*, ZESAR 2023, 182, 190. Mit weiteren Erläuterungen zur Wortlautauslegung.
1360 *Grüneberg u.a.*, AuR 2023, 118, 119.
1361 Pressemitteilung der Hans-Böckler-Stiftung vom 18.10.2022 (*https://www.boeckler.de/de/pressemitteilungen-2675-eugh-urteil-schutzt-mitbestimmung-bei-sap-44148.htm* (besucht am 5. Dezember 2024)).

den wird.[1362] In der Literatur wird angemerkt, dass die mittelbare Bindung der SE an die Arbeitnehmerbeteiligungsrechte zumindest nicht unverhältnismäßig sei, da die Beibehaltung des Status quo bei der freiwilligen Umwandlung in die Rechtsform der SE nicht unverhältnismäßig die Niederlassungsfreiheit beschränke.[1363] Ob das Urteil trotzdem eine Auswirkung auf die Attraktivität der SE-Gründung für die Arbeitgeber habe, lasse sich noch nicht bewerten.[1364] Es sei zudem denkbar, dass durch den starken Bezug der Entscheidung auf die nationalen Arbeitnehmerbeteiligungsmodelle diese in Europa in einen Wettbewerb treten würden um das attraktivste Modell, was politische Folgen nach sich zöge.[1365]

Große Kritik erfährt die Entscheidung im Hinblick darauf, dass der EuGH durch die strikte Anwendung des Vorher-Nachher-Prinzips die Verhandlungsautonomie über die Ausgestaltung der Arbeitnehmerbeteiligung beschränke.[1366] Der EuGH gehe mit der Entscheidung sogar weiter als das BAG, das in seiner Vorlagefrage bereits auf eine starke Einschränkung der privatautonomen Verhandlung der Arbeitnehmerbeteiligung abzielte, indem es nicht die Vereinbarkeit der Regelung mit Unionsrecht prüfte, sondern die Verpflichtung der Aufnahme der Einzelheiten nationaler Arbeitnehmerbeteiligungsrechte aus dem Unionsrecht ableitete.[1367] Art. 4 Abs. 4 der RL 2001/86/EG führe bereits zu einem engen Korridor für die Verhandlungsautonomie, den die Entscheidung des EuGH durch die starke Durchsetzung des Bestandsschutzes noch weiter einschränke.[1368] Aus dem Urteil ergebe sich, dass das mitgliedstaatliche Recht entscheidend für die Arbeitnehmerbeteiligung in einer SE sei, womit der EuGH sich bedauerlicher Weise gegen die Stärkung des Verhandlungsmodells für die Arbeitnehmerbeteiligung in der SE entschieden habe.[1369] Diese Entscheidung laufe deshalb auch dem Ziel zuwider, Einheitlichkeit unter den europäischen Unternehmen zu erlangen, was deren rechtliche Ausgestaltung anbelangt.[1370]

Weitergehend richtet sich die Kritik darauf, dass der EuGH nicht zwischen den Beteiligungsrechten der Arbeitnehmer und denen der Gewerkschaften diffe-

---

1362 Gemeinsame Pressemitteilung der IG Metall und ver.di vom 18.10.2022 (*https://www.verdi.de/presse/pressemitteilungen/++co++5b211380-4ec6-11ed-ba5f-001a4a160129* (besucht am 5. Dezember 2024)).

1363 *Sagan*, in: FS Henssler, 1205.

1364 *Grüneberg u.a.*, AuR 2023, 118, 121.

1365 *Forst*, ZESAR 2023, 182, 191.

1366 *Hauser*, AG 2022, 850, 852; *Seitz*, NZG 2022, 1559, 1560.

1367 *Arnold*, ArbR 2022, 572, 572.

1368 *Hauser*, AG 2022, 850, 854 f. Sieht mit dieser Entscheidung auch, dass die Verhandlungsanreize für die Unternehmen schwinden.

1369 *Winzer/Schaaf*, EuZW 2022, 1121, 1122.

1370 *Winzer/Schaaf*, ebd., 1121, 1122; verweisend auf: Verordnung (EG) Nr. 2157/2001 des Rates vom 8. Oktober 2001 über das Statut der Europäischen Gesellschaft (SE), Abs. 6 der Erwägungsgründe.

renziere. Die gewählte Auslegung stärke eben nur die Gewerkschaftsrechte, nicht hingegen die Rechte der Arbeitnehmer.[1371] Dies sei auch deshalb bedenklich, weil die Bedeutung der Gewerkschaften insgesamt rückläufig ist.[1372] Es handele sich bei der Pflichtregelung zur Wahl von Gewerkschaftsvertretern zumindest nicht um ein Beteiligungsrecht für die Arbeitnehmer.[1373] Damit sei es systematisch fragwürdig, ob Art. 4 Abs. 4 der RL 2001/86/EG (SE-Beteiligungsrichtlinie) vom Normzweck her den gesonderten Wahlvorschlag für die Gewerkschaftsvertreter erfasse.[1374] Es handele sich bei der Regelung nicht mehr um ein „prägendes Element“ im Sinne der Richtlinie, da der Wahlvorschlag nur die Gewerkschaften und nicht die Arbeitnehmer betreffe und sogar für Letztere die Wahlmöglichkeiten zu ihrer Vertretung im Aufsichtsrat zum Teil auf die Vorschläge der Gewerkschaften einschränke.[1375] Auch spielten Gewerkschaften kaum eine Rolle in der SE, sodass das Ergebnis den Zweck der Richtlinie verfehle, die Beteiligung der Arbeitnehmer zu stärken, da die Interessen der Arbeitnehmer und der Gewerkschaften nicht zwangsläufig übereinstimmten.[1376]

Auch die Öffnung der Regelung für die internationalen Gewerkschaften wird kritisch hinterfragt. Die Möglichkeit, dass Gewerkschaften aus den verschiedenen Mitgliedstaaten antreten könnten, würde dazu führen, dass die Wahl der Arbeitnehmer sich nicht mehr auf die verschiedenen Programme der Gewerkschaften beziehen würde, sondern sich das Wahlergebnis entlang der Nationalgrenzen orientiere. Dies ergebe sich daraus, dass die Belegschaften in den einzelnen Mitgliedstaaten auch ihre jeweilig nationale Gewerkschaft wählen würden, was durch diesen Wettbewerb auch zu einer Fragmentierung der Belegschaft führe.[1377] Damit sei schlussendlich festzustellen, dass Art. 4 Abs. 4 der Richtlinie nur die Beteiligung der Arbeitnehmer, nicht jedoch die Rechte der Gewerkschaften schütze.[1378]

cc) Der Wert der gewerkschaftlichen Arbeit bei der Arbeitnehmerbeteiligung

Die in der Literatur angebrachte Kritik folgt in sich einem logischen Argumentationsmuster. Dass Gewerkschaftsrechte nicht mit den Rechten der Arbeitnehmer gleichzusetzen sind, leuchtet ein. Dennoch ist die Argumentation nicht zwingend. Insbesondere die Argumentation, dass durch das Vorschlags-

---

1371 *Hauser*, AG 2022, 850, 851.
1372 *Hauser*, ebd., 850, 853.
1373 *Hauser*, ebd., 850, 852.
1374 *Simon/Deuchler*, NZA 2022, 1451, 1453.
1375 *Simon/Deuchler*, ebd., 1451, 1453.
1376 *Forst*, ZESAR 2023, 182, 190.
1377 *Sagan*, in: FS Henssler, 1211.
1378 *Sagan*, ebd., 1212.

recht die Wahlmöglichkeiten der Arbeitnehmer beeinträchtigt würden, zeigt dabei auf, welches Verständnis der beschriebenen Argumentation zugrunde liegt. Die Vertreter der Gewerkschaften sind in praktischer Hinsicht zuerst einmal auch Vertreter der Arbeitnehmer und nicht primär Vertreter der Gewerkschaften als eine dritte Interessengruppe. Hier einen künstlichen Keil zwischen die Belegschaft und die Gewerkschaften als organisierte Interessenvertretung der Arbeitnehmerschaft zu treiben, begünstigt vor allem das Interesse der Arbeitgeberseite. Für diese dürften Auseinandersetzungen im Rahmen der Arbeitnehmerbeteiligung mit Arbeitnehmervertretern, die nicht zwangsläufig gewerkschaftlich organisiert sind, regelmäßig zu einem aus ihrer Sicht günstigeren Ergebnis führen als Verhandlungen, die unter Beteiligung von gewerkschaftlichen Verhandlern geführt werden. Zumindest der Umstand, dass Gewerkschaften exklusive Rechte bei der Mitbestimmung zugesprochen bekommen, kann als negativ aus Sicht der Arbeitgeber verstanden werden. Auch das Argument der beschränkten Verhandlungsautonomie ist zwar im Grundsatz valide, muss jedoch unter dem Vorbehalt betrachtet werden, dass für eine solche Verhandlungsposition gleichwertige Ausgangsbedingungen geschaffen sein müssen, die auch durch gesetzliche Regelungen, wie die vorliegende erreicht werden.

Ohne die Argumentation gegen die Entscheidung des EuGH im gesamten bewerten zu müssen, lässt sich für die Prüfung der Achtung der sozialen Dimension in diesem Urteil ein ambivalentes Ergebnis bescheinigen. Die Einbeziehung des deutschen Mitbestimmungsrechts bei der Umwandlung einer AG in eine SE ist nicht der progressive Vorstoß gegen die Flucht aus der Unternehmensmitbestimmung, der von Gewerkschaftsseite verkündet wird. Insbesondere gilt dies, weil die Umgehung der Arbeitnehmerbeteiligung auf anderen Wegen noch ohne Weiteres möglich ist.[1379] Jedoch ist die Erreichung dieses Ziels auch eine politische Forderung, die nicht durch die Judikatur des EuGH erreicht werden kann und sollte. Auf der Gegenseite weist das Urteil durch die Stärkung der Position der Gewerkschaften auch keinen Widerspruch zur Beachtung der sozialen Dimension auf. Die Bedenken hinsichtlich der Institutionalisierung der Gewerkschaftsmitbestimmung scheinen überzogen. Natürlich kann es im Einzelfall vorkommen, dass das Wirken der Gewerkschaftsvertreter sich ausnahmsweise vorrangig an nationalen oder gewerkschaftlichen Interessen orientiert und dabei die Interessen der Arbeitnehmer als Individuum partiell zurücktreten. Diese Wirkung ist aber eine typische Erscheinung politischer Repräsentation und vor allem auch bei der Vertretung durch andere, nicht in einer Gewerkschaft organisierte, Personen aus ähnlichen Gründen denkbar.

1379 Vgl. die Darstellung bei: EuGH schützt Mitbestimmung, Böckler Impuls 17/2022 ((https://www.boeckler.de/de/boeckler-impuls-eugh-schutzt-mitbestimmung-44448.htm (besucht am 5. Dezember 2024)).

Da Gewerkschaften sich selbst jedoch als kollektive Interessenvertretung der Arbeitnehmerschaft begreifen sind Befürchtungen einer strukturellen Arbeit der Gewerkschaftsvertreter gegen die Belegschaft in der Regel unbegründet, zumal der Belegschaft weiterhin die Wahl zwischen verschiedenen Gewerkschaften und deren Vertretern offensteht. Die Tatsache, dass mit der Wahl von Vertretern aus den Gewerkschaften häufig im Sinne der Belegschaft gut geschulte und vernetzte Interessenvertreter in den Aufsichtsrat gewählt werden, ist hingegen nicht zu vernachlässigen.

Somit lässt sich aus der Entscheidung des EuGH weder eine Stärkung noch eine Schwächung der sozialen Dimension hinsichtlich der kollektiven Rechte ableiten. Zumindest schwächt die Entscheidung nicht die Position der Interessenvertretung in der SE. Ob eine gegenläufige Entscheidung jedoch zu einer Schwächung der Beteiligungsrechte geführt hätte, ist bei hypothetischer Betrachtung schwer zu beantworten, da dies an den Feinheiten der Entscheidung zu beurteilen wäre. Trotz des verhältnismäßig starken Echos auf die Entscheidung ist diese weder ein Durchbruch für noch gegen die Arbeitnehmerbeteiligungsrechte und tariert im Kern lediglich Nuancen der Verteilung von Beteiligungsrechten aus. Die dahinterliegende Aussage des strikten Vorher-Nachher-Gebots begründete jedoch die Hoffnung, dass die Umwandlungs-SE für die Flucht aus der Mitbestimmung ein gutes Stück unattraktiver geworden ist.

d) Die Umgehung der Arbeitnehmerbeteiligung bei der SE

Entscheidung O. Konzernbetriebsrat (2024)

Dieser Hoffnung wurde jedoch schon kurze Zeit später ein Dämpfer versetzt. Die Entscheidung *O. Konzernbetriebsrat*[1380] hatte die Vorlagefrage zum Gegenstand, ob ein Anspruch auf Nachholung der Verhandlung über die Arbeitnehmerbeteiligung nach Art. 3 bis 7 RL 2001/86/EG (SE-Beteiligungsrichtlinie) besteht, wenn eine ursprünglich arbeitnehmerlose SE im Nachgang zu einem Unternehmen wird, das Kontrolle über Tochtergesellschaften mit Arbeitnehmern ausübt.[1381] Zur Auslegung einer Unionsrechtsvorschrift sei unter Verweis auf die Entscheidung *SAP*, neben dem Wortlaut auch Kontext, Ziel und Entstehungsgeschichte der Norm zu berücksichtigen.[1382] Anhand dieses Prüfungsmaßstabs legte der Gerichtshof die Regelungen zur Verhandlung über die Arbeitnehmerbeteiligung aus. Aus dem Wortlaut der RL 2001/86/EG ergebe sich

1380 EuGH, 16.05.2024 – C-706/22 (ECLI:EU:C:2024:402), NZA 2024, 761 – O. Konzernbetriebsrat. Vorgelegt vom: BAG, 17.05.2022 – 1 ABR 37/20 (A), AP Nr. 2 zu Richtlinie 2001/86/EG.

1381 EuGH, 16.05.2024 – C-706/22 [Fn. 1382], Rn. 30, 34 – O. Konzernbetriebsrat.

1382 EuGH, 16.05.2024 ebd., Rn. 35 – O. Konzernbetriebsrat; Verweisend auf: EuGH, 18.10.2022 – C-677/20 [Fn. 37], Rn. 31 – SAP m.w.N.

zunächst keine Verpflichtung zur Nachholung der Verhandlung über die Arbeitnehmerbeteiligung.[1383] Im Rahmen des Erlasses der Richtlinie wurde die Nachholung der Verhandlung bei erheblicher Umstrukturierung trotz Vorschlags des Europäischen Parlaments nicht in den Erwägungsgründen aufgenommen, was nach Ansicht des EuGH ebenfalls dafür spricht, dass keine Verpflichtung zur Nachholung der Verhandlung besteht.[1384] Im Rahmen seiner gesamten Betrachtung lehnte der EuGH somit auch generell die Verpflichtung zur Nachholung einer entsprechenden Verhandlung ab.[1385]

Mit dieser Entscheidung widersprach der EuGH der wohl vorherrschenden Meinung im deutschen Diskurs.[1386] Trotzdem stelle diese Entscheidung eine Stärkung der Rechtsform der SE und deren Beteiligungsstatuts dar, was zu begrüßen sei und mit einem Bedeutungszuwachs der arbeitnehmerlosen SE in der Praxis einhergehen werde.[1387] Auch die Auslegung des Willens des Richtliniengebers durch den Gerichtshof wird als überzeugend wahrgenommen.[1388] Allerdings zeigen sich insbesondere aus der Sicht der Beteiligung für Arbeitnehmer die Schattenseiten der Entscheidung auf. Es sei in der Entscheidung eine Bestätigung der durch die Unternehmen genutzten Gestaltungsmöglichkeiten der Arbeitnehmerbeteiligung in der SE zu erkennen, die ein „Einfrieren" oder die Vermeidung der Beteiligung ermöglichen.[1389] Insofern reiße das Urteil klaffende Lücken in den Schutz der Arbeitnehmerbeteiligung, indem die Bedeutung des Vorher-Nachher-Prinzips nach Erwägungsgrund 18 der RL 2001/86/EG vom Gerichtshof verkannt werde.[1390] Zudem adressiere das Urteil nicht die Frage, ob die gegründete arbeitnehmerlose SE ohne dass ein Verhandlungsverfahren durchgeführt wurde, überhaupt im Register eingetragen werden kann, und wie das Verhältnis von SE-Betriebsrat und Europäischem Betriebsrat in dieser Konstellation ist, da Letzterer nur gebildet werden dürfe, wenn die Verhandlungen über den SE-Betriebsrat mit einem Abbruchs- oder Nichtverhandlungsbeschluss endeten.[1391] Insofern weist die Entscheidung einige Defizite in der Beantwortung der Vorlagefrage im Gesamtkontext der europäischen Arbeitnehmerbeteiligungsregelungen auf. Trotzdem sei die Tür zur Nachholung des Verhandlungsverfahrens durch die Entscheidung nicht endgültig geschlossen

1383 EuGH, 16.05.2024 – C-706/22 [Fn. 1382], Rn. 45, 50 – O. Konzernbetriebsrat.

1384 EuGH, 16.05.2024 ebd., Rn. 53 f. – O. Konzernbetriebsrat.

1385 EuGH, 16.05.2024 ebd., Rn. 58 – O. Konzernbetriebsrat.

1386 *Hauser*, BB 2024, 1425, 1425 m.w.N.; die Entscheidung sei dementsprechend überraschend, so: *Rudolph/Wickler*, NZA 2024, 889, 890 m.w.N.

1387 *Hauser*, BB 2024, 1425, 1426; zu den Auswirkungen für das deutsche Arbeitsrecht vgl. zudem: *Langbein/Gieseke*, HSI-Report (2) 2024, 4, 7 ff.

1388 *Henssler/Diepenthal*, ZIP 2024, 1524, 1525.

1389 *Schewiola*, ArbRB 2024, 165, 166.

1390 *Langbein/Gieseke*, HSI-Report (2) 2024, 4, 6.

1391 *Langbein/Gieseke*, ebd., 4, 6 f. mit weiteren Ausführungen.

worden, denn soweit die Flucht aus der Mitbestimmung der alleinige Grund für die Gründung der SE gewesen sei, könne durch die Entscheidung der Mitgliedstaaten zu einer Nachholung der Verhandlung als geeignete Maßnahme verpflichtet werden.[1392] Die Nachholungspflicht der Verhandlung kann somit durch nationales Umsetzungsgesetz vorgesehen werden.[1393]

Mit dieser Entscheidung stärkt der EuGH die Möglichkeiten der Unternehmen, sich durch die Rechtsformwahl der SE einer Beteiligung der Arbeitnehmer zu entziehen. Dass die Entstehung der Richtlinie explizit keine Nachverhandlung bei erheblichen Umstrukturierungen vorsieht, ist ein gewichtiges Argument, das für die Position des Gerichtshofs spricht. Dennoch wäre, mit Blick auf die weitreichenden Folgen, die diese Entscheidung für die Arbeitnehmerbeteiligung in der SE hat,[1394] eine abwägende Entscheidung der sozialen Dimension zuträglicher gewesen. Denn der EuGH hätte aus einer gemeinsamen Betrachtung der mitbestimmungsschützenden Regelungen aus der Richtlinie, so wie aus dem Art. 12 Abs. 2 VO (EG) Nr. 2157/2001 (SE-Verordnung) eine Nachverhandlungsplicht begründen können.[1395] So hätte sich, mit der vorherrschenden Meinung im deutschen Diskurs, auch für die verpflichtende Nachholung der Verhandlung argumentieren lassen. Dieses Argumentationspotenzial nutzt der EuGH nicht und erhöht damit die Attraktivität der SE als Unternehmensrechtsform, allerdings auf Kosten der Beteiligungsrechte der Arbeitnehmer.

e) Einordnende Analyse

Auch im Bereich der unternehmerischen und betrieblichen Arbeitnehmerbeteiligung zeigt sich in der analysierten Auswahl der Fälle Licht und Schatten. So hat der EuGH in der Entscheidung *Erzberger*[1396] zunächst die Arbeitnehmerbeteiligung gestärkt und vor einer Vereinnahmung durch das europäische Recht im Wege der negativen Integration bewahrt. Andererseits zeigen die Urteile zur Unternehmensfreizügigkeit, zu denen exemplarisch die Entscheidungen *Centros*, *Inspire Art* und *Polbud*[1397] zählen, eine andere Seite der Rechtsprechung. Wenn auch nicht immer explizit Gegenstand des Verfahrens, so schwingt doch regelmäßig mit, dass die Wahl der Rechtsform für ein Unternehmen auch dazu genutzt werden kann, Arbeitnehmerbeteiligung zu umgehen. Das billigt der EuGH im Ergebnis, indem er der Unternehmensfreizügig-

---

1392 *Henssler/Diepenthal*, ZIP 2024, 1524, 1525.

1393 *Langbein/Gieseke*, HSI-Report (2) 2024, 4, 7.

1394 Vgl. *Rudolph/Wickler*, NZA 2024, 889, 891: Dieser geht davon aus, dass der Grundsatz der Entscheidung auch auf andere Konstellationen übertragbar sei. Insbesondere, wenn die Arbeitnehmerlose SE selbst beginnt, Arbeitnehmer zu beschäftigen.

1395 So: *Langbein/Gieseke*, HSI-Report (2) 2024, 4, 7.

1396 EuGH, 18.07.2017 – C-566/15 [Fn. 57] – Erzberger.

1397 EuGH, 09.03.1999 – C-212/97 [Fn. 1327] – Centros; EuGH, 30.09.2003 – C-167/01 [Fn. 1327] – Inspire Art; EuGH, 25.10.2017 – C-106/16 [Fn. 1324] – Polbud.

keit einen hohen Stellenwert zuspricht und auch rein strategische Erwägungen zur Rechtsformwahl als zulässig anerkennt. Dass der EuGH hier eindeutiger für die Unternehmerfreizügigkeit entscheidet, als er es für das europäische Recht der Arbeitnehmerfreizügigkeit in der Entscheidung *Erzberger* getan hat, lässt zumindest vermuten, welchen Stellenwert die einzelnen Grundfreiheiten in den Augen des EuGH untereinander einnehmen. Während die Entscheidung *SAP*[1398] noch auf ein gemischtes Feedback stößt und zumindest die Rechte der Gewerkschaften als soziale Institutionen der Arbeitnehmer schützt, zeigt sich in der jüngsten Entscheidung *O. Konzernbetriebsrat*[1399], dass auch die SE als europäische Rechtsform die Flucht vor der Mitbestimmung ermöglicht. Auch wenn die RL 2001/86/EG (SE-Beteiligungsrichtlinie) als Rechtsgrundlage hier dem Entscheidungsergebnis zuträglich gewesen ist, hätte eine übergeordnete Einordnung des Gerichts zur Rolle der Arbeitnehmerbeteiligung im europäischen Recht zur Beachtung der sozialen Dimension beigetragen. Hier könnte zulasten der Beteiligung in den Mitgliedstaaten auch das Problem bestehen, dass diese nur geringfügig durch das europäische Primärrecht geschützt ist.[1400] In der Gesamtbetrachtung zeigt sich schlussendlich, dass auch hier trotz einiger Lichtblicke, wie etwa der Entscheidung *Erzberger* in vielen Fällen das systematische Verständnis der Funktion von Arbeitnehmerbeteiligung fehlt. Durch die unterschiedliche Ausprägung von betrieblicher Arbeitnehmerbeteiligung in den Mitgliedstaaten scheint es dem Gerichtshof schwer zu fallen, diese Perspektiven nachzuvollziehen und zu berücksichtigen. Dies liegt vermutlich auch daran, dass der Gerichtshof solche Fragen der Arbeitnehmerbeteiligung entweder nur indirekt behandelt oder zumindest aus der Perspektive der Freizügigkeit im Binnenmarkt, sodass der Blick auf die Auswirkungen in den Mitgliedstaaten jenseits der Freizügigkeit nur auf einzelne in den Entscheidungen angeführte Aspekte beschränkt bleibt. Somit scheinen vor allem die Komplexität der Verstrickung von Wirtschaftsbeziehungen und Arbeitnehmerbeteiligung und die Auswirkungen, die eine Veränderung in diesem System mit sich bringen, Aspekte zu sein, die dem Gerichtshof Schwierigkeiten bereiten, die soziale Dimension der betrieblichen Arbeitnehmerbeteiligung mit den Marktrechten in den Ausgleich zu bringen. Hinzu kommt auch die bereits zuvor festgestellte systembedingte Nähe des Gerichtshofs zu den europäischen Wirtschaftsrechten und Grundfreiheiten.

1398 EuGH, 18.10.2022 – C-677/20 [Fn. 37] – SAP.

1399 EuGH, 16.05.2024 – C-706/22 [Fn. 1382] – O. Konzernbetriebsrat.

1400 Dies zeigt sich etwa an den sozialen Rechten in der Grundrechtecharta. Art. 27 GRC sichert nur einen niedrigen Intensitätsgrad der Arbeitnehmerbeteiligung ab, so: *Schubert*, in: FGO, europäisches Arbeitsrecht, GRC Art. 27, Rn. 11 m.w.N. Auch Art. 28 GRC beinhaltet kein Mitverhandlungsrecht über unternehmerische Entscheidungen, siehe *Schubert* a.a.O., GRC Art. 28, Rn. 31.

III. Schlussfolgerungen aus der Betrachtung der Rechtsprechung

Zunächst lässt sich aus der vorangegangenen Ausarbeitung erkennen, dass die Rechtsprechung zu den kollektiven Rechten vor dem EuGH eine ganz eigenständige Dynamik entwickelt hat, die in vielen Bereichen Besonderheiten aufweist, die eine Vergleichbarkeit mit individuellen Arbeitnehmerrechten erschwert. Die in diesem Abschnitt besprochenen kollektiven Rechte stellen gewissermaßen einen „Sonderfall" in der Rechtsprechung des EuGH im Zusammenhang mit der sozialen Dimension des Unionsrechts dar.

Was schon zu Beginn der Ausarbeitung ersichtlich war, ist der starke Antagonismus zwischen den europäischen Grundfreiheiten und den kollektiven Rechten. Dieser liegt dem „klassischen" Streitstand zugrunde, der maßgeblich in den Urteilen *Viking* und *Laval*[1401] ersichtlich wurde. In diesen Fällen geriet das durch die europäischen Verträge eigentlich bewusst dem Unionsrecht ferngehaltene kollektive Arbeitsrecht in die Schussbahn der Grundfreiheiten und führte somit zu der, auch in diesem Beitrag weitergeführten, Diskussion um den Stellenwert der sozialen Rechte in einer Europäischen Union, die durch Marktrechte bestimmt war und auch überwiegend noch ist. Dieser Diskussion folgten auch im Weiteren neue Entscheidungen, die ihrerseits Aufschluss über das Verhältnis des Gerichtshofs zu den kollektiven Rechten brachten. In den verschiedensten hier aufgeführten Fassetten beurteilte der EuGH das Verhältnis der nationalen und europäischen kollektiven Rechte im Zusammenhang mit dem Europäischen Unionsrecht. Natürlich kann die vorliegende Ausarbeitung nur Teile der Rechtsprechung bearbeiten und auch in diesem Zusammenhang nicht jede einzelne Diskussion zu diesen Entscheidungen berücksichtigen. Dennoch zeigt der Querschnitt der vorliegenden Entscheidungen eine aus Sicht des Autors repräsentative und vielversprechende Auswahl der Rechtsprechung, für die Beurteilung der Beachtung der sozialen Dimension im Unionsrecht durch den EuGH. Dabei fallen die folgenden Punkte bei einer Gesamtbetrachtung der besprochenen Rechtsprechung besonders auf:

1. Konkurrenz der Normen

Zunächst fällt bei der Betrachtung, wie auch schon in der Einleitung erwähnt, auf, dass das Verhältnis der vom Gerichtshof überprüften Normen einen starken Einfluss auf die Entscheidung des Gerichts zu haben scheint. Zu Beginn dieses

1401 EuGH, 11.12.2007 – C-438/05 [Fn. 29] – Viking; EuGH, 18.12.2007 – C-341/05 [Fn. 29] – Laval.

Abschnitts wurde die Vermutung aufgestellt, dass der EuGH den europäischen Normen systematisch nähersteht, als den mitgliedsstaatlichen Normen, die häufig Anknüpfungspunkt der kollektiven sozialen Rechte sind. In mehreren der untersuchten Fälle hat sich gezeigt, dass der Gerichtshof eine Schwächung der sozialen Dimension in Kauf nimmt, wenn es damit die Wirkung des betroffenen europäischen Rechts stärkt. Das ist auch unabhängig davon zu beobachten, ob es sich um die Wettbewerbsrechte im europäischen Primärrecht, Richtlinienrecht, oder sogar das europäische Antidiskriminierungsrecht handelt.

In Bezug auf die Grundfreiheiten fällt auf, dass der Gerichtshof diese regelmäßig zum Mittelpunkt seiner Prüfung macht. Es leitet viele Prinzipien direkt aus diesen ab und orientiert sich an ihnen als Maßstab. Das an sich kann dem EuGH jedoch kaum vorgeworfen werden, da es dessen Aufgabe ist, das europäische Recht auszulegen. Es scheint schon eher so, dass auch bei den Rezipienten der Urteile die Erwartungshaltung besteht, dass die Rechte aus den Nationalstaaten gleiche Beachtung wie das europäische Recht bekommen, da man dies von nationalen Gerichten gewöhnt ist. Der strukturelle Ansatzpunkt ist hier somit nicht weiterzuführen. Es ist jedoch auch in der faktischen Gewichtung der verschiedenen betroffenen Rechte ein starker Fokus auf die Grundfreiheiten des Unionsrechts zu erkennen. Wenn der Gerichtshof diesen Fokus nicht schlüssig in seinen Entscheidungen begründet, schadet dies der Akzeptanz jener Entscheidungen, insbesondere, wenn diese zu Lasten der nationalen Sozialstaatsnormen gehen. Die Grundfreiheiten haben sich in der Rechtsprechung des EuGH als Fundament der europäischen Wirtschaftspolitik herausgebildet. Insbesondere weil diese im europäischen Primärrecht eine so prominente, aber auch wirtschaftsliberalisierende Stellung einnehmen, zeigt sich in der Rechtsprechung des EuGH, soweit die Grundfreiheiten betroffen sind, eine ähnliche Tendenz zugunsten der liberalen Marktfreiheiten. Ob man dies dem Gerichtshof zum Vorwurf machen kann, scheint fraglich. Immerhin sind die europäischen Verträge mit dem starken Fokus auf die Liberalisierung des Binnenmarktes versehen. Dass der Gerichtshof, der zur Auslegung dieser Verträge zuständig ist, diese Grundhaltung aufnimmt, sollte nicht überraschen. Somit zeigt sich schlussendlich, dass es auch bei den europäischen Normen Indikatoren dafür gibt, dass es an einem sozialstaatlichen Gegenkonzept zur Marktmacht der Grundfreiheiten fehlt.[1402] Aber auch die Entwicklung etwa durch die verbindliche Einführung der GRC im Jahr 2009 zeigt, dass sich eine

1402 Siehe zur Debatte etwa: *Joerges/Rödl*, KJ 2008, 149, 164. Diese Debatte bezog sich auf den Aufschrei nach den Urteilen zum Laval-Quartett.

so starke Diskrepanz, wie sie in den Entscheidungen des *Laval*-Quartetts[1403] aufgetreten sind, nicht wiederholt hat in der Rechtsprechung des Gerichtshofs.

Auch in Bezug auf die europäischen Richtlinien neigt der EuGH dazu diese im positiven und negativen Sinne für die soziale Dimension stark in Anspruch zu nehmen. Dies zeigte sich etwa am Beispiel der RL 96/71/EG (Entsenderichtlinie), die der EuGH als vollharmonisierend verstand und damit einen starken, wenn nicht sogar absoluten, Vorrang des Unionsrechts schaffte in Fragen der Arbeitnehmerentsendung. Es liegt die Vermutung nahe, dass der EuGH auch gezielt auf eine Rechtsharmonisierung als rechtspolitisches Ziel abstellt, wobei sich dies nicht einfach belegen lässt. Auch wenn der EuGH Richtlinienrecht auf seine Vereinbarkeit mit dem Primärrecht überprüft, drängt sich die Vermutung auf, dass er hier größere Spielräume in der Beachtung des Unionsprimärrechts gewährt, als etwa bei der Überprüfung nationaler Rechte, wie sich in den Nichtigkeitsklagen von Ungarn und Polen[1404] gegen die Novellierung der Entsenderichtlinie[1405] zeigte.[1406] Hier wiederum zeigte sich durch die arbeitnehmerfreundliche Neujustierung der Richtlinie ein positiver Effekt für die soziale Dimension, der sich ebenfalls im Zusammenspiel mit der RL 2001/86/EG (SE-Beteiligungsrichtlinie) zum Teil gezeigt hat. Auch wenn die Entscheidung *SAP*[1407] im Endeffekt ein ambivalentes Ergebnis für die Situation der Arbeitnehmerbeteiligung in der SE zeichnet, so ist dem Bezug auf die RL 2001/86/EG doch Positives abzugewinnen. Der EuGH legt den Anwendungsbereich der Richtlinie weit aus, sodass auch das gewerkschaftliche Wahlvorschlagsrecht durch diesen erfasst wird. Jedoch ist das Bestehen von europäischen sozialen Rechten auch kein Garant dafür, dass der EuGH zugunsten dieser Rechte entscheidet, wie sich an der Entscheidung *O. Konzernbetriebsrat*[1408] zeigt, in der der Gerichtshof gegen die Arbeitnehmerbeteiligung entschied und das Potenzial der Richtlinie nicht zur Argumentation für die Nachholung des Beteiligungsverfahrens nutzte. Auch im Zusammenhang der sozialen Rechte, die sich aus dem Zusammenspiel des Primärrechts und der Richtlinien zum Antidiskriminierungsrecht ergeben, zeigt der EuGH, dass er diesen regelmäßig ein starkes Gewicht zuspricht und diese auch effektiv gegen andere soziale Rechte, wie in den hier besprochenen Fällen die Kollektivvertragsautonomie, zur Durchsetzung verhilft.

1403 EuGH, 11.12.2007 – C-438/05 [Fn. 29] – Viking; EuGH, 18.12.2007 – C-341/05 [Fn. 29] – Laval; EuGH, 03.04.2008 – C-346/06 [Fn. 29] – Rüffert; EuGH, 19.06.2008 – C-319/06 [Fn. 34] – Kommission/Luxemburg.

1404 EuGH, 08.12.2020 – C-620/18 [Fn. 797] – Ungarn/Parlament und Rat; EuGH, 08.12.2020 – C-626/18 [Fn. 897] – Polen/ Parlament und Rat.

1405 Durch die RL (EU) 2018/957 (Reformrichtlinie zur Entsenderichtlinie).

1406 Vgl. *Franzen*, ZESAR 2021, 255, 271.

1407 EuGH, 18.10.2022 – C-677/20 [Fn. 37] – SAP.

1408 EuGH, 16.05.2024 – C-706/22 [Fn. 1382] – O. Konzernbetriebsrat.

Soweit kein einschlägiges Sekundärrecht existiert, besteht die Gefahr der negativen Integration, die lediglich auf einer Abwehrfunktion der Grundfreiheiten des Unionsprimärrechts fußt und das Potenzial hat, stark destruktiv in die nationalen Sozialordnungen einzugreifen. In dieser Hinsicht sehr positiv zu erwähnen ist die Entscheidung *Erzberger*[1409], in der der Gerichtshof eben genau von diesem Mechanismus Abstand hält und nicht, obwohl die Möglichkeit dazu gegeben war, im Rahmen der Arbeitnehmerfreizügigkeit das nationale Arbeitnehmerbeteiligungsrecht durch den Mechanismus der negativen Integration schwächte. Andere Entscheidungen, etwa *Viking* und *Laval*[1410], bedienen hingegen diesen Mechanismus. Dabei ist es besonders bedenklich, dass eigentlich keine unionsrechtliche Legitimation für einen solch starken Eingriff in das nationale Recht gegeben ist.[1411]

Auch die Rolle des nationalen Rechts in der Rechtsprechung des Gerichtshofs wird im Rahmen dieser Untersuchung deutlich. Insbesondere das Recht, das zur Stärkung kollektiver Rechte durch die Mitgliedstaaten erlassen wurde, wurde im Rahmen der Frage um die Tariftreueklauseln vom EuGH einer Prüfung unterzogen. Zunächst ist hierbei aufgefallen, dass er in der Rechtssache *Rüffert*[1412] keinen Bezug zu internationalem Recht aufbaut und die Mitgliedstaaten damit in eine ungünstige Position gebracht hat, da sowohl europäisches Recht als auch ILO-Übereinkommen nebeneinander Wirkung entfalten. Aber besonders zu betonen ist, dass der Gerichtshof Ansätze zur Stärkung der kollektiven sozialen Rechte in den Mitgliedstaaten insbesondere in der Entscheidung *Rüffert*[1413] den europäischen Rechten unterordnet und diese nicht als selbstständig schützenswert einstuft. Allerdings zeigt sich auch Entwicklungsoffenheit, wie an der Rechtsprechung zum Vergabemindestlohn deutlich wird, wobei sich dieser insbesondere auf individualrechtliche Aspekte der sozialen Dimension bezieht.

In der Gesamtbetrachtung zeigt sich, dass die zugrundeliegenden europäischen Normen einen starken Einfluss auf die Entscheidungen des Gerichtshofs haben. Soweit, insbesondere konkrete, kollektive Rechte durch diese adressiert werden, ergibt sich eine bessere Chance, dass er diese auch in seiner Rechtsprechung berücksichtigt. Dies lässt sich vermutlich auf den Prüfungsmaßstab zurückführen. Hieraus lässt sich die Schlussfolgerung ziehen, dass die nationalen Normen und Rechtssysteme, die für die Entscheidung des EuGH maßgeblich

1409 EuGH, 18.07.2017 – C-566/15 [Fn. 57] – Erzberger.

1410 EuGH, 11.12.2007 – C-438/05 [Fn. 29] – Viking; EuGH, 18.12.2007 – C-341/05 [Fn. 29] – Laval.

1411 Siehe: *Klein/Leist*, ZESAR 2017, 468, 469; Verweisend zur politikwissenschaftlichen Diskussion auf: *Scharpf*, ZSE 2009, 419, 419 ff.; *Höpner*, MPIfG Discussion Paper 2017, (10), 10.

1412 EuGH, 03.04.2008 – C-346/06 [Fn. 29] – Rüffert.

1413 EuGH, 03.04.2008 ebd. – Rüffert.

sind, im Verfahren eine stärkere Berücksichtigung finden müssten, um schwere Eingriffe in die kollektiven Rechte der Mitgliedstaaten vorzubeugen. Hierfür können verschiedene Ansätze verfolgt werden.

2. Verständnis der kollektiven Rechte

Eine weitere Auffälligkeit ist, dass das Verständnis des EuGH bei den mitgliedstaatlichen Adressaten und Rezipienten der Urteile zum Teil auf Unverständnis stößt.

Das beginnt bei dessen Verständnis von den Sozialpartnern, die er anscheinend als quasi-staatliche Akteure begreift. Auf der europäischen Ebene sind die Sozialpartner auch eng mit dem sozialen Dialog verknüpft, den man wohl eher als staatliche Institution bzw. Mechanismus begreifen könnte. Aber in den Mitgliedstaaten ist die Rolle der Sozialpartner im Sozialstaat sehr unterschiedlich ausgestaltet. Dabei sind sie mal mehr, mal weniger mit originär staatlichen Aufgaben betraut. Diese Vielzahl verschiedener Konzepte und der besondere Status, den Sozialpartner in den Mitgliedstaaten einnehmen scheint für den EuGH schwer fassbar zu sein. Das führte etwa dazu, dass er den Streik der Gewerkschaften nur als gerechtfertigt ansah, wenn dieser arbeitnehmerschützenden Aspekten diente. Damit wurden die Gewerkschaften im dem autonomen Bereich zuzuordnenden Streikrecht als quasi-staatliche Institutionen behandelt, wobei die Autonomie der Gewerkschaften zum Streik eigentlich in keinem der beiden Bereiche zu verorten gewesen wäre. Bei diesem atypischen Konzept zeigt der EuGH Defizite, dieses adäquat zu erfassen.

Das mündet in einem besonders problematischen Verständnis des Streikrechts, das eben dieser Unterscheidung zwischen arbeitnehmerschützenden Aspekten als Maßstab für die Rechtfertigung staatlichen Handelns und dem Streikrecht als kollektivarbeitsrechtlichem Kampfmittel mit dem Zweck der Ermöglichung kollektiver Interessendurchsetzung nicht gerecht wurde. An das Streikrecht wurden Anforderungen gestellt, denen sonst eigentlich nur staatliches Handeln unterfällt. Damit wurde den Gewerkschaften eine hohe Hürde auferlegt, um den Streik als Eingriff in die Grundfreiheiten rechtfertigen zu können. Daraus ergibt sich, wie schon angeführt, dass der EuGH die besondere Natur der kollektiven sozialen Rechte nicht einzuordnen weiß, da diese nicht im klassischen Über/-Unterordnungsverhältnis funktionieren, sondern einer ganz eigenen Dynamik folgen, die mit der Weise, wie der Gerichtshof an diese Problematik herangegangen ist, nicht abgedeckt werden kann.

Nicht ganz so gravierend, aber trotzdem diskussionswürdig ist die Herangehensweise an die Kontrolle von Kollektivverträgen und ihrer Klauseln. Es ist fraglich, wie der Gerichtshof die Kollektivvertragsfreiheit bewertet und wie es diese im Kontext zwischen staatlichem und privatem Handeln verortet. Zunächst zeigte die Entscheidung *Albany*[1414], dass der EuGH durchaus ein Verständnis dafür entwickelt hatte, dass Kollektivverträge einen eigenen Wirkungsbereich haben, der in europäisches Kartellrecht wirkt. Dieser wurde vom Gerichtshof auch als Sonderfall behandelt, damit kollektive Rechte wahrgenommen werden können. Diese Sensibilisierung zeigte sich auch in den Entscheidungen *FNV Kunsten Informatie en Media* und *AKT*[1415], jedoch wurde hier bereits ersichtlich, dass dem Vorgehen des EuGH kein gefestigtes Bild von kollektiven Rechten zugrunde lag. Dies wurde deutlich, als er die im Kartellrecht entwickelte Sensibilität für die Kollektivvertragsfreiheit in anderen Bereichen nicht aufzeigt, wie etwa im Vergaberecht.[1416] Im Verlauf der Rechtsprechung zeigen sich jedoch auch weiterhin Ausnahmen, die ein positives Ergebnis für die Kollektivvertragsfreiheit haben, wie etwa der konsequente Schutz der Kollektivvertragsnormen in der Entscheidung *Daimler*[1417].

Ein besonders komplexes Gebiet stellt die Überprüfung des EuGH von Kollektivverträgen auf die Einhaltung der europäischen Antidiskriminierungsvorschriften dar. In diesen Zusammenhang wirkt Art. 28 GRC konturlos und ist scheinbar kein eigener Wert in der Abwägung mit den Antidiskriminierungsrechten an sich, was zu einer stark einseitigen Beurteilung durch den Gerichtshof führt. Teilweise werden die Antidiskriminierungsrechte gezielt dazu eingesetzt, destruktiv gegen Kollektivverträge zu wirken, da der EuGH den Wert der kollektiven Verhandlung an sich nicht als Rechtfertigungsgrund für eine Diskriminierung akzeptiert. Kollektivverträge können sich zwar einer Kontrolle über diskriminierende Inhalte nicht entziehen. Allerdings sollte auch das Interesse an einem funktionierenden Kollektivvertragssystem, das auch durch Art. 28 GRC geschützt wird, als selbstständiges Element in die gerichtliche Abwägung mit einbezogen werden. Auch die Entstehung von Kollektivverträgen als Kompromiss entgegenstehender Interessen zeigt auf, dass diese in der gerichtlichen Überprüfung nicht gleich eines staatlichen Gesetzes zu behandeln sind. Der EuGH hat eine hohe Kontrolldichte für Kollektivvertragsnormen etabliert.[1418] Er erkennt weder eine Richtigkeitsgewähr an, noch teilt er den in der deutschen Diskussion vorherrschenden Ansatz, dass es sich bei der Tarifautonomie um kollektiv ausgeübte Privatautonomie handelt und damit dem pri-

1414 EuGH, 21.09.1999 – C-67/96 [Fn. 26] – Albany.

1415 EuGH, 04.12.2014 – C-413/13 [Fn. 27] – FNV Kunsten Informatie en Media; EuGH, 17.03.2015 – C-533/13 [Fn. 1094] – AKT.

1416 Vgl. etwa bei EuGH, 15.07.2010 – C-271/08 [Fn. 798] – Kommission/Bundesrepublik Deutschland.

1417 EuGH, 17.03.2022 – C-232/20 [Fn. 1100] – Daimler.

1418 Eine Ausnahme von diesem Vorgehen bildet jedoch zum Beispiel die Entscheidung: EuGH, 07.07.2022 – C-257/21 und C-258/21 [Fn. 37] – Coca-Cola.

vaten Bereich zuzuordnen ist. Es erweckt den Eindruck, als fehle dem Gerichtshof das Vertrauen in die Kollektivvertragsparteien, dass diese geeignet sind, soziale Belange miteinander auszugleichen. Auch im Umgang mit Gleichheitsdilemmata, wie es sich im Fall *Lufthansa CityLine*[1419] gezeigt hat, wirkt der Gerichtshof insoweit skeptisch.

Insgesamt zeigt sich, dass die Kollektivvertragsautonomie keine gefestigte Instanz für den EuGH ist, sondern nur dann Berücksichtigung findet, wenn ihm das entgegenstehende Recht nicht näher zu liegen scheint. Dies könnte daran liegen, dass kollektive Rechte in den einzelnen Mitgliedstaaten stark unterschiedlich ausgeprägt sind und damit für den Gerichtshof ein komplexes Verständnis dieser Unterschiede notwendig ist, um den Zugang zur Materie zu erlangen. Schlussendlich wird es wohl auch immer Widersprüche zwischen den Auffassungen in den einzelnen Nationalstaaten darüber geben, wie kollektive Rechte ausgeprägt sein müssen. Der Gerichtshof müsste sich jedoch einmal eindringlich mit der Frage beschäftigen, ob das Recht aus Art. 28 GRC ein anderes Verhältnis zum europäischen Richtlinienrecht zulässt, als es die übertragene Anwendung einer staatlichen Bindung tut und ob Arbeitnehmer wirklich vor den durch die Sozialpartner ausgehandelten Kollektivvertragsnormen in gleicher Weise geschützt werden müssen, wie vor staatlichem Handeln, weil die Mächtigkeit der Kollektivvertragsnormen diesem staatlichen Handeln gleichzusetzen ist. Seine nächste Chance hierzu hat der Gerichtshof bereits verstreichen lassen. In dem Vorabentscheidungsverfahren *Air Nostrum*[1420] hatte der EuGH darüber zu entscheiden, ob eine Entgeltdiskriminierung auch über zwei unterschiedliche Kollektivverträge hinweg vorliegen kann, die im selben Unternehmen auf unterschiedliche Beschäftigtengruppen Anwendung finden. Weil der Gerichtshof aber bereits das Vorliegen einer Entgeltdiskriminierung verneinte, kam er im Rahmen der weiteren Prüfung nicht dazu, sich zur Kollektivvertragsfreiheit zu äußern.

Schließlich zeigt auch die Rechtsprechung des EuGH zur Arbeitnehmerbeteiligung auf, dass diesen Entscheidungen kein systematisches Verständnis für die Aufgabe und Natur der Arbeitnehmerbeteiligung zugrunde liegt. Auch weil sich die Frage nach den Auswirkungen für die Beteiligungsrechte häufig nur indirekt stellt, scheint es für ihn schwierig zu sein, die Auswirkung auf diese Rechte in der Entscheidung zu berücksichtigen. Wenn sich, wie in den Entscheidungen *Erzberger* und *SAP*[1421] ein klarer Bezug zu den Arbeitnehmerbeteiligungsrechten ergibt, fällt es dem EuGH offensichtlich leichter, diese Perspek-

---

1419 EuGH, 19.10.2023 – C-660/20 [Fn. 800] – Lufthansa CityLine.
1420 EuGH, 04.10.2024 – C-314/23 (ECLI:EU:C:2024:842), – Air Nostrum.
1421 EuGH, 18.07.2017 – C-566/15 [Fn. 57] – Erzberger; EuGH, 18.10.2022 – C-677/20 [Fn. 37] – SAP.

tiven zu berücksichtigen. In anderen Fällen, in denen es insbesondere darum geht, die europäischen Wirtschaftsrechte auszulegen, bliebt diese Perspektive häufig unberücksichtigt, womit der EuGH die Flucht aus der Mitbestimmung zulässt.

3. Ist die soziale Dimension in der Rechtsprechung des EuGH zu kollektiven Rechten hinreichend berücksichtigt?

Diese Frage ist selbst nach der vorangegangenen intensiven Auseinandersetzung mit der Rechtsprechung des EuGH nicht eindeutig zu beantworten. Zunächst lässt sich in den Entscheidungen nie exakt zwischen dem Einfluss des der Entscheidung zugrundeliegenden europäischen Rechts und dem Einfluss des Gerichtshofs unterscheiden. Im Endeffekt liegt in der Auslegung des europäischen Rechts auch eine Verschmelzung beider Faktoren vor. Zudem muss auch die individuelle Perspektive berücksichtigt werden, aus der man auf die soziale Dimension schaut. Insbesondere bei kollektiven sozialen Rechten bestehen so vielfältige Ansätze in den Mitgliedstaaten der Union, dass die Entscheidungen des Gerichtshofs auch aus unterschiedlichen Perspektiven wahrgenommen werden können. Mithin lässt sich keine klare Antwort formulieren, will man die Fragestellung nicht verkürzen.

Sieht man sich den Verlauf der Entscheidungen an, so lässt sich zumindest aufzeigen, dass das Verhältnis, das der EuGH zu den Rechten der kollektiven sozialen Dimension aufgebaut hat, sich anscheinend verbessert hat. Nach den zunächst starken Eingriffen in das Streikrecht und die maximale Fokussierung auf die Wirtschaftsfreiheiten hat der EuGH im Verlauf seiner Rechtsprechung immer häufiger soziale Aspekte mit einbezogen. Dies wird sicherlich auch damit zusammenhängen, dass auf europäischer Ebene immer mehr soziale Rechte entstanden sind, womit sich wieder die Frage nach der Trennung zwischen Recht und Rechtsprechung stellt. Trotzdem kann dem EuGH auch keine lückenlose Beachtung der kollektiven sozialen Dimension in seiner Rechtsprechung attestiert werden. Immer wieder zeigen Entscheidungen problematische Tendenzen auf, die kollektive Rechte beschneiden, oder diese gefährden. Der EuGH bleibt in der Rolle als Durchsetzer der europäischen Marktrechte gefangen. Die Europäische Union ist eben, jedenfalls nach ihrem Normenbestand im AEUV weiterhin vornehmlich eine Wirtschaftsunion und keine Sozialunion. Da wäre es auch verwunderlich, wenn ihr höchstes Gericht einen anderen Weg eingeschlagen hätte.

D. Wie arbeitnehmerfreundlich ist der EuGH?

Andreas Hofmann

Unser Projekt ging von der häufig geäußerten Vermutung aus, der Gerichtshof der Europäischen Union stelle unternehmerische Freiheiten über Arbeitnehmerrechte. Der politikwissenschaftliche Teil des Projekts unternahm eine systematische Analyse einer großen Anzahl von Vorabentscheidungsersuchen in arbeitsrechtlichen Fällen. Auf Basis dieser Gesamtsicht relevanter Fälle argumentiert dieses Kapitel, dass die Bedenken hinsichtlich einer marktliberalen Ausrichtung in der Rechtsprechung des EuGH möglicherweise überzogen sind. Während Urteile wie *Alemo-Herron* und *Aget Iraklis*[1422] Bedenken aufkommen ließen, dass sogar die Charta der Grundrechte letztendlich den Interessen der Arbeitgeberseite dienen könnte, stellt diese Studie fest, dass solche Fälle Ausnahmen blieben. Die Studie findet keine Hinweise darauf, dass der EuGH systematisch Marktfreiheiten oder Unternehmerrechte nutzt, um einen im Sekundärrecht der Europäischen Union enthaltenen Arbeitsschutz zu untergraben. Vielmehr unterstreichen die Ergebnisse, dass der Ausgang arbeitsrechtlicher Fälle stark von den spezifischen Inhalten und Zielen der Sekundärgesetzgebung bestimmt sind. Urteile des EuGH fallen in der Regel dann arbeitnehmerfreundlich aus, wenn sich das Sekundärrecht ausschließlich auf den Arbeitnehmerschutz konzentriert, während Fälle, die einen Ausgleich konkurrierender Interessen erfordern, gemischte Ergebnisse zeigen. Gleichzeitig zeigt die Studie aber auch, dass Entscheidungen der Großen Kammer, die komplexe und neuartige Rechtsfragen betreffen, tendenziell weniger arbeitnehmerfreundliche Ergebnisse zeitigen als die kleinerer Kammern. Dies wirft die Besorgnis auf, dass Signale der Großen Kammer ambitionierteren Argumenten der Arbeitnehmerseite von vornherein vorgreifen könnten. Insgesamt deutet die Studie darauf hin, dass der EuGH die gesetzgeberische Zielsetzung respektiert. Dies deutet darauf hin, dass politische und gesetzgeberische Maßnahmen weiterhin von entscheidender Bedeutung für die Gestaltung des Arbeitnehmerschutzes in der EU sind.

1422 EuGH, 18.07.2013 – C-426/11 [Fn. 39] – Alemo-Herron; EuGH, 21.12.2016 – C-201/15 [Fn. 35] – AGET Iraklis.

I. Datensammlung

Der Datensatz, auf dem die politikwissenschaftliche Analyse beruht, besteht aus existierenden Daten und solchen, die wir zusätzlich manuell kodiert haben.[1423] Die existierenden Daten entstammen dem Iuropa-Projekt.[1424]

1. Fallauswahl

Der erste Schritt auf dem Weg zu diesem Datensatz war die Identifikation aller relevanten Fälle vor dem EuGH. Wir haben uns dazu entschieden, uns auf arbeitsrechtliche Fälle in einem engen Sinn zu konzentrieren und Fälle aus dem Bereich des wohlfahrtsstaatlichen Koordinierungsrechts und der Gleichstellung nicht mit in die Analyse aufzunehmen. Erstere überschneiden sich mit Aspekten der Unionsbürgerschaft und zweitere mit allgemeinen Grundsätzen der Nichtdiskriminierung jenseits des Arbeitsverhältnisses. Wir beschränken uns daher auf folgende Rechtsbereiche: Arbeitsschutz, Eltern- und Pflegeurlaub, atypische/prekäre Arbeitsverhältnisse (Teilzeit, Leiharbeit und befristete Arbeitsverhältnisse), Arbeitszeit (inklusive Urlaub), Betriebsübergang, Massenentlassungen, Insolvenz, Arbeitnehmerentsendung und kollektives Arbeitsrecht (Unterrichtung und Arbeitnehmerbeteiligung).

Wir haben die CELEX-Nummern aller relevanten Sekundärrechtsakte gesammelt und alle EuGH-Urteile in Vorabentscheidungsverfahren ausgewählt, die einen dieser Rechtsakte zitieren. Dies war uns möglich mit Hilfe eines Datensatzes zu zitierten Rechtsakten in EuGH-Urteilen.[1425] Mit Bezug auf diese Datenquelle haben wir denjenigen Rechtsakt identifiziert, den das Urteil am häufigsten zitiert. Wir haben nur solche Urteile in unserer Sammlung behalten, deren am häufigsten zitierter Rechtsakt in unserem Interessensbereich liegt. Auf diese Weise haben wir 324 Fälle identifiziert. Wir sind uns allerdings bewusst, dass manche für unser Erkenntnisinteresse relevante Urteile keine arbeitsrechtlichen Sekundärrechtsakte zitieren. Das Urteil im Fall *Viking*[1426] etwa zitiert nur primärrechtliche Quellen, vornehmlich die Niederlassungsfreiheit. Um auch diese Fälle in unsere Sammlung aufnehmen zu können, haben wir

1423 An der Datensammlung, -aufbereitung und -kodierung waren neben mir Inga Feldmann, Rafael Ibadov und Leonie Kahl an der Freien Universität Berlin und Philipp Thiel an der Universität Göttingen beteiligt. Alle Daten des Projekts, sowie auch der R-code für die Replikation der in diesem Kapitel dargestellten Ergebnisse sind abrufbar unter *https://github.com/ahofmann-eu/labour_law_litigation*.

1424 *Brekke u.a.*, Journal of Law and Courts 2023, 1.

1425 *Fjelstul u.a.*, in: Lindholm u.a. (Hrsg.), The Court of Justice of the European Union (CJEU) Database, IUROPA.

1426 EuGH, 11.12.2007 – C-438/05 [Fn. 29] – Viking.

uns für einen Kompromiss zwischen einfacher Reproduzierbarkeit unserer Auswahl und einer subjektiven Kodierung zusätzlicher Fälle entschieden. Anstatt die Auswahl selbst zu treffen, haben wir neun Kompendien zum europäischen Arbeitsrecht konsultiert.[1427] Wir erstellten eine Liste aller Fälle, die in den relevanten Kapiteln dieser Kompendien erwähnt wurden und nahmen solche Fälle mit in unsere Sammlung auf, die in mindestens zwei Werken Erwähnung fanden (um Relevanz zu sichern) und zudem Sekundärrechtsakte in unserem Interessenbereich oder Primärrecht in den Bereichen Dienstleistungsfreiheit, Niederlassungsfreiheit oder Wettbewerbsrecht zitieren. Auf diese Weise haben wir 25 zusätzliche Fälle identifiziert.

2. Kodierung des Fallausgangs

Wir haben mehrere Strategien angewandt, um Fallausgänge zu kodieren. Zunächst mussten wir eine für uns relevante Dimension des Fallausgangs identifizieren. Wir haben uns dazu entschieden, die „Arbeitnehmerfreundlichkeit" der einzelnen Urteile zu bewerten, also die Frage, ob die Position der Arbeitnehmer gegenüber den Arbeitgebern durch das Urteil gestärkt wurde oder nicht. Waren Arbeitnehmer selbst Verfahrensbeteiligte, nahmen wir deren Position – soweit erkennbar – als Grundlage, egal, ob diese Position in einer neutralen Betrachtung „radikal" oder „unrichtig" erschien. Ein arbeitnehmerfreundliches Urteil ist in dieser Sichtweise ein Urteil, das der vorgetragenen Position der Arbeitnehmer entspricht. Waren keine Arbeitnehmer am Verfahren beteiligt, haben wir die Bedeutung des Urteils für das generelle Verhältnis zwischen Arbeitnehmern und Arbeitgebern bewertet. In Konflikten um Arbeitnehmerentsendung haben wir die Aufrechterhaltung des Arbeitnehmerschutzes in den Empfängerländern als Maßstab herangezogen – sicherlich keine unanfechtbare Wahl.[1428]

Wir haben uns ferner dazu entschieden, eine solche Kodierung nicht auf Basis der Urteilstexte vorzunehmen, da deren Komplexität eine intersubjektive Nachvollziehbarkeit unserer Kodierung deutlich einschränken würde. Wir wählten als Grundlage vielmehr Fallberichte und Kommentare. Um eine mög-

---

1427 *Ales u.a.*, International and European labour law: Article-by-article commentary (2018); *Eleveld/ter Haar*, Collected Cases on EU Labour Law (2018); *Glowacka/Kullmann*, Rechtsprechung zum Europäischen Arbeitsrecht, Band 1: Judikate (2020); *Glowacka/Kullmann*, Rechtsprechung zum Europäischen Arbeitsrecht. Band 2: Erläuternde Ausführungen (2020); *Hantel*, Europäisches Arbeitsrecht. Mit zahlreichen Beispielsfällen aus der Rechtsprechung des EuGH (2019); *Kocher*, Europäisches Arbeitsrecht (2020); *Preis/Sagan*, Europäisches Arbeitsrecht. Grundlagen – Richtlinien – Folgen für das deutsche Recht (2019); *Riesenhuber*, Europäisches Arbeitsrecht (2021); *Thüsing*, Europäisches Arbeitsrecht (2017).

1428 *Kukovec*, European Law Journal 2015, 406.

lichst große Einheitlichkeit unserer Datengrundlage zu erreichen, haben wir uns auf zwei Quellen solcher Berichte und Kommentare beschränkt. Unsere aufgrund ihrer systematischen Abdeckung des Themengebiets und ihres Detailreichtums bevorzugte Quelle ist ein vierteljähriger „Newsletter" (2013–2019) bzw. „Report zum Europäischen Arbeits- und Sozialrecht" (2020–heute), der vom Hugo Sinzheimer Institut für Arbeits- und Sozialrecht (HSI) erstellt wird. Unsere sekundäre Quelle für Urteile, die in diesem Report nicht behandelt oder vor dem ersten Erscheinen dieses Reports veröffentlicht wurden, ist der „ECJ Court Watch" der vierteljährigen Zeitschrift „European Employment Law Cases (EELC) ", der 2009 zum ersten Mal veröffentlicht wurde. Wir konnten den Ausgang von 164 Fällen auf Basis der HSI-Reporte kodieren, für 52 zusätzliche Fälle zogen wir die Berichte der EELC heran. Ein Teil der Fallberichte (55 von 216) wurde von zwei Kodierern unseres Projekts parallel und unabhängig voneinander ausgewertet. In 92 Prozent dieser Fälle kamen die Kodierer zu einer übereinstimmenden Bewertung der „Arbeitnehmerfreundlichkeit" der Urteile. Abweichungen betrafen nur Einschätzungen zwischen 0 und 1 oder zwischen 0 und –1, es ergaben sich keine gänzlich konträren Einschätzungen. Es ergibt sich ein „Krippendorffs Alpha" von 0,961. Eine derart hohe „Inter-Rater Reliabilität" zeugt von hoher intersubjektiver Nachvollziehbarkeit der Ergebnisse.

Für vor 2009 ergangene Urteile stehen uns keine systematisch publizierte arbeitsrechtliche Fallberichte zur Verfügung. Für einen Teil dieser Urteile konnten wir auf bestehende Daten des Iuropa-Projekts zurückgreifen. Das „Issues and Positions Component" enthält einen Datensatz mit Informationen zu den Positionen, die Verfahrensbeteiligten (die Parteien des Verfahrens, die Kommission, mitgliedstaatliche Regierungen, die eine Erklärung abgegeben haben, der Generalanwalt und die Richter) zu den einzelnen Vorlagefragen eingenommen haben.[1429] Diese Informationen entstammen den „summarischen Sitzungsberichten", die der Gerichtshof bis 2012 für mündliche Verfahren anfertigte. Informationen liegen also nur für solche Fälle vor, in denen ein mündliches Verfahren stattfand. Die Daten reichen zurück bis 1997.

Wir haben aus diesen Daten wie folgt eine Kodierung des Fallausgangs entwickelt, die so weit wie möglich unserer Kodierung für die übrigen Fälle entspricht: Wir haben für alle Vorlagefragen ermittelt, ob die Position der beteiligten Arbeitnehmer von den Richtern geteilt wurde. Konnten wir eine solche Übereinstimmung feststellen, haben wir dieser den Wert 1 zugeteilt. Wurde die Position der Arbeitnehmer nicht von den Richtern geteilt, haben wir den

1429 *Larsson u.a.*, in: Lindholm u.a. (Hrsg.), The Court of Justice of the European Union (CJEU) Database, IUROPA.

Wert –1 vergeben. Für Positionen von Arbeitgebern haben wir die jeweils umgekehrten Werte vergeben (also –1 für Übereinstimmung mit dem Urteil und 1 für fehlende Übereinstimmung). Dies folgt der Intuition, dass Arbeitgeber in den von uns identifizierten Fällen in der Regel Positionen einnehmen, die Arbeitnehmerinteressen widersprechen – selbst dann, wenn keine Arbeitnehmer direkt am Verfahren beteiligt sind. Möglicherweise trifft dies nicht in jedem einzelnen Fall zu, wir vermuten aber, dass unsere Intuition in der großen Mehrheit der Fälle korrekt ist. Uns ist jedenfalls anekdotisch kein gegenteiliger Fall bekannt. Für jedes Urteil haben wir auf dieser Basis einen „Falldurchschnitt" errechnet (demnach ein Wert zwischen –1 und 1). Für 87 Fälle haben wir auf dieser Basis einen Fallausgang ermittelt. Für 25 dieser Fälle lag zusätzlich eine Kodierung auf Basis eines Berichts oder Kommentars aus HSI oder EELC vor. Wir können also auch hier einen Wert für die Übereinstimmung unserer Kodierungen errechnen. Dazu haben wir die errechneten Falldurchschnitte auf –1, 0 oder 1 gerundet und mit den alternativen Kodierungen verglichen. In 80 Prozent der Urteile stimmen die Kodierungen überein. Das sich ergebende „Krippendorffs Alpha" von 0,739 ist akzeptabel, bleibt aber unter dem Schwellenwert, an dem wir diese Art der Kodierung als uneingeschränkt reliabel akzeptieren könnten. In der weiteren Analyse werden wir daher die Unterschiedlichkeit der Datengrundlagen berücksichtigen. Gleiches gilt zu einem geringeren Grad auch für die Unterschiede zwischen den Quellen HSI und EELC. Das Hugo Sinzheimer Institut ist ein gewerkschaftsnahes Institut. Dort, wo unsere Kodierung den Einschätzungen dieses Instituts folgt, ist es möglich, dass unsere Kodierung eine kritischere Perspektive auf die „Arbeitnehmerfreundlichkeit" des EuGH widerspiegelt, als das bei den Berichten der EELC der Fall ist, die weitgehend neutral formuliert sind und selten Wertungen vornehmen. Im Ergebnis haben wir also einen Datensatz von 349 von uns als relevant identifizierten Vorabentscheidungsverfahren, von denen wir für 278 Fälle Informationen zum Fallausgang sammeln konnten. Wie Abbildung 1 zeigt, liegen 37 Urteile, für die wir keine Informationen zum Fallausgang haben, vor 1997, dem Beginn des Iuropa-Datensatzes zu den Positionen der Verfahrensbeteiligten. Unsere Analyse beginnt also erst mit dem Jahr 1997. Für Urteile zwischen 1997 und 2008 greifen wir ausschließlich auf die Positionsdaten zurück. Für diesen Zeitraum fehlen uns Daten für ein Drittel aller von uns ursprünglich als relevant identifizierter Fälle (28 von 84). In diesen Fällen gab es vermutlich kein mündliches Verfahren. Neben der Kodierung ist dies ein weiterer Faktor, wieso unsere Ergebnisse für diesen Zeitraum mit größerer Unsicherheit einhergehen. Ab 2009 beruht unsere Kodierung hauptsächlich auf den Quellen HSI und EELC. Hier sind unsere Daten nahezu vollständig. Lediglich für 6 von 228 Urteilen fehlt uns in diesem Zeitraum eine Quelle.

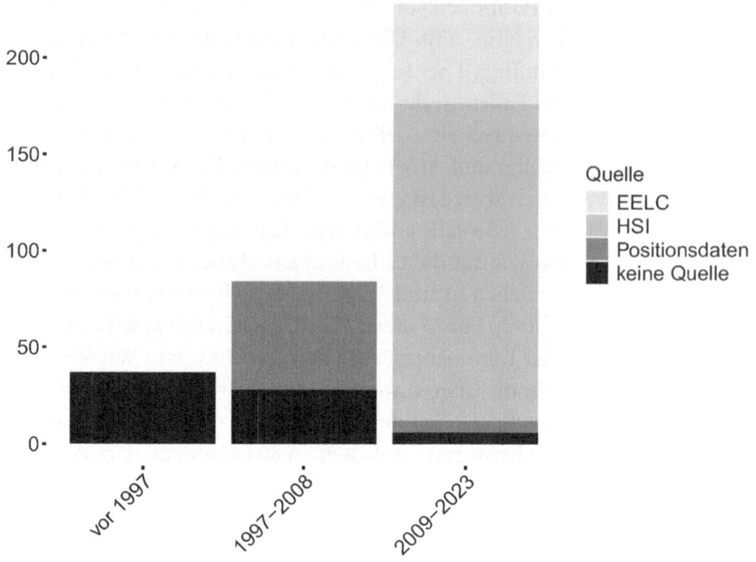

Abbildung 1. Quellen für die Kodierung des Fallausgangs

3. Sachbereiche und Nationalität des vorlegenden Gerichts

Abbildung 2 zeigt die Verteilung der Fälle auf Sachbereiche, während Abbildung 3 die Fälle nach der Nationalität der vorlegenden Gerichte sortiert, unterteilt jeweils nach den beiden Untersuchungsperioden. Auffällig ist, dass 128 der 278 Fälle (46 Prozent) auf die Bereiche atypische Arbeit und Arbeitszeit fallen. Diese sind mit deutlichem Abstand die am häufigsten streitigen Aspekte des europäischen Arbeitsrechts, gefolgt von Betriebsübergang und Insolvenz. Ein Vergleich der beiden Untersuchungsperioden zeigt, dass der Anteil an Fällen aus den Bereichen Betriebsübergang nach 2009 zurückgegangen ist. Noch deutlicher ist diese Entwicklung bei Fällen, die hauptsächlich auf primärrechtliche Normen rekurrieren. Nach 2009 ist diese Art Fälle rar geworden.

In Bezug auf die Herkunft der dem EuGH vorgelegten Fälle ist in erster Linie die außergewöhnlich hohe Anzahl von Fällen aus Spanien auffällig. Des Weiteren ist ein deutlicher Rückgang von Fällen aus Schweden nach *Laval*[1430] augenscheinlich. Das mit Abstand am häufigsten vorlegende einzelne Gericht ist das deutsche Bundesarbeitsgericht (19 Fälle), gefolgt vom Obersten Gerichtshof

1430 EuGH, 18.12.2007 – C-341/05 [Fn. 29] – Laval.

Österreichs (8 Fälle), dem Court of Appeal für England und Wales (7 Fälle) und dem spanischen Tribunal Superior de Justicia de Galicia (6 Fälle).

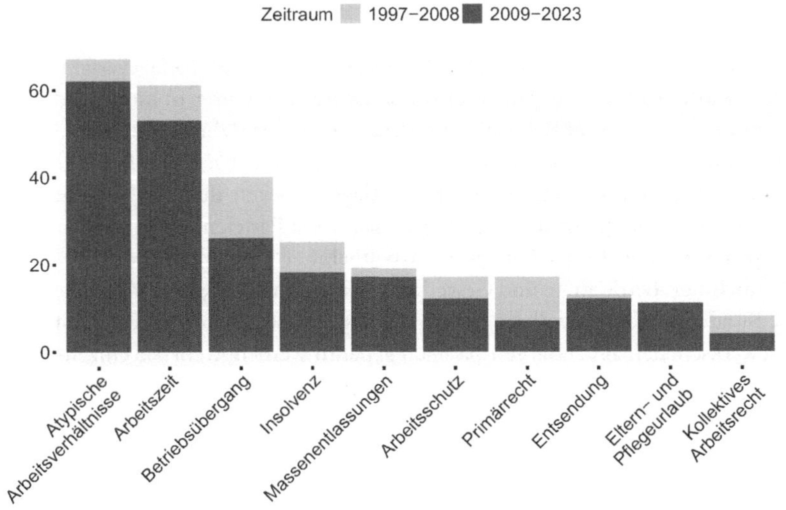

Abbildung 2. Sachbereiche der Vorabentscheidungsverfahren

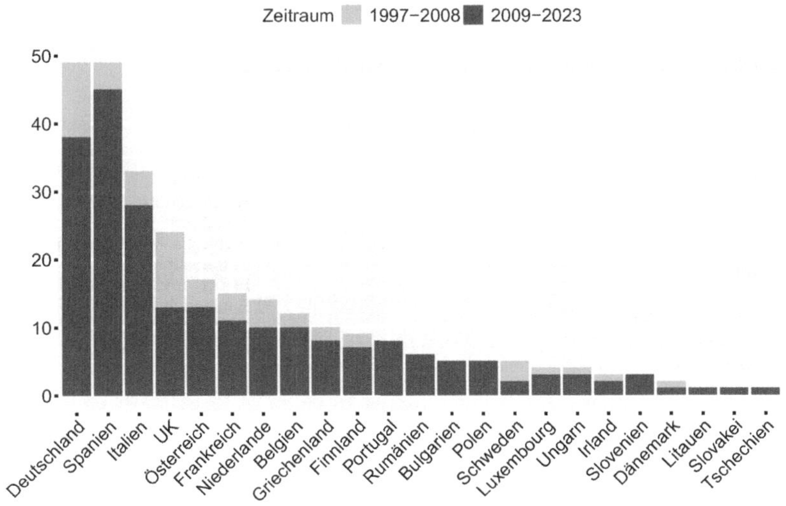

Abbildung 3. Ursprungsland des Vorabentscheidungsersuchens

4. Klägerkonstellationen

In einem nächsten Schritt haben wir für die 278 Fälle die Konstellation der Kläger und Beklagten im Ausgangsverfahren rekonstruiert. Die Reihenfolge der Parteien im Urteil des EuGH spiegelt die Konstellation im Vorlageverfahren wider. Wo der Fall von einer Revisionsinstanz vorgelegt wurde, ist mitunter die Position von Kläger und Beklagten aus dem Ausgangsverfahren vertauscht. So ist etwa im Fall *Coca-Cola European Partners Deutschland GmbH gegen L.B.*[1431] im Ursprungsverfahren die Angestellte L. B. Klägerin gegen ihren Arbeitgeber, die Coca Cola GmbH. Für die Analyse haben wir die Parteien in vier verschiedene Typen aufgeteilt. In der Kategorie „Arbeitnehmer" haben wir individuelle Arbeitnehmer, Betriebsräte und Gewerkschaften zusammengefasst. Wir halten diese Bündelung für sinnvoll, da etwa in skandinavischen (Arbeits-)Rechtssystemen Gewerkschaften als Verfahrensparteien genannt werden, wenn sie einzelne Mitglieder vertreten. In der Kategorie „Arbeitgeber" haben wir sowohl öffentliche als auch private Arbeitgeber zusammengefasst. Die Kategorie „Behörde" fasst Entitäten der öffentlichen Verwaltung zusammen, wenn sie nicht in ihrer Eigenschaft als Arbeitgeber am Verfahren beteiligt sind. In dieser Kategorie befinden sich etwa Ministerien, Staatsanwälte, öffentliche Versicherungen oder Arbeitsinspektionen. Die letzte Kategorie trägt schlicht den Titel „Andere" und umfasst primär juristische und natürliche Personen, die nicht in ihrer Eigenschaft als Arbeitnehmer oder Arbeitgeber am Verfahren beteiligt sind. Abbildung 4 verdeutlicht die wesentlichen Klagekonstellationen, die sich aus der Kombination der vier Kategorien ergeben, unterteilt nach Sachbereichen.

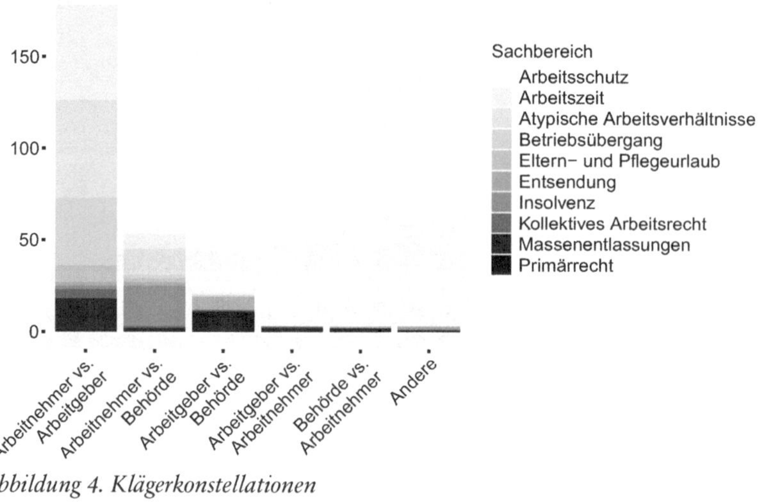

Abbildung 4. Klägerkonstellationen

1431 EuGH, 07.07.2022 – C-257/21 und C-258/21 [Fn. 37] – Coca-Cola.

Zunächst wird deutlich, dass die Konstellation „Arbeitnehmer gegen Arbeitgeber" die mit Abstand häufigste Konstellation in den Ursprungsverfahren ist. Dies mag wenig überraschen, ist dies doch die „klassische" Konstellation in arbeitsrechtlichen Verfahren. Zweithäufigste Konstellation ist „Arbeitnehmer gegen Behörde". Hier geht es zumeist um eine vermeintlich fehlende oder mangelhafte Umsetzung europäischen Sekundärrechts in nationales Recht oder Praxis, prominent besonders im Sachbereich Insolvenz. Hier ist die nationale Ebene angehalten, Kompensationsfonds für Arbeitnehmer einzurichten, deren Gehalt aufgrund einer Insolvenz des Arbeitgebers nicht gezahlt wurde. Verfahren in diesem Bereich betreffen Streitigkeiten über die Einrichtung dieses Fonds oder die Voraussetzungen und Modalitäten der Auszahlung.

Arbeitgeber treten in den von uns betrachteten Fällen eher selten als Kläger auf. Vornehmlich richten sich solche Klagen gegen nationale Behörden. Ein großer Anteil solcher Klagen beruft sich auf das europäische Primärrecht, speziell die Dienstleistungs- und Niederlassungsfreiheit oder das Wettbewerbsrecht. Die Konstellation der kontroversen Fälle *Viking* und *Laval*[1432], in denen Arbeitgeber direkt gegen Vertreter von Arbeitnehmerinteressen klagten, ist äußerst selten. In unserer Auswahl befinden sich nur drei solche Fälle: neben *Viking* und *Laval* noch der Fall *Association de médiation sociale*[1433], in dem es um Schwellenwerte bei der Einsetzung einer Arbeitnehmervertretung nach der Unterrichtungsrichtlinie ging.

In zwei der drei Fälle in unserer Auswahl, in denen eine Behörde als Klägerin gegen einen Arbeitgeber auftrat,[1434] handelte es sich um Strafverfahren, in denen Arbeitgebern die Nicht-Einhaltung sozialrechtlicher Vorgaben in Bezug auf den grenzüberschreitenden Einsatz von Arbeitskräften vorgeworfen wurde. Im dritten Fall ist die Klägerin eine Versicherungsgesellschaft, die Beiträge von einem Arbeitgeber einforderte, der sich gegen eine tariflich geregelte Pflichtmitgliedschaft in dieser Versicherung wehrte.[1435]

5. Primärrechtliche Normen

In der Literatur wurde häufig die Vermutung geäußert, der EuGH zöge primärrechtlich verankerte Marktfreiheiten (und seit 2009 auch den in Art. 16 der Grundrechtecharta verbürgten Schutz der unternehmerischen Freiheit) heran,

1432 EuGH, 11.12.2007 – C-438/05 [Fn. 29] – Viking; EuGH, 18.12.2007 – C-341/05 [Fn. 29] – Laval.

1433 EuGH, 15.01.2014 – C-176/12 (ECLI:EU:C:2014:2), NZA 2014, 193 – Association de médiation sociale.

1434 EuGH, 23.11.1999 – C-369/96 und C-376/96 [Fn. 890] – Arblade; EuGH, 03.12.2014 – C-315/13 (ECLI:EU:C:2014:2408), NZA 2015, 290 – Edgard Jan De Clercq.

1435 EuGH, 03.03.2011 – C-437/09 (ECLI:EU:C:2011:112), Slg. 2011, I-973 – Prévoyance.

um sekundärrechtlichen Arbeitnehmerschutz zu relativieren.[1436] Wir haben für jeden Fall in unserer Auswahl festgehalten, ob das Urteil primärrechtliche Marktfreiheiten (hier beschränkt auf die Niederlassungs- und Dienstleistungsfreiheit) oder Art. 16 GRC zitiert. In Abbildung 5 habe ich den Untersuchungszeitraum in Einheiten von ungefähr fünf Jahren aufgeteilt, um die Häufigkeit der Verweise auf Grundfreiheiten über Zeit grafisch darstellen zu können. Die absolute Häufigkeit dieser Verweise ist zwischen 2005 und 2019 ungefähr konstant geblieben, allerdings nimmt die relative Häufigkeit solcher Verweise gegenüber der Gesamtzahl aller Fälle seit dem Zeitraum 2005–2009 stetig ab. Seit 2020 verweist der EuGH nur noch selten auf Grundfreiheiten in arbeitsrechtlichen Fällen. Verweise auf Art. 16 GRC sind rar – unsere Auswahl enthält nur fünf solche Fälle. Darunter sind die beiden Urteile, in deren Kontext die potenzielle Bedeutung von Art. 16 GRC am intensivsten diskutiert wurden: *Alemo-Herron* und *AGET Iraklis*[1437].[1438] Auf der anderen Seite sind darunter auch zwei Fälle, die positiv für Arbeitnehmerinteressen ausgefallen sind. *Asklepios*[1439] stellt eine partielle Revision von *Alemo-Herron* dar. In *IG Metall und ver.di*[1440] berief sich die Beklagte Gesellschaft SAP vergebens auf Art. 16 GRC. In *Commune di Bernareggio*[1441], dem fünften solchen Fall, berief sich der Kläger auf Art. 16 GRC, der EUGH ging auf diesen Punkt jedoch nicht ein.

Neben den Grundfreiheiten und Art. 16 der Charta haben wir ebenfalls festgehalten, ob das Urteil einen Artikel aus Kapitel IV „Solidarität" der GRC zitiert. Die Hoffnung bei Verabschiedung der Charta war, dass diese Artikel Arbeitnehmerrechte stärken und ein Gegengewicht zu den arbeitgeberfreundlichen Grundfreiheiten bieten würden.[1442] Während wir oben feststellten, dass Verweise auf primärrechtliche Normen in arbeitsrechtlichen Fällen seltener geworden sind, zeigt Abbildung 6 für Kapitel IV der Charta das Gegenteil: Sowohl die absolute als auf die relative Anzahl der Nennungen hat seit Inkrafttreten der Charta stetig zugenommen.

1436 Davies, European Constitutional Law Review (14) 2018, 154; Höpner/Schäfer, West European Politics 2010, 344; Scharpf, Socio-Economic Review 2010, 211.

1437 EuGH, 21.12.2016 – C-201/15 [Fn. 35] – AGET Iraklis.

1438 Davies, European Constitutional Law Review (14) 2018, 154.

1439 EuGH, 27.04.2017 – C-680/15 und C-681/15 [Fn. 37] – Asklepios.

1440 EuGH, 18.10.2022 – C-677/20 [Fn. 37] – SAP.

1441 EuGH, 19.12.2019 – C-465/18 (ECLI:EU:C:2019:1125), ABl. (EU) 2020, Nr C 68, 12 – Comune di Bernareggio.

1442 *Robin-Olivier*, European Constitutional Law Review 2018, 96.

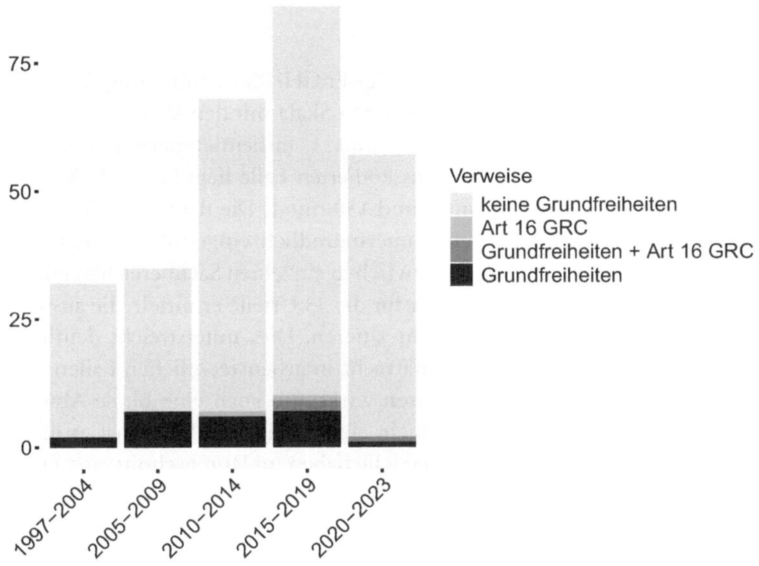

Abbildung 5. Verweise auf Grundfreiheiten über Zeit

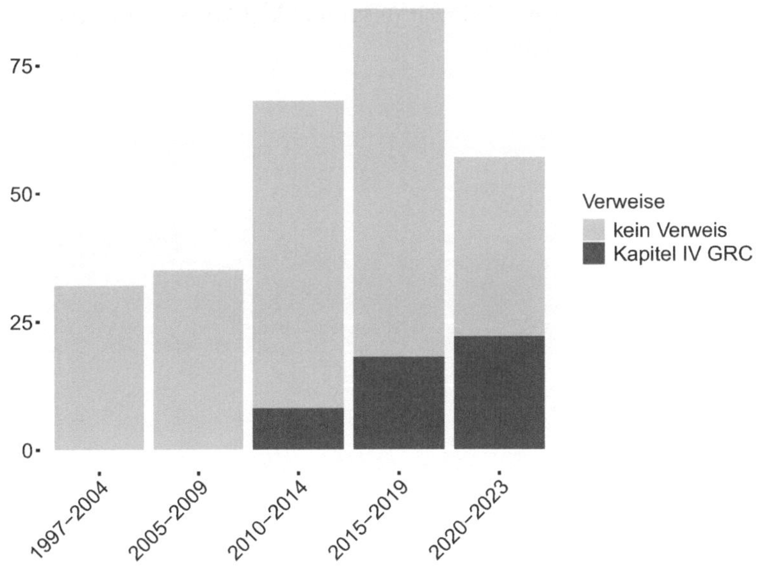

Abbildung 6. Verweise auf Kapitel IV GRC über Zeit

II. Fallausgänge

Wie arbeitnehmerfreundlich ist also der EuGH? Zur Erinnerung: Wir kodierten Fallausgänge auf einer drei-punktigen Skala mit den Werten –1 (nicht arbeitnehmerfreundlich), 0 (neutral) und 1 (arbeitnehmerfreundlich). Der Durchschnittswert der 278 von uns kodierten Fälle liegt bei 0,22. Wir haben 91 Fälle mit –1 kodiert, 37 mit 0 und 150 mit 1. Die deutliche Mehrheit der Fälle haben wir also als arbeitnehmerfreundlich eingestuft.[1443] Abbildung 7 zeigt jedoch, dass es Unterschiede zwischen einzelnen Sachbereichen gibt. Den negativsten Wert (–0,37) haben wir für die 33 Urteile ermittelt, die ausschließlich oder vornehmlich Primärrecht zitieren. Dies unterstreicht deutlich die Annahme, dass europäisches Primärrecht in arbeitsrechtlichen Fällen zu Ungunsten von Arbeitnehmerinteressen wirkt. Ob auch eine bloße Abwägung von Primärrecht gegen Sekundärrecht einen ähnlichen Effekt hat, prüfen wir weiter unten. Alle anderen Sachbereiche haben im Durchschnitt einen neutralen oder positiven Ausgang für Arbeitnehmerinteressen, allerdings in unterschiedlichem Ausmaß. Es lassen sich hier vier Gruppen identifizieren. Urteile aus den Bereichen Massenentlassung (0,00) und atypische Arbeitsverhältnisse (0,06) sind im Durschnitt neutral, aus den Bereichen Insolvenz (0,15), Entsendung (0,15) und Arbeitsschutz (0,18) verhalten positiv, aus den Bereichen Betriebsübergang (0,32) und Eltern- und Pflegeurlaub (0,36) deutlich positiv, und aus den Bereichen Arbeitszeit (0,51) und kollektives Arbeitsrecht (0,63) nahezu ausschließlich positiv.

1443 Tatsächlich ist der Durchschnitt der Fälle, die wir auf Basis der HSI-Reports kodiert haben, etwas niedriger als der der beiden anderen Quellen (HSI: 0,2, EELC: 0,21, Iuropa: 0,27). Dies folgt unserer Vermutung, dass das gewerkschaftsnahe HSI eine kritischere Sicht auf die Arbeitnehmerfreundlichkeit der Urteile haben könnte als die anderen Quellen. Der Unterschied ist allerdings gering und nicht statistisch signifikant.

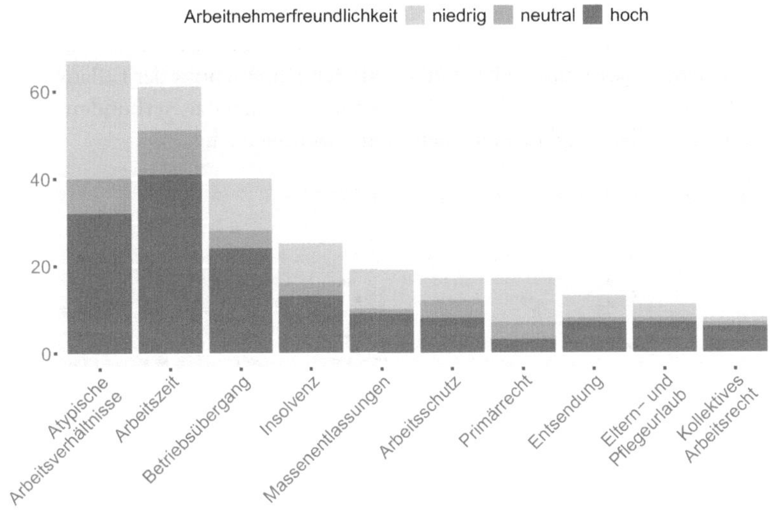

Abbildung 7. Die Arbeitnehmerfreundlichkeit des EuGH

Die britische Arbeitsrechtlerin *Anne Davies* hat in einem Beitrag von 2018 argumentiert, dass sich die Behandlung des sozialen *Aquis* durch den EuGH nach dem Zweck richtet, den europäisches Sekundärrecht verfolgt. Sie weist darauf hin, dass manche arbeitsrechtliche Sekundärrechtsakte jenseits des klassischen Arbeitnehmerschutzes andere Zwecke verfolgen, etwa die Flexibilisierung des Arbeitsmarkts zur Bekämpfung von Arbeitslosigkeit.[1444] Sie attestiert etwa den Richtlinien zu atypischen Arbeitsverhältnissen (Teilzeit, Leiharbeit und befristete Arbeitsverhältnisse) der Idee der „Flexicurity" zu folgen, also einer Kombination von Arbeitnehmerschutz und Arbeitsmarktflexibilisierung. Während diese Richtlinien Arbeitnehmer in solchen Arbeitsverhältnissen schützen, indem sie sie denen in „typischen" Arbeitsverhältnissen gleichstellen, sind sie jedoch gleichzeitig auch dazu gedacht, derartige flexible Formen von Arbeitsverhältnissen zu fördern.[1445] Die RL 96/71/EG (Entsenderichtlinie) wiederum versucht die Interessen zweier Gruppen von Arbeitnehmern auszugleichen – die von Arbeitnehmern in den „alten" Mitgliedstaaten des europäischen Nordwestens, und diejenigen der Arbeitnehmern aus den „neuen" Mitgliedstaaten. Der niedrigere Grad an Arbeitnehmerfreundlichkeit (in unserer Definition) in diesen Bereichen wäre demnach nicht allein den Entscheidungen der Richter am EuGH geschuldet, sondern dem Willen der europäischen Gesetzgeber.

1444 Davies, European Constitutional Law Review (14) 2018, 154.
1445 Davies, ebd., 154, 156 f.

Neben den Sachbereichsunterschieden stellen wir auch Variation über Zeit fest. Abbildung 8 zeigt den „rollenden" Durchschnitt aller Fälle über unseren Untersuchungszeitraum. Jeder Punkt stellt den Durchschnitt der Fallausgänge aus den 4 jeweils davor und danach liegenden Urteilen dar, verbunden durch eine LOESS-Glättungskurve, die den Trend nachzeichnet.

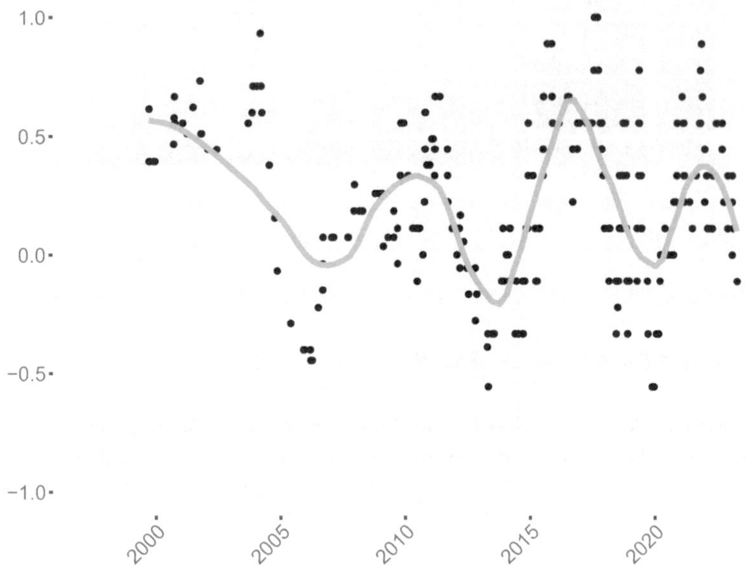

Abbildung 8. Arbeitnehmerfreundlichkeit des EuGH über Zeit

Aus dieser Abbildung lässt sich kein einheitlicher Trend ableiten. Tatsächlich häufen sich um *Viking* und *Laval*[1446] eine Reihe von Urteilen, die wir ebenfalls als wenig arbeitnehmerfreundlich eingestuft haben, allerding folgten darauf in den nächsten Jahren diverse „Höhen" und „Tiefen". Abbildung 9 unterteilt den Trend nach Sachbereichen. Angesichts der grundsätzlichen Unterschiede zwischen den Sachbereichen ist dies die aussagekräftigere, wenn auch weniger übersichtliche Aufstellung. Der in jedem Punkt dargestellte Durchschnitt bezieht sich hier (aufgrund der kleineren Fallzahl) auf die jeweils 2 davor und danach liegenden Urteile (für die ersten und letzten beiden Urteile jedes Sachbereichs lässt sich daher kein Durchschnitt errechnen). Auch hier lassen sich wenig deutliche Trends feststellen, die Abbildung kann aber helfen, Fallstudien zu einzelnen Fällen in einen größeren Zusammenhang einzuordnen.

1446 EuGH, 11.12.2007 – C-438/05 [Fn. 29] – Viking; EuGH, 18.12.2007 – C-341/05 [Fn. 29] – Laval.

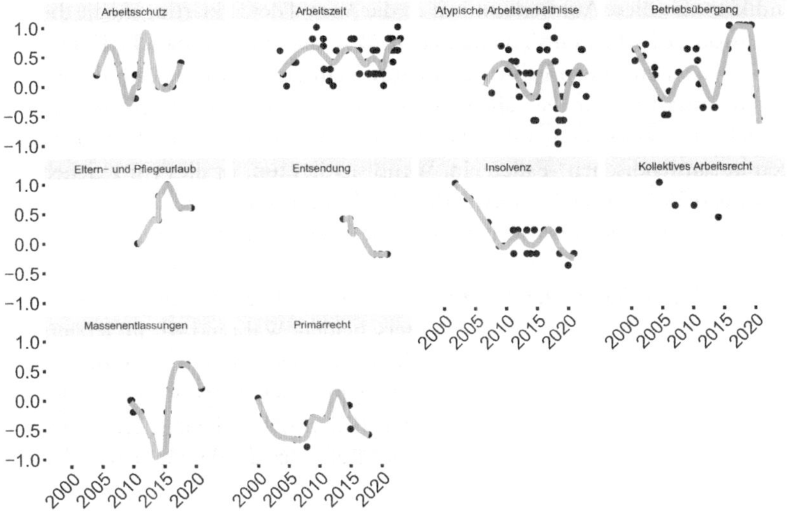

Abbildung 9. Arbeitnehmerfreundlichkeit des EuGH nach Sachbereichen über Zeit

Der EuGH hört Fälle in unterschiedlichen Kammerformationen. Seit den 1980er Jahren hat der Gerichtshof dabei ein System von im Wesentlichen drei Typen von Spruchkörpern entwickelt – solche mit drei Richtern, fünf Richtern und einem kleinen Plenum mit einer über die Jahre wechselnder Anzahl an Richtern. Aus letzterem ging die heutige Große Kammer hervor, die in der Regel 15 Richter umfasst. Über die Zuweisung an Kammern kann der Gerichtshof weitgehend frei entscheiden – nur Mitgliedstaaten und Unionsorgane können die Verweisung eines Falls an die Großen Kammer beantragen. In allen anderen Fällen entscheidet die Generalversammlung des Gerichtshofs auf Vorschlag des Berichterstatters.[1447] Die Zuweisung folgt dabei einer Einschätzung über die Relevanz des Falles. Laut Art. 60 der Verfahrensordnung des Gerichtshofs verweist der Gerichtshof „alle bei ihm anhängigen Rechtssachen an die Kammern mit fünf oder mit drei Richtern, sofern nicht die Schwierigkeit oder die Bedeutung der Rechtssache oder besondere Umstände eine Verweisung an die Große Kammer erfordert".[1448] Die über einen Fall entscheidende Kammer ist also ein Indikator für die Relevanz, die der Gerichtshof dem Fall selbst beimisst.

Ein alternativer Maßstab für die Relevanz eines Falles ist der Grad der Aufmerksamkeit, den die Regierungen der Mitgliedstaaten dem Fall widmen. Ein

1447 Art. 59 Abs. 2, Konsolidierte Fassung der Verfahrensordnung des Gerichtshofs vom 25. September 2012.
1448 Art. 60, Konsolidierte Fassung der Verfahrensordnung des Gerichtshofs vom 25. September 2012.

Indikator für diese Aufmerksamkeit ist die Anzahl der Erklärungen, die die Regierungen beim Gerichtshof einreichen. Während die Europäische Kommission in jedem einzelnen Fall eine Erklärung einreicht, tun die Mitgliedstaaten dies hauptsächlich in den Fällen, die von „ihren“ nationalen Gerichten an den Gerichtshof verwiesen wurden. Die Regierungen reichen nur selten Erklärungen in „ausländischen“ Fällen ein. Wenn sie dies tun, ist dies ein Zeichen für besondere Bedeutung. Ich verwende hier die Summe der Erklärungen, die von Regierungen der Mitgliedstaaten in jedem Fall eingereicht wurden.

Für eine Einschätzung der Arbeitnehmerfreundlichkeit des EuGH ist es wichtig, nach der Relevanz der Fälle zu unterscheiden. Während wir im letzten Abschnitt gezeigt haben, dass der EuGH in der Tendenz im Sinne von Arbeitnehmerinteressen entscheidet, wäre es wichtig zu eruieren, ob sich dieser Befund zwischen mehr und weniger relevanten Fällen unterscheidet. Ich verwende zwei Maße von Relevanz: die „rechtliche“ Relevanz, die der Gerichtshof selbst dem Fall beimisst, und der „politischen“ Relevanz, die Regierungen dem Fall beimessen.

Abbildung 10 weist auf einen Unterschied zwischen den Kammerformationen hin. Entscheidungen in unserem Interessenbereich werden vornehmlich in Kammern von fünf Richtern getroffen. Der durchschnittliche Wert der Arbeitnehmerfreundlichkeit in dieser Formation beträgt 0,32. Für Kammern von drei Richtern, etwas weniger häufig, beträgt der Wert 0,21. Der durchschnittliche Wert der 48 Fälle, die in der Großen Kammer entschieden wurden, ist mit –0.1 deutlich negativer. Es gibt also starke Hinweise darauf, dass der EuGH in Fällen, denen er selbst hohe Relevanz bemisst, Arbeitnehmerinteressen weniger stark entspricht als in Fällen, die er selbst für weniger relevant hält. Abbildung 11 hingegen lässt keinen einfachen Schluss zu im Hinblick auf den Effekt der Summe der eingereichten Erklärungen. Zwar hatten die drei Fälle, die nach diesem Maß den höchsten Grad an mitgliedstaatlicher Aufmerksamkeit erfahren haben (*Laval*, *Viking* und *Cadbury Schweppes*)[1449], einen wenig arbeitnehmerfreundlichen Ausgang, daraus kann man aber noch keine Tendenz ableiten. Die Verteilung in den anderen Kategorien ist nicht eindeutig.

1449 EuGH, 18.12.2007 – C-341/05 [Fn. 29] – Laval; EuGH, 11.12.2007 – C-438/05 [Fn. 29] – Viking; EuGH, 12.09.2006 – C-196/04 (ECLI:EU:C:2006:544), EuZW 2006, 633 – Cadbury Schweppes.

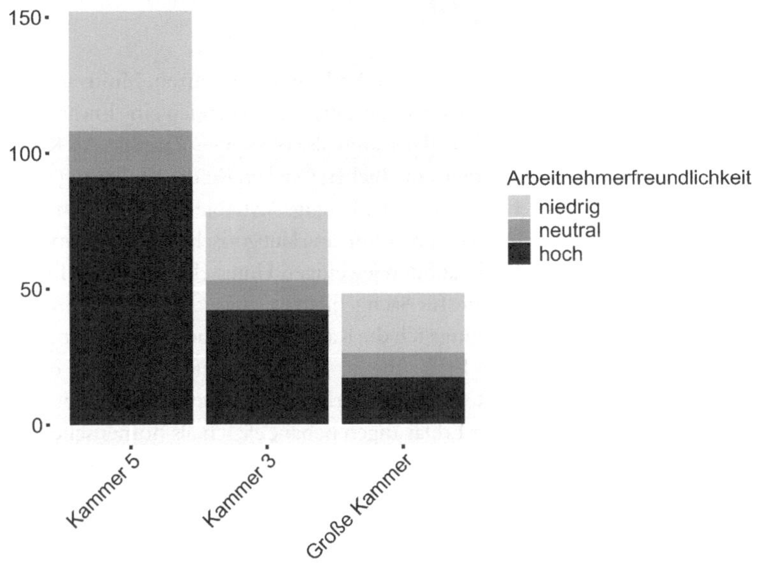

Abbildung 10. Arbeitnehmerfreundlichkeit nach Kammerformation

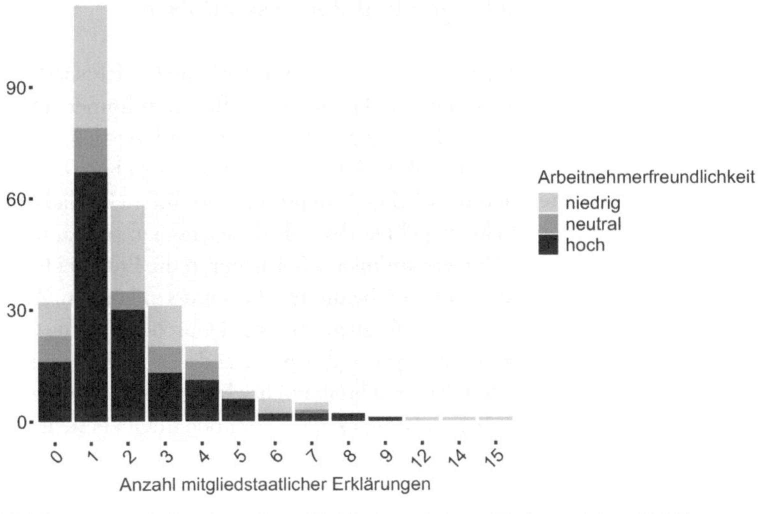

Abbildung 11. Arbeitnehmerfreundlichkeit nach Anzahl eingereichter Erklärungen

III. Inferenzstatistik

Deskriptive Statistiken stoßen an diesem Punkt an ihre Grenzen. Multivariate Analysen bieten bessere Lösungen. Ich rechne daher im Folgenden eine lineare Regression mit unserer Kodierung des Fallausgangs als abhängiger Variable. Als Kontrollvariable übernehme ich die unterschiedlichen Quellen für die Kodierung des Fallausgangs aus Abbildung 1. Die erste unabhängige Variable ist der in Abbildung 2 dargestellte Sachbereich. Da es sich hier um eine kategorische Variable handelt, bezieht sich der errechnete Effekt auf den jeweiligen Unterschied zu einer Referenzkategorie. Die Referenzkategorie für Sachgebiete ist „Arbeitszeit". Als Maße für die Relevanz eines Falls berücksichtige ich die Kammerformation und die Anzahl eingereichter mitgliedstaatlicher Erklärungen. Die Kammerformation ist ebenfalls eine kategorische Variable, Referenzkategorie ist hier eine Kammer mit 5 Richtern. Die Anzahl eingereichter Erklärungen behandele ich als numerische Variable. Ich teste ebenfalls den Effekt eines Verweises auf Grundfreiheiten, Art. 16 GRC oder eines Artikels aus Kapitel IV der GRC. Hier handelt es sich um binäre Variablen die allein die An- oder Abwesenheit eines solchen Verweises anzeigen. Als letzte Variable füge ich dem Modell ein Maß der politischen Einstellungen und Vorverständnisse der an der Urteilsfindung beteiligten Richter bei. Bevor ich Ergebnisse vorstelle, möchte ich auf den letzten Punkt noch näher eingehen.

1. Politische Einstellungen und Vorverständnisse

Für die politikwissenschaftliche Auseinandersetzung mit der Gerichtsbarkeit als Institution, die politisch relevante Entscheidungen trifft, war es immer ein zentrales Anliegen, Motivationen und Beweggründe der Entscheidungsträger – Richter – genauer zu studieren. Anders als in der rechtssoziologischen Forschung, die eine große Bandbreite außerrechtlicher Einflussfaktoren auf richterliche Entscheidungsfindungen untersucht, geht es der Politikwissenschaft primär um politische Einstellungen und Vorverständnisse, die Richter in die Entscheidungssituation hineintragen und die ihre Entscheidungen beeinflussen können. Zentraler Fokus dieser Forschung war ursprünglich der amerikanische Supreme Court, der die Relevanz solcher Einstellungen und Vorverständnisse recht unmissverständlich verdeutlicht. Seitdem hat eine breitere Forschung diese Relevanz auch jenseits des amerikanischen Beispiels aufgezeigt.[1450] Für den EuGH besteht dieses Forschungsinteresse auch, jedoch bietet das institutionelle Gefüge des Gerichtshofs wenig Material, auf das sich so eine Forschung stützen könnte: Voten sind geheim, Sondervoten nicht vorgesehen. Dennoch gibt auch hier die Forschung

1450 *Schaks u.a.*, JZ 2017, 816.

Hinweise, dass politische Einstellungen und Vorverständnisse relevant sein könnten.[1451] Silje *Hermansen* und Daniel *Naurin* zeigen etwa, dass nominierende Regierungen durchaus ein (partei-)politisches Kalkül bei der Besetzung vakanter Stellen verfolgen.[1452] Ihre Forschung weist darauf hin, dass Regierungen, die die Möglichkeit haben, eine bestehende Richterin entweder neu zu nominieren oder zu ersetzen, eine Abwägung zwischen dem Renommee dieser Richterin und der politischen Distanz zur ursprünglich nominierenden Regierung vornehmen. In einem jüngeren Arbeitspapier zeigen Silje *Hermansen* und Erik *Voeten* zudem, dass Entscheidungen des EuGH in Fällen zu staatlichen Beihilfen systematisch mit der parteipolitischen Zusammensetzung der Regierung variieren, die den Berichterstatter des Falls und den „Median-Richter" der Kammer (das „Zünglein an der Waage") nominiert haben.[1453]

Wir glauben, dass das europäische Arbeitsrecht grundsätzlich ein Bereich ist, in dem politische Einstellungen und Vorverständnisse eine besondere Rolle spielen könnten. Das Arbeitsrecht regelt einen Aspekt gesellschaftlichen Zusammenlebens, der sich recht deutlich auf der „klassischen" Achse politischer Konflikte verorten lässt: zwischen staatlichem Eingriff und wirtschaftlicher Selbstregulierung, oder schematisch zwischen Arbeit und Kapital. Zudem geht es hier nicht um ein Für oder Wider europäischer Regelung an sich, sondern darum, wen genau eine europäische Regelung begünstigt.

Wir haben daher im letzten Schritt unserer Analyse Daten gesammelt, die uns Anhaltspunkte zu politischen Einstellungen und Vorverständnissen der Richter am EuGH geben können. Wir nutzen dazu Informationen zur parteipolitischen Zusammensetzung der nominierenden Regierung. Dies ist zwar ein in der politikwissenschaftlichen Forschung gängiger Ansatz, wir sind uns aber natürlich bewusst, dass dies nur ein sehr grober Indikator für die tatsächlichen Einstellungen individueller Richter sein kann. Der Ansatz ist auch methodisch nicht unproblematisch. Die offizielle Ernennung wird im Amtsblatt der Europäischen Union bekannt gegeben,[1454] ist aber nur der Endpunkt in einer längeren Kette von vorherigen Entscheidungsschritten auf sowohl der nationalen als auch der europäischen Ebene. Der Vertrag von Lissabon führte als Schritt zur Qualitätssicherung in Art. 255 AEUV einen Ausschuss ein, der die Qualifikation vorgeschlagener Richter prüft. Die Dokumente dieses Gremiums sind grundsätzlich geheim. Es ist daher nicht genau nachvollziehbar, wann eine Person für einen Richterposten am EuGH vorgeschlagen wurde. Dies könnte

1451 *Cheruvu*, Journal of Law and Courts 2024, 185.

1452 *Hermansen/Naurin*, Shaping the Bench.

1453 *Voeten/Hermansen*, The effect of ideology on court rulings.

1454 Es handelt sich dabei um einen Rechtsakt in Form eines Beschlusses der Vertreter der Regierungen der Mitgliedstaaten.

dann relevant sein, wenn kurz vor der offiziellen Ernennung ein Regierungswechsel stattgefunden hat. Bei 13 der insgesamt 71 Richter, die an einem Urteil in unserer Auswahl beteiligt waren, war dies der Fall. Bei zwei von ihnen war der ideologische Unterschied zwischen der alten und der neuen Regierung bedeutsam: 62 Tage vor Ernennung des portugiesischen Richters José *de Carvalho Moitinho de Almeida* und 87 Tage vor Ernennung des schwedischen Richters Hans *Ragnemalm* wurde jeweils eine sozialdemokratische Regierung von einer konservativen Regierung abgelöst. Für beide Richter können wir nicht genau feststellen, welche Regierung für die Nominierung verantwortlich war. Beide wurden vor der Einsetzung des Ausschusses nach Art. 255 AUEV ernannt, daher weisen wir sie der zum Zeitpunkt der Ernennung im Amt befindlichen (hier konservativen) Regierung zu.

Eine weitere methodische Entscheidung betrifft die Frage, welche Nominierung zu einem Amt am EuGH die entscheidende ist. Nicht selten nominieren Regierungen der Mitgliedstaaten Personen, die bereits ein anderes Amt am EuGH innehaben – etwa eine Richterin am Gericht zur Richterin am Gerichtshof, oder eine Generalanwältin am Gerichtshof zur Richterin. Wir wissen aus Forschung zu Nominierungsprozessen, dass nationale Regierungen in solchen Fällen eine Abwägung treffen: Eine längere Amtszeit (wenn auch in anderer Position) führt zu Reputationsgewinn innerhalb des Gerichts. Eine länger amtierende Richterin wird eher mit gewichtigen Fällen betraut als eine Novizin.[1455] Eine nationale Regierung agiert daher mit geringerer Wahrscheinlichkeit aus parteipolitischem Kalkül, wenn sie eine Person mit bestehendem Amt am EuGH benennt, als wenn sie jemand gänzlich neues nominiert.[1456] Wir haben uns daher dazu entschieden, als nominierende Regierung diejenige zu bestimmen, die eine Person zu ihrem ersten Amt am EuGH benannt hat (Richterin am Gericht, Generalanwältin oder Richterin am Gerichtshof).

Eine weitere Schwierigkeit der Gleichstellung eines Richters mit der nominierenden Regierung ist die Diversität der innerstaatlichen Nominierungsprozesse. In einigen Ländern bestehen dazu keine besonderen Regeln, die die Entscheidungsfreiheit der amtierenden Regierung einschränken würden. In rund der Hälfte der Mitgliedstaaten bestehen solche Regelungen aber sehr wohl. Diese reichen von qualifizierten Mehrheitsentscheidungen politischer Organe bis hin zu offenen Bewerbungsprozessen für freiwerdende Posten. Die nominierende Regierung ist daher ein kruder Indikator für politische Einstellungen der Richter, aber derzeit der Einzige, der uns zur Verfügung steht. Wir haben daher die Er-

1455 *Krenn*, in: Madsen/Nicola/Vauchez (Hrsg.), Researching the European Court of Justice: Methodological Shifts and Law's Embeddedness.

1456 *Hermansen/Naurin*, Shaping the Bench.

nennungsdaten aller Richter gesammelt und die zu diesem Zeitpunkt amtierenden Regierungen ermittelt. Ich benutze zwei alternative Datenquellen, um die politische Positionierung dieser Regierungen zu messen. Die erste ist der Chapel Hill Expert Survey.[1457] Ich benutze den dort enthaltenen Indikator „lrecon“ (left-right, economy), der Parteipositionen auf einer Skala von staatszentriert (0) bis marktorientiert (10) abbildet. Je höher dieser Wert, desto marktliberaler die Position. Die zweite Datenquelle ist das oben genannten Arbeitspapier von Silje *Hermansen* und Erik *Voeten*, für das die Autoren Wahlprogramme der an den Regierungen beteiligten Parteien auf Aussagen zum Verhältnis zwischen Markt und Staat untersucht haben. Die resultierende Skala reicht von etwa –2 (staatliche Intervention) bis 2 (freier Markt). Ich behandele beide Skalen separat, um die Robustheit dieser Daten sicherzustellen. Aus den Werten habe ich den nach Sitzanzahl im Parlament gewichteten Durchschnitt der Parteipositionen von Koalitionsregierungen errechnet. Den entsprechenden Wert habe ich jedem Richter zugewiesen und für jede Kammerformation denjenigen Richter identifiziert, der auf dieser Skala die Medianposition einnimmt. Die jeweils ideologisch weiter links oder rechts positionierten Richter müssen, so die Theorie, diesen Richter von ihrer Position überzeugen, um eine Mehrheit zu erreichen. Dem Vorgehen *Hermansen* und *Voetens* füge ich dem Modell ebenfalls ein Maß für die idiologische Distanz zwischen dem „Kammermedian“ und dem Berichterstatter bei. Dem Berichterstatter wird eine besondere Agenda-Setzer-Funktion zugeschrieben. Als Autor der ersten Urteilsversion ist es zumindest theoretisch denkbar, dass der Berichterstatter einen größeren Fußabdruck auf dem Urteil hinterlässt als andere Richter der Kammer.

2. Ergebnisse

Abbildung 12 präsentiert die Resultate der Regression. Die Punkte repräsentieren den Regressionskoeffizienten, also den geschätzten Effekt auf den Fallausgang. Die Linien wiederum repräsentieren Konfidenzintervalle, also den Bereich, in dem der „wahre“ Effekt jedes Faktors mit 95-prozentiger Sicherheit liegt. Umfasst das Konfidenzintervall den Nullpunkt, ist der geschätzte Effekt statistisch nicht signifikant – wir können also nach gängiger Konvention nicht mit Sicherheit sagen, dass dieser Effekt existiert. Ich habe die Faktoren, für die dies der Fall ist, hell eingefärbt. Die dunkleren Töne signalisieren unterschiedliche Signifikanzniveaus, die aber für die Interpretation der Effekte hier keine Rolle spielen.

Abbildung 12 bestätigt den Eindruck der deskriptiven Übersicht: Urteile aus den Sachbereichen atypische Arbeitsverhältnisse, Insolvenz, Betriebsübergang, Mas-

1457 *Jolly u.a.*, Electoral Studies 2022, Article 102420.

senentlassungen und Primärrecht sind im Durchschnitt weniger arbeitnehmerfreundlich als Fälle aus dem Bereich der Arbeitszeit, unabhängig von der Kammerformation. Anne *Davies*' Annahme, dass die Zielrichtung des europäischen Sekundärrechts einen prägenden Einfluss auf den Fallausgang hat, findet hier also Bestätigung.[1458] Die geringere Arbeitnehmerfreundlichkeit (in unserer Definition) in diesen Bereichen wäre daher nicht allein auf die Entscheidungen der Richter am EuGH zurückzuführen, sondern auf den Willen des EU-Gesetzgebers.

Wie bereits in Abbildung 10 dargestellt haben Fälle, die in der Großen Kammer entschieden wurden, einen im Durchschnitt weniger arbeitnehmerfreundlichen Ausgang als Fälle, die in Kammern mit 5 Richtern entschieden werden (etwa 0,5 Punkte niedriger auf unserer Skala), unabhängig vom Sachbereich. Ich stelle allerdings keinen statistisch signifikanten Einfluss der Anzahl der von den Mitgliedstaaten eingereichten Erklärungen fest. Ich interpretiere dies als Hinweis darauf, dass nicht die politische Bedeutung eines Falles einen Einfluss auf den Ausgang hat, sondern die Bedeutung eines Falles in den Augen der Richter, d.h. Fälle, die neue rechtliche Fragen aufwerfen, einschließlich Fälle, in denen konkurrierende Zielsetzungen europäischen Rechts gegeneinander abgewogen werden. Dieser Effekt ist unabhängig von der Rechtsquelle, die der EuGH berücksichtigt. Urteile der Großen Kammer sind weniger arbeitnehmerfreundlich als die anderer Kammerformationen, unabhängig von einer etwaigen Abwägung von Grundfreiheiten.

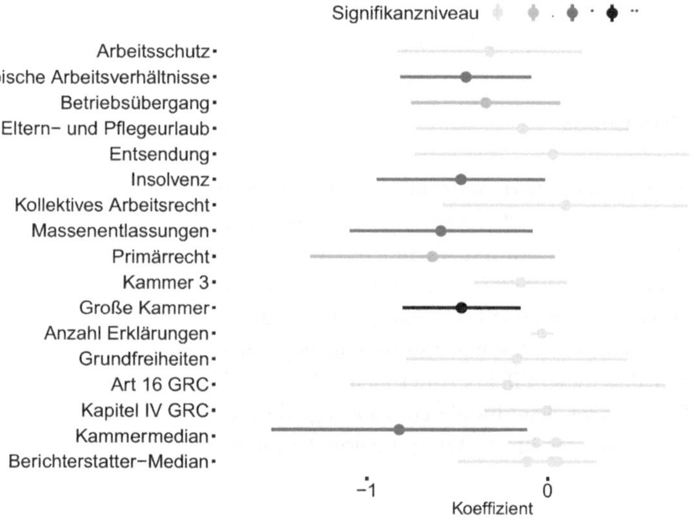

Abbildung 12. Ergebnisse der Regression

1458 *Davies*, European Constitutional Law Review (14) 2018, 154.

Unter Berücksichtigung der Kammerformation kann ich keinen systematischen Einfluss einer Abwägung von Grundfreiheiten oder Arbeitgeberrechten der Charta auf die Arbeitnehmerfreundlichkeit der Urteile des EuGH feststellen. In der Breite der Fälle betrachtet nutzt der EuGH weder Art. 16 GRC noch die Grundfreiheiten, um Arbeitnehmer schützendes Sekundärrecht zu relativieren. Gleichzeitig stelle ich aber auch keinen statistisch signifikanten Effekt für einen Verweis auf Kapitel IV GRC fest. Ein Verweis auf Arbeitnehmerrechte der Charta erhöht also nicht die Arbeitnehmerfreundlichkeit des Urteils. Das bedeutet etwa, dass Urteile zur Arbeitszeit unabhängig vom Verweis auf Art. 31 Abs. 2 GRC, den der EuGH in Urteilen zu Urlaub nun regelmäßig nutzt, deutlich arbeitnehmerfreundlicher sind als etwa solche zu Massenentlassungen.

Was schließlich meine Maße für politische Einstellungen und Vorverständnisse der Richter betrifft, stelle ich für vier alternative Indikatoren nur einen signifikanten Effekt fest. Nur für die von *Hermansen* und *Voeten* verwendete Datenquelle (Parteiprogramme) deuten die Ergebnisse auf einen statistisch signifikanten Effekt der Zusammensetzung der Regierung hin, die den Medianrichter der Kammer nominiert. Für den auf Daten des Chapel Hill Expert Surveys basierenden Indikator für denselben Richter stelle ich jedoch kein solches Ergebnis fest. Darüber hinaus stelle ich unabhängig von der Datenquelle keinen Einfluss der Position des Berichterstatters fest. Dies ist bestenfalls ein schwacher Hinweis darauf, dass politische Einstellungen und Vorverständnisse bei der gerichtlichen Entscheidungsfindung in arbeitsrechtlichen Fällen eine Rolle spielen. Dieser Befund ist aber kaum belastbar. Es ist mehr Forschung notwendig, um die relativen Vorzüge verschiedener Datenquellen für richterliche Präferenzen zu untersuchen. Aus der Forschung zu politischen Parteien wissen wir, dass Positionsdaten aus verschiedenen Quellen nicht immer korrelieren.[1459] Da die Zusammensetzung der nominierenden Regierung ohnehin nur ein grober Indikator für die Präferenzen der Justiz sein kann, wäre es für die Forschung zur gerichtlichen Entscheidungsfindung am EuGH sinnvoll, alternative Maße zu untersuchen.

IV. Schlussfolgerungen

Der politikwissenschaftliche Teil des dieser Ausarbeitung zugrundeliegenden Forschungsprojekts hat sich vorgenommen, arbeitsrechtlich relevante Fälle vor dem EuGH systematisch zu erfassen, um die Auseinandersetzung über die augenscheinliche Asymmetrie des EU-Rechts von ihrem Fokus auf paradigma-

1459 *Adams u.a.*, European Journal of Political Research 2019, 1234; *Ecker u.a.*, Party Politics 2021, 528.

tische Fälle hin zu allgemeinen Erkenntnissen zu lenken. Abschließend möchte ich drei zentrale Erkenntnisse hervorheben.

Erstens deuten die Ergebnisse darauf hin, dass die Bedenken, der EuGH bevorzuge unternehmerische Freiheiten systematisch gegenüber Arbeitnehmerrechten, möglicherweise überzogen sind. Bemerkenswerte Entscheidungen wie *Alemo-Herron* und *Aget Iraklis*,[1460] bei denen unternehmerischen Grundrechten gegenüber Arbeitnehmerinteressen Vorrang eingeräumt wurde, bleiben eher die Ausnahme als die Regel. Allerdings führen Fälle, in denen der EuGH sein Urteil ausschließlich oder überwiegend auf Grundfreiheiten stützt, oft zu weniger arbeitnehmerfreundlichen Ergebnissen. Solche Fälle sind jedoch gerade in jüngster Zeit selten geworden. Entgegen ursprünglicher Hoffnungen garantiert ein Verweis auf Kapitel IV der Charta der Grundrechte bei der Auslegung arbeitsrechtlichen Sekundärrechts keine arbeitnehmerfreundlicheren Urteile.

Zweitens scheinen Inhalt und Zielsetzung des Sekundärrechts eine zentrale Rolle für den Fallausgang zu spielen. Wenn das Sekundärrecht ausschließlich dem Arbeitnehmerschutz dient, fallen Urteile in der Regel arbeitnehmerfreundlich aus. Wenn das Sekundärrecht jedoch eine Abwägung konkurrierender Interessen vornimmt, wie bei der Regulierung atypischer Beschäftigungsverhältnisse oder Massenentlassungen, sind die daraus resultierenden Urteile vielfältiger und fallen manchmal im Sinne unternehmerischer Interessen und manchmal im Sinne der Arbeitnehmerinteressen aus. Dies unterstreicht den Handlungsspielraum der Politik bei der Gestaltung von Arbeitnehmerrechten in der EU. Der EuGH hinterfragt nicht systematisch die Absichten des Gesetzgebers. Wie bereits Martijn *van den Brink*, Mark *Dawson* und Jan *Zglinski* beobachtet haben, scheint es viel mehr Raum für positive Integration zu geben, als die Asymmetrie-These postuliert.[1461]

Drittens ist es jedoch besorgniserregend, dass Urteile der Großen Kammer für Arbeitnehmer tendenziell ungünstiger ausfallen als Urteile kleinerer Kammern. Fälle der Großen Kammer befassen sich mit neuen und komplexen Rechtsfragen, die häufig einen Ausgleich konkurrierender Interessen vornehmen, nicht nur zwischen Primär- und Sekundärrecht, sondern auch zwischen konkurrierenden Zielsetzungen, die der Gesetzgeber im Sekundärrecht verfolgt. Solche Abwägungen scheinen für Arbeitnehmerinteressen weniger vorteilhaft zu sein als weniger komplexe Fälle. Es ist denkbar, dass Entscheidungen der Großen Kammer auf diese Weise progressivere Lesarten unterbinden,

1460 EuGH, 18.07.2013 – C-426/11 [Fn. 39] – Alemo-Herron; EuGH, 21.12.2016 – C-201/15 [Fn. 35] – AGET Iraklis.

1461 *Brink, van den u.a.*, Journal of European Public Policy 2023, 1.

die Konfliktparteien sonst in Rechtsstreitigkeiten vorgetragen hätten. Unser Maßstab für die Arbeitnehmerfreundlichkeit der EuGH-Urteile beruht zu erheblichem Maße auf den vorgetragenen Rechtsauffassungen der Arbeitnehmer. Wenn diese unter dem Eindruck richtungsweisender Urteile der Großen Kammer zurückhaltend sind, kann das unsere Ergebnisse verzerren. Zwar zeigt die politikwissenschaftliche Untersuchung im Allgemeinen positive Ergebnisse in Bezug auf die Behandlung von Arbeitnehmerinteressen durch den EuGH, allerdings könnte dies auch gedämpfte Ambitionen der Arbeitnehmer widerspiegeln.

E. Wege zur Stärkung der sozialen Dimension des Unionsrechts

Olaf Deinert

I. Bedeutung sozialer Rechte im Unionsrecht

Mit Schaffung der Römischen Verträge war die Europäische Wirtschaftsgemeinschaft als eine eben solche ausgestaltet. Eine soziale Dimension war an sich nicht vorgesehen. Dennoch war diese keineswegs vollständig unterbelichtet.[1462] Es wurde durchaus erkannt, dass die soziale Entwicklung der Mitgliedstaaten kein Selbstläufer war. Andererseits hofften die Protagonisten auf eine solche als Folge des zu etablierenden Gemeinsamen Marktes.[1463] Das mündete in den Formelkompromiss des Art. 117 EWG-V, der sich heute in Art. 151 Abs. 3 AEUV wiederfindet.[1464] Die Verbesserung der Lebens- und Arbeitsbedingungen und deren Angleichung im Wege des Fortschritts sollen danach gleichermaßen Ergebnis des begünstigenden Wirkens des Binnenmarkts als auch der Angleichung der Rechts- und Verwaltungsvorschriften der Mitgliedstaaten sein.

Dennoch blieb gleichsam eine Vernachlässigung der sozialen Dimension: Während der EWG-Vertrag durchaus eine gemeinsame Wirtschaftspolitik kannte, vor allem aber schon auf primärrechtlicher Ebene die Marktentwicklung als Zielsetzung im Auge hatte, besonders durch Grundfreiheiten und Wettbewerbs- und Kartellrecht, fehlte es nämlich an sozialen Grundrechten. Lediglich die Freizügigkeit der Arbeitnehmer wurde als Grundfreiheit im Vertrag verankert, nicht indes, um ein Grundrecht der Arbeitnehmer zu schützen, sondern um den Binnenmarkt zu errichten,[1465] konkret hier in der Ausprägung eines europäischen Arbeitsmarktes. Die andere Bestimmung, die hier Erwähnung verdient, war Art. 119 EWG-V über die Entgeltgleichheit von Frauen und Männern. Wie die Geschichte lehrt, war jedoch auch diese Bestimmung weniger durch die Anerkennung eines Grundrechts motiviert als vielmehr durch die Zielsetzung, gleiche Wettbewerbsbedingungen für alle Mitgliedstaa-

---

1462 *Hoffmann/Wixforth*, AuR 2018, 4, 4; Zur sozialrechtlichen Entwicklung *Oppermann*, SR 2021, 157, 158 ff.

1463 Zusammenfassend: *Seifert*, AuR 2015, G9, G10 f.; ausf. *Barnard*, in: De Búrca/Craig (Hrsg.), The Evolution of EU Law, 678 ff.

1464 Zusammenfassend: *Seifert*, AuR 2015, G9, G11.

1465 *Brechmann*, in: Calliess/Ruffert (Hrsg.), EUV und AEUV, AEUV Art. 45, Rn. 1.

ten zu schaffen.[1466] Eine europäische Sozialpolitik auf der Grundlage dafür geschaffener Kompetenzen war hingegen nicht vorgesehen.[1467]

Mit fortschreitender Entwicklung der Gemeinschaft fand auch die Sozialpolitik allmähliche Anerkennung. Beginnend mit der RL 75/129/EWG (Massenentlassungsrichtlinie (1957))[1468] ging die Kommission seit den 1970er Jahren dazu über, Richtlinien vorzuschlagen, die den Schutz der Arbeitnehmer im Sinn hatten. Diese waren in Ermangelung sozialpolitischer Kompetenzen auf Marktkompetenzen gestützt. Sie trugen in sich die Logik, dass eine Harmonisierung arbeitsrechtlicher Standards Wettbewerbsverzerrungen entgegenwirke. Sozialpolitik wurde insoweit vor allem unter ökonomischen Fragestellungen betrieben.[1469] Sie war die Reaktion auf Gefährdung von Arbeitnehmerrechten durch das Wirken des Binnenmarktes.[1470] Dies kann durchaus als Zündfunke für die Schaffung vorsichtiger sozialpolitischer Regelungen im Zuge der Einheitlichen Europäischen Akte verstanden werden. Neben der Institutionalisierung des Sozialen Dialogs in Art. 118 b EG-V wurde mit dieser erstmals eine Kompetenznorm (bezogen auf die Arbeitsumwelt) im Bereich des Kernarbeitsrechts in Art. 118a EG-V geschaffen. Diese Entwicklung muss aber auch begriffen werden als ein Fundament des EU-Rechts, wonach ein radikales Wirken des Marktes zulasten sozialer Rechte ausscheiden muss. Insofern erscheint auch die feierliche Proklamation der Gemeinschaftscharta der Sozialen Grundrechte,[1471] wenngleich ohne Beteiligung Großbritanniens, als ein Ausdruck dieser sozialen Dimension. Sie fand im Zuge des Maastrichter Vertrages eine Fortsetzung und Vertiefung im Abkommen über die Sozialpolitik, das nicht nur eine aktive Beteiligung der Sozialpartner an der Gemeinschaftsrechtssetzung im Wege des sozialen Dialogs vorsah, sondern auch einen umfangreichen Katalog sozialpolitischer Kompetenzen (damals freilich noch für das Europa der Elf ohne Großbritannien), die sich heute in Art. 153 AEUV wiederfinden.[1472]

Parallel dazu erwies sich der EuGH als Motor der sozialen Integration. So geht etwa ein bedeutender Anteil der Freizügigkeitsrechte europäischer Bürger auf die Rechtsprechung des EuGH zurück.[1473] Weiterhin stärkte der EuGH den Schutz vor Diskriminierungen, zunächst hinsichtlich des Schutzes vor Diskri-

1466 Zusammenfassend: *Seifert*, AuR 2015, G9, G10.

1467 Vgl. *Kocher*, Europäisches Arbeitsrecht, § 1 Rn. 4.

1468 Inzwischen abgelöst durch RL 98/59/EG (Massenentlassungsrichtlinie).

1469 *Kliemann*, Die europäische Sozialintegration nach Maastricht, 28 ff.

1470 *Schubert*, RdA 2024, 282, 284 ff.

1471 Gemeinschaftscharta der sozialen Grundrechte der Arbeitnehmer, KOM (89) 248 endg.

1472 Vgl. etwa *Barnard*, in: De Búrca/Craig (Hrsg.), The Evolution of EU Law, 690 f.

1473 EuGH, 03.07.1986 – C-66/85 (ECLI:EU:C:1986:284), Slg. 1986, 2121 – Lawrie Blum.

minierung aufgrund des Geschlechts[1474], später auch des Alters[1475] und einer Behinderung[1476], jüngst in Bezug auf die Religion.[1477] Einen vorläufigen Höhepunkt erreichte die Entwicklung dadurch, dass der EuGH sich in der Rechtssache *Albany*[1478] dem Versuch entgegenstellte, das europäische Wettbewerbsrecht gegen die Tarifautonomie in Stellung zu bringen. Stattdessen betonte er die gleichberechtigte Anerkennung der Tarifautonomie im Primärrecht und leitete daraus eine Bereichsausnahme für das Wettbewerbsrecht ab. Nach *Lenaerts* und *Foubert* war die Entscheidung dadurch inspiriert, sowohl Sozialleistungsrechte als auch kollektive Rechte gleichermaßen zu schützen.[1479]

Vor diesem Hintergrund erweist sich die Geschichte der sozialen Dimension Europas letztlich als eine Geschichte der Verteidigung sozialer Rechte gegen radikale Marktkräfte.[1480] Diese Verteidigungsbastion hat wie beschrieben ihren berechtigten Platz in der Architektur des europäischen Unionsrechts gefunden. Diese reaktive Entwicklung der sozialen Dimension konnte indes nicht aus einem Guss sein, sondern musste eine flickenhafte Struktur aufweisen.[1481] Nur allmählich hat die soziale Dimension Eingang in das Primärrecht und (auch, aber nicht allein auf dieser Basis) in das Sekundärrecht gefunden. Art. 3 Abs. 3 EUV verspricht folgerichtig seit dem Vertrag von Lissabon nicht nur eine wettbewerbsfähige, sondern auch eine soziale Marktwirtschaft.[1482]

In der Rechtsprechung war schon früh anerkannt, dass die Europäische (Wirtschafts-)Gemeinschaft auch eine Rechtsgemeinschaft ist, die auf Grundrechte achten muss,[1483] obwohl die Gründungsverträge zunächst keinen Grundrechtskatalog bereithielten. Der EuGH hat dementsprechend Grundrechte als allgemeine Rechtsgrundsätze anerkannt. Dazu zählten auch Grundrechte wie etwa

1474 EuGH, 08.04.1976 – Rs. 43/75 [Fn. 22] – Defrenne II.

1475 Vgl. EuGH, 22.11.2005 – C-144/04 [Fn. 23] – Mangold.

1476 EuGH, 11.04.2013 – C-335/11 und C-337/11 [Fn. 24] – HK Danmark u.a.

1477 Etwa EuGH, 17.04.2018 – C-414/16 [Fn. 25] – Egenberger; EuGH, 11.09.2018 – C-68/17 (ECLI:EU:C:2018:696), NZA 2018, 1187 – IR/ JQ.

1478 EuGH, 21.09.1999 – C-67/96 [Fn. 26] – Albany; ferner etwa EuGH, 04.12.2014 – C-413/13 [Fn. 27] – FNV Kunsten Informatie en Media.

1479 *Lenaerts/Foubert*, Legal Issues of Economic Integration (28) 2001, 267, 277.

1480 Instruktiv *Däubler*, in: Birk (Hrsg.), Die soziale Dimension des Europäischen Binnenmarktes, 49 ff.; *Lenaerts/Foubert*, Legal Issues of Economic Integration (28) 2001, 267, 267 ff.; *Schubert*, RdA 2024, 282, 282 f.

1481 Vgl. *Barnard*, in: De Búrca/Craig (Hrsg.), The Evolution of EU Law, 695 f.

1482 Vgl. *Barnard*, ebd., 694 f.

1483 EuGH, 12.11.1969 – Rs. 29/69, Slg. 1969, 419, Rn. 7 – Stauder; EuGH, 13.12.1979 – C-44/79 (ECLI:EU:C:1979:290), Slg. 1979, 3727, Rn. 15, 17 – Hauer.

die Vereinigungsfreiheit[1484], Kollektivvertragsfreiheit[1485], das Recht auf Kollektivmaßnahmen[1486] oder die Berufsfreiheit[1487], die jedenfalls insoweit als soziale Grundrechte angesehen werden können, als es sich um Grundrechte handelt, die auch Arbeitnehmer schützen und das Potenzial haben, den Rechten der Arbeitgeber entgegengesetzt zu werden.[1488] Durch die Anerkennung ungeschriebener Grundrechte als allgemeine Rechtsgrundsätze wurde Bedenken des BVerfG in der Entscheidung „*Solange I*"[1489] im Hinblick auf den Grundrechtsschutz im Europarecht in einer Weise Rechnung getragen, die das BVerfG im Zuge der sogenannten „*Solange II*"-Rechtsprechung[1490] grundsätzlich billigte.

Während es damals noch einen Grundrechtemangel zu beklagen gab, stellt sich die Situation nun gerade umgekehrt dar. Art. 6 Abs. 1 EUV macht die Europäische Grundrechtecharta (GRC) primärrechtlich verbindlich. Mit ihr gibt es einen Grundrechtskatalog im Primärrecht durch Verweisung auf diese Charta, die eine große Menge von Grundrechten verbrieft, u.a. eine Reihe sozialer Grundrechte, wie beispielsweise das Recht auf Bildung (Art. 14 GRC), die Berufsfreiheit (Art. 15 GRC), Kinderrechte (Art. 24 GRC) sowie die Rechte im Titel IV Solidarität unter Einschluss des Rechts auf kollektive Maßnahmen und Kollektivverhandlungen in Art. 28 GRC. Zugleich verweist die Bestimmung auf den Bestand mitgliedstaatlicher Verfassungsüberlieferungen und überdies auf die Europäische Menschenrechtskonvention. Die Mitgliedstaaten sind ferner Mitglieder der Internationalen Arbeitsorganisation (ILO), sodass auch wesentliche ILO-Übereinkommen zum gemeinschaftlichen Grundrechtskonsens gerechnet werden können.[1491] Erwähnen lassen sich ferner die Allgemeine Erklärung der Menschenrechte, der Internationale Pakt über wirtschaftliche, soziale und kulturelle Rechte sowie der Internationale Pakt über bürgerliche und politische Rechte. Schließlich wird der Grundrechtskonsens der Mitgliedstaaten durch die (Revidierte) Europäische Sozialcharta ((R)ESC) geprägt.[1492] Diese nimmt zudem mit Blick auf die Sozialpolitik einen besonderen Stellenwert dadurch ein, dass sie in Art. 151 Abs. 1 AEUV ebenso wie die

1484 EuGH, 15.12.1995 – C-415/93 (ECLI:EU:C:1995:463), Slg. 1995, I-4921 = AP Nr. 10 zu BGB § 611 Berufssport, Rn. 79 – Bosmann.

1485 EuGH, 21.09.1999 – C-67/96 [Fn. 26], Rn. 55 ff. – Albany; EuGH, 12.10.2010 – C-45/09 (ECLI:EU:C:2010:601), AP Nr. 18 zu Richtlinie 2000/78/EG, Rn. 67 – Rosenbladt.

1486 EuGH, 18.12.2007 – C-341/05 [Fn. 29], Rn. 90 f. – Laval; EuGH, 11.12.2007 – C-438/05 [Fn. 29], Rn. 43 f. – Viking.

1487 EuGH, 14.05.1974 – C-4/73 (ECLI:EU:C:1974:51), Slg. 1974, 491, Rn. 14 – Nold; EuGH, 13.12.1979 – C-44/79 [Fn. 1485], Rn. 32 – Hauer.

1488 Insg. zur Rolle des Gerichtshofs bei der Etablierung sozialer Grundrecht *Lenaerts/Foubert*, Legal Issues of Economic Integration (28) 2001, 267, 284 ff.

1489 BVerfG, 29.05.1974 – 2 BvL 52/71 [Fn. 845] – Solange I.

1490 BVerfG, 22.10.1986 – 2 BvR 197/83 [Fn. 845] – Solange II.

1491 Vgl. etwa EuGH, 15.06.1978 – Rs. 149/77, Slg. 1978, 1365, Rn. 26, 29 – Defrenne III.

1492 Vgl. EuGH, 11.12.2007 – C-438/05 [Fn. 29], Rn. 43 – Viking.

Gemeinschaftscharta der sozialen Grundrechte gleichsam als Benchmark europäischer Sozialpolitik in Bezug genommen wird.

Nachdem der Gerichtshof die Grundfreiheiten auch gegenüber privaten Mächten gestärkt hat[1493] und zudem anerkannte, dass die Mitgliedstaaten die Pflicht trifft, die Ausübung von Grundfreiheiten vor Beschränkungen durch Private zu schützen,[1494] sind Konstellationen, in denen die Ausübung von Grundrechten mit Grundfreiheiten kollidieren, zunehmend wahrscheinlicher geworden.[1495] Der EuGH hat die Grundrechte dabei in der Dogmatik nicht den Grundfreiheiten untergeordnet.[1496] Noch am Vorabend der Inkraftsetzung der GRC hat er etwa in der Entscheidung *Viking* klargestellt, dass das Recht auf Kollektivmaßnahmen grundsätzlich normhierarchisch mit den Grundfreiheiten gleichrangig ist.[1497] Davon zu trennen ist die noch anzusprechende Problematik, dass er das sich dabei ergebende Kollisionsproblem zwischen Streikrecht und Niederlassungsfreiheit im Falle eines Arbeitskampfes gegen eine Standortverlagerung so aufgelöst hat, dass mindestens der Eindruck entstand, dass das Grundrecht der Gewerkschaft doch der Niederlassungsfreiheit des Arbeitgebers untergeordnet ist (unten Abschnitt E, II, 1. und Ausführungen *Thiel* in Abschnitt C, II, 1., b); C, II, 2., c), bb) und C, II, 2., d)). Letztlich aber sind, wie der EuGH auch etwa in den Entscheidungen *Schmidberger*[1498] und *Laval*[1499] ausgeführt hatte, auch die Grundfreiheiten Begrenzungen durch Grundrechte der Arbeitnehmer ausgesetzt.[1500]

Insgesamt spielen Grundrechte der GRC eine zunehmende Rolle in der Rechtsprechung des EuGH,[1501] wenngleich deswegen die Rechtsprechung nicht unbedingt arbeitnehmerfreundlicher geworden sein muss, wie *Hofmann* (Abschnitt D, III, 2.) herausgearbeitet haben. Angesichts des Umstandes, dass viele Grundrechte der GRC bereits zuvor, in der Rechtsprechung des EuGH etabliert waren, wäre ein Quantensprung auch gar nicht zu erwarten gewesen.[1502] Bisweilen erfahren Arbeitnehmerrechte allerdings in der Rechtsprechung eine Aufwertung durch Grundrechte. Wenn Rechte aus einer Richtlinie ebenfalls durch ein Grundrecht geschützt sind, können sie anders als sonst bei Richtlini-

---

1493 EuGH, 12.12.1974 – C-36/74 (ECLI:EU:C:1974:140), NJW 1974, 1093 – Walrave und Koch.

1494 EuGH, 12.06.2003 – C-112/00 [Fn. 836] – Schmidberger.

1495 *Trstenjak/Beysen*, European law review 2013, 293, 293 ff., insb. 309 f.

1496 EuGH, 12.06.2003 – C-112/00 [Fn. 836], Rn. 77 ff., insb. 81 – Schmidberger.

1497 EuGH, 11.12.2007 – C-438/05 [Fn. 29], Rn. 77 ff., insb. 79 – Viking.

1498 EuGH, 12.06.2003 – C-112/00 [Fn. 836], Rn. 73 f. – Schmidberger.

1499 EuGH, 18.12.2007 – C-341/05 [Fn. 29], Rn. 93 – Laval.

1500 *Skouris*, in: FS Starck, 1000; *Schubert*, RdA 2024, 282, 285.

1501 Vgl. m.w.N. *Schubert*, RdA 2024, 282, 285.

1502 Vgl. *Lenaerts/Foubert*, Legal Issues of Economic Integration (28) 2001, 267, 267 ff.

en[1503] eine horizontale Direktwirkung gegenüber dem Arbeitgeber entfalten[1504].[1505] Im Ergebnis bedeutet das eine Stärkung der sozialen Dimension, indem für das innerstaatliche Recht Verpflichtungen der Arbeitgeber vorgegeben werden, die der Mitgliedstaat richtlinienwidrig nicht begründet hat.

Nach allem enthält das Unionsrecht grundsätzlich keinen Vorrang der Grundfreiheiten vor Grundrechten.[1506] Hinzu kommt, dass dem Primärrecht eine Grundentscheidung zu entnehmen ist, wonach Sozialpolitik dem freien Wirken des Marktes entgegengesetzt werden kann und mit Rücksicht auf soziale Grundrechte auch entgegengesetzt werden muss.[1507] Das folgt aus der Sonderstellung sozialer Grundrechte in Art. 151 Abs. 1 AEUV, aber auch aus Art. 153 Abs. 5 AEUV, der Kompetenzen der Union im Koalitions- und Arbeitskampfrecht ausschließt. Gestärkt wird der Befund zudem durch die sozialpolitische Querschnittsklausel des Art. 9 AEUV, die auch den EuGH bei Abwägungsentscheidungen bindet.[1508]

Der Europäischen Union mangelt es allerdings an einer einheitlichen Sozialstaatlichkeit.[1509] Im Rahmen des Prinzips der begrenzten Einzelermächtigung und der Subsidiarität nach Art. 5 Abs. 1 und 3 EUV gibt es nur punktuelle Regelungen des Arbeits- und Sozialrechts. Insoweit fehlt es an einem geschlossenen System in dem alle wirtschaftlichen und sozialen Rechte miteinander abgewogen und zu einem Ausgleich gebracht sind – zumal im Hinblick auf den Kompetenzausschluss in Art. 153 Abs. 5 AEUV. Dies wurde Arbeitnehmern und Gewerkschaften im Zuge der Entscheidungen des so genannten *Laval*-Quartetts[1510] schmerzhaft deutlich. Auch der Druck auf die sozialen Errungenschaften im Rahmen der Rettung der Staatsfinanzen als Reaktion auf die Staatsschuldenkrise 2010 zahlreicher Mitgliedstaaten hat das Dilemma in den Fokus geschoben.[1511] Die Europäische Union hatte ein sichtbares soziales Defi-

---

1503 EuGH, 06.11.2018 – C-569/16 (ECLI:EU:C:2018:871), NZA 2018, 1467, Rn. 76 – Bauer und Willmeroth; EuGH, 06.11.2018 – C-684/16 [Fn. 700], Rn. 66 – Max-Planck-Gesellschaft; EuGH, 18.01.2022 – C-261/20 (ECLI:EU:C:2022:33), NJW 2022, 927 – Thelen Technopark.

1504 Insg. zur Wirkung der Unionsgrundrechte im (privaten) Arbeitsverhältnis *Kokott*, in: FS Schmidt, 991 ff.; Zur Stärkung sozialer Rechte durch Anerkennung horizontaler Direktwirkungen insgesamt *Lenaerts/Foubert*, Legal Issues of Economic Integration (28) 2001, 267, 291 ff.

1505 Vgl. etwa EuGH, 17.04.2018 – C-414/16 [Fn. 25], Rn. 75 ff. – Egenberger; EuGH, 06.11.2018 – C-569/16 [Fn. 1505], Rn. 79 ff. – Bauer und Willmeroth; EuGH, 06.11.2018 – C-684/16 [Fn. 700], Rn. 76 ff. – Max-Planck-Gesellschaft; EuGH, 18.01.2022 – C-261/20 [Fn. 1505], Rn. 32 – Thelen Technopark; EuGH, 20.02.2024 – C-715/20 (ECLI:EU:C:2024:139), NZA 2024, 459, Rn. 73 – K.L.

1506 *Kingreen*, Soziales Fortschrittsprotokoll, 22 ff.; *Ulber*, in: Ales/Bell/Deinert/Robin-Olivier (Hrsg.) International and European Labour Law, Art. 28 CFREU, Rn. 73 ff.; *Schubert*, in: FGO, Europäisches Arbeitsrecht, GRC Art. 28, Rn. 71, 74 ff.

1507 Ähnlich *Kingreen*, Soziales Fortschrittsprotokoll, 46 ff.

1508 *Kingreen*, ebd., 44.

1509 Vgl. *Schubert*, RdA 2024, 282, 288 f.

1510 Dazu *Thiel* in Abschnitt B, II, 1. und 2.

1511 Ausf. *Bryde*, SR 2012, 2, 2 ff.

zit zu beklagen. Die Kommission trieb darauf die Idee voran, die soziale Dimension durch eine Europäische Säule sozialer Rechte zu stärken. Diese sollte gleichsam den Neustart bedeuten.[1512] Die Kommission hatte dazu eine Konsultation eingeleitet, wobei zunächst ungewiss blieb, was für ein Instrument konkret daraus hervorgehen sollte.[1513] Die Säule sozialer Rechte wurde dann im ersten Schritt als Empfehlung der Kommission erlassen[1514] und darüber hinaus auf dem „Sozialgipfel" in Göteborg am 17. November 2017 vom Europäischen Parlament, dem Rat und der Kommission gemeinsam proklamiert[1515].[1516] Das beinhaltet zunächst keine Rechtsverbindlichkeit. Die Kommission versteht sie vielmehr als „Kompass für eine erneuerte Aufwärtskonvergenz in Richtung besserer Arbeits- und Lebensbedingungen".[1517] 2021 hat die Kommission einen Aktionsplan zur Europäischen Säule sozialer Rechte vorgelegt, der ihre Vorhaben zur Verwirklichung der Säule definiert.[1518] Ein wichtiger Kern der Säule enthält Grundsätze, die letztlich eine Bestandsaufnahme verbürgter sozialer Grundrechte und sozialpolitisch relevanter Freiheitsrechte sowie des Bestandes des sozialpolitischen Acquis sowie partiell rechtspolitische Vorstellungen (etwa hinsichtlich der Begründungspflicht für Kündigungen nach Nr. 7b) darstellen. Im Sinne dieses Kompasses wurde in der Zwischenzeit eine Reihe von Richtlinien angenommen, die soziale Rechte stärken sollen (näher Abschnitt E, IV, 1. c)).

Das oft beschworene und vielfach vermisste europäische Sozialmodell[1519] kommt in der Säule sozialer Rechte, insofern deutlich zum Ausdruck, als diese einen sozialpolitischen Plan zur Verwirklichung sozialer Rechte im Zusammenwirken sozialpolitischer Regelungen durch die Union und durch die Mitgliedstaaten entwirft. Das unterscheidet sie im Übrigen von allen Erwägungen einer europäischen Sozialpolitik, die vor allem auf Gemeinschafts- (nunmehr Unions-)Ebene gedacht wurden und nicht so sehr in ihren Verschränkungen mit der mitgliedstaatlichen Politik.

1512 *Schubert*, RdA 2024, 282, 288 f.

1513 Einleitung einer Konsultation über eine Europäische Säule sozialer Rechte, COM (2016) 127 final.

1514 Empfehlung (EU) 2017/761 der Kommission vom 26. April 2017 zur Europäischen Säule sozialer Rechte, ABl. L 113/56.

1515 Interinstitutionelle Proklamation zur europäischen Säule sozialer Rechte, ABl. C 428/10.

1516 Insg. vgl. *Becker*, ZöR 2018, 525, 525 ff.; *Brameshuber*, in: FS Pfeil, 307 ff.; *Deinert*, DRdA 2022, 283, 283 ff.; *Eichenhofer*, ZESAR 2018, 401, 401 ff.; *Laulom/Lhernould*, RDT 2017, 455, 455; *Lörcher*, AuR 2017, 387, 387 ff.; *Robin-Olivier*, RTD Eur. 2018, 403, 403 ff.; *Terwey/Schneider*, ZESAR 2020, 313, 313 ff.; *Wixforth*, Soziale Sicherheit 2018, 49, 49 ff.

1517 Europäische Kommission: Mitteilung zur Überwachung der Umsetzung der Europäischen Säule sozialer Rechte, COM (2018) 130 final.

1518 Aktionsplan zur europäischen Säule sozialer Rechte, COM (2021) 102 final. Zur Umsetzung der Säule sozialer Rechte Spilker, *Spilker*, NDV 2024, 267, 267.

1519 Vgl. etwa *Hendrickx*, in: FS Löschnigg, 504 f.

II. Gefährdung durch Überhöhung wirtschaftlicher Rechte?

Bekanntlich ist der EuGH dem Vorwurf ausgesetzt, soziale Rechte wirtschaftlichen Rechten der Arbeitgeber unterzuordnen. Dem Gerichtshof wird eine marktliberale Agenda vorgehalten.

1. Markante Beispielsfälle als Fingerzeig

Entgegen der Erwartung vieler hat der EuGH beispielsweise in der Rechtssache *Viking*[1520] nicht etwa, wie in der *Albany*-Entscheidung[1521] im Bereich der Tarifautonomie, auch eine Bereichsausnahme von den Grundfreiheiten[1522] für den Arbeitskampf anerkannt. Vielmehr hat er eine Abwägung von Grundrechten und Grundfreiheiten gefordert, im Ergebnis allerdings die Ausübung des Grundrechts als Eingriff in die Grundfreiheit behandelt und einer Rechtfertigungsprüfung am Maßstab der Verhältnismäßigkeit unterzogen. In der Entscheidung *Laval* wurde ein solches Verständnis nicht einmal diskutiert, das Grundrecht vielmehr nur als Rechtfertigungsgrund im Hinblick auf die Dienstleistungsfreiheit geprüft.[1523] Die sozialen Grundrechte waren damit auf die schiefe Ebene der Grundfreiheiten geraten, wie *Thiel* (Abschnitt C, II, 1.) ausführlich darlegt.

Dies wird freilich nicht als gleichsam fehlgeleitete Rechtsprechung im Einzelfall gewertet, vielmehr wird in Teilen der Wissenschaft von einer konzeptionellen Überhöhung wirtschaftlicher Rechte ausgegangen. *Höpner* und *Schäfer* etwa nehmen an, ein Großteil der Rechtsprechung, die Arbeitnehmerrechte stärkt, sei lediglich als Ausdruck eines „europäischen Raumes der Nichtdiskriminierung" zu deuten.[1524] Überdies spricht *Höpner* von einer juristischen „Radikalisierung der Binnenmarktintegration" in jüngerer Zeit.[1525] *Scharpf* stellt die These auf, dass europäische Marktintegration asymmetrischen Druck auf soziale Marktwirtschaften ausübe. Indem der EuGH nationales Arbeitsrecht als – teils unzulässige – Beschränkungen der Niederlassungs- und Dienstleistungsfreiheit begreife, schränke er die Möglichkeit der Mitgliedstaaten zur ei-

1520 EuGH, 11.12.2007 – C-438/05 [Fn. 29] – Viking.
1521 EuGH, 21.09.1999 – C-67/96 [Fn. 26], Rn. 52 ff. – Albany.
1522 Zur Anwendung der Grundfreiheiten im Verhältnis zu Privaten vgl. m.w.N. *Trstenjak/Beysen*, European law review 2013, 293, 295 ff.
1523 EuGH, 18.12.2007 – C-341/05 [Fn. 29], Rn. 86 ff. – Laval.
1524 *Höpner/Schäfer*, International Organization (66) 2012, 429, 429 ff.
1525 *Höpner*, MPIfG Discussion Paper 2008, (12).

genständigen Ein- und Durchführung markt-korrigierender Maßnahmen, wie sie für soziale Marktwirtschaften typisch sind, erheblich ein. Gleichzeitig lasse die heterogene Konstellation wohlfahrtsstaatlicher und polit-ökonomischer Systeme in der Europäischen Union eine europaweite Einigung auf gemeinsame markt-korrigierende Maßnahmen zunehmend unrealistisch erscheinen. Der Handlungsverlust auf der nationalen Ebene könne also nicht auf der europäischen Ebene kompensiert werden.[1526] „Europäisierte" Marktwirtschaften stünden demnach unter einem Liberalisierungsdruck. *Höpner und Schäfer* sehen hierin eine neue Phase der europäischen Integration mit Konvergenzdruck hin zu einem liberalen Modell.[1527]

In der Tat scheint die Rechtsprechung in den Rechtssachen *Viking* und *Laval* kein einmaliger Ausreißer. So wird in der Entscheidung *Kommission/Luxemburg*[1528] eine Vertragsverletzung Luxemburgs durch Erstreckung innerstaatlicher Gesetzgebung, die teilweise sogar Umsetzung von Unionsrecht war, auf entsandte Arbeitnehmer erkannt. Das muss dahingehend verstanden werden, dass der EuGH die Entsenderichtlinie im Sinne einer Vollharmonisierungsrichtlinie uminterpretierte, die Abweichungen weder zugunsten noch zulasten der Arbeitnehmer gestattet. Der durch die Richtlinie bezweckte Arbeitnehmerschutz wandelte sich so in das Gegenteil, indem Mitgliedstaaten daran gehindert wurden, ihren weitergehenden Arbeitnehmerschutz auf sämtliche Arbeitnehmer im Inland zur Anwendung zu bringen. Auch der ehemalige Wettbewerbskommissar *Mario Monti* verzeichnete in seinem Bericht vom 09.05.2010 einen Spannungsriss in der Architektur der Union und schlug u.a. Reformen des Entsenderechts vor, um das Problem in den Griff zu bekommen.[1529]

Ein weiteres Beispiel der beschriebenen Entwicklung findet sich in der neueren Rechtsprechung zur Betriebsübergangsrichtlinie. Folgte der EuGH noch in den 1990er Jahren einem großzügigen Ansatz im Sinne des Arbeitnehmerschutzes (zum Beispiel Rechtsprechung zur Funktionsnachfolge[1530] oder zum Widerspruchsrecht[1531]), stellt er nun vor allem unternehmerische Grundrechte in den Mittelpunkt.[1532] Dies veranschaulicht die Fallstudie von *Özen* (Abschnitt B, II) eindrucksvoll. Im Ergebnis hätte die dort beschriebene Rechtsprechung zur Folge, dass Arbeitnehmer nach einem Betriebsübergang weitgehend der Teilhabe an der Tarifentwicklung durch dynamische Bezugnahmen in ihren

1526 *Scharpf*, Socio-Economic Review 2010, 211, 211 ff.

1527 *Höpner/Schäfer*, West European Politics 2010, 344, 344 ff.

1528 EuGH, 19.06.2008 – C-319/06 [Fn. 34] – Kommission/Luxemburg.

1529 *Schubert*, Der Vorschlag der EU-Kommission für eine Monti-II-Verordnung: Eine kritische Analyse unter Einbeziehung der Überlegungen zu der Enforcement-Richtlinie, 11 f.

1530 EuGH, 14.04.1994 – C-392/92 (ECLI:EU:C:1994:134), Slg. 1994, I-1289 – Christel Schmidt I.

1531 EuGH, 16.12.1992 – C-132/91 u.a. [Fn. 78] – Katsikas.

1532 EuGH, 18.07.2013 – C-426/11 [Fn. 39] – Alemo-Herron.

Arbeitsverträgen verlustig gegangen wären. Erst eine geschickte Vorlage des BAG[1533] führte nun zu einer Entscheidung in der Rechtssache *Asklepios*, mit der der EuGH seine Rechtsprechung in diesem Zusammenhang erheblich relativierte,[1534] sodass die vereinbarte Dynamik nach der neueren Rechtsprechung des BAG aufrechterhalten bleibt, es sei denn, die Parteien verständigen sich auf eine Vertragsänderung oder der Arbeitgeber kann erfolgreich einen Grund für eine Änderungskündigung ins Feld führen.[1535] *Özen* zeigt allerdings auf, dass die Entscheidung in der Rechtssache Asklepios keine Kehrtwende im Sinne einer Aufgabe der bisherigen Rechtsprechung war, sondern eine Nuancierung, die an der wirtschaftsliberalen Grundkonzeption aus der Entscheidung *Alemo-Herron*[1536] festhält (Abschnitt B, II, 4.). Sie kann auch gute Gründe dafür nennen, dass es sich hier um eine Überschreitung der Grenzen zulässiger Rechtsfortbildung handelt (Abschnitt B II, 3., c), bb), (3)). Denn sie sieht den Interessenausgleich zwischen den Rechten des Arbeitgebers und des Arbeitnehmers im Rahmen der Betriebsübergangsrichtlinie vor allem durch die zeitliche Begrenzung der kollektivrechtlichen Weitergeltung politisch durch die dafür zuständigen Organe festgelegt. Wenn der EuGH ein weitergehendes Anpassungsrecht des Arbeitgebers fordere, führe das danach zu einer Änderung der Austarierung der wechselseitigen Interessen. Folgt man dem, ergibt sich der merkwürdige Befund, dass grundrechtskonform ausgelegtes Sekundärrecht den sozialen Rechten, die das Sekundärrecht eigentlich schützen möchte, entgegengestellt wird. Sicher lässt sich anführen, dass auch das Sekundärrecht primärrechtskonform sein muss. Allerdings würde das bedeuten, dass dem Sekundärrecht, ein Sinn beigeben würde, den es nach dem Willen des Normgebers nicht haben sollte. Für das entsprechend unionsrechtskonform ausgelegte nationale Recht bedeutet das dann, dass im Ergebnis contra legem ausgelegt wird, was nach der Rechtsprechung des EuGH grundsätzlich nicht vorgesehen ist.[1537]

2. Kein einheitlicher Trend

Andererseits zeigt eine genauere Betrachtung der jüngsten Rechtsprechung aber auch, dass der beschriebene „Trend" der neueren Rechtsprechung keinem eindeutigen Masterplan der Marktradikalisierung folgt.[1538] Das erwähnte Beispiel in

1533 BAG, 17.06.2015 – 4 AZR 61/14 (A) [Fn. 119].

1534 EuGH, 27.04.2017 – C-680/15 und C-681/15 [Fn. 37] – Asklepios.

1535 BAG, 30.08.2017 – 4 AZR 95/14 [Fn. 123]; BAG, 30.08.2017 – 4 AZR 443/15, NZA 2018, 363.

1536 EuGH, 18.07.2013 – C-426/11 [Fn. 39] – Alemo-Herron.

1537 Vgl. EuGH, 04.07.2006 – C-212/04 (ECLI:EU:C:2006:443), EuZW 2006, 730, Rn. 110 – Adeneler; EuGH, 20.02.2024 – C-715/20 [Fn. 1507], Rn. 70 – K.L.

1538 Vgl. auch die Beschreibung bei *Barnard*, in: De Búrca/Craig (Hrsg.), The Evolution of EU Law, 697 ff.; anders allerdings *Garben*, ELLJ 2020, 364, 384 ff.

der Rechtssache *Asklepios* zeigt eine solche Abweichung. Auch hat der EuGH etwa in der Rechtssache *RegioPost* die Möglichkeit zur Durchsetzung eines Mindestlohns bei der Vergabe öffentlicher Aufträge anerkannt,[1539] wodurch jedenfalls im Ergebnis die *Rüffert*-Entscheidung ein wenig revidiert wurde. In Letzterer scheiterte eine Tariftreueregelung, die nicht den Formen der RL 96/71/EG (Entsenderichtlinie)[1540] entsprach, im Falle grenzüberschreitender Entsendung an der Dienstleistungsfreiheit des entsendenden Arbeitgebers.[1541]

Zudem hat der EuGH in der Rechtssache *Erzberger* eine Beschränkung der Freizügigkeit infolge unterschiedlicher gesetzlicher Arbeitsrechtsbestimmungen der Mitgliedstaaten verneint.[1542] Es ging um die Frage, ob der mangelnde Einfluss von Arbeitnehmern in ausländischen Tochtergesellschaften auf die Zusammensetzung des Aufsichtsrats nach deutschem Mitbestimmungsrecht eine Beschränkung des Freizügigkeitsrechts der Arbeitnehmer nach Art. 45 AEUV bewirke. Der EuGH verneinte die Beschränkung unter Hinweis darauf, dass die Freizügigkeit nicht auf eine Angleichung der Arbeitsbedingungen in den Mitgliedstaaten ziele. Hier misslang interessanterweise der Versuch, in marktradikaler Tendenz Arbeitnehmerschutzrechte (Freizügigkeit) gegen das Recht, das Arbeitnehmer schützen soll (Mitbestimmung), in Stellung zu bringen.

Demgegenüber hat der EuGH in der Entscheidung *AGET Iraklis* die RL 98/59/EG (Massenentlassungsrichtlinie) als Vollharmonisierung begriffen und daraus abgeleitet, dass es ein grundsätzliches Recht zum Ergreifen von Massenentlassungen gebe und im Übrigen eine unzulässige Beschränkung der Niederlassungsfreiheit in der Anwendung eines Massenentlassungsverbots gesehen, was im Ergebnis letztlich darauf hinausläuft, dass die Niederlassungsfreiheit durch jede ungünstige arbeitsrechtliche Regelung unzulässig beschränkt sein kann.[1543] Dies wurde in der Fallstudie *Özens* pointiert herausgearbeitet (Abschnitt B, III, 1.)

Die Reihe lässt sich fortführen mit der *Polbud*-Entscheidung.[1544] Es ging darum, ob ein Mitgliedstaat dem Rechtsformwechsel durch grenzüberschreitende Verlegung des Satzungssitzes einer Gesellschaft bei Aufrechterhaltung des Verwaltungssitzes im Inland Hindernisse zum Schutz von Gläubiger-, Minderheitsgesellschafter- oder Arbeitnehmerinteressen auferlegen kann. Der EuGH erkannte

1539 EuGH, 17.11.2015 – C-115/14 [Fn. 37] – RegioPost.

1540 Zwischenzeitlich geändert durch die RL (EU) 2018/957 (Reformrichtlinie zur Entsenderichtlinie), weiterführend Abschnitt E, IV, 1., b).

1541 EuGH, 03.04.2008 – C-346/06 [Fn. 29] – Rüffert.

1542 EuGH, 18.07.2017 – C-566/15 [Fn. 57] – Erzberger.

1543 EuGH, 21.12.2016 – C-201/15 [Fn. 35] – AGET Iraklis.

1544 Einordnung explizit in diesen Kontext bei *Heuschmid*, AuR 2018, 96, 98.

hier eine freie Rechtswahl der Gesellschaft zu Gunsten des Rechtes eines Mitgliedstaats an[1545] und ließ Schutzvorschriften nicht abstrakt, sondern nur bei nachweislich tatsächlichen Gefahren zu.[1546] Die Gefahr ist nicht zu übersehen, dass die Mitbestimmung, in der Rechtssache *Erzberger* gerade noch geschützt, durch bloße Rechtswahl abzustreifen versucht wird.[1547] Der europäische Gesetzgeber hat die *Polbud*-Doktrin im Rahmen des sogenannten *Company Law Package*[1548] aufgegriffen und in der geänderten[1549] gesellschaftsrechtlichen RL (EU) 2017/1132 die grenzüberschreitende Umwandlung durch Satzungssitzverlegung geregelt und dabei u.a. Regeln zum Schutz vor einer „Flucht aus der Mitbestimmung" geschaffen,[1550] über deren Qualität indes Zweifel geäußert wurden[1551].

Andererseits hat der Gerichtshof durchaus Sensibilität für das gewerkschaftliche Vorschlagsrecht im deutschen Mitbestimmungsrecht als Komponente der zu sichernden Mitbestimmungsstruktur in der Rechtssache *SAP* gezeigt,[1552] während er nur wenig später der Flucht aus der Mitbestimmung Tür und Tor geöffnet hat,[1553] als er in der Rechtssache *Konzernbetriebsrat O* eine Nachverhandlung der Arbeitnehmerbeteiligung im Falle der Aktivierung einer Vorrats-SE, die ohne diesbezügliche Verhandlungen errichtet wurde, für entbehrlich erklärte.[1554]

Um ein letztes Beispiel anzuführen: In den Entscheidungen *Dano*[1555], *Alimanovic*[1556] und *Garcia Nieto*[1557] hat der EuGH den Ausschluss von Sozialleistungen für nicht (mehr nachwirkend) freizügigkeitsberechtigte Unionsbürger von Grundsicherungsleistungen gebilligt.[1558]

Der Sache nach wurde also in manchen Fällen eine negative Integration mithilfe der Grundfreiheiten bewirkt, während sie in anderen Fällen abgelehnt

1545 Ausf. *Kieninger*, NJW 2017, 3624, 3624 ff.
1546 EuGH, 25.10.2017 – C-106/16 [Fn. 1324] – Polbud.
1547 Vgl. *Heuschmid*, AuR 2018, 96, 99; *Hassel/Verschuer, von*, WSI-Mitteilungen 2019, 96, 103.
1548 Dazu *Bayer/Schmidt*, BB 2019, 1922, 1922 ff.; *Teichmann*, NZG 2019, 241, 241 ff.
1549 Änderungen durch RL (EU) 2019/2121 (Änderungsrichtlinie zur RL (EU) 2017/1132); Entwurf: COM (2018) 241 final; dazu *Mückl/Götte*, BB 2018, 2036, 2036 ff.
1550 Dazu *Bayer/Schmidt*, BB 2019, 1922, 1933 f.; vgl. auch zur Problematik *Hassel/Verschuer, von*, WSI-Mitteilungen 2019, 96, 96 ff.
1551 Zur Kritik an den Entwürfen vgl. *Hoffmann*, EuZW 2018, 785, 785 f.; zurückhaltend *Teichmann*, NZG 2019, 241, 241 ff.
1552 EuGH, 18.10.2022 – C-677/20 [Fn. 37] – SAP.
1553 Vgl. auch *Schubert*, RdA 2024, 282, 285 f.
1554 EuGH, 16.05.2024 – C-706/22 [Fn. 1382] – O. Konzernbetriebsrat.
1555 EuGH, 11.11.2014 – C-333/13 (ECLI:EU:C:2014:2358), NZS 2015, 20 – Dano.
1556 EuGH, 15.09.2015 – C-67/14 (ECLI:EU:C:2015:597), NZS 2015, 784 – Alimanovic.
1557 EuGH, 25.02.2016 – C-299/14 (ECLI:EU:C:2016:114), NJW 2016, 1145 – García-Nieto.
1558 Vgl. dazu und zur Kritik etwa m.w.N. *Oppermann*, SR 2021, 157, 164 f.

wurde.[1559] Die Beispiele zeigen, dass es ganz offensichtlich an einer generellen Linie fehlt. Sie erwecken eher den Eindruck, dass je nach politischem Aufwand und fachlicher Begleitmusik eine stärkere Sensibilisierung für die sozialpolitische Relevanz des Ausgleichs von Marktrecht und Arbeitsrecht mehr oder weniger Beachtung findet. Entscheidungen wie *Dano* oder *Erzberger* haben nämlich sowohl in der öffentlichen Diskussion als auch in der juristischen Literatur[1560] im Vorfeld einige Beachtung gefunden.

Die Problematik war bereits Gegenstand der Erörterung des Bundesverfassungsgerichts in seiner Entscheidung zum Vertrag von Lissabon. Explizit hat das Gericht ausgeführt, der Vertrag beschränke die sozialpolitischen Gestaltungsmöglichkeiten des Bundestages nicht in einem Umfang, dass das Sozialstaatsprinzip in verfassungsrechtlich, bedenklicher Weise beeinträchtigt werde und notwendige demokratische Entscheidungsspielräume unzulässig vermindert würden.[1561] Dabei hat das Gericht darauf hingewiesen, dass die Rechtsprechung des Gerichtshofs „bis in die jüngste Zeiten hinein auch Anlass für die Kritik an einer ‚einseitigen Marktorientierung' der Europäischen Union" gegeben habe, zugleich aber „eine Reihe von Elementen für ein ‚soziales Europa' aufgezeigt" habe, und in dem Zusammenhang u.a. auf die Anerkennung des Streikrechts in der *Viking*-Entscheidung hingewiesen.[1562]

Die politikwissenschaftliche Studie von *Hofmann* scheint diesen Befund zu bestätigen. Zwar kann die dort untersuchte „Arbeitnehmer(un)freundlichkeit" des EuGH nicht gleichgesetzt werden mit der Frage, ob die soziale Dimension des Unionsrechts in den Entscheidungen des Gerichtshofes hinreichend Beachtung gefunden hat (vgl. zum Untersuchungsgegenstand *Deinert*, *Özen* und *Thiel*, Abschnitt A). Denn wo Arbeitnehmerrechte nach der objektiven Rechtslage im Einzelfall hinter Arbeitgeberrechten zurücktreten müssen, müsste man sagen, dass die soziale Dimension hinreichend beachtet wurde, obwohl Arbeitnehmerrechte in der Entscheidung zurücktreten müssen. So kann man den Fall *Ayse Süzen*,[1563] obwohl für die Arbeitnehmerin nicht günstig ausgegangen, weil ein Betriebsübergang im Falle der sogenannten reinen Funktionsnachfolge verneint wurde, durchaus als einen Fall betrachten, in dem die soziale Dimension nicht auf die schiefe Ebene geraten ist, weil die Arbeitnehmerinteressen zwar in der Begründung gewogen wurden, jedoch mit guten Grün-

---

1559 In der Rechtssache *Erzberger* etwa geschah dies unter Hinweis auf eine ausgebliebene positive Integration, mithin das Fehlen harmonisierender Bestimmungen auf der Ebene des Sekundärrechts, ausf. *Klein/Leist*, ZESAR 2017, 468, 468 ff.

1560 Vgl. *Krause*, HBS Mitbestimmungs-Report 2016, (23), 5 ff.; *Heuschmid/Videbaek*, EuZW 2017, 419, 419 ff.; *Rödl*, JZ 2016, 980, 980 ff.

1561 BVerfG, 30.06.2009 – 2 BvE 2/08 u.a., NJW 2009, 2267-2295, Rn. 392 ff. – Lissabon-Urteil.

1562 BVerfG, 30.06.2009 ebd., Rn. 398 – Lissabon-Urteil.

1563 EuGH, 11.03.1997 – C-13/95 [Fn. 58] – Süzen.

den die Voraussetzungen eines Betriebsübergangs verneint. Dasselbe gilt für die bereits angesprochene Entscheidung *Konzernbetriebsrat O.* Die fragliche Nachverhandlungspflicht wurde nach intensiver Erörterung der Systematik der Richtlinie und ihrer Entstehungsgeschichte, gerade auch mit Rücksicht auf erneute Verhandlungen über die Arbeitnehmerbeteiligung, verworfen, der Gerichtshof hat zugleich aber auch auf den naheliegenden Missbrauchstatbestand hingewiesen.[1564] Die Entscheidung ist damit nicht gerade ein Musterbeispiel für eine Geringschätzung sozialer Rechte. Auch umgekehrt können Arbeitnehmer im Verfahren erfolgreich sein, obwohl die soziale Dimension am Ende keine entscheidende Rolle gespielt hat. Wenn allerdings eine Mehrzahl der Verfahren zu Ungunsten der Arbeitnehmer ausgegangen sind, spricht das nicht unbedingt dafür, dass soziale Rechte hinreichend gewürdigt wurden.

III. Einordnung

Die Annahme, dass Urteile des EuGH, soweit sie als verfehlte Zurückdrängung sozialer Rechte durch wirtschaftliche Rechte begriffen werden, das Ergebnis einer marktradikalen Verschwörung wären, scheint eher fernzuliegen und entspricht auch nicht dem Bild einer auf Recht und Gesetz verpflichteten[1565] Justiz. In diesem Sinne konnte *Hofmann* auch im Rahmen seiner politikwissenschaftlichen Studie keine politischen Einflussfaktoren auf die Rechtsprechung feststellen.[1566] Zudem verdient Beachtung, dass die Entscheidungen immer durch ein Kollektiv gewonnen werden, sodass der Einfluss der politischen Präferenzen Einzelner auf die Urteile insgesamt eher gering sein dürfte.

Insgesamt gibt es keine Hinweise auf eine marktradikale Agenda des Gerichtshofs. Der Gerichtshof muss Entscheidungen fällen, die ihm angetragen werden und die in manchen Fällen eine Dimension haben, die besser politisch ausgehandelt worden wäre, aber nicht im Detail politisch ausgehandelt worden ist. Er kann an dieser Stelle nicht das Recht verweigern und trifft seine Entscheidungen regelmäßig unter Nutzung des Normenmaterials in den Bahnen der anerkannten Methodik. Der Vorwurf des „judicial activism" ist leicht erhoben, wenn politische Erklärungen für rechtliche Kontexte herangezogen werden, jedoch nicht gerechtfertigt, wenn der Gerichtshof jedenfalls die Grenzen der Auslegung und Rechtsfortbildung wahrt, indem er einem rechtlich vorge-

1564 EuGH, 16.05.2024 – C-706/22 [Fn. 1382], Rn. 55 ff. – O. Konzernbetriebsrat.
1565 Vgl. *Epiney* in: *Bieber u.a.*, Europarecht, § 9 Rn. 5.
1566 Ähnlich bereits *Höpner*, Sozialer Fortschritt 2010, 141, 141 ff.; anders die These von *Epstein/Knight*, The Choices Justices Make.

gebenen Entscheidungsprogramm folgt.[1567] Unbefriedigend kann das Ergebnis am Ende freilich dennoch sein. Zudem kann ein politikwissenschaftliches Verständnis von dem hier vorgestellten rechtswissenschaftlichen durchaus abweichen.[1568]

Näher als eine marktradikale Agenda liegt Folgendes. Das Unionsrecht hat keine eigenständige Unionsgerichtsbarkeit, vor der das Unionsrecht in jeder Hinsicht vollzogen wird. Das geschieht vielmehr häufig vor den Gerichten der Mitgliedstaaten.[1569] Der Gerichtshof ist insoweit „nur" für die einheitliche Auslegung des durch die Gerichte der Mitgliedstaaten anzuwendenden Rechts im Wege des Vorabentscheidungsverfahrens zuständig. Vertragsverletzungsverfahren, Nichtigkeitsklagen und weitere Verfahren mögen im Arbeitsrecht insoweit als gewichtige Ausnahmen anzusehen sein, relativieren diesen Befund aber letztlich nicht. Jedenfalls bleibt der Gerichtshof am Ende der Hüter des Unionsrechts. Das könnte eine Tendenz nahelegen, den Normenbestand, der diesem Hüter anvertraut ist, in exzessiver Weise zu verteidigen, d.h., auch erweiternd auszulegen.[1570] Hält man sich vor Augen, wie intensiv der Gerichtshof die Entgeltgleichheit mit Rücksicht auf die primärrechtliche Verankerung bereits seit dem römischen Vertrag in Art. 119 EWG-V gestärkt hat, beispielsweise durch Anerkennung einer Horizontalwirkung[1571] oder die Implementierung der Figur der mittelbaren Benachteiligung[1572], scheint das diese These zu bestätigen. Auch die kollektivrechtliche Studie scheint die Vermutung, dass primärrechtlich niedergelegte Marktrechte in der Rechtsprechung stärker gewichtet werden als nicht niedergelegte Rechte, zu bestätigen.[1573] Das korrespondiert mit der Beobachtung, dass vor allem Individualrechte, die in zahlreichen Richtlinien normiert sind, durch die Rechtsprechung besonders geschützt werden, nicht hingegen Kollektivrechte,[1574] was mit dem Befund einhergeht, dass kollektive Rechte auch im geschriebenen Unionsrecht weniger reflektiert werden als individuelle Arbeitnehmerrechte.[1575] Dies passt wiederum zu der Deutung *Kingreens* unter Einbeziehung der Rechtsprechung in Be-

---

1567 Vgl. insgesamt *Grimmel*, European Journal of Legal Studies (7) 2014, 56, 56 ff.; *Grimmel*, EuR 2013, 146, 146 ff.

1568 So ausf. zum EuGH als politischem Akteur *Schmidt*, The European Court of Justice and the Policy Process, 1 ff., 236 ff.

1569 *Epiney* in: *Bieber u.a.*, Europarecht, § 9 Rn. 9 f.

1570 Vgl. *Schmidt*, The European Court of Justice and the Policy Process, 50 ff.; ferner *Höpner*, Sozialer Fortschritt 2010, 141, 141 ff.

1571 EuGH, 08.04.1976 – Rs. 43/75 [Fn. 22] – Defrenne II.

1572 Vgl. etwa EuGH, 13.05.1986 – Rs. 170/84 (ECLI:EU:C:1986:204), AP Nr. 10 zu Art. 119 EWG-Vertrag – Bilka; EuGH, 13.07.1989 – Rs. 171/88 (ECLI:EU:C:1989:328), AP Nr. 16 zu Art. 119 EWG-Vertrag, Rn. 12 – Rinner-Kühn.

1573 Vgl. die Ausführungen von *Thiel*, Abschnitt C, I, 2., c) und C, III.

1574 *Seikel/Absenger*, Industrielle Beziehungen 2015, 51, 51 ff.

1575 *Mosler*, in: GS Rebhahn, 354 ff.

zug auf unionsrechtliche Grenzen des mitgliedstaatlichen Sozialrechts.[1576] Nach *Kingreen* ist die Rechtsprechung weniger dadurch gekennzeichnet, dass soziale Rechte wirtschaftlichen untergeordnet werden, als vielmehr durch eine Tendenz zur Stärkung von Mobilitätsrechten.[1577] Das wiederum wäre wenig verwunderlich im Hinblick darauf, dass diese zentral durch die Grundfreiheiten gewährleistet sind. Es mag zwar sein und liegt sogar sehr nahe, dass dem kein explizit entwickeltes Vorverständnis zu Grunde liegt, sondern dieses rechtswissenschaftlich rekonstruiert wurde.[1578] Doch liegt es nahe, dass der Gerichtshof sich insbesondere dort, wo Auslegungsfragen mit Raum für wertende Dezision auftauchen, sich als *defensor iuris communitatis* begreift und tendenziell Fortbestand und Fortentwicklung der Integration wahrt.[1579]

Zudem zeigt die in der Fallstudie *Özens* niedergelegte dezidierte Kritik an der Rechtsprechung zum Betriebsübergang, dass die soziale Dimension vor Gericht unter Umständen darunter leiden könnte, dass arbeitsrechtliche Zusammenhänge nicht vollständig zu Tage treten. Denn die feinsinnig austarierten sozialen Rechte gerade in ihrem Gesamtbild zu erkennen, ist oftmals keineswegs trivial. Die nachfolgende Rechtsprechung in der Rechtssache *Asklepios*[1580], in der das BAG zunächst den innerstaatlichen Rechtsrahmen im Kontext der Vorlage sorgfältig erläutert hatte,[1581] scheint dies zu bestätigen.

Auch deutet die Rechtsprechung in der Rechtssache *Viking*[1582], in der das Recht auf kollektive Maßnahmen zwar formal anerkannt wurde, darauf, dass es als nachrangig behandelt wurde, wie *Thiel* ausführt. Dies scheint immerhin ein Indikator für eine fehlende Sensibilisierung für nicht hinreichend konkretisierte soziale Rechte. *Thiel* sieht das eigentliche Problem dieser Entscheidung darin, dass die Rechtfertigungsprüfung nicht an den Umstand angepasst wurde, dass gewerkschaftliches Handeln im Mitgliederinteresse nicht schlechterdings staatlichem Handeln im Allgemeininteresse gleichgesetzt werden darf.[1583] Bestätigt wird die These, wenn man sich vor Augen hält, dass die *Rüffert*-Entscheidung verdeutlicht, dass die bisherige Rechtsprechung kollektive

1576 Vgl. insb. EuGH, 28.04.1998 – C-158/96 (ECLI:EU:C:1998:171), NJW 1998, 1771 – Kohll; EuGH, 28.04.1998 – C-120/95 (ECLI:EU:C:1998:167), NJW 1998, 1769 – Decker; EuGH, 12.07.2001 – C-157/99 (ECLI:EU:C:2001:404), NJW 2001, 3391, Rn. 60 ff. – Smits und Peerbooms; EuGH, 13.05.2003 – C-385/99 (ECLI:EU:C:2003:270), NJW 2003, 2298, Rn. 93 ff. – Müller-Fauré und van Riet; EuGH, 05.10.2010 – C-173/09 (ECLI:EU:C:2010:581), EuZW 2010, 907, m. Anm. Frischhut – Elchinov; insg. *Deinert*, Sozialrecht, 1. Kap. Rn. 96 ff.

1577 *Kingreen*, Soziales Fortschrittsprotokoll, 37 ff.

1578 *v. Danwitz*, EuR 2008, 769, 771 f.

1579 *v. Danwitz*, ebd., 769, 772 f.

1580 EuGH, 27.04.2017 – C-680/15 und C-681/15 [Fn. 37] – Asklepios.

1581 BAG, 17.06.2015 – 4 AZR 61/14 (A) [Fn. 119].

1582 EuGH, 11.12.2007 – C-438/05 [Fn. 29] – Viking.

1583 *Thiel*, Abschnitt C, II, 2., c), bb).

Rechte nur in Bezug auf den Schutz von Arbeitnehmerinteressen wahrgenommen hat, nicht aber als eigenständige soziale Rechte. Das kollektive Rechte der Gewerkschaften nicht als bloße Bündelung individueller Interessen verstanden werden können, sondern durchaus mit den Interessen einzelner Arbeitnehmer kollidieren können, lässt sich beispielsweise eindrucksvoll an der innerstaatlichen Diskussion um die Grundrechtsbindung der Tarifvertragsparteien nachvollziehen.[1584] Eine allseits befriedigende Lösung ist bisher nicht gefunden worden und lässt sich wohl auch nicht finden. Pikanterweise ist der EuGH der Problematik mit Blick auf die Gleichbehandlung bei Nachtzuschlägen ausgewichen und hat damit die Chance einer differenzierten Auseinandersetzung mit der Thematik verpasst.[1585] Insofern verwundert es auch nicht, dass es bislang an einem sensiblen Umgang mit der Tarifautonomie im Hinblick auf den Anwendungsvorrang des Unionsrechts[1586] fehlt[1587]. Das wird sehr deutlich in den Ausführungen *Thiels* zur tarifvertraglichen Altersgrenze für Piloten[1588].

Dabei geht es nicht um Abschottung des innerstaatlichen Rechts. Nicht alles, was in der innerstaatlichen Rechtsordnung zu einem anderen Ergebnis geführt hätte, belegt, dass die soziale Dimension geringgeschätzt würde. Insofern ist vielfältige Kritik, dem EuGH fehle oftmals ein Verständnis für die Besonderheiten der jeweiligen Rechtsordnung, möglicherweise berechtigt,[1589] führt aber nicht weiter. Die notwendige Beteiligung eines Richters aus dem betreffenden Mitgliedstaat könnte möglicherweise (je nach der eigenen, fachlichen Qualifizierung) an der Stelle weiterhelfen,[1590] betrifft das hier diskutierte Problem der sozialen Dimension des Unionsrechts aber bestenfalls partiell. Das Unionsrecht muss sich harmonisch mit allen mitgliedstaatlichen Rechtsordnungen zusammenfügen und nicht nur mit der deutschen oder der betroffenen Rechtsordnung, aus der ein Vorabentscheidungsersuchen an den Gerichtshof gerichtet wurde. Was im Unionsrecht zu einem anderen Ergebnis als nach innerstaatlichem Recht führt, muss deshalb nicht falsch entschieden sein.

1584 Dazu BAG, 22.03.2023 – 10 AZR 553/20, NZA 2023, 915, Rn. 18 ff.; BAG, 22.03.2023 – 10 AZR 499/20, NZA 2023, 989, Rn. 30 ff.; zuvor: BAG, 09.12.2020 – 10 AZR 334/20, NZA 2021, 1110, Rn. 26; insg. *Deinert*, in: Deinert/Wenckebach/Zwanziger (Hrsg.), Arbeitsrecht: Handbuch für die Praxis, § 11 Rn. 152 ff.

1585 EuGH 7.7.2022 – C-257/21 u.a., NZA 2022, 971 – Coca Cola.

1586 EuGH, 21.12.2021 – C-357/19 u.a. (ECLI:EU:C:2021:1034), EuZW 2022, 333, Rn. 251 – PM u.a.; EuGH, 18.01.2022 – C-261/20 [Fn. 1505], Rn. 30 – Thelen Technopark.

1587 *Thiel*, Abschnitt C, II, 4.

1588 *Thiel*, Abschnitt C, II, 4., b), bb).

1589 Dazu *Jacobs u.a.*, Spezialisierung der Unionsgerichtsbarkeit im Arbeitsrecht, 35 ff., passim., ferner 60 f.; vgl. auch für das allgemeine Privatrecht *Hakenberg*, RabelsZ 2002, 367, 373.

1590 Vgl. *Schubert*, RdA 2024, 282, 294 f.

Vielmehr ist es durchaus denkbar, dass das Unionsrecht in sich andere hierarchische Bewertungen vorsieht, worauf auch *Thiel* hinweist.[1591] Es geht insoweit viel mehr darum, soziale Rechte davor zu bewahren, dass sie nicht hinreichend sensibel gewürdigt werden.

Soweit der Befund darauf hinausläuft, dass mitgliedstaatliche soziale Rechte an primärrechtlichen Wirtschaftsrechten scheitern, kann von einer negativen Integration gesprochen werden, die Sozialpolitik auf mitgliedstaatlicher Ebene einschränkt,[1592] allerdings ohne Schaffung einheitlicher europäischer Standards durch Sekundärrecht.[1593] Das wird deutlich etwa an der Entscheidung in der Rechtssache *Viking*[1594]: Obwohl der Union die Kompetenz zur Regulierung des Arbeitskampfrechts nach Art. 153 Abs. 5 AEUV fehlt, begrenzt die Entscheidung das Streikrecht der Gewerkschaften nach mitgliedstaatlichem Recht.[1595] Das würde bedeuten, dass via Rechtsprechung eine Regulierung erfolgt, die im Gesetzgebungsverfahren nicht möglich wäre. Dieser Effekt wird offenbar sogar durch organisierte *strategic litigation* genutzt.[1596] Es ist zwar richtig, dass diese Kompetenzschranke nur den Gesetzgeber und nicht die Anwendung des Primärrechts betrifft.[1597] Dennoch trifft es zu, dass die Konfliktlinie häufig entlang der Frage nach den Gestaltungsmöglichkeiten mitgliedstaatlicher Sozialpolitik geht (vgl. bereits o. Abschnitt E, II, 1.).[1598] Umgekehrt ist es freilich genauso: Soweit soziale Grundrechte durch den Gerichtshof aktiviert und Arbeitgeberrechten entgegengestellt werden, werden abweichende Interessenausgleiche durch mitgliedstaatliche Regelungen ebenfalls erschwert oder gar unmöglich gemacht.[1599] Der Korrektur ist dies nahezu entzogen (s.u. Abschnitte E, IV, 1., insb. E, IV, 1., b) a.E.).

1591 *Thiel*, Abschnitt C, II, 2., a), aa), (1).

1592 *Höpner/Schmidt*, CYELS 2020, 182, 186 ff.; allgemeiner *Schmidt*, The European Court of Justice and the Policy Process, 23 ff.; *Ericsson*, in: Derlén/Lindholm (Hrsg.), The European Court of Justice, Multidisciplinary Perspectives, 101 ff.; Demgegenüber, betonten damals (vor dem „Laval-Quartett") noch *Lenaerts/Foubert*, Legal Issues of Economic Integration (28) 2001, 267, 273 ff., den Respekt vor mitgliedstaatlicher Sozialpolitik in der Rechtsprechung des EuGH.

1593 *Klein/Leist*, ZESAR 2017, 468, 468 ff.

1594 EuGH, 11.12.2007 – C-438/05 [Fn. 29], Rn. 77 ff., insb. 79 – Viking.

1595 *Fuchs u.a.*, Europäisches Arbeitsrecht, 586 ff.; *Mosler*, in: GS Rebhahn, 357.

1596 *Hofmann*, West European Politics 2024, 423, 1 ff.

1597 So *Skouris*, RdA-Beil. (5) 2009, 25, 28.

1598 *Kingreen*, Soziales Fortschrittsprotokoll, 37 ff.

1599 *Kokott*, in: FS Schmidt, 1002 f.; vgl. auch *Classen*, JZ 2019, 1057, 1064 ff.

IV. Möglichkeiten einer Sicherung der sozialen Dimension

Es gibt eine nahezu unüberschaubare Vielfalt an Vorschlägen, die soziale Dimension des Unionsrechts insbesondere gegenüber wirtschaftlichen Rechten zu stärken.[1600] Sie alle erschöpfend an dieser Stelle zu diskutieren, würde den Rahmen sprengen. Im Folgenden soll es daher vor allem um die wesentlichen materiell-rechtlichen Korrekturvorschläge gehen und im Übrigen um Überlegungen, wie der sozialen Dimension eine stärkere Beachtung im Verfahren zuteilwerden kann.

1. Materiell-rechtliche Optionen

Die unter Abschnitt E, II, insb. E, II, 1., beschriebene Gefahr einer Zurückdrängung sozialer Rechte läuft ihrem Wesen nach auf eine Nutzung schlafender Liberalisierungsoptionen anstelle schlafender Sozialisierungsoptionen im Rahmen richterlicher Entscheidungsspielräume hinaus. Es stellt sich also die Frage, wie dem begegnet werden kann.

Scharpf thematisiert insoweit eine – über die Kontrolle des EuGH hinausgehende – Begrenzung der europäischen Rechtsprechung zu Gunsten sozialer Belange der EU-Staaten.[1601] Dies gelänge lediglich auf politischem Wege, indem die europäische Rechtsprechung auf der Ebene der Mitgliedstaaten teilweise nicht anerkannt würde.[1602] Freilich liefe das, wie *Scharpf* selber prophezeit, auf eine europäische Verfassungskrise hinaus[1603] – eine aus juristischer Sicht kaum empfehlenswerte Strategie, solange nicht – aus deutscher Sicht – Ultra vires-Akte vorliegen, die nicht mehr vom Zustimmungsgesetz nach Art. 23 Abs. 2 GG gedeckt sind[1604].[1605]

Die Frage muss also lauten, welche juristischen und normativen Möglichkeiten der Stärkung der sozialen Dimension bestehen.

1600 Vgl. dazu *Höpner/Schmidt*, CYELS 2020, 182, 182 ff.

1601 *Scharpf*, Leviathan 2009, 244, 244; *Scharpf*, ZSE 2009, 419, 419.

1602 *Scharpf*, Mitbestimmung (7+8) 2008, 18, 22 f.; Vorschläge de lege ferenda zur Prüfung der Achtung der Grenzen des Primärrechts für den Gerichtshof *Horsley*, The Court of Justice of the European Union as an institutional actor: Judicial lawmaking and its limits, 260 ff.

1603 *Scharpf*, Mitbestimmung (7+8) 2008, 18, 22 f.

1604 BVerfG, 21.06.2016 – 2 BvE 13/13 u.a., JZ 2016, 1055, Rn. 143 ff. – OMT-Programm; BVerfG, 05.05.2020 – 2 BvR 859/15 u.a. [Fn. 845], Rn. 110 ff. – PSPP-Programm.

1605 Allg. zu den Grenzen in vergleichender Sicht *Bobic*, in: Derlén/Lindholm (Hrsg.), The European Court of Justice, Multidisciplinary Perspectives, 35 ff.

a) Primärrechtliche Korrekturen

aa) Rückführung der Grundfreiheiten auf Diskriminierungsverbote

Eine solche Stärkung könnte zunächst dadurch erfolgen, dass die Grundfreiheiten, die zum überwiegenden Teil wirtschaftliche Freiheiten sind, in ihrer Reichweite beschränkt werden. Dem Ansatz einer Einschränkung der Grundfreiheiten folgend kritisiert *Höpner* das Konzept des grundfreiheitlichen Beschränkungsverbots und plädiert für dessen Rückführung auf die Diskriminierungsverbote.[1606] Er räumt allerdings ein, dass die Diskriminierung von der Beschränkung nicht in jedem Fall abzugrenzen sei, sodass auch bezüglich des Diskriminierungsverbots eine extensiv deregulierende Rechtsprechung möglich bleibe.[1607] Er betont in anderem Zusammenhang, dass keine Hierarchie zwischen den sozialen Grundrechten und Grundfreiheiten vorgesehen sei, der Anwendungsbereich der Grundfreiheiten müsse insoweit begrenzt werden.[1608] Ein weiterer Vorschlag *Höpners* zielt darauf, das Binnenmarktrecht aus dem Primärrecht in das Sekundärrecht zu verschieben, was der Europäischen Union ein Plus an politischer Gestaltungskraft verschaffe, die auch eine Korrektur der EuGH-Rechtsprechung erlaube.[1609]

Davon abgesehen, dass eine Verwirklichung solcher Vorschläge im derzeitigen politischen Umfeld kaum realistisch ist, weil es sich um primärrechtliche Korrekturen handelt, die im Wege einvernehmlicher Vertragsänderung vonstattengehen müssten, und mithin von jedem einzelnen Mitgliedstaat blockiert werden könnten, scheint auch fraglich, ob die Rückführung von Grundfreiheiten auf Beschränkungsverbote wirklich wünschenswert ist. Sicher stärkt es soziale Rechte, wenn sie nicht mit Grundfreiheiten der Arbeitgeber in Konflikt geraten können, weil deren Reichweite von vornherein zurückgenommen ist. Dabei sollte aber nicht verkannt werden, dass die Grundfreiheiten durch den Ausbau zu Beschränkungsverboten in elementarer Weise effektuiert werden.[1610] Wo Rechte grenzüberschreitend ausgeübt werden können, deren Wahrnehmung aber letztlich doch ausscheidet, weil der Zugang zum fremden Markt faktisch behindert wird, stehen diese Rechte zumeist nur auf dem Papier. Das mag mit Rücksicht auf soziale Rechte der Arbeitnehmer hinnehmbar erscheinen, würde dann aber für jede andere Beschränkung auch gelten. Insoweit scheint durchaus vorzugswürdig, Grundfreiheiten durch Beschränkungsverbote zu flankieren. Beschränkungen bleiben dann immer noch möglich, be-

1606 *Höpner*, MPIfG Discussion Paper 2017, (10), 8.
1607 *Höpner*, ebd., (10), 13.
1608 *Höpner*, WSI-Mitteilungen 2016, 245, 245.
1609 *Höpner*, MPIfG Discussion Paper 2017, (10), 8 ff.
1610 So explizit für die Freizügigkeit *Schubert*, RdA 2024, 282, 283 f.

dürfen aber der Rechtfertigung durch ein zwingendes Allgemeininteresse,[1611] das gerade auch in Zielen des Arbeitnehmerschutzes liegen kann[1612].[1613] Nur am Rande sei angemerkt, dass eine Rückführung der Grundfreiheiten auf reine Diskriminierungsverbote auch für die Freizügigkeit der Arbeitnehmer nach Art. 45 AEUV greifen müsste, mit der Folge, dass damit auch die Marktzugangsrechte von Wanderarbeitnehmern eingeschränkt würden.

bb) Installierung von Bereichsausnahmen

Des Weiteren lassen sich Bereichsausnahmen für Grundfreiheiten diskutieren.[1614] Das wird etwa hinsichtlich der Kollektivvertragsfreiheit in Erwägung gezogen.[1615] *Rödl*, *Bast* und *Terhechte* möchten neben Bereichsausnahmen der Grundfreiheiten sowohl die Wettbewerbsfreiheit und die Wirtschafts- und die Währungspolitik begrenzen als auch eine entsprechend definierte Kompetenzschranke für die Rechtsangleichung im Binnenmarkt installieren.[1616] Das folgt dem Modell der bereits erwähnten *Albany*-Rechtsprechung[1617].[1618]

Der Vorschlag verdient Zustimmung. Er schafft einen schonenden Ausgleich, sozialer Rechte mit wirtschaftlichen Rechten. Auf diese Weise könnte zugleich die vorstehend (unter Abschnitt E, IV, 1., a), aa)) diskutierte Vorstellung eines Abschieds von Beschränkungsverboten mit Rückbesinnung auf reine Diskriminierungsverbote jedenfalls der Sache nach bewerkstelligt werden. Zugleich würden die Nachteile der Rückführung der Grundfreiheiten auf Diskriminierungsverbote vermieden. Allerdings ist auch dieser Vorschlag mit dem Nachteil behaftet, dass es einer Vertragsänderung bedürfte, sollte der Gerichtshof nicht seine Rechtsprechung grundlegend ändern, was wiederum nicht zu erwarten ist.

cc) Eine andere Prüfungssystematik

Die kollektivarbeitsrechtliche Analyse *Thiels* kommt zu dem Ergebnis, dass ein wesentliches Problem darin liegt, dass der EuGH den Prüfungsmaßstab bei

1611 EuGH, 30.11.1995 – C-55/94 [Fn. 843] – Gebhard; EuGH, 25.10.2001 – C-49/98 u.a. (ECLI:EU:C:2001:564), NZA 2001, 1377, Rn. 33 ff. – Finalarte.

1612 EuGH, 23.11.1999 – C-369/96 und C-376/96 [Fn. 890], Rn. 36 – Arblade m.w.N. EuGH, 17.11.2015 – C-115/14 [Fn. 37], Rn. 70 – RegioPost; EuGH, 25.04.2024 – C-276/22 (ECLI:EU:C:2024:348), EuZW 2024, 795, Rn. 39 – Edil Work 2.

1613 Vgl. *Eichenhofer*, JZ 2007, 425, 428 f.

1614 Vgl. *Höpner*, MPIfG Discussion Paper 2017, (10), 14 ff.; ebenso bejaht durch *Ulber/Wiegandt*, Die Bindung von Arbeitnehmervereinigungen an die europäischen Grundfreiheiten, 87.

1615 *Höpner*, MPIfG Discussion Paper 2017, (10), 15; ebenso *Ulber/Wiegandt*, Die Bindung von Arbeitnehmervereinigungen an die europäischen Grundfreiheiten, 87.

1616 *Bast u.a.*, ZRP 2015, 230, 230 ff.

1617 EuGH, 21.09.1999 – C-67/96 [Fn. 26] – Albany.

1618 *Heuschmid*, in: Däubler (Hrsg.) Arbeitskampfrecht, § 11 Der Arbeitskampf im EU-Recht, Rn. 111; *Höpner*, MPIfG Discussion Paper 2017, (10), 14.

Kollisionen von Grundfreiheiten und Grundrechten nicht anpasst. Er weist zutreffend darauf hin, dass Gewerkschaften, die kollektiv handeln, nicht im Allgemeininteresse, sondern im Mitgliederinteresse tätig werden.[1619]

Auch wenn dies berücksichtigt wird, bleibt aber ein wesentliches Problem dergestalt, dass die Ausübung des Grundrechts unter Rechtfertigungsdruck gegenüber der Grundfreiheit gerät. Dafür gibt es allerdings keinen Anlass. Letztlich sind die Grundfreiheiten ihrer Natur nach Grundrechte, deren grenzüberschreitende Ausübung gewährleistet wird.[1620] Sie wurden freilich nicht den Individuen, um ihrer selbst willen zugestanden, sondern im Interesse einer wirtschaftlichen Entwicklung im Sinne eines gemeinsamen europäischen Marktes. Auch wenn sie dadurch prominent in den Verträgen gewährleistet sind, sind sie doch nur besonders betonte Grundrechte. Hinzu kommt, dass die Grundrechte der Grundrechtecharta ihrerseits inzwischen prominent kodifizierte Grundrechte sind. Auch wenn sie nicht in den Verträgen stehen, sind sie durch die Bezugnahme in Art. 6 Abs. 1 EUV ihrerseits Teil des Primärrechts.

Überzeugend ist vor diesem Hintergrund der Vorschlag, die Prüfungssystematik im Falle einer Kollision von Grundfreiheiten mit sozialen Grundrechten wie folgt zu ändern.[1621] Eine Grundfreiheit könne nur zur Eröffnung des Anwendungsbereichs des Unionsrechts im Sinne des Art. 51 GRC führen, im nächsten Schritt müsse indes die Grundrechtsausübung im Zentrum stehen. Es sei zu prüfen, ob dieses einer verhältnismäßigen Einschränkung im Wege praktischer Konkordanz mit der Grundfreiheit zugänglich sei, ohne dass der Wesensgehalt infrage gestellt werde.

Anders formuliert, läuft das darauf hinaus, dass eine Beschränkung der Grundfreiheit dann durch Privatrechtsubjekte hinzunehmen ist, wenn dies – ungeachtet der Frage eines Allgemeininteresses – durch kollidierende Grundrechte gerechtfertigt ist. So hat der EuGH bereits in der Rechtssache *Schmidberger* darauf hingewiesen, dass die Ausübung eines Grundrechts als ein zwingendes Erfordernis des Allgemeininteresses angesehen werden kann, umgekehrt die Grundrechtsausübung aber nicht schrankenlos möglich ist, sondern Beschränkungen im Gemeinwohlinteresse unterworfen werden könne, sodass die beiderseitigen Interessen gegeneinander abzuwägen sind.[1622] Das eigentliche Pro-

1619 *Thiel*, Abschnitt C, II, 2., b), dd), (4).

1620 Vgl. in diesem Sinne *Trstenjak/Beysen*, European law review 2013, 293, 309 f.; a.A. aber v. *Bogdandy*, JZ 2001, 157, 165.

1621 Zum Folgenden *Heuschmid*, in: Däubler (Hrsg.) Arbeitskampfrecht, § 11 Der Arbeitskampf im EU-Recht, Rn. 55.

1622 EuGH, 12.06.2003 – C-112/00 [Fn. 836], Rn. 74 ff. – Schmidberger.

blem der Fälle, an denen Anstoß genommen wurde, liegt weniger darin, dass die Grundrechte als Rechtfertigungsgrund im Rahmen einer Abwägung herangezogen werden, als vielmehr darin, dass es damit nicht, wie noch in der Sache *Schmidberger*[1623], sein Bewenden hat, sondern die Zwecke der Grundrechtsausübung im Hinblick auf eine mögliche Rechtfertigung geprüft wurden (vgl. o. Abschnitt E, II, 1.).[1624] Praktische Konkordanz läuft so oder so, wenn es dabei bleibt, dass die Ausübung des Grundrechts für sich geschützt ist, darauf hinaus, die Rechte einander wechselseitig zuzuordnen und in einer Weise abzuwägen, dass beide möglichst optimal zur Geltung kommen, ohne das jeweils andere übermäßig einzuschränken.[1625] So gesehen zeigt sich, dass der Vorschlag auf dasselbe Ergebnis hinausläuft wie die Forderung, lediglich eine mittelbare Horizontalwirkung der Grundfreiheiten anzuerkennen.[1626]

Freilich darf die Anerkennung von Grundrechten nach mitgliedstaatlichem Recht die Einheitlichkeit und Kohärenz des Unionsrechts nicht infrage stellen.[1627] Das Problem ist aber nicht so gravierend, wie es scheint. Soweit ein Grundrecht auch durch das Unionsrecht, namentlich die GRC anerkannt ist, muss es in die Abwägung eingestellt werden. Nationalen Eigenarten ist dabei Rechnung zu tragen, soweit Unionsgrundrechte auf die einzelstaatlichen Rechtsvorschriften und Gepflogenheiten verweisen, wie dies etwa in Art. 28 GRC hinsichtlich des Rechts auf Kollektivverhandlungen und Kollektivmaßnahmen der Fall ist. Nur soweit Mitgliedstaaten weitergehende Grundrechte vorsehen als nach dem Unionsrecht anerkannt, ist die Frage anzuerkennen, ob die Beschränkung der Grundfreiheit durch ein zwingendes Erfordernis des Allgemeininteresses gerechtfertigt ist.

Das verspricht jedenfalls eine Neujustierung des Verhältnisses von Grundfreiheiten und Grundrechten. Dadurch ließe sich vermeiden, dass die soziale Dimension auf die schiefe Ebene der Grundfreiheiten gerät. Auch insoweit bleibt freilich die Unwägbarkeit, ob der EuGH die bislang praktizierte Prüfung ändern wird. Es entspricht nicht der Tradition der europäischen Rechtsprechung, eine bisherige als falsch erkannte Rechtsprechung offen zu revidieren. Auch ein „Abschied auf leisen Sohlen" durch allmähliche Änderung der Prüfungssystematik wäre freilich denkbar, wenngleich mit dem Problem behaftet, dass dies oftmals nicht erkennbar ist. *Özen* hat dies am Beispiel der *Erzberger*-Rechtsprechung im Verhältnis zu *AGET-Iraklis* deutlich herausgearbeitet (Abschnitt

1623 EuGH, 12.06.2003 ebd., Rn. 73 f. – Schmidberger.

1624 Vgl. *Davies*, Industrial Law Journal 2008, 126, 143 f.; instruktiv auch *Trstenjak/Beysen*, European law review 2013, 293, 311 ff.

1625 In diesem Sinne auch *Trstenjak/Beysen*, European law review 2013, 293, 313 f.

1626 *Kocher*, Europäisches Arbeitsrecht, § 7 Rn. 46, 51 (2. Auflage 2020).

1627 *Kokott/Sobotta*, EuGRZ 2010, 265, 270.

B, III, 1., b), cc) und c), aa)). Eine nachhaltige Lösung der Problematik sähe anders aus. Eine normative Korrektur allerdings wäre wiederum vor allem auf ein – derzeit politisch, wohl kaum zu erwartendes – Vertragsänderungsverfahren angewiesen, etwa durch Klarstellung in Art. 6 EUV oder in den Vorschriften über die Grundfreiheiten im AEUV oder aber durch eine prominente Darstellung im Kapitel über die Sozialpolitik in Art. 151 AEUV.

In diese Richtung zielt auch das vom Europäischen Gewerkschaftsbund (EGB) im März 2008 vorgeschlagene[1628] Soziale Fortschrittsprotokoll.[1629] Es sollte die Gestalt eines Zusatzprotokolls zu den Europäischen Verträgen erhalten. Angestrebt war damit eine Stärkung der im Gegensatz zum Wirtschaftsrecht schwach ausgeprägten europäischen Sozialpolitik. Die ersten beiden Artikel sollen eine Verpflichtung zum sozialen Fortschritt, verbunden mit einer Aufforderung der Unionsorgane zur Hinwirkung auf die Stärkung sozialer Belange, regeln, vor allem bezüglich der Anerkennung und Gewährleistung kollektiver Rechte. Art. 3 und 4 sollen einen Vorrang der sozialen Grundrechte normieren und daran ein ggf. aktives Tätigwerden der Unionsorgane knüpfen. Insbesondere sollen Wirtschaftsfreiheiten so ausgelegt und angewendet werden, dass sie grundlegende soziale Rechte in den Mitgliedstaaten und im Unionsrecht nicht verletzen. Das liefe auf eine Umkehrung der Doktrin aus der Rechtssache *Viking* hinaus. Nicht mehr die Ausübung sozialer Grundrechte wäre rechtfertigungsbedürftig, sondern deren Einschränkung durch Wirtschaftsfreiheiten.

Kingreen greift den Vorschlag auf, kritisiert allerdings, dass die Grundrechtsdogmatik keine abstrakte Gewichtung zu Gunsten bestimmter Grundrechte zulasse. Vielmehr müsse im Wege der praktischen Konkordanz am Einzelfall geprüft werden, welchem Grundrecht der Vorrang zu gewähren sei.[1630] Zwar überzeugt dieser Einwand zunächst nur *de lege lata*, schließt aber Korrekturen *de lege ferenda* nicht aus. *Kingreen* weist aber mit Recht darauf hin, dass eine Korrektur der Gewichte, wie sie jedenfalls in der Rechtsprechung des EuGH verstanden werden, durch bloße Protokollbestimmungen schwerlich erreicht

---

1628 Protokoll zum Verhältnis zwischen wirtschaftlichen Freiheiten und sozialen Grundrechten im Lichte des sozialen Fortschritts vom 18.03.2008 (*https://www.etuc.org/en/proposal-social-progress-protocol* (besucht am 5. Dezember 2024)).

1629 Vgl. *Heuschmid*, in: Däubler (Hrsg.) Arbeitskampfrecht, § 11 Der Arbeitskampf im EU-Recht, Rn. 111; *Hoffmann/Wixforth*, AuR 2018, 4, 7.

1630 *Kingreen*, Soziales Fortschrittsprotokoll, 61; *Höpner*, MPIfG Discussion Paper 2017, (10), 8, mit Verweis auf Kingreen; ebenfalls kritisch zur Vorwegnahme des Abwägungsvorgangs *Ulber/Wiegandt*, Die Bindung von Arbeitnehmervereinigungen an die europäischen Grundfreiheiten, 87.

werden kann.[1631] Er schlägt sowohl eine Verankerung in Art. 9 AEUV[1632] durch eine Ergänzung im Primärrecht als auch Änderungen des europäischen Entsende- und Vergaberechts[1633] als Konkretisierungen im Sekundärrecht vor. In eine ähnliche Richtung geht das Plädoyer von *Garben, Kilpatrick* und *Muir* für eine Erklärung der Institutionen über die Integrität des sozialen *Acquis*.[1634]

Es offenbaren sich hier aber die bereits angesprochenen Probleme. Mag ein Soziales Fortschrittsprotokoll ein wenig leichter zu realisieren sein als eine inhaltliche Korrektur der Architektur des primärrechtlichen Wirtschaftsrechts, dürfte es gleichwohl vergleichbaren Verwirklichungsschwierigkeiten gegenüberstehen. Interessanter sind die angesprochenen Ergänzungen bzw. Alternativen. Immerhin ließen sich sekundärrechtliche Konkretisierungen möglicherweise leichter bewerkstelligen. Dem ist sogleich nachzugehen (unten Abschnitt E, IV, 1., b)). Was die angesprochene Erklärung der Institutionen über die Integrität des sozialen *Acquis* angeht, weist dies schon in die Richtung, die die Organe im Rahmen der Europäischen Säule sozialer Rechte am Ende eingeschlagen haben (dazu unter Abschnitt E, IV, 1., c)). Darauf wird noch zurückzukommen sein.

b) Politisches Austarieren durch Sekundärrecht

Die rechtswissenschaftlichen Studien legen die These nahe, dass soziale Rechte tendenziell geringer geschätzt werden, wenn sie nicht normativ konturiert sind. Plausibel wird das etwa in der Darstellung *Özens* zur Rechtsprechung bei Massenentlassungen, in der das Recht auf Schutz vor ungerechtfertigten Entlassungen zwar als Grundrecht in Art. 30 GRC anerkannt ist, in der Massenentlassungsrichtlinie aber nicht konkretisiert und schließlich in der Entscheidung *AGET-Iraklis* auch kaum reflektiert wird. Auch wenn sich dies empirisch nicht endgültig verifizieren lässt (*Hofmann*, Abschnitt D, III, 2. und IV), liegt der Gedanke nahe, dass die soziale Dimension des Unionsrechts punktuell gestärkt werden könnte, durch sekundärrechtliche Rechtsakte.

Eine komplette Rückgewinnung des Feldes für ein politisches Austarieren würde primärrechtliche Korrekturen erfordern, wie es beispielsweise *Garben* im Sinne eines demokratisch legitimierten Rahmens zum Ausgleich von Grundrechten und -freiheiten vorschlägt.[1635] Ohne dies wären sekundärrechtliche Stärkungen der sozialen Dimension nur im Rahmen der vorhandenen

1631 *Kingreen*, Soziales Fortschrittsprotokoll, 58 ff.

1632 *Kingreen*, ebd., 63; bejahend *Heuschmid*, in: Däubler (Hrsg.) Arbeitskampfrecht, § 11 Der Arbeitskampf im EU-Recht, Rn. 111.

1633 *Kingreen*, Soziales Fortschrittsprotokoll, 67 ff.

1634 *Garben u.a.*, CEPOB (1) 2017, 1, 6.

1635 *Garben*, ELLJ 2020, 364, 386 ff.

Kompetenzen möglich,[1636] wie besonders deutlich an den Erwägungen zur negativen Integration durch Beschränkung sozialer Rechte in Ermangelung sozialpolitischer Kompetenzen, mit denen wirtschaftlichen Rechten soziale entgegengestellt werden könnten, deutlich wird.[1637] Immerhin ist es nicht so, dass es der Union komplett an Kompetenzen fehlen würde. So ist regelmäßig eine Kompetenz für die Regulierung von Mobilitätsrechten im Zuge der Grundfreiheiten gegeben.[1638] Zudem kann in den angesprochenen Konfliktlagen unter Umständen von den binnenmarktbezogenen Kompetenzen der Art. 114, 115 AEUV Gebrauch gemacht werden. Schließlich sei auf die sozialpolitischen Kompetenzen des Art. 153 AEUV verwiesen.

Letztlich ist davon auszugehen, dass auch die Europäische Säule sozialer Rechte eben dieser Logik einer Sensibilisierung für die soziale Dimension des Unionsrechts durch Rechtsetzung folgt. Denn sie will als politischer Kompass zu einem nicht unwesentlichen Teil soziale Rechte stärken, die bereits zum *acquis communautaire* zählen (näher unten Abschnitt E, IV, 1., c)).

Dabei geht es nicht allein um eine Betonung bereits vorhandener Rechte im Sinne einer Merkzettelgesetzgebung. Vielmehr kann auf diesem Weg auch eine inhaltliche Stärkung sozialer Rechte bewerkstelligt werden. Grundsätzlich erkennt die Rechtsprechung des EuGH an, dass der Unionsgesetzgeber im Rahmen seiner Zuständigkeiten einen Ausgleich zwischen miteinander konkurrierenden Rechten, auch soweit sie durch Grundfreiheiten (und/oder) Grundrechte geschützt werden, vornehmen kann. Im Verständnis des EuGH in den Rechtssachen *Laval* und *Kommission/Luxemburg* ist die RL 96/71/EG (Entsenderichtlinie) – ebenso wie etwa die RL 2006/123/EG (Dienstleistungsrichtlinie)[1639] – als sekundärrechtliche Konkretisierung der Dienstleistungsfreiheit und ihrer zulässigen Beschränkungen zu verstehen.[1640] Anders ausgedrückt: Nationale Maßnahmen werden vom Gerichtshof nur dann an Grundfreiheiten gemessen, wenn es sich um einen Bereich handelt, der nicht sekundärrechtlich abschließend harmonisiert worden ist.[1641] Dabei erkennt er durchaus einen legislativen Gestaltungsspielraum des Richtliniengebers an. Denn die Neubewertung des Interessenausgleichs im Wege der Reform der Entsenderichtlinie durch die RL (EU)

1636 *Kingreen*, Soziales Fortschrittsprotokoll, 65 ff.

1637 *Thiel*, Abschnitt C, II, 5., a), cc).

1638 Vgl. *Kingreen*, Soziales Fortschrittsprotokoll, 67 ff., der von „mobilitätsorientierte(m) Sekundärrecht" spricht.

1639 EuGH, 04.07.2019 – C-377/17 (ECLI:EU:C:2019:562), JZ 2019, 886 – Kommission/Bundesrepublik Deutschland II; EuGH, 30.01.2018 – C-360/15 u.a. (ECLI:EU:C:2018:44), EuZW 2018, 244 – X und Visser.

1640 Vgl. dazu *Deinert*, Internationales Arbeitsrecht, § 10 Rn. 70.

1641 Vgl. m.w.N. EuGH, 20.06.2024 – C-540/22 (ECLI:EU:C:2024:530), NZA 2024, 1046, Rn. 59 ff. – Staatssecretaris van Justitie en Veiligheid.

2018/957 hat der Gerichtshof explizit gebilligt.[1642] Dabei kam dem Richtliniengeber ein breiter Gestaltungsspielraum zu.[1643] Insoweit handelt es sich um ein Feld, das durchaus in der Kritik war, hält man sich die Rechtsprechung in der Sache *Laval* vor Augen, die als ein Fall einer unzureichenden Berücksichtigung der sozialen Dimension angesehen wurde[1644], obschon das Entsenderecht kein Rechtsgebiet ist, das in der Auswertung von *Hofmann* dadurch geprägt wäre, dass Arbeitnehmerrechte hier überwiegend zurückstecken müssen (Abschnitt D, II).

Insofern kann es durchaus Sinn machen, dass die Mitgliedstaaten versuchen, Rechtsprechung des EuGH sekundärrechtlich zu korrigieren, wenn sie darin eine Zurückdrängung der sozialen Dimension gegenüber wirtschaftlichen Rechten erkennen. Diesem Gedanken folgte der sogenannte Monti II-Entwurf[1645], der die Rechte von Gewerkschaften gegenüber ausländischen Dienstleistern regeln sollte und sich dazu explizit auf die soziale Dimension bezog.[1646] Er musste am Ende allerdings von der Kommission auf Rüge einer Verletzung des Subsidiaritätsprinzips zurückgezogen werden.[1647] Entscheidend wird bei einer solchen Korrektur freilich sein, wie dieses Verhältnis austariert wird. Insoweit war durchaus inhaltliche Kritik zu vernehmen.[1648]

Ein Stück weit lässt die Europäische Säule sozialer Rechte erkennen, dass die Unionsorgane davon ausgehen, ungeachtet judizieller Festlegungen durch den Gerichtshof in Bezug auf Primärrecht soziale Rechte stärken zu können. Das ist dann in gewisser Weise die nachträgliche politische Aushandlung (und somit Umkehrung) der Abgrenzung rechtlich geschützter Interessen, die der Gerichtshof zunächst in einem Verfahren der Rechtsfindung vornehmen musste, weil es an einer vorausgegangenen politischen Bewertung fehlte (vgl. o. Abschnitt E, III).

Zwar hat *Hofmann* anhand der drei Richtlinien zu atypischen Beschäftigungen (Teilzeit, Befristung und Arbeitnehmerüberlassung) auch dargelegt, dass eine sekundärrechtliche Festschreibung sozialer Rechte kein Garant dafür sein muss, dass Arbeitnehmerrechte eine stärkere Position gegenüber Arbeitgeberrechten im Verfahren haben. Dies sollte freilich nicht überbewertet werden. Dass Arbeit-

1642 EuGH, 08.12.2020 – C-620/18 [Fn. 797] – Ungarn/Parlament und Rat.

1643 Vgl. *Lasek-Markey*, Industrial Law Journal 2022, 194, 194 ff.

1644 Vgl. *Thiel* in Abschnitt C, II, 2., b).

1645 Vorschlag für eine Verordnung des Rates über die Ausübung des Rechts auf Durchführung kollektiver Maßnahmen im Kontext der Niederlassung- und der Dienstleistungsfreiheit, vom 21.03.2012 (COM (2012) 130 final).

1646 S. 3 ff. der Entwurfsbegründung.

1647 ABl. EU C 109 vom 16.4.2013, S. 7; dazu *Walter*, AuR 2013, 27, 27.

1648 Vgl. etwa *Bruun/Bücker*, NZA 2012, 1136, 1136 ff.; *Schubert*, Der Vorschlag der EU-Kommission für eine Monti-II-Verordnung: Eine kritische Analyse unter Einbeziehung der Überlegungen zu der Enforcement-Richtlinie, 31 ff.

nehmer Rechte für sich in Anspruch nehmen, bedeutet nicht zwingend, dass dies berechtigt ist. Gerade dort, wo das Recht ihnen gesicherte Rechtspositionen zugesteht, ist nicht ausgeschlossen, dass um weitergehende Rechte gekämpft wird, sodass eine abschlägige Entscheidung nicht bedeutet, dass das soziale Recht von der Rechtsprechung geringgeschätzt wird. In diesem Zusammenhang konnte *Davies* aber zudem eine ganz andere Erklärung durch den Hinweis bieten, dass die fraglichen, vordergründig arbeitnehmerschützenden Richtlinien auch als Marktflexibilisierungsinstrumente zu begreifen seien und insofern einen Ausgleich zwischen Arbeitnehmerrechten und Flexibilisierungsinteressen der Arbeitgeber („Flexiciurity“) herstellen sollten.[1649] Was als „nicht arbeitnehmerfreundliche“ Rechtsprechung erscheint, kann gleichwohl die soziale Dimension in ihrer Reichweite in der Rechtsordnung geachtet haben.

Sekundärrechtlich könnte den Mitgliedstaaten der sozialpolitische Gestaltungsspielraum abgesteckt und mithin ein Stück weit zurückgegeben werden, der durch starke Betonung wirtschaftlicher Rechte gegenüber mitgliedstaatlicher Gesetzgebung zurückgedrängt wurde, wie dies politikwissenschaftlich bisweilen beklagt wird und in der Studie *Özens* zum Massenentlassungsrechts in der Rechtssache *AGET-Iraklis* exemplifiziert wurde (Abschnitt B, III, 1., c)). Freilich geht dies nicht grenzenlos, weil auch der Sekundärrechtsetzer die vom Gericht vorgezeichneten primärrechtlichen Konkretisierungen, die den Änderungs- und Gestaltungsspielraum abstecken, beachten muss.[1650] Insofern kann im Übrigen auch ein exakt gegenläufiges Momentum greifen, indem die Rechtsprechung mehr oder weniger nachgezeichnet und fortgeschrieben wird, um Rechtssicherheit zu gewinnen.[1651] Eine solche Perpetuierung vorausgegangener Rechtsprechung ist beispielsweise zu beobachten bei der Nachzeichnung des Arbeitnehmerbegriffs, etwa in Art. 1 Abs. 2 der RL (EU) 2019/1152 (Transparenzrichtlinie) unter Bezugnahme auf die Rechtsprechung des EuGH[1652], die ungeachtet einer sekundärrechtlichen Verweisung auf nationales Recht einen unionsrechtlich indisponiblen Kern festschreiben möchte.[1653]

So elegant die politische Korrektur auf sekundärrechtlicher Ebene wirkt, so sehr sollte doch ein massiver Begleiteffekt nicht aus den Augen verloren werden: die Gestaltungsmöglichkeiten verschieben sich damit von der mitgliedstaatlichen auf die Unionsebene. Die sozialstaatliche Gestaltung wird also den

1649 *Davies*, European Constitutional Law Review (14) 2018, 154, 154 ff.

1650 v. *Danwitz*, EuR 2008, 769, 775 ff.; *Höpner/Schmidt*, CYELS 2020, 182, 189 ff.; vgl. auch *Höpner/Haas*, EuR 2022, 165, 165 ff.; v. *Bogdandy*, JZ 2001, 157, 166, geht allerdings davon aus, dass der Unionsgesetzgeber ein umfassendes Korrekturrecht gegenüber grundfreiheitsbezogener Rechtsprechung habe.

1651 *Schmidt*, The European Court of Justice and the Policy Process, 93 ff.

1652 Insb. EuGH, 17.11.2016 – C-216/15 (ECLI:EU:C:2016:883), NZA 2017, 41 – Ruhrlandklinik.

1653 Vgl. etwa *Sagan*, NZA 2024, 1087, 1088 ff.

Mitgliedstaaten entzogen. Deutlich wird das etwa in der Nichtigkeitsklage Dänemarks gegen die RL (EU) 2022/2041 (Mindestlohnrichtlinie).[1654]

Das ist zudem nicht allein eine Frage der Regelungsbefugnis oder der Normenhierarchie, sondern vor allem auch ein Problem notwendiger Kompromissfindung. In jedem Fall sind die für die maßgeblichen Richtlinien notwendigen Mehrheiten auf der politischen Ebene erst einmal zu beschaffen, um Rechtsprechung ein Stück weit zu korrigieren. Zudem ist der Gestaltungsspielraum keineswegs unendlich. Wo die Korrekturmöglichkeiten durch politische Gestaltung des Ausgleichs enden, wird durch eine europäische Dogmatik beantwortet. Um dies an einem Beispiel zu verdeutlichen: Auch wenn der Unionsgesetzgeber den Ausgleich zwischen den Interessen des Sozialversicherungssystems einerseits und der grenzüberschreitenden Inanspruchnahme von Gesundheitsleistungen andererseits durch die RL 2011/24/EU (Patientenrichtlinie) ausbuchstabieren konnte, muss man nicht der Kaffeesatzleserei mächtig sein, um zu prophezeien, dass eine Rückkehr zum uneingeschränkten Sachleistungsprinzip, wie es prinzipiell im deutschen Krankenversicherungsrecht angelegt ist,[1655] vor dem Gerichtshof an der passiven Dienstleistungsfreiheit und der Warenverkehrsfreiheit scheitern würde[1656].[1657]

Eine sekundärrechtliche Korrektur können die Mitgliedstaaten und schon gar einzelne Mitgliedstaaten nicht im Alleingang erreichen. *Scharpf* hält solche Korrekturen gar für ein unrealistisches Szenario.[1658] Allerdings hat die spätere Entwicklung (vgl. u. Abschnitt E, IV, 1., c)) gezeigt, dass sich diese Befürchtung nicht bestätigt hat. Steinig ist der Weg gleichwohl. Denn das Initiativrecht liegt insoweit bei der Kommission (Art. 17 Abs. 2 EUV). Im Übrigen müsste es gelingen, konkrete Vorgaben im Sekundärrecht festzulegen und sich nicht in Formelkompromissen mangels Einigungsbereitschaft der Mitgliedstaaten zu erschöpfen. Denn diese würden wiederum gleichsam den Gerichtshof in eine rechtschöpfende Rolle drängen.[1659] Die bereits angesprochene (s.o. Abschnitt E, II, 2.) Entscheidung in der Sache *Konzernbetriebsrat O* lässt das offen zu Tage treten. Das Recht auf Unterrichtung und Anhörung der Arbeitnehmer nach Art. 27 GRC, das hier im Widerstreit mit wirtschaftlichen Rech-

1654 Dänemark/Rat, C-19/23, ABl. EU C 104 vom 20.3.2023, S. 17–18.

1655 Vgl. m.w.N. *Deinert*, Sozialrecht, 7. Kap. Rn. 105 ff.

1656 EuGH, 28.04.1998 – C-158/96 [Fn. 1578] – Kohll; EuGH, 28.04.1998 – C-120/95 [Fn. 1578] – Decker; EuGH, 12.07.2001 – C-157/99 [Fn. 1578], Rn. 60 ff. – Smits und Peerbooms; EuGH, 13.05.2003 – C-385/99 [Fn. 1578], Rn. 93 ff. – Müller-Fauré und van Riet; EuGH, 05.10.2010 – C-173/09 [Fn. 1578] – Elchinov; insg. *Deinert*, Sozialrecht, 1. Kap. Rn. 96 ff.

1657 Vgl. auch aus politikwissenschaftlicher Perspektive *Schmidt*, The European Court of Justice and the Policy Process, 141 ff.

1658 *Scharpf*, Socio-Economic Review 2010, 211, 211 ff.

1659 Zu dieser Problematik v. *Danwitz*, EuR 2008, 769, 780 ff.

ten des Arbeitgebers steht, ließe sich sehr gut im Rahmen der RL 2001/86/EG (SE-Beteiligungsrichtlinie) stärken, doch ist diese Frage in der Richtlinie offengeblieben. Die Möglichkeit einer Korrektur durch Änderung der Richtlinie dürfte schwerfallen, weil sich Mehrheiten für eine solche Rechtsetzung, die vor allem das deutsche Recht betrifft, nur schwer finden dürften.[1660] Einzuräumen ist freilich, dass der EuGH auch auf das Missbrauchsverbot nach Art. 11 der Richtlinie hingewiesen hat[1661] und dieses auf mitgliedstaatlicher Ebene aktiviert werden kann, wie dies derzeit in § 43 SEBG geschehen ist.

Was schließlich die notwendige Kompetenz angeht, zeigt sich, dass gerade bei fehlender Kompetenz, die Verschiebung der Gewichte auf die Unionsebene durch beschränkte Rechtsprechung fatal wirken kann: Erinnert sei etwa an die fehlende Kompetenz für die Gegenstände des Art. 153 Abs. 5 AEUV. Die Regelung, die innerstaatliche sozialpolitische Entscheidungen schützen soll, immunisiert nun zweckwidrig eine Rechtsprechung, die in diesem Bereich übergreift, gegen Korrekturen (vgl. o., Abschnitt E, III).[1662]

c) Die Bedeutung der Europäischen Säule sozialer Rechte

Die Säule sozialer Rechte ist zunächst als Antwort auf die politische Krise Europas in der zweiten Dekade des 21. Jahrhunderts zu begreifen.[1663] Sie ist ihrem Selbstverständnis nach einem Kompass für einen erneuerten Konvergenzprozess in Richtung besserer Arbeits- und Lebensbedingungen. Die in der Säule niedergelegten Grundsätze und Rechte speisen sich aus einer Reihe von Quellen des Primärrechts, aber auch aus der Rechtsprechung des EuGH und internationalen Rechtsquellen wie ILO-Empfehlungen und (R)ESC. Die Säule gliedert sich in drei Kapitel, und zwar über Chancengleichheit, Beschäftigungsbedingungen sowie Sozialschutz und soziale Inklusion. Dabei wird der soziale *Acquis* wenn auch nicht vollständig,[1664] so doch in weiten Teilen abgebildet und eine Reihe weiterer Rechte und Grundsätze versprochen.[1665] Bereits in ihrer einleitenden Konsultation hat die Kommission darauf hingewiesen, dass es ihr nicht nur darum gehe, den bisherigen Stand des sozialen *Acquis* zu erfassen, sondern einen Beitrag zur Modernisierung, Ausweitung und Vertiefung sozia-

1660 So pointiert *Schubert*, RdA 2024, 282, 285 f.

1661 EuGH, 16.05.2024 – C-706/22 [Fn. 1382], Rn. 55 ff. – O. Konzernbetriebsrat; vgl. bereits BAG, 17.05.2022 – 1 ABR 37/20 (A) [Fn. 1382], Rn. 38.

1662 Vgl. auch *Davies*, Industrial Law Journal 2008, 126, 139.

1663 Vgl. Stellungnahme: *Deutscher Verein für Öffentliche und Private Fürsorge*, NDV 2016, 558, 559; *Barnard*, in: De Búrca/Craig (Hrsg.), The Evolution of EU Law, 719.

1664 Kritik vgl. *Lörcher/Schömann*, The European pillar of social rights, critical legal analysis and proposals, 31 ff.; *Rasnača*, ETUI Working Paper (05) 2017, 1, 11 f.; *Seikel*, Was bringt die europäische Säule sozialer Rechte?, 4, 6, 10 f.

1665 Vgl. zum Inhalt etwa *Deinert*, DRdA 2022, 283, 285 f.

ler Rechte zu leisten.[1666] In ihrer Mitteilung zur Einführung der Säule sozialer Rechte betonte die Kommission, dass die genannten Rechte und Grundsätze nicht unmittelbar durchsetzbar seien, sondern der Umsetzung auf den geeigneten Ebenen bedürften.[1667] Von daher ist es richtig, dass die Säule als in erster Linie politisches Programm begriffen wird.[1668]

In ihrer Arbeitsunterlage mit Erläuterungen aller Grundsätze und Rechte wurde u.a. auch erklärt, welche Maßnahmen zur weiteren Umsetzung vorgesehen sind und was Mitgliedstaaten und Sozialpartner übernehmen könnten und sollten.[1669] Parallel wurde ein sozialpolitisches Scoreboard etabliert, das im Zusammenhang mit dem europäischen Semester für die Koordinierung der Wirtschaftspolitik in politische Leitlinien einfließen sollte.[1670] Auch wenn die Säule sozialer Rechte in erster Linie für das Euro-Währungsgebiet konzipiert ist, soll sie für alle Mitgliedstaaten gelten, die sich daran beteiligen wollen.[1671]

Die Säule soll als Richtschnur zur Verbesserung sozialer Rechte in konkreten Rechtsvorschriften dienen.[1672] Sie schafft nicht selbst Rechte. Als „Säule“ soll sie aber in den Dienst dieser Rechte gestellt werden.[1673] Dabei ist zu beachten, dass soziale Rechte oftmals der Verwirklichung durch politisches Handeln bedürfen. Von daher macht es Sinn, wenn die Säule als Kompass begriffen wird, der im Sinne der Aufwärtskonvergenz die Arbeits- und Lebensbedingungen verbessern soll. Das betrifft im Übrigen auch etwaige noch neu zu schaffende soziale Rechte. Als Instrumente zur Umsetzung der Säule waren im Nachgang eine ganze Reihe von Rechtsakten zu sehen.[1674] Dazu gehören etwa die VO (EU) 2019/1149 (Verordnung zur Errichtung der europäischen Arbeitsbehörde), die RL (EU) 2019/1158 (Vereinbarkeitsrichtlinie), die RL (EU) 2019/1152 (Transparenzrichtlinie), die RL (EU) 2022/2041 (Mindestlohnrichtlinie) oder

---

1666 Einleitung einer Konsultation über eine europäische Säule sozialer Rechte, vom 08.03.2016 (COM (2016) 127 final) S. 9.

1667 Mitteilung der Kommission an das Europäische Parlament, den Rat, den Europäischen Wirtschafts- und Sozialausschuss und den Ausschuss der Regionen zur Einführung einer Säule sozialer Rechte, vom 26.04.2017 (COM (2017) 250 final), S. 8.

1668 *Oppermann*, SR 2021, 157, 167.

1669 Arbeitsunterlage der Kommissionsdienststellen – Begleitunterlage zur Mitteilung der Kommission an das Europäische Parlament, den Rat, den Europäischen Wirtschafts- und Sozialausschuss und den Ausschuss der Regionen zur Einführung einer europäischen Säule sozialer Rechte, vom 26.04.2017 (SWD (2017) 201 final).

1670 Arbeitsunterlage der Kommissionsdienststellen – Sozialpolitisches Scoreboard, vom 26.04.2017 (SWD (2017) 200 final).

1671 Erwägungsgrund (13) der Interinstitutionellen Proklamation und der Empfehlung (EU) 2017/761 der Kommission, vom 26.04.2017.

1672 Jeweils Erwägungsgrund (12) der Interinstitutionellen Proklamation und der Empfehlung (EU) 2017/761 der Kommission, vom 26.04.2017.

1673 Vgl. zum Folgenden *Deinert*, DRdA 2022, 283, 287.

1674 *Deinert*, ebd., 283, 287 f.

die RL (EU) 2023/970 (Entgelttransparenzrichtlinie). Auch die reformierte europäische Entsenderichtlinie (s.o., Abschnitt E, IV, 1., b)) muss in diesem Kontext gesehen werden.[1675] Zugleich, und das ist wichtig, veranlasst die Säule ein Mainstreaming im Sinne der sozialen Dimension bei der europäischen Rechtsetzung insgesamt.[1676]

Die Europäische Säule sozialer Rechte kann rechtlich keine Bindungswirkung erzeugen,[1677] als Empfehlung ohnehin schon nicht nach Art. 288 Abs. 5 AEUV, aber auch nicht als interinstitutionelle Proklamation, zumindest im Hinblick auf deren Umsetzungsbedürftigkeit[1678] und mit Rücksicht darauf, dass sie weder das künftige Abstimmungsverfahren im Rat präjudizieren noch hinsichtlich der mitgliedstaatlichen sozialpolitischen Gestaltungen in die Kompetenzen der betroffenen Staaten eingreifen kann.[1679] Im Hinblick auf die intendierte Selbstbindung der Organe ist sie aber eine Auslegungshilfe für nachgehend erlassenes Unionsrecht.[1680] Das gilt zumindest für Rechtsakte, zu deren Begründung die Säule herangezogen wurde.[1681] Im Hinblick auf die politische Selbstverpflichtung ist aber auch sonst davon auszugehen, sofern aus dem jeweiligen Rechtsakt nichts anderes folgt, dass mit ihm auch die Verwirklichung der Agenda der Säule angestrebt ist, er der Säule zumindest nicht im Wege stehen möchte.[1682] Das ist von besonderer Bedeutung, weil die Säule sozialer Rechte sich als Benchmark für jede Rechtsetzung darstellt.[1683] In der Konsequenz bedeutet dies, dass die Auslegung von Sekundärrecht im Lichte der Säule sozialer Rechte und damit unter besonderer Berücksichtigung der sozialen Dimension des Unionsrechts nicht auf sozialpolitische Rechtsakte beschränkt ist, sondern jede Rechtsetzung betrifft.[1684] In diesem Sinne würde eine Stärkung der sozialen Dimension im Wege des Austarierens sozialer Rechte mit wirtschaftlichen Rechten im Rahmen des Sekundärrechts durch die Europäische Säule sozialer Rechte noch einmal zusätzlich gestützt.

Die Europäische Säule sozialer Rechte kann die bestehende Rechtslage allerdings nicht ändern.[1685] Älteres Unionsrecht kann nicht der Verwirklichung der

1675 *Lasek-Markey*, Industrial Law Journal 2022, 194, 197 f.
1676 Vgl. *Barnard*, in: De Búrca/Craig (Hrsg.), The Evolution of EU Law, 720.
1677 *Hoffmann/Wixforth*, AuR 2018, 4, 7; *Garben*, European Constitutional Law Review (14) 2018, 210, 218; vgl. auch krit. *Kilpatrick/De Witte*, RSCAS Policy Paper 2019, (2).
1678 *Becker*, ZöR 2018, 525, 534 f.
1679 *Deinert*, DRdA 2022, 283, 289 f.
1680 So auch *Garben*, Cambridge Yearbook of European Legal Studies 2019, 101, 105; *Seiwerth*, International Journal of Comparative Labour Law and Industrial Relations 2023, 237, 239 ff.; *Schubert*, RdA 2024, 282, 289 f.
1681 *Garben*, Cambridge Yearbook of European Legal Studies 2019, 101, 105; *Brameshuber*, in: FS Pfeil, 309, 312.
1682 *Deinert*, DRdA 2022, 283, 290.
1683 Vgl. zu dieser Problematik *Rasnača*, ETUI Working Paper (05) 2017, 1, 29 ff.
1684 *Deinert*, DRdA 2022, 283, 290.
1685 *Garben*, Cambridge Yearbook of European Legal Studies 2019, 101, 104 f.

Säule dienen. Auch die Selbstverpflichtung der Unionsorgane sagt nichts über das Verständnis älteren Rechts. Anders wäre es, wäre der Gerichtshof ebenfalls an der interinstitutionellen Proklamation der Europäischen Säule sozialer Rechte beteiligt gewesen. Das ist er aber nicht. Einer etwa bereits bestehenden primärrechtlichen Schieflage zwischen wirtschaftlichen und sozialen Rechten kann die Säule mithin nicht begegnen.[1686] Die Europäische Säule sozialer Rechte kann insoweit bestenfalls für die Rechtsanwendung auf soziale Rechte hinweisen und so einen Beitrag zur Sensibilisierung für diese Rechte leisten, damit sie im Rahmen von Abwägungsprozessen hinreichend berücksichtigt werden.[1687] Insbesondere kann die Säule sozialer Rechte den Gehalt der Grundrechte aus der GRC nicht ändern.[1688] Und dennoch kann die Säule sozialer Rechte eine Unwucht zulasten der sozialen Dimension korrigieren,[1689] wenn nämlich die Organe, dem darin enthaltenen Kompass folgen und soziale und wirtschaftliche Rechte in einer Weise zum Ausgleich bringen, die der sozialen Dimension hinreichend Rechnung trägt, und der EuGH dies in der Rechtsanwendung exekutiert.

Einen Vorgeschmack, was das bedeuten könnte, liefert die Entscheidung *K.L.*, in der es darum ging, dass befristet beschäftigten anders als unbefristet beschäftigten Arbeitnehmern nach innerstaatlichem Recht die Kündigungsgründe nicht mitgeteilt werden müssen. Der Gerichtshof sah darin zwar einen Verstoß gegen das Verbot der Diskriminierung wegen Befristung nach § 4 der mit der RL 1999/70/EG verbindlich gemachten Rahmenvereinbarung, was aber im vorliegenden Rechtsstreit zwischen Privatpersonen nicht zur Unwirksamkeit einer staatlichen Vorschrift führen konnte. Im Hinblick auf die Befristungsrichtlinie sei aber der Anwendungsbereich der GRC nach Art. 51 Abs. 1 GRC eröffnet, sodass der Gerichtshof anschließend auf das Recht auf einen wirksamen Rechtsbehelf nach Art. 47 GRC abgestellt hat. Ohne dass er sich auf die Säule sozialer Rechte und dort konkret den Grundsatz 7b gestützt hat, wies er darauf hin, dass diese Regelung für befristete Beschäftigte dazu führe, dass der Zugang zu einem gewährleisteten Rechtsbehelf beschränkt sei, sodass das nationale Gericht die Regelung im erforderlichen Umfang unangewendet lassen müsse.[1690]

Ein weiteres Beispiel bietet die Rechtsprechung zu Tarifverträgen für Soloselbstständige. Der EuGH hat die Freistellung vom Wettbewerbsrecht für Ta-

---

1686 *Garben*, ebd., 101, 110, 124.

1687 *Becker*, ZöR 2018, 525, 541; zweifelnd wohl *Seikel*, Was bringt die europäische Säule sozialer Rechte?, 9 f.

1688 *Schubert*, RdA 2024, 282, 290.

1689 A.A. *Garben*, European Constitutional Law Review (14) 2018, 210, 210; *Garben*, Cambridge Yearbook of European Legal Studies 2019, 101, 124 ff.

1690 EuGH, 20.02.2024 – C-715/20 [Fn. 1507], Rn. 77 ff. – K.L.; dazu *Klengel/Schlachter*, AuR 2024, 343, 343 ff.

rifverträge in der Sache *FNV Kunsten Informatie en Media* grundsätzlich nicht auf Selbstständige erstrecken wollen und eine Ausnahme nur für „Scheinselbstständige" anerkannt.[1691] Dabei scheint er aber nicht beachtet zu haben, wie weit die Tarifautonomie nach dem innerstaatlichen Recht reicht, obwohl Art. 28 GRC insoweit doch gerade auch auf die Gewährleistungen nach den einzelstaatlichen Rechtsvorschriften und Gepflogenheiten verweist.[1692] Die GRC erkennt insoweit gerade auch soziale Rechte an, wie sie in den Rechtsordnungen der Mitgliedstaaten zu finden sind.[1693] Diesen *blind spot* zu überwinden, ist Aufgabe der Europäischen Säule sozialer Rechte. Mit einigem guten Willen ist dies möglich, verlangt Nr. 6c der Säule doch, dass Löhne und Gehälter „gemäß den nationalen Verfahren und unter Wahrung der Tarifautonomie (...) festgelegt werden", während Nr. 8a vorsieht, dass die Sozialpartner darin bestärkt werden, Kollektivverträge zu schließen, „und zwar unter Wahrung ihrer Autonomie und des Rechts auf Kollektivmaßnahmen". Die Verkennung des Umstands, dass das nationale Recht bestimmt, durch wen und für wen Tarifautonomie ausgeübt wird, scheint der Kommission vor diesem Hintergrund durchaus unangenehm aufgestoßen zu sein. So erklärt sich die Aufstellung von Leitlinien für Kollektivverträge für Soloselbstständige, die die Grenzen der Kartellrechtsfreistellung aufzeigen und Bereiche umreißen, in denen im Hinblick auf den Schutz der Soloselbstständigen eine Durchsetzung des Kartellrechts nicht prioritär erscheint.[1694]

Eine erhebliche Stärkung sozialer Rechte in den Mitgliedstaaten kann sich schließlich aus dem sozialpolitischen Scoreboard ergeben. Denn die Säule ist insoweit auch Antwort auf die während der und im Nachgang zur Finanzkrise verordneten fiskalischen Restriktionen für Mitgliedstaaten[1695] und soll vor sozialen Zumutungen im Zuge der Wirtschaftsgovernance schützen.[1696] Insoweit kann die Säule als Rechtserkenntnisquelle wirken.[1697]

1691 EuGH, 04.12.2014 – C-413/13 [Fn. 27] – FNV Kunsten Informatie en Media.

1692 *Bryde*, SR 2012, 2, 10 ff.; *Rixen/Scharl*, in: Stern/ Sachs (Hrsg.), GRC Art. 28, Rn. 12; *Hüpers/Reese*, in: Meyer/Hölscheidt (Hrsg.) Charta der Grundrechte der Europäischen Union, GRC Art. 28, Rn. 23; vgl. auch *Ulber*, in: Ales/Bell/Deinert/Robin-Olivier (Hrsg.) International and European Labour Law, Art. 28 CFREU, Rn. 71.

1693 *Hüpers/Reese*, JZ 2024, 634, 637 ff.

1694 Mitteilung der Kommission: Leitlinien zur Anwendung des Wettbewerbsrechts der Union auf Tarifverträge über die Arbeitsbedingungen von Solo-Selbstständigen, ABl. EU C 374 vom 30.9.2022, S. 2–13.

1695 Zum Einfluss auf die innerstaatliche Politik im Rahmen der Koordinierung der Wirtschafts- und Haushaltsplanung *Bryde*, SR 2012, 2, 3; *Oppermann*, SR 2021, 157, 167.

1696 Vgl. *Garben*, Cambridge Yearbook of European Legal Studies 2019, 101, 102.

1697 *Deinert*, DRdA 2022, 283, 291.

2. Verfahren: Eine Judizielle Säule sozialer Rechte

Wie gezeigt hat die Europäische Säule sozialer Rechte, obwohl in erster Linie politisches Programm, das Potenzial in sich, soziale Rechte materiell rechtlich zu stärken. Das ist wichtig, weil das Verpuffen als bloß rhetorisches Programm ohne ausreichende Anstrengungen zur Umsetzung diesen neuen Anlauf eines sozialen Europas scheitern lassen würde.[1698] Das Europäische Parlament hat dementsprechend gefordert, dass die Säule die sozialen Rechte durch konkrete und spezifische Instrumente stärke.[1699] Es wird daher entscheidend darauf ankommen, die Säule mit zu Leben zu füllen.[1700] Soweit dies durch Rechtsetzungsakte geschieht, kann die Säule sozialer Rechte wie gezeigt, unterstützend wirken, jedenfalls, wenn die Gerichtsbarkeiten das vorstehend beschriebene Potenzial nutzen. Freilich verhält sich die Europäische Säule sozialer Rechte überhaupt nicht zur Bedeutung der Justiz, was allerdings nicht verwunderlich ist, weil der Gerichtshof an ihr nicht beteiligt war und im Hinblick auf die darin enthaltene politische Agenda auch nicht beteiligt sein konnte. Andererseits kann diese Agenda die Jurisprudenz nicht ausnehmen und weist insoweit einen blinden Fleck auf.[1701] Politische Abwägungen müssen zwar im politischen Raum bleiben, zugleich aber müssen die politischen Entscheidungen in Form von Rechtssätzen auch Einfluss auf die Rechtsprechung gewinnen können. Es ist daher an dieser Stelle der Frage nachzugehen, wie eine Europäische Judizielle Säule sozialer Rechte aussehen könnte.

Wenn beklagt wird, dass der EuGH bisweilen soziale Rechte geringschätze im Verhältnis zu wirtschaftlichen Rechten, es andererseits vorliegend nicht darum gehen soll, die politischen Gewichte, wie sie im primären und sekundären Unionsrecht gesetzt sind, zu verschieben, müssen sich die weiteren Überlegungen darum drehen, einer Verschiebung der Gewichte durch die Rechtsprechung des Gerichtshofs vorzubeugen. Ist aber nicht davon auszugehen, dass der EuGH eine entsprechende Agenda verfolgt, geht es vor allem darum, den Gerichtshof für soziale Rechte zu sensibilisieren.[1702] Die Frage ist, wie das bewerkstelligt werden kann.

1698 *Becker*, ZöR 2018, 525, 555; vgl. auch *Lyon-Caen*, Recueil le Dalloz 2017, 1352, 1352 f.; ferner *Seikel*, Was bringt die europäische Säule sozialer Rechte?, 6; *Wixforth*, Soziale Sicherheit 2018, 49, 54 f.

1699 Entschließung des Europäischen Parlaments vom 19.01.2017 zu einer europäischen Säule sozialer Rechte, ABl. EU C 242 vom 10.7.2018, S. 24–40.

1700 *Hendrickx*, in: FS Löschnigg, 513 f.; *Vandenbroucke*, in: Ferrara (Hrsg.), Towards a European Social Union, 169 ff.; vgl. auch *Seiwerth*, International Journal of Comparative Labour Law and Industrial Relations 2023, 237, 242 ff.

1701 *Deinert*, DRdA 2022, 283, 293.

1702 Dies fordert auch *Davies*, European Constitutional Law Review (14) 2018, 154, 171.

a) Fachkammern am EuGH

In vielen Ländern gibt es Fachgerichte oder Fachspruchkörper für Arbeits- und Sozialrecht.[1703] In Deutschland kommt hinzu, das selbst in der höchsten Instanz die Verfahren nicht etwa zum obersten Gerichtshof (in Deutschland BGH) gehen. Vielmehr gibt es zwei Spezialgerichte als oberste Gerichtshöfe, das Bundesarbeitsgericht und das Bundessozialgericht, die durch die Verfassung in Art. 95 Abs. 1 GG besonders geschützt sind. Das bringt notwendig eine besondere Expertise für das jeweilige Fachgericht in allen Instanzen mit sich. Diese beschränkt sich nicht auf eine fachliche Spezialisierung, sondern erstreckt sich auch auf die Expertise der Praxis, die insbesondere auch durch ehrenamtliche Richter, die sogar in den Senaten der obersten Bundesgerichte sitzen (§§ 41 Abs. 2 ArbGG, 38 Abs. 2 S. 1 SGG), eingebracht wird. Im französischen System sind die erstinstanzlichen *Conseils de Prud'hommes* sogar nach Art. L-1421-1 Code du Travail ausschließlich paritätisch mit Arbeitgebern und Arbeitnehmern besetzt. Auch wenn naturgemäß immer Kritik von der einen oder anderen Seite an einzelnen Entscheidungen besteht, gibt es bislang kaum Fundamentalkritik an der Rechtsprechung im Hinblick auf deren Fachkompetenz. Von daher liegt es nahe, über eine ähnliche Spezialisierung der Unionsgerichtsbarkeit im Arbeitsrecht nachzudenken.

Insoweit sieht Art. 19 Abs. 1 S. 1 EUV vor, der Gerichtshof der Europäischen Union umfasse den Gerichtshof, das Gericht und Fachgerichte. Das bislang erste und einzige Fachgericht, das Gericht für den öffentlichen Dienst der EU, wurde zum 1.9.2016 wieder geschlossen.[1704] Die Bildung von Fachgerichten durch Verordnung, die dem Gericht (EuG) beigeordnet sind, ist nach Art. 257 AEUV möglich, wobei Rechtsmittel gegen Entscheidungen des Fachgerichts zum EuG möglich sind gem. Art. 257 Abs. 3 AEUV. Allerdings ist dies nur für bestimmte Arten von Klagen vorgesehen, offensichtlich nicht für das Vorabentscheidungsverfahren.[1705] Eine entsprechende Einrichtung eines Fachgerichts für Arbeitsrechtssachen[1706] wäre daher nur unter Änderung der Verträge möglich,[1707] ein nicht sehr wahrscheinliches Szenario. Demgegenüber ist die Errichtung von Fachkammern am Gerichtshof möglich. Die Satzung des EuGH (Protokoll Nr. 3 zu EUV) sieht in ihrem Art. 16 lediglich die Bildung

---

1703 Rechtsvergleichend für die EU vgl. *Jacobs u.a.*, Spezialisierung der Unionsgerichtsbarkeit im Arbeitsrecht, 68 ff.

1704 Art. 1 VO (EU, Euratom) 2016/1192.

1705 Näher m.w.N. *Jacobs u.a.*, Spezialisierung der Unionsgerichtsbarkeit im Arbeitsrecht, 92 ff.; ferner *Hakenberg*, RabelsZ 2002, 367, 373, 384.

1706 Dafür etwa *Gruber*, ZESAR 2019, 457, 457 ff.; vgl. auch *Moreau*, in: Degryse (Hrsg.), Social developments in the European Union 2008, 184, 194 ff.; *Jacobs*, NZA-Beilage 2014, 82, 88; abl. im Hinblick auf den Instanzenzug *Schubert*, AuR 2014, 297, 297.

1707 *Jacobs u.a.*, Spezialisierung der Unionsgerichtsbarkeit im Arbeitsrecht, 98 ff.

von Kammern vor, besagt aber nichts Näheres zu deren Zuständigkeit, sondern nur zu den Größen der Kammern.

Auch wenn, wie gesagt, die politikwissenschaftlichen Erkenntnisse zur „Arbeitnehmerfreundlichkeit" nicht per se etwas darüber aussagen, ob die soziale Dimension hinreichende Beachtung gefunden hat (s.o., Abschnitt E, II, 2.), scheint doch die Zuweisung zu einer kleinen Kammer in der Vergangenheit positivere Wirkungen gehabt zu haben, wenn man bedenkt, dass in Entscheidungen der großen Kammer soziale Rechte statistisch gesehen, weniger Erfolg haben (*Hofmann*, Abschnitt D II und IV). Es böte sich an, über spezialisierte Kammern nachzudenken. Die Zuweisung erfolgt bereits derzeit durch den Präsidenten an einen Berichterstatter, was faktisch auch entscheidend für die Zuweisung zu einer Kammer nach Art. 15, 59, 60 der Verfahrensordnung ist.[1708] Das genügt internationalen Verfahrens(grundrechte)standards, obwohl dies aus Sicht des deutschen Rechts im Hinblick auf die Garantie des gesetzlichen Richters (Art. 101 Abs. 1 S. 2 GG) nicht unproblematisch erscheint.[1709] Der Zuweisung liegt offenbar ein unveröffentlichter interner Beschluss zu Grunde.[1710] Ob die fachliche Ausrichtung insoweit eine Rolle spielt, lässt sich von außen daher schwerlich einschätzen. Dem Vernehmen nach soll dies in der Vergangenheit zum Teil der Fall gewesen sein.

Die Bildung der Kammern erfolgt nach Art. 16 der Satzung autonom und lässt sich daher ohne Rechtsänderung praktizieren. Eine verbindliche Festschreibung wäre allerdings auch in der Verfahrensordnung des Gerichtshofs möglich,[1711] die durch den Gerichtshof aufgestellt wird und der Genehmigung des Rates nach Art. 253 Abs. 6 S. 2 AEUV bedarf.

Diese Möglichkeit einer Errichtung von Fachkammern wirft die Frage auf, ob das Arbeits- und Sozialrecht im Vergleich zu anderen Rechtsgebieten Besonderheiten aufweist, die es nahelegen, eine Fachgerichtsbarkeit für diese Rechtsgebiete auch auf Unionsebene zu errichten. Immerhin gibt es viele Unwägbarkeiten für die Urteilsfindung im Gerichtshof der Europäischen Union, die keinesfalls nur Besonderheiten im Arbeitsrecht betreffen, sondern vielmehr die Rechtsprechung insgesamt, so etwa Sprachprobleme, juristische Sozialisierung

1708 *Luszcz*, in: Luszcz (Hrsg.), European Court procedure: A practical guide, Rn. 1.35; *Karpenstein/Dingemann*, in: Grabitz/Hilf/Nettesheim (Hrsg.) Das Recht der Europäischen Union, AEUV Art. 251, Rn. 17; *Pechstein*, in: P/N/H, Frankfurter Kommentar, AEUV Art. 251, Rn. 13.

1709 *Wägenbaur*, EuGH VerfO, Satzung-EuGH Art. 16, Rn. 1.

1710 *Schima*, Das Vorabentscheidungsverfahren vor dem EuGH, 165.

1711 *Jacobs u.a.*, Spezialisierung der Unionsgerichtsbarkeit im Arbeitsrecht, 107 f.

in unterschiedlichen Rechtskulturen oder fehlende Spezialisierung.[1712] Was also bereitet besondere Schwierigkeiten im Arbeits- und/oder Sozialrecht?

Insoweit ist zunächst zu konstatieren, dass das Arbeitsrecht in erster Linie Arbeitnehmerschutzrecht ist, das den Arbeitnehmer im Hinblick auf das im Arbeitsverhältnis bestehende strukturelle Ungleichgewicht schützen soll,[1713] dieser Arbeitnehmerschutz aber andererseits mit den wirtschaftlichen Interessen des Arbeitgebers und den dahinterstehenden Kollektivinteressen der gesamten Belegschaft am Erhalt des Arbeitsplatzes zu einem Ausgleich gebracht werden müssen.[1714] Vor allem aber, das haben die vorausgegangenen Untersuchungen von *Thiel* und *Özen* gezeigt, muss das Arbeitsrecht neben diesem schon nicht einfachen Interessenausgleich auch neben kollektiven Interessen der Belegschaft Kollektivinteressen der Arbeitnehmerschaft und der Arbeitgeberschaft, jeweils als Ganzes, mit den vorstehenden Interessen, aber auch untereinander zum Ausgleich bringen.[1715] Insoweit fällt auf, dass die vorausgegangenen Untersuchungen gezeigt haben, dass gerade der letztgenannte Aspekt in der Rechtsprechung des EuGH unterbelichtet erscheint. Dafür könnte sprechen, dass dieser nur im geringen Maß bzw. (in den Bereichen des Koalitions-, Tarif- und Arbeitskampfrechts) gar nicht durch den Unionsgesetzgeber reguliert wurde. Hält man sich zudem vor Augen, dass die Union auf diesen Gebieten keine Kompetenz hat, weil es sich gleichsam um die nationale Identität des Kollektivarbeitsrechts handelt, die die Mitgliedstaaten der Union nicht preisgeben wollten, die aber auch durch sehr unterschiedliche nationale Traditionen geprägt sind, wird deutlich, dass es im Bereich des Arbeitsrechts schwerlich möglich ist, ohne vertieften fachlichen Einblick eine Rechtsprechung zu etablieren, die in den Mitgliedstaaten friktionsfrei funktioniert.[1716] Eindrucksvoll ist das im Fall der unbesehenen Gleichsetzung von Sozialpartnern mit quasi-staatlichen Akteuren, wie *Thiel* herausgearbeitet hat (Abschnitt C, III, 2.). Angesichts der Unterschiedlichkeit der verschiedenen Systeme des Arbeitsrechts ist die Gefahr eines schwerwiegenden Eingriffs in eigentlich in sich ausbalancierte Systeme besonders groß. *Jacobs*, *Münder* und *Richter* haben insoweit instruktiv mit Recht darauf hingewiesen, dass die Reichweiten von Tarifvertragssystemen unterschiedlich sind, indes auch gegebenenfalls mit einer flankierenden Betriebsverfassung abgestimmt sind.[1717]

1712 Vgl. dazu im Einzelnen *Jacobs u.a.*, ebd., 51 ff.

1713 *Deinert*, in: Deinert/Wenckebach/Zwanziger (Hrsg.), Arbeitsrecht: Handbuch für die Praxis, § 1 Rn. 3 ff.

1714 *Jacobs u.a.*, Spezialisierung der Unionsgerichtsbarkeit im Arbeitsrecht, 22 ff.; vgl. auch *Gruber*, ZESAR 2019, 457, 459; *Moreau*, in: Degryse (Hrsg.), Social developments in the European Union 2008, 187 ff.

1715 Vgl. auch *Davies*, European Constitutional Law Review (14) 2018, 154, 154 f.

1716 Vgl. auch *Jacobs u.a.*, Spezialisierung der Unionsgerichtsbarkeit im Arbeitsrecht, 60 f.

1717 *Jacobs u.a.*, ebd., 32 f.

Offensichtlich ist es diese Vielfalt von Interessen, die miteinander in Ausgleich zu bringen sind, die eine Besonderheit des Arbeitsrechts ausmacht, infolge derer der Rechtsprechung besonders schnell der Vorwurf der Gewichteverschiebung gemacht wird. Letztlich trifft dies auch für die Auseinandersetzung mit der Rechtsprechung in der Sache *Alemo-Herron* zu, zu der, wie die Ausführungen *Özens* zeigen, dem Gerichtshof der Vorwurf gemacht wird, nicht sachgerecht, zwischen kollektivrechtlicher und individualrechtlicher Wirkung von Tarifnormen zu unterscheiden und den in der zeitlichen Begrenzung der Weitergeltung von Kollektivnormen liegenden Ausgleich zwischen Arbeitgeber- und Arbeitnehmerinteressen nicht erkannt zu haben. Umgekehrt fällt auf, dass bei individualrechtlichen Verfahren deutlich weniger derartige Fundamentalkritik zu vernehmen ist.

Das dürfte auch einen wesentlichen Unterschied zum Sozialrecht ausmachen. Ein ganz wesentlicher Bereich des Sozialrechts, der die Rechtsprechung des Gerichtshofs beschäftigt, ist praktisch seit Gründung der EWG das Koordinierungsrecht, das als Rechtsmaterie zur Gewährleistung der Arbeitnehmerfreizügigkeit und damit einer Grundfreiheit der Verträge vor allem den bipolaren Ausgleich der Interessen zwischen mitgliedstaatlichen Sozialleistungsträgern und Wanderarbeitnehmern betrifft.[1718] Hier erweist sich die soziale Dimension gleichsam als architektonische Grundbedingung der Union.[1719] Das scheint zu bestätigen, dass das Problem nicht allein darin liegt, dass sich das Unionsrecht harmonisch mit den Rechtsordnungen aller 27 Mitgliedstaaten zusammenfügen muss.[1720] Aber auch in Bezug auf das Verhältnis des Sozialleistungsrechts zum europäischen Wirtschaftsrecht scheint dem Gerichtshof bislang die „Antenne" für die soziale Dimension nicht zu fehlen, selbst bei so komplexen Fragen wie der grenzüberschreitenden Inanspruchnahme von Gesundheitsleistungen (s.o., Abschnitt E, III und E, IV, 1., b)) oder der Problematik der Unternehmereigenschaft von Sozialversicherungsträgern mit Rücksicht auf den rein sozialen Zweck[1721]. Komplexer freilich ist die Ausdeutung der sozialen Dimension der Unionsbürgerschaft (vgl. o., Abschnitt E, II, 2.) zwischen personaler und territorialer Anknüpfung.[1722]

1718 Überblick bei *Deinert*, Sozialrecht, 18. Kap. Rn. 15 ff.

1719 Instruktiv: *Eichenhofer*, ZESAR 2020, 195, 195 ff.

1720 So aber wohl *Jacobs u.a.*, Spezialisierung der Unionsgerichtsbarkeit im Arbeitsrecht, 46 ff.

1721 EuGH, 23.04.1991 – C-41/90 (ECLI:EU:C:1991:161), NZA 1991, 447, Rn. 21 – Höfner und Elser; EuGH, 17.02.1993 – C-159/91 u.a. (ECLI:EU:C:1993:63), NJW 1993, 2597, Rn. 17 – Poucet und Pistre; EuGH, 11.12.1997 – C-55/96 (ECLI:EU:C:1997:603), EuZW 1998, 274, Rn. 21 – Job Centre; EuGH, 21.09.1999 – C-67/96 [Fn. 26], Rn. 77 – Albany; EuGH, 22.01.2002 – C-218/00 (ECLI:EU:C:2002:36), EuZW 2002, 146, Rn. 22 – Cisal; EuGH, 16.03.2004 – C-264/01 u.a. (ECLI:EU:C:2004:150), EuZW 2004, 241, Rn. 46 – AOK Bundesverband; EuGH, 05.03.2009 – C-350/07 (ECLI:EU:C:2009:127), EuZW 2009, 290 – Kattner Stahlbau GmbH; vgl. dazu *Deinert*, Sozialrecht, 1. Kap. Rn. 110.

1722 *Heinig*, EuR Beiheft (1) 2013, 31, 39 ff.

Ob darüber hinaus die Komplexität der Rechtsquellen eine eigenständige Besonderheit des Arbeitsrechts darstellt,[1723] erscheint hingegen zweifelhaft. Die Unterschiedlichkeit der Rechtsquellen dürfte in Deutschland vor allem auf der fehlenden Kodifizierung beruhen, kann sich aber in anderen Mitgliedstaaten aus stärkeren regionalen Kompetenzen ergeben, ist indes in ähnlicher Weise auch im Sozialrecht oder im Steuerrecht anzutreffen. Insoweit damit die Menge gesetzlicher Regelungen angesprochen ist, ist dies besonders dem Schutzbedürfnis des Arbeitnehmers und dem Ausgleich mit Arbeitgeberinteressen aber auch weiteren Interessen, wie dies bereits angesprochen wurde, geschuldet.

Zumindest verschärfend wirkt der Befund, dass die Notwendigkeit eines Ausgleichs vielfältiger Interessen im Kontext einer Normenmasse steht, hinsichtlich derer dem EuGH, eine Systembildung bestenfalls in Teilen (besonders in homogenen Bereichen wie dem Antidiskriminierungsrecht oder dem Koordinierungsrecht) gelungen ist. Die Systembildung ist hier auch besonders erschwert:[1724] Das europäische Arbeitsrecht ist kein Rechtsgebiet mit abschließendem Regelungsanspruch. Vielmehr beschränkt es sich – und muss mit Rücksicht auf das Prinzip der begrenzten Einzelermächtigung sich beschränken – auf punktuelle Regelungen durch Sekundärrecht sowie Grenzziehungen für mitgliedstaatliche Gestaltungen. Dabei kommt hinzu, dass sich die Richtlinienkompetenz in Art. 153 Abs. 1, 2 AEUV weitgehend auf Mindestrichtlinien beschränkt, die sehr heterogene nationale Systeme möglich lassen. Im Übrigen sind die Mitgliedstaaten bei Ausgestaltung dieser nationalen Systeme in ihrer Gestaltungsfreiheit beschränkt, je mehr der EuGH auch Mindestrichtlinien als abschließende Beschreibung zulässiger Beschränkungen von Grundfreiheiten begreift, wie dies etwa in der Entsenderichtlinie geschehen ist, sodass der Gestaltungsspielraum auf die Ebene von Europäischem Parlament und Rat verschoben wird (s.o., Abschnitte E, II, 2. und E, III).

Bisweilen wird zudem beklagt, dass der EuGH keinen Dialog mit der Rechtswissenschaft[1725] pflege.[1726] Im Kern trifft es in der Tat zu, dass die Reflektion von Kritik durch die Rechtsprechung auch die Sensibilität für die zu berücksichtigenden rechtlich geschützten Interessen stärken kann. Insoweit ist der angesprochene „Dialog" allerdings nur Indikator für die Reflexion. Eine fehlende „Bescheidung" abweichender Ansichten besagt nicht, dass diese nicht zur Kenntnis genommen wurden. Möglicherweise ergibt sich hier eine starke Erwartungshaltung besonders aus Deutschland, wo die Auseinandersetzung mit der Rechtswissenschaft in den Urteilsgründen der obersten Bundesgerich-

1723 *Jacobs u.a.*, Spezialisierung der Unionsgerichtsbarkeit im Arbeitsrecht, 27.
1724 Vgl. *Jacobs u.a.*, ebd., 30 ff.
1725 Vgl. auch *v. Danwitz*, EuR 2008, 769, 779 f.
1726 *Jacobs u.a.*, Spezialisierung der Unionsgerichtsbarkeit im Arbeitsrecht, 49 f.

te Tradition hat. Der EuGH folgt indes einer anderen Tradition und es ist fraglich, ob eine eigenständige Fachgerichtsbarkeit auf europäischer Ebene diesen Dialog mit der Wissenschaft stärken würde. Diese Erwägungen führen folglich nicht weiter. Auch die politikwissenschaftliche Forschung hat gezeigt, dass es keine Anhaltspunkte dafür gibt, dass der Gerichtshof Kritik nicht zur Kenntnis nimmt.[1727]

Sicher wird eine Spezialisierung in Fachkammern auch eine Sensibilisierung für die soziale Dimension des Unionsrechts mit sich bringen. Freilich gibt es auch Einwände, deren wichtigster wohl ist, dass die Kohärenz der Entwicklung des Unionsrechts in der Rechtsprechung dadurch gefährdet werde.[1728] Auch wird befürchtet, dass der Berichterstatter aufgrund seiner bedeutsamen Rolle im Verfahren dominanten Einfluss gewinnen könnte und das eigene nationale Rechtssystem prägend werden könnte,[1729] was wiederum mit der Autonomie der Unionsrechtsordnung unvereinbar wäre. Die Einwände sind an sich nicht von der Hand zu weisen. Gerade die bisherige Praxis der Zuweisungen an Kammern mit drei bzw. fünf Richtern sowie die Große Kammer zielt darauf ab, die Kohärenz der Rechtsentwicklung zu wahren.[1730]

Allerdings bleibt es Aufgabe des Gerichtshofes auch bei der Ausbildung von Fachkammern, diese Kohärenz im Auge zu behalten, die im Übrigen aber angesichts des wie ausgeführt nicht auf Universalität angelegten Unionsrechts im Rahmen des Prinzips der Einzelermächtigung nur begrenzt erreichbar ist. Einzuräumen ist, dass Fachkammern die Kohärenz des Unionsrechts insofern erschweren könnten, als der Hintergrund der Richter für diese Rechtsgebiete dominierend wirken könnte. Wenn das als Bedrohung der Einheitlichkeit des Unionsrechts wahrgenommen wird, ließe sich aber auch darüber nachdenken, beispielsweise zwei Fachkammern zu errichten, die mangels Auslastung durch das Fachgebiet ansonsten an der allgemeinen Rechtsprechung teilhaben.

Kein Einwand gegen diesen Vorschlag stellt jedenfalls der Grundsatz „ein Richter pro Mitgliedstaat" in Art. 19 Abs. 2 S. 1 EUV dar. Zwar hat die bisherige Kammerpraxis den Einfluss der Einsicht in das mitgliedstaatliche Recht er-

---

1727 *Blauberger u.a.*, Journal of European Public Policy 2018, 1422, 1422 ff.

1728 *Jacobs u.a.*, Spezialisierung der Unionsgerichtsbarkeit im Arbeitsrecht, 86 ff.; vgl. auch zur Problematik *Everling*, in: Ständige Deputation des Deutschen Juristentages, Bd. II/1, N14; *Moreau*, in: Degryse (Hrsg.), Social developments in the European Union 2008, 185, 194 ff.; *Broberg/Fenger*, Preliminary References to the European Court of Justice, 21 ff.; *Öberg u.a.*, in: Derlén/Lindholm (Hrsg.), The European Court of Justice, Multidisciplinary Perspectives, 219, 220 ff.; vgl. ferner (zurückhaltend) *Skouris*, in: FS Starck, 999 f.

1729 *Schima*, Das Vorabentscheidungsverfahren vor dem EuGH, 165.

1730 Vgl. *v. Danwitz*, EuR 2008, 769, 777; ferner bereits *Vesterdorf*, European Law Review 2003, 303, 315.

heblich relativiert.[1731] Sie ermöglicht gleichwohl immer noch zumindest begrenzt einen gleichmäßigen Einfluss der Richter aus den verschiedenen Mitgliedstaaten auf die Rechtsprechung.[1732] Eine Fachkammer stünde dagegen einem Rotationsprinzip entgegen, weil dieses eine inhaltliche Spezialisierung nicht gewährleisten könnte. Das wäre aber verschmerzbar im Hinblick darauf, dass die Kohärenz der Rechtsprechung auf andere Weise gewährleistet werden kann und damit alle Mitgliedstaaten über „ihre" Richter Einfluss auf die Rechtsprechung als Ganzes haben können. Im Übrigen bliebe nach Art. 16 Abs. 5 der Satzung die Möglichkeit einer Befassung des Plenums in Rechtssachen von außergewöhnlicher Bedeutung.

Viel spricht nach allem dafür, künftig eine oder mehrere Fachkammern für arbeitsrechtliche Fragen zu errichten.[1733] Das lässt sich durch Änderung der Satzung bewerkstelligen und erfordert daher keine Einstimmigkeit der Mitgliedstaaten. Eine solche Änderung ist nach Art. 281 Abs. 2 AEUV im Wege des ordentlichen Gesetzgebungsverfahrens nach Art. 289, 294 AEUV möglich, wofür eine qualifizierte Mehrheit nach § 16 Abs. 3 ff. EUV im Rat genügt.

Über die Sinnhaftigkeit entsprechender Kammern für andere Rechtsgebiete ist damit allerdings nichts gesagt.[1734] Weder muss dies exklusiv für das Arbeitsrecht gelten, noch beanspruchen die vorstehenden Ausführungen Bedeutung für andere Rechtsgebiete. Über den Vorteil einer stärkeren Sensibilisierung für die soziale Dimension hinaus hat eine Fachkammer den nicht zu verachtenden Vorteil eines effizienteren Ressourceneinsatzes als bei ständig notwendiger Einarbeitung in neue Rechtsgebiete, zumal angesichts des stark angewachsenen Umfangs an Rechtsgebieten, mit denen der Gerichtshof zu tun hat.[1735]

Es ist allerdings nicht zu übersehen, dass eine gewisse Skepsis gegenüber dem Fach(gerichts)modell besteht.[1736] In diesem Zusammenhang ist die Schließung und Überführung des Gerichts für den öffentlichen Dienst im Jahr 2016 in das Gericht zu sehen.[1737] Immerhin ist Art. 257 AEUV für das Modell offen, wenn dort die Errichtung nachgeordneter Fachgerichte vorgesehen ist. Die Skepsis

1731 *Skouris*, in: FS Starck, 998; zum Für und Wider dieses Prinzips s. die Erwägungen der *Reflexionsgruppe über die Zukunft des Gerichtssystems der Europäischen Gemeinschaften*, NJW-Beilage 2000, 1 ff., 13.

1732 Freilich sieht auch der EuGH in seinem Reflexionspapier zur Zukunft des Gerichtssystems der EU, *EuGH*, EuZW 1999, 750, 753, insoweit Grenzen. Vgl. ferner *Skouris*, in: FS Starck, 998.

1733 *Jacobs u.a.*, Spezialisierung der Unionsgerichtsbarkeit im Arbeitsrecht, 64 ff.; *Jacobs u.a.*, German Law Journal 2019, 1214, 1225 ff.; *Schubert*, AuR 2014, 297, 297.

1734 Vgl. auch *Jacobs u.a.*, Spezialisierung der Unionsgerichtsbarkeit im Arbeitsrecht, 15; allgemeine Erwägungen bei *Öberg u.a.*, in: Derlén/Lindholm (Hrsg.), The European Court of Justice, Multidisciplinary Perspectives, 211 ff.

1735 *Hakenberg*, RabelsZ 2002, 367, 382.

1736 Vgl. etwa *Schima*, Das Vorabentscheidungsverfahren vor dem EuGH, 134 f.

1737 *Hoffmann*, EuR 2016, 197, 200.

kommt aber weiterhin darin zum Ausdruck, dass die jüngste Verschiebung der Zuständigkeiten nach Art. 267 Abs. 3 AEUV vom Gerichtshof auf das Gericht zum 1. Oktober 2024 für sechs Fachgebiete,[1738] zu denen das Arbeitsrecht allerdings nicht gehört, erfolgte, die hinreichend trennscharf von anderen Rechtsgebieten abgegrenzt werden können und hinsichtlich derer eine umfangreiche Rechtsprechung des Gerichtshofs existiert. Der Gerichtshof weist insoweit darauf hin, dass es um Gebiete geht, die selten Grundsatzfragen aufwerfen.[1739] Von daher unterscheiden diese Gebiete sich ohnehin vom Arbeitsrecht.

Nicht geleugnet werden soll, dass die Regelung der Zuständigkeit herausfordernd sein kann. Auch wird sich sicher nicht vermeiden lassen, dass bisweilen Fälle außerhalb der Zuständigkeit einer Fachkammer bleiben, wenn nämlich arbeitsrechtliche Vorfragen zu klären sind. Diese Frage kann sich etwa stellen, wenn es darum geht, ob Flugausfälle infolge von Streiks auf höherer Gewalt beruhen.[1740] Auch in der *Rüffert*-Entscheidung ging es im Ausgang nicht um ein arbeitsrechtliches Problem, sondern um ein vergaberechtliches.[1741] Das ist auch im nationalen Recht bekannt, mitunter ein Ärgernis, mit dem sich aber leben lässt. Erinnert sei etwa nur an die Rechtsprechung des BGH zur Untreue bei überhöhter Betriebsratsvergütung.[1742]

Denkbar wäre es auch, Sichtbarkeit und Stellenwert der sozialen Dimensionen im Verfahren dadurch zu stärken, dass etwa eine sozialpolitische Sensibilisierung der an den EuGH berufenen Richter durch eine dezidiert sozialpolitisch orientierte Stellungnahme zur Eignung der Kandidaten im Benennungsausschuss nach Art. 255 AEUV vorgesehen wird. Sicher ginge es zu weit, sämtlichen Richtern eine entsprechende Qualifizierung abzufordern. Dennoch wäre eine Berücksichtigung dieses Umstandes gerade wünschenswert in Kombination mit dem hier unterbreiteten Vorschlag der Errichtung von Fachkammern.

Der Gedanke ist an sich nicht neu. So hatte der EGKS-Gerichtshof nach Art. 31 EGKSV sieben Mitglieder, eines mehr als Mitgliedstaaten. Nach anfänglichen Uneinigkeiten über die Verteilung auf die Mitgliedstaaten wurde als siebter

1738 Zum entsprechenden Vorhaben *Kühn*, EuZW 2023, 925, 925 ff.; vgl. bereits die Erwägungen der *Reflexionsgruppe über die Zukunft des Gerichtssystems der Europäischen Gemeinschaften*, NJW-Beilage 2000, 1 ff., 10 ff.

1739 EuGH - Pressemitteilung Nr. 125/24 vom 12.8.2024 (*https://curia.europa.eu/jcms/upload/docs/application/pdf/2024-08/cp240125de.pdf* (besucht am 5. Dezember 2024)).

1740 Vgl. *Krebber*, in: FS Schmidt, 1007 ff.; im Anschluss an EuGH, 17.04.2018 – C-195/17 u.a. (ECLI:EU:C:2018:258), NJW 2018, 1592 – Krüsemann u.a.

1741 EuGH, 03.04.2008 – C-346/06 [Fn. 29] – Rüffert.

1742 BGH, 10.01.2023 – 6 StR 133/22, NZA 2023, 301.

Richter der Niederländer *Petrus Serrarens*[1743], bis dahin Sekretär des Internationalen Bundes der Christlichen Gewerkschaften berufen. Offenbar wollte man damit auch erreichen, dass dessen Erfahrungen in arbeitsrechtlichen Verhandlungen einfließt.[1744] Dabei ging es aber offensichtlich nicht etwa primär um die Stärkung der sozialen Dimension in der Rechtsprechung. Denn die Zahl der Richterstellen war offensichtlich zunächst mit Rücksicht auf die Abstimmung bestimmt,[1745] wie bis heute nach Art. 17 Abs. 1 der Satzung Entscheidungen nur bei Besetzung mit einer ungeraden Zahl von Richtern möglich sind. Vielmehr scheint es sich um ein willkommenes Nebenprodukt im Rahmen der Bemühungen um Proporz bei der Besetzung von Richterstellen gehandelt zu haben. Denn mit dem Ausscheiden der beiden niederländischen Richter, *Serrarens* und *Adrianus van Kleffens*, sowie dem italienischen Präsidenten *Massimo Pilotti* rückten 1958 in den Gerichtshof der Gemeinschaften mit *Andreas Matthias Donner* nur ein Niederländer nach, aber zwei Italiener.[1746] Von beiden italienischen Richtern, *Nicola Catalano* und *Rino Rossi*, ist aber keine spezifische soziale Expertise bekannt.

b) Spezialisierte Generalanwälte

In der Regel ergeht eine Entscheidung nach Schlussanträgen des Generalanwalts. Es wird oft gesagt, der Gerichtshof folge zumeist den Anträgen der Generalanwälte.[1747] So hat *Frankenreiter* eine Übereinstimmung hinsichtlich der politischen Ausrichtung der Schlussanträge und der Entscheidung von 87 Prozent beobachtet und ist darüber hinaus sogar zu dem Ergebnis gelangt, dass die politische Ausrichtung der Regierung des Mitgliedstaats, aus dem der Generalanwalt kam, einen Niederschlag in der Entscheidung finde.[1748] Er hat allerdings selber betont, dass dies aus Daten aus der Zeit vor der Etablierung des Ausschusses, der nach Art. 255 eine Stellungnahme zur Eignung von Richtern und Generalanwälten abgibt, durch den Vertrag von Lissabon abgeleitet wurde.[1749] Das Ergebnis erstaunt ein wenig, zumal ja eine ähnliche Signifikanz für die Persönlichkeiten der

---

1743 Zur Person siehe: EuGH - Übersicht der ehemaligen Mitglieder (*https://curia.europa.eu/jcms/jcms/p1_217426/de/*).

1744 *Schulze/Hoeren*, Dokumente zum Europäischen Recht, Bd. 2: Justiz (bis 1957), 159.

1745 *Hakenberg*, EuZW 2022, 1154, Fn. 1; *Tamm*, in: EuGH (Hrsg.), The Court of Justice and the Construction of Europe: Analyses and Perspectives on Sixty Years of Case-law, 18; *Weitbrecht*, EuZW 2022, 1133, Fn. 6.

1746 Vgl. auch *Kohler/Puffer-Mariette*, ZEuP 2014, 696, 700.

1747 Beachtlich ist aber insbesondere der Hinweis von *Schima*, Das Vorabentscheidungsverfahren vor dem EuGH, 176, dass es gerade in Fällen, in denen die Rechtsfrage nicht rechtlich oder politisch umstritten ist, zu einer Übereinstimmung zwischen Generalanwalt und Gerichtshof kommt. So erklärt sich vielleicht, dass zwar oftmals von einer hohen Übereinstimmung gesprochen wird, andererseits aber in prominenten Fällen doch eine Abweichung vorkommt.

1748 *Frankenreiter*, Review of law and economics 2018, 1, 1 ff.

1749 *Frankenreiter*, ebd., 1, 35.

Richter nicht festgestellt werden konnte[1750]. Im Übrigen gilt aber auch hier, dass Entscheidungen nicht das Ergebnis des Agierens Einzelner sind, sondern durch ein Kollektiv gefällt werden (vgl. bereits oben, Abschnitt E, III).[1751]

Generalanwälte entwickeln als Mitglieder des Gerichtshofs[1752] (vgl. Art. 19 Abs. 2 S. 2 EUV, Art. 252 ff. AEUV, Art. 8 der Satzung) eine rechtliche Bewertung in einem frühen Stadium des Verfahrens. Unabhängig davon, wie häufig der Gerichtshof ihren Schlussanträgen folgt, haben sie natürlich Einfluss auf die rechtliche Diskussion im Gerichtshof und können die Aufmerksamkeit auf bestimmte Gesichtspunkte lenken. Immerhin liefert der Generalanwalt mit seinen Schlussanträgen eine erste ausführlich begründete Äußerung zu den einschlägigen Rechtsfragen.[1753]

Auch für die Generalanwälte ist keine Spezialisierung vorgesehen. Art. 16 der Verfahrensordnung regelt lediglich, dass der Erste Generalanwalt über die Zuweisung der Rechtssache an die Generalanwälte entscheidet. Eine Zuweisung an einen Generalanwalt aus dem Mitgliedstaat, aus dem der Fall kommt, ist dabei nicht ausgeschlossen.[1754] In der Praxis wird eine Spezialisierung vermieden.[1755] Auch insoweit ließe sich darüber nachdenken, die Verfahrensordnung entsprechend zu ändern, sodass eine Spezialisierung und entsprechende Zuweisung vorgesehen werden.[1756]

Dafür sprechen sicher die gleichen guten Gründe wie für eine Fachkammer am EuGH. Allerdings sollte dies bestenfalls als Ergänzung zur Fachkammer erwogen werden, weil angesichts der kleinen Zahl von derzeit elf Generalanwälten eine Spezialisierung sicher schwerer leistbar ist als durch Bildung von Fachkammern am EuGH. Zumindest nach der Statistik über den Verfahrensgegenstand des EuGH des Jahres 2023[1757] scheint die Zahl der Verfahren mit arbeitsrechtlichem Bezug vergleichsweise gering, obwohl genaue Aussagen schwer sind, da die Rechtsgebiete anhand der Gegenstände nach den Regelungen im EUV zugeordnet werden, nicht nach dem materiellen Gegenstand. Dort sind ausgewiesen 14 Verfahren zum Freizügigkeitsrecht, sowie 27 zur Sozialpolitik. Werden noch die 17 Verfahren zum Beamtenstatus hinzugenommen, ergeben sich insgesamt 58 von insgesamt 821 Verfahren, wobei insbeson-

1750 Vgl. *Hofmann*, Abschnitt D, III, 1. und 2.

1751 Darauf weist auch *Frankenreiter*, Review of law and economics 2018, 1, 34 hin.

1752 *Schima*, Das Vorabentscheidungsverfahren vor dem EuGH, 139.

1753 *Schima*, ebd., 176.

1754 *Schima*, ebd., 166.

1755 *Wägenbaur*, EuGH VerfO, VerfO-EuGH Art. 16 Rn. 1.

1756 *Jacobs u.a.*, Spezialisierung der Unionsgerichtsbarkeit im Arbeitsrecht, 115 f.

1757 EuGH - Jahresbericht 2023 | Rechtsprechungsstatistiken des Gerichtshofs (*https://curia.europa.eu/jcms/jcms/p1_4379972/de/*).

dere hinter den Verfahren zum Freizügigkeitsrecht ganz andere Gegenstände als Arbeitsrecht stecken können. Ohne Mehrbelastung der anderen Generalanwälte ließe sich eine solche Spezialisierung nur in der Weise bewerkstelligen, dass ein Generalanwalt für das Arbeitsrecht und weitere Gegenstände zuständig ist.

Im Übrigen sollte die Spezialisierung von Generalanwälten deshalb nur als Ergänzung zu Fachkammern erwogen werden, weil die Beteiligung von Generalanwälten nicht in allen Sachen stattfindet. Denn nach Art. 20 Abs. 5 der Satzung kann auf die Schlussanträge verzichtet werden, wenn eine Rechtssache keine neuen Rechtsfragen aufwirft. Das scheint zunehmend zu geschehen.[1758]

c) Stärkung des Dialoges mit den vorlegenden Gerichten

Allgemein wird beklagt, dass der EuGH trotz Betonung des Kooperationsverhältnisses mit den innerstaatlichen Gerichten keinen Dialog im Vorabentscheidunsverfahren pflege,[1759] bzw. dieser Dialog gestärkt werden müsse.[1760]

Wichtig erscheint allerdings, dass dem EuGH hinreichend klar ist, vor welchem Hintergrund ein Vorabentscheidungsersuchen gestellt wird. Eine sachgerechte Entscheidung setzt Informationen über die Bedeutung der vorgelegten Fragen voraus, sodass der Gerichtshof den tatsächlichen und rechtlichen Kontext kennen muss.[1761] Das war offensichtlich in der Vergangenheit nicht immer der Fall,[1762] weshalb der EuGH die Möglichkeit gefordert hat, das nationale Gericht um Klarstellungen zu ersuchen.[1763] Diese wurde inzwischen in Art. 101 der Verfahrensordnung geschaffen.[1764] Aus Sicht des Gerichtshofs sind die Rechtssachen im Laufe der Zeit komplexer geworden und nicht ohne Weiteres ohne Betrachtung und Einbeziehung des nationalen Rechts sachgerecht zu beurteilen.[1765] Ohnehin aber verlangt Art. 94 lit. a und b der Verfahrensordnung eine kurze Darstellung des Streitgegenstandes und des maßgeblichen Sachverhalts sowie die Übermittlung des Wortlauts der Vorschriften des nationalen Rechts und gegebenenfalls eine Darstellung der einschlägigen nationalen Rechtsprechung.

1758 S. dazu *Skouris*, in: FS Starck, 994.

1759 *Jacobs u.a.*, Spezialisierung der Unionsgerichtsbarkeit im Arbeitsrecht, 48 f.

1760 *Schubert*, RdA 2024, 282, 294 f.

1761 *Geulette*, in: Luszcz (Hrsg.), European Court procedure: A practical guide, Rn. 2.145; vgl. auch *Broberg/Fenger*, Preliminary References to the European Court of Justice, 270 ff., 279 ff.

1762 Vgl. für das allgemeine Privatrecht *Hakenberg*, RabelsZ 2002, 367, 375.

1763 Reflexionspapier des EuGH zur Zukunft des Gerichtssystems der Europäischen Union vom 28.5.1999, *EuGH*, EuZW 1999, 750, 752.

1764 Vgl. dazu *Broberg/Fenger*, Preliminary References to the European Court of Justice, 287.

1765 *Skouris*, in: FS Starck, 995 f.

Immerhin ist dem vorlegenden Gericht eine Einschätzung zu der vorgelegten Rechtsfrage möglich, der EuGH hält dies nach seinen Empfehlungen für Vorabentscheidungsersuchen „insbesondere" für nützlich, wenn im beschleunigten Verfahren oder im Eilverfahren entschieden werden soll.[1766] Auch wenn eine sozialwissenschaftliche Untersuchung zu dem Ergebnis kam, dass das vorlegende Gericht kaum Einfluss auf die Entscheidung des EuGH am Ende habe,[1767] sollte die Vorlage nicht unterschätzt werden. Wenn auch bekannt ist, dass der EuGH in nicht einmal der Hälfte der Fälle nicht der Rechtsansicht des vorlegenden Gerichts folgt,[1768] sagt dies wenig darüber, wie sehr diese Rechtsansicht reflektiert wurde. Auch ist von begrenzter Aussagekraft, inwieweit der Gerichtshof die Ausführungen aus der Vorlage aufgreift und diskutiert.

Für den vorliegenden Zusammenhang ist aber viel wichtiger, dass ein vorlegendes Gericht die Möglichkeit hat, den Kontext der Rechtsfrage zu erläutern und damit auch Besonderheiten der sozialen Dimension im innerstaatlichen Recht zu verdeutlichen, die Einfluss auf die unionsrechtliche Beurteilung gewinnen können. Das ist nicht nur wichtig für den Gerichtshof, sondern auch für diejenigen, die nach Art. 23 der Satzung im Vorabentscheidungsverfahren Stellung nehmen können,[1769] namentlich die Kommission und die Mitgliedstaaten. Auch wenn die – dem Gerichtshof zur Verfügung gestellte[1770] – Akte möglicherweise einen Einblick liefert, ist insoweit zu beachten, dass diese weder übersetzt noch denjenigen übermittelt wird, die nach Art. 23 der Satzung eine Stellungnahme abgeben können.[1771] Ein gutes Beispiel ist insoweit etwa die Vorlage des BAG in der Rechtssache *Asklepios*, in der dem EuGH verdeutlicht wurde, dass ein Betriebserwerber keineswegs uneingeschränkt und für immer an die Dynamik eines vor dem Betriebsübergang im Arbeitsverhältnis in Bezug genommen Tarifvertrags gebunden ist.[1772] Dies führte maßgeblich dazu, dass die sich aus der Rechtssache *Alemo-Herron*[1773] abzeichnenden Restriktionen für die deutsche Rechtsprechung in der nachfolgenden Entscheidung[1774] relativiert wurden. Das hat zwar nur an-

1766 Empfehlungen an die nationalen Gerichte bezüglich der Vorlage von Vorabentscheidungsersuchen, ABl. C 380 vom 8.11.2019, S. 1–9, Pkt. 18. Weitergehend die Überlegungen der *Reflexionsgruppe über die Zukunft des Gerichtssystems der Europäischen Gemeinschaften*, NJW-Beilage 2000, 1 ff., 8.

1767 *Wallermann Ghavanini*, ELRev. (47) 2022, 310, 310 ff.; vgl. für schwedische Gerichte *Wallermann*, in: Derlén/Lindholm (Hrsg.), The European Court of Justice, Multidisciplinary Perspectives, 153 ff.

1768 *Wallermann Ghavanini*, ELRev. (47) 2022, 310, 321.

1769 Vgl. *Schima*, Das Vorabentscheidungsverfahren vor dem EuGH, 100 f.

1770 Empfehlungen an die nationalen Gerichte bezüglich der Vorlage von Vorabentscheidungsersuchen, ABl. C 380 vom 8.11.2019, S. 1–9, Pkt. 24.

1771 *Geulette*, in: Luszcz (Hrsg.), European Court procedure: A practical guide, Rn. 2.144.

1772 BAG, 17.06.2015 – 4 AZR 61/14 (A) [Fn. 119].

1773 EuGH, 18.07.2013 – C-426/11 [Fn. 39] – Alemo-Herron.

1774 EuGH, 27.04.2017 – C-680/15 und C-681/15 [Fn. 37] – Asklepios.

ekdotische Evidenz, legt aber nahe, dass solche Erläuterungen keineswegs unterlassen werden sollten.

Allerdings sollte die Bedeutung der Vorlagefrage insofern nicht überschätzt werden, als sie allein eine Sensibilisierung für die Konzeption dieses einen innerstaatlichen Rechts ermöglicht,[1775] Obergerichte anderer Mitgliedstaaten allerdings keinen Einfluss auf den Verlauf und insbesondere das Ergebnis des Vorabentscheidungsverfahrens mangels Beteiligung gewinnen können. Insofern ist es wichtig, dass der Gerichtshof auch über die Hintergründe anderer Rechtsordnungen informiert ist.[1776]

Mitgliedstaaten könnten mehr als bisher von ihren Äußerungsrechten nach Art. 23 Abs. 2 Satzung Gebrauch machen.[1777] Auch wenn der wissenschaftliche Dienst des EuGH insoweit Informationen beschaffen kann,[1778] stößt dies naturgemäß an Grenzen, sodass es sinnvoll ist, dass sich die Mitgliedstaaten aus ihrer jeweiligen Perspektive einbringen.[1779] Denn flächendeckende Informationen für alle Verfahren sind ohne diesen spezifischen Einblick nicht zu haben.

Im Übrigen sind weder Gerichtshof noch innerstaatliche Gerichtshöfe gehindert, außerhalb von Verfahren in einen Dialog im Sinne eines fachlichen Austausches einzutreten, wie dies bislang wohl auch praktiziert wird. Das lässt sich möglicherweise noch ausbauen.

d) Beteiligung der Sozialpartner

Eine Sensibilisierung für die soziale Dimension lässt sich sicher auch durch eine Beteiligung der Sozialpartner erreichen. Dabei wird in erster Linie an die europäischen Sozialpartner gedacht.[1780] Bemüht wird insoweit Art. 152 AEUV, der eine Anerkennung und Förderung der Sozialpartner auf primärrechtlicher Ebene zum Ausdruck bringe, die gegenwärtig lediglich bei der Rechtsetzung Beachtung finde.[1781] Soweit dies nicht eine Beteiligung ehrenamtlicher Richter einfordern soll (vgl. o., Abschnitt E, IV, 2., a)), liefe das auf die Abgabe von Stellungnahmen im Verfahren, wie sie in Art. 23 Abs. 2 der Satzung bislang schon für Mitgliedstaaten, Kommission und andere Organe vorgesehen ist, hinaus. Insoweit scheint auch die Befürchtung der Lobbyismusförderung vor Gericht, was wiederum geeignet sei, die Unabhängigkeit der Richter zu

1775 Instruktiv zur Einbringung der Sicht der jeweiligen Partei im Verfahren vgl. BAG, 28.07.2021 – 10 AZR 397/20 (A), NZA 2021, 1273, Rn. 45.

1776 Dazu *Jann/Hakenberg*, in: GS Schockweiler, 261 ff.

1777 *Jacobs u.a.*, Spezialisierung der Unionsgerichtsbarkeit im Arbeitsrecht, 63.

1778 Vgl. *Jann/Hakenberg*, in: GS Schockweiler, 260 f.

1779 *Hakenberg*, RabelsZ 2002, 367, 373, 375 f.

1780 *Jacobs u.a.*, Spezialisierung der Unionsgerichtsbarkeit im Arbeitsrecht, 117 f.

1781 Vgl. *Jacobs u.a.*, ebd., 117.

beschränken,[1782] von untergeordneter Bedeutung. Auch die Gefahr, dass politische Auseinandersetzungen in den Mittelpunkt der Verhandlungen geraten, während das individuelle Verfahren vernachlässigt würde,[1783] scheint nicht ernsthaft zu bestehen. Die bisherigen Erfahrungen mit dem sozialen Dialog[1784] nach Art. 154, 155 AEUV lassen freilich nicht erwarten, dass es oft gelingen wird, mit einer Stimme zu sprechen, sodass beide Seiten die Möglichkeit haben müssten, sich getrennt voneinander zum Verfahren zu äußern. Das würde immerhin ermöglichen, eine fachspezifische Sicht, und zwar sogar von beiden Seiten des Arbeitslebens, einzubeziehen und darüber hinaus auch den Blick der Praxis kennenzulernen.

Freilich ist nicht jedes Verfahren von grundsätzlicher Bedeutung und möglicherweise kann es die europäischen Sozialpartner ihrerseits überlasten, sich zu jedem arbeitsrechtlichen Verfahren zu äußern. Dennoch ist das Interesse und der Mehrwert einer entsprechenden Äußerung nicht zu verkennen. Insofern scheint die Möglichkeit der Intervention bei Bedarf vorzugswürdig. Solche fachspezifischen Erwägungen Dritter könnten durch die aus dem angloamerikanischen Rechtskreis bekannte Figur des *Amicus Curiae* Eingang in das Gerichtsverfahren finden. Der *Amicus Curiae* („Freund des Gerichts“), ein Dritter im Verfahren, hat dabei keine Verfahrensrechte und von ihm werden weder Parteinähe noch Neutralität gefordert.[1785] Bekannt ist der *Amicus Curiae* auch beim EGMR[1786], geregelt durch Art. 36 Abs. 2 EMRK i.V.m. § 44 der Verfahrensordnung des EGMR. Dies erlaubt den Richtern eine praxisnahe Anschauung vom Beschwerdegegenstand.[1787] Beteiligt werden u.a. internationale Organisationen, NGOs, nationale Verbände und Unternehmen, aber auch Privatpersonen. Durch die Drittbeteiligung wird Transparenz geschaffen, was wiederum zu einer erhöhten Akzeptanz der Rechtsprechung führen kann.[1788]

Dieser Gedanke findet sich in der Satzung des EuGH über den Verfahrensbeitritt in Art. 40 der Satzung wieder. Dafür muss ein berechtigtes Interesse am

---

1782 *Mansel*, in: Wieczorek/Schütze (Hrsg.), ZPO, vor § 64, Rn. 32; vgl. zum Lobbygedanken *Remien*, in: Dethloff/Nolte/Reinsch (Hrsg.), Freiheit und Regulierung in der Cyberwelt: Rechtsidentifikation zwischen Quelle und Gericht, 263; ebenso *Ruthemeyer*, Der amicus curiae brief im internationalen Investitionsrecht, 21.

1783 Erwägungen zu den Principles of Transnational Civil Procedure *Kühne*, Amicus curiae: Richterliche Informationsbeschaffung durch Beteiligung Dritter, 160; *Segger*, Der Amicus Curiae im Internationalen Wirtschaftsrecht, 44.

1784 Vgl. etwa *Deinert*, in: FS ArbVG, 528 ff.

1785 *Ruthemeyer*, Der amicus curiae brief im internationalen Investitionsrecht, 21 f.; *Segger*, Der Amicus Curiae im Internationalen Wirtschaftsrecht, 219 ff.

1786 Beispielsweise EGMR, 05.06.2015 – 46043/14, NJW 2015, 2715-2724, Rn. 153.

1787 Bezeichnung als nützliches Informationsinstrument *Kühne*, Amicus curiae: Richterliche Informationsbeschaffung durch Beteiligung Dritter, 325.

1788 Vgl. *Bürli*, Third-party interventions before the European Court of Human Rights, 113 ff.

Ausgang des Verfahrens vorgewiesen werden. Dazu genügt das Interesse einer Gewerkschaft an der Wahrung der Interessen ihrer Mitglieder.[1789] Nach den Art. 24 und 25 der Satzung über Auskunftseinholungen und Gutachtenaufträge kann der EuGH im Übrigen jedenfalls Stellungnahmen Dritter anfordern.[1790]

Ein *Amicus Curiae* könnte jedenfalls die arbeitsrechtliche Sensibilisierung stärken und fachspezifische Entscheidungen erleichtern.[1791] Im Hinblick auf die oftmals überindividuelle Bedeutung eines Rechtsstreits und unter Berücksichtigung der Tatsache, dass die Mitgliedstaaten nicht immer zwingend die Interessen der Sozialpartner und der darin gebündelten Individualinteressen verfolgen müssen, liegt es nahe, die Idee des *Amicus Curiae* im Verfahren vor dem EuGH fruchtbar zu machen. Für das Vorabentscheidungsverfahren zählt Art. 23 der Satzung allerdings diejenigen abschließend auf, die in dem Verfahren Stellung nehmen können, eine Beteiligung nach Art. 40 der Satzung ist dafür nicht vorgesehen.[1792] Eine Streithilfe, die nur bei streitigen Verfahren möglich ist, scheidet im Vorabentscheidungsverfahren aus.[1793] Denn dieses ist ein nicht streitiges Verfahren.[1794] Die einzige Möglichkeit der Drittbeteiligung ergibt sich deshalb derzeit aus einer Intervention im Verfahren vor den nationalen Gerichten in dem Umfang, wie es nach dem jeweiligen Verfahrensrecht gestattet ist.[1795]

Ohne den Aufwand für den Gerichtshof und die Beteiligten zu übertreiben, ließe sich die Satzung dahin ergänzen, dass europäische Sozialpartner im Sinne des Art. 154 AEUV ein ergänzendes Stellungnahmerecht erhalten. Im Übrigen sollte eine ergänzende Stellungnahme für Verbände unter denselben Voraussetzungen gestattet werden, die bislang für den Verfahrensbeitritt nach Art. 40 Abs. 2 der Satzung anerkannt sind, nämlich wenn der Verband repräsentativ ist, dem Schutz der Mitgliederinteressen dient, der Rechtsstreit Grundsatzfragen betrifft, die das Funktionieren des fraglichen Sektors berührt und die Interessen der Mitglieder in erheblichen Maße beeinträchtigt werden können.[1796] Eine Erweiterung auf beliebige nationale Sozialpartner erscheint hingegen

1789 EuGH, 08.10.1974 – Rs. 175/73 (ECLI:EU:C:1974:95), juris, Rn. 21 – Beamtengewerkschaft.

1790 *Segger*, Der Amicus Curiae im Internationalen Wirtschaftsrecht, 496.

1791 Vgl. Vorteile des Amicus-Curiae-Briefs *Segger*, ebd., 500 f. inkl. Reformvorschlag mit Anwaltszwang S. 503 ff.

1792 *Geulette*, in: Luszcz (Hrsg.), European Court procedure: A practical guide, Rn. 4.463; *Schima*, Das Vorabentscheidungsverfahren vor dem EuGH, 154.

1793 *Lemonnier/Rustige*, EuZW 2020, 884, 885; *Wägenbaur*, EuGH VerfO, Satzung-EuGH Art. 16 Rn. 4.

1794 EuGH, 01.03.1973 – Rs. 62/72 (ECLI:EU:C:1973:24), Slg. 1973, 269, Rn. 4 – Bollmann.

1795 *Luszcz*, in: Luszcz (Hrsg.), European Court procedure: A practical guide, Rn. 5.238; vgl. auch *Schima*, Das Vorabentscheidungsverfahren vor dem EuGH, 153.

1796 *Lemonnier/Rustige*, EuZW 2020, 884, 886 f.; *Wägenbaur*, EuGH VerfO, VerfO-EuGH Art. 16 Rn. 18.

nicht sinnvoll, da ein exzessives Gebrauchmachen von dieser Möglichkeit der Arbeitsfähigkeit sicher nicht guttäte.

Eine entsprechende Stärkung der Sozialpartner in anderen Verfahren wäre durch eine ergänzende Schaffung eines Beitrittsrechts nach Art. 40 Abs. 2 der Satzung klarzustellen.

Der mit diesem Vorschlag verbundene Verwaltungsaufwand erscheint überschaubar und vertretbar. Der Prüfungsaufwand im Hinblick auf ein Stellungnahmerecht wäre bei einer Konzentration auf europäische Sozialpartner stark reduziert. Würden auch nationale Sozialpartner grundsätzlich ein Stellungnahmerecht im Falle eines berechtigten Interesses erhalten, bedürfte es allerdings der Prüfung nach den bereits bekannten Maßstäben. Nicht geleugnet werden soll allerdings der zusätzliche Übersetzungsaufwand. Bei einer Beschränkung auf europäische Sozialpartner wäre dies aber ebenfalls vertretbar, gerade im Hinblick auf das Ziel einer größeren Sensibilisierung für die soziale Dimension des Unionsrechts.

e) Unabhängiger Sachwalter der sozialen Dimension

Wenn es darum geht, für die soziale Dimension in konkreten Verfahren zu sensibilisieren, könnte noch mehr als eine Spezialisierung der Generalanwälte, die als Mitglieder des Gerichtshofs insbesondere die Kohärenz des Unionsrechts im Auge haben müssen, eine zusätzliche Instanz hilfreich sein, deren originäre Aufgabe es ist, darüber zu wachen, dass dieser Aspekt nicht unterbelichtet bleibt. Diese Instanz wäre ein Sachwalter der sozialen Dimension im Verfahren.

Anders als Sozialpartner würde ein Sachwalter der sozialen Dimension keine eigenen Interessen verfolgen, sondern als objektive Instanz die betroffenen rechtlich geschützten Interessen im Verfahren zur Geltung bringen. Daher wäre es sinnvoll, dass eine solche Instanz selbst darüber wacht, welche Verfahren eine entsprechende Relevanz für die soziale Dimension haben. Dazu wäre die nach Art. 23 Abs. 1 S. 2 der Satzung vorgesehene Zustellung des Vorabentscheidungsersuchens auch an diese zu bewirken. Sie sollte dann ebenso wie Kommission, Mitgliedstaaten und betroffene Organe etc. die Möglichkeit erhalten, nach Art. 23 Abs. 2 der Satzung Schriftsätze und Erklärungen abzugeben. Der Gedanke ist dem Verfahrensrecht nicht neu. So kennt beispielsweise § 36 VwGO den Vertreter des öffentlichen Interesses im Verwaltungsgerichtsverfahren, beim Bundesverwaltungsgericht gibt es nach § 35 VwGO den Vertreter des Bundesinteresses. Das Jugendamt wirkt im Rahmen der Jugendgerichtshilfe nach §§ 38, 50 Abs. 3 S. 2 StGB, 52 SGB VIII in Jugendstrafverfahren mit und wird dort gehört.

Das würde ermöglichen, dass eine Sensibilisierung sämtlicher Beteiligter für die soziale Dimension erreicht wird, die bereits Eingang in die Schlussanträge des Generalanwalts (Art. 252 Abs. 2 AEUV, Art. 20 Abs. 4 der Satzung) finden kann.

Selbstverständlich haben auch sämtliche Mitgliedstaaten, die Möglichkeit, die soziale Dimension im Verfahren durch ihre Stellungnahmen nach Art. 23 Abs. 2 der Satzung zur Geltung zu bringen. Allerdings nehmen die Mitgliedstaaten nur sehr unterschiedlich und keinesfalls in allen Verfahren regelmäßig Stellung. Zudem scheint die Praxis eher dadurch geprägt, dass Mitgliedstaaten sich vor allem äußern, um nationales Recht vor dem Unionsrecht zu rechtfertigen. Die soziale Dimension dürfte somit vor allem dann gestützt werden, wenn dies gleichläufig mit dem vorstehend genannten Interesse ist, mithin der Mitgliedstaat die soziale Dimension fördert. Das aber ist keineswegs selbstverständlich.

Es läge an sich nahe, dass bereits die Kommission, die nach Art. 23 Abs. 2 der Satzung zu jedem Vorabentscheidungsverfahren Stellung nimmt, Sachwalter der sozialen Dimensionen ist. Denn sie ist Hüterin der Verträge (Art. 17 Abs. 1 EUV). Allerdings zeigt die tatsächliche Entwicklung der Rechtsprechung, dass dies offensichtlich nicht funktioniert. Die Kommission macht von ihrem Stellungnahmerecht umfassend Gebrauch. In Vorabentscheidungsverfahren folgt der EuGH der Position der Kommission in zwei Drittel bis drei Viertel der Fälle.[1797] In Vertragsverletzungsverfahren liegt ihre „Erfolgsquote" sogar bei über 90 Prozent.[1798] Das ließe sich etwa damit erklären, dass in der Kommission eine besondere Expertise für den Stand des Unionsrechts herrscht und sie anders als die Mitgliedstaaten keine andere Agenda verfolgt als die Verteidigung des Unionsrechts. Insoweit ist die Ausrichtung partiell, ähnlich wie beim Gerichtshof. Von daher ist auch die Gefahr mangelnder Sensibilisierung für eine soziale Dimension, die gegenüber explizit gesetztem Recht zu verteidigen wäre (vgl. Abschnitt E, III), und für spezifische Besonderheiten des Arbeitsrechts (vgl. o., Abschnitt E, IV, 2., a)) bei der Kommission ebenso wie beim Gerichtshof gegeben. Das spricht dafür, den Sachwalter der sozialen Dimension in Unabhängigkeit von der Kommission zu installieren.

Dieser Weg würde es zunächst einmal ermöglichen, nicht nur punktuell Rücksicht auf eine Rechtsordnung im Hinblick auf die soziale Dimension zu nehmen, sondern auch auf die übrigen 26 Rechtsordnungen, die durch das Vor-

---

1797 *Larsson/Naurin*, International Organization 2016, 377, 377; *Malecki*, Journal of European Public Policy 2012, 59, 59 ff.

1798 *Börzel u.a.*, Journal of European Public Policy 2012, 454, 454 ff.

abentscheidungsverfahren nicht im Ausgang berührt sind. Der Sachwalter der sozialen Dimension könnte je nach Ausstattung und Unterstützung auch die nationale Literatur für seine Stellungnahmen auswerten.[1799] Dadurch würde die Konzentration auf Englisch als praktisch allseits beherrschte Fremdsprache und Französisch als Arbeitssprache des Gerichtshofs[1800] ein Stück weit überwunden werden können.

Zur Installierung des Sachwalters der sozialen Dimension im hier vorgeschlagenen Sinne bedürfte es lediglich einer Änderung der Satzung.

Bis zu einer Änderung der Satzung ließe sich immerhin eine „kleine Lösung“ auf freiwilliger Basis durch die Kommission denken, indem innerhalb der Kommission der Sachwalter der sozialen Dimensionen als relativ verselbstständigte Einheit eingerichtet wird. Hält man sich vor Augen, dass damit der „blinde Fleck“ der Europäischen Säule sozialer Rechte überwunden werden soll, der sich daraus ergibt, dass die Rechtsprechung an die Säule nicht gebunden ist (s.o., Abschnitt E, IV, 1., c)), erschiene dies fast als folgerichtige verfahrensrechtliche Ergänzung in Konsequenz aus der Selbstbindung der Kommission an diese von ihr initiierte Säule.

f) Äußerungsrecht für die ILO

Wenn man der hier vorgestellten Lösung nähertreten möchte, nationalen Sozialpartnern im Interesse der Funktionsfähigkeit des Verfahrens, nicht generell einen Beitritt als *Amicus Couriae* zu gestatten, scheint die Erwägung, die soziale Dimension auch dadurch zu stärken, dass die ILO ein entsprechendes Stellungnahmerecht wie bislang schon die Mitgliedstaaten erhält, umso beachtlicher. Das gilt nicht nur im Hinblick darauf, dass eine Organisation, deren originärer Gegenstand die soziale Dimension ist, Gehör findet, sondern auch im Hinblick auf die Kohärenz mit den völkerrechtlichen Bindungen der Mitgliedstaaten.

Hält man sich vor Augen, dass es für den sozialen Bereich mit dem Wirtschaft- und Sozialausschuss ein verankertes tripartistisches Gremium gibt, das entsprechenden Sachverstand bei der Gesetzgebung einbringen kann, liegt es nahe, auch einem tripartistischen Gremium ein Äußerungsrecht im Verfahren zu gewähren. In dem Kontext ist an die ILO zu denken. Sie weist eine tripartistische Struktur auf und hat Sachverstand und Sensibilisierung auch für komplexe sozialpolitische Fragestellungen. Nicht umsonst wurde

1799 Angemahnt von *Jacobs*, NZA-Beilage 2014, 82, 88.

1800 Vgl. *Skouris*, in: FS Starck, 997 f., der allerdings ungeachtet des im Zuge der Erweiterung der EG/EU eingetretenen Bedeutungsverlustes des Französischen dafür plädiert, an der Arbeitssprache Französisch festzuhalten.

die Rechtsprechung in Sachen *Viking* und *Laval* vom Sachverständigenausschuss sehr kritisch gewürdigt.[1801] Zwar ist die ILO weder Unionsmitglied noch die Union ILO-Mitglied. Jedoch sind alle Mitgliedstaaten der Europäischen Union auch Mitglieder der ILO. Einwenden ließe sich auch nicht, dass das Unionsrecht dem ILO-Recht weder untergeordnet sei noch auch nur eine Bezugnahme darauf enthalte. Denn einerseits geht es nicht um Beanstandungen von Völkerrechtsverstößen, sondern lediglich um eine Stellungnahme, die eine Sensibilisierung für spezifische soziale Rechte im Fall ermöglichen soll. Und andererseits zieht nicht nur der EuGH bisweilen Spruchpraxis der ILO-Auslegungsorgane für seine Rechtsprechung heran,[1802] vielmehr nimmt auch der EGMR bei der Auslegung der EMRK, an die die Union wiederum über Art. 6 Abs. 3 EUV als Teil des Unionsrechts gebunden ist, Bezug auf die Spruchpraxis zu anderen völkerrechtlichen Instrumenten im Sinne eines einheitlichen internationalen Menschenrechtsstandards.[1803] Eine solche Beteiligung der ILO ließe sich relativ einfach installieren, indem der ILO ein Anhörungsrecht im Rahmen von Verfahren eingeräumt wird, die die soziale Dimension betreffen. Auch sie sollte dementsprechend die Möglichkeit erhalten, nach Art. 23 Abs. 2 der Satzung Schriftsätze und Erklärungen abzugeben.

V. Zusammenfassung und Fazit

Auch wenn die Geschichte des Unionsrechts davon zeugt, dass nicht von Anfang an in gleichem Maße auf soziale wie auf wirtschaftliche Rechte geachtet wurde, kennt das Unionsrecht doch keinen Vorrang wirtschaftlicher Rechte vor den sozialen. Dem wurde in der Rechtsetzung Rechnung getragen und dies ist auch in der Rechtsprechung des EuGH anerkannt. Gleichwohl entsteht bisweilen der Eindruck, als würde der Gerichtshof soziale Rechte gegenüber wirtschaftlichen geringschätzen. Dies scheint allerdings keineswegs Ausdruck einer marktradikalen Agenda zu sein, viel eher einem Verteidigungsreflex zugunsten geschriebener europäischer Rechte zu entsprechen. Auch ohne dass der Vorwurf gezielter Verletzung sozialer Rechte durch den Gerichtshof erho-

1801 ILO-Sachverständigenausschuss: Observation (CEACR) - adopted 2009, published 99th ILC session (2010) (*https://normlex.ilo.org/dyn/ normlex/en/f?p=NORMLEXPUB:13100:0::NO::P13100_COMMENT_ID:2314990* (besucht am 5. Dezember 2024)); *International Labour Office*, General survey on the fundamental conventions concerning rights at work in light of the ILO Declaration on Social Justice for a Fair Globalization, 2008, 52.

1802 EuGH, 09.11.2017 – C-306/16 (ECLI:EU:C:2017:844), NZA 2017, 1521 – Marques da Rosa; EuGH, 02.02.1988 – Rs. 24/86 (ECLI:EU:C:1988:43), NJW 1989, 3088, Rn. 28 ff. – Lüttich; EuGH, 08.04.1976 – Rs. 43/75 [Fn. 22], 2069 – Defrenne II.

1803 EGMR, 05.09.2017 – 61496/08, NZA 2017, 1443 – Bărbulescu; EGMR, 12.11.2008 – 34503/97, NZA 2010, 1425 – Demir u. Baykara; EGMR, 26.07.2005 – 73316/01, NJW 2007, 41 – Siliadin.

ben werden kann, kann die politikwissenschaftliche Bewertung den Gerichtshof gleichwohl als mehr oder minder segensreichen sozialpolitischen Akteur wahrnehmen.

Eine Stärkung der sozialen Dimension des Unionsrechts kann materiell-rechtlich oder verfahrensrechtlich erfolgen. Was die materiell-rechtliche Seite angeht, wäre die Schaffung einer Bereichsausnahme für soziale Rechte vorzugswürdig gegenüber einer Reduzierung der Grundfreiheiten auf bloße Diskriminierungsverbote. Die Realisierungschancen sind allerdings gering, da dies einer Änderung des Primärrechts bedürfte. Dasselbe gilt für eine Korrektur des Prüfungsmaßstabs. Insoweit wäre es vorzugswürdig, dass Grundfreiheiten der Arbeitgeber und soziale Rechte der Arbeitnehmer im Wege der Herstellung praktischer Konkordanz zu einem Ausgleich gebracht werden, ohne dass die Frage nach dem Zweck der Grundrechtsausübung eine Rolle spielt. Dies lässt sich, falls die Rechtsprechung hier keine eigenständige Korrektur vornimmt, nur im Wege der Vertragsänderung erreichen, etwa indem ein soziales Fortschrittsprotokoll geschaffen wird oder eine entsprechende Ergänzung des Art. 9 AEUV erfolgt.

Ohne den mühsamen Weg der Änderung des Primärrechts wären sekundärrechtliche Korrekturen zu haben. Ungeachtet vorausgegangener Rechtsprechung wären diese in einem gewissen Umfang möglich. Freilich verschiebt sich damit die Akteursebene von den Mitgliedstaaten zu Rat und Parlament. Im Übrigen setzt die Setzung von Sekundärrecht eine entsprechende Kompetenz voraus. Wo eine solche fehlt, kann die fehlende Zuständigkeit der Union ironischerweise sogar die Rechtsprechung des Unionsgerichtshofs gegen Korrekturen immunisieren.

Die Europäische Säule sozialer Rechte enthält ein Programm für eine Stützung sozialer Rechte durch Union und Mitgliedstaaten. Für die unionsrechtliche Rechtsetzung hält sie gleichsam ein Programm zur Stärkung der sozialen Rechte im vorerwähnten Sinne bereit. Insoweit sie als Auslegungshilfe für nachgehend erlassenes Unionsrecht heranzuziehen ist, und zwar nicht nur im Falle einer Bezugnahme auf die Säule, ist ihr auch durch die Judikatur Rechnung zu tragen. Für ältere Rechtsakte enthält die Säule allerdings keine Bindung der Rechtsprechung und damit einen blinden Fleck.

Dies könnte durch eine judizielle Ergänzung der Säule sozialer Rechte korrigiert werden. Mit ihr sollte eine Sensibilisierung des Gerichtshofs für die soziale Dimension erreicht werden.

Auch wenn eine Spezialisierung bislang überwiegend kritisch gesehen wird, scheint gerade im Bereich des Arbeitsrechts eine Bildung von Fachkammern zu diesem Zweck vielversprechend. Dies ermöglicht ein stärkeres Bewusstsein für die sehr vielfältigen miteinander in Ausgleich zu bringenden Interessen der individuellen und kollektiven Akteure unter Berücksichtigung des Umstandes, dass ein solcher Interessenausgleich in den Mitgliedstaaten auf sehr unterschiedliche Weise herbeigeführt wurde. Fachkammern können durch den Gerichtshof autonom errichtet werden. Sie können auch durch Änderung der Satzung im ordentlichen Gesetzgebungsverfahren mit qualifizierter Mehrheit im Rat verpflichtend herbeigeführt werden. Unterstützt werden kann die Bildung von Fachkammern dadurch, dass durch den Benennungsausschuss nach Art. 255 AEUV zwingend auch eine sozialpolitisch orientierte Stellungnahme zur Eignung der Kandidaten abzugeben ist.

Ergänzend ist auch eine Spezialisierung der Generalanwälte mit entsprechenden Überlegungen erwägenswert, besonders im Hinblick darauf, dass der Generalanwalt eine erste rechtliche Bewertung vornimmt und so einen gewissen Einfluss auf die nachfolgende Diskussion im Gerichtshof gewinnt. Vorzugswürdig erscheint allerdings die Schaffung einer eigenständigen Institution als Sachwalter der sozialen Dimension mit eigenem Stellungnahmerecht nach Art. 23 Abs. 2 der Satzung. Diese wäre als objektive Instanz ausdrücklich dazu berufen, auf die Beachtung der sozialen Dimension im Verfahren zu drängen. Das würde Generalanwälte entlasten, zugleich aber bereits von diesen berücksichtigt werden und so Eingang in die Schlussanträge und die weitere rechtliche Würdigung finden können. Das ließe sich in sehr einfacher Weise in der Kommission als eigenständige Abteilung installieren, besser aber durch Ergänzung der Satzung im Sinne einer Schaffung einer unabhängigen Instanz.

Auch den europäischen Sozialpartnern sollte ein Stellungnahmerecht nach Art. 23 Abs. 2 der Satzung im Sinne eines *Amici Curiae* eingeräumt werden. Im Übrigen sollten nur repräsentative Verbände, die dem Schutz der Mitgliederinteressen dienen, Stellungnahmerechte eingeräumt werden, wenn der Rechtsstreit Grundsatzfragen betrifft, die die Funktion des fraglichen Sektors berühren, sofern die Interessen der Mitglieder in erheblichem Maße beeinträchtigt werden können. Derartige Stellungnahmerechte machen einen Sachwalter der sozialen Dimension allerdings nicht entbehrlich, da dieser eine objektive Instanz wäre und nicht eigene Interessen verfolgt.

Der Dialog mit den Gerichten der Mitgliedstaaten kann dem Gerichtshof einen Einblick in innerstaatliche Systeme gewähren, genügt zur Sensibilisierung für die soziale Dimension im hier diskutierten Sinn aber nicht. Denn insoweit wird durch den Dialog mit dem vorlegenden Gericht letztlich nur auf die Probleme innerhalb einer bestimmten mitgliedstaatlichen Rechtsordnung aufmerksam gemacht. Im Übrigen haben aber alle Mitgliedstaaten nach Art. 23 Abs. 2 der Satzung auch bisher schon die Möglichkeit zur Stellungnahme. Auch insoweit wäre der Sachwalter der sozialen Dimension aber keineswegs überflüssig, weil dieser unabhängig von mitgliedstaatlichen Interessen agiert.

Die vorstehend vorgeschlagenen Ergänzungen der Satzung könnten, wie gesagt mit qualifizierter Mehrheit beschlossen werden. Das liegt mit Rücksicht auf die Selbstbindung der Organe durch die Europäische Säule sozialer Rechte nahe, erhält die Säule dadurch doch die notwendige verfahrensrechtliche Abstützung.

Literaturverzeichnis

Literatur und Rechtsprechung wurden bis Dezember 2024 berücksichtigt.

Adams, James/Bernardi, Luca/Ezrow, Lawrence/Gordon, Oakley B./Liu, Tzu-Ping/Phillips, M. Christine, A problem with empirical studies of party policy shifts: Alternative measures of party shifts are uncorrelated, European Journal of Political Research 2019, 1234–1244.

Ales, Edoardo/Bell, Mark/Deinert, Olaf/Robin-Olivier, Sophie (Hrsg.), International and European Labour Law, 1. Auflage, Baden-Baden, Germany and München, Germany and Oxford, United Kingdom and Portland, OR, USA 2018.

Arl, Thorsten Günther, Sozialpolitik nach Maastricht: Kompetenzgefüge und Rechtssetzung unter EWG/EG-Vertrag und Sozialabkommen, Frankfurt am Main 1997 (zitiert als: Sozialpolitik nach Maastricht).

Arnold, Christian, Gesonderter Wahlgang für die Gewerkschaftsvertreter bei einer SE, ArbR 2022, 572.

Augsberg, Ino, Theorien der Grund- und Menschenrechte: Eine Einführung, Tübingen 2021 (zitiert als: Theorien der Grund- und Menschenrechte).

Ax, Thomas/Koenig, Christian/Schreiner, Matthias/Schmidt, Carsten/Hellstern, Mara, Entgeltumwandlung im kommunalen Bereich: Handlungsbedarf nach dem Urteil des EuGH vom 15. Juli 2010 – Rs. C-271/08 – (ZTR 2010, 590), ZTR 2011, 277–282.

Bader, Peter, Massenentlassung: Nichtigkeit der Kündigung bei Verstoß gegen § 17 Abs. 3 Satz 1 KSchG?, jurisPR-ArbR, 16/ 2022, Anm. 1.

Barnard, Catherine, EU'Social'Policy From Employment Law to Labour Market Reform, 678–720, in: De Búrca, Gráinne/Craig, Paul P. (Hrsg.), the Evolution of EU Law, EU'Social'Policy From Employment Law to Labour Market Reform, 3. Auflage, Oxford 2021.

Bartl, Marija/Leone, Candida, Minimum Harmonisation after Alemo-Herron: The Janus Face of EU Fundamental Rights Review, European Constitutional Law Review 2015, 140–154.

Bast, Jürgen/Rödl, Florian/Terhechte, Jörg Philipp, Funktionsfähige Tarifvertragssysteme als Grundpfeiler von Binnenmarkt und Währungsunion – Vorschlag für eine Reform der EU-Verträge, ZRP 2015, 230–233.

Bauckhage-Hoffer, Florian, Urlaub ohne Urlaubsantrag? – Der EuGH weitet den Arbeitnehmerschutz im Urlaubsrecht erneut – ein wenig – aus, SAE 2019, 1–9.

Bauer, Jobst-Hubertus, „Equal Pay" – Abweichung durch Tarifvertrag, ArbR 2023, 15.

Bayer, Walter/Schmidt, Jessica, BB-Gesetzgebungs- und Rechtsprechungsreport zum Europäischen Unternehmensrecht 2018/19 – Teil I: Company Law Package, BB 2019, 1922–1935.

Bayreuther, Frank, Vorbehaltlose dynamische Bezugnahmeklauseln nach einem Betriebsübergang – Neues vom EuGH, NJW 2017, 2158–2160.

Bayreuther, Frank, Fehlerfolgen im Massenentlassungsrecht – Ein Zwischenruf, NZA 2024, 813–817.

Bayreuther, Frank, Urlaubsrecht – finalisiert, NZA 2019, 945–951.

Bayreuther, Frank, Übertragung von Urlaub bei längerer Arbeitsunfähigkeit nach dem KHS-Urteil des EuGH, DB 2011, 2848–2849.

Bayreuther, Frank, Das Verhältnis zwischen dem nationalen Streikrecht und der EU-Wirtschaftsverfassung, EuZA 2008, 395–408.

Bayreuther, Frank, Tariftreue vor dem Aus, NZA 2008, 626–630.

Becker, Ulrich, Gemeinschaftswidrigkeit sog. Tariftreueklauseln bei Vergabe öffentlicher Aufträge, JZ 2008, 889–893.

Becker, Ulrich, Die Europäische Säule sozialer Rechte, ZöR 2018, 525–558.

Bercusson, Brian, European Labour Law, 2. Auflage, Cambridge 2009.

Beukers, Thomas/Witte, Bruno de/Kilpatrick, Claire, Constitutional Change through Euro-Crisis Law: Taking Stock, New Perspectives and Looking Ahead, 1–24, in: Witte, Bruno de/Kilpatrick, Claire/Beukers, Thomas (Hrsg.), Constitutional Change through Euro-Crisis Law, Constitutional Change through Euro-Crisis Law: Taking Stock, New Perspectives and Looking Ahead, 1. Auflage, Cambridge 2017 (zitiert als: Constitutional Change through Euro-Crisis Law).

Bezani, Thomas, Die Erweiterung des Entlassungsbegriffs bei Massenentlassungen, 55–65, in: Bepler, Klaus/Hohenstatt, Klaus Stefan/Preis, Ulrich/Schunder, Achim (Hrsg.), Arbeitsrecht bei Änderung der Unternehmensstruktur: Festschrift für Heinz Josef Willemsen zum 65. Geburtstag, Die Erweiterung des Entlassungsbegriffs bei Massenentlassungen, München 2018 (zitiert als: FS Willemsen).

Bieber, Roland/Epiney, Astrid/Haag, Marcel/Kotzur, Markus, Europarecht, 6. Auflage, Baden-Baden 2022.

Birk, Rolf, Arbeitskampf und Europarecht, 1165–1178, in: Oetker, Hartmut/Preis, Ulrich/Rieble, Volker (Hrsg.), 50 Jahre Bundesarbeitsgericht, Arbeitskampf und Europarecht, 2004 (zitiert als: FS BAG).

Bissels, Alexander/Münnich, Benjamin/Krülls, Sebastian, EuGH zur Überlassungshöchstdauer: Einige Antworten, aber auch zahlreiche Folgefragen, ArbR 2022, 247–250.

Blanke, Thomas, Tarifvertrag vor Wettbewerbsrecht, AuR 2000, 28–32.

Blanpain, Roger/Hepple, Bob/Sciarra, Silvana/Weiss, Manfred, Soziale Grundrechte: Vorschläge für die Europäische Union, KritV 1995, 452–463.

Blauberger, Michael/Heindlmaier, Anita/Kramer, Dion/Martinsen, Dorte Sindbjerg/Sampson Thierry, Jessica/Schenk, Angelika/Werner, Benjamin, ECJ Judges read the morning papers. Explaining the turnaround of European citizenship jurisprudence, Journal of European Public Policy 2018, 1422–1441.

Bobic, Ana, A Dynamic Analysis of Judicial Behaviour, The Auto-Correct Function of Constitutional Pluralism, 35, in: Derlén, Mattias/Lindholm, Johan (Hrsg.), The European Court of Justice, Multidisciplinary Perspectives, A Dynamic Analysis of Judicial Behaviour, The Auto-Correct Function of Constitutional Pluralism, Oxford (u.a.) 2020.

Boemke, Burkhard, Unwirksamkeit einer Kündigung bei fehlerhafter Massenentlassungsanzeige, jurisPR-ArbR 25/ 2013, Anm. 2.

Bogdandy, Armin von, Grundrechtsgemeinschaft als Integrationsziel?, JZ 2001, 157–171.

Böhme, Helmut, Sozialraum Europa: Die soziale Dimension des Europäischen Binnenmarktes, Bern 2018 (zitiert als: Sozialraum Europa).

Bonitz, Kai, Die vergaberechtliche Zulässigkeit von Landesmindestlohnvorgaben, NZBau 2016, 418–421.

Borchardt, Klaus-Dieter, Die rechtlichen Grundlagen der Europäischen Union: eine systematische Darstellung für Studium und Praxis, 7. Auflage, Wien 2020 (zitiert als: Die rechtlichen Grundlagen der Europäischen Union).

Börzel, Tanja A./Hofmann, Tobias/Panke, Diana, Caving in or sitting it out? Longitudinal patterns of non-compliance in the European Union, Journal of European Public Policy 2012, 454–471.

Brameshuber, Elisabeth, Die Europäische Säule sozialer Rechte, oder: Zur Konstitutionalisierung von Sozialen Rechten, 307–316, in: Auer-Mayer, Susanne/Felten, Elias/Mosler, Rudolf/Schrattbauer, Birgit (Hrsg.), Festschrift Walter J. Pfeil, Die Europäische Säule sozialer Rechte, oder: Zur Konstitutionalisierung von Sozialen Rechten, Wien 2022 (zitiert als: FS Pfeil).

Brekke, Stein Arne/Fjelstul, Joshua C./Hermansen, Silje Synnøve Lyder/Naurin, Daniel, The CJEU Database Platform: Decisions and Decision-Makers, Journal of Law and Courts 2023, 1–22.

Brink, Martijn van den/Dawson, Mark/Zglinski, Jan, Revisiting the asymmetry thesis: negative and positive integration in the EU, Journal of European Public Policy 2023, 1–26.

Britz, Gabriele, Kooperativer Grundrechtsschutz in der EU, NJW 2021, 1489–1495.

Broberg, Morton/Fenger, Niels, Broberg and Fenger on Preliminary References to the European Court of Justice, 3. Auflage, Oxford 2021 (zitiert als: Preliminary References to the European Court of Justice).

Brune, Thilo/Stolz, Ebner, Unternehmensmitbestimmung mit Auslandsbezug: ein Überblick über die aktuelle Rechtsprechungsentwicklung hinsichtlich einzubeziehender Arbeitnehmer, GWR 2019, 300–303.

Bruun, Niklas/Bücker, Andreas, Der Monti II Verordnungsvorschlag der EU-Kommission, Eine kritische Würdigung, NZA 2012, 1136–1141.

Bruun, Niklas/Jacobs, Antoine, Das ILO-Übereinkommen 94 am Morgen nach Rüffert, AuR 2008, 417–423.

Bryde, Brun-Otto, Europäisches Grundrecht der Tarifautonomie und europäisches Sozialstaatsprinzip als Schranken europäischer Wirtschaftsregulierung, SR 2012, 2–16.

Bücker, Andreas, Die Rosella-Entscheidung des EuGH zu gewerkschaftlichen Maßnahmen gegen Standortverlagerungen: der Vorhang zu und viele Fragen offen, NZA 2008, 212–216.

Bungenberg, Marc, Tariftreue zwischen Bundesverfassungsgericht und EuGH – konträres oder komplementäres wirtschaftsverfassungsrechtliches Verständnis?, EuR 2008, 397–409.

Bürli, Nicole, Third-party interventions before the European Court of Human Rights, Cambridge 2017.

Busch, Ralf/Gerlach, Sandy, Dynamische Verweisung auf Tarifverträge vs. unternehmerische Freiheit nach Betriebsübergang, BB 2017, 2356–2363.

Buschmann, Rudolf, Kurzmitteilungen: Dynamische arbeitsvertragliche Verweisung auf einen Tarifvertrag im Betriebsübergang – Asklepios, AuR 2017, 87.

Buschmann, Rudolf, Gewährleistung, Abgeltung und Vererbung des Rechts auf bezahlten Jahresurlaub – Drittwirkung gegenüber Privaten von Art. 31 Abs. 2 GRC, AuR 2019, 234–238.

Buschmann, Rudolf, Betriebliche Altersversorgung für Arbeitnehmer des kommunalen öffentlichen Dienstes – Direktvergabe von Verträgen an Versorgungsträger ohne unionsweite Ausschreibung, AuR 2010, 521–523.

Calliess, Christian/Ruffert, Matthias (Hrsg.), EUV und AEUV, Das Verfassungsrecht der Europäischen Union mit Europäischer Grundrechtecharta – Kommentar, 6. Auflage, 2022 (zitiert als: Calliess/Ruffert (Hrsg.), EUV und AEUV).

Cheruvu, Sivaram, Are Judges on Per Curiam Courts Ideological? Evidence from the European Court of Justice, Journal of Law and Courts 2024, 185–197.

Classen, Claus Dieter, Zuviel des Guten? Unionsrechtliche Neuakzentuierungen beim Grundrechtsschutz, JZ 2019, 1057–1066.

Coen, Martin, Die soziale Dimension des Binnenmarktes: 50 Jahre nach Rom, 57–78, in: Klein, Eckart (Hrsg.), Rechtsstaatliche Ordnung Europas: Gedächtnisschrift für Albert Bleckmann, Die soziale Dimension des Binnenmarktes: 50 Jahre nach Rom, 2007 (zitiert als: GS Bleckmann).

Coen, Martin, Dienstleistungsfreiheit und Arbeitskampf („Laval"), jurisPR-ArbR 15/ 2008, Anm. 3.

Commandeur, Gert/Kleinebrink, Wolfgang, Das Ende der dynamischen Verweisungsklauseln beim Betriebsübergang, BB 2014, 181–185.

Countouris, Nicola/Deakin, Simon F./Freedland, M. R./Koukiadaki, Aristea/Prassl, Jeremias, Report on collective dismissals a comparative and contextual analysis of the law on collective redundancies in 13 European countries, Geneva 2017.

Creutzfeldt, Malte, Nach dem EuGH-Urteil – Update bei den tariflichen Nachtarbeitszuschlägen, NZA 2022, 1032–1037.

Csaki, Alexander/Freundt, Anja, Europarechtskonformität von vergabegesetzlichen Mindestlöhnen?, Kommunaljurist 2012, 246–251.

Danwitz, Thomas von, Funktionsbedingungen der Rechtsprechung des Europäischen Gerichtshofes, EuR 2008, 769.

Däubler, Wolfgang, Soziale Mindeststandards in der EG – eine realistische Perspektive?, 49–71, in: Birk, Rolf (Hrsg.), Die soziale Dimension des Europäischen Binnenmarktes, Soziale Mindeststandards in der EG – eine realistische Perspektive?, 1. Auflage, Baden-Baden 1990.

Däubler, Wolfgang, Die sozialen Dimensionen des Europäischen Binnenmarktes, 522–535, in: Weidenfeld, Werner (Hrsg.), Europa-Handbuch, Die sozialen Dimensionen des Europäischen Binnenmarktes, Bonn 1999.

Däubler, Wolfgang, Gestaltungsspielräume aus deutscher Sicht, 101–104, in: Scholz, Olaf/Becker, Ulrich (Hrsg.), Die Auswirkungen der Rechtsprechung des Europäischen Gerichtshofs auf das Arbeitsrecht der Mitgliedstaaten, Gestaltungsspielräume aus deutscher Sicht, 2009.

Däubler, Wolfgang (Hrsg.), Arbeitskampfrecht, 4. Auflage, Baden-Baden 2018.

Däubler, Wolfgang, ITF-Aktionen gegen Billig-Flaggen-Schiffe - im Widerspruch zum EG-Recht?, AuR 2008, 409–417.

Davies, Anne C.L., How has the Court of Justice changed its management and approach towards the social acquis?, European Constitutional Law Review (14) 2018, 154–171.

Davies, Anne C.L., One Step Forward, Two Steps Back? The Viking and Laval Cases in the ECJ, Industrial Law Journal 2008, 126.

Dawson, Mark, New governance and the displacement of Social Europe: the case of the European Semester, European Constitutional Law Review 2018, 191–209.

Deinert, Olaf, Der europäische Kollektivvertrag: rechtstatsächliche und rechtsdogmatische Grundlagen einer gemeineuropäischen Kollektivvertragsautonomie, 1. Auflage, Baden-Baden 1999 (zitiert als: Der europäische Kollektivvertrag).

Deinert, Olaf, Kollektive Regelungsinstrumente des englischen Arbeitsrechts im europäischen Vergleich?, ZfA 1999, 361.

Deinert, Olaf, Die europäische Säule sozialer Rechte: Rechtsnatur und Implikationen für das nationale Arbeitsrecht, DRdA 2022, 283.

Deinert, Olaf, Sozialrecht, Handbuch für die betriebliche Arbeit, 1. Auflage, Frankfurt am Main 2024, (zitiert als: Sozialrecht).

Deinert, Olaf, Internationales Arbeitsrecht: deutsches und europäisches Arbeitskollisionsrecht, Tübingen 2013 (zitiert als: Internationales Arbeitsrecht).

Deinert, Olaf, Sozialer Dialog und europäische Kollektivverträge, 519, in: Mosler, Rudolf (Hrsg.), 50 Jahre Arbeitsverfassungsgesetz, Sozialer Dialog und europäische Kollektivverträge, Wien 2024 (zitiert als: FS ArbVG).

Deinert, Olaf/Wenckebach, Johanna/Zwanziger, Bertram (Hrsg.), Arbeitsrecht: Handbuch für die Praxis, § 11: Tarifvertrag, 11. Auflage, Frankfurt am Main 2024.

Deutscher Verein für Öffentliche und Private Fürsorge, Stellungnahme des Deutschen Vereins zur Konsultation über eine europäische Säule sozialer Rechte, NDV 2016, 558–561.

Dornbusch, Gregor/Wolff, Alexander, Paradigmenwechsel bei Massenentlassungen Anmerkungen zum EuGH-Urteil vom 27. 1. 2005, BB 2005, 331 – Junk, BB 2005, 885.

Dorssemont, Filip, The Right to Information and Consultation in Article 27 of the Charter of Fundamental Rights of the European Union: Less than a Right and Less than a Principle, just an Ordinary Provision Lacking Direct Effect?, Maastricht Journal of European and Comparative Law 2014, 704–722.

Ecker, Alejandro/Jenny, Marcelo/Müller, Wolfgang C./Praprotnik, Katrin, How and why party position estimates from manifestos, expert, and party elite surveys diverge: A comparative analysis of the 'left–right' and the 'European integration' dimensions, Party Politics 2021, 528–540.

Eichenhofer, Eberhard, Europäische Säule sozialer Rechte, ZESAR 2018, 401.

Eichenhofer, Eberhard, Dienstleistungsfreiheit und Arbeitnehmerschutz, JZ 2007, 425–430.

Eichenhofer, Eberhard, Das Soziale vereinigt die EU, ZESAR 2020, 195–200.

Eleveld, Anja/Haar, Beryl ter, Collected Cases on EU Labour Law, The Hague 2018.

Epstein, Lee/Knight, Jack, The Choices Justices Make, Washington, D.C 1998.

Erdmann, Ernst-Gerhard, Wirtschaftliche und soziale Perspektiven des Europäischen Binnenmarktes, Köln 1990.

Ericsson, Angelica, The Role of the Court in Limiting National Policy-Making, Requiring Safeguards against the Arbitrary Use of Discretion, 101, in: Derlén, Mattias/Lindholm, Johan (Hrsg.), The European Court of Justice, Multidisciplinary Perspectives, The Role of the Court in Limiting National Policy-Making, Requiring Safeguards against the Arbitrary Use of Discretion, Oxford (u.a.) 2020.

Eufinger, Alexander, Vorlage an EuGH wegen der Rechtsfolge von Fehlern im Anzeigeverfahren bei Massenentlassung, NZA-RR 2024, 443.

Eufinger, Alexander, Zur Anwendbarkeit des Kartellrechts bei Tarifverträgen, DB 2015, 192–193.

EuGH, Die Zukunft des Gerichtssystems der Europäischen Union Reflexionspapier des EuGH, veröffentlicht am 28.5.1999, EuZW 1999, 750–756.

Everling, Ulrich, Referat zum 60. DJT, N9, in: Ständige Deputation des Deutschen Juristentages, Bd. II/1, Referat zum 60. DJT, München 1994.

Eylert, Mario/Schinz, Reinhard, Dynamische Bezugnahmeklauseln beim Betriebsübergang im Spannungsfeld zwischen nationalen und europäischen Regelungen, RdA 2017, 140–149.

Fjelstul, Joshua/Naurin, Daniel/Brekke, Stein Arne/Hermansen, Silje Synnøve Lyder, The IUROPA CJEU Database Platform (v2.00.00), in: Lindholm, Johan/Naurin, Daniel/Sadl, Urska/Wallerman Ghavanini, Anna/Brekke, Stein Arne /Fjelstul, Joshua/Hermansen, Silje Synnøve Lyder/Larsson, Olof/Moberg, Andreas/Näsström, Moa/Ovádek, Michal/Pavone, Tommaso/Schroeder, Philipp (Hrsg.), The Court of Justice of the European Union (CJEU) Database, IUROPA, The IUROPA CJEU Database Platform (v2.00.00), 2024.

Flockenhaus, Patrick, Alles bleibt anders – Dynamische Bezugnahmeklauseln und Betriebsübergang nach Asklepios, RdA 2017, 316–323.

Flockenhaus, Patrick, BAG: Bindung des Betriebserwerbers an dynamische Bezugnahmeklausel auf Tarifverträge nach Betriebsübergang, BB 2016, 570–576.

Forst, Gerrit, EuGH, 11.9.2014 - C-328/13 – Arbeitsrecht: Nachwirkung von Kollektivverträgen bei Betriebsübergang, EuZW 2014, 820–822.

Forst, Gerrit, Betriebsübergang: Ende der Dynamik einer arbeitsvertraglichen Bezugnahme auf einen Tarifvertrag?, DB 2013, 1847–1850.

Forst, Gerrit, Zu Verboten und Einschränkungen von Leiharbeit („AKT"), EWiR 2015, 393–394.

Forst, Gerrit, Kollektivvertragsfreiheit versus Verbot der Altersdiskriminierung, EuZA 2012, 225–235.

Forst, Gerrit, Arbeitnehmerfreizügigkeit und Unternehmensmitbestimmung, jM 2018, 22–25.

Forst, Gerrit, Sozialpolitik: Europäische Gesellschaft/Beteiligung der Arbeitnehmer/Wahl von Arbeitnehmervertretern in den Aufsichtsrat/Gesonderter Wahlgang für Gewerkschaftsvertreter, ZESAR 2023, 182–191.

Frank, Thomas, „Closed Shop" bei der Entgeltumwandlung im öffentlichen Dienst, ZTR 2012, 135–140.

Frankenreiter, Jens, Are advocates general political? : an empirical analysis of the voting behavior of the advocates general at the European Court of Justice, Review of law and economics 2018, 1–43.

Franzen, Martin, EuGH, 21.12.2016 - C-201/15 - Arbeitsrecht: Untersagung von Massenentlassungen durch nationale Regelung, EuZW 2017, 237–238.

Franzen, Martin, Zeitliche Begrenzung der Urlaubsansprüche langzeiterkrankter Arbeitnehmer, NZA 2011, 1403–1405.

Franzen, Martin, Arbeitnehmerentsendung/Entsendungsdauer/Missbrauch von Befugnissen, ZESAR 2021, 255–272.

Franzen, Martin, Gesamtschutz der Leiharbeitnehmer nach der Leiharbeitsrichtlinie, NZA 2023, 25–29.

Franzen, Martin/Gallner, Inken/Oetker, Hartmut (Hrsg.), Kommentar zum europäischen Arbeitsrecht, 5. Auflage, 2024 (zitiert als: FGO, Europäisches Arbeitsrecht).

Frenz, Walter, Soziale Vergabekriterien im Spiegel aktueller Judikatur von EuGH und BVerfG, NZS 2011, 321–326.

Friese, Sebastian, Die Lufthansa CityLine-Entscheidung des EuGH, ZESAR 2024, 66–73.

Fuchs, Maximilian, Wohin steuert das europäische Arbeitsrecht?, ZESAR 2016, 7–14.

Fuchs, Maximilian/Marhold, Franz/Friedrich, Michael, Europäisches Arbeitsrecht: Handbuch, 6. Auflage, Wien 2020 (zitiert als: Europäisches Arbeitsrecht).

Fuhlrott, Michael, (Nicht-)Zuleiten der Informationen nach § 17 III KSchG an Agentur für Arbeit keine Wirksamkeitsvoraussetzung, NZA-RR 2023, 502.

Fuhlrott, Michael, Verfahrensaussetzung zur Klärung der Rechtsfolgen bei Verstoß gegen Vorgaben zur Massenentlassungsanzeige, GWR 2023, 267.

Fuhlrott, Michael, Berücksichtigung von Urlaubszeiten bei Berechnung von Mehrarbeitszuschlägen, EWiR 2022, 155–156.

Fuhlrott, Michael/Fischer, Katharina, Wirksame Kündigungen ohne vorherige Massenentlassungsanzeige?, NZA 2024, 246–250.

Gallner, Inken, Arbeitszeit- und Urlaubsrecht europäisch gedacht, SR 2020, 45–56.

Garben, Sacha, Balancing fundamental social and economic rights in the EU: in search of a better method, 57–68, in: Vanhercke, Bart/Ghailani, Dalila/Spasova, Slavina/Pochet, Philippe (Hrsg.), Social policy in the European Union 1999-2019: the long and winding road, Balancing fundamental social and economic rights in the EU: in search of a better method, Brussels 2020.

Garben, Sacha, Balancing social and economic fundamental rights in the EU legal order, ELLJ 2020, 364–390.

Garben, Sacha, The European Pillar of Social Rights: Effectively Addressing Displacement?, European Constitutional Law Review (14) 2018, 210.

Garben, Sacha, The European Pillar of Social Rights: An Assessment of its Meaning and Significance, Cambridge Yearbook of European Legal Studies 2019, 101–127.

Garben, Sacha/Kilpatrick, Claire/Muir, Elise, Towards a European Pillar of Social Rights: Upgrading the EU Social, CEPOB (1) 2017, 1.

Geulette, Alexandre, Preliminary Rulings on Interpretation, 52–106, in: Luszcz, Viktor (Hrsg.), European Court procedure: A practical guide, Preliminary Rulings on Interpretation, Oxford and London and New York and New Delhi and Sydney 2020.

Geulette, Alexandre, Procedure in Preliminary Rulings, 523–536, in: Luszcz, Viktor (Hrsg.), European Court procedure: A practical guide, Procedure in Preliminary Rulings, Oxford and London and New York and New Delhi and Sydney 2020.

Glowacka, Marta J./Kullmann, Miriam, Rechtsprechung zum Europäischen Arbeitsrecht, Band 1: Judikate, Wien 2020.

Glowacka, Marta J./Kullmann, Miriam, Rechtsprechung zum Europäischen Arbeitsrecht. Band 2: Erläuternde Ausführungen, Wien 2020.

Goldmann, Julius, Tarifverträge für selbständige Dienstleistungsanbieter als Verstoß gegen EU-Kartellrecht?, EuZA 2015, 509–518.

Grabitz, Eberhard/Hilf, Meinhard/Nettesheim, Martin (Hrsg.), Das Recht der Europäischen Union, 83. Auflage, München 2024.

Greiner, Stefan/Hennecke, Maria, Mindestlohn bei der Vergabe öffentlicher Aufträge, EuZA 2016, 317–326.

Grimmel, Andreas, „This is not Life as it is Lived Here": The Court of Justice of the EU and the Myth of Judicial Activism in the Foundation Period of Integration Through Law, European Journal of Legal Studies (7) 2014, 56–76.

Grimmel, Andreas, Der Kontext als Schlüssel für ein angemessenes Verständnis der Integration durch Recht in Europa – am Beispiel der aktuellen Grundrechtsprechung des EuGH, EuR 2013, 146–170.

Große Hüttmann, Martin/Wehling, Hans-Georg (Hrsg.), Das Europalexikon: Begriffe, Namen, Institutionen, 2. Auflage, Bonn 2013 (zitiert als: Das Europalexikon).

Gruber, Joachim, Leiharbeit – Begriff vorübergehende Überlassung – Ausdehnung der Überlassungshöchstdauer – tarifvertraglich abweichende Überlassungshöchstdauer, ZESAR 2022, 387–389.

Gruber, Joachim, Das Arbeitsrecht und die strukturellen Besonderheiten des EuGH, ZESAR 2019, 457.

Grüneberg, Jan/Hay, Daniel/Sick, Sebastian, Mitbestimmung in der Europäischen Aktiengesellschaft vor dem EuGH, AuR 2023, 118–121.

Gulbins, Karl-Friedrich, Massenentlassungen – Die Dunkle Bedrohung und Eine Neue Hoffnung, SPA 2023, 93–95.

Gulbins, Karl-Friedrich, Einfluss unwirksamer Massenentlassungsanzeige auf Kündigung, ZRI 2024, 81–88.

Gundel, Jörg, EuGH, 21.12.2016 - C-201/15 - Untersagung von Massenentlassungen durch nationale Regelung, NJW 2016, 1723–1731.

Habersack, Mathias, Germany frist?, NZG 2017, 1021–1023.

Hakenberg, Waltraud, Vorabentscheidungsverfahren und europäisches Privatrecht, Erfahrungen aus europäischer Sicht, RabelsZ 2002, 367–390.

Hakenberg, Waltraud, Ein Gericht im besten Alter, EuZW 2022, 1154–1158.

Hamann, Wolfgang, Europarechtskonformität der revidierten Entsenderichtlinie, jurisPR-ArbR 13/ 2021, Anm. 2.

Hanau, Peter/Gilberg, Dirk, Die Bindungswirkung des EuGH-Urteils vom 15.12.1994 zu Überstundenzuschlägen für Teilzeitbeschäftigte, BB 1995, 1238–1240.

Hantel, Peter, Anmerkung zum Urteil des EuGH vom 18.09.2014 (C-549/13) - Zur Frage nach der Geltung von Mindestlohnvorgaben bei öffentlichen Aufträgen für Unternehmen mit Sitz im Ausland, Neue Justiz 2014, 484–485.

Hantel, Peter, Europäisches Arbeitsrecht. Mit zahlreichen Beispielsfällen aus der Rechtsprechung des EuGH, 2. Auflage, Berlin 2019.

Hardung, Philipp F./Kahraman, Erkan, Berechnung der Schwellenwerte zur Mitbestimmung unter Berücksichtigung nur der Arbeitnehmer im Inland, EWiR 2018, 299–300.

Hartmann, Felix, Die Rechtsprechung des Europäischen Gerichtshofs zu dynamischen Bezugnahmeklauseln im Betriebsübergang, EuZA 2015, 203–220.

Hartmann, Felix, Die Vertragsfreiheit des Betriebserwerbers als Grenze für dynamische Wirkungen arbeitsvertraglicher Bezugnahmeklauseln, EuZA 2017, 521–533.

Hassel, Anke/Verschuer, Sophia von, Ein europäischer Rechtsrahmen für Arbeitnehmerbeteiligung in transnationalen Unternehmen, WSI-Mitteilungen 2019, 96–105.

Hauser, Patrick, Kommentar: Einschränkung der Verhandlungsautonomie bei SE-Umwandlungsgründungen, AG 2022, 850–855.

Hauser, Patrick, BB-Kommentar, BB 2024, 1425–1426.

Heinig, Hans Michael, Territorialität sozialer Sicherheit und transnationale soziale Rechte, EuR Beiheft (1) 2013, 31.

Hellsten, Jari, Das Urteil Sähköalojen Ammattiliitto, AuR 2015, 262–265.

Hendrickx, Frank, The European Pillar of Social Rights: prospects for the future of labour law, 503, in: Funk, Bernd-Christian/Melzer-Adanlo, Nora (Hrsg.), Arbeiten in Würde, Festschrift für Günther Löschnigg, The European Pillar of Social Rights: prospects for the future of labour law, Wien 2019, (zitiert als: FS Löschnigg).

Henssler, Martin, Die Zukunft der deutschen Unternehmensmitbestimmung im europäischen Rechtsrahmen, ZFA 2018, 174–197.

Henssler, Martin/Diepenthal, Lukas, Keine Pflicht zur Arbeitnehmerbeteiligung einer arbeitnehmerlos gegründeten SE beim späteren Erwerb von Arbeitnehmer beschäftigenden Tochtergesellschaften, ZIP 2024, 1524–1525.

Henssler, Martin/Kaiser, Eva Maria, Altersdiskriminierung durch die im BAT festgelegte Vergütung nach Lebensaltersstufen und die Besitzstandswahrung bei der Überleitung in den TVöD, RdA 2012, 248–252.

Hermansen, Silje Synnøve Lyder/Naurin, Daniel, Shaping the Bench: The Effect of Ideology, Impact, and Information Relevance on Judicial Reappointments, 2024, (zitiert als: Shaping the Bench).

Heuschmid, Johannes, Der Kommentar: Die soziale Dimension der Europäischen Union und das Anti-Arbeitsrecht, AuR 2017, 229–231.

Heuschmid, Johannes, Verstoß gegen Gemeinschaftsrecht durch Umsetzung der Entsende-Richtlinie in Luxemburg, jurisPR-ArbR 51/ 2008, Anm. 5.

Heuschmid, Johannes, Europarechtskonformität eines Vergabemindestlohns, AuR 2016, 165–166.

Heuschmid, Johannes, Entscheidung mit Anmerkungen: EuGH Urt. v. 17.3.15, C-533/13 (AKT) – Leiharbeit kann durch TV eingeschränkt werden, AuR 2015, 280–281.

Heuschmid, Johannes, Unternehmensmitbestimmung verstößt nicht gegen Unionsrecht, AuR 2018, 245–250.

Heuschmid, Johannes, Die Niederlassungsfreiheit als Recht auf Rechtswahl und die Auswirkungen auf die Unternehmensmitbestimmung, AuR 2018, 96–100.

Heuschmid, Johannes/Hlava, Daniel, Verfahren vor dem EuGH, NZA 2017, 429–436.

Heuschmid, Johannes/Hlava, Daniel, Tarifvertragliche Mindesttarife für selbständige Dienstleistungserbringer – Anwendungsbereich des Art 101 AEUV – Verbot wettbewerbseinschränkender Vereinbarungen – Arbeitnehmerbegriff – Scheinselbständigkeit, AuR 2015, 193–195.

Heuschmid, Johannes/Ulber, Daniel, Unternehmensmitbestimmung auf dem Prüfstand des EuGH, NZG 2016, 102–105.

Heuschmid, Johannes/Videbaek, Natalie, Zur Unionsrechtskonformität der Unternehmensmitbestimmung, EuZW 2017, 419–424.

Hilbrandt, Christian, Rechtsfolgen bei fehlerhafter bzw. unterlassener Massenentlassungsanzeige, DB 2024, 1138–1142.

Hoffmann, Jan, Der Gerichtshof der Europäischen Union – re-organisiert, EuR 2016, 197.

Hoffmann, Jochen, Mitbestimmungsfreie Gesellschaften deutschen Rechts durch grenzüberschreitenden Formwechsel?, EuZW 2018, 785–786.

Hoffmann, Reiner/Wixforth, Susanne, Die soziale Dimension der EU – Zwischen Grundfreiheiten und Europäischer Säule sozialer Rechte, AuR 2018, 4–8.

Hofmann, Alexander, Noch einmal: Die Auswirkungen von Rüffert, RdA 2010, 351–354.

Hofmann, Andreas, The legal mobilisation of EU market freedoms: strategig action or random noise?, West European Politics 2024, 423–448.

Hohenstatt, Klaus Stefan, Nach „Asklepios": Sechs Thesen zum Schicksal von Bezugnahmeklauseln beim Betriebsübergang, 187–196, in: Bepler, Klaus/Hohenstatt, Klaus Stefan/Preis, Ulrich/Schunder, Achim (Hrsg.), Arbeitsrecht bei Änderung der Unternehmensstruktur: Festschrift für Heinz Josef Willemsen zum 65. Geburtstag, Nach „Asklepios": Sechs Thesen zum Schicksal von Bezugnahmeklauseln beim Betriebsübergang, München 2018 (zitiert als: FS Willemsen).

Holler, Daniel E., Konturierung des Begriffs der „Entlassung" nach dem § 17 KSchG, NZA 2019, 291–293.

Höpner, Martin, Integration durch Usurpation – Thesen zur Radikalisierung der Binnenmarktintegration, WSI-Mitteilungen 2009, 407–415.

Höpner, Martin, Der Europäische Gerichtshof als Motor der Integration: Eine akteursbezogene Erklärung, Berliner Journal für Soziologie 2011, 203–229.

Höpner, Martin, Grundfreiheiten als Liberalisierungsgebote? Reformoptionen im Kontext der EU-Reformdebatte, MPIfG Discussion Paper 2017, (10).

Höpner, Martin, Usurpation statt Delegation. Wie der EuGH die Binnenmarktintegration radikalisiert und warum er politischer Kontrolle bedarf., MPIfG Discussion Paper 2008, (12).

Höpner, Martin, Warum betreibt der EuGH Rechtsfortbildung? : die Politisierungshypothese, Sozialer Fortschritt 2010, 141–151.

Höpner, Martin, Das Soziale Fortschrittsprotokoll des Europäischen Gewerkschaftsbundes: ein Vorschlag zur Weiterentwicklung, WSI-Mitteilungen 2016, 245–253.

Höpner, Martin/Haas, Christine, Ist der Unionsgesetzgeber an die Grundfreiheiten gebunden?, EuR 2022, 165–189.

Höpner, Martin/Schäfer, Armin, A New Phase of European Integration: Organised Capitalisms in Post-Ricardian Europe, West European Politics 2010, 344–368.

Höpner, Martin/Schäfer, Armin, Embeddedness and Regional Integration: Waiting for Polanyi in a Hayekian Setting, International Organization (66) 2012, 429–455.

Höpner, Martin/Schmidt, Susanne K., Can We Make the European Fundamental Freedoms Less Constraining? A Literature Review, CYELS 2020, 182–204.

Horsley, Thomas, The Court of Justice of the European Union as an institutional actor: Judicial lawmaking and its limits, Cambridge u.a. 2018.

Hotze, Beatrice Christin/Grundherr, Felicia von, Massenentlassungsverfahren – irrelevant für die Wirksamkeit von Entlassungen?, BB 2023, 1919–1920.

Hüpers, Bernd/Reese, Birgit, Solidarische Koalitionsfreiheit als neuer Verfassungswert im Arbeitsrecht, JZ 2024, 634.

Hütter, Gisela, Reprise der Rs. Rüffert? – Der Vergabemindestlohn vor dem EuGH, ZESAR 2015, 170–175.

Hütter-Brungs, Gisela, Gleichbehandlung/Urlaubsanspruch/Folgen der Schwangerschaft, ZESAR 2021, 141–151.

International Labour Office (Hrsg.), General survey on the fundamental conventions concerning rights at work in light of the ILO Declaration on Social Justice for a Fair Globalization, 2008, 1. Auflage, Geneva 2012 (zitiert als: General survey on the fundamental conventions concerning rights at work in light of the ILO Declaration on Social Justice for a Fair Globalization, 2008).

Jacobs, Matthias, Die Rechtsprechung des Europäischen Gerichtshofs zum europäischen Arbeits- und Sozialrecht 2012 und 2013, NZA-Beilage 2014, 82–88.

Jacobs, Matthias/Frieling, Tino, Keine dynamische Weitergeltung von kleinen dynamischen Bezugnahmeklauseln nach Betriebsübergängen, EuZW 2013, 737–740.

Jacobs, Matthias/Messner, Caroline/Schindler, Charlotte, Keine Anwendung des unionsrechtlichen Gleichheitssatzes auf tarifvertragliche Regelungen über Nachtarbeitszuschläge, EuZA 2022, 23–33.

Jacobs, Matthias/Münder, Matthias/Richter, Barbara, Spezialisierung der Unionsgerichtsbarkeit im Arbeitsrecht: Fachkammer für Arbeitsrecht am EuGH, Frankfurt am Main 2016 (zitiert als: Spezialisierung der Unionsgerichtsbarkeit im Arbeitsrecht).

Jacobs, Matthias/Münder, Matthias/Richter, Barbara, Subject Matter Specialization of European Union Jurisdiction in the Preliminary Rulings Procedure, German Law Journal 2019, 1214–1231.

Jacobs, Matthias/Naber, Sebastian, Massenentlassungen – Kündigungserklärung als Zeitpunkt der Entlassung, SAE 2006, 61–72.

Jann, Peter/Hakenberg, Waltraud, Der Rückgriff auf die nationalen Rechte in der Tätigkeit des Europäischen Gerichtshofs, 255, in: Rodríguez Iglesias, Gil Carlos/Due, Ole/Schnitgen, Romain/Elsen, Charles (Hrsg.), Mélanges en hommage à Fernand Schockweiler, Der Rückgriff auf die nationalen Rechte in der Tätigkeit des Europäischen Gerichtshofs, Baden-Baden 1999, (zitiert als: GS Schockweiler).

Jarass, Hans (Hrsg.), Charta der Grundrechte der Europäischen Union, 4. Auflage, München 2021.

Joerges, Christian/Rödl, Florian, Das soziale Defizit des Europäischen Integrationsprojekts, KJ 2008, 149–165.

Jolly, Seth/Bakker, Ryan/Hooghe, Liesbet/Marks, Gary/Polk, Jonathan/Rovny, Jan/Steenbergen, Marco/Vachudova, Milada Anna, Chapel Hill Expert Survey trend file, 1999–2019, Electoral Studies 2022, Article 102420.

Joussen, Jacob, Schritte zum europäischen Streikrecht – die Entscheidung Laval, ZESAR 2008, 333–339.

Jungbauer, Vincent, Diskriminierung Teilzeitbeschäftigter bei Überstundenzulagen, NZA 2024, 304–306.

Junker, Abbo, Europäische Grund- und Menschenrechte und das deutsche Arbeitsrecht (unter besonderer Berücksichtigung der Koalitionsfreiheit), ZFA 2013, 91–136.

Junker, Abbo, Grundfreiheiten und „kollektive Maßnahmen" – Die Urteile des EuGH in Sachen Viking Line und Laval, SAE 2008, 209–240.

Junker, Abbo, Der unionsrechtliche Anspruch auf Urlaubsabgeltung nach Art. 7 Abs. 2 Richtlinie 2003/88/EG, 529–536, in: Brose, Wiebke/Greiner, Stefan/Rolfs, Christian/Sagan, Adam/Schneider, Angie/Temming, Felipe/Stoffels, Markus/Ulber, Daniel (Hrsg.), Grundlagen des Arbeits- und Sozialrechts, Festschrift für Ulrich Preis zum 65. Geburtstag, Der unionsrechtliche Anspruch auf Urlaubsabgeltung nach Art. 7 Abs. 2 Richtlinie 2003/88/EG, 2021 (zitiert als: FS Preis).

Kainer, Friedemann, Gerechter Interessenausgleich und unternehmerische Freiheit: Ende der Dynamik von Bezugnahmeklauseln bei Betriebsübergängen nach Alemo-Herron?, EuZA 2014, 230–241.

Kainer, Friedemann, Anmerkung zu einer Entscheidung des EuGH, Urteil vom 18.07.2017 (C-566/15) – Zur deutschen Mitbestimmung zur Wahl von Arbeitnehmervertretern im Aufsichtsrat, NJW 2017, 2605.

Kainer, Friedemann/Persch, Johannes, Das binnenmarktrechtliche Wettbewerbsprinzip im Wandel?, EuZW 2021, 541–547.

Kalle, Ansgar, Sozialpolitik: Massenentlassungen/Information und Konsultation/Übermittlung und Abschrift von Auskünften, ZESAR 2023, 513–520.

Kaufmann, Muriel, Massenentlassungen/Unternehmerische Freiheit, ZESAR 2017, 289–303.

Kellerbauer, Manuel, Zur Reform der EU-Entsenderichtlinie: Arbeitnehmerschutz durch gleichen Lohn für gleiche Arbeit?, EuZW 2018, 846–853.

Kempen, Otto Ernst, Das Grundrecht der Koalitionsfreiheit vor dem Europäischen Gerichtshof, 15–36, in: Dieterich, Thomas/Le Friant, Martine/Nogler, Luca/Kuzuka, Katzutoshi/Pfarr, Heide M. (Hrsg.), Individuelle und kollektive Freiheit im Arbeitsrecht - Gedächtnisschrift für Ulrich Zachert, Das Grundrecht der Koalitionsfreiheit vor dem Europäischen Gerichtshof, 2010 (zitiert als: GS Zachert).

Kiel, Heinrich, Neue Herausforderungen im europäischen Dialog zum Urlaubsrecht : Verfall und Verjährung von Urlaubsansprüchen, 599–613, in: Brose, Wiebke/Greiner, Stefan/Rolfs, Christian/Sagan, Adam/Schneider, Angie/Temming, Felipe/Stoffels, Markus/Ulber, Daniel (Hrsg.), Grundlagen des Arbeits- und Sozialrechts, Festschrift für Ulrich Preis zum 65. Geburtstag, Neue Herausforderungen im europäischen Dialog zum Urlaubsrecht : Verfall und Verjährung von Urlaubsansprüchen, München 2021 (zitiert als: FS Preis).

Kieninger, Eva-Maria, Niederlassungsfreiheit als Freiheit der nachträglichen Rechtswahl, NJW 2017, 3624–3627.

Kilpatrick, Claire/De Witte, Bruno, A Tangible Human Face for Social Europe, RSCAS Policy Paper 2019, (2).

Kilpatrick, Claire/De Witte, Bruno, Social Rights in Times of Crisis in the Eurozone: The Role of Fundamental Rights' Challenges, Rochester, NY 2014 (zitiert als: Social Rights in Times of Crisis in the Eurozone).

Kindler, Peter, Niederlassungsfreiheit für Scheinauslandsgesellschaften?, NJW 1999, 1993–2000.

Kingreen, Thorsten, Soziales Fortschrittsprotokoll: Potenzial und Alternativen, Frankfurt am Main 2014 (zitiert als: Soziales Fortschrittsprotokoll).

Klauk, Melanie/Klein, Thomas, Dynamische Verweisung auf nach dem Betriebsübergang verhandelte und abgeschlossene Tarifverträge („Alemo-Herron"), jurisPR-ArbR 40/ 2013, Anm. 1.

Klein, Thomas, Dynamische Wirkung von Bezugnahmeklauseln nach einem Betriebsübergang mit dem Unionsrecht vereinbar, jurisPR-ArbR 20/ 2017, Anm. 1.

Klein, Thomas, Das Schicksal dynamischer Bezugnahmeklauseln bei Betriebsübergang – Korrekturmöglichkeit durch EuGH, NZA 2016, 410–414.

Klein, Thomas/Leist, Dominik, Nationales Arbeitsrecht und negative Integration, ZESAR 2017, 468–476.

Klengel, Ernesto, Vereinbarkeit der deutschen Unternehmensmitbestimmung mit EU-Recht, jurisPR-ArbR 20/ 2018, Anm. 2.

Klengel, Ernesto/Schlachter, Monika, Unmittelbare Anwendung von Unionsrecht bei der Pflicht zur Angabe des Kündigungsgrundes, AuR 2024, 343.

Kliemann, Annette, Die europäische Sozialintegration nach Maastricht, Baden-Baden 1997.

Klocke, Daniel, Aufsätze: Mehrarbeitszuschläge und Jahresurlaub: mittelbare Entgeltgestaltung durch Art. 7 Abs. 1 RL 2003/88/EG?, ZESAR 2022, 195–199.

Klumpp, Steffen, Dienstleistungsfreiheit versus Tariftreue, NJW 2008, 3473–3477.

Koberski, Wolfgang/Schierle, Florian, Balance zwischen Dienstleistungsfreiheit und Arbeitnehmerschutz gewahrt?, RdA 2008, 233–238.

Koch, Michael, Das schwedische Arbeitsmarktmodell im Lichte des EG-Rechts, RdA 2009, 22–25.

Kocher, Eva, Das „Sozialthema" zwischen EuGH und Nationalstaat, AuR 2009, 332–338.

Kocher, Eva, Wer schützt die Beschäftigten im transnationalen Standortwettbewerb?, 37–50, in: Dieterich, Thomas/Le Friant, Martine/Nogler, Luca/Kezuka, Katzutoshi/Pfarr, Heide M. (Hrsg.), Individuelle und kollektive Freiheit im Arbeitsrecht: Gedächtnisschrift für Ulrich Zachert, Wer schützt die Beschäftigten im transnationalen Standortwettbewerb?, 1. Auflage, Baden-Baden 2010, (zitiert als: GS Zachert).

Kocher, Eva, Europäische Tarifautonomie – Rechtsrahmen für Autonomie und Korporatismus, juridicum 2010, 465–483.

Kocher, Eva, Kollektivverhandlungen und Tarifautonomie – welche Rolle spielt das europäische Recht?, AuR 2008, 13–18.

Kocher, Eva, Die Tariftreueerklärung vor dem EuGH, DB 2008, 1042–1045.

Kocher, Eva, Überstundenzuschläge bei Teilzeitbeschäftigung: Endlich Klarheit, AuR 2024, 204–206.

Kocher, Eva, Europäisches Arbeitsrecht, 3. Auflage, Baden-Baden 2024.

Kocher, Eva, Europäisches Arbeitsrecht, 2. Auflage, Baden-Baden 2020.

Kohler, Christian/Puffer-Mariette, Jean-Christophe, EuGH und Privatrecht – Ein Rückblick nach 60 Jahren, ZEuP 2014, 696–739.

Kokott, Juliane, Die Wirkung der Unionsgrundrechte im privaten Arbeitsverhältnis, 970–990, in: Klapp, Micha/Linck, Rüdiger/Preis, Ulrich/Reinhard, Barbara/Wolf, Roland (Hrsg.), Die Sicherung der kollektiven Ordnung, Festschrift für Ingrid Schmidt, Die Wirkung der Unionsgrundrechte im privaten Arbeitsverhältnis, München 2021 (zitiert als: FS Schmidt).

Kokott, Juliane/Sobotta, Christoph, Die Charta der Grundrechte der Europäischen Union nach dem Inkrafttreten des Vertrages von Lissabon, EuGRZ 2010, 265–271.

Koukiadaki, Aristea/Countouris, Nicola, Greek Glass Half-Full: The CJEU And Europe's 'Highly Competitive Social Market' Economy, https://www.socialeurope.eu/glass-half-full-cjeu-europes-highly-competitive-social-market-economy (abgerufen am 4.12.2024).

Krause, Andreas/Fischer, Carl-Philipp, Arbeitsrecht: Fallstricke der Massenentlassungsanzeige – Abkehr des BAG von der Unwirksamkeit der Kündigung?, DB 2023, 2243–2247.

Krause, Rüdiger, Individualvertragliche Verweisungen auf kollektivvertragliche Arbeitsbedingungen und unternehmerische Freiheit im europäischen Recht, 257–268, in: Bepler, Klaus/Hohenstatt, Klaus Stefan/Preis, Ulrich/Schunder, Achim (Hrsg.), Arbeitsrecht bei Änderung der Unternehmensstruktur: Festschrift für Heinz Josef Willemsen zum 65. Geburtstag, Individualvertragliche Verweisungen auf kollektivvertragliche Arbeitsbedingungen und unternehmerische Freiheit im europäischen Recht, 2018 (zitiert als: FS Willemsen).

Krause, Rüdiger, Perspektiven für eine Weiterentwicklung des Tariftreuerechts, AuR 2020, 152–157.

Krause, Rüdiger, Weiterentwicklung des Tariftreuerechts, 1. Auflage, Berlin 2019.

Krause, Rüdiger, Anmerkung zu einer Entscheidung des EuGH, Urteil vom 18.07.17 (C-566/15) - Zur Beteiligung ausschließlich inländischer Arbeitnehmer am Aufsichtsrat eines inländischen Konzernunternehmens, JZ 2017, 1003–1007.

Krause, Rüdiger, Nagelprobe EUGH: Die Stellungnahme der EU-Kommission zum TUI-Fall - Ein kritischer Kommentar, HBS Mitbestimmungs-Report 2016, (23).

Krebber, Sebastian, Soziale Rechte in der Gemeinschaftsrechtsordnung, RdA 2009, 224–236.

Krebber, Sebastian, Die Notwendigkeit arbeitskampfrechtlicher Grundsätze im Recht der Europäischen Union, 1007 ff., in: Klapp, Micha/Preis, Ulrich/Reinhard, Barbara/Wolf, Roland/Linck, Rüdiger (Hrsg.), Die Sicherung der kollektiven Ordnung, Festschrift für Ingrid Schmidt, Die Notwendigkeit arbeitskampfrechtlicher Grundsätze im Recht der Europäischen Union, 2021 (zitiert als: FS Schmidt).

Krenn, Christoph, A Sense of Common Purpose: On the Role of Case Assignment and the Judge-Rapporteur at the European Court of Justice, 187–208, in: Madsen, Mikael Rask/Nicola, Fernanda/Vauchez, Antoine (Hrsg.), Researching the European Court of Justice: Methodological Shifts and Law's Embeddedness, A Sense of Common Purpose: On the Role of Case Assignment and the Judge-Rapporteur at the European Court of Justice, Cambridge 2022.

Kreßel, Eckhard, Die vorübergehende Arbeitnehmerüberlassung in der Rechtsprechung, ZFA 2023, 434–450.

Krieger, Steffen, Erneute Vorlage an EuGH bezüglich der Rechtsfolgen von Fehlern im Massenentlassungsverfahren, ArbR 2024, 117.

Krieger, Steffen, Anmerkung zur Entscheidung des Gerichtshofs der Europäischen Union vom 13.09.2011, C-447/09, NJW 2011, 3209-3214., NJW 2011, 3214.

Krimphove, Dieter, Mehr Geld ohne Mehrarbeit?, ArbR 2022, 36–38.

Krimphove, Dieter, Der Fall Coca Cola – „Arbeitsverweigerung" des EuGH?, ArbR 2022, 363–365.

Krimphove, Dieter, Ist das deutsche Mitbestimmungsrecht „europarechts-sicher"?, ArbR 2018, 470–472.

Kühn, Miguel, Die bevorstehende Reform des Gerichtssystems der Europäischen Union, EuZW 2023, 925–931.

Kühne, Ulrich, Amicus curiae: Richterliche Informationsbeschaffung durch Beteiligung Dritter: Zugl.: Freiburg im Breisgau, Univ., Diss., 2013, Tübingen 2015 (zitiert als: Amicus curiae: Richterliche Informationsbeschaffung durch Beteiligung Dritter).

Kukovec, Damjan, Law and the Periphery, European Law Journal 2015, 406–428.

Langbein, Helene/Gieseke, Felix, Keine Nachholung des Beteiligungsverfahrens bei Einsatz einer zunächst arbeitnehmerlos gegründeten SE als Holding, HSI-Report (2) 2024, 4–9.

Larsson, Olof/Lindholm, Johan/Naurin, Daniel/Moberg, Andreas/Schroeder, Philipp/Wallerman Ghavanini, Anna/Björnberg, Sebastian/Coster, Aaron/Näsström, Moa/Otero, Irene, The IUROPA CJEU Database: Issues and Positions, in: Lindholm, Johan/Naurin, Daniel/Sadl, Urska/Wallerman Ghavanini, Anna/Brekke, Stein Arne/Fjelstul, Joshua/Hermansen, Silje Synnøve Lyder/Larsson, Olof/Moberg, Andreas/Näsström, Moa/Ovádek, Michal/Pavone, Tommaso/Schroeder, Philipp (Hrsg.), The Court of Justice of the European Union (CJEU) Database, IUROPA, The IUROPA CJEU Database: Issues and Positions, 2022.

Larsson, Olof/Naurin, Daniel, Judicial Independence and Political Uncertainty: How the Risk of Override Affects the Court of Justice of the EU, International Organization 2016, 377–408.

Lasek-Markey, Marta, No Turning Back from Social Europe: A New Interpretation of the Refurbished Posted Workers Directive in Hungary and Poland, Industrial Law Journal 2022, 194–218.

Latzel, Clemens, Unternehmerische Freiheit als Grenze des Arbeitnehmerschutzes – vom Ende dynamischer Bezugnahmen nach Betriebsübergang – Zugleich Besprechung des EuGH-Urteils vom 18. 7. 2013 – Rs. EUGH Aktenzeichen C-426/11 – Alemo-Herron u.a., RdA 2014, 110–118.

Latzel, Clemens, Trotz geschickter Vorlage: Dynamik von Bezugnahmeklauseln nach Betriebsübergang bleibt unklar, GPR 2017, 301–304.

Laulom, Sylvaine/Lhernould, Jean-Philippe, Quelle Europe sociale nous prépare le socle des droits sociaux?, RDT 2017, 455.

Lehmann, Friedrich-Wilhelm, EuGH zur Abgrenzung von Tarifautonomie und Europarecht, BB 2012, 117–124.

Lemonnier, Valentine/Rustige, Jakob, Der Verband als Streithelfer vor den Unionsgerichten, Prozessuale Voraussetzungen und strategische Überlegungen, EuZW 2020, 884–890.

Lenaerts, Koen/Foubert, Petra, Social Rights in the Case-Law of the European Court of Justice, The Impact of the Charter of Fundamental Rights of the European Union on Standing Case-Law, Legal Issues of Economic Integration (28) 2001, 267–296.

Linck, Rüdiger/Preis, Ulrich/Schmidt, Ingrid (Hrsg.), Kündigungsrecht, 7. Auflage, München 2024 (zitiert als: APS, Kündigungsrecht).

Lobinger, Thomas, EuGH zur dynamischen Bezugnahmeklausel von Tarifverträgen beim Betriebsübergang, NZA 2013, 945–947.

López López, Julia (Hrsg.), Inscribing Solidarity: Debates in Labor Law and Beyond, Cambridge 2022 (zitiert als: Inscribing Solidarity).

Lörcher, Klaus, Die Europäische Säule Sozialer Rechte – Rechtsfortschritt oder Alibi?, AuR 2017, 387–393.

Lörcher, Klaus/Schömann, Isabelle, The European pillar of social rights, critical legal analysis and proposals, Brüssel 2016.

Löwisch, Manfred/Rieble, Volker (Hrsg.), Tarifvertragsgesetz, 4. Auflage, 2017.

Luszcz, Viktor (Hrsg.), European Court procedure: A practical guide, Oxford and London and New York and New Delhi and Sydney 2020.

Lyon-Caen, Antoine, Vers un socle européen des droits sociaux?, Recueil le Dalloz 2017, 1352.

Maack, Nils, Die Rechtmäßigkeit kollektiver Maßnahmen im Lichte der Entsenderichtlinie, ZIAS 2008, 355–359.

Mager, Stefan/Ganschow, Silke, Das Aus für den vergabespezifischen Mindestlohn?, NZBau 2015, 79–82.

Mair, Andreas, Grundrechtecharta/Tarifvertrag, ZESAR 2012, 234–245.

Malecki, Michael, Do ECJ judges all speak with the same voice? Evidence of divergent preferences from the judgments of chambers, Journal of European Public Policy 2012, 59–75.

Markakis, Menelaos, Can Governments Control Mass Layoffs by Employers? Economic Freedoms vs Labour Rights in Case C-201/15 AGET Iraklis, European Constitutional Law Review 2017, 724–743.

Mayer, Franz C., Der EuGH als Feind? Die Debatte um das soziale Europa in der europäischen Rechtsprechung, Integration 2009, 246–265.

Mayer, Udo, Europäische Union – Sozialunion?, 51–59, in: Dieterich, Thomas/Le Friant, Martine/Nogler, Luca/Kezuka, Katzutoshi/Pfarr, Heide M. (Hrsg.), Individuelle und kollektive Freiheit im Arbeitsrecht - Gedächnisschrift für Urich Zachert, Europäische Union – Sozialunion?, 1. Auflage, Baden-Baden 2010, (zitiert als: GS Zachert).

Mengel, Anja/Blume, Emilia, Besprechungsaufsätze: Die Rechtsfolge von Verstößen gegen § 17 Abs. 3 Satz 1 KSchG, ZFA 2023, 451–459.

Meyer, Jürgen/Hölscheidt, Sven (Hrsg.), Charta der Grundrechte der Europäischen Union, 6. Auflage, Baden-Baden 2024.

Mitrus, Leszek, Entsenderecht zwischen Arbeitnehmerschutz und Protektionismus, EuZA 2022, 233–243.

Mohr, Jochen, Sozial motivierte Beschaffungen nach dem Vergaberechtsmodernisierungsgesetz 2016, EuZA 2017, 23–46.

Moll, Wilhelm (Hrsg.), Münchener Anwaltshandbuch Arbeitsrecht, 6. Auflage, 2025 (zitiert als: MAH Arbeitsrecht).

Moll, Wilhelm, Betriebsbegriff im Massenentlassungsrecht und Rechtsfolgen fehlerhafter Massenentlassungsanzeigen, RdA 2021, 49–57.

Monz, Jonathan M. E./Wendler, Patrick, BB-Kommentar: „Das deutsche Mitbestimmungsgesetz ist mit Unionsrecht vereinbar“, BB 2017, 1787–1788.

Moreau, Marie-Ange, Is the European Court of Justice moving towards specialisation in the social field?, 183–203, in: Degryse, Christophe (Hrsg.), Social developments in the European Union 2008, Is the European Court of Justice moving towards specialisation in the social field?, Brüssel 2009.

Mosler, Rudolf, Menschenbild und soziales Ideal im europäischen Arbeitsrecht, 349–360, in: Kietaibl, Christoph/Mosler, Rudolf/Pacic, Harun (Hrsg.), Gedenkschrift Robert Rebhahn, Menschenbild und soziales Ideal im europäischen Arbeitsrecht, Wien 2019, (zitiert als: GS Rebhahn).

Mückl, Patrick/Götte, Mareike, Unternehmensmitbestimmung und grenzüberschreitende Unternehmensmobilität, BB 2018, 2036–2043.

Müller, Torsten/Schulten, Thorsten, Die Europäische Mindestlohnrichtlinie – Paradigmenwechsel hin zu einem Sozialen Europa, WuG 2022, 335–364.

Naber, Sebastian, Fortsetzung folgt: Wieviel Individualschutz steckt in der Massenentlassungsrichtlinie?, NZA 2023, 942–944.

Naber, Sebastian/Krois, Christopher, EuGH zum Schicksal von Bezugnahmeklauseln bei Betriebsübergang, ZESAR 2014, 121–128.

Nagel, Bernhard, Europäische Marktfreiheiten, Koalitionsfreiheit und Sozialstaatsprinzip, AuR 2009, 155–160.

Nagel, Bernhard, Aufsätze: Getrenntes Wahlverfahren für Gewerkschaftsvorschläge bei Umwandlung in eine SE, ZIP 2022, 2374–2376.

Nassibi, Ghazaleh/Rödl, Florian/Schulten, Thorsten, Perspektiven vergabespezifischer Mindestlöhne nach dem RegioPost-Urteil des EuGH, AuR 2016, 493–496.

Nicolai, Andrea, Neue Regeln für Massenentlassungen?, NZA 2005, 206–208.

Öberg, Ulf/Ali, Mohamed/Sabouret, Pauline, On Specialisation of Chambers at the General Court, 211, in: Derlén, Mattias / Lindholm, Johan (Hrsg.), The European Court of Justice, Multidisciplinary Perspectives, On Specialisation of Chambers at the General Court, Oxford (u.a.) 2020.

O'Connor, Niall, 'Interpreting employment legislation through a fundamental rights lens: What's the purpose?, ELLJ 2017, 193–216.

Oppermann, Dagmar, Europa und seine soziale Dimension – Meilensteine, Entwicklungen und Perspektiven, SR 2021, 157–170.

Ott, Nicolas/Goette, Maximilian, Zur Frage der Berücksichtigung von im Ausland beschäftigten Arbeitnehmern bei Ermittlung der mitbestimmungsrechtlichen Schwellenwerte, NZG 2018, 281–287.

Pechstein, Matthias/Nowak, Carsten/Häde, Ulrich (Hrsg.), Frankfurter Kommentar EUV/GRC/AEUV, 2. Auflage, Tübingen 2023 (zitiert als: P/N/H, Frankfurter Kommentar).

Pennings, Frans, How do Social and Economic Rights Relate to Each other in the Social Market Economy : An Introduction to this Special Issue, Utrecht law review 2019, 1–15.

Polomarkakis, Konstantinos Alexandris, A tale of two approaches to Social Europe: The CJEU and the Advocate General drifting apart in Case C-201/15 AGET Iraklis: Case C-201/15 AGET Iraklis, EU:C:2016:972, Maastricht Journal of European and Comparative Law 2017, 424–437.

Polster, Julian/Naujok, Karin, Die Ausschreibungspflicht bei der Entgeltumwandlung im Rahmen der betrieblichen Altersversorgung, VersR 2011, 172–177.

Prassl, Jeremias, Freedom of Contract as a General Principle of EU Law? Transfers of Undertakings and the Protection of Employer Rights in EU Labour Law: Case C-426/11 Alemo-Herron and others v Parkwood Leisure Ltd, Industrial Law Journal 2013, 434–446.

Preis, Ulrich/Sagan, Adam (Hrsg.), Europäisches Arbeitsrecht. Grundlagen – Richtlinien – Folgen für das deutsche Recht, 2. Auflage, Köln 2019.

Preis, Ulrich/Sagan, Adam (Hrsg.), Europäisches Arbeitsrecht. Grundlagen – Richtlinien – Folgen für das deutsche Recht, 3. Auflage, Köln 2024.

Rainone, Silvia, The Role of the Court of Justice in EU Labour Law: A Case Study on the Transfer of Undertakings Directive|Paperback, 2023 (zitiert als: The Role of the Court of Justice in EU Labour Law).

Rasnača, Zane, Bridging the gaps or falling short?, The European Pillar of Social Rights and what it can bring to EU-level policymaking, ETUI Working Paper (05) 2017, 1.

Ratti, Luca, The European Economic Constitution and the constitutional of a social Europe: gleanings from the CJEU's collective redundancies cases, The metamorphosis of the European economic constitution 2019, 154–176.

Rebhahn, Robert, Grundfreiheit vor Arbeitskampf - der Fall Viking, ZESAR 2008, 109–117.

Rebhahn, Robert, Griechischer Kündigungsschutz und Niederlassungsfreiheit, EuZA 2017, 385–396.

Rebhahn, Robert, Die Zukunft der Kollektivautonomie in Europa – Tarifautonomie im Rechtsvergleich, EuZA 2010, 62–87.

Rebhahn, Robert, Die aktuelle Rechtsprechung des EuGH vor dem Hintergrund des Verhältnisses von Grundfreiheiten und Gemeinschaftsgrundrechten, in: Scholz, Olaf/Becker, Ulrich (Hrsg.), Die Auswirkungen der Rechtsprechung des Europäischen Gerichtshofs auf das Arbeitsrecht der Mitgliedstaaten, Die aktuelle Rechtsprechung des EuGH vor dem Hintergrund des Verhältnisses von Grundfreiheiten und Gemeinschaftsgrundrechten, Baden-Baden 2009.

Rebhahn, Robert, Die Arbeitnehmerbegriffe des Unionsrechts in der neueren Judikatur des EuGH, EuZA 2012, 3–34.

Recke, Barbara von der, Vorsorge fürs Alter nur vom freien Markt, Städte- und Gemeinderat 2011, 21–23.

Reflexionsgruppe über die Zukunft des Gerichtssystems der Europäischen Gemeinschaften, Abschlussbericht, NJW-Beilage 2000, 1 ff.

Remien, Oliver, Funktion der Wissenschaft bei der Identifikation des Internationalen Privat- und Handelsrechts, 241–274, in: Dethloff, Nina/Nolte, Georg/Reinsch, August (Hrsg.), Freiheit und Regulierung in der Cyberwelt: Rechtsidentifikation zwischen Quelle und Gericht, Band 47, Funktion der Wissenschaft bei der Identifikation des Internationalen Privat- und Handelsrechts, Heidelberg 2016.

Riesenhuber, Karl, Europäisches Arbeitsrecht, 2. Auflage, Berlin 2021.

Ritgen, Klaus, Grundrechtsschutz in der Europäischen Union, ZRP 2000, 371–375.

Robin-Olivier, Sophie, Fundamental Rights as a New Frame: Displacing the Acquis, European Constitutional Law Review 2018, 96–113.

Robin-Olivier, Sophie, Chronique Politique sociale de l'UE – Un nouveau départ pou la politique sociale de l'Union: premier bilan des effets du socle européen des droits sociauy, RTD Eur. 2018, 403.

Rödl, Florian, Bezifferte Mindestentgeltvorgaben im Vergaberecht, EuZW 2011, 292–296.

Rödl, Florian, Diskriminierende Mitbestimmung?, JZ 2016, 980–987.

Röhling, Andreas, EG-rechtliche Zulässigkeit der Kartellwirkung von Tarifverträgen, EWiR 2000, 483–484.

Roth, Markus, Ausschreibung von Betriebsrentenzusagen, EuZA 2011, 213–222.

Rudkowski, Lena, Urlaub als Grundrecht des Arbeitnehmers, NJW 2019, 476–480.

Rudolph, Jan/Wickler, Johannes, Keine Beteiligung der Arbeitnehmer bei Aktivierung einer Vorrats-SE?, NZA 2024, 889–893.

Ruthemeyer, Thomas, Der amicus curiae brief im internationalen Investitionsrecht, Baden-Baden 2014 (zitiert als: Der amicus curiae brief im internationalen Investitionsrecht).

Sagan, Adam, Grundfragen des Arbeitsrechts in Europa, NZA 2016, 1252–1260.

Sagan, Adam, Die Vorlage des BAG in Asklepios: Eine späte Antwort auf Werhof und Alemo-Herron, ZESAR 2016, 116–122.

Sagan, Adam, EuGH, 13.7.2023 – C-134/22 – Arbeitsrecht: Informationen an Behörden über Massenentlassung vermitteln keinen Individualschutz, EuZW 2023, 859–862.

Sagan, Adam, Das BAG und der EuGH: „European Partners" in Sachen Coca-Cola, ZESAR 2022, I.

Sagan, Adam, Gewerkschaftssitze in der SE-Umwandlungsgründung, 1201–1213, in: Deckenbrock, Christian/Höpfner, Clemens/Kilian, Matthias/Markworth, David/Sittard, Ulrich (Hrsg.), Arbeit, Wirtschaft, Recht: Festschrift für Martin Henssler zum 70. Geburtstag, Gewerkschaftssitze in der SE-Umwandlungsgründung, 2023, (zitiert als: FS Henssler).

Sagan, Adam, Der Arbeitnehmerbegriff: Rechtspolitische Perspektiven im europäischen Mehrebenensystem, NZA 2024, 1087–1094.

Schaks, Nils/Engst, Benjamin G./Wittig, Caroline/Sternberg, Sebastian/Gschwend, Thomas, Zum Einfluss der Parteinähe auf das Abstimmungsverhalten der Bundesverfassungsrichter – eine quantitative Untersuchung, JZ 2017, 816–826.

Schanze, Erich, Die Pluralität der Mitbestimmungslösungen in Europa, AG 2017, 573–577.

Scharff, Bettina, Auswirkungen eines Betriebsübergangs auf arbeitsvertragliche Bezugnahmeklauseln – Zum Schicksal von kleinen dynamischen Bezugnahmeklauseln im Lichte der EuGH-Rechtsprechung –, DB 2016, 1315–1320.

Scharpf, Fritz W., The Asymmetry of European integration, or why the EU cannot be a „social market economy"., Socio-Economic Review 2010, 211–250.

Scharpf, Fritz W., Weshalb die EU nicht zur sozialen Marktwirtschaft werden kann, ZSE 2009, 419–434.

Scharpf, Fritz W., Legitimität im europäischen Mehrebenensystem, Leviathan 2009, 244–280.

Scharpf, Fritz W., Der einzige Weg ist, dem EuGH nicht zu folgen, Mitbestimmung (7+8) 2008, 18–23.

Schellinger, Alexander, Wie sozial ist die EU? - Eine Perspektive für die soziale Dimension, Berlin 2015 (zitiert als: Wie sozial ist die EU?).

Schewiola, Sascha, Mitbestimmung in einer zunächst arbeitnehmerlosen europäischen Gesellschaft (SE) – Keine Nachverhandlungspflicht, ArbRB 2024, 165–166.

Schiefer, Bernd/Hartmann, Henning, Ende der Dynamik einer arbeitsvertraglichen Bezugnahme im Falle eines Betriebsübergangs, BB 2013, 2613–2615.

Schima, Bernhard, Das Vorabentscheidungsverfahren vor dem EuGH: Unter besonderer Berücksichtigung der Rechtslage in Österreich und Deutschland, 3. Auflage, Wien and München 2015 (zitiert als: Das Vorabentscheidungsverfahren vor dem EuGH).

Schinz, Reinhard, Anspruch auf bezahlten Jahresurlaub - Tariflicher Mehrarbeitszuschlag - Berechnung der Urlaubsvergütung, EuZA 2022, 484–493.

Schmidt, Alexander J., Gleichbehandlung/Nachtarbeitszuschlag/Tarifauslegung, ZESAR 2021, 392–396.

Schmidt, Susanne K., The European Court of Justice and the Policy Process: The Shadow of Case Law, Oxford 2018 (zitiert als: The European Court of Justice and the Policy Process).

Schrader, Peter, Der Vorlagebeschluss des 2. Senats zur Massenentlastungsanzeige: Wohin geht die Reise?, ArbR 2024, 310–314.

Schröder, Holger, Die betriebliche Altersversorgung der Kommunen und das europäische Vergaberecht, ZfBR 2010, 758–762.

Schubert, Claudia, Europäische Grundfreiheiten und nationales Arbeitskampfrecht im Konflikt - Zugleich eine Besprechung der Entscheidungen des EuGH v. 11. 12. 2007 – Rs. EUGH 11.12.2007 Aktenzeichen C-438/05 – Viking und v. 18. 12. 2007 – Rs. EUGH 18.12.2007 Aktenzeichen C-341/05 – Laval, RdA 2008, 289–299.

Schubert, Claudia, Die Bindung des Erwerbers an kleine dynamische Bezugnahmeklauseln beim Betriebsübergang und ihre Vereinbarkeit mit dem Unionsrecht, ZESAR 2018, 8–15.

Schubert, Claudia, Europarechtliches Symposion 2024: Europäisches Arbeitsrecht als Teil einer Wirtschafts-, Währungs- und Werteunion – zwischen Harmonisierung und Subsidiarität, RdA 2024, 282–295.

Schubert, Claudia/Schmitt, Laura, One sanction fits all?: die Unwirksamkeit der Kündigung bei Fehlern im Massenentlassungsverfahren als unverhältnismäßige Sanktion, Jahrbuch des Arbeitsrechts 2022, 81–105.

Schubert, Jens M., Gutachterliche Stellungnahme zu den Aktivitäten der EU-Kommission bezüglich der Urteile des Europäischen Gerichtshofes zum Verhältnis sozialer Grundrechte und Binnenmarktfreiheiten, Frankfurt 2012.

Schubert, Jens M., Der Vorschlag der EU-Kommission für eine Monti-II-Verordnung: Eine kritische Analyse unter Einbeziehung der Überlegungen zu der Enforcement-Richtlinie, 1. Auflage, Saarbrücken 2012.

Schubert, Jens M., Kammern für Arbeitssachen am EuGH (KfA-EuGH), AuR 2014, 297–300.

Schubert, Jens M./Jerchel, Kerstin, Das europäische Arbeitsrecht (2009/2010), EuZW 2010, 687–694.

Schulte, Bernd, Altersdiskriminierung durch eine tarifvertragliche Festlegung des Ruhestandalters unterhalb der gesetzlichen Altersgrenze, ZESAR 2012, 398–400.

Schulten, Thorsten, Social clauses in German public procurement towards a Post-Rüffert regime?, 25–38, in: Syndicat european trade union (Hrsg.), Social clauses in the implementation of the 2014 public procedurement directives, Social clauses in German public procurement towards a Post-Rüffert regime?, Brüssel 2021.

Schulz, Alexander/Mayer, Franz C., Der EuGH und das soziale Europa: für eine Aufwertung sozialer Grundrechte im EU-Rechtssystem, Berlin 2009 (zitiert als: Der EuGH und das soziale Europa).

Schulze, Rainer/Hoeren, Thomas (Hrsg.), Dokumente zum Europäischen Recht, Bd. 2: Justiz (bis 1957), Berlin u.a. 2000.

Schuster, Thomas, Die soziale Dimension der Europäischen Union, Integration 1996, 245–251.

Schwarze, Jürgen/Becker, Ulrich/Hatje, Armin/Schoo, Johann (Hrsg.), EU-Kommentar, 4. Auflage, 2019 (zitiert als: SBHS, EU-Kommentar).

Schwarze, Jürgen/Becker, Ulrich/Hatje, Armin/Schoo, Johann (Hrsg.), EU-Kommentar, 4. Auflage, 2019 (zitiert als: SBHS, EU-Kommentar).

Segger, Sören, Der Amicus Curiae im Internationalen Wirtschaftsrecht: Eine rechtsvergleichende Untersuchung des U.S.-amerikanischen, deutschen, europäischen, Welthandels- und Investitionsschutzrechts sowie der Principles of Transnational Civil Procedure, Tübingen 2017 (zitiert als: Der Amicus Curiae im Internationalen Wirtschaftsrecht).

Seifert, Achim, Bedeutung des Arbeitsrechts bei der Entstehung der Europäischen Gemeinschaften, AuR 2015, G9–G12.

Seifert, Achim, Rezension zu EuGH, Urteil vom 18. Juli 2017, C-566/15 (Konrad Erzberger/TUI AG), ZGR 2019, 702–716.

Seikel, Daniel, Was bringt die europäische Säule sozialer Rechte?, Düsseldorf 2017.

Seikel, Daniel/Absenger, Nadine, Die Auswirkungen der EuGH-Rechtsprechung auf das Tarifvertragssystem in Deutschland/The impact of the case law of the European Court of Justice on the collective bargaining system in Germany, Industrielle Beziehungen 2015, 51–71.

Seitz, Jascha, Anmerkung zu einer Entscheidung des EuGH, Urteil vom 18.10.2022 (C-677/20) - Zur Notwendigkeit, dass in der anlässlich der Umwandlung einer AG in eine SE geschlossene Beteiligungsvereinbarung ein gesondertes Wahlverfahren vereinbart wird, sofern das anwendbare nationale Recht ein solches zulässt, sowie zur Gleichbehandlung sämtlicher Arbeitnehmer dieser SE (F), NZG 2022, 1559–1560.

Seiwerth, Stephan, The European Pillar of Social Rights: A Dangerous Distraction?, International Journal of Comparative Labour Law and Industrial Relations 2023, 237–246.

Siegel, Thorsten, Mindestlöhne im Vergaberecht und der EuGH, EuZW 2016, 101–103.

Siemer-Arcq, Anke, Beabsichtigte Rechtsprechungsänderung zur Unwirksamkeit von Kündigungen bei fehlerhaften Massenentlassungsanzeigen, ArbR 2024, 37.

Simon, Oliver/Deuchler, Philipp, Die EuGH-Entscheidung zur Sitzgarantie von Gewerkschaften bei der formgewechselten SE – Klarstellung mit neuen Fragen, NZA 2022, 1451–1454.

Sittard, Ulrich/Pant, Benjamin, Unwirksamkeit von Kündigungen bei fehlerhaften Massenentlassungen: Zurück oder Zukunft?, jM 2024, 185–192.

Skouris, Vassilios, Höchste Gerichte an ihren Grenzen – Bemerkungen aus der Perspektive des Gerichtshofes der Europäischen Gemeinschaften, 991–1003, in: Grote, Rainer/Härtel, Ines/Hain, Karl-Eberhard/Schmidt, Thorsten Ingo/Schmitz, Thomas/Schuppert, Gunnar Folke/Winterhoff, Christian (Hrsg.), Die Ordnung der Freiheit, Festschrift für Christian Starck zum 70. Geburtstag, Höchste Gerichte an ihren Grenzen – Bemerkungen aus der Perspektive des Gerichtshofes der Europäischen Gemeinschaften, Tübingen 2007 (zitiert als: FS Starck).

Skouris, Vassilios, Das Verhältnis der Grundfreiheiten zu den Gemeinschaftsgrundrechten, RdA-Beil. (5) 2009, 25–30.

Solanke, Iyiola, Stop the ECJ: An Empirical Analysis of Activism at the Court, European Law Journal 2011, 764–784.

Spelge, Karin, Massenentlassung zwischen BAG, BVerfG und EuGH, NZA-Beilage 2021, 34–39.

Spilker, Britta, Die Umsetzung der Europäischen Säule sozialer Rechte 2019-2024, NDV 2024, 267.

Stach, Daniel, Diskriminierung Teilzeitbeschäftigter bei Mehrvergütung, NZA 2023, 1383–1384.

Steinle, Christian/Haußmann, Katrin, Anmerkung zu einem Urteil des EuGH vom 04.12.2014 (C-413/13) – Zur Frage der Anwendbarkeit des Kartellrechts auf Tarifverträge für selbstständige Dienstleister, EuZW 2015, 316–317.

Stern, Klaus/Sachs, Michael (Hrsg.), Europäische Grundrechte-Charta: Kommentar, München 2016 (zitiert als: Stern/ Sachs (Hrsg.)).

Streinz, Rudolf, Dienstleistungsfreiheit contra Lohndumping, JuS 2008, 823–825.

Streinz, Rudolf/Leible, Stefan, Die unmittelbare Drittwirkung der Grundfreiheiten Überlegungen aus Anlass von EuGH, EuZW 2000, EUZW Jahr 2000 Seite 468 (in diesem Heft) – Angonese, EuZW 2000, 459–467.

Supiot, Alain, Europa im Griff der Kommunistischen Marktwirtschaft, AuR 2009, 151–154.

Sutschet, Holger, Werhof reloaded oder: kommt die Gleichstellungsabrede nach England?, RdA 2013, 28–36.

Tamm, Ditlev, The History of the Court of Justice of the European union Since its Origin, 9–35, in: EuGH (Hrsg.), The court of Justice and the Construction of Europe: Analyses and Perspectives on Sixty Years of Case-law, The History of the Court of Justice of the European union Since its Origin, Den Haag 2012.

Teichmann, Christoph, Grundlinien eines europäischen Umwandlungsrechts: Das „EU-Company Law Package 2018", NZG 2019, 241–248.

Teigelkötter, Volker, EuGH: Deutsche Unternehmensmitbestimmung ist europarechtskonform, DB 2017, 1974.

Temming, Felipe, Das „schwedische Modell" auf dem Prüfstein in Luxemburg – der Fall Laval, ZESAR 2008, 231–242.

Temming, Felipe, Diskriminierende Beendigung der Arbeitsverträge von Piloten bei Vollendung des 60. Lebensjahres, EuZA 2012, 205–224.

Terwey, Franz/Schneider, Manfred, Soziale Binnenmarktwirtschaft und solidarische Sozialordnung als supranationale Garantien der EU, ZESAR 2020, 313–320.

Thüsing, Gregor, Erschwerung von Massenentlassung ist zulässig, IWRZ 2017, 76–77.

Thüsing, Gregor, Europäisches Arbeitsrecht, 3. Auflage, München 2017.

Thüsing, Gregor/Mantsch, Simon, Teilzeitbeschäftigung und Überstundenzuschlag: Diskriminierung durch Gleichbehandlung?, BB 2023, 2676–2679.

Thüsing, Gregor/Pötters, Stephan/Stiebert, Tom, Neues aus Luxemburg: Aktuelle Rechtsprechung des EuGH zu den Diskriminierungsverboten und zum Urlaubsrecht, RdA 2012, 281–291.

Tiedemann, Jens, Die Weitergeltung zeitdynamischer Bezugnahmeklauseln nach einem Betriebsübergang. Bleibt alles beim Alten oder kippt der EuGH die deutsche Rechtsprechung?, ArbRB 2016, 83–86.

Tiedemann, Jens, Arbeitsrecht: Fortgeltung zeitdynamischer Bezugnahmeklauseln nach Betriebsübergang beim Erwerber mit Unionsrecht vereinbar, EuZW 2017, 512–515.

Trstenjak, Verica/Beysen, Erwin, The growing overlap of fundamental freedoms and fundamental rights in the case law of the CJEU, European law review 2013, 293–315.

Ulber, Daniel/Wiegandt, Karoline, Die Bindung von Arbeitnehmervereinigungen an die europäischen Grundfreiheiten, Frankfurt am Main 2018.

Vandenbroucke, Frank, The new European Commission must convince citizens that the pillar is alive and kicking, 169, in: Ferrara, Maurizio (Hrsg.), Towards a European Social Union, The new European Commission must convince citizens that the pillar is alive and kicking, Turin 2019.

Vedder, Christoph/Heintschel von Heinegg, Wolff (Hrsg.), Europäisches Unionsrecht, 2. Auflage, 2018.

Vesterdorf, Bo, The Community court system ten years from now and beyond: challenges and possibilities, European Law Review 2003, 303–323.

Viotto, Regina, Recht und Wirklichkeit im Bereich der Unternehmensmitbestimmung - aktuelle Entwicklungen und rechtspolitische Herausforderungen, AuR 2024, 15–21.

Voeten, Erik/Hermansen, Silje Synnøve, The effect of ideology on court rulings: the role of judges in state aid litigation before the Court of Justice of the EU, 2024 (zitiert als: The effect of ideology on court rulings).

Vorbau, Reinhard-Ulrich, Schwächt der EuGH die Gewerkschaften?, 291–303, in: Mittag, Reinold (Hrsg.), Die Sicherung von Arbeitnehmerrechten: 10 Jahre DGB Rechtsschutz GmbH, Schwächt der EuGH die Gewerkschaften?, Baden-Baden 2008 (zitiert als: FS DGB Rechtsschutz).

Voronova, Iuliia, Die Übermittlungspflicht nach § 17 Abs. 3 Satz 1 KSchG – Ein unscheinbarer Fallstrick bei der Massenentlassung?, EuZA 2022, 372–377.

Wägenbaur, Bertrand, Satzung und Verfahrensordnungen des Gerichtshofs und des Gerichts der Europäischen Union: EuGH VerfO, 2. Auflage, München 2017 (zitiert als: EuGH VerfO).

Wallermann, Anna, Referring Court Influence in the Preliminary Ruling Procedure, The Swedish Example, 153–170, in: Derlén, Mattias/Lindholm, Johan (Hrsg.), The European Court of Justice, Multidisciplinary Perspectives, Referring Court Influence in the Preliminary Ruling Procedure, The Swedish Example, 1. Auflage, Oxford (u.a.) 2018.

Wallermann Ghavanini, Anna, Mostly Harmless: the Referring Court in the Preliminary Reference Procedure, ELRev. (47) 2022, 310–330.

Walter, Torsten, Monti II ist gescheitert, AuR 2013, 27–34.

Waltermann, Raimund, Auslegung von Art. 9 Abs. 3 GG im Licht der europarechtlichen Gewährleistung der Tarifautonomie, EuZA 2015, 15–29.

Wank, Rolf, Die Konzeption des EuGH zum Urlaubsrecht, 1463–1475, in: Brose, Wiebke/Greiner, Stefan/Rolfs, Christian/Sagan, Adam/Schneider, Angie/Temming, Felipe/Stoffels, Markus/Ulber, Daniel (Hrsg.), Grundlagen des Arbeits- und Sozialrechts: Festschrift für Ulrich Preis zum 65. Geburtstag, Die Konzeption des EuGH zum Urlaubsrecht, München 2021 (zitiert als: FS Preis).

Weatherill, Stephen, Use and Abuse of the EU's Charter of Fundamental Rights: on the improper veneration of 'freedom of contract'.: Judgment of the Court of 18 July 2013: Case C-426/11, Mark Alemo-Herron and Others v Parkwood Leisure Ltd, European Review of Contract Law 2014, 167–182.

Weiss, Manfred, The Future of Labour Law in Europe: Rise Or Fall of the European Social Model, ELLJ 2017, 344–356.

Weitbrecht, Andreas, 70 Jahre Europäischer Gerichtshof: Baulichkeiten, Menschen, Institutionen, EuZW 2022, 1133–1138.

Wenckebach, Johanna, Tarifvertragliche Bestimmungen zu Kindererziehungsurlaub – Anspruch von Arbeitnehmerinnen auf Urlaub nach Ablauf des gesetzlichen Mutterschaftsurlaubs – Gleichbehandlung von Männern und Frauen – Art 14 und 18 EGRL 54/2006, AuR 2021, 268–271.

Wendeling-Schröder, Ulrike, Das soziale Ideal des Europäischen Gerichtshofs, 147–162, in: Dieterich, Thomas/Friant, Martine Le/Kezuka, Katsutoshi/Nogler, Luca/Pfarr, Heide (Hrsg.), Individuelle und kollektive Freiheit im Arbeitsrecht, Gedächtnisschrift für Ulrich Zachert, Das soziale Ideal des Europäischen Gerichtshofs, Baden-Baden 2010 (zitiert als: GS Zachert).

Wieczorek, Bernhard/Kittke, Alexandra (Hrsg.), Zivilprozessordnung und Nebengesetze, Band 144. Auflage, Berlin und Boston 2019 (zitiert als: Wieczorek/ Kitte (Hrsg.), ZPO).

Wienbracke, Mike, Deutsches Mitbestimmungsgesetz arbeitnehmerfreizügigkeitskonform, NZA 2017, 1036–1039.

Willemsen, Heinz Josef/Grau, Timon, Zurück in die Zukunft – Das europäische Aus für dynamische Bezugnahmen nach Betriebsübergang?, NJW 2014, 12–17.

Willemsen, Heinz Josef/Krois, Christopher/Mehrens, Christian, Entdynamisierung von Tarifverträgen nach einem Betriebsübergang, RdA 2018, 151–167.

Winkel, Clara, Die Unwirksamkeit der Kündigung als Fehlerfolge im Massenentlassungsverfahren, NZA 2024, 728–736.

Winzer, Thomas, Mehrflugdienststundenvergütung bei Teilzeit, ArbR 2023, 596.

Winzer, Thomas/Schaaf, Stefan, Anmerkung zu einer Entscheidung des EuGH, Urteil vom 18.10.2022 (C-677/20) – Zur Beteiligung der Arbeitnehmer an der Beschlussfassung der Europäischen Gesellschaft, EuZW 2022, 1121–1122.

Wißmann, Hellmut, Europäisches Arbeitsrecht – Sockel oder Deckel?, RdA 2015, 301–304.

Wißmann, Hellmut, Zwischenruf: Viking und Laval: EG-Grundfreiheiten über alles?, AuR 2009, 149–151.

Wißmann, Tim/Niklas, Thomas, Asklepios – Der Vorhang zu und neue Fragen offen, NZA 2017, 697–701.

Wixforth, Susanne, Europäische Säule sozialer Rechte, Soziale Sicherheit 2018, 49.

Wynn-Evans, TUPE, Collective Agreements and the Static-Dynamic Debate, The industrial law journal 2010, 275–280.

Zahn, Rebecca, The Court of Justice of the European Union and Transfers of Undertakings, ELLJ 2015, 72–85.

Ziegler, Katharina, Arbeitnehmerbegriffe im Europäischen Arbeitsrecht, Baden-Baden 2011.

Zimmer, Daniel, Nach „Inspire Art" – Grenzenlose Gestaltungsfreiheit für deutsche Unternehmen?, NJW 2003, 3585–3592.

Zimmer, Reingard, Soziale Grundrechte in der EU: das Arbeitskampfrecht nach In-Kraft-Treten des Vertrags von Lissabon, AuR 2012, 114–119.

Zwanziger, Bertram, Nationale Koalitionsfreiheit vs. europäische Grundfreiheiten – aus deutscher Sicht, RdA-Beil. 2009, 10–22.

Zwanziger, Bertram, Arbeitskampf- und Tarifrecht nach den EuGH-Entscheidungen „Laval" und „Viking", DB 2008, 294–298.

Rechtsprechungsverzeichnis der Entscheidungen des EuGH

Datum	Kurztitel	Aktenzeichen und Fundstelle	Zitiert bei
12.11.1969	Stauder	Rs. 29/69, Slg. 1969, 419	304
01.03.1973	Bollmann	Rs. 62/72 (ECLI:EU:C:1973:24), Slg. 1973, 269–281	351
14.05.1974	Nold	C-4/73 (ECLI:EU:C:1974:51), Slg. 1974, 491	305
11.07.1974	Dassonville	Rs. 8-74 (ECLI:EU:C:1974:82), Slg. 1974 -00837 = NJW 1975, 515	180
08.10.1974	Beamtengewerkschaft	Rs. 175/73 (ECLI:EU:C:1974:95), juris	351
12.12.1974	Walrave und Koch	C-36/74 (ECLI:EU:C:1974:140), NJW 1974, 1093	306
08.04.1976	Defrenne II	Rs. 43/75 (ECLI:EU:C:1976:56), NJW 1976, 2068	33, 41, 304, 316, 355
15.06.1978	Defrenne III	Rs. 149/77, Slg. 1978, 1365	305
16.01.1979	Sukkerfabriken	Rs. 151/78 (ECLI:EU:C:1979:4), Slg. 1979, 1	68
13.12.1979	Hauer	C-44/79 (ECLI:EU:C:1979:290), Slg. 1979, 3727	304-305
18.03.1986	Spijkers	Rs. 24/85 (ECLI:EU:C:1986:127), Slg. 1986, 1119	52
13.05.1986	Bilka	Rs. 170/84 (ECLI:EU:C:1986:204), AP Nr. 10 zu Art. 119 EWG-Vertrag	316
03.07.1986	Lawrie Blum	C-66/85 (ECLI:EU:C:1986:284), Slg. 1986, 2121	303
02.02.1988	Lüttich	Rs. 24/86 (ECLI:EU:C:1988:43), NJW 1989, 3088	355
10.02.1988	Daddy's Dance Hall	C-324/86 (ECLI:EU:C:1988:72), Slg. 1988, 739	87, 92
13.07.1989	Rinner-Kühn	Rs. 171/88 (ECLI:EU:C:1989:328), AP Nr. 16 zu Art. 119 EWG-Vertrag	316
23.04.1991	Höfner und Elser	C-41/90 (ECLI:EU:C:1991:161), NZA 1991, 447	340
16.12.1992	Katsikas	C-132/91 u.a. (ECLI:EU:C:1992:517), AP Nr. 97 zu § 613a BGB	43, 80, 84, 310
17.02.1993	Poucet und Pistre	C-159/91 u.a. (ECLI:EU:C:1993:63), NJW 1993, 2597	340
14.04.1994	Christel Schmidt I	C-392/92 (ECLI:EU:C:1994:134), Slg. 1994, I-1289	310
08.06.1994	Kommission/UK	C-383/92 (ECLI:EU:C:1994:234), Slg. 1994, I-2479	117-118
15.12.1994	Helmig	C-399/92 u.a. (ECLI:EU:C:1994:415), Slg. 1994, I-5727 = AP Nr. 7 zu § 611 BGB Teilzeit	241, 243-244

Datum	Kurztitel	Aktenzeichen und Fundstelle	Zitiert bei
11.08.1995	Christel Schmidt II	C-98/94 (ECLI:EU:C:1995:273),	52-53
30.11.1995	Gebhard	C-55/94 (ECLI:EU:C:1995:411), Slg. 1995, I-4165-4201 = NJW 1996, 579	180, 322
15.12.1995	Bosmann	C-415/93 (ECLI:EU:C:1995:463), Slg. 1995, I-4921 = AP Nr. 10 zu BGB § 611 Berufssport	305
13.06.1996	Maurin	C-144/95 (ECLI:EU:C:1996:235), Slg. 1996, I-2909	81
11.03.1997	Süzen	C-13/95 (ECLI:EU:C:1997:141), AP Nr. 14 zu EWG-Richtlinie Nr. 77/187	39, 314
11.12.1997	Job Centre	C-55/96 (ECLI:EU:C:1997:603), EuZW 1998, 274	340
28.04.1998	Decker	C-120/95 (ECLI:EU:C:1998:167), NJW 1998, 1769	317, 330
28.04.1998	Kohll	C-158/96 (ECLI:EU:C:1998:171), NJW 1998, 1771	317, 330
09.03.1999	Centros	C-212/97 (ECLI:EU:C:1999:126), Slg. 1999, I-1459-1498 = NJW 1999, 2027	256-257, 267
21.09.1999	Albany	C-67/96 (ECLI:EU:C:1999:430), Slg. 1999, I-05751 = AP Nr. 1 zu Art. 85 EGV	33-34, 178, 215, 217-218, 221-223, 247, 274, 304-305, 309, 322, 340
Die Firma Albany ist Mitglied eines niederländischen Rentenfonds, der Renten für die Mitarbeiter der Firma ausschüttet. Die Mitgliedschaft ist aufgrund eines Ministererlasses verpflichtend. Von dieser Mitgliedschaft will sich die Firma Albany aufgrund einer anderen freiwilligen Rentenvereinbarung der Firma mit einem anderen Fonds freistellen lassen, was der Fonds ablehnt. Gegen diese Ablehnung ging die Firma vor. Die Frage, ob die Pflichtmitgliedschaft mit dem europäischen Wettbewerbsrecht vereinbar ist, wurde hierauf in Form von drei Vorlagefragen durch das Kantongerecht Arnheim (Niederlande) dem EuGH vorgelegt.			
23.11.1999	Arblade	C-369/96 und C-376/96 (ECLI:EU:C:1999:575), Slg. 1999, I-8453 = AP Nr. 1 zu Art. 59 EG-Vertrag	189, 285, 322
14.03.2000	Eglise de scientologie	C-54/99 (ECLI:EU:C:2000:124), Slg. 2000, I-1335.	112
12.09.2000	Pavlov	C-180/98 u.a. (ECLI:EU:C:2000:428), Slg. 2000, I-06451	222
26.06.2001	BECTU	C-173/99 (ECLI:EU:C:2001:356), AP Nr. 27 zu Richtlinie 2003/88/EG = AP Nr. 3 zu EWG-Richtlinie Nr. 93/104	161, 162
12.07.2001	Smits und Peerbooms	C-157/99 (ECLI:EU:C:2001:404), NJW 2001, 3391	317, 330
25.10.2001	Finalarte	C-49/98 u.a. (ECLI:EU:C:2001:564), NZA 2001, 1377	322
22.01.2002	Cisal	C-218/00 (ECLI:EU:C:2002:36), EuZW 2002, 146	340
13.05.2003	Müller-Fauré und van Riet	C-385/99 (ECLI:EU:C:2003:270), NJW 2003, 2298	317, 330

Datum	Kurztitel	Aktenzeichen und Fundstelle	Zitiert bei
12.06.2003	Schmidberger	C-112/00 (ECLI:EU:C:2003:333), Slg. 2003 I-05659 = NJW 2003, 3185	179, 197, 306, 323-324
30.09.2003	Inspire Art	Rechtssache C-167/01 (ECLI:EU:C:2003:512), Slg. 2003, I-10155	256-257, 267
06.11.2003	Martin u.a.	C-4/01 (ECLI:EU:C:2003:594), AP Nr. 35 zu EWG-Richtlinie Nr. 77/187	87
16.03.2004	AOK Bundesverband	C-264/01 u.a. (ECLI:EU:C:2004:150), EuZW 2004, 241	340
27.05.2004	Elsner-Lakeberg	C-285/02 (ECLI:EU:C:2004:320), Slg. 2004, I-5861 = AP Nr. 10 zu Art. 141 EG	243-244
27.01.2005	Junk	C-188/03 (ECLI:EU:C:2005:59), AP Nr. 18 zu § 17 KSchG 1969	44-45, 96, 115, 118-120, 122, 124, 143, 145
22.11.2005	Mangold	C-144/04 (ECLI:EU:C:2005:709), Slg. 2005, I-9981 = AP Nr. 1 zu Richtlinie 2000/78/EG	33, 36, 41, 89, 304
09.03.2006	Werhof	C-499/04 (ECLI:EU:C:2006:168), AP Nr. 3 zu Richtlinie 77/187/EWG	49, 53-54, 57, 62-64, 85, 91
04.07.2006	Adeneler	C-212/04 (ECLI:EU:C:2006:443), EuZW 2006, 730	311
12.09.2006	Cadbury Schweppes	C-196/04 (ECLI:EU:C:2006:544), EuZW 2006, 633	292
16.10.2007	Palacios	C-411/05 (ECLI:EU:C:2007:604), Slg. 2007, I-8531 = AP Nr. 8 zu Richtlinie 2000/78/EG	229
06.12.2007	Voß	C-300/06 (ECLI:EU:C:2007:757), Slg. 2007, I-10573 = AP Nr. 17 zu Art. 141 EG	243-244
11.12.2007	Viking	C-438/05 (ECLI:EU:C:2007:772), Slg. 2007, I-10779 = AP Nr. 3 zu Art. 43 EG	33-34, 36, 41, 43, 68, 97, 101-102, 108, 113, 168, 175-179, 182, 185, 188, 195-198, 200-201, 204, 215, 219-220, 228-229, 232, 255, 269, 271-272, 278, 285, 290, 292, 305-306, 309-310, 314, 317, 319, 325, 355

Streitgegenständlich war die Diskussion um Beschränkungen des Grundsatzes des freien Dienstleistungsverkehrs nach Art. 43 EG (Heute Art. 49 AEUV, wegen des seeschifffahrtlichen Anknüpfungspunkts anwendbar nach Art. 1 Abs. 1 VO Nr. 4055/86) durch kollektive Maßnahmen auf Grundlage von nationalem Verfassungsrecht. Der zugrundeliegende Rechtsstreit kam zwischen dem Fährunternehmen Viking, das eine Fähre zwischen Tallinn (Estland) und Helsinki (Finnland) betrieb und der finnischen Gewerkschaft für Seeleute (FSU), deren Mitglieder unter anderen auf dieser Fähre arbeiteten, sowie der internationalen Föderation von Gewerkschaften für Arbeiter, die im Transportsektor beschäftigt sind (ITF), in der die FSU organisiert ist, auf. Die ITF setzt sich insbesondere gegen eine Politik der Billigflaggen ein, was bedeutet, dass sie fordert, dass zwischen der Flagge des Schiffes und der Staatsan-

<table>
<tr><th>Datum</th><th>Kurztitel</th><th>Aktenzeichen und Fundstelle</th><th>Zitiert bei</th></tr>
<tr><td colspan="4">gehörigkeit des Eigners eine Verbindung bestehen soll, damit verhindert wird, dass Schiffe gezielt so umgeflaggt werden, dass auf den Schiffen ein für die Besatzung ungünstigeres Arbeitsrecht gilt. Das Unternehmen Viking wollte das Fährschiff von Finnland nach Estland umflaggen, damit das finnische Recht und der geltende Kollektivvertrag keine Anwendung finden und stattdessen nur die schlechteren estnischen Mindestarbeitsbedingungen Anwendung fänden. Um dieses Vorhaben zu verhindern, nahm die FSU Kontakt mit der ITF auf, die wiederum ihre internationalen Mitgliedsgewerkschaften aufforderte, keine Verhandlungen mit Viking aufzunehmen. Mit dem Auslaufen der Friedenspflicht kündigte die Besatzung des Schiffes zudem nach dem Scheitern von Verhandlungen an, in den Streik einzutreten, um u.a. das Umflaggungsvorhaben zu verhindern, oder Viking zumindest eine Selbstverpflichtung abzuringen, dass bei einer Umflaggung weiterhin finnisches Recht und der Kollektivvertrag Anwendung fänden, sowie dass mit der Umflaggung keine personellen Konsequenzen einhergehen würde. Um den Streik abzuwenden verzichtete Viking in einem Güteverfahren vorerst auf die Umflaggung. Aufgrund weiterer Verluste im Betrieb der Fähre hielt Viking jedoch an den Umflaggungsplänen fest und beantragte schließlich vor dem High Court of Justice (Vereinigtes Königreich) doch die gerichtliche Klärung darüber, ob die Maßnahmen der FSU und ITF einen Verstoß gegen die Niederlassungsfreiheit gem. Art. 43 EG darstellten. Das Berufungsgericht, der Court of Appeal (England & Wales) (Civil Division), legte die Sache schließlich dem EuGH vor und formulierte zehn Vorlagefragen hinsichtlich der Vereinbarkeit des Verhaltens der FSU und der ITF mit der Niederlassungsfreiheit im Unionsrecht.</td></tr>
<tr><td>18.12.2007</td><td>Laval</td><td>C-341/05 (ECLI:EU:C:2007:809), Slg. 2007 I-11767 = AP Nr. 15 zu Art. 49 EG</td><td>33-35, 36, 41, 43, 68, 97, 108, 146, 168-169, 175-177, 179-180, 182, 185-189, 195-196, 198, 200-201, 204, 208, 215, 219-220, 228-229, 232, 255, 269-272, 282, 285, 290, 292, 305-307, 309-310, 319, 327-328, 355</td></tr>
<tr><td colspan="4">Die Rechtssache Laval fußt auf einer Auseinandersetzung zwischen dem lettischen Bauunternehmen Laval und dem schwedischen Bauarbeiterverband (kurz: Byggnads), dessen erster Abteilung (kurz: Byggettan) und dem schwedischen Elektrikerverband (kurz: Elektrikerna). Laval verlangte im Ausgangsstreit, dass die Maßnahmen der Verbände für rechtswidrig erklärt und beendigt werden und die Firma für den durch die ergriffenen Maßnahmen entstandenen Schäden Ersatz von den Verbänden zugesprochen bekommt. Laval entsandte im Jahr 2004 ca. 35 Arbeiter auf eine Baustelle in Schweden, die von einer hundertprozentigen Tochter von Laval namens Baltic geführt wurde. Laval hatte nur mit der lettischen Gewerkschaft einen Kollektivvertrag unterzeichnet und war gegenüber den schwedischen Verbänden nicht gebunden; niemand aus der Belegschaft war Mitglied bei einem schwedischen Verband, wobei jedoch ca. 65% der Belegschaft in der lettischen Gewerkschaft organisiert waren.

Byggettan und Laval nahmen im Juni 2004 Verhandlungen über den Beitritt zum Bautarifvertrag auf. Byggettan forderte sowohl den Beitritt zum Bautarifvertrag wie auch die garantierte Zahlung eines Mindestlohns, der dem Durchschnitt des in der Region üblichen Preises für die entsprechende Qualifikation entsprach. Der Beitritt zum Kollektivvertrag wäre für Laval zusätzlich mit der Belastung einhergegangen, bestimmte verhandelte Versicherungsbeiträge für die Arbeitnehmer abzuführen. Nach dem Scheitern der Verhandlung begann ab November 2004 die Blockade der Baustelle, indem sie den Zugang zur Baustelle verwehrten. In einem Schlichtungstermin wurde Laval angeboten, bei einem Beitritt zum Kollektivvertrag die Kampfmaßnahmen zu beenden um anschließend die Lohnfragen zu verhandeln, was Laval ablehnte, da diese keine Kenntnis erlangen konnten, welche Lohnverpflichtungen für sie ab Eintritt gelten würden.</td></tr>
</table>

Datum	Kurztitel	Aktenzeichen und Fundstelle	Zitiert bei
Darauffolgend wurden die Streikmaßnahmen intensiviert und auch die Elektrikerna leitete Solidaritätsmaßnahmen ein, die im Zusammenspiel dazu führte, dass Laval seine Arbeitnehmer nach der Weihnachtspause nicht wieder auf die Baustelle entsandte. Ab Januar erklärten auch weitere Verbände Solidaritätsmaßnahmen auf anderen Baustellen, sodass es Laval nicht mehr möglich war in Schweden tätig zu werden. Nach einer Kündigung des Vertrags durch die Stadt Vaxholm wurde auch die Tochter Baltic für insolvent erklärt. Laval erhob im Dezember 2004 Klage gegen die gewerkschaftlichen Organisationen, der vorläufige Rechtsschutz wurde jedoch abgelehnt. In der Hauptsache wendete sich das schwedische Arbetsdomstol Gericht an den EuGH um zwei Vorlagefragen klären zu lassen. Die Vorlagefragen bezogen sich hierbei auf die Auslegung von Normen der Entsenderichtlinie, sowie der Art. 12 und 49 EG.			
03.04.2008	Rüffert	C-346/06 (ECLI:EU:C:2008:189), Slg. 2008 I-01989 = AP Nr. 16 zu Art. 49 EG	34, 36, 41, 43, 88, 168-169, 180, 182, 185-186, 188, 201-202, 204-206, 208-214, 219, 271-272, 312, 344
Im zugrundeliegenden Sachverhalt ging es um die in einer Ausschreibung zum Bau einer JVA in Göttingen enthaltenen Berücksichtigung der Tariftreueklausel aus dem niedersächsischen Vergabegesetz, welche den Auftragnehmer verpflichtete, die ortsüblichen Tariflöhne zu zahlen. Das beauftragte Unternehmen, das den Zuschlag erhalten hatte, setzte ein polnisches Nachunternehmen ein. Das Unternehmen geriet in den Verdacht, den vorgesehenen Tariflohn nicht gezahlt zu haben, woraufhin der Vertrag zwischen dem Land Niedersachsen und dem Auftragnehmer beidseitig gekündigt wurde. Der Auftragnehmer wendete sich nun mit Klage auf Werklohnzahlung gegen das Land Niedersachsen. Das erstinstanzliche Gericht erkannte, dass der Anspruch wegen der Aufrechnung einer vorgesehenen Vertragsstrafe bei Verstoß gegen die Tariftreueklausel erloschen sei. Das Berufungsgericht, das OLG Celle, 03.08.2006 – 13 U 72/06, ZIP 2006, 1908–1910, legte das Landesvergabegesetz, das für die Durchführung öffentlicher Ausschreibungen anwendbar war und insbesondere die Tariftreueklausel des § 8 Abs. 1 dem EuGH in einer Vorlagefrage vor, da es hier einen unionsrechtswidrigen Verlust von Wettbewerbsvorteilen vermutete, welche durch die Dienstleistungsfreiheit nach Art. 49 EG geschützt sind und bezweifelte, dass dieser Eingriff durch zwingende Gründe des Allgemeinwohls zu rechtfertigen sei.			
19.06.2008	Kommission/ Luxemburg	C-319/06 (ECLI:EU:C:2008:350), Slg. 2008, I-4323 = NZA 2008, 865	34, 169, 188-189, 208, 310, 327
27.11.2008	Juuri	C-396/07 (ECLI:EU:C:2008:656), AP Nr. 3 zu Richtlinie 2001/23/EG	87
20.01.2009	Schultz-Hoff u.a.	C-350/06 u.a. (ECLI:EU:C:2009:18), AP Nr. 1 zu Richtlinie 2003/88/EG	148-149, 151, 154, 156, 161
05.03.2009	Kattner Stahlbau GmbH	C-350/07 (ECLI:EU:C:2009:127), EuZW 2009, 290	340
16.07.2009	Mono Car Styling	C-12/08 (ECLI:EU:C:2009:466), AP Nr. 5 zu Richtlinie 98/59/EG	115, 127
19.01.2010	Kücükdeveci	C-555/07 (ECLI:EU:C:2010:21), AP Nr. 14 zu Richtlinie 2000/78/EG	41
15.07.2010	Kommission/ Bundesrepublik Deutschland I	C-271/08 (ECLI:EU:C:2010:426), Slg. 2010, I-7091 = AP Nr. 1 zu Richtlinie 2004/18/EG	169, 219-220, 274

Datum	Kurztitel	Aktenzeichen und Fundstelle	Zitiert bei
05.10.2010	Elchinov	C-173/09 (ECLI:EU:C:2010:581), EuZW 2010, 907, m. Anm. Frischhut	317, 330
12.10.2010	Rosenbladt	C-45/09 (ECLI:EU:C:2010:601), AP Nr. 18 zu Richtlinie 2000/78/EG	305
03.03.2011	Prévoyance	C-437/09 (ECLI:EU:C:2011:112), Slg. 2011, I-973	285
06.09.2011	Scattolon	C-108/10 (ECLI:EU:C:2011:542), AP Nr. 9 zu Richtlinie 2001/23/EG	53
08.09.2011	Hennigs und Mai	C-297/10 u.a. (ECLI:EU:C:2011:560), Slg. 2011, I-7965 = AP Nr. 22 zu Richtlinie 2000/78/EG	227-230, 248
Herr Mai war Angestellter im öffentlichen Dienst. Er verklagte das Land Berlin als seinen Arbeitgeber, weil er in der Lebensaltersstufenvergütung eine Diskriminierung von jüngeren Angestellten erkannte. Frau Hennigs war bei einer Bundesbehörde angestellt. Ihr Arbeitsverhältnis wurde vom Geltungsbereich des BAT in den des TVÖD überführt, dabei beanstandete sie die Einstufung im neuen TVÖD innerhalb ihrer Vergütungsgruppe und sah in der Lebensaltersstufenregelung des BAT eine Diskriminierung, die sich im TVöD fortsetze. Vorgelegt vom BAG, 20.05.2010 – 6 AZR 319/09 (A), AP Nr. 10 zu § 27 BAT.			
13.09.2011	Prigge	C-447/09 (ECLI:EU:C:2011:573), Slg. 2011, I-8003 = AP Nr. 23 zu Richtlinie 2000/78/EG	41, 231-232, 248
Mehrere Piloten sahen in der Regelung zur automatischen Beendigung ihrer Arbeitsverträge mit Erreichen des 60. Lebensjahres eine Altersdiskriminierung, gegen die sie gerichtlich vorgingen. Vorlegendes Gericht war das BAG, 17.06.2009 – 7 AZR 112/08 (A), AP Nr. 64 zu § 14 TzBfG.			
15.09.2011	Williams	C-155/10 (ECLI:EU:C:2011:588), AP Nr. 5 zu Richtlinie 2003/88/EG	154
22.11.2011	KHS	C-214/10 (ECLI:EU:C:2011:761), Slg. 2011, I-11757 = AP Nr. 6 zu Richtlinie 2003/88/EG	147, 150-151, 161
Der Kläger im Ausgangsverfahren Herr Schulte verlangte die Abgeltung des Jahresurlaubs aus drei Jahren. Vorgelegt von: LAG Hamm, 15.04.2010 – 16 Sa 1176/09, ZIP 2010, 2000–2002.			
06.09.2012	Deutsches Weintor	C-544/10 (ECLI:EU:C:2012:526), EuZW 2012, 828	70-71, 76
22.01.2013	Sky Österreich	C-283/11 (ECLI:EU:C:2013:28), EuZW 2013, 347	69-71, 75-76
26.02.2013	Åkerberg Fransson	C-617/10 (ECLI:EU:C:2013:105), NJW 2013, 1415	237
11.04.2013	HK Danmark u.a.	C-335/11 und C-337/11 (ECLI:EU:C:2013:222), AP Nr. 28 zu Richtlinie 2000/78/EG	33, 304
18.07.2013	Alemo-Herron	C-426/11 (ECLI:EU:C:2013:521), AP Nr. 10 zu Richtlinie 2001/23/EG	35, 42-43, 48, 50-53, 55-59, 62, 64, 66, 68-78, 80, 83-85, 88, 91-93, 97, 102-104, 165-166, 277, 286, 300, 310-311, 340, 348
15.01.2014	Association de médiation sociale	C-176/12 (ECLI:EU:C:2014:2), NZA 2014, 193	285

<table>
<tr><th>Datum</th><th>Kurztitel</th><th>Aktenzeichen und Fundstelle</th><th>Zitiert bei</th></tr>
<tr><td>27.02.2014</td><td>Lyreco Belgium NV/Sophie Rogiers</td><td>C-588/12 (ECLI:EU:C:2014:99), NZA 2014, 359</td><td>118</td></tr>
<tr><td>06.03.2014</td><td>Siragusa</td><td>C-206/13 (ECLI:EU:C:2014:126), NVwZ 2014, 575</td><td>81</td></tr>
<tr><td>06.03.2014</td><td>Amatori</td><td>Rechtssache C-458/12 (ECLI:EU:C:2014:124), ABl. EU 2014, Nr. C 175, 8</td><td>87</td></tr>
<tr><td>12.06.2014</td><td>Bollacke</td><td>C-118/13 (ECLI:EU:C:2014:1755), AP Nr. 14 zu Richtlinie 2003/88/EG</td><td>159</td></tr>
<tr><td>10.07.2014</td><td>Hernández</td><td>C-198/13 (ECLI:EU:C:2014:2055), NZA 2014, 1325</td><td>81-82</td></tr>
<tr><td>11.09.2014</td><td>Österreichischer Gewerkschaftsbund</td><td>C-328/13 (ECLI:EU:C:2014:2197), NZA 2014, 1092</td><td>57</td></tr>
<tr><td>18.09.2014</td><td>Bundesdruckerei</td><td>C-549/13 (ECLI:EU:C:2014:2235), NZA 2014, 1129</td><td>169, 205-206, 208, 210</td></tr>
<tr><td colspan="4">In diesem Vorabentscheidungsverfahren musste der EuGH erneut Fragen zur Entsenderichtlinie beantworten. Die Stadt Dortmund hatte zur Digitalisierung ihrer Akten eine Ausschreibung veröffentlicht, welche u.a. die Verpflichtung zur Zahlung eines fixen Mindestlohns von 8,62€ enthielt. Auf diese Ausschreibung meldete sich die Bundesdruckerei, die den Auftrag von einem polnischen Nachunternehmen ausführen lassen wollte mit dem Hinweis, dass dieses Unternehmen den Mindestlohn nicht zahlen werde, da dieser nicht durch Gesetz oder Kollektivvertrag vorgesehen sei und die Ausschreibung der Stadt zudem hinsichtlich des Mindestlohns Vergaberechtswidrig sei. Auf einen negativen Bescheid hin, ließ die Bundesdruckerei das Vergabeverfahren vor der Vergabekammer im Regierungsbezirk Arnsberg überprüfen, da diese sich in ihrer Dienstleistungsfreiheit nach Art. 56 AEUV verletzt sah.</td></tr>
<tr><td>11.11.2014</td><td>Dano</td><td>C-333/13 (ECLI:EU:C:2014:2358), NZS 2015, 20</td><td>313-314</td></tr>
<tr><td>03.12.2014</td><td>Edgard Jan De Clercq</td><td>C-315/13 (ECLI:EU:C:2014:2408), NZA 2015, 290</td><td>285</td></tr>
<tr><td>04.12.2014</td><td>FNV Kunsten Informatie en Media</td><td>C-413/13 (ECLI:EU:C:2014:2411), NZA 2015, 55</td><td>33, 221-222, 247, 274, 304, 335</td></tr>
<tr><td colspan="4">In den Niederlanden können sich Dienstleistungserbringer jeder Arbeitgeber- und Arbeitnehmervereinigung anschließen und somit auch unter die Anwendung eines Kollektivvertrags fallen. Ein solcher Kollektivvertrag für selbstständige Aushilfsmusiker, welche Mitglieder in einem Orchester vertreten wurde 2006/2007 vereinbart. Strittig war, ob diese Kollektivvertragsbestimmungen, die Mindesttarife für die selbstständigen Aushilfsmusiker enthielten auch von der im Urteil Albany anerkannten Bereichsausnahme für das europäische Wettbewerbs- und Kartellrecht erfasst sind. Aufgrund der Weigerung der Arbeitgeberseite weiterhin Kollektivverträge in diesem Sinne abzuschließen, weil u.a. eine solche Unvereinbarkeit mit dem europäischen Wettbewerbsrecht bestünde, erhob der Gewerkschaftsverband FNV Kunsten Informatie en Media Klage auf Feststellung beim Gericht von Den Haag. Die Rechtsmittelinstanz (Gerechtshof te 's-Gravenhage (Niederlande)) legte dem EuGH vor.</td></tr>
<tr><td>12.02.2015</td><td>Sähköalojen</td><td>C-396/13 (ECLI:EU:C:2015:86), AP Nr. 13 zu EWG-Richtlinie Nr. 96/71</td><td>206-208</td></tr>
<tr><td>17.03.2015</td><td>AKT</td><td>C-533/13 (ECLI:EU:C:2015:173), AP Nr. 1 zu Richtlinie 2008/104/EG</td><td>224, 248, 274</td></tr>
<tr><td colspan="4">Die finnische Gewerkschaft AKT hatte ein Unternehmen (SAF) auf Strafzahlung verklagt, weil dieses gegen den zwischen ihnen geltenden Kollektivvertrag verstoßen habe. Es geht um die Frage, ob durch SAF Leiharbeiter unerlaubt eingesetzt wurden, weil diese entgegen der</td></tr>
</table>

Datum	Kurztitel	Aktenzeichen und Fundstelle	Zitiert bei
Kollektivvertragsbestimmung Aufgaben wahrgenommen hätten, die identisch mit den Aufgaben der Stammbelegschaft seien. SAF entgegnete, dass die Klausel, auf welche sich AKT berufen hat, nicht mit Art. 4 Abs. 1 der RL 2008/104/EG (Leiharbeitsrichtlinie) in Einklang stünde und mithin unangewendet bleiben müsse. Das zuständige finnische Gericht (Työtuomioistuin) legt in diesem Zusammenhang drei vorlagefragen vor, die sich mit der generellen Wirkung der Richtlinienbestimmung, sowie der Frage nach der inhaltlichen Auslegung dieser Bestimmung beschäftigen.			
13.05.2015	Rabal Cañas	C-392/13 (ECLI:EU:C:2015:318), NZA 2015, 669	96
15.09.2015	Alimanovic	C-67/14 (ECLI:EU:C:2015:597), NZS 2015, 784	313
17.11.2015	RegioPost	C-115/14 (ECLI:EU:C:2015:760), NZA 2016, 155	35, 169, 208-214, 312, 322
Das Land Rheinland-Pfalz hatte ein Landestariftreuegesetz, das ein Mindestentgelt für die Arbeitnehmer des Auftragnehmers bei der Vergabe öffentlicher Aufträge vorsah. Die Stadt Landau hat bei der einer Vergabeentscheidung auf Grundlage dieses Gesetzes die Firma RegioPost unberücksichtigt gelassen, weil diese eine entsprechende Erklärung über die Einhaltung des Mindestlohns unter Verweis auf die Vergaberechtswidrigkeit unterlassen hatte. Der Gerichtshof hatte nun über die Vereinbarkeit der Vergaberegel, die einen festgelegten Mindestlohn vorsah, mit den Art. 26 RL 2004/18/EG (Vergaberichtlinie (2004)) zu entscheiden. Vorgelegt vom OLG Koblenz, 19.02.2014 – 1 Verg 8/13, NZBau 2014, 317–320.			
25.02.2016	García-Nieto	C-299/14 (ECLI:EU:C:2016:114), NJW 2016, 1145	313
20.07.2016	Maschek	C-341/15 (ECLI:EU:C:2016:576), AP Nr. 19 zu Richtlinie 2003/88/EG	147, 152, 161
17.11.2016	Ruhrland-klinik	C-216/15 (ECLI:EU:C:2016:883), NZA 2017, 41	329
21.12.2016	AGET Iraklis	C-201/15 (ECLI:EU:C:2016:972), NZA 2017, 167	34, 42, 44-46, 72-73, 96-113, 129, 146, 165-166, 254, 277, 286, 300, 312, 324, 326, 329
27.04.2017	Asklepios	C-680/15 und C-681/15 (ECLI:EU:C:2017:317), AP Nr. 13 zu Richtlinie 2001/23/EG	35, 49, 53-55, 57-59, 62-64, 66-67, 71-73, 76-78, 80, 83-86, 91-93, 166, 286, 311-312, 317, 348
18.07.2017	Erzberger	C-566/15 (ECLI:EU:C:2017:562), AP Nr. 1 zu Art. 45 AEUV	39, 105-108, 110-111, 146, 170, 250-256, 267-268, 272, 275, 312-314, 324
Der Kläger Erzberger ist Anteilseigner an der in Deutschland nach dem MitbestG paritätisch mitbestimmungspflichtigen TUI AG, bei der die Hälfte der Aufsichtsratsmitglieder durch die Arbeitnehmer bestimmt werden sollen. Nach der herrschenden Auffassung in Deutschland, die sich auf das „Territorialprinzip“ stützt, sind lediglich die Arbeitnehmer im Inland dazu berechtigt, diese Aufsichtsratsposten aktiv zu wählen bzw. sich passiv wählen zu lassen, womit die im europäischen Ausland bei Tochtergesellschaften angestellten Arbeitnehmer nach der Auffassung des Klägers Erzberger nach Art. 18 AEUV diskriminiert und in ihrer Arbeitnehmerfreizügigkeit nach Art. 45 AEUV beschränkt werden. Er klagte auf die Feststellung, dass der Aufsichtsrat falsch zusammengesetzt sei. Die Vorlage stammte vom: KG Berlin, 16.10.2015 – 14 W 89/15, NZA-RR 2015, 661.			

<table>
<tr><th>Datum</th><th>Kurztitel</th><th>Aktenzeichen und Fundstelle</th><th>Zitiert bei</th></tr>
<tr><td>25.10.2017</td><td>Polbud</td><td>C-106/16 (ECLI:EU:C:2017 :804), NJW 2017, 3639</td><td>256, 258, 267, 312-313</td></tr>
<tr><td colspan="4">Die polnische Gesellschaft Polbud beschloss, ihren Geschäftssitz nach Luxemburg zu verlegen, ohne den Verwaltungssitz, oder die tatsächliche Ausübung der wirtschaftlichen Tätigkeit auch nach Luxemburg zu verlagern. Nach der Verlegung verlangte Polbud die Löschung aus dem polnischen Handelsregister, wegen der Verlegung des Gesellschaftssitzes. Das Registergericht verweigerte die Löschung aus dem Handelsregister ohne die Vorlage der Bescheinigungen über eine Liquidation, die im Fall Polbud nicht vorlagen, da die Gesellschaft lediglich den Satzungssitz verlegt hatte. Gegen diesen Beschluss ging Polbud gerichtlich vor. Der Sąd Najwyższy (Oberster Gerichtshof, Polen) legte im Verfahren vor.</td></tr>
<tr><td>09.11.2017</td><td>Marques da Rosa</td><td>C-306/16 (ECLI:EU:C:2017:844), NZA 2017, 1521</td><td>355</td></tr>
<tr><td>30.01.2018</td><td>X und Visser</td><td>C-360/15 u.a. (ECLI:EU:C:2018:44), EuZW 2018, 244</td><td>327</td></tr>
<tr><td>17.04.2018</td><td>Krüsemann u.a.</td><td>C-195/17 u.a. (ECLI:EU:C:2018:258), NJW 2018, 1592</td><td>344</td></tr>
<tr><td>17.04.2018</td><td>Egenberger</td><td>C-414/16 (ECLI:EU:C:2018:257), AP Nr. 42 zu Richtlinie 2000/78/EG</td><td>33, 35, 164, 304, 307</td></tr>
<tr><td>11.09.2018</td><td>IR/ JQ</td><td>C-68/17 (ECLI:EU:C:2018:696), NZA 2018, 1187</td><td>304</td></tr>
<tr><td>06.11.2018</td><td>Bauer und Willmeroth</td><td>C-569/16 (ECLI:EU:C:2018:871), NZA 2018, 1467</td><td>307</td></tr>
<tr><td>06.11.2018</td><td>Bauer</td><td>C-569/16 u.a. (ECLI:EU:C:2018:871), AP Nr. 27 zu Richtlinie 2003/88/EG</td><td>158-163, 240</td></tr>
<tr><td>06.11.2018</td><td>Kreuziger</td><td>C-619/16 (ECLI:EU:C:2018:872), AP Nr. 25 zu Richtlinie 2003/88/EG</td><td>155-156, 158, 160-161</td></tr>
<tr><td colspan="4">Der Rechtsreferendar Herr Kreuziger hatte im letzten Jahr seiner Ausbildung keinen Urlaub in Anspruch genommen und verlangte nach dem Ende des Referendariats die finanzielle Abgeltung. Nach der Ablehnung dieser Forderung ging der Referendar gerichtlich gegen diese Ablehnung vor. Vorlage von: OVG Berlin-Brandenburg, 14.09.2016 – OVG 4 B 38.14, ZESAR 2017, 222–226.</td></tr>
<tr><td>06.11.2018</td><td>Max-Planck-Gesellschaft</td><td>C-684/16 (ECLI:EU:C:2018:874), AP Nr. 26 zu Richtlinie 2003/88/EG</td><td>155-156, 158, 161-162, 307</td></tr>
<tr><td colspan="4">Ein Angestellter hat die finanzielle Abgeltung von 51 nicht genommenen Urlaubstagen verlangt, nachdem sein Arbeitsverhältnis beendet war. Die Max-Plank-Gesellschaft als Arbeitgeber lehnte diese Forderung ab. Vorgelegt vom: BAG, 13.12.2016 – 9 AZR 541/15 (A), NZA 2017, 271–272.</td></tr>
<tr><td>13.12.2018</td><td>Hein</td><td>C-385/17 (ECLI:EU:C:2018:1018), AP Nr. 28 zu Richtlinie 2003/88/EG</td><td>153-154, 161</td></tr>
<tr><td colspan="4">Der Kläger im Ausgangsverfahren, Herr Hein, war wegen der im Referenzzeitraum der Bemessung des Urlaubsentgelts liegenden Kurzarbeit von einer Kürzung des Urlaubsentgelts betroffen. Gegen diese Kürzung ging der Kläger gerichtlich vor und verlangte die Zahlung der Differenz zum üblichen Entgelt. Vorgelegt von: ArbG Verden, 19.06.2017 – 1 Ca 142/16, ZESAR 2018, 23–27.</td></tr>
<tr><td>13.06.2019</td><td>Correia Moreira</td><td>C-317/18 (ECLI:EU:C:2019:499), AP Nr. 22 zu Richtlinie 2001/23/EG</td><td>54</td></tr>
<tr><td>04.07.2019</td><td>Kommission/ Bundesrepublik Deutschland II</td><td>C-377/17 (ECLI:EU:C:2019:562), JZ 2019, 886</td><td>327</td></tr>
</table>

<table>
<tr><th>Datum</th><th>Kurztitel</th><th>Aktenzeichen und Fundstelle</th><th>Zitiert bei</th></tr>
<tr><td>19.12.2019</td><td>Comune di Bernareggio</td><td>C-465/18 (ECLI:EU:C:2019:1125), ABl. (EU) 2020, Nr C 68, 12</td><td>286</td></tr>
<tr><td>26.03.2020</td><td>ISS Facility</td><td>C-344/18 (ECLI:EU:C:2020:239), AP Nr. 25 zu Richtlinie 2001/23/EG</td><td>53-54</td></tr>
<tr><td>09.09.2020</td><td>TMD Friction</td><td>C-674/18 u.a. (ECLI:EU:C:2020:682), AP Nr. 26 zu Richtlinie 2001/23/EG</td><td>87</td></tr>
<tr><td>18.11.2020</td><td>CFTC</td><td>C-463/19 (ECLI:EU:C:2020:932), AP Nr. 8 zu Richtlinie 2006/54/EG</td><td>233, 248</td></tr>
<tr><td colspan="4">CY beantragte Urlaub nach der Elternzeitregelung des einschlägigen Kollektivvertrags, die dem Wortlaut nach nur für Arbeitnehmerinnen des Unternehmens galt. Der Antrag wurde abgelehnt. Die Gewerkschaft CFTC klagte zugunsten von CY gegen diese Entscheidung vor dem Arbeitsgericht Metz in Frankreich, dass dem EuGH vorlegte.</td></tr>
<tr><td>08.12.2020</td><td>Ungarn/Parlament und Rat</td><td>C-620/18 (ECLI:EU:C:2020:1001), AP Nr. 1 zu Richtlinie 2018/957/EU – Ungarn/.</td><td>190-193, 271, 32</td></tr>
<tr><td>08.12.2020</td><td>Polen/ Parlament und Rat</td><td>C-626/18 (ECLI:EU:C:2020 :1000)</td><td>190, 271</td></tr>
<tr><td>17.03.2021</td><td>Consulmarketing</td><td>C-652/19 (ECLI:EU:C:2021:208), NZA 2021, 627</td><td>137-138</td></tr>
<tr><td>21.12.2021</td><td>PM u.a.</td><td>C-357/19 u.a. (ECLI:EU:C:2021:1034), EuZW 2022, 333</td><td>318</td></tr>
<tr><td>13.01.2022</td><td>Koch Personaldienstleistungen</td><td>C-514/20 (ECLI:EU:C:2022:19), AP Nr. 45 zu Richtlinie 2003/88/EG</td><td>165, 234-235, 246</td></tr>
<tr><td colspan="4">DS hatte in einem Monat zunächst Mehrarbeit geleistet und gegen Ende des Monats Urlaub genommen. Nach dem Kollektivvertrag wurden nur die „geleisteten Stunden“ innerhalb eines Monats für die Berechnung der Mehrarbeitszuschläge berücksichtigt. DS verklagte seinen Arbeitgeber Koch auf die Zahlung der Zuschläge. Vorgelegt wurde vom BAG, 17.06.2020 – 10 AZR 210/19 (A), AP Nr. 57 zu § 611 BGB Mehrarbeitsvergütung.</td></tr>
<tr><td>18.01.2022</td><td>Thelen Technopark</td><td>C-261/20 (ECLI:EU:C:2022:33), NJW 2022, 927</td><td>307</td></tr>
<tr><td>24.02.2022</td><td>Glavna direktsia</td><td>C-262/20 (ECLI:EU:C:2022:117), AP Nr. 46 zu Richtlinie 2003/88/EG</td><td>238</td></tr>
<tr><td>17.03.2022</td><td>Daimler</td><td>C-232/20 (ECLI:EU:C:2022:196), AP Nr. 5 zu Richtlinie 2008/104/EG</td><td>225, 248, 274</td></tr>
<tr><td>07.07.2022</td><td>Coca-Cola</td><td>C-257/21 und C-258/21 (ECLI:EU:C:2022:529), ABl. C 318 vom 22.8.2022, S. 15 = AP Nr. 48 zu Richtlinie 2003/88/EG</td><td>169, 216, 236-237, 242, 248, 274, 284</td></tr>
<tr><td colspan="4">Die in der zugrundeliegenden Klage betroffenen Arbeitnehmer leisteten regelmäßige Nachtarbeit im Schichtbetrieb bei Coca-Cola. Der Manteltarifvertrag, der für die Arbeitnehmer galt, unterschied in die Entgeltzuschläge zwischen regelmäßiger und unregelmäßiger Nachtarbeit, wobei letztere auf dieser Grundlage verhältnismäßig besser vergütet wurde. Diese Unterscheidung sei insbesondere vor dem Hintergrund der gesundheitlichen Belastung durch andauernde Nachtarbeit eine unangemessene Ungleichbehandlung. Coca-Cola widersprach dieser Darstellung mit der Begründung, dass die unregelmäßige Nachtarbeit regelmäßig auch Mehrarbeit umfasse und es für die regelmäßige Nachtarbeit weiteren Ausgleich, etwa in Form des Freizeitausgleiches gebe. Das BAG legte den Fall dem EUGH vor unter der Fragestellung, ob durch die Kollektivvertragsregelung die RL 2003/88/EG (Arbeitszeitrichtlinie (2003)) ausgeführt würde und mithin eine Vereinbarkeit mit Art. 20 GRC zu überprüfen sei; siehe: BAG, 09.12.2020 – 10 AZR 332/20 (A), AP Nr. 20 zu § 6 ArbZG.</td></tr>
</table>

<table>
<tr><th>Datum</th><th>Kurztitel</th><th>Aktenzeichen und Fundstelle</th><th>Zitiert bei</th></tr>
<tr><td>22.09.2022</td><td>LB/TO</td><td>C-120/21 (ECLI:EU:C:2022:718),
AP Nr. 49 zu Richtlinie 2003/88/EG</td><td>155, 158</td></tr>
<tr><td>18.10.2022</td><td>SAP</td><td>C-677/20 (ECLI:EU:C:2022:800),
AP Nr. 1 zu Richtlinie 2001/86/EG</td><td>35, 170, 259-261, 265, 268, 271, 275, 286, 313</td></tr>
<tr><td colspan="4">Der deutsche Aktienkonzern SAP wurde in eine SE umgewandelt. In der AG hatten die im Konzern vertretenen Gewerkschaften nach § 16 Abs. 2 MitbestG das Vorschlagsrecht für zwei in einem getrennten Wahlgang zu wählende Mitglieder als Teil der Repräsentanten der Arbeitnehmer im Aufsichtsrat. Mit der Umwandlung wurde in der Beteiligungsvereinbarung die Möglichkeit aufgenommen, neben einem großen Aufsichtsrat mit entsprechendem Vorschlagsrecht der Gewerkschaften auch einen reduzierten Aufsichtsrat ohne ein Vorschlagsrecht mit getrennter Wahl für die Gewerkschaften einzurichten. Diese Regelung, beziehungsweise die Vereinbarkeit dieser mit dem § 21 Abs. 6 SEBG, hatte das BAG in einem Revisionsverfahren zu überprüfen, worauf hin dieser die Fragen dem EuGH vorlegte, siehe: BAG, 18.08.2020 – 1 ABR 43/18 (A), AP Nr. 1 zu § 21 SEBG.</td></tr>
<tr><td>15.12.2022</td><td>CM/TimePartner</td><td>C-311/21 (ECLI:EU:C:2022:983),
AP Nr. 7 zu Richtlinie 2008/104/EG</td><td>170, 240-241, 248</td></tr>
<tr><td colspan="4">Der Leiharbeitnehmer CM verklagte seinen Arbeitgeber auf die Lohndifferenz zwischen seinem Gehalt und dem Gehalt eines vergleichbaren festangestellten Arbeitnehmers der Stammbelegschaft. Das BAG als Revisionsgericht legte dem EuGH vor, siehe: BAG, 16.12.2020 – 5 AZR 143/19 (A), AP Nr. 1 zu § 8 AÜG.</td></tr>
<tr><td>13.07.2023</td><td>G GmbH</td><td>C-134/22 (ECLI:EU:C:2023:567),
AP Nr. 14 zu Richtlinie 98/59/EG</td><td>45, 96, 114-115, 122-139, 142, 146</td></tr>
<tr><td>19.10.2023</td><td>Lufthansa CityLine</td><td>C-660/20 (ECLI:EU:C:2023:789),
NZA 2023, 1379</td><td>169, 216, 241-242, 244, 246, 249, 275</td></tr>
<tr><td colspan="4">Der Kläger ist Flugzeugführer und erster Offizier bei der Lufthansa CityLine GmbH in einer 90% Teilzeitanstellung. Der anwendbare Kollektivvertrag enthält eine Mehrvergütung für die geleisteten Arbeitsstunden, die über ein gewisses monatliches Budget hinausgehen. Diese Vergütung sind nach geleisteten Flugstunden in drei Stufen gestaffelt. Es fehlt jedoch im Kollektivvertrag an einer Herabsetzung dieser Auslösergrenzen für Teilzeitbeschäftigte. Auch der Kläger erhält erst mit dem Erreichen der Auslösergrenzen für die Vollzeitbeschäftigten die geregelte Mehrvergütung. Für bis dahin geleistete individuelle Mehrarbeit wird er nur mittels eines an der Grundvergütung orientierten Stundenentgelts vergütet. Hierin sieht der Kläger eine Schlechterbehandlung gegenüber den Vollzeitkräften. Das BAG legte den Fall dem EuGH in Form von zwei Vorlagefragen vor, siehe: BAG, 11.11.2020 – 10 AZR 185/20 (A), AP Nr. 30 zu § 4 TzBfG.</td></tr>
<tr><td>14.12.2023</td><td>Sparkasse Südpfalz</td><td>C-206/22 (ECLI:EU:C:2023:984),
AP Nr. 55 zu Richtlinie 2003/88/EG</td><td>147, 152-153, 161</td></tr>
<tr><td>20.02.2024</td><td>K.L.</td><td>C-715/20 (ECLI:EU:C:2024:139),
NZA 2024, 459</td><td>307, 311, 334</td></tr>
<tr><td>25.04.2024</td><td>Edil Work 2</td><td>C-276/22 (ECLI:EU:C:2024:348),
EuZW 2024, 795</td><td>322</td></tr>
<tr><td>16.05.2024</td><td>O. Konzernbetriebsrat</td><td>C-706/22 (ECLI:EU:C:2024:402),
NZA 2024, 761</td><td>265, 266, 268, 271, 313, 315, 330-331</td></tr>
<tr><td colspan="4">Die arbeitnehmerlose O Holding SE wurde alleinige Gesellschafterin der O Holding GmBH, die zu einem Drittel mitbestimmt war. Diese GmbH wurde in eine Kommanditgesellschaft umgewandelt, sodass die Arbeitnehmerbeteiligung entfiel. Der Konzernbetriebsrat der O Holding KG war der Auffassung, dass die SE ein besonderes Verhandlungsgremium hätte bilden müssen, weil diese Tochtergesellschaften im Sinne von Art. 2 c der SE-Beteiligungsrichtlinie im Konzern habe und leitete deswegen ein Beschlussverfahren ein. In diesem Verfahren wurde dem EuGH vorgelegt: BAG, 17.05.2022 – 1 ABR 37/20 (A), AP Nr. 2 zu Richtlinie 2001/86/EG.</td></tr>
</table>

Datum	Kurztitel	Aktenzeichen und Fundstelle	Zitiert bei
20.06.2024	Staatssecretaris van Justitie en Veiligheid	C-540/22 (ECLI:EU:C:2024:530), NZA 2024, 1046	327
04.10.2024	Air Nostrum	C-314/23 (ECLI:EU:C:2024:842)	275

In der Schriftenreihe des Hugo Sinzheimer Instituts für Arbeits- und Sozialrecht sind zuletzt erschienen:

Band 56 Reingard Zimmer
Die Umsetzung und Weiterentwicklung des LkSG
ISBN 978-3-7663-7582-7

Band 55 Judith Brockmann/Felix Welti (Hrsg.)
Sozialrecht und Tarifbindung
ISBN 978-3-7663-7581-0

Band 54 Anneliese Kärcher/Manfred Walser
Durchsetzung von Arbeitsrecht – das Arbeitsschutzkontrollgesetz als Modell?
SBN 978-3-7663-7579-7

Band 53 Olaf Deinert
Die konditionierte Allgemeinverbindlicherklärung
ISBN 978-3-7663-7399-1

Band 52 HSI
Gewerkschaftsrechte heute
ISBN 978-3-7663-7368-7

Band 51 Uwe Fuhrmann
Frauen in der Geschichte der Mitbestimmung – Pionierinnen in Betriebsräten, Gewerkschaft und Politik
ISBN 978-3-7663-7344-1

Band 50 Wolfram Cremer/Olaf Deinert
Fremdpersonalverbot in der Fleischwirtschaft auf dem Prüfstand des Verfassungsrechts
ISBN 978-3-7663-7367-0

Band 49 Wolfgang Däubler
Klimaschutz und Arbeitsrecht
ISBN 978-3-7663-7366-3

Band 48 Reingard Zimmer
Das Lieferkettensorgfaltspflichtengesetz
ISBN 978-3-7663-7312-0

Band 47 Peter Stein
Das kirchliche Selbstbestimmungsrecht im Arbeitsrecht und seine Grenzen
ISBN 978-3-7663-7295-6

Weitere Informationen zur Schriftenreihe:
www.hugo-sinzheimer-institut.de